Sozialpolitik in Deutschland

Jürgen Boeckh · Ernst-Ulrich Huster ·
Benjamin Benz · Johannes D. Schütte

Sozialpolitik in Deutschland

Eine systematische Einführung

5. Auflage

Jürgen Boeckh
Ostfalia Hochschule für angewandte
Wissenschaften
Wolfenbüttel, Deutschland

Ernst-Ulrich Huster
Evangelische Hochschule
Rheinland-Westfalen-Lippe
Bochum, Deutschland

Benjamin Benz
Evangelische Hochschule
Rheinland-Westfalen-Lippe
Bochum, Deutschland

Johannes D. Schütte
TH Köln
Köln, Deutschland

ISBN 978-3-658-36013-9   ISBN 978-3-658-36014-6   (eBook)
https://doi.org/10.1007/978-3-658-36014-6

Die Deutsche Nationalbibliothek verzeichnet diese Publikation in der Deutschen Nationalbibliografie; detaillierte bibliografische Daten sind im Internet über http://dnb.d-nb.de abrufbar.

Planung/Lektorat: Jan Treibel
Springer VS ist ein Imprint der eingetragenen Gesellschaft Springer Fachmedien Wiesbaden GmbH und ist ein Teil von Springer Nature.
Die Anschrift der Gesellschaft ist: Abraham-Lincoln-Str. 46, 65189 Wiesbaden, Germany

Vorwort

Sozialpolitik ist statisch. Im Jahr 1881 gab der damalige Reichskanzler *Otto von Bismarck* mit Verkündung der *Kaiserlichen Botschaft* den Startschuss für eine damals europa- und weltweit einmalige *Sozialversicherung.* Zwar gab es auch davor schon sozialpolitisch relevante Gesetze, gleichwohl war dies die Geburtsstunde eines Sozialrechts, das das Verlangen nach sozialer Sicherheit von Millionen Arbeiter*innen und ihrer Familien erstmalig zum staatlichen Auftrag erklärte. Die Sozialversicherung hat sich als überaus haltbar erwiesen. Sie überlebte das Kaiserreich, zwei Weltkriege, das geteilte Deutschland und gehört auch nach der Wiedervereinigung zum Grundpfeiler der sozialen Sicherung. Die Säulen der Sozialversicherung und die dazugehörigen Sozialgesetzbücher prägen bis heute den formalen und institutionellen Handlungsspielraum des Sozialstaates entscheidend mit.

Sozialpolitik ist dynamisch. Kaum ist eine kleinteilige Gesetzesänderung oder eine große Strukturreform in der Sozialpolitik beschlossen, wird diese wieder infrage gestellt. Gegenstand, Fokus und Richtung sozialpolitischer Diskussionen reichen damit – pointiert formuliert – nicht über die Zeitspanne zwischen der Morgen- und der Abendausgabe einer Zeitung hinaus. Das Internet macht es möglich: Permanent online kann man Meinung und Gegenmeinung, Position und Negation, Erklärung und Dementi verfolgen.

Sozialpolitik ist interessenbesetzt. Interessen sind der „Rohstoff, der in den politischen Prozess eingeht, umgeformt wird und zu Entscheidungen führt." (Rudzio 2015, S. 65) *Soziale Bewegungen* (Parteien, Verbände, Kirchen, Bürgerinitiativen, etc.) sind im politischen Betrieb Träger dieser widerstreitenden sozialen Interessen. Hieraus können Kompromisse entstehen, aber häufig auch politisch gewollte Richtungsentscheidungen, die sich davon ableiten, wie gesellschaftliche Realität wahrgenommen und gestaltet werden soll. Dabei gibt

es kein ‚richtig‘ oder ‚falsch‘, aber durchaus unterschiedliche Formen der Wahr-
nehmung von Realitäten und deren Interpretation, wie der Ausspruch von *Peter Gauweiler* (2014, o. S.) zeigt: „Der Ehrgeiz der CSU besteht ja immer darin, dass wir uns von niemanden und durch nichts am Aussprechen der Wahrheit hindern lassen wollen (...) und zwar so, wie wir sie sehen."

Systematisches Bezugswissen ist erforderlich, will die Beobachter*in in diesem Gewirr eigene Orientierung entwickeln. Dieses Lehrbuch – nunmehr in fünfter Auflage – will einen Beitrag leisten, aktuelle Entwicklungen historisch und perspektivisch in größere theoretische, empirische, sozialprofessionelle und sozialrechtliche Zusammenhänge einzuordnen. Auch wenn die Akteure in diesem Politikfeld vorrangig auf unterschiedlichen lokalen, regionalen und nationalen Ebenen handeln, sind diese, verstärkt seit dem Zweiten Weltkrieg, immer mehr nach außen erweitert worden. *Sozialpolitik ist entgrenzt.* Die Einflussfaktoren auf Sozialpolitik und ihre Reichweite gehen immer mehr über den begrenzten Nationalstaat Deutschland und dessen föderale Strukturen hinaus. Deutsch-land ist mehr denn je Teil eines europäischen Sozialraums, der soziale Belange innerhalb der Europäischen Union und damit auch in deren Mitgliedstaaten in mehr oder weniger ausgeprägter Tiefe mitgestaltet. Durch die (sozialen) Folgen globalisierten Wirtschaftens werden soziale Problemlagen und sozialpolitische Handlungsformen in Deutschland immer stärker auch international mitbestimmt. Dieser Band bietet hier ebenfalls systematische Zuordnungen und Perspektiven.

Die europäischen bzw. internationalen Bezüge haben wir seit der 4. Auflage stärker in die Diskussion einzelner sozialpolitischer Teilgebiete integriert, anstatt sie in einem eigenen Kapitel gesondert zu behandeln. Dies folgt dem von uns favorisierten Konzept von Sozialpolitik als horizontaler (staatliche und nicht-staatliche Akteur*innen umfassender) sowie vertikaler (vom Quartier bis zur internationalen Politik reichender) Mehrebenenpolitik. Daher wird nachfolgend insbesondere auch internationalen Aspekten der Sozialpolitik mehr Aufmerk-samkeit geschenkt und werden soziale Dienste (ebenfalls innerhalb der einzelnen sozialpolitischen Teilgebiete) systematischer in den Blick genommen. Die Sozial-politik in Deutschland bleibt dabei aber unser Fokus.

Allgemeine Hinweise zum vorliegenden Band
Geschlechtersensible Sprache: Die Autoren haben den Text nach bestem Wissen und Gewissen gendergerecht geschrieben. Die geschlechtersensible Schreibweise beziehen wir auf alle Begriffe, bei denen es um konkrete Personengruppen geht (z. B. Arbeitnehmer*innen). Wir wiederholen die Differenzierung aber nicht im Satz – schreiben also ‚die Arbeitnehmer*in‘ und nicht ‚der/die Arbeitnehmer*in‘. Zudem beziehen wir die gendergerechte Form nicht auf historische Begriffe bzw.

Fachbegriffe (z. B. Arbeiterbewegung) und nutzen sie auch nicht, wenn es um Institutionen geht (z. B. Arbeitgeberverband).

Dopplungen: Es ist unser Ansinnen, Dopplungen im Text so weit als möglich zu vermeiden. Bei der Komplexität des Gegenstandes kann dies aber nicht vollständig gelingen. Hinzu kommt, dass wir davon ausgehen, dass nicht alle Leser*innen den Band von der ersten bis zur letzten Seite lesen (können bzw. wollen). Deshalb sollen alle Kapitel in sich verständlich sein, was Wiederholungen, insbesondere im bzw. zum geschichtlichen und Leistungsteil, zur Folge hat. Wir haben uns bemüht, diese Dopplungen auf das Notwendigste zu reduzieren. Querverweise tragen zudem dazu bei, Stellen mit vertiefendem Wissen leichter aufzuspüren.

Vollständigkeit: Dieses Lehrbuch wird auch in der 5. Auflage Lücken aufweisen. Unser Anspruch war und ist nicht Vollständigkeit. Es geht uns um eine Einführung, die Orientierung, Information und Anregung bieten soll. Dazu nehmen wir die geschichtliche Entwicklung der Sozialpolitik, den Stellenwert und die Perspektiven sozialpolitischen Handelns, deren Prämissen und mutmaßliche Folgen in Blick, um sie systematisch darzustellen und analytisch aufzubereiten. Ergänzend werden die Leser*innen auf (weiterführende) Informationen an anderer Stelle zurückgreifen müssen. Der Band enthält am Ende jedes Kapitels Hinweise auf jeweils zentrale sowie weiterführende aktuelle Literatur und Quellen, will aber seinerseits Grundlagenwissen vermitteln, das Voraussetzung für eine qualifizierte eigene Urteilsbildung in der Unübersichtlichkeit an Informationen und Meinungen ist.

Bochum	Jürgen Boeckh
Pohlheim	Ernst-Ulrich Huster
Recklinghausen	Benjamin Benz
Köln	Johannes D. Schütte
im September 2021	

Literatur

Rudzio, Wolfgang. 2015 Das politische System der Bundesrepublik Deutschland. 9. Auflage. VS Verlag, Wiesbaden

Gauweiler, Peter. 2014 Rede am Aschermittwoch „Einmal Odyssee und zurück", Bericht von Mike Szymanski. In SZonline vom 5. März 2014. https://www.sueddeutsche.de/bayern/gauweiler-rede-am-aschermittwoch-einmal-odyssee-und-zurueck-1.1903472. Zugegriffen: 15. April 2021

Inhaltsverzeichnis

Einleitung

1

Legitimation und Infragestellungen des Sozialstaats in der aktuellen politischen Kontroverse

Warum beschäftigen wir uns mit *Sozialpolitik?* Was ist *sozial* am Politischen und was *politisch* am Sozialen? Warum wird das *Soziale* (verstanden als das die *Gesellschaft Betreffende*) nicht einfach innerhalb der Gesellschaft und damit zwischen den einzelnen Gesellschaftsmitgliedern verhandelt? Wie kommt es zu einer Übertragung von Teilbereichen des Sozialen an den *Staat* (verstanden als der *Ort des Politischen*)? Oder anders gefragt: Wie hängen diese beiden Sphären miteinander zusammen und lassen sie sich überhaupt trennen?

Sozialpolitik im modernen Staat
Das Projekt *Moderne* zielt mit Herausbildung der *bürgerlichen Gesellschaft* auf eine Trennung zwischen dem *privaten Bereich* der Gesellschaft, in dem sich das wirtschaftliche Geschehen abspielt, und einem *öffentlichen Bereich* des Staates, der dem privaten Raum Sicherheit, Regulation und einen Rahmen bieten soll. Diese in den unterschiedlichen Vertragstheorien des 17. und 18. Jahrhunderts ausgestaltete Vorstellung setzte eine Komplementarität zwischen bürgerlicher Freiheit und staatlich gestalteter Ordnung voraus, die erst zusammengenommen beides garantierte bzw. die Entwicklung von Gesellschaft und Staat zulassen würde. *Politik* (Herrschaft, Staat) wurde darauf beschränkt, in die *Bürgergesellschaft* (= Ort des ökonomischen und sozialen Miteinanders) nur dann zu intervenieren, wenn ihre Fundamente, ihr Zusammenspiel nicht mehr garantiert sei. Die Politik steht über der Ökonomie (Primat der Politik) – sie hat zu korrigieren, und wenn es sein muss, auch zu zügeln. In erster Linie hat die Politik aber die Aufgabe, wirtschaftliches Handeln zu ermöglichen, die Regeln für das soziale Handeln dadurch zugleich mitzubestimmen.

Politik soll Ordnung gestalten, die in sich *Freiheit* zur Entfaltung bringt. Dieses verstand sich zunächst und vor allem als eine Beschneidung von Politik (verstanden als aktives staatliches Handeln), klassisch von dem liberalen Reformer *Wilhelm von Humboldt* (1767–1835) in der Forderung zusammengefasst: Der „Staat enthalte sich aller Sorgfalt für den positiven Wohlstand der Bürger und gehe keinen Schritt weiter, als zu ihrer Sicherstellung gegen sich selbst und gegen auswärtige Feinde notwendig ist; zu keinem andren Endzwecke beschränke er ihre Freiheit." (Humboldt 1967, S. 52) Diese Freisetzung wirtschaftlichen Handelns sollte Wohlstand für die Bürger*innen bringen. Mit der *Gewerbefreiheit* entstand in der Gesellschaft aber eine neue soziale Klasse, der es *alleine* aus ihrer Arbeit heraus nicht möglich war, den zum Leben notwendigen Wohlstand zu erreichen. Fragen der sozialen Sicherung zum Schutz der Arbeitskraft drängten sich auf. Darin wurzelt in Deutschland zu Beginn des 19. Jahrhunderts die Diskussion, inwieweit staatliches Handeln die *privatkapitalistische* Wirtschaftsweise dieser *bürgerlichen Gesellschaft* regulieren und inwieweit es sie zu fördern habe. Staatliches Handeln ist dabei immer der Kontroverse ausgesetzt, von den einen als zu schwach, von den anderen als zu stark qualifiziert zu werden. Ob sie nun aber unterbleibt oder ob sie aktiv betrieben wird – Sozialpolitik ist immer ein gestaltendes Instrument, durch das der Staat in Teilbereichen *Sozialstaat* wird. Angesichts eines Sozialbudgets von ca. einem Drittel des Bruttoinlandsprodukts kommt dieser Facette von Staatlichkeit heute ein besonderes Gewicht zu, dem zumindest von der ökonomischen Bedeutung her kein anderer Teilbereich staatlicher Politik gleichwertig ist.

In den hochentwickelten Industriestaaten hat sich ein umfassendes, über die Funktion eines Reparaturbetriebes hinaus reichendes, Verständnis von Sozialpolitik entwickelt, denn „der Staatsbürgerstatus" – so *Jürgen Habermas* (1998, S. 809) – „muss einen Gebrauchswert haben und sich in einer Münze sozialer, ökologischer und kultureller Rechte auszahlen. Insofern hat die sozialstaatliche Politik eine nicht unerhebliche Legitimationsfunktion." Für den heutigen Sozialstaat muss diese Legitimation sehr viel stärker als jemals in der Geschichte in weltwirtschaftlichen Zusammenhängen gedacht werden. Sein Einwirken auf die Ökonomie ist längst nicht mehr an vorrangig nationale Interessenslagen gebunden. Doch was geschieht, wenn diese sozialstaatliche Politik Standortinteressen weltweiter Kapitalstrategien infrage stellt oder auch nur zu stellen droht? Dann sind vielfältige Verhaltensformen denkbar, die derzeit in nicht gefilterter Breite alltäglich national, europaweit und darüber hinaus zu beobachten sind bis hin zu Infragestellungen demokratischer Strukturen, wie dieses in der Geschichte bereits mehrfach geschehen ist. Es zeigt sich eine geradezu atemberaubende Entwicklung gleichgerichteter Prozesse in den Ländern der Europäischen Union sowie innerhalb der *Triade* aus Nordamerika, Ostasien und Westeuropa. Sozialpolitik als Teil von Staatlichkeit steht infrage, Konzepte einer Reduktion staatlicher Interventionen im Bereich des Sozialen gewinnen an Gewicht, während staatliche Interventionen bis hin zur Indienstnahme des staatlichen Gewaltmonopols in kriegerischen Auseinandersetzungen kaum noch auf Grenzen stoßen. Insofern ist es auch mehr als ein Aperçu, wenn der damalige Bundespräsident *Horst Köhler* nach einem Rundfundinterview zurücktrat, in dem er militärische Einsätze aus *wirtschaftlichen* Gründen mit folgendem Satz legitimierte: „(…) ein Land unserer Größe mit dieser Außenhandelsorientierung und damit auch Außenhandelsabhängigkeit [muss, *die Verf.*] auch wissen (…), dass im Zweifel, im Notfall auch militärischer Einsatz notwendig ist, um unsere Interessen zu wahren, zum Beispiel freie Handelswege, zum Beispiel ganze regionale Instabilitäten zu verhindern, die mit Sicherheit dann auch auf unsere Chancen negativ zurückschlagen, bei uns durch Handel Arbeitsplätze und Einkommen zu sichern." (ders. 2010)

Widersprüche tun sich auf: Soziale Sicherung ist an ökonomische Stabilität gebunden – und umgekehrt. Horst Köhler mag es unglücklich und in möglichem Widerspruch zum grundgesetzlichen Auftrag[1] der Bundeswehr formuliert haben, doch die Frage liegt auf der Hand: Was ist legitimer Mitteleinsatz in der Politik und wo liegen die Grenzen der Sicherung ökonomischer und sozialer Stabilität? Im Zuge der COVID-19-Bekämpfung ist diese militärische Dimension von Interessenssicherung nach Außen etwas in den Hintergrund der öffentlichen Wahrnehmung getreten. Dafür sind andere Fragen der internationalen Solidarität in Abwägung zu nationalen Interessen in den Vordergrund gerückt. Es ist die Frage, welche Regeln in der Pandemiebekämpfung und hier vor allem bei der Produktion und Verteilung von medizinischem Gerät und von Impfstoffen sowie anderer Medikamente gelten sollen: *America* oder *Britain first* oder doch eher koordiniertes internationales Handeln etwa im Rahmen der EU? Die COVID-Erfahrung zeigt: Der Ruf nach internationaler Solidarität erstirbt sehr schnell,

---

[1] Ursprünglich war die Bundeswehr gar nicht im Grundgesetz (GG) vorgesehen und ist erst im Jahr 1956 im Zuge des Ost-West-Konflikts aufgebaut worden (*Wiederbewaffnung*). Zentrale Norm für ihren Einsatz ist dabei Artikel 87a GG der bestimmt, dass die Bundeswehr allein der Landesverteidigung, also der Abwehr von direkten militärischen Bedrohungen von außen, dient. Ihr Einsatz im Inneren ist an strenge verfassungsrechtliche Voraussetzungen gebunden. Zu ihrem Einsatz außerhalb deutscher Landesgrenzen hat das Bundesverfassungsgericht im Kontext der Kriege im ehemaligen Jugoslawien (1990er Jahre) und dem damit verbundenen Einsatz der NATO am 12. Juli 1994 entschieden, dass sich der Bund zur Sicherung des Friedens einem System kollektiver Sicherheit anschließen kann. Auslandseinsätze unter dem Mandat der United Nations (UN), der NATO und der EU (Europäischen Union) sind damit möglich. (vgl. BpB 2015)

wenn sich organisatorische Probleme und vor allem materielle Engpässe, sei es beim Geld oder beim Material, zeigen.

Es wird deutlich: Die Beschäftigung mit Sozialpolitik kann nicht *wert*frei sein, sie fragt nach deren demokratischer Legitimation, deren inhaltlicher Ausrichtung, deren materieller Fundierung, sie fragt nach deren Ergebnissen, beabsichtigt oder nicht, und nach deren Defiziten. Sie fragt nach sozialen Interessen und Widerständen, danach, wem sie nutzt und wem sie schadet (cui bono). Sie sucht nach Möglichkeiten und Grenzen, selbst und/oder fremd gesetzten. Die Widersprüchlichkeit von sozialen Interessen, die nicht in den Kategorien ,falsch' oder ,richtig' zu klassifizieren sind, ist ihr Merkmal und Gestaltungsauftrag.

Zur Vielschichtigkeit der Sozialpolitik

Sozialpolitik ist vielschichtig. Sich ihr zu nähern kann folglich über unterschiedliche Zugänge geschehen, die im wissenschaftlichen Diskurs mehr oder weniger breit geteilt werden. Im Einzelnen fragt die wissenschaftliche Beschäftigung mit Sozialpolitik nach …

- ihrer **Genese:** Sie entsteht substantiell erst mit der sozialen Frage des *19. Jahrhunderts*, es gibt sie allerdings in frühen Ansätzen bereits etwa in *mittelalterlichen* Städten.
- ihrem **Anlass:** Sie grenzt *diskursiv (konflikthaft)* sozialpolitisch zu beantwortende *soziale* Probleme von *privat* zu lösenden ab (Bäcker et al. 2020, S. 1 und 8), wird (seltener) aber auch *anthropologisch* akzentuiert, etwa mit dem Hinweis auf das menschliche Sicherheitsbedürfnis. (Castel 2005, S. 127)
- ihren **Triebkräften:** Sozialpolitik wird häufig zuvorderst als *staatliche*s Handeln in die Gesellschaft hinein aufgefasst, kann jedoch auch als Anforderung *gesellschaftliche*r Akteure an staatliche Politik begriffen werden.
- ihrem **Gegenstand:** Dieser umfasst durchgängig mindestens die *sozialen Sicherungs*systeme, teils aber auch etwa die *Bildungs*- und *Wohnungs*politik sowie die *Vermögens*politik. (Althammer und Lampert 2014)
- ihren **Adressat*innen:** Sozialpolitik bezieht sich in der Regel typisiert (statt einzelfallorientiert) auf Personen und Personengruppen, dabei einerseits wirtschaftlich schwache und/oder besonders vulnerable Gruppen im Blick habend – insbesondere *Arbeitnehmer*innen* –, andererseits aber auch auf *alle* Gesellschaftsmitglieder zielend. (Sozialpolitik als Gesellschaftspolitik, vgl. Achinger 1971, S. 9)
- ihren **Träger*innen:** Hier werden zwar sozialpolitische Maßnahmen durchgängig als öffentliche aber nur zum Teil als *obrigkeitliche* (vom Staat

betriebene) Aufgaben beschrieben. Dies geschieht zum einen in Abgrenzung zu individuell privater Mildtätigkeit (etwa in Form von Spenden), zum anderen gegenüber *nichtstaatlichen,* gleichwohl kollektiven Maßnahmen, etwa in der betrieblichen Sozialpolitik.

- ihren **Zielen:** Diese werden unterschiedlich akzentuiert etwa als (inter-personelle, intertemporale, interregionale) *Verteilung*spolitik (von Rechten und Pflichten, Einkommen und Vermögen; Frerich 1987, S. V), als *Ausgleich und Ausschluss* sozialer Benachteiligungen und Gegensätze (Butterwegge 2001, S. 11), als Mittel zur Wahrung der *Menschenwürde* und zur *Ordnung* des Ver-hältnisses sozialer Stände, Klassen und Schichten (Heyde 1959, S. 12 f.) oder als Sicherung des sozialen *Friedens.* (Albrecht 1955, S. 33)
- ihren **Funktionen:** Diese werden aufgefasst als „Schutz-, Sicherungs- und *Humanisierungsinteressen*" (Tennstedt 1978, S. 561) oder primär Staats- und *Herrschaftszwecken* dienend (Reidegeld 1996, S. 12), als Mittel, die jeweilige Gesellschaftsordnung *glaubwürdig* zu machen (Heyde 1959, S. 12), als zwischen den Polen Systemerhaltung *(Restauration)* und Systemgestaltung *(Revolution)* angesiedelt (Mühlum 2007, S. 17), als zu Beginn eher *struktur-erhaltend,* nunmehr eher *strukturgestaltend* betrieben (Brück 1974, S. 1 und 5) oder dialektisch stets beide Facetten umfassend.

Das Verständnis von Sozialpolitik wird notwendig umstritten und wandelbar bleiben, erstens aus normativen und zweitens aus praktischen Gründen, weil sich die Gruppen, an die sich praktische Sozialpolitik tatsächlich richtet, und weil sich die Ziele, Instrumente und Träger der Sozialpolitik durch den *sozialen Wandel* ändern. (Althammer und Lampert 2014, S. 3 f.) Insgesamt aber gilt:

- Sozialpolitik ist *räumlich gebunden.* Dabei schaffen nicht nur Gesetze Reali-täten, auch Nichtstun und/oder der Verweis auf die Zuständigkeit anderer sozialpolitischer Ebenen kann wirksam sein.
- Sozialpolitik hat sich geschichtlich mit dem *bürgerlichen Staat* herausgebildet, auch wenn es schon vor dieser Zeit öffentliche Handlungen zur Befriedigung sozialer Bedarfe gegeben hat. Sozialpolitik ist aber nicht an einen bestimmten Staatstyp gebunden. Sie kann vielmehr in unterschiedlicher Weise zur Legitimation von *Herrschaft* eingesetzt werden. *Demokratie* aber ist ohne eine Sozialpolitik, die der sozialen Integration (Teilhabe) ihrer Bürger*innen ver-pflichtet ist, nicht denkbar.
- Sozialpolitik entscheidet *Zielkonflikte* zwischen widerstreitenden sozialen *Interessen* bei der Bewältigung gesellschaftlich anerkannter Problemlagen und der dafür notwendigen Zuteilung materieller und immaterieller Ressourcen.

Damit unterscheidet sich Sozialpolitik von privaten Hilfestellungen, die ihren
Inhalt und ihre Zielrichtung nicht *öffentlich* bestimmen, auch wenn sie mit
Sozialpolitik in einem komplementären Zusammenhang stehen (können).

- Sozialpolitik ist ein wichtiges Instrument, um den *Primat der Politik* gegenüber der Ökonomie durchzusetzen. Sie ist aber auch Ausdruck, dass dieser
Primat nicht abgelöst betrachtet werden kann von den ihm zugrunde liegenden
gesellschaftlichen Interessen an einem mehr oder weniger ungehinderten Verfolg bürgerlicher Kapitalinteressen. Sozialpolitik ist letzteren sowohl nach- als
auch vorgeordnet *(Janusköpfigkeit der Sozialpolitik).*
- Sozialpolitik ist *Verteilungspolitik.* In einer marktwirtschaftlichen Ordnung
soll Sozialpolitik möglichst zu einem gesellschaftlich akzeptablen Ver-
teilungs*kompromiss* von (materiellen und immateriellen) Rechten, Pflichten
und Unterstützungsleistungen führen. Allerdings lassen sich *Interessengegen-
sätze* nicht immer widerspruchsfrei auflösen. Sozialpolitische Entscheidungen
stellen deshalb nicht nur Kompromisse, sondern auch politische *Richtungsentscheidungen* dar, wohlwissend, dass diese dann das Verteilungsinteresse des
einen befriedigen und die des anderen verletzen.
- Sozialpolitik ist *normativ* an Vorstellungen von Gerechtigkeit gebunden.
Sie ist getragen von sozialen Norm- und Wertvorstellungen und damit
von gesellschaftlichen *Interessengruppen* beeinflusst, zu denen *soziale
Bewegungen* wie die Arbeiter-, Frauen- oder die Selbsthilfebewegung und
aus ihnen entstandene Organisationen wie Parteien, (Arbeitgeber-)Verbände,
Gewerkschaften, Kirchen und Bürgerinitiativen gehören. Sozialpolitik hat
auch *anthropologische Dimensionen,* die nach dem Wesen des Menschen,
seiner Autonomie und Verantwortungsfähigkeit fragen. Diesen Bogen macht
Wolfgang C. Müller (2003, S. 10) deutlich, wenn er fragt, ob wir dem „neoliberalen Theoretiker" folgen wollen, der die Angst vor sozialem Abstieg als
„heilsame Treibfeder" für mehr Leistungsbereitschaft des Einzelnen versteht.
Oder ob das eine unwürdige Objektrolle des Menschen sei, der durch aktives
staatliches Handeln die umfassende „Sicherung der Lebensbedürfnisse" entgegengesetzt werden müsse. Somit ist also zentral: Bei der Verteilung gibt es
stärkere und schwächere soziale Interessen, die versuchen, sich in sozialen
und politischen Auseinandersetzungen Gehör zu verschaffen bzw. sich
durchzusetzen. Doch diese Auseinandersetzungen erfolgen innerhalb eines
politischen Gemeinwesens, das sich selbst Normen und Werte gesetzt hat. Es
geht bei Sozialpolitik darum, wie diese Normen ausgelegt und verwirklicht
werden.

Der Sozialstaat ist deshalb immer ein Kompromiss, der von historischen Kräfte-konstellationen abhängig und damit stets veränderbar ist. Die Bundesrepublik Deutschland ist durch Artikel 20 des Grundgesetzes auf den *Sozialstaatsgrund-satz* festgelegt. Erst recht in einem föderalen Staatswesen, verstärkt durch das Recht auf kommunale Selbstverwaltung, gibt es nicht das *eine* Sozialstaatsmodell in Deutschland, auch nicht zu einem konkreten Zeitpunkt, sondern zeichnen sich immer wieder neue Konstellationen und Ausprägungen ab. Und diese Vielfalt wird durch die vierte Ebene, die Europäische Union, noch erweitert.

Streit darüber, was Sozialpolitik in Zukunft soll bzw. nicht soll und auf welcher Ebene sie verhandelt und entschieden werden muss, ist folglich vor-programmiert. Sozialpolitik wird sich immer wieder danach fragen lassen müssen, ob sie anstehende soziale Problemlagen angemessen erfasst und bearbeitet, Kompromisse findet zwischen Eigenverantwortung und gesamt-gesellschaftlichem Ausgleich, ob sie in der Lage ist, notwendige Solidarität in der Gesellschaft zu organisieren und zu fokussieren. Sie wird schließlich auch danach zu befragen sein, was sie willens und in der Lage ist, als verbindliches und unbedingtes menschenwürdiges Existenzminimum zur Verfügung zu stellen.

Zum Aufbau des Buches
Im Aufbau dieses Bandes spiegeln sich die dargelegten Facetten wissen-schaftlicher Zugänge zur Sozialpolitik wider. Anhand der *Geschichte sozial-politischen Handelns* in Deutschland werden zunächst deren sich wandelnde ökonomischen, politischen und sozialen Kontexte, deren materielle Grundlagen und ideengeschichtlichen Wurzeln aufgespürt. Es zeigen sich historische Phasen der Sozialpolitik, die sich entfaltenden, aber auch verändernden Interessen-träger*innen und die sich geschichtlich herausbildenden Prinzipien, Struktur-merkmale, Institutionen und Funktionen. Dabei werden immer auch die ihnen inhärenten Widersprüche und Konkurrenzen deutlich. Im nächsten Schritt werden systematisch die *Akteure, Strukturen und Prozesse von Sozialpolitik* nach-gezeichnet. Dabei wird erneut auf Tendenzen von Europäisierung und Globali-sierung und damit auf die räumliche Entgrenzung der Kontextbedingungen von Sozialpolitik im 21. Jahrhundert verwiesen. Dem schließt sich ein *Überblick zu den sozialpolitischen Leistungen* für die zentralen Lebensbereiche Einkommen/ Verteilung, Arbeit/Arbeitsschutz, Familie/Haushalt, Gesundheit/Pflege und Alterssicherung an. Zugleich wird ausführlich auf besonders prekäre Lebenslagen eingegangen. Die beiden abschließenden Kapitel befassen sich mit den *Heraus-forderungen der Sozialpolitik* sowie mit der Frage, wo systematisch Grenzen von Sozial*politik* und Sozial*staat* zu bestimmen sind.

Literatur

Achinger, Hans. 1971. Sozialpolitik als Gesellschaftspolitik. Frankfurt am Main: Eigenverlag des Deutschen Vereins für öffentliche uund private Fürsorge e.V..

Albrecht, Gerhard. 1955. Sozialpolitik. Göttingen: Vandenhoeck & Ruprecht.

Althammer, Jörg; Lampert, Heinz. 2014. Lehrbuch der Sozialpolitik. 9. Aufl. Wiesbaden: Springer.

Bäcker, Gerhard; Naegele, Gerhard; Bispinck, Reinhard. 2020. Sozialpolitik und soziale Lage in Deutschland. Band 1. 6. Aufl. Wiesbaden: Springer VS.

Brück, Gerhard W. 1974. Perspektiven der Sozialpolitik. Göttingen: Otto Schwartz und Co.

(BpB) Bundeszentrale für politische Bildung. 2015. Rechtliche Grundlagen deutscher Verteidigungspolitik. https://www.bpb.de/politik/grundfragen/deutsche-verteidigungspolitik/199281/wehrrecht. Zugegriffen: 14. April 2021.

Butterwegge, Christoph. 2001. Wohlfahrtsstaat im Wandel. 3. Aufl. Opladen: Leske + Budrich.

Castel, Robert. 2005. Die Stärkung des Sozialen. Hamburg: Hamburger Edition.

Frerich, Johannes. 1987. Sozialpolitik. München und Wien: Oldenbourg Wissensch.

Habermas, Jürgen. 1998. Die postnationale Konstellation und die Zukunft der Demokratie. In Blätter für deutsche und internationale Politik. Heft 7/1998. Berlin: Suhrkamp Verlag.

Heyde, Ludwig. 1959. Abriß der Sozialpolitik. 11. Aufl. Heidelberg: Quelle & Meyer.

Humboldt, Wilhelm von. 1967. Ideen zu einem Versuch, die Grenzen der Wirksamkeit des Staates zu bestimmen. Stuttgart: Reclam.

Köhler, Horst. 2010. "Sie leisten wirklich Großartiges unter schwierigen Bedingungen". Bundespräsident Köhler nach seinem Besuch in Afghanistan. Horst Köhler im Gespräch mit Christopher Ricke am 22. Mai 2010. https://www.deutschlandradio.de/sie-leisten-wirklich-grossartiges-unter-schwierigsten.331.de.html?dram:article_id=203276. Zugegriffen: 14. April 2021.

Mühlum, Albert. 2007. Hat Soziale Arbeit ein politisches Mandat? In Repolitisierung Sozialer Arbeit. hrsg. M. Lallinger; G. Rieger, 15–30. Stuttgart: Springer.

Müller, Wolfgang C. 2003. Wie ich es sehe ... In Carl Wolfgang Müller zum 75. Dokumentation des Symposiums der Stiftung SPI. https://www.stiftung-spi.de/fileadmin/user_upload/Dokumente/veroeffentlichungen/Symposium_C.W._Mueller_zum_75/cw_mueller_75_symposium_doku.pdf. Zugegriffen: 14. April 2021.

Reidegeld, Eckart. 1996. Staatliche Sozialpolitik in Deutschland. Opladen: VS Verlag für Sozialwissenschaften.

Tennstedt, Florian. 1978. (Neudruck) Nachwort. In Sozialpolitik in der Weimarer Republik. hrsg. L. Preller. Düsseldorf: Athenäum Verlag.

Historische Phasen der Sozialpolitik in Deutschland

2

In der Sozialpolitik entscheidet der Staat über Zielkonflikte bei der Bewältigung sozialer Problemlagen. Inhaltlich geht es um soziale Auseinandersetzungen darüber, wie die vorhandenen materiellen und immateriellen Ressourcen in einem Gemeinwesen verteilt werden sollen. Dem liegen Vorstellungen von Gerechtigkeit zugrunde, deren Werte und Normen geschichtlich entstehen, verändert oder auch aufgegeben werden. Mit ihnen werden jeweils soziale Interessen formuliert und gewichtet. Sozialpolitik steht in einem engen Wechselverhältnis zur Ökonomie, sie ist ihr einerseits vor-, andererseits aber auch nachgeordnet. Politik beansprucht in der liberalen Staatstradition einen Primat der Politik gegenüber der Ökonomie, dieser Rahmen und Grenzen setzend, ohne allerdings das freie Spiel der Kräfte im Wirtschaftsleben zu stark einzuschränken. Wird dieser Primat der Politik nicht umgesetzt, stellt sich die Frage nach der demokratische Substanz des Gemeinwesens.

Eine Darstellung und Analyse der geschichtlichen Entwicklung von Sozialpolitik sucht nach einer Antwort auf die Frage, ob es sich hierbei um einen Prozess der allmählichen oder steten oder nachhaltigen Überwindung sozialer Defizite handelt oder aber ob und wenn ja wodurch immer wieder auch Einschnitte und Rückschritte zu verzeichnen sind. Zugleich soll aufgezeigt werden, woran sich Fortschritt oder Rückschritt messen lassen kann.

© Der/die Autor(en), exklusiv lizenziert durch Springer Fachmedien Wiesbaden GmbH, ein Teil von Springer Nature 2022
J. Boeckh et al., *Sozialpolitik in Deutschland*,
https://doi.org/10.1007/978-3-658-36014-6_2

2.1 Sozialordnung im Übergang zwischen Feudalstruktur und frühbürgerlicher Gesellschaft: Grundmuster öffentlicher Wohlfahrt

Zahlreiche geschichtliche Dokumente aus frühen Hochkulturen berichten von Aktionen sozialer Fürsorge – bei Hungersnöten, kriegerischen Ereignissen, schweren Erkrankungen etc. Beispielhaft sei an den Bau von Kornspeichern im Ägypten der Pharaonenzeit zur Abwehr einer drohenden Hungersnot erinnert oder an die Versprechen neu gewählter Könige in Mesopotamien, sich besonders den Armen zuzuwenden. Dabei dienten soziale Handlungen schon damals häufig der Herrschaftsstabilisierung, wie es beispielsweise das Schlagwort ‚Brot und Spiele‘ im antiken Rom zum Ausdruck bringt. Doch im Regelfall war die Versorgung von Menschen Aufgabe des jeweiligen engeren Sozialverbandes: also der Sippe bzw. des Hausverbandes wie im antiken Griechenland oder Rom sowie in frühchristlichen Gemeinschaften.

Von *Politik* sprechen wir erst seit der Herausbildung des bürgerlichen Staates. Dessen Entstehung ist nicht an ein konkretes Ereignis gebunden; vielmehr löst sich die feudale Herrschaftsstruktur mit dem ausgehenden Mittelalter in einem mehrere Jahrhunderte währenden Prozess auf. Das 16. Jahrhundert markiert mit der Ausdehnung der Geld- und Kreditwirtschaft, der Entfaltung überregionaler Märkte und der beginnenden Verselbständigung regionaler Territorialherrschaften einen wichtigen Abschnitt auf diesem Wege. Es entstand allmählich eine Herrschaftsform, die wesentliche Grundlagen für das Zusammenleben der Menschen, für deren wirtschaftliche Wohlfahrt und den Handel untereinander legte. Im Zentrum standen und stehen bis heute vor allem der Schutz der Bewohner*innen nach innen und nach außen. Der Umfang an persönlichem Eigentum, auch an Produktionsmitteln nahm zu. Eigentum sollte gegen Raub, aber auch gegen Zugriffe der Obrigkeit geschützt werden. An eine soziale Absicherung der Menschen dagegen war zunächst nicht gedacht.

Gleichwohl haben sich schon in der sozialpolitischen ‚Vor-Zeit‘ einige Elemente herausgebildet, die bis heute bei der sozialen Gestaltung unseres Gemeinwesens nachwirken. Zentral steht hier zum einen die hebräische Bibel – das Alte Testament – mit zwei Kernaussagen, nämlich der *Gottes-Ebenbildlichkeit des Menschen* und *der Rechtsverletzung der Würde des Menschen durch Armut*. Folgt man dem Schöpfungsbericht der Bibel (1. Mose, 1, 27), so ist der Mensch Geschöpf Gottes und nicht Eigentum eines anderen Menschen; er hat eine unaufgebbare Würde, die allem menschlich gesetztem Recht vorgelagert ist. Dieser Gedanke ist fester Bestandteil eines christlichen Menschenbildes geworden und hat seinen Niederschlag in zahlreichen sozialethischen und politischen, säkularen Dokumenten gefunden. So auch im Grundgesetz der Bundesrepublik Deutschland aus dem Jahr 1949: „Die Würde des Menschen ist unantastbar. Sie zu achten und zu schützen ist Verpflichtung aller staatlichen Gewalt." (Artikel 1, Abs. 1) Ein Zustand, der die menschliche Würde verletzt, bedeutet schon in der hebräischen Bibel Rechtsverletzung – das heißt: Verletzung eines von Gott gegebenen Rechts! Armut beschädigt diesem Verständnis folgend die Würde jedes Einzelnen. Der Betroffene muss wieder in sein aus der Schöpfungsgeschichte herrührendes Recht eingesetzt werden: „Schaffet Recht dem Armen und der Waise und helft dem Elenden und Bedürftigen zum Recht." (Psalm 82,3) Auch diese Forderung hat Auswirkungen bis in die Gegenwart: Die aktuelle Gesetzgebung für Leistungen der Mindestsicherung verankert den Rechtsanspruch auf *Fürsorge* für Menschen, die sich aus eigener Kraft nicht selber helfen können, ohne dieses an Vorleistungen zu binden.

Darüber hinaus schufen Landesherren bereits im ausgehenden Mittelalter Sicherungssysteme für einige Berufe und Personengruppen, die in einem besonderen wechselseitigem Treue- und Abhängigkeitsverhältnis zu ihm standen. Damit ist ein ebenfalls heute noch anzutreffender Teil staatlicher Sozialpolitik bereits sehr früh installiert, nämlich die *Versorgung* von Personen, die sich in besonderer Weise für das Gemeinwesen eingesetzt haben. Zu verweisen ist heute etwa auf die Kriegsopferversorgung bzw. auf die Beamtenversorgung im Alter. Und schließlich gab es sehr vereinzelt *Versicherungs*regelungen. Als Frühformen gemeinschaftlicher Risikoabsicherung können die *Knappschaften* der Bergleute angesehen werden, die sich seit dem 13. Jahrhundert zusammenschlossen. Diese Fonds erbrachten aus Beitragszahlungen Leistungen bei Unfällen an die Bergleute oder bei berufsunfallbedingtem Tod an deren Hinterbliebene.

Diese Beispiele zeigen die lang zurückliegenden Wurzeln der heutigen Sozialpolitik, auch wenn sie in Deutschland erst in der 2. Hälfte des 19. Jahrhunderts systematisch einsetzte.

2.2 Durchsetzung kapitalistischer Wirtschaftsstrukturen und Anfänge staatlicher Sozialpolitik

2.2.1 Kommunalisierung der Armenfürsorge

Die Sozialbezüge im feudalen Mittelalter (etwa vom 6. bis zum 15. Jahrhundert) fußten auf einem wechselseitigen Treueverhältnis zwischen Lehnsherren und

Vasallen, das die Trennung zwischen privater und öffentlicher (= staatlicher) Sphäre nicht kannte. Aus diesem Wechselverhältnis bestimmten sich der soziale Status, die Art der materiellen Ausstattung und zugleich die zu erbringende Leistung. Eigentum als isolierte Kategorie gab es nicht, folglich waren Existenz und deren Sicherung nicht privat zu organisieren, sondern im Sozialverbund.[1] Wesentlicher Teil waren kirchliche Einrichtungen und hier insbesondere die Klöster als Träger *christlicher Armenfürsorge,* die jene aufzufangen suchten, die aus bestehenden sozialen Netzen herausgefallen waren. Der bzw. die Arme bekam Almosen, der bzw. die Reiche gab Almosen, als Gegenleistung segnete die Empfänger*in den bzw. die Gebende.

Dieser Sozialverbund des Mittelalters brach *sozialräumlich* durch die territoriale Eroberung neuer Gebiete (etwa Entdeckung Amerikas), *sozial* durch Infragestellungen der Feudalordnung etwa durch Widerstandsformen sowohl der Landbevölkerung (etwa Bauernkriege) als auch städtisch nicht mehr sozial integrierbarer Zuwanderer*innen auf. Allmählich kam es zu einer Trennung zwischen der Gesellschaft auf der einen und dem Staat auf der anderen Seite, wie es *Thomas Hobbes* (1588–1679) in seiner Schrift „Leviathan" 1651 beschrieben hat. Auch wenn die neue – kapitalistische – Wirtschaftsform über seine früh-kapitalistischen Formen hinaus erst mit der Industrialisierung voll zum Tragen kam, verloren alte soziale Sicherungssysteme schon früher durch die Land-Stadt-Flucht, die Zunahme der städtischen Bevölkerung und den Bedeutungsverlust des Zunftwesens an Gewicht – neue Unterstützungsleistungen waren aber noch nicht in Sicht. Die mittelalterliche kirchliche Armenfürsorge reichte nicht mehr aus, um die Massenverarmung in dieser Zeit des Übergangs aufzufangen.

In einem Edikt aus dem Jahre 1531 übertrug *Kaiser Karl V.* (1500–1558) den Städten die Verantwortung für die *Armenfürsorge* bzw. anerkannte er die faktisch vollzogene Kommunalisierung und Säkularisierung auf diesem Gebiet; zugleich wollte er eine gewisse Einheitlichkeit der neuen Organisation erreichen. (Geremek 1991, S. 172 ff.)

---

[1] Diese Sozialordnung – auch „ordo" genannt – war nach außen abgeschlossen und hatte die Form einer Doppelpyramide. Kaiser und Papst bildeten gemeinsam eine Doppelspitze; weltliches und geistliches Handeln waren mit klaren Vorgaben statisch aufeinander bezogen. Innerhalb der jeweiligen Zweige dieser Doppelpyramide gab es eine starre Rangordnung. Im weltlichen Bereich war – verkürzt dargestellt – der Kaiser bzw. König Lehnsherr, der Land zum Nutzen seinen Kronvasallen übergab, die ihrerseits wieder Untervasallen belehnen konnten. Unfreien Bauern wurde dann das Land zur Bewirtschaftung übergeben, ohne dass diese ein Eigentumsrecht besaßen.

Einzelne Städte erließen *Bettelordnungen*, in denen noch nicht begrifflich, aber der Sache nach zwischen ‚würdigen' und ‚unwürdigen' Armen unterschieden wurde. So wird in der Nürnberger Bettelordnung von 1522 einerseits angeprangert, „das sich bishere vil burger und ander auswerdig personen unterstanden haben, das almusen on rechte not und ehaft zunemen, ir handarbeit gar zuverlassen und allein des pettelens zubehelfen; (…)." Andererseits aber unterstreicht der Rat der Stadt, dass es Christenpflicht sei, jenen, die „not, armut, zadel und kummer leiden, ja offentlich auf den gassen und in den heusern verschmachten söllen", zu helfen. Deshalb habe der Rat beides geregelt – „dem nechsten zu nutz", gleichzeitig „zu abstellung angezeigter beschwerden und leichtfertigkeit". Es folgen detaillierte Regelungen zur Vergabepraxis, Kontrolle, Bedürftigkeitsprüfung, zu einzelnen sozialen Gruppen und deren Betroffenheit. (Ehrle 1888, S. 459 f.)

2.2.2 Reformation in Deutschland im 16. Jahrhundert

Die Reformation stellte ein weiteres wichtiges Moment bei der Überwindung feudal-mittelalterlicher Strukturen dar. *Martin Luther* (1483–1546) war nicht nur christlicher, sondern auch *Sozialreformator:* Vor Gott sei – so seine Kernaussage – der Mensch, ob arm oder reich, allein aus Gnade gerechtfertigt (Rechtfertigungslehre). Wenn Gott aber eine Option habe, dann sei es die für die Armen, denn er sei „nicht ein vater der reichen, sondern der armen, witwen und waisen." (Luther Bd. 18 1908, S. 498, Zeile 9) Da alle Güter Gaben Gottes seien, müssten diese auch zur Überwindung von Armut eingesetzt werden. Sein Verdikt: Nicht zur Nächstenhilfe gebrauchtes Gut sei „gestolen vor got". (ders. Bd 10/3 1905, S. 275, Zeile 9) Doch diese Nächstenhilfe solle nicht Hungeralmosen sein, „sondern *rechtes Almosen,* das selbstlos schon die Ursachen der Armut beseitigt, dem Recht Geltung verschafft und ehrliche Berufs- und Geschäftspraxis pflegt." (Krause 1979, S. 101) Armut habe verschiedene Ursachen, zu denen neben der Sünde im Umgang mit zeitlichen Gütern eine falsche Einstellung zur Arbeit gehöre. Luther begriff Arbeit als vollzogenes Tun Gottes; Müßiggang sei folglich unethisch. Das Empfangen von Almosen als Folge von Arbeitsscheu sei Raub und Diebstahl an von anderen Menschen mit Schweiß und Blut erarbeiteten Gütern. Luther entwickelte ausführlich praktische Vorschläge für die Neuordnung des kommunalen Armenwesens.

Martin Luther: An den christlichen Adel deutscher Nation

„Es ist wohl der größten Notwendigkeiten eine, daß alle Bettelei abgetan würde in aller Christenheit. Es sollte niemals jemand unter den Christen betteln gehen, es wäre auch leicht eine Ordnung drob zu machen, wenn wir den Mut und Ernst dazu täten. Nämlich, daß eine jegliche Stadt ihre armen Leute versorgte und keinen fremden Bettler zuließe, sie hießen, wie sie wollten, es wären Wallfahrtsbrüder oder Bettelorden. Es könnte immer eine jegliche Stadt die ihren ernähren; und wenn sie zu schwach wäre, daß man auf den umliegenden Dörfern auch das Volk ermahnet, dazu zu geben; müssen sie doch sonst zuviel Landläufer und böse Buben unter des Bettelns Namen ernähren. So könnte man auch feststellen, welche wahrhaftig arm wären oder nicht.

Ebenso müßte da sein ein Verweser oder Vormund, der alle die Armen kennte und was ihnen not wäre, dem Rat oder Pfarrer ansagte oder wie das aufs beste könnte geordnet werden. Es geschieht meines Achtens auf keinem Handel so viel an Bübereien und Trügereien wie auf dem Bettel, die da alle wären leichtlich zu vertreiben. (…)

Daß aber etliche meinen, es würden auf diese Weise die Armen nicht gut versorgt und nicht so große steinerne Häuser und Klöster erbaut, auch nicht so reichlich – das glaub ich sehr wohl. Ist's doch auch nicht nötig; wer arm will sein, soll nicht reich sein, will er aber reich sein, so greif er mit der Hand an den Pflug und such's sich selbst aus der Erde. Es ist genug, daß die Armen angemessen versorgt sind, so daß sie nicht Hungers sterben noch erfrieren. Es gehört sich nicht, daß einer auf des anderen Arbeit hin müßig gehe, reich sei und wohl lebe bei eines anderen Übelleben, wie jetzt der verkehrte Brauch geht. Denn Sankt Paul sagt: ‚Wer nicht arbeitet, soll auch nicht essen.' Es ist niemand dazu bestimmt, von der anderen Güter zu leben, denn allein die predigenden und regierenden Priester, wie Sankt Paulus I. Kor. 9 (14) (sagt), um ihrer geistlichen Arbeit willen, wie auch Christus sagt zu den Aposteln: ‚Ein jeglicher Wirker ist würdig seines Lohns.' (Luther 1520 Ziff. 21/1962, S. 79 f.)

Luthers Bewertung der Armut und der Armenfürsorge war Teil seiner theologisch bestimmten systematischen Trennung zwischen geistlicher und weltlicher Gewalt. Luthers *Zwei-Reiche-Lehre* trennte die Gottes- von der weltlichen Herrschaft, er befreite den Staat aus kirchlicher Bevormundung und verlieh der weltlichen Herrschaft ein eigenständiges Gewicht, damit auch eine Verpflichtung zur Abhilfe sozialer Missstände.

Auch bei dem anderen großen Reformator, *Johannes Calvin* (1509–1564), kam es neben der theologischen Abgrenzung vom mittelalterlichen Denken zu einer Neubestimmung christlich-ethischen Verhaltens. Leben in der Gewissheit göttlicher Erwählung (Prädestination) müsse seinen Niederschlag in einem gemeinwesenförderlichen Verhalten finden. In Genf, dem Ort des Wirkens Calvins, beteiligte sich die Kirche aktiv am Aufbau einer kommunalen Armenfürsorge („Hôpital général!"), zugleich verankert im Ethos, dass Arbeit von all denen einzufordern sei, die dazu in der Lage sind. „Gewiss, Almosen erhielt man jetzt vom Spital, doch diese milden Gaben wurden nicht mehr um Gotteslohn, sondern erst nach Kontrollen und mit Hintergedanken gewährt. Der Beruf des Armen – (...) – war abgeschafft und die Haupttätigkeit, Bettelei, streng verpönt." (Reinhardt 2009, S. 228). Auch in der *katholischen Kirche* kam es zu einer Neubewertung von Armut und Arbeit. So setzte sich im Jahr 1501 *Johannes Geiler von Kayserberg,* Domprediger in Straßburg, einerseits vehement für die Rechte der Elenden ein, zugleich wandte er sich strikt gegen die „falschen Armen".

Johannes Geiler von Kayserberg: „Die XXI Artikel" an den Rat von Straßburg

„Unserer Menschlichkeit steht es zu, den Bedürftigen zu versorgen und Eifer darauf zu verwenden, daß es den Armen nicht an Nahrung fehle. Darum sollten das der Kaiser und die Versammlung der Fürsten übernehmen, wie es auch an einige herangetragen worden ist, aber vergebens. Darum ist es notwendig, daß jede Gemeinde die ihren unterstütze. Durch Gottes Gnaden gibt es ein großes Almosen durch Spenden und dergleichen in dieser Stadt, aber die Schwierigkeit liegt in der Verteilung. Es wäre notwendig, daß dazu einige wenige, die in der Angelegenheit die Verwaltung übernähmen, gewählt würden, und es wäre eine Ordnung nötig, nach der die kräftigen Bettler oder Kinder, die ihr Brot verdienen könnten, zur Arbeit angehalten und allein die Armen und zur Arbeit Unfähigen zum Almosen zugelassen würden". (Kayserberg 1501, zit. n. Sachße und Tennstedt 1980, S. 56)

Die kommunalen Bettelordnungen und die Stellungnahmen der Reformation sowie des Katholizismus zeigen, dass und wie der Prozess der Säkularisierung der Armenfürsorge im Übergang zum 16. Jahrhundert mit einer Veränderung der Einstellung zur Armut verbunden war. Armenpolitik zielte auf eine neue Form *sozialer Disziplinierung,* dienten doch innerhalb der Armenfürsorge die einzelnen Elemente der *Bürokratisierung,* der *Rationalisierung* und der *Pädagogisierung* der Durchsetzung eines neuen Arbeitsethos als Vorbedingung sich erst ansatzweise abzeichnender wirtschaftlicher Verhältnisse, für die Menschen unabdingbar wurden, die auf den Verkauf ihrer Arbeitskraft angewiesen sind. (Oexle 1986, S. 90 f.) Damit wurden zugleich bis heute gültige *Grundsätze kommunaler Armenfürsorge* formuliert:

- ein Recht auf existenzminimale öffentliche Fürsorge in Notfällen,
- die Trennung zwischen würdigen und unwürdigen Armen,
- die Mitwirkungspflicht etwa durch den Nachweis der eigenen Arbeitswilligkeit,
- Hilfe verstanden als Hilfe zur Selbsthilfe und schließlich
- eine Schlechterstellung des materiellen Umfangs der Hilfestellung gegenüber anderen Formen eigenständiger Existenzsicherung etwa durch Lohnarbeit (heute: Lohnabstandsgebot).

2.2.3 Der Durchbruch zum politischen Liberalismus und zur privatkapitalistischen Arbeit: Sozialer Umbruch und erste staatliche Interventionen

Die Entwicklung des Fernhandels und des Geldgeschäftes führten vor allem in den Städten zur Herausbildung bürgerlicher Schichten. Diese drängten darauf, dass ihre auf Grund von Eigenleistung erworbene Position gesellschaftlich und politisch anerkannt werde. Daraus leitet sich die erste Grundnorm in der Sozialpolitik ab: *Eigenverantwortung* und die Vorstellung von *Leistungsgerechtigkeit*.

Grundnorm 1: Eigenverantwortung – Leistungsgerechtigkeit

Der Schlachtruf der – historischen – Tea-Party in Boston 1773: „No taxation without representation" brachte die Forderung nach Teilhabe des Bürgertums an der staatlichen Rechtssetzung auf den Punkt, zugleich war es das Fanal zum amerikanischen Unabhängigkeitskrieg. Schon vorher hat einer der bedeutensten Theoretiker des frühen politischen Liberalismus, *Jean Jacques Rousseau* (1712 – 1778), in seinem Werk „Le contrat social" (1762) konstatiert: „Der Mensch wird frei geboren, und überall ist er in Ketten" – in den Ketten der ständischen Feudalordnung. (Rousseau 1968) Die Forderung nach Freiheit richtete sich vor allem gegen den absolutistischen Staat, dem Schranken bei seinen Eingriffen in die bürgerliche Gesellschaft auferlegt werden sollten. Er selbst sollte sich darauf beschränken, die Sicherheit nach außen und die Rechtssicherheit nach innen zu garantieren. Hauptforderung der bürgerlichen Revolution war, der Staat solle die Menschenrechte wahren und die Bürger*innen beim Verfolg ihrer geschäftlichen Interessen nicht beeinträchtigen. Die Bürger*innen wollten *Eigenverantwortung* übernehmen und an Stelle von Standesunterschieden bzw. -privilegien sollte jede*r entsprechend eigener *Leistung* bewertet werden und seinen bzw. ihren Platz in der Gesellschaft finden. Der politische Liberalismus formulierte somit auch wirtschaftliche Forderungen, die im weiteren Verlauf auf die Abschaffung des Zunftwesens, die Einführung der Gewerbefreiheit wie überhaupt des Freihandels zielten. Mit der Forderung nach Eigenverantwortung und *Leistungsgerechtigkeit* war eine der drei Grundnormen von Sozialpolitik bestimmt.

Parallel zur Formulierung dieser Grundsätze kam es zu wichtigen technischen Neuerungen. Die Erfindung der Dampfmaschine in der 2. Hälfte des 18. Jahrhunderts stellte eine Revolution bei der Anwendung von Energie im gewerblichen Produktionsprozess dar, die die menschliche Kraft weit übertraf, gleichwohl diese nicht überflüssig machte. Der Bedarf an industriell gefertigten Produkten wuchs – dieses alles führte zu massiven Veränderungen in der Wirtschaftsstruktur hin zur „industriellen Revolution". Zunächst in England, mehrere Jahrzehnte später dann auf dem europäischen Kontinent, setzten sich industriell-kapitalistische Wirtschaftsstrukturen durch.

Es gehörte zu den Forderungen der französischen Revolution, die Leibeigen-
schaft – das bedeutete die Verpflichtung zu Fronarbeit und eine unmittelbare
persönliche Bindung an den Gutsherren – aufzuheben. Die Besetzung großer
Teile Europas durch die napoleonischen Truppen führte in vielen Ländern zur
Umsetzung dieser Forderung, mal früher, mal später und bei unterschiedlichen
Konditionen.

Stein-Hardenbergschen Reformen

Die Stein-Hardenbergschen Reformen markieren Anfang des 19. Jahrhunderts durch
den Bruch mit feudalen Herrschaftsprinzipien den Wandel Preußens zum modernen
Staat, ohne die Monarchie selbst infrage zu stellen. In diese Reformperiode fällt die
Bauernbefreiung (1799 – 1816), die Gleichstellung von Adel und Bürgertum im
Recht auf Landbesitz (1807), die kommunale Selbstverwaltung (1808), die Öffnung
des Offizierkorps für Bürgerliche sowie die Einführung der Gewerbefreiheit
(1811), die Gleichstellung der Menschen jüdischen Glaubens mit Christ*innen im
öffentlichen Leben (1812) und schließlich die Einführung der Allgemeinen Wehr-
pflicht (1814) bei gleichzeitiger Aufgabe schikanöser Behandlungsformen (Prügel-
strafe). (Lampert 1980, S. 54 ff.)

Die *Bauernbefreiung* in Preußen entließ die Bauern zwar aus ihrer Leibeigen-
schaft, doch führten die Konditionen des Landkaufs bzw. des „Abarbeitens"
des zur Verfügung gestellten Landes in sehr vielen Fällen zu einer desaströsen
Verschuldung („Bauernlegen"), aus der es häufig mit legalen Mitteln kein Ent-
kommen gab: Landflucht, Verlassen von Haus und Hof, zum Teil Verlassen der
Familie etc. waren je individuelle Reaktionen auf diese Entwicklung. (Sachße
und Tennstedt 1980, S. 184 ff.) Zugleich entstand ein großes Potential an Arbeitskräften für die neue industrielle Wirtschaftsform.

Die industrielle Umstrukturierung begann in Deutschland in Ansätzen zu
Beginn des 19. Jahrhunderts, der eigentliche Durchbruch erfolgte allerdings
erst in den 1850er und 1860er Jahren. Damit wurde die in England sehr viel
länger während Startphase kapitalistischen Wirtschaftens zwar stark verkürzt,
allerdings forderten die damit verbundenen tiefgreifenden wirtschaftlichen
Veränderungen auch hierzulande breiten Bevölkerungskreisen eine ungeheure
Anpassungsleistung ab. Es zeigte sich, dass der Fortschrittsglaube, der sich
aus dem politischen und wirtschaftlichen Liberalismus ableitete, keineswegs
die Schattenseite dieser Entwicklung für eine neu entstehende soziale Schicht
im Blick hatte, die erst später mit dem Begriff *Arbeiterklasse* bzw. *Proletariat*
bezeichnet wurde.

In den Städten sammelten sich Zuwandernde. Sie hausten in provisorisch
geschaffenen Verschlägen, teilten sich Schlafstellen, hofften auf Gelegenheits-
arbeit, viele hungerten schlicht oder schlugen sich mit (klein-)kriminellen

Machenschaften durch. Zugleich wurden bisherige Formen hausgewerblichen Wirtschaftens dadurch obsolet, dass an anderen Stellen in Deutschland oder – wie am Beispiel der schlesischen Weber – in anderen Ländern Europas die industrielle Produktion das bislang betriebene Handwerk in einen chancenlosen Wettbewerb trieb. Löhne und Wohnungsbedingungen entwickelten sich insgesamt so, „dass im Vormärz[2] für mehr als die Hälfte der Bevölkerung Deutschlands die ‚Nahrung‘ eben kaum noch auskömmlich" war. (Tennstedt 1981, S. 60)

Diesen Entwicklungen setzten Handwerker*innen bzw. Arbeiter*innen unterschiedliche Formen von Widerstand entgegen, sei es durch ‚Maschinen-stürmerei‘, sei es durch kleine oder große Aufstände, durch Sabotage, oder sei es, dass sie schlicht wegliefen bzw. auswanderten. Als Folge dieser teils parallel, teils hintereinander verlaufenden Entwicklungsstränge wurde Deutschland in der ersten Hälfte des 19. Jahrhunderts ein *Emigrationsland:* Sieben Millionen Deutsche kehrten ihrer Heimat in der Erwartung den Rücken, dem „Mahlstrom der Wirtschafts- und Gesellschaftskrise" zu entgehen und im Wesentlichen in Nordamerika eine neue wirtschaftliche Existenzgrundlage zu finden. (Bade 1983, S. 20) Dies galt auch für andere Länder: Insgesamt verließen in der damaligen Zeit ca. 50 Mio. Menschen Europa. (Santel 1995, S. 35 ff.)

Schon zuvor, beginnend im 17. Jahrhundert, wurde der Arbeitsverweigerung unerbittlich in Arbeitshäusern mit einem *Zwang zur Arbeit* begegnet. Diese Arbeitshäuser waren kleine, öffentlich betriebene und auf Gewinn abzielende (merkantilistische) Produktionsstätten, organisiert aber eher wie Zuchthäuser. Deren repressive Ausgestaltung sollte jede ‚freiwillige‘ Form gesellschaftlich legitimierter abhängiger Arbeit zur Sicherung der Existenz als bessere Alternative erscheinen lassen. (Geremek 1991, S. 255)

Der Zwang im Arbeitshaus sollte auf das vorbereiten, was *Karl Marx* (1818–1883) später mit der *doppelten Freiheit* des Lohnarbeiters beschrieb: Der Arbeiter unterliege zwar nicht mehr dem unmittelbaren Arbeitszwang eines Leibeigenen, sei also „frei", seinen Arbeitgeber zu wählen. Da er aber zugleich „frei" sei vom Besitz an Produktionsmitteln, *müsse* er seine Arbeitskraft *einem*

---

[2] Der Vormärz beschreibt den Zeitraum zwischen der Julirevolution von 1830 in Frankreich und dem Beginn der deutschen Märzrevolution (1848), in dem sich die politischen und sozialen Auseinandersetzungen um die Lösung der nationalen Frage sowie die damit verbundene Überwindung der feudalen Ordnung krisenhaft zuspitzten. Gegenstand war zum einen die Aufhebung der Kleinstaaterei durch einen republikanischen Nationalstaat (*Hambacher Fest*), zum anderen gewann die soziale Frage (*Pauperisierung*) im Zuge der einsetzenden Industrialisierung zunehmend an politischer Bedeutung.

Produktionsmittelbesitzer verkaufen, um seinen Lebensunterhalt sicher zu stellen. (MEW Bd. 23, 181 ff.) Zugleich veränderte sich das *Verhältnis von Arbeiten und Leben* strukturell. Waren in den feudalen Einheiten wie etwa einem Bauernhof oder einem Handwerksbetrieb beide Bereiche weder räumlich noch sachlich geschieden und wirkten letztlich alle Mitglieder der jeweiligen (Haushalts-) Gemeinschaft sowohl bei den produktiven als auch bei den reproduktiven Arbeiten mit – Männer und Frauen, Kinder ebenso wie Ältere – wurden beide Bereiche mit der Industrialisierung getrennt. Arbeiten wurde nun unterschieden nach *Erwerbsarbeit* (= produktiv) und *Hausarbeit* (= reproduktiv). Erwerbsarbeit bedeutete, aus dem Haus herauszugehen, im Haushalt zu bleiben hieß, nicht erwerbstätig zu sein, sei es als Privileg, sei es als Folge mangelnder Erwerbsmöglichkeiten.

Auch die *Kinderarbeit* bzw. die Arbeit von Jugendlichen nahm neue Formen an. In bestimmten Wirtschaftsbereichen wie etwa im Bergbau wurden Kinder schon im Mittelalter, aber auch in der Neuzeit eingesetzt, um in den niedrigen Flözen das begehrte Erz bzw. die Kohle abzubauen. In der Landwirtschaft und im Handwerk war Kinderarbeit stets anzutreffen. Im Übergang zum 19. Jahrhundert wurden Kinder nunmehr auch in der Industrie eingesetzt, körperliche Gebrechen und früher Tod waren als Folge der schweren körperlichen Arbeit bei Kindern und Jugendlichen sehr verbreitet.

Dass es hier zu einer ersten sozialpolitischen Regelung kam, war jedoch nicht nur humanistischen, vor allem bildungspolitischen Überlegungen geschuldet, sondern auch der Sorge des aristokratisch dominierten Militärstaates in Preußen, der auf Abhilfe drängte: Der preußische König sah sich der Gefahr ausgesetzt, dass industrielle Arbeit seinem Bedarf an belastbaren Soldaten entgegenstand. Mit dem *„Regulativ über die Beschäftigung jugendlicher Arbeiter in Fabriken"* vom 9. März 1839 wurde erstmals die Arbeitskraft unter den Schutz durch ein staatliches Gesetz gestellt, indem eine minimale Schulpflicht für alle Jugendlichen unter 16 Jahren festgeschrieben, zugleich die tägliche Arbeitszeit begrenzt wurde. (Gladen 1974, S. 12 ff.) Das Gesetz, als *Startsignal der Sozialpolitik in Deutschland* gewertet, enthielt zugleich viele Ausnahmebestimmungen. Das damit verbundene System der für die Überwachung zuständigen Fabrikinspektoren war mehr als lückenhaft, aber es war dem Recht der Allgemeinheit gegenüber den privatwirtschaftlichen Interessen dem Grundsatz nach zum Durchbruch verholfen worden: Der Staat hat das Recht, in die Gesellschaft einzugreifen und dieser Regelungen aufzuwingen („Primat der Politik"), allerdings darf dieser die *Gewerbefreiheit* nicht grundsätzlich infrage stellen. Letztlich wurde die Kinderarbeit erst durch die Fortentwicklung des industriellen Maschinenparks obsolet, weil diese Maschinen zunehmend nur noch von erwachsenen Personen

bedient werden konnten; Frauenarbeit löste in der zweiten Hälfte des 19. Jahrhunderts die industrielle Kinderarbeit ab.

2.2.4 Freie und kommunale Armenfürsorge im Übergang zum Industriestaat Deutschland

Die konfessionelle Ausrichtung und die Trennung zwischen freier und
kommunaler Armenfürsorge leiteten sich einmal aus der Trennung zwischen den
unterschiedlichen religiösen Traditionen und Organisationsformen, zum anderen
aus den originären Interessen der konfessionellen Organisationen ab. Parallel zu
diesen oblag es den Kommunen, flächendeckende Hilfsangebote zu schaffen.
Daneben ist zu erwähnen, dass sich viele Privatpersonen mit der Forderung nach
Abhilfe des Massenelends zu Wort meldeten und sowohl die freie als auch die
kommunale Armenfürsorge mitprägten.

Die evangelische Antwort: Innere Mission und Diakonat
Mit der Emigration aus Deutschland wurde zwar die angespannte soziale Lage
in Deutschland entschärft, gleichwohl verblieben genügend Risiken im Lande
selbst, verstärkt durch die Zuwanderung aus anderen europäischen Ländern.
Mit dem Verlust feudalgesellschaftlicher Versorgungsformen und einem durch-
gängigen Mangel an neuen Sicherungssystemen wurde die an die Tradition
christlicher Armenfürsorge anknüpfende kirchliche Mildtätigkeit von besonderer
Wichtigkeit: Nach ersten aus christlicher Gesinnung getragenen karitativen
Interventionen in der ersten Hälfte des 19. Jahrhunderts stellte *Johann Hinrich
Wicherns* (1808–1881) so genannte „Stegreifrede" auf dem evangelischen
Kirchentag in Wittenberg im Jahr 1848 eine Wendemarke dar: Wichern war der
Begründer des *Rauhen Hauses* in Hamburg (1833), einer stationären Einrichtung
für verwahrloste (Waisen-)Kinder. Er legte dar, wie das neue Wirtschaftssystem
breite Bevölkerungskreise sozial belasten würde: Die Abhängigkeit von Lohnarbeit und das Herauslösen des Einzelnen aus sozialen Netzen schlage sich in
einem blanken „Materialismus" nieder. Als Ausweg aus der sozialen Krise der
Gesellschaft sah er neben der Verkündigung der christlichen Botschaft kirchliches
karitatives Handeln. Beides – Glaubensverkündung und diakonisches Handeln –
fasste er im Begriff der *Inneren Mission* zusammen. Mit seiner unermüdlichen
Agitation, seinen Predigten und seinen politischen Gesprächen ist er einer der
bedeutendsten Gründerväter diakonischer Arbeit im Rahmen des Protestantismus
in Deutschland. Mit Bildung des *Centralausschuss für die innere Mission der
deutschen evangelischen Kirche* im Nachgang zu seinem Auftritt in Wittenberg

war zugleich der zentrale organisatorische Rahmen geschaffen, dem bald ein
regionaler und lokaler Unterbau folgte. (Sachße und Tennstedt 1980, S. 231 ff.;
Maaser und Schäfer 2016, S. 98 ff.) Wichern reaktivierte das neutestamentarische
Diakonat, das er durch eigens dafür ausgebildete Fachkräfte neben dem Pfarramt
als eigenständiges Amt in der Kirchengemeinde verankert sehen wollte. (Schäfer
1994, S. 77 ff.)

Neben Wichern trat insbesondere *Theodor Fliedner* (1800–1864), Begründer
der großen Diakonieanstalt in Düsseldorf-Kaiserswerth (1836), für die Notwendigkeit eines kirchlichen Engagements zur Behebung der sozialen Folgen
dieses Umbruchprozesses ein. Zusammen mit seiner Frau *Friederike* (1800–
1842) begründete er zugleich eine Art protestantischen weiblichen Orden, nämlich eine Gemeinschaft von Diakonieschwestern, die sich mit ihrem Schaffen der
Bewältigung sozialer Probleme und damit dem Dienst am leidenden Menschen
verschrieben. (Maaser und Schäfer 2016, S. 71 ff.)

Später dann verband sich mit dem Namen *Friedrich von Bodelschwingh*
(1831–1910) eine weitere wichtige Wurzel christlich diakonischen Handelns, das
sich der Behandlung besonderer Erkrankungen wie Epilepsie und psychiatrischer
Krankheiten bzw. gebrechlichen Menschen ohne Heilungschancen zuwandte.
Zugleich etablierte er Hilfesysteme für Menschen, die ohne Arbeit herumzogen
und keine Bleibe hatten. Bis heute ist der Name *Bethel* mit der *Wanderarbeiter-
hilfe* bzw. *Wohnungslosenhilfe* in Deutschland aufs engste verknüpft. (Ebenda
S. 313; vgl. Kiebel 1988; ders. et al. 1991)

Die katholische Antwort: Caritas-Verband

Auch auf *katholischer Seite* wurde die Tradition kirchlicher Armenfürsorge neu
belebt. In der ersten Hälfte des 19. Jahrhunderts kam es – zunächst außerhalb
der amtlichen Kirche – zu einer Erneuerungsbewegung von Priestern und Laien,
die in hohem Maße von karitativem Engagement geprägt war. Es wurden zahlreiche geistliche Genossenschaften, aber auch von Laien getragene Caritasvereine
gegründet, deren Ziel es war, aktuellen Notlagen abzuhelfen und Hilfskräfte zur
Verfügung zu stellen. Es entstand zugleich die Tradition katholischer Arbeiter-
priester in den neuen Wachstumszentren wie dem Ruhrgebiet.

Mit *Wilhelm Emmanuel Freiherr von Ketteler* (1811–1877), Bischof von
Mainz, gewannen die Arbeiterschaft und die von sozialer Not Betroffenen in
Deutschland einen besonders hochrangigen Mitstreiter.

Wilhelm Emmanuel Freiherr von Ketteler

„Dieser ganze Geschäftsgewinn fällt jetzt ausschließlich dem Kapital zu,
während der Arbeiter nicht den mindesten Antheil hat. Diese Austheilung des
überschießenden Gewinnes scheint allerdings der natürlichen Gerechtigkeit und

dem an sich richtigen Maßstabe nicht ganz zu entsprechen. Der Arbeiter verwendet sein Fleisch und Blut und nützt zugleich das Kostbarste, was der Mensch
an irdischen Gütern hat, seine Gesundheit, damit ab; er verarbeitet täglich gleichsam ein Stück seines Lebens. Der Kapitalinhaber dagegen verwendet in die Arbeit
nur eine todte Summe Geldes. Es scheint daher unbillig, wenn der überschießende
Gewinn *ausschließlich* dem todten Kapitale und nicht auch dem verwendeten
Fleisch und Blut zufällt." (Ketteler 1864, S. 63 f)

Ketteler forderte praktische Hilfen, etwa in Gestalt von Krankenhäusern in christlicher Trägerschaft, Armenhäusern, Invalidenanstalten u. a. m. Zugleich erhob er
konkrete Forderungen etwa nach höheren Löhnen, kürzeren Arbeitszeiten, dem
Verbot von Fabrikarbeit für Mütter und schulpflichtige Kinder. Zugleich unterstrich er das Recht der Arbeiter, Koalitionen einzugehen. Er betonte die Pflicht
des Staates, sozialpolitisch und auf dem Gebiet des Arbeitsschutzes zu intervenieren.

Adolf Kolping (1813–1865) wollte mit der Gründung katholischer Gesellenvereine den jungen, ohne familiäre Bindung herumziehenden Männern dieser
Zeit Orientierung und praktische Hilfestellung geben. In der zweiten Hälfte des
19. Jahrhunderts entstand ein zunehmend enger geknüpftes Netz katholischer
Hilfeeinrichtungen einschließlich des Aufbaus der Organisation des *Deutschen
Caritasverbandes* (gegründet 1897) unter *Lorenz Werthmann* (1858–1921). Aus
diesem Denken und Handeln leitet sich die zweite Grundnorm der Sozialpolitik
ab, die der *Subsidiarität* bzw. der *vorleistungsfreien Gerechtigkeit.*

Grundnorm 2: Subsidiarität – vorleistungsfreie Gerechtigkeit

Mit seiner *Sozialenzyklika „Rerum novarum"* schließt *Papst Leo XIII.* (1810 – 1903)
1891 an die naturrechtliche Tradition in der katholischen Kirche an und parallelisiert
die Natur mit dem gesellschaftlichen Leben im Industriezeitalter: „Die Natur hat
vielmehr alles zur Eintracht, zu gegenseitiger Harmonie hingeordnet: und sowie im
menschlichen Leibe bei aller Verschiedenheit der Glieder im wechselseitigen Verhältnis Einklang und Gleichmass vorhanden ist, so hat auch die Natur gewollt, dass im
Körper der Gesellschaft jene beiden Classen in einträchtiger Beziehung zueinander
stehen und ein gewisses Gleichgewicht hervorrufen. Die eine hat die andere durchaus nothwendig. Das Capital ist auf die Arbeit angewiesen und die Arbeit auf das
Capital." Deshalb trete die Kirche auch dafür ein, dass beide Seiten zu ihrem Recht
kommen, zugleich jeweils Grenzen ihres materiellen Strebens erkennen: „Die Fürsorge der Kirche geht indessen nicht so in der Pflege des geistigen Lebens auf, dass sie
darüber den Anliegen des irdischen Lebens vergässe. – Sie ist vielmehr, insbesondere
dem Arbeiterstande gegenüber, vom eifrigen Streben erfüllt, die Noth des Lebens auch
nach seiner materiellen Seite zu lindern. (...) Schon durch ihre Anleitung zur Sittlichkeit und Tugend befördert sie zugleich das materielle Wohl, denn ein geregeltes
christliches Leben hat stets seinen Antheil an der Herbeiführung irdischer Wohlfahrt: (...) es drängt zwei Feinde zurück, welche allzuhäufig mitten im Ueberflusse

die Ursache bitteren Elendes sind, die ungezügelte Habgier und die Genusssucht; es würzt ein bescheidenes irdisches Los mit dem Glücke der Zufriedenheit, findet in der Sparsamkeit einen Ersatz für die abgehenden Glücksgüter und bewahrt vor Leichtsinn und Laster, wodurch auch der ansehnlichste Wohlstand oft so schnell zu Grunde gerichtet wird." Darüberhinaus entfalte die Kirche „auch geeignete praktische Massnahmen zur Milderung des materiellen Nothstandes der Armen und der Arbeiter; sie hegt die verschiedensten Anstalten zur Hebung ihres Daseins." (Leo XIII 1891/1984, S. 106 – 108 und 113 f.)

Der Papst formuliert hier noch indirekt – konkret ausformuliert wird dieses in der Sozialenzyklika „Quadrogesimo anno" aus dem Jahr 1931 – eine zweite Grundnorm der Sozialpolitik, die der *Subsidiarität*. Kernpunkte der katholischen Soziallehre werden der Appell an den gegenseitigen Respekt im Wirtschaftsleben, zugleich das soziale Engagement der Kirchen selbst gegen Not und Ausbeutung. Jenen, die sich aus eigener Kraft nicht helfen können, stehe eine voraussetzungslose Unterstützung zu, aber nur soweit, wie es notwendig ist, dass Selbsthilfe wieder greifen kann. Hilfe soll in jedem Falle nur nachrangig gegenüber eigenen Anstrengungen bzw. Hilfeansätzen der jeweils kleineren Lebenskreise geleistet werden.

Dieses Prinzip unterliegt im weiteren Verlauf unterschiedlichen Interpretationen. Im Kern geht es um die Frage, wann und unter welchen Bedingungen die Selbsthilfe beginnen muss bzw. kann. Soll die jeweils höhere Instanz abwarten, bis der Nachweis erbracht ist, dass Selbsthilfe wirklich nicht (mehr) möglich ist (also ‚das Kind in den Brunnen gefallen ist'), oder hat das Gemeinwesen nicht vielmehr „vorzuleisten" und die Voraussetzungen dafür zu schaffen hat, dass Selbsthilfe überhaupt möglich ist. (Nell-Breuning 1956, S. 8 ff.; vgl. Brück 1976, S. 45)

Die jüdische Antwort: Jüdische Wohlfahrtspflege
Im 18. und 19. Jahrhundert entwickelte sich auch eine *jüdische Wohlfahrtspflege,* zunächst vor allem durch die Gründung von Anstalten, dann aber auch für die offene Wohlfahrtspflege. So gab es 1909 in den gut 1000 jüdischen Gemeinden in Deutschland über 3000 Wohlfahrtsvereine. 1917 existierten 40 Jugendwohlfahrtsanstalten, 38 Alters- und Siechenheime, 14 Einrichtungen für Kranke, 5 Anstalten für Menschen mit Behinderungen und 20 Kindererholungsheime. (Boeßenecker und Vilain 2013, S. 274) Auf zentralstaatlicher Ebene schloss sich die jüdische Wohlfahrtspflege im Jahr 1917 zusammen und trat 1926 der Liga der Spitzenverbände der Freien Wohlfahrtspflege bei. Herausragend war hier das soziale Engagement von *Bertha Pappenheim* (1859–1936) in diversen sozialen Initiativen und Projekten vor allem für Mädchen und Frauen.

Die Antwort von Privatpersonen: Soziale Anwaltschaft versus Staatsrepression

Neben den Kirchen waren es zahlreiche *Privatpersonen,* die mahnend konkrete Hilfen einforderten. Mit *Bettina von Arnim* (1785–1853) erhob eine Adelige und Dichterin schwere Anklage gegen die repressive Polizeigewalt, gegen Hunger und Elend:

Bettina von Arnim: Armenbuch

„Die zahllosen Opfer des Industrialismus entbehren also unter diesen Umständen, da ihnen der Zuspruch der Religion fehlt, den Trost, welchen der Arme früher in Gedanken an eine Zukunft hatte, welche die Widersprüche dieser Welt ausgleicht. Der Mangel an Religiosität läßt also den Armen seine Entbehrung erst recht fühlen, ja sie macht erst wahrhaft Arme. (…) Denn wie gebt ihr? – Ihr werft den Armen eure Almosen hin, wie man einem Hunde einen Brocken zuwirft, und kümmert euch nicht weiter um sie. Ihr steigt nicht hinab zu den Höhlen, wo die Not und das Elend ihr Lager aufgeschlagen haben. Wie solltet ihr auch? Der Höhlendunst, den ihr einatmen müßtet, würde euren Odem verpesten; die hohlen, eingefallenen Gesichter, die ihr sehen würdet, würden euch im Traume erscheinen und euren Schlaf und eure Verdauung stören; im eigenen, wohlgeheizten Zimmer würde euch frieren, wenn ihr an die Armen dächtet, die barfüßig und zerlumpt der Winterkälte preisgegeben sind. – Und wovon gebt ihr den Armen? Von eurem Mammon! Und woher stammt euer Mammon? Ist er nicht gewonnen durch den Schweiß der Armen, der hat ihn nicht euch zugebracht und vermehrt euer Geld, ohne daß ihr weder Hände noch Füße geregt habt? (…) Aber diese Wahrheit ist noch unerkannt, gehaßt, geächtet, vogelfrei. Denn noch ist das Heft der Gewalt bei den Reichen, und die wehren dieser Wahrheit den Zugang zum Volke." (Arnim 1969, S. 40 und 68)

Bettina von Arnim war zur Zeit der Weberaufstände zu den hungernden Webern nach Schlesien gereist. Ihre ergreifende Schlussfolgerung lautete: „Allein, den Hungrigen helfen wollen heißt jetzt Aufruhr predigen." (Ebenda S. 37).

Im weiteren Verlauf hatten insbesondere Mediziner wie *Rudolf Virchow* (1821–1902), *Salomon Neumann* (1819–1908) und *Rudolf Leubuscher* (1821–1861) als die „natürlichen Anwälte der Armen" (Virchow) dafür gekämpft, dass die gesundheitliche Versorgung der Arbeiter*innen verbessert wurde, und so die Tradition bürgerlicher Sozialanwaltschaft für sozial Entrechtete mitbegründet.

Die Antwort der Kommunen: Rationalisierung, Pädagogisierung und Disziplinierung in der Armenfürsorge

Letztlich waren es wiederum die Städte, die die sozialen Notlagen von der öffentlichen Ordnung wie von der materiellen Versorgung her aufzufangen hatten. Dabei waren die in der Renaissance erstellten Bettelordnungen (vgl. Abschn. 2.2.1) längst nicht mehr tauglich, Massenelend erfolgreich zu

bekämpfen, erst recht, weil die Städte als Zielpunkt von Landflucht und inner-
deutscher Migration einem dynamischen Zufluss *pauperisierter Massen* ausgesetzt waren. Nachdem die Regelung des Allgemeinen Preußischen Landrechtes
von 1794, die das *Prinzip des Heimatrechts* als Grundlage der Armenfürsorge
festgeschrieben hatte, im Jahr 1842 durch das *Prinzip des Unterstützungswohn-
sitzes* ersetzt worden war, wurde nunmehr die Gemeinde für die Armenfürsorge
zuständig, in der sich die betroffene Person vor Eintritt der Hilfsbedürftigkeit auf-
gehalten hatte. (vgl. Stolleis 2003, S. 23 ff.)

Für die Zuzugsgebiete bedeutete dieses mehr eine gesetzliche Fixierung
dessen, was de facto bereits eingetreten war, nämlich die Zuständigkeit
der aktuellen Wohnsitz-Gemeinde. Zugleich bedeutete dies, dass sich die
Zuwanderungskommunen, beispielsweise im Ruhrgebiet, auf eine Bewältigung
von Armut als Massenphänomen aus eigenen Mitteln und in eigener Kompetenz
einstellten. Auf dem Gebiet der kommunalen Armenfürsorge entstand ein eigenständiges Handlungsfeld, das für sie bis heute eine besondere Herausforderung
und Belastung darstellt. Dies betraf die Hilfegewährung in quantitativer und
qualitativer Hinsicht. Die Stadt Elberfeld (heute zu Wuppertal gehörend) beispielsweise entwickelte 1852 ein stadtteilorientiertes Konzept, das in den
Folgejahren weiter ausdifferenziert und für andere Kommunen Vorbild wurde
(*Elberfelder Modell*).

Das Elberfelder Modell

§ 2. Die städtische Armen-Verwaltung besteht, außer dem Vorsitzenden, aus vier
Stadtverordneten und vier stimmfähigen Bürgern, welche von der Stadtverordneten-
Versammlung auf drei Jahre gewählt werden. (...)

§ 3. Die städtische Armen-Verwaltung hat die Fürsorge für alle Hilfsbedürftigen
zu üben, welche einen gesetzlichen Anspruch auf Armenhilfe an die bürgerliche
Gemeinde erheben.

§ 4. Sie wird unterstützt:

a) in bezug auf die offenen Armenpflege, d. i. die Pflege solcher Armen, welche
    nicht in eine der geschlossenen städtischen Armenanstalten aufgenommen sind,
    durch sechsundzwanzig Bezirks-Vorsteher und dreihundertvierundsechzig
    Armenpfleger (§ 7 ff.); die Zahl derselben kann nach Bedürfnis von der Stadt-
    verordneten-Versammlung erhöht werden,
b) in bezug auf die Verwaltung der geschlossenen städtischen Armenanstalten
    durch die einer jeden derselben vorgesetzte besondere Verwaltungs-Deputation
    (§ 16 und 17).

§ 5. Jeder stimmfähige Bürger ist verpflichtet, die Wahl zu einem unbesoldeten
Amte in der städtischen Armenpflege anzunehmen. Es gelten dafür die
Bestimmungen der §§ 4 und 5 des Gesetzes vom 8. März 1871, betreffend die Aus-
führung des Bundesgesetzes über den Unterstützungswohnsitz. (...)

§ 8. Jedem Armenpfleger wird ein nach Hausnummern bestimmtes Quartier der Stadt, jedem Bezirks-Vorsteher ein aus vierzehn Quartieren bestehender Bezirk überwiesen.

§ 9. Die Armenpfleger eines jeden Bezirkes treten regelmäßig und mindestens alle vierzehn Tage einmal zu Bezirks-Versammlungen unter dem Vorsitze des Bezirks-Vorstehers oder dessen Stellvertreters zusammen.

§ 10. Ein jedes Gesuch um Armenhilfe aus städtischen Mitteln muß bei dem Armenpfleger des betreffenden Quartiers angebracht werden.

§ 11. Der Armenpfleger hat sich dann sofort durch eine sorgfältige persönliche Untersuchung Kenntnis von den Verhältnissen des Bittstellers zu verschaffen. Gewinnt er dabei die Überzeugung, daß der Fall eines gesetzlichen Anspruchs auf Armenhilfe vorliege, findet er ferner die Not so dringend, daß die Hilfe unverzüglich gewährt werden müsse, – so steht es ihm zu, dieselbe sofort und ohne weitere Rückfrage eintreten zu lassen. Diese Unterstützungen dürfen in einem solchen Falle jedoch nur ausnahmsweise und in ganz geringen Beträgen gewährt werden. In allen anderen Fällen hat der Armenpfleger in der nächsten Bezirks- Versammlung das Gesuch vorzutragen und seine Anträge zu stellen. Gleiches gilt auch in Betreff der Fortdauer der in dringenden Fällen vorläufig bewilligten Unterstützungen. (…)

§ 15. Die zur Unterstützung erforderlichen Geldbeträge werden den Bezirks-Vorstehern in der Sitzung der städtischen Armen-Verwaltung gezahlt. Naturalien und Kleidungsstücke werden aus dem städtischen Armenhause verabfolgt. Der Bezirks-Vorsteher übergibt in der Sitzung der Bezirks-Versammlung jedem der Armenpfleger diejenigen Geldbeträge und Anweisungen, welche demselben, nach den Beschlüssen, für die Armen seines Quartiers bewilligt worden sind. Über die Verwendung legen die Armenpfleger dem Bezirks-Vorsteher und dieser der Verwaltung Rechenschaft ab. (Böhmert 1886, S. 71f.)

Armenfürsorge sollte soziale Anpassung an bürgerliche Normen erzwingen, wobei eindeutige hierarchische Zuteilungs- und Verweigerungsstrukturen eingesetzt wurden. Der Prozess der *Disziplinierung* und *Pädagogisierung* als Bestandteil der kommunalen Armenfürsorge wurde weiter rationalisiert. Es kam zu Vorläufern des späteren „Allgemeinen sozialen Dienstes" (ASD), insofern auf Stadtquartiersebene soziale Problemlagen in ihrem Kontext bearbeitet werden sollten. Geld- bzw. Sachleistungen wurden konditioniert, neben *Hilfen zum Lebensunterhalt* traten solche zur schulischen Beteiligung der nachwachsenden Generation sowie Hilfen bei Krankheit und in anderen *besonderen Lebenslagen*. Insgesamt bildete sich eine kommunale Armutspolitik heraus, die den bisherigen vorwiegend repressiven Charakter in Gestalt der Armenpolizei durch kompensatorische Elemente ergänzte, ohne Ersteren aufzugeben. Zeitgenössische Quellen vermerken denn auch, dass der Einspareffekt dieser stadtteilbezogenen sozialen Arbeit erheblich war. (Sachße und Tennstedt 1980, S. 218)

Kommunale Sozialpolitik *kompensierte* soziale Probleme in einem gewissen Umfang, zugleich zielte sie auf die (Re-)Integration in das kapitalistische

Erwerbsleben, *konstituierte* also deren Strukturen und Zwänge mit. Vor Errichtung eines zentralen Sozialstaats wurde die *kommunale Armenfürsorge* als Auffangbecken für all die sozialen Risiken ausgebaut, die vom – späteren – zentralen Sozialstaat nicht aufgefangen werden bzw. werden können: Der *kommunale „Sozialstaat"* ist folglich dem zentralen *geschichtlich* vorgeordnet, während er ihm *systematisch* gleichsam als letztes soziales Netz („Sozialstaat in Reserve", Hanesch 1997, S. 29) nachgeordnet bleibt.

Suche nach gemeinsamen Antworten: Wohlfahrtsverbandliche Organisation und Bündelung
1880/1881 wurde der *„Deutsche Verein für Armenpflege und Wohltätigkeit"* (seit 1919: „Deutscher Verein für öffentliche und private Fürsorge") als Dachverband der öffentlichen und freien Wohlfahrtspflege gegründet. Ihm kam im weiteren Verlauf der Geschichte der deutschen Sozialpolitik, insbesondere für die Wohlfahrtspflege, ein großes Gewicht bei der Festlegung von Standards und gesetzlichen Initiativen zu. Damit waren erste Wohlfahrtsverbände entstanden, deren Wirkungsbereich auf das gesamte Kaiserreich zielte *(Innere Mission, Caritas* und *Jüdische Wohlfahrtspflege).* Auch Formen des fachlichen und fachpolitischen Austausches zwischen öffentlicher und privater Fürsorge waren mit dem Deutschen Verein erstmals institutionalisiert.

2.2.5   Trennung von Armen- und Arbeiterpolitik

Parallel zur Rationalisierung kommunaler *Armenpolitik* differenzierte sich geschichtlich betrachtet ein neuer und zunehmend an Gewicht gewinnender Zweig der Sozialstaatlichkeit aus, nämlich der der *Arbeiterpolitik.* Gleichwohl standen und stehen beide in einem engen Wechselverhältnis.

Soziales Unternehmertum: Sicherung von Loyalität und Produktivität durch betriebliche Sozialpolitik
Recht früh begannen einige Unternehmer, neben dem Verfolg ihrer Interessen an Expansion und Gewinn auch das Wohl ihrer Beschäftigten zu fördern. Es entstanden viele dezentrale Ansätze sozialen Handelns, die das Ziel hatten, Arbeitskräfte für den weiteren Produktionsprozess zu erhalten und die Arbeitsproduktivität zu erhöhen. Unternehmer wie *Robert Bosch, Carl Ferdinand von Stumm-Halberg, Friedrich Harkort* u. v. a. m. initiierten Hilfen für die Belegschaft ihrer Werke. Dokumente belegen, dass etwa der Begründer eines der bedeutendsten Unternehmen im Deutschen Reich des 19. Jahrhunderts, *Alfred*

Krupp (1812–1877), bereits in den 1830er Jahren die Arzt- und Medizinkosten seiner Arbeiter*innen in Einzelfällen übernahm, bis er auf betrieblicher Basis die Vorstufe einer *Betriebskrankenkasse* etablierte. Diese wurde zunächst aus Spenden des Unternehmers und aus Strafgeldern gespeist, die bei unbotmäßigem Verhalten verhängt wurden. Besonders hervorzuheben ist auch der von ihm initiierte Bau von Werkswohnungen, die sehr frühzeitig auf die Beseitigung der Wohnungsnot in der Stadt Essen zielte. Krupp forderte dafür allerdings absolute Loyalität verstanden als politische Abstinenz seiner „Angehörigen":

Alfred Krupp: Ein Wort an meine Angehörigen (1877)

„Genießet, was Euch beschieden ist. Nach getaner Arbeit verbleibt im Kreise der Eurigen, bei den Eltern, bei der Frau und den Kindern und sinnt über Haushalt und Erziehung. Das sei Eure Politik, dabei werdet Ihr frohe Stunden erleben. Aber für die große Landespolitik erspart Euch die Aufregung. Höhere Politik erfordert mehr freie Zeit und Einblick in die Verhältnisse, als dem Arbeiter verliehen ist. Ihr tut Eure Schuldigkeit, wenn Ihr durch Vertrauenspersonen empfohlene Leute erwählt. Ihr erreicht aber sicher nichts als Schaden, wenn Ihr eingreifen wollt in das Ruder der gesetzlichen Ordnung. Das Politisieren in der Kneipe ist nebenbei sehr teuer, dafür kann man im Hause Besseres haben. (…) Was ich nun hiermit ausgesprochen habe, möge jedem zur Aufklärung dienen über die Verhältnisse und deutlich machen, was er zu erwarten hat von Handlungen und Bestrebungen im Dienste des Sozialismus. Man erwärmt keine Schlange an seiner Brust und wer nicht von Herzen ergeben mit uns geht, wer unseren Ordnungen widerstrebt, der beeile sich auf anderen Boden zu kommen, denn seines Bleibens ist hier nicht. Es wird eine Bestimmung meines letzten Willens sein, daß stets mit Wohlwollen und Gerechtigkeit das Regiment geführt werden soll, aber äußerste Strenge soll gehandhabt werden gegen solche, die den Frieden stören wollen, und wenn bis jetzt mit großer Milde verfahren wurde, so möge das niemanden verleiten. Ich schließe mit den besten Wünschen für alle." (Krupp 1877, in: Schraepler 1957, S. 90 f.)

Die soziale Bewegung: Entwicklung von Solidarstrukturen in der Arbeiterbewegung

Parallel zu diesen sozialen Handlungen aufseiten der Unternehmen kam es zu ersten *Selbsthilfeansätzen unter Arbeiter*innen*. In vielen kleineren *dezentralen Verbünden* schlossen sich Handwerker, Wander- und später industrielle Arbeiter (heute würde man sagen: Facharbeiter*innen) zusammen. Mit Namen wie *Wilhelm Weitling* (1808–1871), *Stephan Born* (1824–1898) u. a.m. verbanden sich derartige erste Zellen einer Arbeiterbewegung, die teils gewerkschaftliche, teils berufsständische, teils politische Interessen miteinander verbanden. Jene neue Klasse, die eben nicht über sächlichen Besitz verfügte, sondern nur über ihre Arbeitskraft, suchte ihre Schutzbedürftigkeit gegen Wechselfälle des Lebens durch *Solidarität* untereinander aufzufangen bzw. so ihre Lebenslage zu verbessern. Damit war die dritte Grundnorm der Sozialpolitik formuliert: *Solidarität* bzw. *solidarische Gerechtigkeit.*

Es formierte sich zunächst eher ein Rinnsal der Interessenartikulation als eine machtvolle *Arbeiterbewegung.* Gleichwohl reichte die Publikation des *Kommunistischen Manifestes* durch *Karl Marx* und *Friedrich Engels* (1820–1895), die Beteiligung von Arbeiter*innen an Barrikadenkämpfen und der Eingang sozialistischer Forderungen in die Manifestationen der März-Revolution im Jahr 1848 aus, um im Bürgertum die Chiffre von Marx und Engels, dass nämlich das „Gespenst" des *„Kommunismus"* in Europa umgehe, aufzugreifen und auf die Gefahr einer drohenden sozialen Revolution hinzuweisen. Dabei hat der durch Marx und Engels wissenschaftlich begründete *Sozialismus* die Arbeiterbewegung in Deutschland zwar in bestimmten Phasen theoretisch stark mitgeprägt, aber er ist nur für Teile praktisch bestimmend geworden.

Wichtig für die politische Etablierung der Arbeiterbewegung im Kaiserreich wurde vor allem das Zusammengehen von Vertreter*innen des (sozial-) liberalen, fortschrittlichen Bürgertums mit Teilen dieser jungen sozialen Bewegung. Dafür stehen Namen wie *Friedrich Albert Lange* (1828–1875), *Johann Jacoby* (1805–1877) und vor allem *Ferdinand Lassalle* (1825–1864). Diese Personen sahen in der Arbeiterschaft die legitimen Erben der – 1848 gescheiterten – bürgerlichen Revolution, auch in dem Sinne, dass den Arbeiter*innen gleiche Rechte und Pflichten zukämen wie dem Bürgertum selbst.

Ferdinand Lassalle formulierte Vorstellungen von einer staatlichen Arbeiterpolitik als Teil *staatlicher Wohlfahrtspolitik.* Im Gegensatz zu Marx und Engels, die als Ziel die Überwindung der bürgerlichen Gesellschaft definierten, setzten die Vertreter*innen der sozialreformerisch eingestellten Teile der Arbeiterbewegung in erster Linie auf eine evolutionäre Interessendurchsetzung der Arbeiterschaft, deren Plattform der Parlamentarismus sein sollte. Auch wenn Ferdinand Lassalle nur kurze Zeit den von ihm gegründeten *Allgemeinen Deutschen Arbeiterverein* führte, haben seine im *Offnen Antwortschreiben* von 1863 formulierten Forderungen nach einem allgemeinen Wahlrecht und einer umfassenden Sozialreform die weitere Entwicklung der deutschen Sozialdemokratie bis in die Gegenwart nachhaltig beeinflusst. (Lassalle 1970, S. 170 ff.; vgl. Huster 2000, S. 117 ff.) Diese Bewegung war allerdings lange männlich dominiert, was später zu parteiinternen Auseinandersetzungen führte.

Grundnorm 3: Solidarität – solidarische Gerechtigkeit

Eigentum begründet als Produktivvermögen ein gesellschaftliches Machtverhältnis, das die Lebenslage der Arbeitnehmer*innen bestimmt. Im Gegensatz zu ursprünglichen Vorstellungen von einer Aufhebung des Privateigentums an Produktionsmitteln setzt sich in der sozialdemokratischen und Gewerkschaftsbewegung die

Vorstellung von einem Sozialstaat durch, der den gesellschaftlichen Reichtum auch im Interesse der lohnabhängigen Bevölkerungsteile umverteilt und über den Aufbau von Versorgungsvermögen etwa im Rahmen der Sozialversicherung beim Ausfall des Arbeitsvermögens den Lebensunterhalt sichert. Strukturprinzip dieses Sozialstaatsverständnisses ist die Organisation von *Solidarität* zur Herstellung *solidarischer Gerechtigkeit.*

Aus der Gruppe der Arbeitnehmerschaft – auf Wanderschaft und/oder in industrieller Beschäftigung – kam es zur Gründung zahlreicher freier Hilfskassen, gewerblicher Unterstützungskassen, gesundheitspolitischer Pflegevereine u. a. m., die zumindest für den festen, ausgebildeten Arbeiterstamm der industriellen Arbeiterschaft eine Absicherung im Wesentlichen im Krankheitsfalle vorsahen. 1854 waren in Preußen immerhin schon 246.000 Mitglieder in 2.622 Unterstützungskassen organisiert, 1860 gab es bereits 3644 Kassen mit 427.190 Mitgliedern. Damit waren zwar erst 45 % der preußischen Fabrikarbeiter erfasst, zudem qualitativ auch nur notdürftig abgesichert. (Tennstedt 1981, S. 113) Aber mit diesen Kassen – in Teilen bildeten sich auch bereits Dachverbände heraus – wurden drei Prinzipien zum sozialpolitischen Programm erhoben, die als zentrale Elemente prägend wurden für die in Deutschland typischen *Sozialversicherungen:*

- Beitragsfinanzierung sozialer Versicherungsleistungen, die einen Rechtsanspruch begründen,
- solidarischer Ausgleich bei sozialen Risiken und
- Selbstverwaltung durch die Versicherten, d. h. mit demokratischen Kontrollmechanismen ausgestattete Organisationsformen.

In dieser Frühphase der Sozialpolitik in Deutschland haben sich mit dem Nebeneinander einer dezentralen Armenfürsorge und einer stärker zentral organisierten Arbeiterpolitik wichtige Strukturmerkmale des entstehenden Sozialstaates herausgebildet, die sich bis heute erhalten haben:

- eine sich konfessionell bzw. zwischen freien und kommunalen Trägern ausdifferenzierende *Armenpolitik* und
- eine sich davon allmählich absetzende *Arbeiterpolitik* auf der Grundlage von
  - Hilfestrukturen aus der sozialen *(Industrie-)Unternehmerschaft,*
  - *Selbsthilfeansätzen* aus der sich herausbildenden Arbeiterschaft sowie
  - *paternalistischem Denken* an der Spitze des zunächst königlichen, dann kaiserlichen Obrigkeitsstaates.

Aus den sozialen Bewegungen entwickelten sich die drei in Abb. 2.1 zusammengefassten Grundnormen der Sozialpolitik – *Eigenverantwortung, Solidarität* und *Subsidiarität* –, die bis heute gültig sind und die Diskussionen um die Ausgestaltung konkreter Sozialpolitik prägen. Sie gehen meist eine enge Verbindung ein, etwa in der Sozialversicherung die Prinzipien der Eigenverantwortung und der Solidarität bzw. in der Fürsorge die Prinzipien Eigenverantwortung und Subsidiarität. Sie sind auch Grundlage des im Grundgesetz 1949 verankerten Sozialstaatspostulates:

GRUNDNORMEN DER SOZIALPOLITIK		
Sozialstaatspostulat als Amalgam aus:		
EIGENVERANTWORTUNG	**SOLIDARITÄT**	**SUBSIDIARITÄT**
Soziale Träger / soziale Bewegung:		
(Besitz-)Bürgertum	Arbeiter- und Gewerkschaftsbewegung	Protestantische / katholische Kirchenvertreter
Ziele:		
Leitbild liberale Demokratie mit:	Leitbild soziale Demokratie mit:	Leitbild Menschenwürde mit:
• Garantie individueller bzw. politscher Freiheitsrechte • Garantie des Privateigentums	• Evolutionäre, reformerische Entwicklung der kapitalistischen Wirtschafts- und Sozialordnung • Soziale Absicherung der Arbeitnehmerrisiken	• Schutz der bestehenden Wirtschafts- und Sozialordnung sowie ihrer Eigentumsrechte • Garantie einer menschenwürdigen Existenz aller
Instrumente:		
• Liberale Grundrechte • Rechtsstaatsprinzip • Leistungsprinzip • (private) Absicherungen mit Äquivalenzprinzip	• Soziale Grundrechte • kollektive Sozialversicherung • Solidarprinzip • aktive staatliche Umverteilung	• Vorleistungsfreie, universale Sicherung des Existenzminimums • Subsidiaritätsprinzip mit Vorrang der Hilfe zur Selbsthilfe
ERWERBSARBEIT		
... als verpflichtende Vorleistung zur Sicherung des Lebensunterhaltes		

Abb. 2.1 Grundnormen als Säulen der Sozialpolitik. (Quelle: Eigene Darstellung)

2.3 Auf- und Ausbau des Sozialstaats in Deutschland: Sozialpolitik im Kaiserreich

2.3.1 Phasen der Reichsgründung in Deutschland

Bis zur Proklamation des Deutschen Reiches 1871 war Deutschland in zahlreiche kleinere und größere Einzelstaaten zersplittert, lose über den *Deutschen Bund* miteinander verbunden, dem auch noch Österreich angehörte. Unter preußischer Führung kam es in Deutschland über mehrere Stufen über eine Zoll-, später Wirtschaftsunion zu einer militärisch herbeigeführten politischen Einheit, bevor es zu einer Währungsunion kam. Diese (klein-)deutsche Staatswerdung – ohne Österreich – war im Sozialen vom Durchbruch Deutschlands zu einem Industriestaat begleitet. Die von Frankreich nach dem Sieg 1871 eingeforderten Kriegskontributionen ermöglichten schließlich nicht nur eine große Gründerwelle im Deutschen Reich, sondern bewirkten letztlich auch eine massive Umstrukturierung des Kapitalismus selbst. Die langanhaltende *Große Depression* (1873–1893) brachte den wirtschaftlichen Aufschwung nur partiell zum Stocken. In dieser Phase strukturierte sich die ehemals frühkapitalistische Wirtschaft mit vielen Kleinbetrieben um. In dem nunmehr *„organisierten Kapitalismus"* griffen stärker Formen der Kapitalkonzentration bei gleichzeitiger Kapitalzentralisation und einer zunehmenden Bedeutung der Geldwirtschaft. Die Märkte wurden immer stärker von größeren Wirtschaftseinheiten beherrscht (Monopolisierung bzw. Oligopolisierung).

Von der Kleinstaaterei zum Nationalstaat	
1815	Deutscher Bund
1833	Gründung des Deutschen Zollvereins unter Ausschluss Österreichs
1866/1867	Gründung des Norddeutschen Bundes unter Führung Preußens
1871	Proklamation des Deutschen Reiches
1871–1875	Einführung einer gemeinsamen Währung im Deutschen Reich

2.3.2 Die Politik der „inneren Reichsgründung": Der konservative Sozialstaat Bismarcks

Mit der Vereinigung der deutschen Sozialdemokratie auf dem *Gothaer Parteitag* (1875) wurden die unterschiedlichen Wurzeln der politischen Arbeiterbewegung in Deutschland zusammengeführt: die „Lassalleaner" und die „Eisenacher" um

Wilhelm Liebknecht (1826–1900) und *August Bebel* (1840–1913). Auch wenn das – allerdings nur für Männer – gleiche Wahlrecht auf Reichsebene eingeführt worden war, verhinderte das Mehrheitswahlrecht auf der Grundlage einmal festgelegter Wahlkreise, dass die stimmenmäßig erstarkende Sozialdemokratie eine angemessene Repräsententanz im Deutschen Reichstag erringen konnte. Doch schon der zu verzeichnende wachsende Zuspruch der Wähler – nicht der Mandate – reichte dem konservativen Lager um Reichskanzler *Otto von Bismarck* (1815–1898) aus, den Einfluss der Sozialdemokratie nachhaltig schwächen zu wollen. Zwei Attentate auf Kaiser *Wilhelm I* (1797–1888) im Jahr 1878, mit denen die Sozialdemokratie nichts zu tun hatte, wurden zum Anlass genommen, einerseits die Sozialdemokratische Partei Deutschlands zu verbieten und ihre Führer ins innerdeutsche Exil zu verbannen. Andererseits sollte aber auch die sog. *soziale Frage* als Nährboden sozialdemokratischer Agitation beseitigt werden.

Bismarck konnte dabei an eine breite Diskussion in Preußen und im Reich anknüpfen. Im Zusammenhang mit der bürgerlichen Revolution im März 1848 kam es zu Hungerrevolten und Maschinenstürmereien, in denen die „Magenfrage" thematisiert, „Fressfreiheit" statt „Pressfreiheit" gefordert wurde. (Sachße und Tennstedt 1980, S. 226) Nach *Heinrich Volkmann* ging es nunmehr um die „Coupierung" der sozialen und politischen Gefahren, „die aus der Proletarisierung erwachsen und die bestehende Ordnung infrage stellen. Dies, nicht die Not der handarbeitenden Bevölkerungsschichten selbst, ist für Regierung und Abgeordnete der Kern der sozialen Frage. Das ‚rothe Gespenst hat Fleisch und Bein gewonnen', die Mahnung zur Sozialpolitik ‚schallt von den Dächern herab'." (Volkmann 1968, S. 18 f. und 93) Die preußisch-staatliche Antwort war gleichwohl zunächst Repression durch Militäreinsatz.

Doch die Diskussion, wie die „soziale Frage" zu lösen sei, ging weiter: Wissenschaftler, Kirchenvertreter und mehr oder weniger einflussreiche Persönlichkeiten bei Hofe und in den Fachministerien entwickelten – wenn auch kontrovers im Detail – die Grundsätze eines *konservativen Sozialstaats*modells. Eine bedeutende Funktion kam dabei dem 1872 gegründeten „*Verein für Socialpolitik*" zu, u. a. von *Gustav Schmoller* (1838–1917) und *Adolph Wagner* (1835–1917) mit dem Ziel initiiert, in Deutschland die Sozialreform voranzutreiben und über Kongresse, Berichte und Veröffentlichungen Einfluss auf die aktuelle Politik zu nehmen. Für Aufsehen sorgte u. a. die 1874 veröffentliche Schrift von Gustav Schmoller „*Die soziale Frage und der preußische Staat*", in der er die unzureichende Befassung mit der sozialen Notlage der Arbeiterschaft durch die Politik brandmarkte.

Gustav Schmoller: Die soziale Frage und der preußische Staat

„Der Arbeiterstand ist heute, wie jederzeit das, zu was ihn seine Schule und seine Wohnung, seine Werkstätte und seine Arbeit, sein Familienleben und seine Umgebung, zu was ihn das Vorbild der höheren Klassen, zu was ihn die Zeitideen, die Ideale und die Laster der Zeit überhaupt machen.

Ist der Arbeiterstand daran schuld, daß er eine Schul- und technische Bildung besitzt, die nicht ausreicht, die ihn im Konkurrenzkampf so oft unterliegen läßt? Ist vielleicht der Arbeiterstand allein, ist der einzelne Arbeiter daran schuld, daß er vielfach in Höhlen wohnt, die ihn zum Tier oder zum Verbrecher degradieren? Ist er daran schuld, dass die Kinder- und Frauenarbeit das Familienleben in diesen Kreisen mehr und mehr auflöst; ist er daran schuld, daß seine arbeitsgeteilte, mechanische Beschäftigung ihn weniger lernen läßt, als früher der Lehrling und Geselle in der Werkstatt lernte, daß die moralischen Einflüsse der großen Fabrik so viel ungünstiger sind, als die der Werkstatt; ist er daran schuld, daß er nie selbstständig wird, daß er in der Regel ohne Hoffnung für die Zukunft bleibt und lehrt nicht jede Psychologie, daß der Mangel jeder Aussicht für die Zukunft den Menschen schlaff und mißmutig oder zum Umsturz geneigt macht?

Wären diese einfachen Wahrheiten von der öffentlichen Meinung allgemein anerkannt, so würde in sozialen Dingen ganz anders geurteilt, so stünden wir einer relativen Lösung der Frage viel näher. (…) den Gefahren der sozialen Zukunft kann nur durch ein Mittel die Spitze abgebrochen werden: dadurch, daß das König- und Beamtentum, daß diese berufensten Vertreter des Staatsgedankens, diese einzig neutralen Elemente im sozialen Klassenkampf versöhnt mit dem Gedanken des liberalen Staates, ergänzt durch die besten Elemente des Parlamentarismus, entschlossen und sicher, die Initiative zu einer großen sozialen Reformgesetzgebung ergreifen und an diesem Gedanken ein oder zwei Menschenalter hindurch unverrückt festhalten." (Schmoller 1874, S. 56 ff.)

Daneben meldeten sich die konfessionell gebundenen politischen Lager zu Wort: die katholisch-soziale Bewegung und die Deutsche Zentrumspartei (DZP) einerseits, die durch Bildung die Erziehung der Arbeiter „von der Klasse zum Stand" erreichen wollten (zit. n. Grebing 1970, S. 124), und die evangelisch-soziale Bewegung andererseits, in der neben *Johann Hinrich Wichern* vor allem der Prediger am Kaiserhof, *Adolf Stöcker* (1835–1909), maßgebliche Bedeutung gewannen. 1890 wurde aus diesen Kreisen heraus zum ersten Mal ein „Evangelischsozialer Kongreß" einberufen. (vgl. Lampert 1980, S. 107) Und schließlich konstituierte sich um *Friedrich Naumann* (1860–1919) – ursprünglich Pfarrer am Rauhen Haus – auch aus dem sozial-liberalen Lager eine Bewegung, die sich wissenschaftlich an *John Stuart Mill* (1806–1873) anlehnte und nach der Reichsgründung eine Synthese zwischen Stabilisierung nach außen und sozialen Reformen nach innen herstellen wollte: „Wer innere Politik treiben will, muß erst Volk, Vaterland und Grenzen sichern, der muß für nationale Macht sorgen." (zit. n. Brakelmann 1971, S. 184)

Mit der *Kaiserlichen Botschaft Wilhelms I.* vom 17. November 1881 gab Bismarck das Startzeichen für seine neue Sozialpolitik:

Kaiserliche Botschaft von 1881

„Schon im Februar dieses Jahres haben Wir Unsere Überzeugung aussprechen lassen, daß die *Heilung der sozialen Schäden nicht ausschließlich im Wege der Repression* sozialdemokratischer Ausschreitungen, sondern gleichmäßig auf dem der *positiven Förderung* des Wohles der Arbeiter zu suchen sein werde. Wir halten es für Unsere Kaiserliche Pflicht, dem Reichstage diese Aufgabe von Neuem an's Herz zu legen; und würden Wir mit um so größerer Befriedigung auf alle Erfolge, mit denen Gott Unsere Regierung sichtlich gesegnet hat, zurückblicken, wenn es Uns gelänge, dereinst das Bewußtsein mitzunehmen, dem Vaterlande neue und dauernde Bürgschaften seines inneren Friedens und *den Hülfsbedürftigen größere Sicherheit und Ergiebigkeit des Beistandes*, auf den sie Anspruch haben, zu hinterlassen. In Unseren darauf gerichteten Bestrebungen sind Wir der Zustimmung aller verbündeten Regierungen gewiß und vertrauen auf die Unterstützung des Reichstages ohne Unterschied der Parteistellung. In diesem Sinne wird zunächst der von den verbündeten Regierungen in der vorigen Session vorgelegte Entwurf eines Gesetzes über die *Versicherung der Arbeiter gegen Betriebsunfälle* mit Rücksicht auf die im Reichstage stattgehabten Verhandlungen über denselben einer Umarbeitung unterzogen, um die erneute Berathung desselben vorzubereiten. Ergänzend wird ihm eine Vorlage zur Seite treten, welche sich eine gleichmäßige Organisation des gewerblichen *Krankenkassenwesens* zur Aufgabe stellt. Aber auch diejenigen, welche durch *Alter* und *Invalidität* erwerbsunfähig werden, haben der Gesammtheit gegenüber einen begründeten Anspruch auf ein höheres Maß staatlicher Fürsorge, als ihnen bisher hat zu Theil werden können. Für diese Fürsorge die rechten Mittel und Wege zu finden, ist eine schwierige, aber auch eine der höchsten Aufgaben jedes Gemeinwesens, welches auf den sittlichen Fundamenten des christlichen Volkslebens steht. Der engere Anschluß an die realen Kräfte dieses Volkslebens und das Zusammenfassen der letzteren in der Form *korporativer Genossenschaften* unter staatlichem Schutz und staatlicher Förderung werden, wie Wir hoffen, die Lösung auch von Aufgaben möglich machen, denen die Staatsgewalt, allein in gleichem Umfange nicht gewachsen sein würde." (Blanke et al. 1975, S. 77 f.)

Bismarck wollte aus der Arbeiterschaft, patriarchalisch-feudalen Vorstellungen folgend, gleichsam Staatsrentner*innen bzw. Staatsdiener*innen machen, obwohl diese nicht beim Staat sondern in den Wirtschaftsunternehmen beschäftigt waren: „Ich hatte das Bestreben, daß dem müden Arbeiter etwas Beßres und Sichres als die Armenpflege (…) gewährt werden solle, daß er (…) seine sichre Staatspension haben solle, mäßig, gering meinethalben, aber doch so, daß ihn die Schwiegermutter des Sohnes nicht aus dem Hause drängt, daß er seinen Zuschuß hat." (zit. n. Hentschel 1983, S. 25) Folglich sollte das soziale Sicherungssystem beim Staat angesiedelt und verwaltet werden. Dagegen opponierten im Wesentlichen die Unternehmer selbst: Sie befürchteten, der Staat könnte diese enormen finanziellen Mittel möglicherweise zweckentfremden bzw. sein Einfluss auf die Wirtschaft könnte angesichts dieser Finanzmassen zu stark werden. Die Sozialdemokratie konnte zwar zunächst den parlamentarischen Ablauf aufgrund ihrer geringen Repräsentanz kaum beeinflussen, doch wurde insbesondere über den politischen (National-)Liberalismus und das katholische Zentrum der Gedanke der Selbstverwaltung in die Diskussion eingebracht (vgl. ausführlich Reidegeld 2006).

In kurzer Abfolge behandelte und verabschiedete der Reichstag in den folgenden Jahren das gesamte Gesetzgebungswerk:

- Gesetz, betreffend die Krankenversicherung der Arbeiter vom 15. Juni 1883
- Unfallversicherungsgesetz vom 6. Juli 1884
- Gesetz betreffend die Invaliditäts- und Altersversicherung vom 22. Juli 1889

Die drei verabschiedeten Gesetze sahen vor:

- eine *Pflichtversicherung* für alle Arbeiter*innen einschließlich der Angestellten (bis zu einem Jahreseinkommen von 2000 Mark),
- eine *Beitragsfinanzierung,* deren Anteile zwischen Arbeitgeber*innen und Arbeitnehmer*innen je nach Versicherungszweig variierten: von einem Drittel zu zwei Drittel bei der Gesetzlichen Krankenversicherung, über eine paritätische Beitragsleistung bei der Invaliditäts- und Alterssicherung bis hin zu einer allein von den Unternehmer*innen zu finanzierenden Unfallversicherung,
- einen *staatlichen Zuschuss* zur Gesetzlichen Rentenversicherung,
- einen engen *Beitrags-Leistungsbezug* bei geldlichen Leistungen *(Äquivalenzprinzip),*
- die Wirksamkeit des *Solidarprinzips* zunächst bei den Sach- und Dienstleistungen im Rahmen der Krankenversicherung, später verstärkt im Rahmen der Familienversicherung,
- eine *Selbstverwaltung* der einzelnen Versicherungsträger unter Beteiligung von Vertretern der Arbeiter*innen entsprechend ihrem Beitragsanteil,
- eine *organisatorische berufsständische Vielfalt* in allen Versicherungszweigen und
- eine Differenzierung der Sozialleistungen nach Maßgabe rechtlich normierter Anspruch*ursachen (Kausalitätsprinzip)* und nicht nach Maßgabe individuell bzw. sozial bestimmter Leistungs*zwecke (Finalitätsprinzip).*

Das Leistungsvolumen war zunächst – analog zu den relativ bescheidenen Beitragsleistungen – recht niedrig und vor allem auf akute Erkrankungen, Unfälle
und auf eine Absicherung bei Invalidität ausgerichtet. Die Altersgrenze in der
Rentenversicherung bei 70 Jahren war angesichts der tatsächlichen Lebenserwartung eher symbolischer Natur. Der Vorrang des Äquivalenzprinzips bei
den Geldleistungen ‚konservierte' den Sozialstatus, da die Höhe geldlicher
Leistungen von den zuvor erzielten Einkommen und den daraus abgeleiteten
Beiträgen abhängig gemacht wurden. Leistungen für Familienmitglieder waren
zunächst nicht vorgesehen, konnten aber nach 1892 zumindest in der Krankenversicherung durch Statut der einzelnen Kassen aufgenommen werden. Hinterbliebenenrenten dagegen gab es nicht. Eine Bewertung dieser vom Volumen
her betrachtet sicher geringen Leistungen, die sich im Niveau von solchen
der Fürsorge nur wenig unterschieden, sollte aber nicht übersehen, dass die
Bismarcksche Sozialversicherung in einem großen Flächenstaat ohne Vorbild war
und insofern einen „Sprung ins Dunkle" darstellte, ohne auf Erfahrungswerte und
verlässliche Berechnungen zurückgreifen zu können. (Hentschel 1983, S. 25 f.)

Ob die Charakterisierung, Bismarck habe die Sozialdemokratie mit ‚Zuckerbrot und Peitsche' – dem Zuckerbrot der Sozialpolitik und der Peitsche des
Sozialistengesetzes – bekämpft, zutrifft, ist umstritten. Denn die Peitsche griff
insgesamt zu wenig, war doch das zentrale Institut politischer Partizipation, nämlich die Beteiligung an politischen Wahlen nicht zuletzt aufgrund des Druckes
der Mehrheit im Deutschen Reichstag ausdrücklich nicht eingeschränkt worden.
Umgekehrt wurde das Brot erst allmählich ‚süßer': Hatte die Sozialdemokratie
in der Parlamentsdebatte die Sozialversicherungspolitik noch strikt abgelehnt und
gegen die Sozialgesetze gestimmt (Zöllner 1981, S. 68 und 89), wurde unverzüglich nach Einrichtung der Sozialversicherungsträger deren Selbstverwaltung zu
einem der zentralen Handlungsfelder sozialdemokratischer, vor allem gewerk-
schaftlicher Politik. Die Erfahrung, vor Ort zur Verbesserung der Lebenslage der
Arbeiter*innen und – mit Ausweitung der Familienversicherung in der Krankenversicherung – ihrer Familien beitragen zu können, ließ die *sozialreformerische*
Praxis zunehmend in Kontrast zur in der Phase des Sozialistengesetzes sich
durchsetzenden marxistischen Parteiideologie treten. Am Ende schließlich galt
beides: Das Sozialistengesetz hatte seine Wirkung verfehlt und wurde nach dem
Regierungsantritt von Kaiser *Wilhelm II* (1859–1941) 1890 vom Reichstag aufgehoben, aber auch der Widerstand gegen die Sozialversicherungspolitik wurde
seitens der SPD aufgegeben.

2.3.3 Vom Kaiserreich zur Republik

Nach Verabschiedung der drei großen Gesetzeswerke setzten in der alltäglichen Praxis wie auch auf dem Wege von Verordnungen weitere Veränderungen ein. 1911 wurden die drei zunächst separaten Zweige der Sozialversicherung in der *Reichsversicherungsordnung* (RVO) zusammengefasst, die bis in die 1970er Jahre gültig war.

Die Sozialgesetze bezogen sich zunächst nur auf die Arbeiter*innen und die niedrig bezahlten Angestellten, die besser gestellten Angestellten dagegen waren weiterhin in den freiwilligen Hilfskassen oder nicht abgesichert. Zusammen mit der RVO wurde 1911 das *Angestelltenversicherungsgesetz* beschlossen, das die freiwilligen Hilfskassen in Ersatzkassen zur Gesetzlichen Krankenversicherung überführte. Diese Ersatzkassen waren den Gesetzlichen Kassen gleichgestellt. Zugleich wurde eine *Angestelltenrenten*versicherung nach dem Muster der *Arbeiterrenten*versicherung geschaffen, allerdings mit einem eigenen, nur von Angestellten selbstverwalteten Träger.

Es charakterisiert den patriarchalisch-hierarchischen Charakter dieser Sozialpolitik, dass bei der Angestelltenrentenversicherung zugleich eine Witwenrente mit der Begründung eingeführt wurde, dass es der Witwe eines Angestellten nicht zumutbar sei, nach dem Tod ihres Mannes zu arbeiten. Eine vergleichbare Regelung im Rahmen der Arbeiterrentenversicherung gab es nicht. Diese Entscheidung folgte der Logik, dass die Ehefrau eines Angestellten nicht erwerbstätig sein brauchte bzw. auch nicht durfte, während die Entlohnung eines Arbeiters von vornherein so niedrig war, dass dessen Frau schon zu Lebzeiten des Mannes zusätzlich zu Haushalt und Kindererziehung erwerbstätig sein musste. Im Falle des Todes des Ehemanns würde sich für die Witwe eines Arbeiters folglich nichts ändern, wenn sie weiter arbeite. Es wurde dann allerdings doch eine Witwenrente für den Fall der Erwerbsunfähigkeit der Arbeiterwitwe selbst eingeführt. Diese restriktive Regelung führte dazu, dass 1912 von 200.000 Frauen, die in diesem Jahr Witwen von zuvor Versicherten wurden, lediglich 4000 eine Witwenrente zuerkannt bekamen. (Hentschel 1983, S. 27)

Während nun die Grundlagen der Sozialstaatspolitik über eine Sozialversicherung gelegt waren, blieb die *Arbeiterschutzpolitik* dagegen rudimentär. Bismarck war ein Gegner direkter Eingriffe in das Wirtschaftsleben und deshalb sehr zurückhaltend bei Maßnahmen etwa des Arbeitsschutzes und der Arbeitszeitregelung. Erst der so bezeichnete „neue Kurs" unter Kaiser Wilhelm II, der sich von der Politik Bismarcks abzusetzen suchte, ging daran, diesen Bereich der Sozialpolitik weiter zu normieren. Dabei ging es um Fragen der Sonntags-, Nacht-, Kinder- und Frauenarbeit, die Errichtung von Arbeiterausschüssen,

Fabrikinspektionen und Schlichtungsstellen sowie die Durchführung einer internationalen Arbeiterschutzkonferenz. Hinzu kamen Ansätze einer Arbeitsgerichtsbarkeit. Und schließlich wurden kommunale *Arbeitsnachweise*[3] eingeführt, um Arbeitslose besser in Arbeit vermitteln zu können.

Im Deutschen Kaiserreich zwischen 1871 und 1918 wurden wesentliche Grundlagen des Sozialstaates in Deutschland gelegt:

- eine Sozialversicherung, die berufsständisch organisiert war,
- eine Selbstverwaltung in der Sozialversicherung, die neue Handlungsspielräume für die zuvor ausgegrenzten Repräsentant*innen der Arbeiterschaft eröffnete und
- eine Absicherung über durch Beitragsleistung erworbene *Rechtsansprüche* anstelle von Fürsorgeleistungen, wenngleich auf einem nach wie vor geringen materiellen Niveau.

2.4 Konsolidierung und Ausbau des Sozialstaats in der Weimarer Republik

Der für Deutschland mit einer militärischen Niederlage beendete Erste Weltkrieg (1914–1918) führte mit der Abdankung des Kaisers zu einem Machtvakuum. Dieses versuchten unterschiedliche soziale und politische Kräfte zu füllen. Innerhalb der Arbeiter- und Gewerkschaftsbewegung kam es schon während des Weltkrieges zu Abspaltungen, wobei die (Mehrheits-) Sozialdemokraten bereit waren, die Macht in der neu gegründeten Republik zu übernehmen und mit demokratischen, bürgerlichen Kräften zu teilen. Den Gewerkschaften gelang es ihrerseits, wichtige Forderungen gegenüber den Unternehmen durchzusetzen, so u. a. den 8-Stundentag im Stinnes-Legien-Abkommen von 1918. Seitens der Linken dagegen wurden im Verlauf dieser Ereignisse Forderungen nach einer Räterepublik, betrieblicher und überbetrieblicher Mitbestimmung, der Vergesellschaftung kapitalistischer Wirtschaftsunternehmen und massiver entschädigungsloser Enteignungen erhoben, die sie auch gewaltsam auf der Straße durchzusetzen bereit war. Dagegen wiederum verbündeten sich Teile der MSPD

---

[3]Arbeitsnachweise waren in vielfältiger kommunaler, privater aber auch berufsständischer Form organisiert und waren als Arbeitsvermittlungsbüros Vorläufer der späteren Arbeitsämter.

mit vordemokratischen, ja antidemokratischen Kräften, um derartige weitergehende revolutionäre Bewegungen zu verhindern *(Noske-Groener-Pakt)*.

2.4.1 Die Weimarer Reichsverfassung vom 11. August 1919: Demokratisierung der Wirtschaft durch Sozialreformen

Am 19. Januar 1919 fanden allgemeine, gleiche und geheime Wahlen zur
Nationalversammlung statt. Das *Reichswahlgesetz* vom 30. November 1918 sah
sowohl das *Wahlrecht für Frauen* als auch für Bezieherinnen und Bezieher von
Armenfürsorge vor, die zuvor kein Wahlrecht hatten. (Hinrichs 2018, S. 228) Die
am 11. August 1919 verabschiedete neue *Weimarer Verfassung* (WRV) enthielt
im fünften Abschnitt zahlreiche sozial- und wirtschaftspolitische Normierungen,
die die Sozialisierung per Gesetz zuließen, das Koalitionsrecht bestätigten, ein
„umfassendes" Sozialversicherungswesen und schließlich weitreichende Mitbestimmungsrechte in den privatkapitalistischen Wirtschaftsbetrieben vorsahen.
(vgl. Huster 2020a; Voigt Hrsg. 2020)

Die Verfassung des Deutschen Reiches vom 11. August 1919

V. Abschnitt. Das Wirtschaftsleben

Art. 151. Die Ordnung des Wirtschaftslebens muß den Grundsätzen der Gerechtigkeit mit dem Ziele der Gewährleistung eines menschenwürdigen Daseins für alle
entsprechen. In diesen Grenzen ist die wirtschaftliche Freiheit des einzelnen zu
sichern. (…)

Art. 153. Das Eigentum wird von der Verfassung gewährleistet. Sein Inhalt und
seine Schranken ergeben sich aus den Gesetzen. (…) Eigentum verpflichtet. Sein
Gebrauch soll zugleich Dienst sein für das Gemeine Beste. (…)

Art. 155. Die Verteilung und Nutzung des Bodens wird von Staats wegen in
einer Weise überwacht, die Mißbrauch verhütet und dem Ziele zustrebt, jedem
Deutschen eine gesunde Wohnung und allen deutschen Familien, besonders den
kinderreichen, eine ihren Bedürfnissen entsprechende Wohn- und Wirtschaftsheim-
stätte zu sichern. (…)

Art. 156. Das Reich kann durch Gesetz, unbeschadet der Entschädigung, in
sinngemäßer Anwendung der für Enteignung geltenden Bestimmungen, für die
Vergesellschaftung geeignete private wirtschaftliche Unternehmungen in Gemeineigentum überführen. Es kann sich selbst, die Länder oder die Gemeinden an der
Verwaltung wirtschaftlicher Unternehmungen und Verbände beteiligen oder sich
daran in anderer Weise einen bestimmenden Einfluß sichern. (…)

Art. 161. Zur Erhaltung der Gesundheit und Arbeitsfähigkeit, zum Schutze
der Mutterschaft und zur Vorsorge gegen die wirtschaftlichen Folgen von Alter,
Schwäche und Wechselfällen des Lebens schafft das Reich ein umfassendes Versicherungswesen unter maßgebender Mitwirkung der Versicherten. (…)

Art. 163. Jeder Deutsche hat, unbeschadet seiner persönlichen Freiheit, die sittliche Pflicht, seine geistigen und körperlichen Kräfte so zu betätigen, wie es das Wohl der Gesamtheit erfordert. Jedem Deutschen soll die Möglichkeit gegeben werden, durch wirtschaftliche Arbeit seinen Unterhalt zu erwerben. Soweit ihm angemessene Arbeitsgelegenheit nicht nachgewiesen werden kann, wird für seinen notwendigen Unterhalt gesorgt. Das Nähere wird durch besondere Reichsgesetze bestimmt.

Art. 165. Die Arbeiter und Angestellten sind dazu berufen, gleichberechtigt in Gemeinschaft mit den Unternehmern an der Regelung der Lohn- und Arbeitsbedingungen sowie an der gesamten wirtschaftlichen Entwicklung der produktiven Kräfte mitzuwirken. Die beiderseitigen Organisationen und ihre Vereinbarungen werden anerkannt.

Die Arbeiter und Angestellten erhalten zur Wahrnehmung ihrer sozialen und wirtschaftlichen Interessen gesetzliche Vertretungen in Betriebsarbeiterräten sowie in nach Wirtschaftsgebieten gegliederten Bezirksarbeiterräten und in einem Reichsarbeiterrate. (…) (abgedruckt u. a. in: Dreier und Waldhoff Hrsg. 2018, S. 319 ff.)

Diese demokratische und soziale Neuordnung wurde von politischen Kräften getragen, die im kaiserlichen Obrigkeitsstaat zwar schon an Einfluss gewannen, insgesamt aber eher randständig waren: Sozialdemokratie, politischer Katholizismus (Deutsche Zentrumspartei) und Sozial-Liberalismus (Deutsche Demokratische Partei) prägten die Sozialpolitik der Weimarer Republik maßgeblich. Hinzu kamen neue Wählergruppen, insbesondere Frauen.

Sozialdemokratie und Gewerkschaften suchten, das wird in den Artikeln 156 und 165 WRV deutlich, ihre Vorstellung einer *Demokratisierung der Wirtschaft* umzusetzen. Die Verfassung von Weimar garantierte das *Koalitionsrecht,* zugleich verankerte sie betriebliche und überbetriebliche Mitbestimmungsrechte. Am 4. Februar 1920 wurde ein *Betriebsrätegesetz* verabschiedet, das aber weniger ein „Räte-Gesetz", sondern mehr ein Kompromiss zwischen Arbeitergebern und Gewerkschaften war, um rätedemokratische Vorstellungen linker Gruppierungen[4] zurückzudrängen. Tatsächlich kam es zwar auch zu überbetrieblichen

---

[4] *Rätedemokratie* bedeutet, dass die Beschäftigten eines Betriebes unmittelbar Personen wählen, die die Geschicke der Firma lenken, zugleich werden die Delegierten für einen darüberstehenden Rat – etwa einer Kommune/Stadt – gewählt, die dann ihrerseits wieder direkt Kandidaten für ein weiteres, darüberstehendes Organ wählen. Die jeweils Gewählten haben eine unmittelbare Berichtspflicht ggb. ihrer Basis, die zugleich das Recht hat, Delegierte wieder abzuwählen. So soll eine direkte, unmittelbare Demokratie der Basis sichergestellt werden. Auf dieser Basis organisierte sich bspw. die Commune in Paris 1871 und dann unmittelbar nach dem Ersten Weltkrieg etwa die Münchner Räterepublik. In Berlin tagte ein „Allgemeiner Kongress der Arbeiter- und Soldatenräte" (16. – 21.12.1918).

Mitbestimmungsformen, doch haben sie insgesamt nur geringe Relevanz erlangt. Folgenreicher dagegen war die am 30. Oktober 1923 erlassene *Verordnung über das Schlichtungswesen,* die den Staat befugte, an Stelle der Tarifparteien Tarif-streitigkeiten zu entscheiden. Im Endeffekt führte dieses einerseits zu einer Verlagerung von Verantwortlichkeiten auf den Staat, zugleich zu dessen Über-forderung. Er machte sich zunehmend angreifbar gegenüber sozialen Interessen, die sich ihrerseits aus dem Geschäft der Konsensbildung heraushalten wollten.

2.4.2   Weimarer Republik: Reformansätze trotz Kriegsfolgen

Die praktische Politik war in erdrückender Weise von den Folgen des verlust-reichen Kriegs geprägt, von den direkten Auswirkungen für die Bevölkerung ebenso wie von den indirekten aus dem *Vertragswerk von Versailles* (1919). Kriegsopfer und deren Familien mussten versorgt und sozial wieder in das All-tagsleben integriert werden. Die Hoffnungen auf Kriegskontributionen – wie nach 1871 – waren zerstoben, vielmehr musste das Deutsche Reich während der gesamten Dauer der Weimarer Republik Reparationen bezahlen, zunächst in nicht begrenzter, erst am Ende der Republik in begrenzter Höhe. Überdies war der Krieg in hohem Maße dadurch finanziert worden, dass die wohlhabenderen, national eingestellten Bürger*innen Anleihen zeichneten, die das Reich nun nicht mehr zurückzahlen konnte. Der Verlust von Wertgegenständen einschließlich der Eheringe („Gold gab ich für Eisen") war sicher moralisch besonders schmerz-lich, aber vom Volumen her geringer als der Verlust der Anleihen. Und schließlich vernichtete die erst ‚nur' starke, dann aber bald in die *Hyperinflation* über-gehende Geldentwertung 1923 die Reste des über den Krieg geretteten Geldver-mögens in Deutschland. Diese menschlichen und materiellen Folgen des Krieges konnten mit der bestehenden Sozialversicherung nicht bewältigt werden, eine so erhebliche Schadensmasse überforderte die ebenfalls von Krieg und Inflation gebeutelte Sozialversicherung bei weitem. Das *Reichsversorgungsgesetz* von 1920 suchte hier nach ersten Lösungen auf existenzminimaler Grundlage, die zwei Drittel der gesamten Staatsausgaben banden. (Lampert 1980, S. 145)

Folglich liefen diese Lasten dort auf, wo sie immer dann auflaufen, wenn der zentrale Sozialstaat versagt, nämlich beim kommunalen Sozialstaat. Die *kommunale Armenfürsorge* mit ihren lokal und regional voneinander abweichenden existenzminimalen, normierenden und kontrollierenden Elementen stieß angesichts dieser großen Probleme einerseits an ihre Grenzen, anderseits aber gab es das gesellschaftspolitische Problem, dass vordem sozial abgesicherte

Personenkreise nicht deshalb der kommunalen Armenfürsorge anheimfielen, weil sie persönliche Probleme aufwiesen, sondern weil der Staat sie hatte verarmen lassen! Die Lösung dieses Problems führte zur ersten reichseinheitlichen Normierung der Fürsorgeleistungen in Deutschland in der *Verordnung über die Fürsorgepflicht* vom 13. Februar 1924 bzw. den *Grundsätzen über Voraussetzung, Art und Maß öffentlicher Fürsorgeleistungen* vom 4. Dezember desselben Jahres (Reichsgrundsätze).

Grundsätze öffentlicher Fürsorgeleistungen von 1924

Der notwendige Lebensbedarf wurde in § 6 (der „Reichsgrundsätze", d. Verf.) definiert: „der Lebensunterhalt, insbesondere Unterkunft, Nahrung, Kleidung und Pflege; Krankenhilfe sowie Hilfe zur Wiederherstellung der Arbeitsfähigkeit; Hilfe für Schwangere und Wöchnerinnen; bei Minderjährigen Erziehung und Erwerbsbefähigung; bei Blinden, Taubstummen und Krüppeln Erwerbsbefähigung. Nötigenfalls ist der Bestattungsaufwand zu bestreiten." Im Gegensatz zum früher geltenden Recht zählte zum Lebensbedarf nunmehr nicht nur das zum Lebensunterhalt unbedingt Notwendige, sondern auch, was zur Erhaltung oder Herstellung der Gesundheit und Arbeitsfähigkeit erforderlich war. Die Reichsgrundsätze unterschieden vier Gruppen von Hilfsbedürftigen:

1. Hilfsbedürftige im Allgemeinen: Sie erhielten den notwendigen Lebensbedarf in dem eben beschriebenen Sinne.
2. Kleinrentner*innen, Sozialrentner*innen und ihnen Gleichstehenden (§§ 14, 16, 17): Sie erhielten privilegierte Fürsorgeleistungen, bei denen ihre früheren Lebensverhältnisse berücksichtigt wurden.
3. Kriegsopfer (§§ 18, 20): Sie erhielten gehobene Fürsorgeleistungen, die mindestens den Maßstäben der Kleinrentnerfürsorge zu genügen hatten.
4. Sog. Arbeitsscheue und unwirtschaftliche Hilfsbedürftige (§ 13): Sie erhielten nur beschränkte Fürsorgeleistungen, nämlich nur „das zur Fristung des Lebens Unerläßliche", ggf. nur in Anstalten. (Sachße und Tennstedt 1988, S. 173)

Entscheidend war, dass die Verordnung und die Grundsätze nun zwischen der normalen Fürsorge und einer sich davon vom Leistungsniveau und der Hilfegewährung absetzenden ‚gehobenen' Fürsorge für diejenigen differenzierten, die als Folge von Krieg und Vermögensverlusten in diese prekäre Lage gekommen waren. Das Gesetz stellt insofern einen wichtigen Reformschritt dar, als es – im Nachklang zur Bismarckschen Arbeiterpolitik – auch für die *Armenpolitik* nunmehr eine stärkere allgemeinverbindliche Regelungsdichte vorsah und damit den kommunalen, meist restriktiv genutzten Gestaltungsspielraum einschränkte. Indem diese Gesetzgebung aber die ‚verarmten' Mittelschichten letztlich zum Objekt staatlicher bzw. kommunaler *Fürsorge* machte, löste sie nicht nur deren materielle Probleme nur unzureichend, sondern sie wurde von den Begünstigten als Provokation und ‚unstandesgemäß' empfunden: Sie erwarteten vom Staat Wiedergutmachung, nicht Fürsorge!

Trotz restriktiver Rahmenbedingungen griff die Politik wichtige Reform-projekte auf. Die Weimarer Reichsverfassung hatte in Artikel 122 den *Jugend-schutz* verankert. Auch hier wurde der Gesetzgeber relativ früh initiativ und löste die Jugendhilfe mit dem 1922 verabschiedeten *Reichsjugendwohlfahrtsgesetz* aus der allgemeinen Fürsorge heraus. Neben geldlichen Leistungen nahm dieses Gesetz sozialpädagogische Hilfen für Kinder und Jugendliche auf, darunter Erziehungshilfe, Jugendförderung, Jugendschutz und die Jugendgerichtshilfe. Dieses Gesetzeswerk gehört der Sache nach zu den größeren Reformwerken in dieser Phase, auch wenn zentrale Bestandteile durch Reichsverordnung beim Inkrafttreten 1924 aufgrund der schlechten Finanzlage der Kommunen suspendiert worden waren.

2.4.3 Die freie Wohlfahrtspflege und deren Professionalisierung

Insgesamt wurden die öffentliche und die freie Wohlfahrtspflege neu geordnet. Mit Gründung eines weiteren, sozialdemokratisch orientierten, Wohlfahrts-verbandes – der *Arbeiterwohlfahrt* – trat 1919 neben die beiden großen konfessionellen Wohlfahrtsverbände eine weltanschaulich säkular (nicht aber politisch neutral) ausgerichtete Kraft:

Marie Juchacz: Der politische Charakter der Wohlfahrtspflege

„Vielfach begegneten wir der Befürchtung, daß das Eintreten der Sozialdemokraten in die Wohlfahrtspflege diese ‚politisieren' würde. Wir haben (…) geantwortet: Die Wohlfahrtspflege ist politisch, solange die Vertretung einer großen Menschenschicht von der Mitarbeit ausgeschlossen ist. (…) Die Arbeiterwohlfahrt will (…) auch der sozialdemokratischen Weltanschauung dienen, wie das die Vertreter anderer Weltan-schauungen mit ihrer Arbeit ebenso tun." (zit. n. Arbeiterwohlfahrt Bundesverband e.V. Hrsg. 1990, S. 16)

Schließlich kommt es 1924 zur Gründung eines fünften Wohlfahrtsverbandes – gleichsam als Auffangbecken für Einrichtungen und Initiativen, die in den anderen Wohlfahrtsverbänden keinen Platz fanden – dem *Deutschen Paritätischen Wohlfahrtsverband.* Zusammen mit dem relativ kleinen *jüdischen Wohlfahrts-verband* (1917) und dem im Zuge länderübergreifender Bemühungen *Henry Dunants* (1828–1910) um die Bekämpfung des Elends Kriegsverwundeter gegründeten *Deutschen Roten Kreuz* (1921) prägten diese Verbände die für die freie Wohlfahrtspflege in Deutschland bis heute typische Struktur. Die einzelnen Verbände bildeten ihre Binnenstruktur verstärkt in Richtung Reichsebene aus, auch indem sie 1924 gemeinsam eine *Deutsche Liga der freien Wohlfahrtspflege* gründeten. Die Fürsorge- und Jugendwohlfahrtsgesetze bzw. die daran gekoppelten Verordnungen wiesen den Wohlfahrtsverbänden spezifische Aufgaben zu, die je nach politischer Orientierung in den Reichsländern und in den Kommunen mehr oder weniger dem Prinzip des Vorrangs der freien vor der öffentlichen Fürsorge folgten *(Subsidiaritätsprinzip)*. Dabei wurden diese Tätigkeiten der freien Wohlfahrtspflege durchaus öffentlich refinanziert, zumindest zum Teil. Zugleich wurde die Clearingstelle zwischen der freien und der öffentlichen Wohlfahrtspflege, der *Deutsche Verein für öffentliche und private* Fürsorge (seinerzeit mit Sitz in Frankfurt a. M.), ausgebaut und in die Jugendwohlfahrts- und Fürsorgegesetzgebung sowie die davon geprägte Praxis der Jugendpflege und Fürsorge eingebunden. Diese enge Verzahnung einmal zwischen den öffentlichen Kostenträgern und zum anderen die vereinbarte Aufgabenteilung zwischen öffentlicher und frei-gemeinnütziger Wohlfahrtspflege prägen bis heute die als korporatistisch bezeichneten wohlfahrtsverbandlichen bzw. Staat-Verbände-Strukturen.

Parallel dazu – maßgeblich betrieben durch *Alice Salomon* (1872–1948) – wurden soziale Frauenschulen zur Ausbildung sozialer Fachkräfte und sozialer Hilfen gegründet, zuerst 1908 in Berlin, dann verstärkt in der Weimarer Republik.

Alice Salomon: Soziale Diagnose

„Wie die medizinische Forschung nicht ohne Verbindung mit der klinischen Erfahrung möglich ist, so sollte auch alle soziale Reform ständig durch die soziale Praxis, durch die Erfahrungen der Fürsorge beeinflusst und befruchtet werden. Das setzt aber Sozialbeamte voraus, die geistig geschult sind, die hohe Anforderungen an die eigenen Leistungen stellen und die imstande sind, vom besonderen auf das Allgemeine zu schließen, aus dem Erlebnis den Grundsatz abzuleiten, in den bestehenden Zuständen und Gesetzen Probleme zu sehen und an der Entwicklung der Gesetze und Reformen schöpferisch mitzuarbeiten.

Der Fürsorger soll die soziale Reform anregen. Er soll soziale Politik fördern, aber auch von ihr wieder für die eigene Arbeit gefördert werden.

Unzweifelhaft bringt jeder Fortschritt in der sozialen Gesetzgebung, jeder Fortschritt der medizinischen Forschung auch neue Möglichkeiten für die soziale Fürsorge, für Ermittlung und Pflegschaft mit sich. Um diese Fortschritte richtig zu nutzen, sind Sozialbeamte nötig, die genug innere Beweglichkeit und geistige Selbstständigkeit haben, um das Neue anzuwenden.

Der Fürsorger, der einen Fall nach dem anderen in der gleichen, gewohnheitsmäßigen Weise, nach dem gleichen Gedankengang erledigt, ohne die wirtschaftlichen und politischen Zustände zu begreifen, auf denen die Fürsorge aufbaut, hat im Grunde genommen eine ganz ähnliche geistige Verfassung wie der

Reformer und Politiker, der für eine bestimmte Änderung eintritt und glaubt, damit alle soziale Fürsorge überflüssig zu machen. Beide lassen die Vielfältigkeit, die Verschlungenheit des Materials außer acht, mit dem sie zu tun haben." (Salomon 1926, S. 47)

Mit der Ausdifferenzierung der Arbeitsfelder der (Sozial-)Fürsorge bedurfte es einer dreifachen Professionalisierung, einmal bezogen auf die methodischen Standards generell, sodann bezogen auf einzelne Problemlagen. Schließlich war das, was man heute mit dem Begriff *Soziale Arbeit* fasst, im 19. Jahrhundert zunächst meist ehrenamtliche Arbeit von Frauen, nun sollten gerade diese eine qualifizierte Ausbildung erhalten.

2.4.4 Die 4. Säule der Sozialversicherung: Die Arbeitslosenversicherung – „Wirtschaftsdemokratie" im Kapitalismus?

Das zentrale soziale Problem stellte allerdings die Bewältigung der Arbeitslosigkeit dar. Zur Zeit der Bismarckschen Gesetzgebung herrschte in Deutschland – bei aller Unsicherheit des jeweils einzelnen Beschäftigungsverhältnisses – quasi Vollbeschäftigung. Rüstungspolitik und Kriegsvorbereitung bewirkten im Deutschland vor allem in der zweiten Hälfte des Kaiserreiches eher einen Arbeitskräftemangel denn Arbeitslosigkeit. Die z. T. desaströsen wirtschaftlichen Bedingungen nach dem Ersten Weltkrieg – Umstellung der Kriegsproduktion, Ruhrbesetzung durch Frankreich, Hyperinflation u. a. m. – sorgten dafür, dass die Arbeitslosigkeit im Deutschen Reich dramatisch anstieg. Nur in den beiden besten Jahren nach Konsolidierung der Wirtschaft waren als Folge ausländischer Anleihen und Kapitalzuflüsse 1924 und 1925 weniger als eine Million Menschen ohne Arbeit. (Lampert 1980, S. 138) Auf der Grundlage dieser Entwicklung suchte das Reich nach einer Neuregelung der Arbeitsvermittlung und nach einer Entlastung der kommunalen Armenfürsorge von den finanziellen Folgen bei Arbeitslosigkeit. Das *Gesetz über Arbeitsvermittlung und Arbeitslosenversicherung* (AVAVG) vom 16. Juli 1927 und die neu gebildete *Reichsanstalt für Arbeit* vollzogen mit Berufsberatung, Arbeitsnachweis, Arbeitsvermittlung und Leistungen bei Arbeitslosigkeit durch eine Arbeitslosenversicherung einen Wechsel vom vordem unorganisierten zu einem nunmehr durch Staat und Gewerkschaften organisierten Arbeitsmarkt. Dieses mit Sicherheit bedeutsamste Reformgesetz der Weimarer Republik akzentuierte die Differenz zwischen Armen- und Arbeiterpolitik noch stärker, indem es – nach Alter, Invalidität,

Krankheit und Unfall – einen weiteren Zustand des Nichtarbeitens aus der Armenpolitik herausnahm und Arbeitslosigkeit in einem begrenzten zeitlichen Rahmen und unter bestimmten Voraussetzungen als Bestandteil des Status abhängiger Beschäftigung sozialversicherungsrechtlich absicherte (sog. *Arbeitnehmerrisiken*).

Diese gesetzlichen Reformen – Arbeitsrecht, staatliches Schlichtungswesen, Jugendwohlfahrt, Standardisierung der Fürsorge und Zentralisierung der Arbeitsvermittlung – stehen pars pro toto für den Versuch der Sozialdemokratie, nach der Revolution von 1918/1919 ihre Vorstellungen von einem *Demokratischen Sozialismus* mit den krisenhaften, sich gleichwohl in ihren Augen zunehmend organisierenden Strukturen kapitalistischen Wirtschaftens zu verbinden. In einem mühsamen und widersprüchlichen Prozess suchte sich die SPD an kapitalistische Strukturen anzupassen, gleichzeitig aber an ihren Reformperspektiven festzuhalten.

Das Konzept der Wirtschaftsdemokratie

Mit ihrem Konzept von einer *Wirtschaftsdemokratie* formulierte die SPD ein Programm, das zwar als Zielvorstellung am „Sozialismus" festhielt, dafür aber selbst keine konkreten Schritte und zeitlichen Vorgaben mehr vorsah. Sie verband dieses mit der Gewissheit, „dass die Struktur des Kapitalismus selbst veränderlich ist, und dass der Kapitalismus, bevor er gebrochen wird, auch gebogen werden kann." Der Autor dieses Konzeptes, *Fritz Naphtali*, forderte konkret u. a. den „Ausbau der Sozialversicherung zu einem vollen Schutz der Lebensmöglichkeiten für alle, die durch Mängel der Gesundheit, durch Schwangerschaft und Alter arbeitsunfähig sind, oder denen aus Gründen der Wirtschaftsgestaltung die Verwertung ihrer Arbeitskraft zeitweise unmöglich gemacht wird." (Naphtali 1966, S. 19 und 184)

Mit dem *Schwarzen Freitag* vom 25. Oktober 1929 und der hereinbrechenden *Weltwirtschaftskrise* wurde der Kapitalismus weniger gebogen, sondern vielmehr chaotisch ruiniert: Große Teile der deutschen Wirtschaft brachen zusammen, nicht zuletzt als Folge des Abzugs des seit 1924 in großem Umfange nach Deutschland eingeströmten Kapitals. Denn mit der Konsolidierung der deutschen Wirtschaft sowie der zunächst erst schüchternen, dann zunehmend konkreteren politischen Kooperation in Europa, wofür die Namen *Gustav Stresemann* (1878–1929) und *Aristide Briand* (1862–1932) exemplarisch stehen, kam es zu einem enormen internationalen Kapitaltransfer einschließlich der nunmehr auch international wirksamen Kapitalkonzentration und -zentralisation. Zwar noch weit von der derzeitigen weltweiten Kapitalverflechtung entfernt, zeigten sich doch Abhängigkeiten in einem Ausmaß, die nicht nur die Rahmenbedingungen nationalen Wirtschaftens in einem hohen Maße extern bestimmten, sondern auch die Möglichkeiten nationalen sozialpolitischen Gegensteuerns stark begrenzten.

Dieses wird exemplarisch am Schicksal der *Arbeitslosenversicherung* deutlich: Die Große Koalition von SPD und Deutscher Volkspartei (DVP) – einschließlich Zentrum und Deutschen Demokraten (DDP) – zerbrach 1930 an der Frage eines notwendig gewordenen Ausgleichs zwischen Beitragseinnahmen und Ausgaben. Die Leistungen der Arbeitslosenversicherung wurden von den nachfolgenden Präsidialkabinetten von *Heinrich Brüning* (1885–1970) und von *Franz von Papen* (1879–1969) mehr oder weniger stark abgebaut und letztlich nur noch auf Fürsorgeniveau gehalten. Während sich in den USA die nachfrageorientierten Konzepte eines *John Maynard Keynes* (1883–1969) Gehör verschaffen konnten *(New Deal),* obsiegten in Deutschland *neoklassische Vorstellungen,* wonach der Staat nur die Option habe, seine Ausgaben der immer restriktiveren Einnahmeseite anzupassen und dabei durch Steuerzurückhaltung gegenüber der Wirtschaft, geringe Löhne und Sozialabgaben die Angebotsbedingungen der Wirtschaft zu verbessern. Von 1930–1932 überstürzten sich denn auch sozialpolitische Aktivitäten, die tiefe Einschnitte in das Leistungsrecht brachten. Immerhin konnte erreicht werden, dass die Reparationsleistungen Deutschlands eingestellt wurden. (vgl. Huster 2020b)

Dass und warum der Zentrumspolitiker *Brüning* letztlich das Vertrauen des Reichspräsidenten *Paul von Hindenburg* (1847–1934) verlor und – wie er sagte – „100 m vor dem Ziel" (Brüning 1968, S. 164) gestürzt wurde, ist weit mehr als eine Nebensächlichkeit: Er, der in großem Umfange die Angebotsbedingungen für die Wirtschaft einseitig zulasten der abhängig Beschäftigten bzw. der Sozialleistungsbezieher*innen zu verbessern suchte, meinte bei der Ausgabenreduktion des Staates auch die Subventionen der ostpreußischen Großagrarier nicht gänzlich außen vor lassen zu können. Unter dem Vorwurf, er betreibe ‚Agrarbolschewismus', wurde Brüning entlassen und durch den konservativen Zentrumspolitiker *Franz von Papen* (1879–1969) ersetzt, der schon allein durch sein Adelsprädikat Garant dafür war, dass sich die Großagrarier nicht weiter bedroht fühlen mussten.

Die konkrete Sozial- und Wirtschaftspolitik schuf so indirekt die Voraussetzung für eine soziale Entleerung der demokratischen Substanz der Republik. Massenarbeitslosigkeit und Massenelend wurden zum Nährboden für eine politische Radikalisierung: Bei den Reichstagswahlen im Juli 1932 wurden die Nationalsozialisten (NSDAP) stärkste Fraktion, die Parteien von Weimar – Sozialdemokraten, Zentrum und (Sozialliberale) Demokraten – dagegen hatten drastisch an Gewicht verloren (vgl. insgesamt Preller 1978).

2.4.5 Krise der Sozialpolitik: Infragestellung der Demokratie

Am Ende der Weimarer Republik kamen drei Elemente zusammen: Es gab kein nationales und auch kein internationales Management, wie denn die zuvor erfolgte Internationalisierung der Kapitalmärkte in Krisensituationen gehandhabt werden sollte und konnte. Insofern hatten SPD und Gewerkschaften den tatsächlichen Grad an Organisiertheit des „Finanzkapitals" *(Rudolf Hilferding)* weit überschätzt. So reagierten denn auf die weltwirtschaftlichen Verwerfungen letztlich die einzelnen Banken und Betriebe nach dem Motto: „Rette sich wer kann!" und lösten eine nicht mehr steuerbare Kettenreaktion aus. Innereuropäische oder internationale Konfliktregelungen unterblieben. *Adolf Hitlers* (1889–1945) Auftritt vor Vertretern der Schwerindustrie im Industrieclub in Düsseldorf 1932 und sein Versprechen, Deutschland wieder aufzurüsten, bereitete nicht nur die Machtübernahme durch die Nationalsozialisten vor, sondern war zugleich die Abkehr von der durch drastische Einschnitte in das sozialpolitische Leistungsrecht gekennzeichneten *Austeritätspolitik* zu einem rechtskeynesianischen Ausgabenprogramm.

Die Fraktionen der Arbeiterbewegung hatten – zweitens – nicht nur den Grad der Organisiertheit einerseits (Sozialdemokratie) bzw. den Grad der Instabilität des Kapitalismus als gesellschaftliches System (Kommunist*innen) überschätzt, sondern sahen sich mehr oder weniger hilflos der Tatsache ausgesetzt, dass ihre gesellschaftspolitischen Konzepte im parlamentarischen System und/oder in der Bevölkerung des Deutschen Reiches keine Mehrheit bekamen. Hinzu kam, dass zwischen den beiden größten Fraktionen der Arbeiterbewegung kein Konsens über eine gemeinsame Strategie herstellbar war. Es blieb die durch nichts gerechtfertigte Illusion des Gewerkschafters *Fritz Tarnow* (1880–1951), der 1931 auf dem Leipziger Parteitag der SPD ausrief: „Wenn die Nebel dieser ökonomischen Krise sich verzogen haben werden, dann wird man deutlich sehen, dass auch in dieser Zeit die sozialistischen Fundamente stärker, die kapitalistischen schwächer geworden sind." (SPD 1931, S. 50) Die KPD beschränkte sich auf die Gewissheit, dass die Weltrevolution letztlich stärker von der Entwicklung der Sowjetunion als von der kapitalistischen Wirtschaft abhängig sei. In diesen strategischen Zielkonflikten gefangen, fiel die Arbeiterbewegung folglich als handelndes Subjekt faktisch weg.

Und schließlich drittens: Große Teile des nationalliberalen und konservativen Bürgertums sahen in der Krise die Chance bzw. die Notwendigkeit, keineswegs bloß die offensichtlich auch der Arbeiterbewegung zu Gute kommenden (sozial-)

politischen Errungenschaften der Weimarer Republik abzuschaffen, sondern die Demokratie insgesamt durch ein autoritäres Regierungssystem zu ersetzen. Die neoklassischen Steuerungsmodelle zielten ebenso wie die konkrete Wirtschaftspolitik darauf, die demokratischen Grundstrukturen selbst außer Kraft zu setzen. Dass die neoklassische Wirtschaftstheorie und -praxis, für deren Wegbereitung in besonderer Weise der Ökonom *Ludwig von Mises* (1881–1973) steht, diesen krisengeschüttelten Prozess aktiv mitgestaltet und zur Aufhebung der Demokratie selbst beigetragen hat, haben ihre Protagonisten allerdings nicht reflektiert: Ihr ökonomisches Modell hat sich nicht erst hier, aber hier besonders verhängnisvoll als der Versuch desavouiert, den für die bürgerliche Gesellschaft konstitutiven *Primat der Politik* durch den der Ökonomie zu ersetzen. Von Papens ,Preußenschlag‘, also die Absetzung der noch nach Weimarer Muster gebildeten Regierung des mächtigen Preußen (1932), war folglich Teil dieser neoklassischen Wirtschaftskonzeption, er zerstörte die letzte Bastion der Republik, die immer weniger Republikaner hatte!

Es wäre aber falsch, die Sozialpolitik in der ersten Republik in Deutschland nur vom Ende her als gescheitert zu betrachten, es zeigen sich insgesamt sehr unterschiedliche Elemente, die bis heute fortwirken:

- Sozialpolitik setzt ein sozialreformerisches Potential voraus, das mit einem umfassenden Konzept an die Umgestaltung gesellschaftlicher Bedingungen herangeht. Dieses stellte zweifellos die Weimarer Reichsverfassung dar.
- Die Sozialpolitik wurde als Teil einer herzustellenden Wirtschaftsdemokratie begriffen.
- Die Umsetzung eines derartigen umfassenden Konzeptes ist in hohem Maße von nationalen und zunehmend von internationalen wirtschaftlichen und politischen Bedingungen abhängig. Dieses gilt sowohl für Phasen der Durchsetzung neuer sozialpolitischer Maßnahmen wie auch bei der Einschränkung oder gar Aufhebung von sozialpolitischen Errungenschaften.
- Grundstrukturen der Sozialpolitik haben selbst so umfassende Krisenerscheinungen wie die Hyperinflation und die Weltwirtschaftskrise überlebt, auch wenn sie in Teilen – vorübergehend oder auch länger – außer Kraft gesetzt wurden. Allerdings haben die massiven Einschnitte in den Leistungskatalog der Sozialversicherung im Verlauf der Weltwirtschaftskrise zur Destabilisierung der Demokratie beigetragen.
- Neben dem Ausbau der Sozialversicherung ist in der Weimarer Republik insbesondere die Fürsorge quantitativ und qualitativ erheblich erweitert worden. Zu nennen ist hier insbesondere die nunmehr systematisch angegangene Qualifizierung von Fachpersonal in der Fürsorge.

2.5   Völkische Sozialpolitik (1933–1945)

Am 10. November 1988 versuchte der damalige Präsident des Deutschen Bundestages, *Philipp Jenninger* (1932–2018), in einer Rede aus Anlass des 50. Jahrestages der Reichspogromnacht von 1938 die Tatsache zu erklären, warum das *Dritte Reich*[5] von den Zeitgenoss*innen trotz der verheerenden Kriegserfahrungen lange Zeit immer wieder auch positiv in Erinnerung gehalten worden war bzw. noch wird. Er begründete dieses mit der Bemerkung, das Dritte Reich sei über weite Teile als ‚Sozialstaat' wahrgenommen worden, der einerseits die Weltwirtschaftskrise in Deutschland einschließlich der hohen Massenarbeitslosigkeit überwunden habe und andererseits selbst noch im Krieg leistungsfähig geblieben sei. (Deutscher Bundestag, Sten. Bericht d. Sitzung vom 10.11.1988) Jenninger musste von seinem hohen Amt zurücktreten, weil er die rassistische Ausrichtung dieses Staatswesens, das Ausplündern bestimmter Bevölkerungskreise und besetzter Gebiete sowie die schweren Folgen dieses Krieges für ganz Europa bagatellisiert hatte.

War das Dritte Reich Sozialstaat? Folgt man der Terminologie von *Carl Schmitt* (1888–1985) einer schroffen Trennung von *Freund und Feind* als Kriterium des Politischen (Schmitt 1932/1963), dann war das Dritte Reich ein ‚Sozialstaat' für die ‚Freunde'. Die Aushebelung des individuellen als auch des auf die betriebliche und überbetriebliche Mitbestimmung zielenden kollektiven Arbeitsrechts der Weimarer Republik und deren Ersatz durch die *Deutsche Arbeitsfront* fanden ihre Entsprechung im ideologischen Begründungszusammenhang für die aufzubauende ‚Volks- und Leistungsgemeinschaft', in der jeder ‚Freund' seinen Platz finden sollte.

Die Deutsche Arbeitsfront

In der „Verordnung über Wesen und Ziel der Deutschen Arbeitsfront" vom 24. Oktober 1934 hieß es:

---

[5] Der Begriff *Drittes Reich* hat eine doppelte Bedeutung. Einmal sucht er an die Reichsgründungen in Deutschland anzuknüpfen: Erstens an das 919/962 gegründete, erst später als Heiliges Römische Reich Deutscher Nation titulierte erste Reich, zweitens an die Gründung des – zweiten – (Klein-)Deutschen Reiches 1871 und nun 1933 die 3. Reichsgründung. Zum anderen hatte schon in den 1920er Jahren *Arthur Moeller van den Bruck* den Nationalsozialismus in den Kontext des in der Offenbarung des Johannes angekündigten zukünftigen Reiches gestellt, das mit der Wiederkehr Christi errichtet werden würde, dabei an die Gedanken *Joaquino A Fiores*, eines katholischen Mystikers, von einem zukünftigen „dritten Reich" mit heilsgeschichtlichem Charakter anschließend.

§ 2. Das Ziel der Deutschen Arbeitsfront ist die Bildung einer wirklichen Volks-
und Leistungsgemeinschaft aller Deutschen. Sie hat dafür zu sorgen, dass jeder
einzelne seinen Platz im wirtschaftlichen Leben der Nation in der geistigen und
körperlichen Verfassung einnehmen kann, die ihn zur höchsten Leistung befähigt
und damit den größten Nutzen für die Volksgemeinschaft gewährleistet. (...)
§ 7. (...) Die Deutsche Arbeitsfront hat die Aufgabe, zwischen den berechtigten
Interessen aller Beteiligten jenen Ausgleich zu finden, der den nationalsozialistischen Grundsätzen entspricht und die Anzahl der Fälle einschränkt, die
nach dem Gesetz vom 20. Januar zur Entscheidung allein den zuständigen staatlichen Organen zu überweisen sind. (zit. n. Mason 1978, S. 193)

‚Feind' dagegen war nicht nur der auswärtige Gegner – und das waren der Logik
der Nationalsozialist*innen folgend fast alle anderen –, außerhalb der Gemeinschaft stand auch, wer sich den völkischen *Homogenitätsvorstellungen* nicht
zuordnen ließ bzw. lassen wollte. Gleich nach der Machergreifung wurden die
Kommunist*innen verfolgt, selektierte das *Gesetz zur Wiederherstellung des
Berufsbeamtentums* sog. ‚Nichtarier' aus der öffentlichen Verwaltung, später
wurden Sozialdemokrat*innen und Gewerkschafter*innen aus öffentlichen
Ämtern und mit Aufhebung der Selbstverwaltung aus der Sozialversicherung ver-
bannt. Mit den *Nürnberger Rassegesetzen* (1935) wurden jüdische Menschen qua
Gesetz gleichsam ausgebürgert, im Falle der Flucht ins Ausland und als Folge der
sog. ‚Arisierung' jüdischer Unternehmen wurde deren Vermögen entschädigungs-
los eingezogen. Die jeweils frei werdenden Arbeitsplätze konnten nun von
‚Volksgenossen' besetzt werden. Während des Krieges wurde diese Freund-
Feind-Logik auf die eroberten Territorien ausgeweitet. Deren Ausplünderung
und materielle Verelendung sicherte einen Teil des relativen Wohlstandes im
Deutschen Reich, Neuansiedlungen von deutschstämmigen Personen in den
besetzten Gebieten waren nur möglich, weil zuvor Einheimische von ihren Höfen
und aus ihren Häusern vertrieben worden waren. Und Hilfen etwa im Rahmen der
Nationalsozialistischen Volkswohlfahrt (NSV und des *Winterhilfswerkes),* einer
Fürsorgeeinrichtung für Ausgebombte und Opfer anderer Kriegsfolgen, stammten
ebenfalls meist aus Raub und Ausplünderung.

Der Verbindung eines biologistisch verbrämten ‚Gesundheits-' mit einem
inhumanen sozialdarwinistischen Politikverständnis, demzufolge sich in den
Worten des Propaganda-Ministers *Joseph Goebbels* (1897–1945) die Deutschen
nur mit einem „gesunde(n) Volk (...) in der Welt durchsetzen" könnten (zit. n.
Lampert 1980, S. 157), fielen viele Menschen durch Zwangssterilisation, durch
Nichtbehandlung, durch medizinische Experimente sowie gezielte Vernichtung
zum Opfer (Euthanasie). Diese *‚Ausmerze'* bezog sich darüber hinaus auch
auf sog. ‚minderwertige Rassen' und diesen zugeordnete Personengruppen:
Millionen Jüdinnen und Juden, Sinti und Roma, Homosexuelle, Mitglieder der

Zeugen Jehovas, Kriegsgefangene und Zwangsarbeiter*innen wurden vergast und/oder durch Arbeit vernichtet.

Das soziale Sicherungssystem wurde vor diesem Hintergrund zwar im Kern erhalten und in Teilen entsprechend nationalsozialistischen Zielsetzungen auch ausgebaut, aber eben nur für die ‚Volksgemeinschaft'. Zunächst wurde der durch den Ersten Weltkrieg, die nachfolgende Inflation und die Weltwirtschaftskrise verarmte alte Mittelstand, der zu den tragenden Kräften der nationalsozialistischen Massenbewegung gehörte, zu Sonderkonditionen in die Gesetzliche Rentenversicherung aufgenommen: Nach Verlust ihrer eigenständigen Altersvorsorge und ihrer durch Kapitalmangel bis hin zum Bankrott erschwerten bzw. ganz weggefallenen Geschäftsgrundlagen sollte ihnen zulasten der Solidargemeinschaft der sozialversicherten Arbeiter*innen Kompensation verschafft werden. Daneben wurde der völkisch motivierten Bevölkerungspolitik folgend nicht nur die Geburt von Kindern belohnt (Mütterverdienstkreuz, Kuren für Mütter, Haushaltshilfen, Lebensborn-Bewegung, etc.), sondern auch das Aufwachsen der Kinder durch die Einführung erster Kindergeldzahlungen – allerdings nur bei kinderreichen Familien – staatlich unterstützt. Vor Kriegsbeginn wurden Frauen überdies nach der Eheschließung mehr oder weniger strikt aus dem Erwerbsarbeitsleben vertrieben, einmal weil sie arbeitslosen Männern Platz machen sollten, zum anderen, um ihrer ‚völkischen' Aufgabe gerecht zu werden und Kinder zu gebären. Und schließlich sollten verdiente *Volksgenoss*innen* im Rahmen des großen *Kraft durch Freude*-Programms Reiseund Urlaubsmöglichkeiten erhalten, von denen die daran Beteiligten vorher nicht einmal träumen konnten. Während des Krieges schließlich wurden bestimmte Leistungen sogar verbessert, „und zwar erst dann, als sich herausgestellt hatte, dass es sich nicht um den vorhergesehenen Blitzkrieg handeln würde. Diese Maßnahmen hatten den Charakter sozialpolitischer Bestechung, die sich nicht eben durch Einfallsreichtum auszeichnete. Hauptsächlich wurden Leistungsverschlechterungen der Notverordnungspolitik von 1931/1932 rückgängig gemacht." (Hentschel 1983, S. 144) Der menschliche Verlust bzw. das erlittene Leiden konnten zwar nicht ausgeglichen werden, aber diese Leistungsverbesserungen erweckten zumindest den Anschein, der Staat lasse die Hinterbliebenen und Kriegsopfer nicht alleine.

Das Dritte Reich war folglich nicht ‚Sozialstaat', es hat diesem vielmehr die ideellen und materiellen Grundlagen entzogen. Zugleich wurden sozialpolitische Instrumente völkischen Zielen und solchen der Kriegsvorbereitung und -führung untergeordnet. Die Überwindung der Massenarbeitslosigkeit ist weitgehend dem Zusammenwirken von Kriegsvorbereitung und Ausschluss etwa von Kommunist*innen, Sozialdemokrat*innen, Jüdinnen und Juden etc. aus Teilen bzw. dem gesamten Beschäftigungssystem geschuldet. Das soziale Sicherungssystem mit seinen normierten Beitragszahlungen diente nur zum Teil der sozialen Absicherung; die Sozialabgaben waren vielmehr bis Kriegsbeginn sogar bewusst so hoch angesetzt, dass davon Maßnahmen zur Kriegsvorbereitung mitfinanziert werden konnten. Am Kriegsende waren die finanziellen Grundlagen der Sozialversicherung zerstört; es war genau das eingetroffen, was in den 1880er Jahren die nationalliberalen Gegner einer ausschließlich vom Staat finanzierten und beim Staat angesiedelten Alterssicherung befürchtet hatten, dass nämlich der Staat diese Mittel zweckentfremden könne. Darüber hinaus griff der von Faschisten geführte Staat in hohem Maße auf Einnahmen aus illegalen Enteignungen sowie das Hab und Gut der von ihm Ermordeten zurück. Dass mit der Auflösung der Selbstverwaltung und der Anwendung des *Führerprinzips* auch die demokratische Substanz von Sozialstaatlichkeit ausgehebelt wurde, ist angesichts der Zerschlagung der Weimarer Republik und der Aussetzung aller zentralen Grund- und Menschenrechte sicher ein eher nachrangiger Effekt, aber gleichwohl ein Punkt, den eine Bilanz der sozialpolitischen Qualität des Dritten Reiches nicht ignorieren darf (vgl. insgesamt Schmidt 2005).

Das soziale Versorgungssystem konnte bis zum Kriegsende nur deshalb aufrechterhalten werden, weil Abertausende von Kriegsgefangenen und Verschleppten bis zur physischen Erschöpfung in die Produktion gesteckt wurden. Wenn im Alltagsbewusstsein von Deutschen das Dritte Reich dennoch als Überwinder der Massenarbeitslosigkeit, als Stabilisator sozialer Versorgung und als hilfreicher Unterstützer in besonderen Lebenslagen erfahren worden ist, dann unterlag und unterliegt dieses in ebenso großem Maße der im Deutschland des Dritten Reiches und in der Nachkriegszeit konstant gebliebenen Fähigkeit zur Verdrängung der nationalsozialistischen Vernichtungspolitik. Die schroffen Strafaktionen, denen Teile der deutschen Bevölkerung nach 1945 ausgesetzt waren, verstärkten eher die ,Verherrlichung' des Dritten Reiches als dass sie eine Auseinandersetzung mit der eigenen Schuld bzw. Verantwortung beförderten. Bestenfalls fühlten sich viele als Objekt, zuerst der Nationalsozialisten, dann der Siegermächte. Der sozialpolitische Neuanfang dagegen forderte Subjekte, die den sozialstaatlichen Kahlschlag, den das Dritte Reich hinterlassen hatte, nüchtern bilanzierten und als Ausgangslage staatlicher Politik auch akzeptieren konnten.

Es bleibt eine erschreckende Bilanz dieser nur 12 Jahre während Gewaltherrschaft:

- Sozialpolitik setzt rechtsstaatliche Absicherungen voraus. Wenn erworbene Rechtsansprüche etwa auf Leistungen der Sozialversicherung enteignet werden, ist die Gewährung von sozialen Leistungen willkürlich und basiert in hohem Maße auf Rechtsbruch.

- Sozialpolitik zielt auf einen sozialen Ausgleich in einer Gesellschaft unabhängig davon, in welchem Umfange und bezogen auf welchen Zeitraum dieses erfolgen soll. Der Ausschluss von ganzen sozialen Gruppen oder auch Einzelnen basiert auf ideologischen Prämissen, die undemokratisch und menschenrechtswidrig sind.
- Gleichwohl zeigt die geschichtliche Phase von 1933–1945, dass sehr wohl sozialpolitische Leistungen gewährt wurden, sodass der Eindruck bei den Begünstigten entstehen konnte, es handele sich um eine Verbesserung, zumindest Stabilisierung ihrer Lebenssituation. Es bedurfte aber einer erheblichen Verdrängungsleistung, wenn die dabei obwaltende Willkür, Unrechtmäßigkeit der Finanzierung und letztlich Indienstnahme für eine inhumane Politik nicht gesehen wurden.

2.6 Sozialpolitik in der Sozialen Marktwirtschaft

2.6.1 Besatzungsherrschaft und Kriegsfolgen

Am 8./9. Mai 1945 hatte das Deutsche Reich aufgehört zu existieren, Deutschland war Objekt alliierter Vereinbarungen geworden. Die Verwaltung ging für Gesamtdeutschland auf die vier Besatzungsmächte gemeinsam, in den vier Zonen unmittelbar auf die jeweilige Besatzungsmacht über.[6] Dabei bedienten sie sich in unterschiedlicher Weise deutscher Helfer*innen, die sie nach eigenem Ermessen einsetzen, aber auch jederzeit wieder entlassen konnten und auch entlassen haben. Am frühesten richteten die US-Amerikaner und die Sowjets in ihren Zonen wieder deutsche kommunale Gebietskörperschaften ein, diese allerdings unter die Kontrolle der jeweiligen Besatzungsmacht stellend. Parallel dazu errichteten die Besatzungsmächte Länder und setzten provisorische Regierungen ein.

Deutschland sollte zunächst nach den Vorstellungen der USA mehr oder weniger auf das Niveau eines agrarisch ausgerichteten Gemeinwesens zurückgeführt werden, damit nie wieder deutsche Schwerindustrie in der Lage sein würde, Rüstungsgüter zu produzieren (sog. *Morgenthau-Plan*). Doch bald darauf verkündete US-Außenminister *James F. Byrnes* (1879–1972) in einer Rede in Stuttgart am 6. September 1946, dass Deutschland wirtschaftlich aufgebaut

---

[6]Die vier Besatzungsmächte waren die USA, Großbritannien, Frankreich und die Sowjetunion.

werden solle, um so die zentrale Rolle als Lieferant von Investitionsgütern in Europa und darüber hinaus wieder einnehmen zu können. Zugleich machte er deutlich, dass Westeuropa zur wirtschaftlichen Interessenssphäre der USA gehöre und die Zuführung amerikanischen Kapitals davon abhängig sei, dass Westeuropa marktwirtschaftlich und privatkapitalistisch bleibe. Die Verschmelzung der amerikanischen mit der britischen zur sog. *Bizone* wurde umgehend eingeleitet und trat am 1. Januar 1947 in Kraft. Die USA und Großbritannien wurden zu den bestimmenden Mächten im Nachkriegs-West-Deutschland. Die französische Besatzungsmacht schloss sich dieser überzonalen Verwaltung erst 1949 an. Diese Zielsetzung verfestigte die bereits sich länger abzeichnende Spaltung Europas und damit Deutschlands.

Das Signal von Stuttgart und die im April 1948 einsetzenden Hilfslieferungen im Rahmen des *European Recovery Programs (ERP)* verhießen den meisten Deutschen die längst ersehnte Wende ihres Schicksals. Millionen Menschen hatten während und als Folge des Krieges ihre Wohnungen durch Flucht und Vertreibung, durch Bombenangriffe und militärisches Besatzungshandeln verloren. Abertausende waren auf den Straßen, um ihre Angehörigen zu suchen bzw. Klarheit über deren Schicksal zu bekommen. Millionen waren in Kriegsgefangenschaft und kehrten physisch und psychisch gebrochen zurück. Junge Männer oder schlicht auch Jugendliche, ja auch Kinder waren in den Krieg gezogen, bevor sie Schule und Berufsausbildung abschließen konnten. Millionen im Krieg aus ihren Ländern Verschleppte *(displaced persons)* waren auf dem Weg in ihre ehemalige Heimat bzw. dahin, was davon übrig geblieben war. Auch Überlebende aus den Konzentrationslagern irrten durch die Gegend – doch wohin, wenn man mitunter als einziger der Familie den Terror und die Vernichtungslager überlebt hatte? Zugleich waren jene, deren Besitz erhalten geblieben war, gezwungen, Flüchtlinge aufzunehmen und von dem abzugeben, was ihnen geblieben war. Im Rahmen der sog. *Entnazifizierung* wurden Nazischergen und deren Helfer*innen verfolgt, mitunter ihr Hab und Gut von den Besatzungsmächten eingezogen. Neben den massiven materiellen Problemen ergaben sich aus dieser Konstellation zwangsläufig auch soziale und persönliche Probleme, die zu lösen kaum möglich schien. Und mit der Eingliederung der sowjetischen Besatzungszone in den sich bildenden *Ostblock* – gemeint sind v. a. die mittelosteuropäischen Nachbarländer Deutschlands wie Polen, Ungarn, das damalige Jugoslawien, das Baltikum sowie die ehemalige Tschechoslowakei – kamen neue innerdeutsche Flüchtlinge nach Westdeutschland. Angesichts des hohen Wohlstandsniveaus in Deutschland zu Beginn des 21. Jahrhunderts ist diese soziale Lage insbesondere für Jüngere kaum noch nachvollziehbar, doch können derzeit alltäglich in den Medien verbreitete Bilder aus Kriegs- und Bürgerkriegsregionen überall auf der Welt einen konkreten Eindruck von dem vermitteln, was auch in Deutschland in der 2. Hälfte der 1940er Jahre Wirklichkeit war.

2.6.2   Neuanfang von kommunaler und Landespolitik

Der insbesondere von der amerikanischen Besatzungsmacht verfolgte Ansatz einer *Reeducation* der Deutschen – neben Entnazifizierung ging es dabei um die (Wieder-)Einübung in Demokratie – wurde konsequent auf das Feld kommunaler Selbstverwaltung übertragen. Auch wenn die letzte Entscheidungsgewalt bei der örtlichen bzw. zonalen Militärverwaltung verblieb, konnten sich mit Etablierung kommunaler Selbstverwaltungseinrichtungen und über die lokalen Verwaltungen bereits ab Januar 1946 erste Ansätze deutscher Mitgestaltung entfalten. Es konnte sich aber nicht um eine gestaltende Sozialpolitik handeln, es waren vielmehr die akutesten Notfälle zu versorgen: Wohnungseinweisung, Hilfsküchen, notdürftige gesundheitliche Versorgung etc. Daneben war Schutt wegzuräumen: Legendär und für die spätere Sozialpolitik von Relevanz waren die sog. *Trümmerfrauen:* Während viele Männer entweder im Krieg getötet worden waren oder sich noch in Kriegsgefangenschaft befanden, waren es vor allem Frauen, die das Trümmerchaos in Deutschland beseitigten. Ihre Aufbauleistungen waren es, die u. a. die spätere Rentenpolitik mitbestimmten, galt es doch, den Einsatz wenigstens nachgelagert über entsprechende Rentenansprüche anzuerkennen.

In dem Maße, wie bei den überregionalen deutschen Stellen wieder Einnahmen aus Steuern und Gebühren zu verzeichnen waren und auch den Kommunen Geld zur Verfügung stand, konnten erste finanzielle Hilfen für die notleidende Bevölkerung ausgezahlt werden. Das Rentenversicherungssystem war wie alle überörtlichen Sicherungssysteme zusammengebrochen, die Leistungen waren mit Kriegsende zunächst eingestellt worden. Der residuale *kommunale Sozialstaat* war aber nicht in der Lage, an deren Stelle zu treten. Die Verfassungsgebung in der amerikanischen Besatzungszone – Bremen wurde aus der britischen aus- und der amerikanischen Zone eingegliedert – brachte nun ein erstes deutsches Betätigungsfeld für die Zielbestimmung von Sozialpolitik. Insbesondere die Länderverfassungen von Hessen und Bremen – angenommen per Volksentscheid am 1. Dezember 1946 und bis heute gültig – enthielten zahlreiche Aussagen zur Wirtschafts- und Sozialordnung. Bekannt geworden ist insbesondere Artikel 41 der Hessischen Verfassung, der vorsah, wesentliche Wirtschaftszweige in „Gemeineigentum" zu überführen. Daneben legten die Hessische und die Bremer Verfassung weitreichende Mitbestimmungsrechte fest. Auch für die Sozialordnung wurden umfassende Aussagen getroffen.

Artikel 35 der Hessischen und Artikel 57 der Verfassung von Bremen sahen eine „das gesamte Volk verbindende Sozialversicherung" vor. Sie knüpften damit an alte Forderungen der SPD und der Gewerkschaften an, um die Spaltung der Sozialversicherung nach Berufsgruppen (also: Arbeiter*innen, Angestellte, Berg-, Seeleute usw.) und in einzelne Zweige (Renten-, Kranken-, Unfall- und Arbeitslosenversicherung) zu überwinden. Letzteres wurde in der Sowjetischen Besatzungszone betrieben, während in den westlichen Besatzungszonen relativ schnell die alten Strukturen – entgegen anders lautender Formulierungen in einzelnen Länderverfassungen – wieder hergestellt wurden. Motor dafür waren deutsche Emigrant*innen und die amerikanische Besatzungsmacht, die an den Erfahrungen sowie Kenntnissen und damit an den Strukturen und Traditionen vor dem Nationalsozialismus anknüpfen wollten.

Die neu gewählten Landtage suchten nach Möglichkeiten, die finanziellen Ressourcen zu ordnen und erste Budgets aufzustellen. Angesichts des desolaten Zustandes der Wirtschaft, Ungewissheiten über Demontage bzw. Betriebs-führung, fehlender Devisen für den Ankauf wichtiger Vorprodukte etc. blieb die Wirtschaft insgesamt sehr wenig ertragreich. Der Schwarzmarkt und Kompensationsgeschäfte[7] bestimmten viel weitreichender die Versorgungslage als etwa staatliches bzw. kommunales Handeln.

2.6.3   Staatsgründung in Westdeutschland

Erst die Parlamentarisierung der Bizone im Mai 1947, die anlaufenden amerikanischen Hilfslieferungen und schließlich die *Währungsreform* am 20. Juni 1948 schufen die Voraussetzung für gestaltende Politik. Der bi- und später trizonale *Wirtschaftsrat*[8] beschäftigte sich mit Notgesetzen, die Versorgungs-leistungen an Notleidende vorsahen, den öffentlichen Wohnungsbau ein-leiteten und allgemein die Versorgungslage in den Griff bekommen sollten. Das bedeutendste sozialpolitische Gesetzgebungsverfahren war das *Gesetz über die Anpassung von Leistungen der Sozialversicherung an das veränderte Lohn- und*

---

[7] Text zweier Zeitungsannoncen in der Frankfurter Rundschau am 29. September 1945: „Suche Damenfahrrad. Biete fette Gans und einen Zentner Kartoffeln", „Biete Schreib-maschine gegen eine Ziege".

[8] Erst relativ spät – im April 1949 – wurde die französische Besatzungszone in Vorbereitung der Gründung der Bundesrepublik Deutschland der Bizone angeschlossen, die nunmehr Trizone genannt wurde.

Preisgefüge und ihre finanzielle Sicherstellung (Sozialversicherungs-Anpassungs-gesetz) vom 17. Juni 1949. Dieses brachte Rentenerhöhungen, eine Mindest-rente und insbesondere zum ersten Mal in der Arbeiterrentenversicherung eine „unbedingte Witwenrente" (allerdings nur für Versicherungsfälle ab Juni 1949): 38 Jahre nach Einführung einer Witwenrente für Angestellte konnten nun auch Frauen aus Arbeiterfamilien dann mit einer Rente rechnen, wenn sie mindestens ein waisenrentenberechtigtes Kind zu betreuen hatten bzw. wenn sie älter als 45 Jahre waren. Damit trug der Gesetzgeber der Tatsache Rechnung, dass als Folge von Krieg und Gefangenschaft viele Witwen nach dem Verlust ihrer Männer umso mehr auf eine Rente angewiesen waren, als der Arbeitsmarkt nicht genügend Arbeitsplätze vorhielt. Denn erst 1957 war in Deutschland wieder Voll-beschäftigung hergestellt.

Die Währungsreform und die Freisetzung privatkapitalistischen Wirtschaftens waren zwei wichtige Vorstufen zur westdeutschen Staatsgründung, die im September 1948 mit der Arbeit des *Parlamentarischen Rates,* der Ver-abschiedung des Grundgesetzes am 23. Mai 1949 und den Wahlen zum ersten Deutschen Bundestag am 14. August 1949 Gestalt annahm. Am 15. September 1949 wurde *Konrad Adenauer* (1876–1967, CDU), zuvor schon in zahlreichen Funktionen am Wiederaufbau Westdeutschlands beteiligt, zum ersten Bundes-kanzler nach dem Zweiten Weltkrieg gewählt. Während die Länderverfassungen zum Teil sehr explizite Aussagen zur Wirtschafts- und Sozialordnung enthielten, einigten sich mit CDU/CSU und SPD die beiden großen politischen Kräfte im Parlamentarischen Rat darauf, über die Verankerung der Grund- und Menschen-rechte hinaus auf derartige Aussagen im Grundgesetz zu verzichten, weil über sie kein Konsens herzustellen war.

2.6.4   Das Sozialstaatspostulat …

Die Feststellung, schon vor Zusammentritt des Parlamentarischen Rates sei seitens der SPD auf eine Neuordnung im Sinne des in der Weimarer Republik entwickelten Konzepts der *Wirtschaftsdemokratie* verzichtet worden, steht dem Anschein nach im Widerspruch zur verfassungsrechtlichen Grundsatz-entscheidung im Grundgesetz (GG), der zufolge die Bundesrepublik Deutsch-land ein „demokratischer und sozialer Bundesstaat" ist (Artikel 20 GG). Artikel 28 GG trägt dem Bund auf, in den Ländern eine verfassungsmäßige Ordnung zu garantieren, die „den Grundsätzen des republikanischen, demokratischen und sozialen Rechtsstaates im Sinne dieses Grundgesetzes" entspreche. Der Parlamentarische Rat wich mit der Annahme der Artikel 20 und 28 GG von der

liberalen Verfassungstradition ab, insofern er nicht nur die staatsrechtliche Grundsatzentscheidung für den Rechtsstaat traf, sondern diesen zugleich als *sozialen*
begriff.

Carlo Schmid (1896–1979, SPD), Vorsitzender des Hauptausschusses und
Mitglied des Grundsatzausschusses des Parlamentarischen Rates, griff den
Terminus vom „sozialen Rechtsstaat" in der Debatte auf. In der zweiten Lesung
vor dem Plenum begründete er die Namensgebung des zu bildenden Staatswesens.

Bundesrepublik Deutschland

„Der Hauptausschuß schlägt Ihnen den Namen ‚Bundesrepublik Deutschland' vor.
In diesem Namen kommt zum Ausdruck, daß ein Gemeinwesen bundesstaatlichen
Charakters geschaffen werden soll, dessen Wesensgehalt das demokratische und
soziale Pathos der republikanischen Tradition bestimmt: nämlich einmal der Satz,
daß alle Staatsgewalt vom Volke ausgeht, weiter die Begrenzung der Staatsgewalt
durch die verfassungsmäßig festgelegten Rechte der Einzelperson, die Gleichheit
aller vor dem Gesetz und der Mut zu den sozialen Konsequenzen, die sich aus den
Postulaten der Demokratie ergeben." (Parlamentarischer Rat: Stenographischer
Bericht über die Plenarsitzung vom 6. Mai 1949, S. 172)

Mit dieser Begründung versuchten Carlo Schmid und die Mehrheit des
Parlamentarischen Rates die staatsrechtliche republikanisch-liberale Tradition mit
den sozialen Konsequenzen der Demokratie zu verknüpfen. Die sozialstaatliche
Gewährung von Teilhaberechten sollte mit republikanisch-liberalen Strukturen
verbunden werden. Damit war die Frage nach der Gestaltung der Sozial- und
Wirtschaftsordnung im Grundgesetz gestellt.

Das *Sozialstaatspostulat* übernahm eine Ersatzfunktion dafür, dass die Ausgestaltung der Demokratie im Bereich der Wirtschafts- und Sozialordnung
durch das Grundgesetz *offen* gelassen worden war. *Helmut Ridder* (1919–2007)
charakterisiert treffend diesen Stellenwert mit den Worten:

„Vertraut eine sich einigermaßen zeitgerecht den großen gesellschaftlichen
Umwälzungsprozessen einfügende und nicht auf ein vergangenes politisches System
zurückgreifen müssende Verfassung mit völlig berechtigter ‚Naivität' darauf, dass
der durch ihre organisatorischen und institutionellen Regelungen kanalisierte
politische Prozess per se ein demokratischer ist, so muss eine an der Zeitordinate
zurückhängende Verfassung um eine Kompensation ihrer organisatorischen und
institutionellen Demokratiedefizite durch wenigstens ein pauschales Gebot von
‚Demokratie' bemüht sein. Genau dies ist die Aufgabe von Art. 20, Abs. 1 GG, nachdem die ebenfalls bereits verspätete demokratische Reichsverfassung von Weimar
mit einer ‚Naivität', die sich denn auch als völlig unangebracht erwiesen hat, auf
eine derartige Generalnorm verzichtet hatte." Der Sozialstaatsklausel sei eine „in
vollem Umfang rechtsverbindliche fortschrittliche Schubkraft inhärent", allerdings

in der Weise, dass sie bei der Anwendung selbst nur ein „Prüfstand" sei, der „allein aus sich selbst heraus keine konkreten sozialstaatlichen Institute entlässt." (Ridder 1975, S. 48 f.)

Gleichwohl enthält das Grundgesetz, wie Abb. 2.2 zeigt, neben dieser General-norm einzelne Aussagen zur Sozial- und Wirtschaftsverfassung, etwa in Artikel 14 die Eigentumsgarantie und die Sozialbindung von Eigentum einschließlich der Möglichkeit, dieses in „Gemeineigentum" gegen Entschädigung zu überführen (Artikel 15), das Koalitionsrecht (Artikel 9) und das Recht auf freie Berufs-wahl (Artikel 12). Daneben konnten die Unionsparteien sehr wohl Grundrechte durchsetzen, die aus der katholischen Soziallehre entnommen waren, etwa den Schutz von Ehe und Familie (Artikel 6). Eine herausragende Bedeutung kommt der in Artikel 3 verbürgten „Gleichheit vor dem Gesetz" zu. Niemand dürfe „wegen seines Geschlechtes, seiner Abstammung, seiner Rasse, seiner Sprache, seiner Heimat und Herkunft, seines Glaubens, seiner religiösen oder politischen Anschauungen benachteiligt oder bevorzugt werden." Dass es den vier weib-lichen von insgesamt 65 Mitgliedern im Parlamentarischen Rat gelang, das Dis-kriminierungsverbot „wegen seines Geschlechts" im Grundgesetz zu verankern, gehört sicher zu den Sternstunden des deutschen Parlamentarismus!

2.6.5 … und die Soziale Marktwirtschaft

Das Grundgesetz legt keine bestimmte Wirtschaftsordnung fest, sondern über-lässt es vielmehr dem einfachen Gesetzgeber, im Rahmen der *Generalnorm Sozialstaat* die von ihm für notwendig erachteten gesetzlichen Maßnahmen zu ergreifen. Folglich bestand und besteht die Möglichkeit, unterschiedliche Sozial-staatsmodelle auszugestalten. (Hartwich 1970) Versuche, diese prinzipielle Offen-heit des Grundgesetzes auf dem Wege der Rechtsauslegung einzuengen, sind bislang gescheitert. Weder konnte sich der Versuch, Sozialstaatlichkeit auf dem Verwaltungswege der als höherrangig eingestuften Rechtsstaatlichkeit unterzu-ordnen und damit zu entschärfen (*Ernst Forsthoff,* 1902–1974), noch die Inter-pretation, aus dem Sozialstaatsgrundsatz und einigen weiteren Regelungen des Grundgesetzes ergebe sich ein Umgestaltungsauftrag an die Politik im Sinne einer Überwindung kapitalistischer Eigentums- und Marktstrukturen (*Wolfgang Abendroth,* 1906–1985), durchsetzen. (vgl. Forsthoff 1968) Das Bundes-verfassungsgericht hat in zahlreichen Entscheidungen, u. a. am 20.07.1954, eine einseitige Festlegung verworfen *(Forsthoff-Abendroth-Debatte).* (Entscheidungen des Bundesverfassungsgerichts 1956, S. 7 ff.; vgl. Denninger 1977)

Grundgesetz der Bundesrepublik Deutschland
(vom 23. Mai 1949)

Das Grundgesetz formuliert zwei Säulen, auf die sich Sozialpolitik in Deutschland normativ aufbaut:

Allgemeines Sozialstaatsprinzip

ARTIKEL 20 ABSATZ 1:	ARTIKEL 28 ABSATZ 1:
Die Bundesrepublik Deutschland ist ein „demokratischer und sozialer Bundesstaat."	Die verfassungsmäßige Ordnung der Länder muss „den Grundsätzen des republikanischen, demokratischen und sozialen Rechtsstaates entsprechen."

Das *Allgemeine Sozialstaatsprinzip* kann als der *implizit* formulierte grundgesetzliche Auftrag an die (Sozial-)Politik zur Ausgestaltung einer ausgleichenden Sozialordnung sowie zur Sicherung der Daseinsvorsorge durch die staatlichen Institutionen interpretiert werden.

(Soziale) Grund- bzw. Freiheitsrechte
- Auswahl -

ARTIKEL 1

„(1) Die Würde des Menschen ist unantastbar. Sie zu achten und zu schützen ist Verpflichtung aller staatlichen Gewalt. (...) (3) Die nachfolgenden Grundrechte binden Gesetzgebung, vollziehende Gewalt und Rechtsprechung als unmittelbar geltendes Recht."

Artikel 1 kann als *die* Grundnorm verstanden werden, an der sich alles politisches Handeln ausrichten muss. Die Achtung der Menschenwürde beinhaltet die Selbstverpflichtung des Staates zur Sicherung eines *soziokulturellen* Existenzminimums, zur (kommunalen) Daseinsvorsorge und ganz allgemein zum sozialen Ausgleich.

ARTIKEL 3

„(1) Alle Menschen sind vor dem Gesetz gleich. (2) Männer und Frauen sind gleichberechtigt. (...) (3) Niemand darf wegen seines Geschlechtes, seiner Abstammung, seiner Rasse, seiner Sprache, seiner Heimat und Herkunft, seines Glaubens, seiner religiösen oder politischen Anschauungen benachteiligt oder bevorzugt werden. Niemand darf wegen seiner Behinderung benachteiligt werden."

Die Gleichheitsgrundsätze beinhalten die Selbstverpflichtung des Staates Ungleichbehandlungen zu verhindern und/oder abzubauen.[*]

ARTIKEL 6

„(1) Ehe und Familie stehen unter dem besonderen Schutze der staatlichen Ordnung. (2) Pflege und Erziehung der Kinder sind das natürliche Recht der Eltern und die zuvörderst ihnen obliegende Pflicht. Über ihre Betätigung wacht die staatliche Gemeinschaft."

Artikel 6 dient dem Schutz der Familie. Hieraus leiten sich u.a. Steuerprivilegien von Ehegatten bzw. Familien ebenso ab wie arbeitsschutzrechtliche Bestimmungen (z.B. Mutterschutz) aber auch Eingriffsrechte des Staates etwa bei Kindeswohlgefährdung.

ARTIKEL 9

„(1) Alle Deutschen haben das Recht, Vereine und Gesellschaften zu bilden."

Der Artikel sichert das Recht, Interessensvertretungen wie z.B. Gewerkschaften und/oder Arbeitgeberverbände zu bilden (Koalitionsfreiheit).

ARTIKEL 12 BERUFSFREIHEIT

„(1) Alle Deutschen haben das Recht, Beruf, Arbeitsplatz und Ausbildungsstätte frei zu wählen. (...) (2) Niemand darf zu einer bestimmten Arbeit gezwungen werden, außer im Rahmen einer herkömmlichen allgemeinen, für alle gleichen öffentlichen Dienstleistungspflicht. (3) Zwangsarbeit ist nur bei einer gerichtlich angeordneten Freiheitsentziehung zulässig."

Artikel 12 garantiert die Berufsfreiheit. Er ist allerdings keine Beschäftigungsgarantie. Es gibt also kein Recht auf einen Arbeitsplatz.

[*]Dieser letzte Satz wurde 1994 hinzugefügt.

Abb. 2.2 Die Säulen des Sozialstaates in Deutschland nach dem Grundgesetz. (eigene Darstellung)

ARTIKEL 14
„(1) Das Eigentum und das Erbrecht werden gewährleistet. (...) (2) Eigentum verpflichtet. Sein Gebrauch soll zugleich dem Wohle der Allgemeinheit dienen. (3) Eine Enteignung ist nur zum Wohle der Allgemeinheit zulässig. Sie darf nur durch Gesetz oder auf Grund eines Gesetzes erfolgen, das Art und Ausmaß der Entschädigung regelt.“

ARTIKEL 15
„Grund und Boden, Naturschätze und Produktionsmittel können zum Zwecke der Vergesellschaftung durch ein Gesetz, das Art und Ausmaß der Entschädigung regelt, in Gemeineigentum oder in andere Formen der Gemeinwirtschaft überführt werden.“
Das Privateigentum und seine Weitergabe (Erbrecht) ist verfassungsrechtlich garantiert. Der Gebrauch kann allerdings eingeschränkt werden, um es in Einklang mit den Rechten anderer zu bringen (z.B. Mietrecht). Zudem kann Privateigentum in öffentliches Eigentum umgewandelt warden (Sozialisierung).

Abb. 2.2 (Fortsetzung)

Parallel zu dieser Debatte um den Sozialstaatsgrundsatz im Grundgesetz formulierten die Unionsparteien ihre wirtschaftspolitischen Vorstellungen. In Absetzung von den noch stark am Konzept einer *sozialistischen Planwirtschaft* orientierten Vorstellungen bei SPD und Gewerkschaften, wobei der Begriff ‚sozialistisch‘ eher eine Art *mixed economy* mit sowohl privatkapitalistischen als auch staatlich lenkenden Elementen beinhaltete, suchten namhafte Vertreter*innen der Wissenschaft und Repräsentant*innen der CDU nach einer sozial gebundenen Marktwirtschaft (Düsseldorfer Leitsätze, 1949). Der hier zum Tragen kommende Liberalismus verstand sich selbst als *Ordo-Liberalismus,* er verfolgte das Ziel, privates Wirtschaften durch staatliche Rahmensetzung zu lenken: Diese Ordnungspolitik zielte darauf, Entwicklungen zu unterbinden, die das Marktgeschehen verfälschen, wie etwa Absprachen und Kartellbildungen. Ansonsten hatte der Staat durch Geld- und andere Teilpolitiken die Marktentwicklung zu befördern und nur dann einzuschränken, wenn ansonsten eine Blockierung der Marktdynamik drohte. Damit setzte sich diese wirtschaftstheoretische Schule unter maßgeblichem Einfluss von *Walter Euken* (1891–1950), *Franz Böhm* (1895–1977), *Alexander Rüstow* (1885–1963) und *Wilhelm Röpke* (1899–1966) von einer *Neoklassik* ab, wie sie zuvor am Ende der Weimarer Republik und auch während des Dritten Reiches etwa von *Ludwig von Mises* und *Friedrich August von Hayek* (1899–1992) vertreten wurde. *Alfred Müller-Armack* (1901–1978), der theoretische Vater des von der CDU adaptierten Konzepts der *Sozialen Marktwirtschaft,* wollte soziale Verwerfungen, die nicht privat abzusichern waren, in staatliches Handeln einbinden, wenn dadurch die Marktdynamik nicht übermäßig belastet würde. In den Düsseldorfer Leitsätzen der CDU vom15. Juli 1949 heißt es wörtlich:

Was versteht die CDU unter sozialer Marktwirtschaft?

„Die ‚soziale Marktwirtschaft' ist die sozial gebundene Verfassung der gewerblichen Wirtschaft, in der die Leistung freier und tüchtiger Menschen in eine Ordnung gebracht wird, die ein Höchstmaß von wirtschaftlichem Nutzen und sozialer Gerechtigkeit für alle erbringt. Diese Ordnung wird geschaffen durch Freiheit und Bindung, die in der ‚sozialen Marktwirtschaft' durch echten Leistungswettbewerb und unabhängige Monopolkontrolle zum Ausdruck kommen. Echter Leistungs- wettbewerb liegt vor, wenn durch eine Wettbewerbsordnung sichergestellt ist, daß bei gleichen Chancen und fairen Wettkampfbedingungen in freier Konkurrenz die bessere Leistung belohnt wird. Das Zusammenwirken aller Beteiligten wird durch marktgerechte Preise gesteuert. (…)

Sozialpolitische Leitsätze der CDU
Im Bewußtsein christlicher Verantwortung bekennt sich die CDU zu einer gesellschaftlichen Neuordnung auf der Grundlage sozialer Gerechtigkeit, gemein- schaftsverpflichtender Freiheit und echter Menschenwürde. (…)
   Die wichtigste staats- und gesellschaftserhaltende Gemeinschaft ist die *Familie*. Ihre Rechte und Pflichten sind zu vertiefen und gesetzlich zu schützen. Die geistigen und materiellen Voraussetzungen für ihren natürlichen Bestand und die Erfüllung ihrer Aufgaben sind herzustellen und zu sichern. (…)

1. Das Recht auf Arbeit
   Jeder Mensch hat ein natürliches Recht auf Arbeit. Es muß möglichst durch eine auf Vollbeschäftigung abzielende Wirtschaftspolitik verwirklicht werden. Die Politik der Vollbeschäftigung darf jedoch nicht dazu führen, daß sie unter dem Deckmantel eines proklamierten ‚Rechts auf Arbeit' sich in eine ‚Pflicht zur Arbeit' verwandelt, welche nur mit Aufhebung der freien Berufswahl und des freien Arbeitsplatzwechsels und schließlich nur mit Dienstverpflichtungen durchzuführen ist.
   Der Frauenarbeit kommt erhöhte Bedeutung zu. Den Frauen ist in der Wirt- schaft und Verwaltung grundsätzlich gleiches Recht wie den Männern ein- zuräumen. Den Frauen darf jedoch keine Arbeit zugemutet werden, die ihrer Wesensart widerspricht.
2. Freie Berufswahl, freier Arbeitsplatzwechsel und Sicherung des Arbeitsplatzes
   Die Berufswahl soll grundsätzlich frei sein. Eine staatliche Begabtenförderung soll allen Schichten Aufstiegsmöglichkeiten bieten. Die Berufsberatung hat die Aufgabe, den Jugendlichen dabei helfend zur Seite zu stehen. (…)
   Bei unverschuldeter Arbeitslosigkeit müssen die Arbeitslosen und ihre Familien vor wirtschaftlicher Not ausreichend geschützt werden. (…)
6. Sozialversicherung
   Die Sozialversicherung ist so zu gestalten, daß sie ihre Aufgabe zur Förderung der Volksgesundheit und zum Wohl der Versicherten erfüllen kann. Sie muß zur Sicherung ihrer Leistungsfähigkeit unter Berücksichtigung der Eigenwüchsig- keit der einzelnen Versicherungszweige im Sinne echter Solidarität weiter entwickelt werden. Hierbei sind auf dem Gebiete der vorbeugenden Gesund- heitsfürsorge und der Bekämpfung von Volkskrankheiten alle Volkskreise

heranzuziehen. Das Versicherungsrecht der Arbeiter soll im Sinne des Sozial-
versicherungsanpassungsgesetzes – ohne Schmälerung der Rechte der
Angestellten – weiter entwickelt werden. (…)
9. Wohlfahrtspflege
Bei vorliegender Bedürftigkeit muß, soweit ein Rechtsanspruch gegenüber
Dritten nicht gegeben ist, ausreichende Hilfe aus öffentlichen Mitteln gewährt
werden." (zit. n. Huster et al. 1972, S. 429 ff.)

Ludwig Erhard (1897–1977), schon im Wirtschaftsrat der Bizone für Fragen der
Wirtschaft zuständig, übernahm in den Regierungen unter dem ersten Bundes-
kanzler, Konrad Adenauer, das Wirtschaftsressort. Müller-Armack wurde sein
Staatssekretär, Böhm sein wirtschaftspolitischer Berater.

Aber auch die SPD löste sich im Übergang zu den 1950er Jahren von ihrem
Konzept einer „sozialistischen Planwirtschaft", auch wenn erst das *Godesberger
Programm* von 1959 („Wettbewerb soweit wie möglich – Planung soweit wie
nötig.") dieses parteioffiziell verkündete (*Demokratischer Sozialismus*). In einem
Zeitschriftenartikel hat der sozialdemokratische Wirtschaftspolitiker *Rudolf Zorn*
(1893–1966) bereits 1949 ein Umdenken erkennen lassen.

SPD: Regulierte Marktwirtschaft

„Die feinsten Marktanalysen vermögen nach unseren Erfahrungen den freien Markt
nicht zu ersetzen. (…) Die außerordentlichen und für die moderne Volkswirtschaft
nicht zu entbehrenden Vorteile der freien Marktwirtschaft wurden von den meisten
Sozialisten des vergangenen Jahrhunderts vielfach unterschätzt. (…) Die moderne
Volkswirtschaft hat Methoden entwickelt, die den Markt grundsätzlich beibehält,
ihn aber durch bestimmte Einflußnahmen reguliert. Sie tut dies, um seine asozialen
und amoralischen Auswüchse zu beseitigen und ihn sozial zu gestalten. Der Zweck
dieser Eingriffe in den Markt ist also, den Menschen wirtschaftlich Sicherheit zu
geben, oder mit anderen Worten, sie voll zu beschäftigen, erträgliche Existenzbedingungen für sie zu schaffen, den regelmäßig wiederkehrenden Krisen und
Depressionen der Wirtschaft vorzubeugen und nicht zuletzt wirtschaftliche Macht-
zusammenballungen zu verhüten." (Zorn 1949, zit nach Huster 1978, S. 169)

In der SPD setzte eine Rezeption der Wirtschaftstheorie von *John Maynard
Keynes* ein, die insgesamt auf eine indirekte Steuerung privaten Wirtschaftens
durch Regulierung der Nachfrageseite zielte. Zugleich sollten die Mitwirkungs-
und Mitbestimmungsrechte der Arbeitnehmer*innen gestärkt und die öffentlichen
Dienstleitungen explizit in den Bereichen ausgebaut werden, in denen private,
über den Markt bereit gestellte Angebote fehlten (*staatliche Konjunkturpolitik*).

Während die Unionsparteien innerhalb eines ordnungspolitischen Rahmens
und unter Einbeziehung sozialer Korrekturen stärker die Angebotsseite fördern
wollten, zielte die SPD auf eine sozialpolitisch motivierte Nachfragesteuerung,

für die sie auch die Bezeichnung *Soziale Marktwirtschaft* verwandte. Insofern näherten sich die programmatischen Unterschiede der großen Volksparteien zunehmend an. In der Geschichte der bundesdeutschen Sozialpolitik ist dieser Begriff fest verankert, ohne allerdings auf die eine oder die andere Ausprägung bzw. mögliche Mischformen zwischen beiden festgelegt zu sein.

2.6.6   Reform oder Wiedererrichtung?

Die Niederlage bei der Wahl zum ersten Deutschen Bundestag am 14. August 1949 kam für die SPD völlig überraschend.[9] Ihre Entscheidung, schon in dem im Mai 1947 durch die Länderparlamente der Bizone als Exekutivgremium gegründeten *Wirtschaftsrat* in die Opposition zu gehen, weil ihr die bürgerliche Mehrheit nicht das Wirtschaftsressort zugestehen wollte, führte folgerichtig zur Entscheidung für die Rolle der Opposition im Deutschen Bundestag. Die prinzipielle Offenheit des Grundgesetzes in Fragen der Wirtschafts- und Sozialordnung hatte allerdings zur Folge, dass sich die nun regierende bürgerliche Koalition daran machte, diese Bereiche nach ihren Grundsätzen zu ordnen. Dabei war die SPD insofern beteiligt, als sie über zahlreiche Landesregierungen im Bundesrat an der Bundesgesetzgebung mitwirkte.

Es zeigte sich, dass sowohl bei den bürgerlichen Parteien als auch bei der Sozialdemokratie einerseits der Wunsch nach Wiederherstellung des aus der Weimarer Republik Bekannten als auch andererseits die Forderung nach einer *Sozialreform* gleichermaßen vertreten waren. Der erste Deutsche Bundestag verabschiedete insgesamt 52 die Sozialversicherung betreffende Gesetze, „eine Zahl, die in keiner späteren Legislaturperiode auch nur annähernd erreicht wurde." (Zöllner 1981, S. 137) Mit den sogenannten *Errichtungsgesetzen* wurden im Wesentlichen die während der faschistischen Herrschaft abgeschafften Einrichtungen wie etwa die ehemalige Reichsanstalt für Arbeit nunmehr als *Bundesanstalt für Arbeit* neu geschaffen und damit das *Gesetz über Arbeitsvermittlung und Arbeitslosenversicherung* (AVAVG) wieder in Kraft gesetzt. Zugleich wurde neben den Arbeitnehmer- und Arbeitgebervertreter*innen als dritter Partner der Staat hinzugenommen, weil ein Teil der Ausgaben für die Arbeitsmarkt- und Beschäftigungspolitik aus Steuergeldern herrühren sollte.

---

[9] Die Stimmenanteile entfielen wie folgt: CDU/CSU: 31 %, SPD: 29,2 %, FDP: 11,9 %, KPD: 5,7 %, Deutsche Partei: 4 %.

Auch die *Bundesversicherungsanstalt für Angestellte* wurde wiedererrichtet. Die im Dritten Reich aufgehobene *Selbstverwaltung* in den Zweigen der Sozialversicherung wurde 1951 wieder hergestellt, nunmehr paritätisch zwischen Arbeitnehmer*innen und Arbeitgeber*innen geteilt. Bei den Ersatzkassen im Rahmen der *Gesetzlichen Krankenversicherung* (GKV) haben aber nur Arbeitnehmervertreter*innen Sitz und Stimme. Die *Gesetzliche Krankenversicherung* wurde schrittweise verändert. Dabei obsiegten starke ständische Anbieterinteressen im Gesundheitswesen, so insbesondere in Gestalt der Niederlassungsfreiheit bei den Ärzt*innen. Reformansätze, wie sie in der Weimarer Republik praktisch ausprobiert worden waren, etwa Ambulatorien der Krankenkassen, hatten angesichts der Mehrheitsverhältnisse im deutschen Parlament keine Chance auf Realisierung. Die Ärztinnen und Ärzte übernahmen einen Sicherstellungsauftrag, verhinderten damit aber zugleich konkurrierende Anbieter. Die in der Reformdiskussion immer wieder vertretene Forderung nach mehr präventiven Elementen fand Eingang in den Leistungskatalog der Gesetzlichen Kranken- und der Rentenversicherung. Neben allgemeinen Maßnahmen der Aufklärung und Gesundheitsbildung zielte der Leistungskatalog auf Früherkennung, Vorbeugung (Kuren etc.) und Rehabilitation. Damit überwogen die sekundäre und tertiäre Form der Prävention: Pathogene Lebens- und Arbeitsbedingungen hingegen, die eine Intervention auf betrieblicher Ebene, beim lokalen und überregionalen Umweltschutz, bei der Produktions- und Fertigungskontrolle etc. notwendig machen würden (primäre Prävention), wurden aus ordnungspolitischen Gesichtspunkten heraus nicht als Problem angesehen. Ziel der *Gesetzlichen Unfallversicherung* sowie der Arbeitsschutzpolitik war und ist bis heute ein auf den einzelnen Arbeitsplatz bzw. einzelne*n Beschäftigte*n zielendes Schutzdenken geblieben.

Insgesamt obsiegte eher eine „institutionelle Restauration und traditionelle Kontinuität" (Hentschel 1983, S. 146) als die Vorstellung von Aufbruch und Neuaufbau. Dabei hatten aber die in der Weimarer Republik an zentralen Positionen mitwirkenden Sozialdemokrat*innen und Gewerkschafter*innen einen ebenso großen Anteil wie etwa die nunmehr regierende bürgerliche Mehrheit auf Bundesebene.

Neben dem Vertrauen in die bekannten Institutionen spielte dabei mit Sicherheit die aktuelle soziale Lage eine entscheidende Rolle. Obwohl schon der Wirtschaftsrat auf der Grundlage der neu geschaffenen Währung die Leistungen der gesetzlichen Sozialversicherungen neu zu ordnen versuchte und etwa mit dem *Soforthilfegesetz* vom August 1949 Entschädigungsleistungen für Flüchtlinge, Vertriebene und von der Währungsreform Geschädigte anlaufen ließ, die dann 1952 über das *Lastenausgleichsgesetz* ausgebaut wurden, blieben die Leistungen insgesamt niedrig und waren die Grundlagen für einen den Lebensunterhalt ermöglichenden Leistungsrahmen ungesichert. In der Folge befasste sich denn auch der Deutsche Bundestag in zahlreichen Gesetzen mit Entschädigungen für aus der Kriegsgefangenschaft Heimkehrende, für durch Kriegsereignisse schwer Beschädigte, für politische Häftlinge der NS-Zeit und andere Gruppen mehr. Schließlich galt es, Fragen des Rentenrechts für Zuwanderer*innen zu klären.

Angesichts eines relativ niedrigen Lohnniveaus, unzureichender Sozialleistungen und durch den im Grundgesetz verankerten Verzicht auf Rüstungsaufwendungen zu Beginn der 1950er Jahre konnte die westdeutsche Wirtschaft auf den Weltmärkten schon bald wieder Fuß fassen und ihre traditionelle Rolle als Lieferant von Investitionsgütern in Europa und darüber hinaus übernehmen. Der Arbeitsmarkt absorbierte immer mehr Menschen, nunmehr auch Flüchtlinge aus der neugegründeten Deutschen Demokratischen Republik (DDR). Die von der Londoner Tageszeitung *Times* als *„Wirtschaftswunder"* bezeichnete Phase der 1950er Jahre steht für eine beispiellos rasche Überwindung von Krieg und Nachkriegsleid, allerdings auf der Grundlage sehr schnell wieder hergestellter alter Besitzverhältnisse. Dabei blieb häufig auch dasjenige Privateigentum, was erst kurz zuvor im Faschismus etwa im Vollzug so genannter *‚Arisierungen'* jüdischen Geschäftsleuten, Mitbewohner*innen oder auch im Verlauf des Krieges anderen Menschen weggenommen worden war. (vgl. Pritzkoleit 1961) Und eine Ausgleichsleistung für die von ausländischen Kriegsgefangenen abgepresste Zwangsarbeit ist erst mehr als 50 Jahre nach Kriegsende erfolgt, und auch dieses keineswegs in einem zureichenden Rahmen (vgl. insgesamt zur Geschichte der Sozialpolitik in Deutschland nach 1945 BMAS / Bundesarchiv 2001 ff.).

2.6.7   Grundpositionen für eine Sozialreform

Neben dieser Politik, die stark auf Wiederherstellung alter Strukturen ausgerichtet war, entwickelte sich eine Reformdiskussion. Die von Bundeswirtschaftsminister *Ludwig Erhard* ausgegebene Parole „Wohlstand für alle"(Erhard 1957/1997) kam angesichts des offensichtlichen konjunkturellen Aufschwungs und der rasant zunehmenden Beschäftigungsmöglichkeiten bald auf den Prüfstand. Es wurde gefragt, wie breite Bevölkerungskreise, über die Einkommen hinaus, stärker an dem allgemeinen Wohlfahrtszuwachs zu beteiligen seien. Dabei kam der Rentenversicherung ein besonderes Gewicht zu. Die Bedeutung dieser Diskussion zeigt sich bis heute auch darin, dass eine umfangreiche Dokumentation als Loseblattsammlung aufgelegt wurde. (Richter 1955 ff.)

Eine eher *konservative Reform* früherer Versorgungssysteme befürwortete eine vom damaligen Bundeskanzler Adenauer eingerichtete Vierer-Kommission – bestehend aus den Wissenschaftlern *Hans Achinger* (1899–1981), dem späteren Kardinal *Joseph Höffner* (1906–1987), *Hans Muthesius* (1885–1977) und *Ludwig Neundörfer* (1901–1975) –, die 1955 ihre *Rothenfelser Denkschrift* vorlegten. (Achinger et al. 1955) Die Autoren forderten ein einheitliches Gesetzeswerk, einen „Code Social". Der zu erfassende Personenkreis sollte nicht berufsständischen Klassifizierungen entsprechen, sondern sich aus sachlichen Erfordernissen ergeben, sodass beispielsweise auch bestimmte Gruppen der Selbstständigen mit erfasst werden müssten. Bei den Leistungen für Gesundheit, Alter, Hinterbliebene und Arbeitslosigkeit strebten die Autoren einerseits eine tragfähige Sicherung an, schlugen aber andererseits durchaus Leistungsgrenzen vor. So sollte beispielsweise die Gesetzliche Rentenversicherung lediglich das Niveau von 50 % des letzten Arbeitseinkommens absichern, während die Gesamtaltersversorgung in Höhe von 75 % nur über zusätzliche Betriebsrenten und vor allem Eigenvorsorge zu erreichen war. Allerdings sahen die Autoren auch den Staat in der Pflicht, in bestimmten Fällen sowohl bei den Sozialversicherungen als auch bei der Fürsorge finanziell einzuspringen. Dieses Konzept zielte also eher auf eine ‚Teilkasko'-Absicherung sozialer Risiken ohne eine fortlaufende Anpassung der Leistungen, wie es später dann etwa bei der Pflegeversicherung wieder aufgenommen worden ist.

Neben dem Ringen um den Umfang der (Transfer-)Leistungen der Sozialen Sicherung kennzeichnet seit jeher der Streit um deren Finanzierungsgrundlagen den sozialpolitischen Diskurs. Hierbei geht es um das sog. *Kapitaldeckungs-* (oder auch *Kapitalansammlungsverfahren*) und das *Umlageverfahren*. Der Wissenschaftler *Gerhard Mackenroth* (1903–1955) hat hierzu schon 1952 eine für alle sozialen Sicherungssysteme gültige Erkenntnis formuliert: Jede Altersvorsorge – ob öffentlich oder privat – müsse dem Grundsatz folgen, dass in einer Wirtschaftsperiode nur das verbraucht werden könne, was in eben diesem Zeitraum auch erwirtschaftet werde.

Gerhard Mackenroth: Die Einheit des Sozialbudgets

„Es ist heute unmöglich geworden, die veränderten Größenordnungen gestatten nicht mehr, die volkswirtschaftliche Problematik zu ignorieren. Diese entsteht daraus, daß über die Sozialpolitik Einkommen geschaffen werden, die nicht Leistungseinkommen sind, also Einkommensbeziehern zufließen, die nichts zur Erzeugung des Sozialprodukts beitragen, aber über diese abgeleiteten Einkommen an seinem Verzehr beteiligt werden.

Nun gilt der einfache und klare Satz, daß *aller Sozialaufwand immer aus dem Volkseinkommen der laufenden Periode gedeckt werden muß.* Es gibt gar keine andere Quelle und hat nie eine andere Quelle gegeben, aus der Sozialaufwand fließen könnte, es gibt keine Ansammlung von Fonds, keine Übertragung von Einkommensteilen von Periode zu Periode, kein ‚Sparen' im privatwirtschaftlichen Sinne – es gibt einfach gar nichts anderes als das laufende Volkseinkommen als Quelle für den Sozialaufwand. Das ist auch nicht eine besondere Tücke oder Ungunst unserer Zeit, die von der Hand in den Mund lebt, sondern das ist immer so gewesen und kann nie anders sein. Ich darf dabei wohl mit ihrem Einverständnis absehen von den Fällen einer vorindustriellen Naturalwirtschaft, wo man Sozialpolitik treibt durch Anlage von Getreidemagazinen u.ä.

Von dieser rein sachlichen volkswirtschaftlichen Grundtatsache aus muß der Umkreis dessen abgegrenzt werden, was wir als Sozialaufwand zusammenfassen und in unser Sozialbudget aufnehmen, innerhalb dieses Umkreises werden aber auch *alle juristischen und historischen Unterscheidungen hinfällig, also die Unterscheidung von Sozialversicherung, Sozialversorgung und Sozialfürsorge*, es ist alles Sozialaufwand. (…)

Volkswirtschaftlich gibt es nämlich keine Ansammlung eines Konsumfonds, der bei Bedarf konsumiert werden kann und dann gewissermaßen zum Volkseinkommen einer späteren Periode eine willkommene Zugabe wäre. Jede Fondsansammlung wird in der Geldwirtschaft zu volkswirtschaftlicher Kapitalbildung, einmal gebildetes Kapital kann aber nicht wieder in Sozialaufwand, d. h. in Konsumgüter umgesetzt werden. Fabriken, Anlagen, Maschinen kann man nicht mehr verzehren.

(…) *Das Versicherungsprinzip ist geeignet, den einzelnen zu sichern gegen die Abweichung seines Falles von der sozialen Norm, es kann aber nicht die Volkswirtschaft sichern gegen eine Änderung der sozialen Norm, gegen eine soziale Katastrophe.*

Kapitalansammlungsverfahren und Umlageverfahren sind also der Sache nach gar nicht wesentlich verschieden. Volkswirtschaftlich gibt es immer nur ein Umlageverfahren, d. h. eben: aller Sozialaufwand wird auf das Volkseinkommen des Jahres umgelegt, in dem er verzehrt wird. Alles andere spielt sich in der monetären Sphäre ab, ist ‚Verrechnung', deren volkswirtschaftliche Wirkungen richtig einkalkuliert werden müssen. Man darf sich also nicht wegen eines angesammelten Kapitalstocks in besonderer Sicherheit wiegen und glauben, nun kann nichts passieren. Andererseits soll man sich wegen eines fehlenden solchen Fonds auch keine allzu großen Sorgen machen. Er würde zwar die finanzielle Bewegungsmöglichkeit der Versicherungsträger etwas erhöhen, an den volkswirtschaftlichen Tatsachen aber wenig ändern: *Wir müssen immer fragen: Was können wir aus dem Volkseinkommen heute und in Zukunft leisten, um die Leistungsgrenzen unserer sozialen Dienste richtig abstecken zu können?* Das ist die erste und elementarste Abstimmung zum volkswirtschaftlichen Kreislauf. Diese Tatsache bezeichne ich hier und anderswo als das *Prinzip der Einheit des Sozialbudgets:* Es gibt nur eine Quelle allen Sozialaufwandes, das laufende Volkseinkommen." (Mackenroth 1952, S. 39 ff.)

Dieses bedeutet, dass auch ein kapitalgedecktes, also auf die Bildung eines Kapitalstocks durch Sparen ausgerichtetes, Verfahren, wie seit Bismarck üblich, von den ‚Rothenfelsern' erneut gefordert und bei privaten Versicherungsunternehmen bis heute praktiziert, letztlich nur dann zahlungsfähig ist, wenn den jeweiligen öffentlichen und/oder privaten (z. B. Renten-)Leistungen eine entsprechende wirtschaftliche *Wertschöpfung* gegenübersteht. Denn auch das Kapitaldeckungsverfahren ist ein Umlageverfahren, müssen doch Kapitalanlagen zunächst in den laufenden Wirtschaftszyklus eingespeist und später dann aus dem je aktuellen Wirtschaftskreislauf wieder abgeschöpft werden.

Zugleich verwies Gerhard Mackenroth zu Recht darauf, dass die Sozialversicherung die einzelne Abweichung von der Norm auffangen könne, nicht aber die Veränderung der sozialen Norm selbst. Wenn also beispielsweise Arbeitslosigkeit vom individuellen Problem zur dauerhaften Massenerscheinung wird, droht das soziale Sicherungssystem an die Grenzen seiner Leistungsfähigkeit zu kommen; und zwar unabhängig von seiner Refinanzierungslogik. Diese Überlegungen gingen dann in den u. a. von *Walter Auerbach* (1905–1975) und *Ludwig Preller* (1897–1974) formulierten *Sozialplan der SPD für Deutschland* (1957) ein. Darin forderten die Autoren etwa in der Rentenversicherung neben den Beitragseinnahmen auch eine staatliche Beteiligung und insgesamt ein durch Beitrags- und Steuerleistungen abgesichertes Rentenniveau von 75 %. Mit seinem nach ihm benannten *Schreiber-Plan* (1955) übernahm *Wilfrid Schreiber* (1904–1975) den von Mackenroth formulierten Gedanken einer auf den jeweiligen Wirtschaftszyklus begrenzten Umlageverteilung. Er entwarf das Konzept von einem *Solidarvertrag zwischen den Generationen.*

Schreiber konzipierte eine neue, ausschließlich beitragsfinanzierte, *dynamische Rente,* für die er eine Rentenformel entwickelte. Diese sah vor, dass nicht die absolute Beitragshöhe für die spätere Rentenhöhe bestimmend sei, sondern vielmehr die – für jedes Beitragsjahr errechnete – Relation zwischen dem eigenen Einkommen und dem durchschnittlichen Einkommen aller Erwerbstätigen *(Rentenwert).* Damit wird die frühere Arbeitsleistung als ein Beitrag zur späteren Wertschöpfung angesehen, ihr vormaliger Wert aber auf die aktuelle Wirtschaftssituation übertragen. Hinzu kommt eine kontinuierliche Anpassung der Renten entsprechend der allgemeinen Lohnentwicklung *(Dynamisierung).* Dieser Neuansatz einer Dynamisierung sozialer Leistungen wird ebenfalls bis in die Gegenwart immer wieder aufgegriffen, etwa bei der Forderung, soziale Leistungen entsprechend der allgemeinen Wohlstands- und/oder der Kostenentwicklung anzupassen. Hierfür stehen aktuell auch etwa Überlegungen, die Leistungen der Pflegeversicherung zu dynamisieren. Insgesamt stand diese Reformdiskussion allerdings unter dem Vorbehalt, was davon notwendig und was finanzierbar sein würde. (vgl. Bethusy-Huc 1976, S. 58 ff.) Die politischen Kontroversen kreisen um die Frage, ob die in Aussicht gestellte Reformgesetzgebung letztlich eine Kompensation dafür sei, dass das „so genannte Wirtschaftswunder" letztlich über „einen der Arbeitsleistung nicht gerecht werdenden Lohn" in der Vergangenheit finanziert worden sei. Aus diesen „Opfern" erwachse der „Anspruch", dass die arbeitenden Menschen „in der Zukunft, vor allen Dingen im Alter, nicht mehr Angst um die Not des Tages zu leiden" brauchten, wie es der damalige Bundesarbeitsminister *Anton Storch* (1892–1974) auf dem 4. ordentlichen Bundeskongresses des DGB in Hamburg 1956 formulierte. (DGB Bundeskongress 1956: Protokoll, S. 257 und 264)

2.6.8 Die Sozialreform

Entgegen den fast einmütig geäußerten Vorstellungen ist es nicht zu einer Sozialreform aus einem Guss gekommen, vielmehr wurden verschiedene Einzelreformen aneinandergereiht, insgesamt aber sehr wohl in vielen Einzelheiten einer gemeinsamen Leitidee folgend. Diese bestand darin, das materielle Leistungsniveau an die allgemeine Wirtschaftsentwicklung anzupassen, neben den *kompensatorischen* Elementen insbesondere die *präventiven* auszubauen und Versicherungsbeiträge mehr oder weniger je nach System durch staatliche Zuschüsse zu ergänzen. Des Weiteren sollte die Verantwortung der Versicherten durch eine aktive Beteiligung an der Selbstverwaltung der Sozialversicherung gestärkt werden.

Das lange Zeit dominierende und innovatorischste Element stellte zweifelsfrei die 1957 verabschiedete *Rentenreform* dar. Durch sie wurde die frühere Erwerbstätigkeit auf die durchschnittliche Einkommenslage beim Renteneintritt bezogen, zugleich waren jährliche Rentenanpassungen vorgesehen, die ebenfalls der allgemeinen wirtschaftlichen Dynamik folgen sollten. Mit einer bedeutsamen Grundsatzentscheidung wurde ein Großteil der Kriegsfolgen in die Rentenversicherung integriert: Zeiten beim Reichsarbeitsdienst, als Soldat und in der Kriegsgefangenschaft wurden als sog. *Ersatzzeiten* den Beitragszeiten gleichgesetzt. Es wurde ein Bundeszuschuss festgelegt, der derartige Leistungen finanziell absichern sollte. Daneben wurden mit den *Ausfallzeiten* (Zeiten der Berufsausbildung) und *Zurechnungszeiten* (im Falle von Berufs- und Erwerbsunfähigkeit) neue Anrechnungsmodalitäten für weitere soziale Tatbestände verankert. Die Rentenversicherungen für Arbeiter*innen und Angestellte sahen eine einheitliche *Hinterbliebenenrente* vor. Der Effekt dieser Rentenreform war erheblich: Stellten Personen im Rentenalter einen Großteil der Personengruppen, die in den 1950er Jahren kommunale Fürsorgeleistungen bekamen, so reduzierte sich deren Zahl bereits im Jahr des Inkrafttretens drastisch. Sozialhilfebezug im Alter war seitdem in der Bundesrepublik Deutschland weit unterproportional vertreten.

Letztlich hatte Bundeskanzler Adenauer entschieden, dass und wie diese Rentenreform beschlossen wurde. Die Wähler*innen dankten diese politische Entscheidung und verhalfen den Unionsparteien bei der Bundestagswahl 1957 zu einer absoluten Mehrheit im Deutschen Bundestag. *Konrad Adenauer* verfolgte mit seiner Entscheidung außer wahltaktischen Überlegungen bezogen auf die bevorstehende Bundestagswahl auch eine deutschlandpolitische Absicht. In einer Sitzung des Bundesparteivorstandes der CDU im Januar 1956 begründete er die Notwendigkeit, soziale Spannungen abzubauen, damit, dass die Bundesrepublik „attraktiv bleiben" solle für die „Menschen in der Zone". (Hockerts 1977, S. 371) Sozialpolitik wird hier zum Mittel der deutsch-deutschen Politik im internationalen Streit der beiden politischen Blöcke während des sog. *Kalten Krieges* gemacht *(Magnetismustheorie)*.

Es dauerte sechs Jahre, bis der Gesetzgeber 1963 die *Kriegsopferrenten* in gleicher Weise dynamisierte und parallel zur allgemeinen Alters- und Hinterbliebenenversicherung ausgestaltete. Dieses betraf die Renten derjenigen, die als Folge kriegsbedingter Ereignisse nicht mehr im Erwerbsleben standen/stehen konnten, während die Zeiten kriegsbedingter Nichterwerbsarbeit in der allgemeinen Rentenversicherung kompensiert wurden. Die Kriegsopferrenten hatten eine große frauenpolitische Bedeutung, waren doch die meisten der Rentenempfänger*innen Frauen, die ihren Mann oder Kinder im Verlauf des Krieges verloren hatten.

Neben der Neuordnung der Renten stellte das *Bundessozialhilfegesetz* von 1961 ebenfalls eine innovatorische Einzelmaßnahme dar. Dieses Gesetz, 1962 nach Verabschiedung komplementärer Landesgesetze in Kraft getreten, brach in weiten Teilen mit dem in der Armenfürsorge lange Zeit dominanten armenpolizeilichen Denken. Während in der Renten- und in der Krankenversicherung standardisierbare soziale Risiken aufgefangen werden – ergänzt durch ein neues, noch zu verabschiedendes Gesetz zur Arbeitsförderung – sollte die Sozialhilfe nur für die *nicht-standardisierbaren* sozialen Risiken gewährt werden. Zugleich wurde festgeschrieben, dass die Leistungen dieses Gesetzes die Empfänger*innen unter Bezug auf Artikel 1 des Grundgesetzes befähigen sollen, ein Leben zu führen, das „der Würde des Menschen entspricht". Es wurden erstmalig einheitliche Standards bei der Festlegung der Geldleistungen in der Sozialhilfe (Regelsätze bei den Hilfen zum Lebensunterhalt) verankert. Daneben sah das Gesetz sehr viele Ermessensspielräume vor, die zu Gunsten der Bedürftigen eingesetzt werden konnten. Die Reformdiskussion knüpfte wieder an der bereits in der Weimarer Republik praktizierten Vorstellung an, dass den freien Trägern der Wohlfahrtspflege letztlich der Vorrang vor den kommunalen bzw. staatlichen Trägern einzuräumen sei. Dieses stieß im Deutschen Bundestag auf Kritik der

SPD, sodass die Partei dort das Gesetz ablehnte. Gleichwohl sorgte sie aber dafür, dass es im Bundesrat nicht scheiterte; hier hatten nämlich die Länder, in denen die SPD alleine oder in einer Koalition regierten, die Mehrheit.

Mit den *Wohlfahrtsverbänden* und dem *Deutschen Verein für öffentliche und private Fürsorge* hatte sich das deutsche korporatistische System bei der Fürsorge wieder hergestellt.

Die Sozialreform wurde noch durch zwei weitere Gesetzgebungsverfahren abgerundet. So sah zum einen Artikel 95 Grundgesetz eine eigenständige *Sozialgerichtsbarkeit* vor. Dem Postulat einer klaren Trennung zwischen Verwaltung und Rechtsprechung Rechnung tragend wurde mit dem *Sozialgerichtsgesetz* von 1953 ein dreistufiger Rechtszug mit neuartigen, kostenfreien Gerichtsverfahren geschaffen. Wie bei Arbeitsgerichten wurden dabei auch Laienrichter*innen vorgesehen.

Der zweite Rechtsbereich betraf die *Mitbestimmung*. Die weitgehenden Forderungen der Gewerkschaften nach Überführung großer Teile insbesondere der Grundstoff- und der Schwerindustrie in Gemeineigentum scheiterten schon vor der Gründung der Bundesrepublik Deutschland an vielfältigen Ursachen, letztlich am entschlossenen Widerstand der amerikanischen Besatzungsmacht und des bürgerlichen Lagers. Immerhin gelang es den Gewerkschaften, in der unter Treuhänderschaft der britischen Besatzungsmacht stehenden Montanindustrie (= Kohle und Stahl) eine paritätische Mitbestimmung auch in Wirtschaftsfragen durchzusetzen. Ein Vertreter der Treuhandgesellschaft sollte quasi eine überparteiliche Instanz darstellen. Versuche, diese Mitbestimmung aus Anlass der Rückübertragung dieser Betriebe auf ihre deutschen Besitzer rückgängig zu machen, scheiterten am entschlossenen Widerstand der Gewerkschaften. So wurde per – deutschem – Gesetz vom 21. Mai 1951 die paritätische *Mitbestimmung der Arbeitnehmer in der Montanindustrie* verankert. Dabei war ein elfter ‚neutraler' Mann vorgesehen, der zusammen mit dem Arbeitsdirektor – einem gleichberechtigten Vorstandsmitglied – nicht gegen den Willen der Arbeitnehmervertreter ernannt werden konnte. Versuche der Gewerkschaften, dieses wirtschaftliche Mitbestimmungsrecht per *Betriebsverfassungsgesetz* auf alle privaten Betriebe auszuweiten, scheiterten an der bürgerlichen Parlamentsmehrheit. Das *Betriebsverfassungsgesetz* vom 11. Oktober 1952 beschränkte sich im Wesentlichen auf eine Mitbestimmung in sozialen und personellen Angelegenheiten, während für wirtschaftliche Angelegenheiten lediglich ein Informationsrecht verankert wurde.

Damit war bis Anfang der 1960er Jahre das System der sozialen Sicherung wieder hergestellt:

- Die Grundstrukturen der Sozialversicherung waren erhalten geblieben: die berufsständische Gliederung, die – nunmehr durchgängige – paritätische Finanzierung (mit Ausnahme der Unfallversicherung) und die paritätische Selbstverwaltung (mit Modifikationen bei der Unfall- und den Ersatzkrankenkassen sowie der Arbeitsverwaltung).
- Die Anpassung der Sozialleistungen an den gestiegenen Wohlstand erfolgte später, brachte dann aber als wichtigstes neues Element die Dynamisierung sozialer Leistungen, damit die Anpassung der Renten an die Wirtschaftsleistung.
- Neben den Reformen bei den großen Sicherungssystemen wurde die Fürsorge ebenfalls strukturell neu geordnet: Es gab erstmals bundeseinheitliche Regelungen über die Leistungshöhe der Sozialhilfe. Daneben sah dieses Gesetz große Ermessensspielräume für Einzelfallentscheidungen vor, wodurch die Zielgenauigkeit verbessert werden sollte.
- Neben den kompensatorischen Elementen in der Sozialpolitik kam es nun auch zu ersten präventiven Ansätzen.

2.7   Aktive Wirtschafts- und Sozialpolitik: Innere Reformen

2.7.1   Mit Keynes aus der ersten Nachkriegskrise

Die Zuwachsraten beim Wirtschaftswachstum in den 1950er Jahren und die außergewöhnlichen Sonderbedingungen für Deutschlands Wirtschaft verdeckten einerseits, dass es bereits damals kleinere Konjunktureinbrüche gegeben hatte, wenngleich auf hohem Wachstumsniveau und jeweils nur von kurzer Dauer. Andererseits hoben sich die ökonomischen und sozialen Sonderbedingungen der unmittelbaren Nachkriegsjahre allmählich auf:

- Nach einer Änderung des Grundgesetzes wurde am 12. November 1955 die *Bundeswehr* gegründet; die öffentlichen Haushalte wurden im weiteren Verlauf durch Rüstungsausgaben belastet;
- die Gewerkschaften setzten höhere Löhne durch, gleichzeitig stiegen die Sozialausgaben, folglich änderte sich die Kostenstruktur der deutschen Wirtschaft;
- am 13. August 1961 wurde der Zustrom deutscher Fachkräfte durch den Mauerbau jäh gestoppt, an die Stelle dieser Fachkräfte traten an- und ungelernte sog. *Gastarbeiter*innen* aus Süd- und Südosteuropa, später aus der Türkei.

Die wirtschaftliche Lage in Westdeutschland normalisierte sich. Dies bedeutete, dass sie krisenanfälliger wurde – auch im Sinne privatkapitalistischer Zyklizität. Kaum dass sich die ersten Anzeichen konjunktureller Überhitzung bemerkbar machten, suchten die Gralshüter der sozial gebundenen freien Marktwirtschaft durch *Maßhalteappelle* die Arbeitnehmer*innen zur Lohnzurückhaltung zu bewegen. Es gehört zu den wie auch immer modifizierten wirtschaftsliberalen Glaubensgrundsätzen, dass es vor allem die abhängig Beschäftigten und die Sozialleistungsbezieher*innen sind, deren Einnahme- und Ausgabeverhalten mehr oder weniger allein für die wirtschaftliche konjunkturelle Entwicklung verantwortlich gemacht werden. *Ludwig Erhard,* seit 1963 Bundeskanzler, beließ es aber nicht bei Maßhalteappellen, sondern lieferte erneut einen Beleg mehr dafür, wie schnell sich bei Teilen des Bürgertums in wirtschaftlichen Krisen Zweifel an der Tragfähigkeit demokratischer Strukturen für ihre Interessensvertretung einstellen. *Hermann Heller* (1891–1933) hatte dies schon für das Ende der Weimarer Republik verantwortlich gemacht. Mit der von Erhard öffentlich vorgetragenen Vorstellung von einer *„formierten Gesellschaft"* ordnete er freie demokratische Partizipation einem als Gemeinwohl definierten Wirtschaftsliberalismus unter, wie er auf dem 13. Parteitag der CDU 1965 in Düsseldorf darlegte. Der Primat sollte von der demokratischen Politik hin zur Ökonomie verlagert werden:

Formierte Gesellschaft:

„Diese Gesellschaft ist keine Gesellschaft von kämpfenden Gruppen mehr. Sie ist im Begriff, Form zu gewinnen, das heißt, sich zu formieren. Aber auch in dieser ‚Formierten Gesellschaft' – ich präge diesen Begriff bewusst – werden die Gruppen die Parteien nicht ersetzen können. (…)

Die großen Fragen, die wir zu lösen haben – ich meine keineswegs nur die der Außenpolitik, sondern ebenso die Fragen der Sozial-, Kultur- und Wirtschaftspolitik – können nicht nach Sonderinteressen der einzelnen Gruppen beantwortet werden. Es sind Fragen, die die ganze Nation angehen. (…)

Es heißt, dass diese Gesellschaft nicht mehr aus Klassen und Gruppen besteht, die einander ausschließende Ziele durchsetzen wollen, sondern dass sie, fernab aller ständestaatlichen Vorstellungen, ihrem Wesen nach kooperativ ist, d. h. dass sie auf dem Zusammenwirken aller Gruppen und Interessen beruht. (…) Ergebnis dieser Formierung muss sein ein vitales Verhältnis zwischen sozialer Stabilität und wirtschaftlicher Dynamik, die Konzentration auf eine fortdauernde Erhöhung der Leistung, die Sicherheit einer expansiven Weiterentwicklung der Wirtschaft sowie die Förderung und Nutzbarmachung des technischen und wissenschaftlichen Fortschritts. Es ist eine Gesellschaft des dynamischen Gleichgewichts. Eine solche Gesellschaft ist nicht autoritär zu regieren, sondern kann ihrem inneren Wesen nach nur demokratisch sein. Aber sie braucht andere, modernere Techniken des Regierens und der politischen Willensbildung. (…) Die parlamentarische Demokratie darf nicht länger den organisierten Interessen unterworfen sein; im Gegenteil verlangt gerade der bewusste Schritt in eine Formierte Gesellschaft die größere Autonomie unseres Parlamentarismus. (…) Vielmehr brauchen wir ein neues Spezialistentum, nämlich Spezialisten für allgemeine Interessen." (Ludwig Erhard, zit n. Hereth Hrsg. 1969, S. 203 – 205)

Es war weniger der öffentliche Sturm der Kritik an diesem sehr eingeschränkt demokratischen Gesellschaftsmodell, das Wirtschaftswachstum und Stabilität über Partizipationsinteressen sozialer Gruppen und Schichten stellte, sondern die Wirtschaftskrise ab 1966 selbst, die *Ludwig Erhard* bereits nach drei Jahren die Kanzlerschaft kostete. Als 1966 die Zahl der Arbeitslosen im Wirtschaftswunderland auf etwas über 400.000 hochschnellte, schien mit Blick auf die Erfahrungen aus der Weimarer Republik und in der Nachkriegszeit die gesamte Wirtschaft infrage gestellt zu sein. (vgl. Kiesow 2015) Dabei hatte Deutschland nur zeitverschoben eine weltweite Rezession nachgeholt. In den großen Parlamentsdebatten 1965/1966 kam es zu einem fast schon akademischen Meinungsaustausch über den anstehenden grundsätzlichen Wechsel von einer mehr angebotsorientierten zu einer mehr nachfrageorientierten Wirtschaftspolitik, von *Ludwig Erhard* hin zu *John Maynard Keynes*. Im Dezember 1966 bildeten CDU/CSU und SPD zum ersten Mal in der bundesdeutschen Geschichte eine große Koalition und machten die Bekämpfung des eingetretenen wirtschaftlichen Ungleichgewichts zum Zentrum ihrer Politik. Die in *Karl Schiller* (1911–1994) personifizierte Neuausrichtung der Politik fand ihren bedeutendsten Niederschlag im *Stabilitäts- und Wachstumsgesetz* von 1967 *(Konzertierte Aktion)*, das als gleichrangige, gleichwohl nicht widerspruchsfreie Ziele staatlicher Wirtschaftspolitik formulierte: Wirtschaftswachstum, Geldwertstabilität, Außenwirtschaftliches Gleichgewicht und die Beschränkung der Arbeitslosigkeit. Deshalb wird die Konstellation dieser vier anzustrebenden Richtgrößen auch als *Magisches Viereck* bezeichnet.

Damit wurden die wirtschafts-, finanz- und arbeitsmarktpolitischen Ziele staatlichen Handelns in einem Gesamtziel, dem wirtschaftlichen Gleichgewicht, zusammengefasst – ein Ziel, das in dieser Stringenz nur wenige Jahre in der Bundesrepublik Deutschland Bestand hatte bzw. verfolgt wurde.

Gesetz zur Förderung der Stabilität und des Wachstums der Wirtschaft vom 8. Juni 1967 (Stabilitätsgesetz)

§ 1 Bund und Länder haben bei ihren wirtschafts- und finanzpolitischen Maßnahmen die Erfordernisse des gesamtwirtschaftlichen Gleichgewichts zu beachten. Die Maßnahmen sind so zu treffen, daß sie im Rahmen der marktwirtschaftlichen Ordnung gleichzeitig zur Stabilität des Preisniveaus, zu einem hohen Beschäftigungsstand und außenwirtschaftlichem Gleichgewicht bei stetigem und angemessenem Wirtschaftswachstum beitragen.

§ 3 (1) Im Falle der Gefährdung eines der Ziele des § 1 stellt die Bundesregierung Orientierungsdaten für ein gleichzeitiges aufeinander abgestimmtes

Verhalten (konzertierte Aktion) der Gebietskörperschaften, Gewerkschaften und Unternehmensverbände zur Erreichung der Ziele des § 1 zur Verfügung. Diese Orientierungsdaten enthalten insbesondere eine Darstellung der gesamtwirtschaftlichen Zusammenhänge im Hinblick auf die gegebene Situation. (Bundesgesetzblatt 1949 ff., hier: 1967, Teil I, S. 582)

Zum Zweiten verabschiedete die große Koalition einige wichtige Gesetzesreformen auf dem Gebiet der Sozialpolitik. Dieses betraf zum einen die Stabilisierung der *Rentenfinanzen*. Die Finanzgrundlagen der einzelnen Versicherungsträger wurden in einem Verbundsystem zusammengefasst. Der Tatsache Rechnung tragend, dass der wirtschaftliche Strukturwandel dazu geführt hatte, dass immer mehr abhängig Beschäftigte den Angestelltenstatus bekamen und folglich die Arbeiterrentenversicherung zunehmend Schwierigkeiten hatte, Einnahmen und Ausgaben auszugleichen, wurde ein Kompensationssystem zwischen der Arbeiter- und der Angestelltenrentenversicherung gesetzlich vorgeschrieben. Damit wurden die finanziellen Grundlagen der gesamten Rentenversicherung stabilisiert.

Zum Dritten wurden 1969 mit dem *Arbeitsförderungsgesetz* (AFG) und dem *Gesetz über die Fortzahlung des Arbeitsentgelts im Krankheitsfalle* zwei unter sozialen Gesichtspunkten bedeutsame Regelwerke verabschiedet. Dabei einigten sich die Koalitionspartner nicht nur darauf, dass die unzureichenden gesetzlichen (Rest-)Grundlagen des AVAVG von 1927 aufgehoben werden konnten, sondern dass insgesamt ein Instrumentarium geschaffen wurde, das der Sicherung von Vollbeschäftigung dienen konnte. Das Gesetz war insofern recht fortschrittlich, als es für den Bereich der Arbeitsmarktpolitik das Prinzip der *Prävention* ins Zentrum stellte. Allen sog. *passiven* Maßnahmen der Arbeitsmarktpolitik – insbesondere Lohnersatzleistungen bei Arbeitslosigkeit – sollte das breite Spektrum der Information, Beratung, Aus-, Fort- und Weiterbildung bis hin zu Arbeitsbeschaffungsmaßnahmen und solchen der beruflichen Eingliederung als *aktive* Arbeitsmarktpolitik vorgeschaltet werden. Mit dem *Lohnfortzahlungsgesetz* wurde eine lange bestehende Ungleichbehandlung zwischen Angestellten und Arbeiter*innen im Krankheitsfalle insofern beendet, als nun für Arbeiter*innen wie Angestellte eine Lohnfortzahlung durch die Arbeitgeber*in für die ersten sechs Wochen gesetzlich verankert wurde. Damit wurde zugleich der Zustand überwunden, dass – beginnend mit dem großen Metallerstreik 1956/1957 in Schleswig–Holstein – einige Tarifverträge diese Lohnfortzahlung schon für Arbeiter*innen eingeführt hatten, während andere davon ausgeschlossen blieben.

Nicht zuletzt die relativ schwach ausgeprägte Krise und die in der Wirtschaft wirksam werdenden Aufstiegskräfte, vor allem über den Export, waren es, die

die erste größere Nachkriegsrezession in Westdeutschland bald in Vergessenheit geraten ließen. Die von Karl Schiller und der großen Koalition beschlossene und praktizierte Form des keynesianischen *deficit spending,* also die Ankurbelung der Nachfrage durch staatliche Ausgaben auf Kredit, hatte zum Ergebnis, dass man Erfahrungen mit diesem neuen Instrument staatlicher Wirtschaftspolitik sammeln konnte, doch waren angesichts der niedrigen zusätzlichen staatlichen Ausgaben die Effekte in Richtung Aufschwung zu schwach bzw. durchaus im Kern überflüssig. Die damit finanzierten Maßnahmen der allgemeinen Kaufkraftsteigerung bzw. gezielter sozialer Förderung dagegen ließen Einkommens- und Sozialpolitik praktisch in einem neuen Lichte erscheinen, nämlich keineswegs bloß als Belastung wirtschaftlicher Prozesse, sondern vielmehr als eine förderliche Stabilisierung der privaten Binnennachfrage. Neben den zuvor dominierenden *angebotstheoretischen* Vorbehalten gegenüber Sozialleistungen kamen damit stärker *nachfragetheoretische* Überlegungen ins Spiel. Beide Positionen werden seitdem in der politischen und in der wissenschaftlichen Diskussion stärker erörtert und gewichtet; allerdings werden in der zugespitzten Debatte nach wie häufig vorrangig entweder angebots- oder nachfragetheoretisch argumentierende Positionen vertreten.

2.7.2 Politik der inneren Reformen

Die politischen Demonstrationen nicht nur großer Teile der akademischen Jugend Ende der 1960er Jahre *(Studenten- oder 68er-Bewegung)* einschließlich des Widerstands gegen Formierungstendenzen unter dem ‚CDU-Staat‘ bzw. einer wie auch immer in der Phase der großen Koalition modifizierten *Notstandsgesetzgebung*[10] führten zu einer politischen Wende, die in die Bildung einer Koalition von Sozialdemokratie (SPD) und Sozialliberalismus (FDP) mündete. Diese war eingebettet in den politischen Gestaltungsanspruch, die Nachkriegsordnung einschließlich der Teilung Deutschlands zu verändern, indem man zunächst die

---

[10] Die 1968 in Kraft getretenen einfachen *Notstandsgesetze* sehen im Verteidigungsfall die Suspendierung wichtiger demokratischer Grundrechte und eine teilweise Ersetzung von Bundestag und Bundesrat durch die Einrichtung eines Gemeinsamen Ausschusses sowie die Ausweitung von Kompetenzen der Bundesregierung vor. Schließlich kann im Zuge der Notstandsgesetze auch die Bundeswehr im Inneren eingesetzt werden. Aufgrund der negativen geschichtlichen Erfahrungen mit der Praxis der Notverordnungen entzündete sich um die Notstandsgesetzgebung – vor allem um die Frage des ‚inneren Notstandes‘ – eine breite gesellschaftliche Auseinandersetzung (*Außerparlamentarische Opposition*, ApO).

tatsächliche Teilung akzeptierte, um sie dann im Konsens zu überwinden (*Egon Bahr:* „Wandel durch Annäherung"). Der Ansatz Adenauers, über ein sozial prosperierendes Westdeutschland eine Magnetwirkung auf den Osten auszuüben (vgl. Abschn. 2.6.8), war zwar einer der Gründe dafür, dass in der Bundesrepublik Deutschland ein recht hohes Sozialniveau erreicht werden konnte, war aber mit dem Bau der Mauer (1961) letztlich an seine Grenze gelangt. Die unter Bundeskanzler *Willy Brandt,* SPD (1913–1992), im Jahr 1969 etablierte Regierung erhob die Aussage zum Anspruch an das eigene Wirken: „Wir wollen mehr Demokratie wagen" und gab als Maxime ihres Handelns aus: „Wir wollen ein Volk der guten Nachbarn sein und werden im Inneren und nach außen." Gegen den Protest der auf die Bänke der Opposition verbannten Unionsparteien formulierte der Kanzler als Provokation: „Wir stehen nicht am Ende unserer Demokratie, wir fangen erst richtig an." (Deutscher Bundestag, V. Leg., Stenographischer Bericht der Sitzung vom 28.10.1969)

Neben der Ostpolitik wurde die Sozialpolitik eines der zentralen Betätigungsfelder sozialliberalen Regierens. Ein besonderes Gewicht kam dabei zum Ersten der Gleichstellung von Frauen und Männern zu. Erst in dieser Phase konnte zumindest die *rechtliche Gleichstellung der Frauen* in Deutschland erreicht werden. Denn Artikel 3 des Grundgesetzes, der ein Diskriminierungsverbot zwischen den Geschlechtern verfassungsrechtlich verankert hatte (vgl. Abschn. 2.6.4), wurde lange Zeit nicht in die Rechtswirklichkeit umgesetzt. So bedurfte es mehrmaliger höchstrichterlicher Entscheidungen, bis die diskriminierenden Regelungen im Bürgerlichen Gesetzbuch (BGB) und im Arbeitsleben beseitigt wurden sowie die Arbeitsteilung innerhalb der Ehe nicht länger letztlich vom dominierenden Einfluss männlicher Erwerbstätigkeit geprägt war. Paragraph 1356 des BGB erhielt 1977 folgende Fassung:

Von der Hausfrauenehe zur Partnerschaft

In dem Ehegesetz des BGB von **1957**, mit dem die grundgesetzliche Gleichberechtigung von Frau und Mann verwirklicht werden sollte, hieß es:

§ **1356** (1) Die Frau führt den Haushalt in eigener Verantwortung. Sie ist berechtigt, erwerbstätig zu sein, soweit dies mit ihren Pflichten in Ehe und Familie vereinbar ist.

§ **1360** Die Ehegatten sind einander verpflichtet, durch ihre Arbeit und mit ihrem Vermögen die Familie angemessen zu unterhalten. Die Frau erfüllt ihre Verpflichtung, durch Arbeit zum Unterhalt der Familie beizutragen, in der Regel durch die Führung des Haushalts; zu einer Erwerbsarbeit ist sie nur verpflichtet, soweit die Arbeitskraft des Mannes und die Einkünfte der Ehegatten zum Unterhalt der Familie nicht ausreichen.

In dem Ehegesetz von **1977** wurden diese Paragraphen folgendermaßen abgeändert:

§ **1356** Die Ehegatten regeln die Haushaltsführung in gegenseitigem Einvernehmen. Ist die Haushaltsführung einem der Ehegatten überlassen, so leitet dieser den Haushalt in eigener Verantwortung. Beide Ehegatten sind berechtigt, erwerbstätig zu sein. Bei der Wahl und Ausübung einer Erwerbstätigkeit haben sie auf die Belange des anderen Ehegatten und der Familie die gebotene Rücksicht zu nehmen.

§ **1360** Die Ehegatten sind einander verpflichtet, durch ihre Arbeit und mit ihrem Vermögen die Familie angemessen zu unterhalten. Ist einem Ehegatten die Haushaltsführung überlassen, so erfüllt er seine Verpflichtung (...) in der Regel durch die Führung des Haushaltes. (Asche und Huschens Hrsg. 1990, 124 f.)

Hinzu kamen weitere Regelungen, die die Diskriminierung *alleinerziehender Mütter* beseitigten. Bis zu diesem Zeitpunkt hatten sie hinzunehmen, dass ihnen bei der Erziehung ihrer nichtvolljährigen Kinder ein externer Vormund zur Seite gestellt wurde. Auch wurde das *Scheidungsrecht* auf den Grundsatz der Zerrüttung umgestellt; erworbene Versorgungsanwartschaften für das Alter wurden anteilig auf die geschiedenen Ehegatten verteilt *(Versorgungsausgleich).* Und schließlich wurde der *Abtreibungsparagraph* 218 des Strafgesetzbuches im Sinne einer Indikationslösung reformiert.

Neben diesen vor allem rechtlichen Reformen hat die sozialliberale Koalition die Renten älterer Frauen angehoben und so deren Leistungen während des Krieges, beim Wiederaufbau und bei der Erziehung ihrer Kinder anerkannt, zugleich wurde die jahrelange Lohndiskriminierung von Frauen kompensiert: 1972 wurde mit der *Rente nach Mindesteinkommen* Frauen, die mindestens 25 Jahre erwerbstätig gewesen waren, eine Rente zuerkannt, die nicht unter 75 % der allgemeinen Bemessungsgrundlage liegen durfte. Der Gesetzgeber hatte damit gesellschaftliche Fehlentwicklungen in der Vergangenheit nicht nur ausgeglichen, sondern zugleich eine zentrale sozialethische Norm für zukünftige Gesetzgebung aufgestellt, dass es nämlich Aufgabe der Sozialgesetzgebung sei, diskriminierende Tatbestände nach Möglichkeit zu verhindern, mindestens aber die Solidargemeinschaft der gesamten Gesellschaft beim Vorliegen offensichtlicher Benachteiligungen in Regress zu nehmen. Nach der Rentenreform von 1957 war dieses der zweite bedeutsame Schritt, Frauen vor Armut im Alter zu bewahren.

Daneben zielte die sozialliberale Politik der inneren Reformen auf den gesamten Bereich der *Bildung.* Zum einen ging es darum, das individuelle „Bürgerrecht auf Bildung" *(Ralf Dahrendorf,* FDP, 1929–2009) zu verwirklichen, zum anderen sollte der Bedarf an qualifizierten Arbeitskräften für die stark expandierende Wirtschaft zur Verfügung gestellt werden. Schulen und Hochschulen sollten reformiert, die Zugangschancen insbesondere für bildungsfernere soziale Schichten verbessert werden. Dem diente u. a. das 1971 verabschiedete

Bundesausbildungsförderungsgesetz (BAföG), das die in den 1960er Jahren eingeführte Förderung von Studierenden nach dem *Honnefer Modell* ablöste. Tatsächlich war der Wirkungsgrad dieses neuen Gesetzes größer, auch waren die
Leistungen günstiger als die bis dahin gültigen Regelungen. Über den Bereich
der akademischen Jugend hinaus wurde bereits 1969 in der großen Koalition mit
dem *Berufsbildungsgesetz* das Ausbildungswesen Jugendlicher bundesweit einheitlich geregelt. Rechte und Pflichten der Ausbildenden und der Auszubildenden
wurden zentral geregelt. Die Ausbildungsberufe wurden normiert und Ordnungs-
mittel verbindlich festgelegt. Insbesondere sog. *Anlernberufe* wurden endgültig
abgeschafft, an deren Stelle traten unterschiedlich lange *Ausbildungsberufe.*

Im Bereich des *Familienlastenausgleichs* sollte erreicht werden, dass jedes
Kind dem Staat gleich viel ‚wert' ist. Dafür wurde ein *Kindergeld* für alle Kinder
eingeführt. Daneben sollte die Vereinbarkeit von Familie und Beruf verbessert
werden, so insbesondere durch die Einführung eines – erweiterten – *Mutter-
schaftsurlaubs* für berufstätige Frauen von sechs Monaten nach der Geburt
einschließlich eines Mutterschaftsgeldes in Höhe des bisherigen Nettolohns (bis
maximal 750 DM pro Monat) und einem achtmonatigen Kündigungsschutz.
Zugleich wurden diese Mütter beitragsfrei sozialversichert.

Die Koalition suchte nach einem verbindenden Weg zwischen dem *Sozial-
versicherungsprinzip,* das insbesondere abhängige Erwerbsarbeit als Voraussetzung für eine Zugehörigkeit zur Sozialversicherung festgelegt hatte, und
den vor allem in Großbritannien und Teilen Skandinaviens von Sozialdemokrat*innen praktizierten, an den Plänen des englischen *Lord William Beveridge*
(1879–1963)[11] orientierten Vorstellungen von einer *Volksversicherung,* die also
nicht nur die in abhängiger Erwerbsarbeit Stehenden, sondern nach Möglichkeit alle Gesellschaftsmitglieder umfassen sollte. Die sozialliberale Koalition
öffnete die Sozialversicherung für Freiberufler*innen und für Selbstständige und
sie nahm Schüler*innen und Studierende in die *Gesetzliche Unfallversicherung*
auf. Zugleich wurden immer neue Tatbestände als leistungsbegründend bzw.
leistungssteigernd anerkannt: Insbesondere die SPD sah hier ihr Konzept einer

---

[11] *Lord William Beveridge*, von Hause aus ein Liberaler, hatte in den 1920er Jahren ein
Gegenmodell zu dem Bismarckschen Sozialpolitikansatz formuliert: Aufgabe staatlicher
Sozialpolitik ist *Armutsvermeidung* und zwar bei allen sozialen Schichten, nicht aber
Lebensstandardsicherung bei bestimmten Gruppen der abhängig Erwerbstätigen. Von daher
zielte sein Konzept auf ein alle Kreise umfassendes Konzept mehr oder weniger bedarfs-
sichernder Mindestleistungen. Diese Vorschläge waren die Basis für die Labour Party
in Großbritannien, als diese nach dem Zweiten Weltkrieg die Grundlagen des heutigen
britischen Wohlfahrtsstaates legte.

sich allmählich herstellenden *Volksversicherung* verwirklicht (so *Ernst Schellenberg*, 1907–1984).

Zugleich ging die Koalition daran, das in vielen Einzelgesetzen gefasste Sozialrecht in einem einheitlichen *Sozialgesetzbuch* (SGB) zusammenzuführen. Dieser viele Jahre währende Prozess griff den Gedanken der Sozialreform aus den 1950er Jahren auf, das Sozialrecht zu vereinheitlichen. So wurden einerseits für alle Sozialrechtsbereiche gültige Regelungen zusammengeführt, daneben wurden sukzessive Einzelgesetze in das Sozialgesetzbuch eingepasst. Die alte *Reichsversicherungsordnung* von 1911 wurde aufgehoben (Tab. 2.1).

Das *Rehabilitations-Angleichungsgesetz* von 1974 fasste die bestehenden Leistungen im Falle von Behinderung zusammen, allerdings ordnete es nicht die unterschiedlichen Institutionen neu, sondern beließ entsprechend dem insgesamt in Deutschland dominanten *Kausalitätsdenken* die Vielfalt der Leistungsträger und damit die erhebliche Unsicherheit, wer im Bedarfsfalle zuständig sein soll, im Kern unangetastet. Insgesamt aber verbesserten zahlreiche Reformen bestehende Leistungsgesetze. Dies betraf u. a. auch die sog. *flexible Altersrente* für Beschäftigte mit mindestens 35 Beitragsjahren, die seitdem bereits mit dem 62. Lebensjahr in Rente gehen können.

Die Sozialgesetzgebung stärkte insgesamt den *präventiven* Ansatz von Sozialpolitik. So wurden *Vorsorgeuntersuchungen* bei Kindern, aber auch bei Erwachsenen in den Leistungskatalog der Gesetzlichen Krankenversicherung aufgenommen. Der Gedanke der Prävention im Sinne von Früherkennung wurde in praktische Regelungen überführt. Ein ebenfalls präventiver Charakter kam Neuregelungen im Bereich des betrieblichen Arbeitsschutzes zu. Insbesondere das *Arbeitssicherheitsgesetz* von 1973 hat den medizinischen Arbeitsschutz ausgebaut und stellte einen Eingriff in die unternehmerische Gestaltungsfreiheit dar.

Tab. 2.1 Übersicht Sozialgesetzbücher

SGB	Titel	SGB	Titel
I	Allgemeiner Teil	II	Grundsicherung für Arbeitssuchende
III	Arbeitsförderung	IV	Gemeinsame Vorschriften für die Sozialversicherung
V	Gesetzliche Krankenversicherung	VI	Gesetzliche Rentenversicherung
VII	Gesetzliche Unfallversicherung	VIII	Kinder- und Jugendhilfe (KJHG)
IX	Rehabilitation und Teilhabe behinderter Menschen	X	Sozialverwaltungsverfahren und Sozialdatenschutz
XI	Soziale Pflegeversicherung	XII	Sozialhilfe

Quelle: Eigene Zusammenstellung

Diese zahlreichen Reformen wurden mit der politischen Vorstellung genereller indirekter Planbarkeit sozialer und politischer Prozesse verbunden. Mit dem *Städtebauförderungsgesetz* von 1971 beispielsweise suchte die Regierung nach Wegen, einer weiteren Zersiedelung kommunaler Räume und damit einer Benachteiligung öffentlicher gegenüber privaten Interessen zu begegnen. Aber auch für die Bereiche Bildung, Soziales, Familie etc. wurden Beratungsgremien und -prozesse verankert, die die Regierung und darüber hinaus die gesellschaftlichen Akteur*innen in die Lage versetzen sollten, im Rahmen eines rationalen Abstimmungsprozesses anstehende Probleme möglichst konfliktfrei zu lösen. Als wichtige Ergebnisse dieser Politik sind die bis in die Gegenwart regelmäßig erstellten Sozialberichte, Familienberichte, Kinder- und Jugendberichte, Berufsausbildungsberichte, Bildungsberichte, Rentenberichte etc. anzuführen.

Auch die *Fürsorgesysteme* wurden reformiert. 1970 wurde der Regelsatz in der Sozialhilfe auf ein neues Bedarfsmengenschema, einen sog. *Warenkorb,* umgestellt. Dieser orientierte sich an den tatsächlichen Lebensgewohnheiten unterer Einkommensbezieher*innen. Zugleich wurden die Regelungen für Hilfen in besonderen Lebenslagen reformiert, wodurch insbesondere Menschen mit Behinderungen und Pflegebedürftige eine bessere Versorgung erhielten, die allerdings bis zu den gesetzlichen Neuregelungen in den 1990er und zu Beginn der 2000er Jahre immer noch unzureichend blieben.

Mit Gründung der *Fachhochschulen* im Jahr 1971 wurde die Ausbildung von Sozialarbeiter*innen, Gemeinde-, Heil- und Sozialpädagog*innen von ehedem Höheren Fachschulen an diesen neuen Typus von Hochschule verlegt und erziehungswissenschaftliche Fakultäten an Universitäten etabliert. Dieses leitete über die Akademisierung eine höhere Professionalisierung sozialer Berufe ein.

Jenes Wort „Mehr Demokratie wagen" sollte vor den Fabriktoren nicht halt machen. In dieser Ära kam es schließlich zu einer Novelle des *Betriebsverfassungsgesetzes* (BVG) und insgesamt zu einem *Mitbestimmungsgesetz* für die Teile der Wirtschaft, die nicht unter die Montanmitbestimmung fallen. Stellte die Novelle des BVG in Teilen eine Verbesserung ggb. der Fassung von 1952 dar, blieb das Mitbestimmungsgesetz von 1976 deutlich hinter der paritätischen Mitbestimmung im Montanbereich (vgl. Abschn. 2.6.8) zurück.

In dieser Phase wurde der *Reform*-Begriff emphatisch mit der Herstellung von mehr sozialer Chancengleichheit, mit dem Ausgleich früher erfahrener Benachteiligung, mit Verwirklichung des im Sozialstaatsgrundsatz zum Ausdruck kommenden Integrationsgebotes verbunden. Sozialpolitik der *inneren Reformen* bedeutete Verteilung, auch Umverteilung – eine erste und auf diesem Gebiet bislang einzige – *Enquête-Kommission* legte dazu 1981 ihren Bericht vor:

Transfer-Enquête: Zusammenfassung der wichtigsten Ergebnisse

„(…) III. Der Bericht der Kommission zeigt, daß der Vorwurf gegen das Transfersystem, es verteile das Geld nur zwischen der linken und rechten Tasche der Bürger um, weit übertrieben ist. Für den gesamten Bereich der Alterssicherung trifft er insoweit nicht zu, wie die Renten durch Beiträge der aktiven Generation finanziert werden. Es kann empirisch gezeigt werden, daß das System diese Funktion wahrnimmt. Rentner- und Pensionärshaushalte sind Nettoempfänger von Transfers, während Erwerbstätigenhaushalte Nettozahler von Transfers sind. Von den positiven monetären Transfers gingen 1978 knapp 3/4 (71 vH) an Haushalte mit einem Nichterwerbstätigen- und etwas mehr als 1/4 an Haushalte mit einem Erwerbstätigenhaushaltsvorstand. Bei Haushalten von Rentnern und Pensionären machten die empfangenen Transfers 76 Prozent des Bruttoeinkommens aus, bei Haushalten von Arbeitern 10 Prozent, von Angestellten 7 Prozent, von Beamten 5 Prozent und von Selbstständigen 3 Prozent.

Die negativen Transfers – d. h. im wesentlichen Steuern und Sozialbeiträge – machten bei Haushalten von Rentnern nur 7 vH des Bruttoeinkommens, bei Haushalten von Arbeitern 40 vH, von Angestellten 41 vH, von Beamten 23 vH und von Selbstständigen 29 vH aus. (…)

V. Insgesamt führt das deutsche Transfersystem dazu, daß die verfügbaren Einkommen der Bezieher von Leistungseinkommen gleichmäßiger als ihre Bruttoerwerbs- und Vermögenseinkommen verteilt sind. Betrachtet man die Umverteilung zwischen den sozialen Gruppen, treten die größten Umverteilungswirkungen zwischen Angestellten- und Arbeiterhaushalten einerseits und Rentnerhaushalten andererseits auf. Hieran zeigt sich der dominierende Einfluß des sozialen Alterssicherungssystems. (…)

XXIX. Das Transfersystem hat vielfältige Auswirkungen auf den Wirtschaftsprozeß. Von ihm können sowohl positive wie negative Wirkungen ausgehen (…). Die Zusammenhänge zwischen Transfersystem und Wirtschaftsprozeß sind freilich noch nicht in ausreichendem Maße erforscht; zudem bestehen begründete Zweifel, ob es zulässig ist, die wenigen Forschungsergebnisse, die vor allem für die Vereinigten Staaten vorliegen, auf die Verhältnisse in der Bundesrepublik Deutschland zu übertragen. Insgesamt ist der Spielraum, den der Staat bei der Ausgestaltung des Transfersystems hat, sicher nicht beliebig groß, aber ist auch nicht so eng, wie das in der politischen Diskussion mitunter behauptet wird. Bei der Beurteilung des Transfersystems dürfen auch die positiven Auswirkungen nicht übersehen werden. Das Vorhandensein eines ‚sozialen Netzes‘ hat dazu beigetragen, daß die zunehmenden beschäftigungspolitischen Schwierigkeiten in der Bundesrepublik Deutschland bislang ohne soziale Erschütterungen bewältigt werden konnten.

XXX. Zusammenfassend zeigt das Gutachten der Transferkommission, daß ein Teil der in der Öffentlichkeit vorgetragenen Kritik am Transfersystem der Bundesrepublik Deutschland überzogen ist. Insgesamt erfüllt das System seinen Zweck. An einigen Stellen liegen jedoch Mängel und Fehlentwicklungen vor, denen durch eine entsprechende Politik zu begegnen ist. Auch sind die Reaktionen der Bürger und ihre Sorge über die finanzielle Situation des Transfersystems stärker als bisher in die Überlegungen einzubeziehen." (Transfer-Enquête-Kommission 1981, S. 13 ff.)

Diese Umverteilung basierte auf dem Wohlstandszuwachs in Westdeutschland und erfolgte weitgehend innerhalb einer sozialen Klasse bzw. Schicht, aber sie griff wichtige soziale Probleme auf. Die soziale Qualität der bundesdeutschen Gesellschaft, von der Nachkriegsordnung aus betrachtet, wurde auf ein neues Niveau gehoben. Allerdings gab es zugleich erste Hinweise, dass neu geschaffene Regelungen unter besonders günstig erscheinenden politischen und ökonomischen Bedingungen entstanden waren und dass sie unter anderen Bedingungen auch wieder zur Disposition gestellt werden könnten und tatsächlich auch wurden:

- Mit Ende der Wiederherstellung funktions- und leistungsfähiger wirtschaftlicher Strukturen in den 1960er Jahren lebte der Streit wieder auf, ob denn die Umverteilungskapazität von Wirtschaft und Gesellschaft überstrapaziert werde („formierte Gesellschaft"), oder ob nicht endlich auch diejenigen größere Chancen in der Gesellschaft bekommen sollten, die bislang auf ihren Herkunftsstatus mehr oder weniger festgelegt waren („innere Reformen").
- Demokratisierung und Chancengleichheit werden zum Leitbild der Sozialpolitik. Insbesondere bislang benachteiligte soziale Gruppen werden gefördert. Reform ist also ein Instrument, um diese Leitbilder in der Gesellschaft umzusetzen.
- Dieses betrifft insbesondere Frauen, für die juristisch das Diskriminierungsverbot des Artikels 3 GG in die gesetzliche Regelung über die Ehe Eingang findet. Daneben werden weitere Benachteiligungen von Frauen etwa beim Scheidungsrecht, beim Abtreibungsrecht etc. beseitigt, ohne allerdings die völlige Gleichstellung der Geschlechter tatsächlich erreichen zu können.
- Der Gedanke, Sozialpolitik solle präventiv wirken, wird stärker als zuvor in den sozialen Gesetzen aufgenommen.
- Sozialpolitik wird gesamtgesellschaftlichen Prozessen zugeordnet, die stärker geplant und planbar werden sollen.
- Sozialpolitik meint Umverteilung, wenn auch vor allem beim wirtschaftlichen Zuwachs und weniger bei den Besitzverhältnissen.

2.8   Strukturwandel, Europäisierung und globale Wirtschaftsverflechtung: Sozialpolitik zwischen Angebotsorientierung und neuen nationalen wie internationalen Problemlagen

2.8.1   Änderung der wirtschaftspolitischen Rahmenbedingungen: Stop and Go der Politik

Im Jahr 1973 standen 673.000 offenen Stellen auf dem Arbeitsmarkt nur 350.000 Arbeitslose gegenüber. Der Sozialbericht von 1973 bezeichnete das Problem der Arbeitskräfte*knappheit* als das zentrale soziale Problem auch der nächsten Zeit. (Deutscher Bundestag 1973, 7. WP, Drucks. Nr. 7/1167) Folglich wurde der kräftige Anstieg der Arbeitslosigkeit im Jahr 1974 auf 620.000 auch noch nicht als sehr dramatisch angesehen. Vielmehr wurde die Verteuerung des Rohöls als Ursache für diesen rezessiven Einschnitt verantwortlich gemacht (sog. *Ölkrise*). Tatsächlich aber waren es nicht vorrangig die veränderten Rohölpreise, auch nicht vorübergehende konjunkturelle Krisensymptome, die die Zahl der Arbeitslosen bereits im Jahr 1975 auf über eine Million ansteigen ließen. Es zeichneten sich vielmehr massive strukturelle Veränderungen in der Wirtschaft ab.

Insgesamt veränderten sich die Gewichte zwischen den Sektoren der Volkswirtschaft, der Dienstleistungsbereich (tertiärer Sektor) war inzwischen zum stärksten Teil der Wirtschaft geworden. Die Ausdehnung alleine des öffentlichen Sektors durch Bildungs- und Sozialreform brachte neben neuen privaten Dienstleistungen einen Anstieg an Arbeitsmöglichkeiten bei gleichzeitig schrumpfenden Arbeitsplätzen im sekundären Sektor (= Industrie und produzierendes Gewerbe). Der landwirtschaftliche Bereich (primärer Sektor) war beschäftigungsmäßig fast bedeutungslos geworden.

Dieser Strukturwandel, der sich parallel auch in den anderen Staaten der Europäischen Union ereignete, reduzierte die Zahl der Arbeitsplätze, zugleich ergaben sich Inkompatibilitäten zwischen dem Qualifikationsprofil verlorengegangener Arbeitsplätze und den neu geschaffenen (*Mismatch-Arbeitslosigkeit*). Die Bundespolitik reagierte prompt: Einem verhängten Anwerbestopp für Gastarbeiter*innen folgte eine Zuzugssperre für Familienangehörige. Parallel dazu erhöhte sich aber die Zahl der deutschstämmigen Arbeitsuchenden (Frauen und die letzten geburtenstarken Jahrgänge). Die Bundesrepublik Deutschland verzeichnete durch die gesamten 1980er Jahre eine Arbeitslosigkeit von zunächst einer Million, dann von zwei Millionen Personen.

Die europäische Wirtschaft wuchs stärker zusammen. Das seit Ende des Zweiten Weltkriegs am Dollarstandard orientierte Weltwährungssystem wurde im Übergang zu den 1970er Jahren aufgegeben. Angesichts der engen Verzahnung der (west-)europäischen Volkswirtschaften – ca. 60 % des Außenhandels der Mitgliedstaaten der EU ist innereuropäischer Binnenhandel – stellte dies eine erhebliche Beeinträchtigung dar, die im Verlauf der nächsten Jahre in Stufen überwunden wurde, wodurch die Wirtschaft zwischen den EU-Staaten immer enger miteinander verflochten wurde.

Hinzu kamen Regelungen auf der Ebene des internationalen Handels mit dem Ergebnis, dass nun immer stärker jeder auf international handelbare Güter und Dienstleistungen bezogene Arbeitsplatz auf dieser Welt mit jedem anderen in Wettbewerb tritt *(Globalisierung)*. Auch hier spielt die Kostenbelastung der Arbeitsplätze, zu der auch die Sozialabgaben beitragen, eine zentrale Rolle. All dies hat zur Verfestigung einer *angebotsorientierten* Wirtschaftspolitik in den europäischen Ländern beigetragen, wenn auch in unterschiedlichem Maße und teilweise zeitversetzt. Dahinter steht auch, dass staatliche Haushaltsdefizite zunehmend stärker problematisiert wurden.

Diese allgemeine Entwicklung schlug sich in einer insgesamt widersprüchlichen Sozialpolitik in der Bundesrepublik Deutschland nieder. Auf der einen Seite wurden bereits am Ende der sozialliberalen Koalition starke Einschnitte insbesondere beim Arbeitsförderungsgesetz und beim Rentenrecht beschlossen. Bei der Rentenversicherung wurde die Rentenanpassung zunächst vom Bruttolohnbezug abgekoppelt, dann – nach einer kurzen Phase willkürlich festgelegter Erhöhungssätze – nur noch nettolohnbezogen vorgenommen. In der Arbeitslosenversicherung wurden Leistungen gekürzt und insgesamt, etwa die Zumutbarkeitsregelungen[12], verschärft. Auf der anderen Seite wurden diese eher angebotsorientierten sozialpolitischen Eingriffe durch nachfragesteigernde Regelungen ergänzt bzw. wieder aufgehoben. So verständigten sich die wichtigsten Wirtschaftsnationen Europas Ende der 1970er Jahre auf eine abgestimmte Stimulierung der nationalen Binnennachfrage. Deutschland etwa beschloss eine Erhöhung des Kindergeldes, Steuererleichterungen und eine Erhöhung der Ausgaben für öffentliche Investitionen.

---

[12] Über die *Zumutbarkeitsregelungen* bestimmt sich, welche Tätigkeiten bzw. welche Beschäftigungs- und Entlohungsbedingungen eine arbeitslose Person, die im Leistungsbezug durch das Arbeitsamt steht, akzeptieren muss, wenn sie keine Leistungskürzungen riskieren will.

Der Wechsel von der sozialliberalen (unter Bundeskanzler *Helmut Schmidt,* SPD, 1918–2015) zur konservativ-liberalen Koalition (unter Bundeskanzler *Helmut Kohl,* CDU, 1930–2017), der 1982 durch ein *konstruktives Misstrauensvotum* eingeleitet und dann 1983 per Bundestagswahl bestätigt wurde, setzte diese Stop-and-go-Politik fort: Es wurden in konservativer Absicht Regelungen abgebaut, die in der sozialliberalen Koalition mehr Chancengleichheit bringen sollten, so etwa bei der finanziellen Unterstützung Studierender (Umstellung des BAföG auf Darlehensgrundlage) und im Rahmen des Arbeitsförderungsgesetzes. Es kam zur Absenkung bzw. zu einer nicht zeit- und sachgerechten Anpassung von sozialen Leistungen (etwa bei der Sozialhilfe, beim Wohngeld etc.). Die folgenden 16 Jahre konservativ-liberaler Sozialpolitik waren durchgängig von einer Diskussion über notwendige Kostendämpfungsmaßnahmen im Gesundheitswesen, die Anpassung der Rentenpolitik an zukünftige demografische Erfordernisse und eine stärkere Flexibilisierung des Arbeitsmarktes einschließlich der Instrumente der aktiven und der passiven Arbeitsmarktpolitik bestimmt. Die gefundenen Lösungen bedeuteten fast immer Leistungseinschränkungen, höhere Selbstbeteiligungen und verschärfte Auflagen, die zur Übernahme fast jeder Arbeit drängen sollen.

Dabei kam es in der sozialpolitischen Diskussion der 1970er und 1980er Jahre zu einer geradezu paradoxen Auseinandersetzung. Dass in den 1970er Jahren die sozialliberale Regierung mit Stolz auf ihre sozialpolitischen Neuerungen verwies, mochte die damalige CDU/CSU-Opposition nicht unwidersprochen hinnehmen. Sie propagierte die These von einer *Neuen Sozialen Frage.* Mit ihr wollten ihr Autor *Heiner Geißler* (1930–2017) und mit ihm die Unionsparteien deutlich machen, dass das bundesdeutsche soziale Sicherungssystem in hohem Maße erwerbsarbeitsbezogen, also auf die ‚alte‘ soziale Frage der Industriearbeiterschaft ausgerichtet sei. Dies habe zur Folge, dass die regierende Sozialdemokratie vor allem ihre Klientel der sozialversicherungspflichtig Beschäftigten bediene und die Personen nur schlecht versorge, die außerhalb des Erwerbsarbeitslebens stünden. (vgl. Geißler 1976) Auch wenn die Zahl von sechs Millionen Armen, die Heiner Geißler meinte feststellen zu können, zu hoch gewesen war, war die Kritik am bestehenden sozialen Sicherungssystem in der Tendenz richtig. Denn das Risiko der Verarmung trifft vor allem jene, die nicht mehr, nur eingeschränkt oder überhaupt nicht am Erwerbsleben teilnehmen können. Das bundesdeutsche soziale Sicherungssystem ist allen Reformen zum Trotz keine *Volksversicherung,* und zwar deshalb, weil es *alle* politischen Parteien in Deutschland so wollten. Als dann aber parallel mit dem Anstieg und der Dauer der Massenarbeitslosigkeit im Übergang zu den 1980er Jahren die Zahl der Empfänger*innen von Hilfen zum Lebensunterhalt im Rahmen der Sozialhilfe anstieg, entdeckte 1983/84 die auf die Bänke der Opposition verwiesene SPD nun eine *Neue Armut* und richtete gegen die Bundesregierung aus CDU/CSU und FDP den Vorwurf, sie treibe mit ihrer Politik große Teile der Bevölkerung in Armut. (vgl. Balsen und Werner 1984) Diese reagierte nicht anders als vormals die SPD: Sie leugnete einen Zusammenhang zwischen der 1982/83 massiv betriebenen Politik der Leistungs-einschränkungen im Sozialbereich und den ansteigenden Armutszahlen. Dabei war nichts anderes zu konstatieren als was Heiner Geißler auch bereits erkannt hatte, dass nämlich mit wachsender Ferne bestimmter sozialer Gruppen vom Arbeitsmarkt das Armutsrisiko in Deutschland steigt. (vgl. Marquardsen (Hrsg.) 2022)

Zunehmend bekam das bestehende *Mindestsicherungssystem Sozialhilfe* (BSHG/SGB XII) die Aufgabe, indirekt staatliche Lohnpolitik zu betreiben: Das Abstandsgebot in der Sozialhilfe, wonach das Niveau der Leistungen unter-halb der unteren Lohngruppen liegen solle, wurde zum Anlass genommen, seine absolute oder relative Absenkung zum Instrument dafür zu machen, Spielraum für Absenkungen von Lohnersatzleistungen bei Arbeitslosigkeit und damit bei den Löhnen zu gewinnen. Sinkende Sozialtransfers bei Arbeitslosigkeit als Voraus-setzung für tendenziell sinkende Löhne bzw. deren stärkere Spreizung gerade im unteren Bereich wurden so zum zentralen Instrument einer *angebotsorientierten, wirtschaftsliberal ausgerichteten staatlichen Lohnpolitik,* die durch weitere Ein-schnitte bei anderen Sozialleistungen flankiert wurde.

Gleichwohl gab es auch Leistungsverbesserungen, sodass eine vergleich-bare konsequente Umsetzung wirtschaftsliberaler Sozialpolitik wie etwa in Großbritannien unter *Margaret Thatcher* (1925–2013) und *John Major* (*1943) sowie in den USA unter *Ronald Reagan* (1911–2004) und *George W. Bush (*1946)* nicht erfolgte. So wurde beispielsweise die Bezugsdauer beim Arbeits-losengeld für ältere Arbeitslose mit dem Ziel verlängert, den Übergang zur vor-gezogenen Rente sozial zu flankieren. Der Mutterschaftsurlaub wurde 1986 mit dem *Bundeserziehungsgeldgesetz* (BErzGG) in einen *Erziehungsurlaub* erweitert, der es Eltern ermöglichen sollte, sich während der ersten drei Jahre eines Neu-geborenen ganz auf das Kind zu konzentrieren. Von Bedeutung war, dass der Anspruch auf den alten Arbeitsplatz erhalten blieb, bei kleineren Betrieben zumindest auf einen gleichwertigen Ersatz.

Von herausragender Bedeutung wurde die politische Entscheidung, die jahr-zehntelangen Auseinandersetzungen um eine sozialversicherungsrechtliche Abdeckung des Pflegerisikos zu beenden. 1994 einigte sich die Regierungs-koalition mit der Opposition auf ein Gesetz, wonach die *Pflegeversicherung* als fünfter Zweig der Sozialversicherung ausgestaltet werden sollte. 1995 trat dieses Gesetz als *Sozialgesetzbuch XI* in Kraft. Ein weiteres Reformvorhaben betraf das Jugendrecht. Nachdem im Jahr 1961 das *Jugendwohlfahrtsgesetz* von 1922 neu gefasst worden war, verstärkte der Gesetzgeber mit dem *Kinder- und Jugend-hilfe-Gesetz* (KJHG) vom Juni 1990 die sozialpädagogischen Hilfestellungen und weitete das Hilfeangebot für diesen Personenkreis erheblich aus. 1996 wurde dieser Gesetzeskomplex als *VIII. Buch* in das *Sozialgesetzbuch* eingefügt.

2.8.2 Herstellung der deutschen Einheit

Doch allen Konsolidierungsmaßnahmen bzw. Reformschritten zum Trotz blieben wichtige sozialpolitische Probleme auch bei stetig steigender volkswirtschaft-licher Wertschöpfung ungelöst. Insbesondere verharrte die Massenarbeitslosig-keit auf hohem Niveau. Die Kostenentwicklung im Rahmen der Gesetzlichen Krankenversicherung und Probleme bei der Finanzierung der Renten bestanden fort. Aber mit dem *Fall der Mauer* am 9. November 1989 traten diese Probleme vorerst in den Hintergrund. Eine konservative und wirtschaftsliberale, traditionell stärker auf *angebotsorientierte* Wirtschaftspolitik ausgerichtete Bundes-regierung übernahm es nun, zur Finanzierung der deutschen Einheit Ausgaben-programme aufzulegen, die alle bisherigen Erfahrungen mit *keynesianischen* Haushaltsprogrammen zumindest in Deutschland übertrafen. Letztlich wurden milliardenschwere, auf dem Kreditweg beschaffte Fördermittel mit dem Ziel nach Ostdeutschland transferiert, neue, konkurrenzfähige Arbeitsplätze zu schaffen, um dort in möglichst kurzer Zeit „blühende Landschaften" *(Helmut Kohl)* ent-stehen zu lassen. Die Staatsverschuldung der öffentlichen Haushalte verdoppelte sich in dieser von CDU/CSU und FDP politisch gestalteten Phase und stieg von 1990–1998 von 1049 auf über 2000 Mrd. DM. Das entspricht in Euro-Zeiten einer Steigerung von ca. 500 Mrd. auf gut 1000 Mrd. Euro. Zu dieser kredit-finanzierten direkten staatlichen Förderung kamen solche im *Bund-Länderfinanz-ausgleich*[13], vor allem aber Leistungen der Sozialversicherungen. Das bestehende soziale Sicherungssystem der Bundesrepublik Deutschland wurde in kürzester Zeit auf die fünf neuen Bundesländer ausgeweitet.

---

[13] Das Grundgesetz bestimmt in Artikel 107 Absatz 2, dass über eine gesetzliche Regelung sicherzustellen ist, dass die unterschiedliche Finanzkraft der Länder durch einen sog. *Länderfinanzausgleich* ausgeglichen wird. Die Finanzkraft und der Finanzbedarf der Gemeinden bzw. Gemeindeverbände sind dabei ebenfalls zu berücksichtigen. Auch kann der Bund zur Deckung des allgemeinen Finanzbedarfs herangezogen werden (Ergänzungs-zuweisungen).

Exkurs 1: Sozialpolitik in der DDR In der Tat bestanden zunächst einmal kaum Brücken zwischen den unterschiedlichen sozialen Sicherungssystemen. Die Verfassung der DDR vom 7. Oktober 1949 übernahm in einem großen Umfange soziale Grundrechte, wie sie im Verlauf des 19. Jahrhunderts seitens der Arbeiterbewegung entwickelt worden waren.

Verfassung der DDR vom 7. Oktober 1949

Art. 15. (1) Die Arbeitskraft wird vom Staat geschützt.

(2) Das Recht auf Arbeit wird verbürgt. Der Staat sichert durch Wirtschaftslenkung jedem Bürger Arbeit und Lebensunterhalt. Soweit dem Bürger angemessene Arbeitsgelegenheit nicht nachgewiesen werden kann, wird für seinen notwendigen Unterhalt gesorgt.

Art. 16. (1) Jeder Arbeitende hat ein Recht auf Erholung, auf jährlichen Urlaub gegen Entgelt, auf Versorgung bei Krankheit und im Alter.

(2) Der Sonntag, die Feiertage und der 1. Mai sind Tage der Arbeitsruhe und stehen unter dem Schutz der Gesetze.

(3) Der Erhaltung der Gesundheit und Arbeitsfähigkeit der arbeitenden Bevölkerung, dem Schutze der Mutterschaft und der Vorsorge gegen die wirtschaftlichen Folgen von Alter, Invalidität, Arbeitslosigkeit und sonstigen Wechselfällen des Lebens dient ein einheitliches umfassendes Sozialversicherungswesen auf der Grundlage der Selbstverwaltung der Versicherten.

Art. 17. (1) Die Regelung der Produktion sowie der Lohn- und Arbeitsbedingungen in den Betrieben erfolgt unter maßgeblicher Mitbestimmung der Arbeiter und Angestellten.

(2) Die Arbeiter und Angestellten nehmen diese Rechte durch Gewerkschaften und Betriebsräte wahr.

Art. 18. (1) Die Republik schafft unter maßgeblicher Mitbestimmung der Werktätigen ein einheitliches Arbeitsrecht, eine einheitliche Arbeitsgerichtsbarkeit und einen einheitlichen Arbeitsschutz. (...)

(4) Mann und Frau, Erwachsener und Jugendlicher haben bei gleicher Arbeit das Recht auf gleichen Lohn.

(5) Die Frau genießt besonderen Schutz im Arbeitsverhältnis. Durch Gesetz der Republik werden besondere Einrichtungen geschaffen, die es gewährleisten, daß die Frau ihre Aufgabe als Bürgerin und Schaffende mit ihren Pflichten als Frau und Mutter vereinbaren kann.

(6) Die Jugend wird gegen Ausbeutung geschützt und vor sittlicher, körperlicher und geistiger Verwahrlosung bewahrt. Kinderarbeit ist verboten. (Franz Hrsg. 1975, S. 273 f.)

Mit dem *Recht auf Arbeit* war eines der zentralen Anliegen der Arbeiterbewegung aufgenommen worden, das die geschichtliche Erfahrung mit den persönlichen und sozial ruinösen Folgen von Arbeitslosigkeit zukünftig verhindern sollte. Zugleich fällt auf, dass die Verfassung der DDR von 1949 in Artikel 16 Aussagen zur Sozialpolitik enthielt, obwohl dem ideologischen Selbstverständnis zu

Folge im Sozialismus Sozialpolitik „sachlich als systematischer Widerspruch und terminologisch als Pleonasmus" galt. Denn „der Sozialismus als soziale Ordnung in politischer Bewegung *war* Sozialpolitik im umfassendsten Sinn und bedurfte mithin nicht gesonderter sozialer Politiken für bestimmte Problemgruppen und Problemlagen." Sozialpolitik erfolgte quasi hinter dem eigenen Rücken. Erst in den 1960er Jahren kam es hier zu einem Umdenken. Artikel 35 der neuen Verfassung vom 9. April 1968 sicherte nun „eine umfassende Sozialpolitik" zum Schutz der Gesundheit und Arbeitskraft zu. Auch in der Verfassung vom 7. Oktober 1974 wurde diese Passage beibehalten. Parteioffiziell wurde damit eingestanden, dass es soziale Gefährdungen und Ungleichgewichte gab, die „nach kontinuierlicher Bearbeitung mit einer durch die Besonderheit ihrer Ziele und Mittel aus der allgemeinen Gesellschaftspolitik herausgehobenen Sozialpolitik verlangten." (Hentschel 1983, S. 216 f.) Dabei stellte das System der sozialen Sicherung der DDR eine Mischung eigener Art aus Elementen des sowjetischen Systems, dann aber auch der Bismarckschen Sozialpolitik dar. In der DDR hatte sich ein Sozialsystem etabliert, das auf folgenden fünf Säulen beruhte:

1. Den *Betrieben* oblagen – dem sowjetischen System folgend – neben der allgemeinen Beschäftigungssicherung weitgehende soziale Aufgaben, vom betrieblichen Kindergarten über Jugendbetreuung, Familienferien, soziale Dienste bis hin zur Seniorenbetreuung. Die Kosten für diese sozialen Leistungen wurden entweder gar nicht oder nur im allgemeinen staatlichen Planungswesen berücksichtigt.
2. *Grundnahrungsmittel und Dienstleistungen* des allgemeinen Grundbedarfs wurden vom Staat aus Steuermitteln so stark subventioniert, dass mit relativ geringen finanziellen Mitteln die Grundexistenz gesichert werden konnte, wenngleich Quantität und Qualität sehr niedrig anzusetzen waren.
3. In Abweichung vom sowjetischen Vorbild und stärker der bismarckschen Tradition verbunden, wurden weiterhin Beiträge zur *Sozialversicherung* erhoben. Diese waren zweckgebunden, allerdings bestand kein echter Kausalkontext zwischen Beitragsaufkommen und Leistungsaufwand. Die Sozialversicherung – eine Einheitsversicherung, wenngleich organisatorisch wieder differenziert nach Arbeiter*innen bzw. Angestellten einerseits und Bäuer*innen, Handwerker*innen und Selbständigen andererseits – war für alle sozialen Leistungen zuständig. Sie sicherte den Bewohner*innen u. a. eine *Mindestrente,* die infolge des subventionierten Grundbedarfs sehr wohl existenzsichernd war, aber nicht ausreichte, um den Wunsch nach gehobenen Konsumgütern zu befriedigen. Seit 1968 war es möglich, durch zusätzliche Beiträge eine individuelle äquivalenzorientierte *Zusatzversicherung*

abzuschließen. Eine Arbeitslosenversicherung war angesichts des hohen Arbeitskräftebedarfs ohne Bedeutung, sie wurde deshalb 1978 abgeschafft.

4. Alle Leistungen trugen der sozialistischen Ideologie Rechnung, dass die DDR ein *Staat der Werktätigen* sei. Den Arbeiter*innen standen höhere Löhne und höhere Sozialleistungen als akademischen Berufsgruppen zu. Neben diesen – im Sinne der Staatsideologie – gestuften Absicherungen gegen die allgemeinen sozialen Risiken gab es ein fast schon wieder feudales, hierarchisch stark gestuftes System *sozialer Privilegien,* von der einmaligen Möglichkeit in einem Devisenladen einzukaufen bis hin zum Privileg, ständig West-Waren beziehen zu dürfen.

5. Nicht wenige Einzelregelungen bewirkten eine *Integration von Personengruppen* auf einem Niveau, das zwar gemessen an westdeutschem Standard quantitativ unzureichend, dem Grunde nach aber qualitativ durchaus beachtlich war. Dazu gehörte die Mindestrente für Personen, die aufgrund einer Behinderung nicht in der Lage waren, ein eigenes Einkommen zu erwirtschaften, ebenso wie familienergänzende Hilfen, insbesondere bei der Vereinbarkeit von Familie und Beruf, darunter großzügige Regelungen nicht zuletzt für Frauen mit Kindern sowie Freizeitangebote, auch wenn diese im Regelfall mit politischen Zielen der Staats- und Parteiführung verbunden waren.

Wie in den anderen Ostblockländern stießen die Errungenschaften der sozialen Sicherung in der DDR in den 1960er und 1970er Jahre zunächst auf eine mehr oder weniger stark ausgeprägte Akzeptanz. Insbesondere Frauen hatten aufgrund längerer Erwerbstätigkeit relativ gesehen eine insgesamt bessere Absicherung im Alter als in Westdeutschland. Allerdings teilten die Frauen in Ost und West das gemeinsame Schicksal, dass bei ihnen Erwerbstätigkeit letztlich Mehrbelastung neben der ihnen weiterhin obliegenden Familienarbeit bedeutete, in der DDR noch durch eine weitere im Bereich des gesellschaftlichen Engagements verstärkt. Das soziale Sicherungsniveau wie insgesamt das der Versorgung breitester Bevölkerungskreise war im Vergleich zu anderen sozialistischen Ländern zwar deutlich besser, aber nicht nur im Vergleich zu Westdeutschland eher niedrig.

***

Die starken Einbrüche in der ostdeutschen Wirtschaft machten mit Gründung der fünf neuen Bundesländer im Jahr 1990 die Einführung einer Arbeitslosenversicherung notwendig, die dann am 3. Oktober 1990 nach dem Beitritt zur Bundesrepublik Deutschland durch die Regelungen des *Arbeitsförderungsgesetzes* ersetzt wurde. Die DDR-*Renten* wurden in Schritten auf das bundesdeutsche System umgestellt. Es wurden gleichsam ex post die vorhandenen Erwerbsbiographien entsprechend der in Westdeutschland gültigen Rentenformel neu berechnet. Die Sondersysteme etwa für Mitglieder der Staatssicherheit und anderer Träger der DDR-Staatsgewalt wurden erst nach einer Entscheidung des Bundesverfassungsgerichtes ganz oder teilweise in die Rentenversicherung über-führt. Auch das DDR-Gesundheitssystem wurde aufgelöst: Es wurden Praxen niedergelassener Ärzt*innen, solche für andere Heil- und Hilfsberufe, private Apotheken, Krankenkassen, Kurzentren u. a.m. gegründet.

In Ostdeutschland erhielt der einzige in der DDR zugelassene Wohlfahrtsver-band, die *Volkssolidarität*, Konkurrenz durch die in Westdeutschland agierenden Wohlfahrtsverbände. Nach vergeblichen Sondierungen mit der *Arbeiterwohl-fahrt* (AWO) besteht die Volkssolidarität heute unter den Mantel des Deutschen Paritätischen Wohlfahrtsverbandes (DPWV) weiter.

Nach nur wenigen Jahren spiegelt der Sozialstaat in Ostdeutschland exakt die Struktur des westdeutschen wider, nur dass er zunächst *graduell* gegenüber Letzterem vom Leistungsniveau her niedriger ausgefallen war. In einzelnen Bereichen ist der Abstand zum Westen stark geschmolzen, teils ganz aufgehoben. Bei den Rentenempfängerinnen liegt das durchschnittliche Rentenniveau im Osten sogar leicht höher, doch findet hier wie auch bei anderen Leistungen ins-gesamt nach wie vor ein beachtlicher finanzieller West-Ost-Transfer statt. Dieses dürfte sich angesichts der Entwicklung auf dem Arbeitsmarkt in absehbarer Zeit auch nicht ändern.

In dieser Umbruchsphase wurden einerseits Eingriffe in das System der sozialen Sicherung in den alten Bundesländern vorgenommen, andererseits war es Vorbild für die nunmehr gesamtdeutschen sozialpolitischen Strukturen:

- Der massive Strukturwandel der Wirtschaft in Westdeutschland führte ins-gesamt zu einer hohen Arbeitslosigkeit.
- Den gegenläufigen Prozess gesteigerter Nachfrage bei sozialen Leistungen und dazu relativ betrachtet zurückbleibender Einnahmen bei den Sozial-kassen beantwortete die Politik zunächst mit Leistungseinschränkungen und Verschärfungen bei den Zugangsbedingungen. Allerdings gab es auch weiter-hin Ausweitungen des Leistungsspektrums, insbesondere auf dem Gebiet der Pflege.
- Mit Herstellung der deutschen Einheit wurde die Wirtschaft Ostdeutschlands einem massiven Wettbewerbsdruck ausgesetzt, dem weite Teile der Wirt-schaft nicht standhalten konnten. Folglich hat die ostdeutsche Wirtschaft im Zeitraffer den Strukturwandel nachgeholt, den die westdeutsche Wirtschaft in 20 Jahren vollzogen hat. Die Folge war (und ist zumindest in einigen Regionen bis heute) eine hohe Unterbeschäftigung in Ostdeutschland.
- Die ursprüngliche Idee, in der DDR mit dem Aufbau sozialistischer Strukturen alte Forderungen der Arbeiterbewegung wie ein „Recht auf Arbeit" einzulösen

und damit Institute des sozialen Ausgleichs überflüssig zu machen, erwiesen sich auf Dauer als nicht tragfähig. Tatsächlich hatten sich auch in der DDR traditionelle Systeme der sozialen Sicherung behauptet. Daneben gab es über die Einbeziehung der Arbeitsstätten in die soziale Daseinsvorsorge der Bevölkerung, Subventionen bei der Grundversorgung und eine garantierte Mindestsicherung bei bestimmten Lebensrisiken auch Spezifika. Nur eine von diesen Regelungen, nämlich die Mindestsicherung im Falle von dauerhafter Nichterwerbsfähigkeit, ist 2003 auch in das nunmehr gesamtdeutsche Sozialsystem übernommen worden.

2.9   Sozialpolitik im europäischen Mehrebenen-Sozialstaat seit den 1980er Jahren

2.9.1   Ansätze einer europäischen Sozialpolitik

Der deutsche Sozialstaat war und ist in sich gestuft: Das zu Beginn des 19. Jahrhunderts verankerte Prinzip der kommunalen Selbstverwaltung führte insgesamt zum Ausbau der kommunalen Sozialstaatlichkeit. Diesem kommunalen Sozialstaat gegenüber hat der föderale Sozialstaat stark an Gewicht gewonnen, heute bestehend zunächst aus dem Bund mit Kompetenzen insbesondere bei den zentralen sozialen Sicherungssystemen. Dazwischen ist den Bundesländern die Aufgabe zugewachsen, gleichsam als Scharnier zwischen zentralem und dezentralem Sozialstaat zu vermitteln. Diese Dreistufigkeit ist mit der Gründung der Europäischen Wirtschaftsgemeinschaft und deren Fortentwicklung bis hin zur Europäischen Union durch eine vierte Stufe erweitert worden.

Die *Sozialpolitik der Europäischen Union* geht auf den Gründungsvertrag der Europäischen Wirtschaftsgemeinschaft (EWG) von 1957 zurück. Bereits bei seiner Aushandlung wurde die Notwendigkeit einer *Konvergenz* (Annäherung) bzw. *Harmonisierung* der nationalen Sozialpolitiken parallel zur schrittweisen Schaffung eines gemeinsamen Wirtschaftsraumes kontrovers diskutiert. Während die französische Regierung, in Sorge um die Wettbewerbsfähigkeit ihrer Industrie angesichts eines vergleichsweise stark ausgebauten Sozialstaates, Schritte in Richtung sozialer Mindeststandards und *Standardisierung* (Vereinheitlichung) forderte, lehnte die deutsche Regierung dies mit dem Argument ab, es überfordere die durch Krieg und Nachkriegszeit geschwächte deutsche Wirtschaft.

Der EWG-Vertrag sah schließlich die schrittweise Verwirklichung der Wirtschaftsgemeinschaft über die *vier Freiheiten:* Freizügigkeit von Waren, Kapital,

Dienstleistungen und Personen innerhalb der Gemeinschaft sowie die Gleichbehandlung von Männern und Frauen in der Arbeitswelt vor.

Exkurs 2: Phasen gemeinschaftlicher Sozialpolitik Die sozialpolitischen Ansätze,
Initiativen und Programme auf europäischer Ebene lassen sich in sechs sozialpolitische Phasen zusammenfassen:

Die Gründungsphase der Europäischen Wirtschaftsgemeinschaft.
1951/1952 wurde mit der *Europäischen Gemeinschaft für Kohle und Stahl
(EGKS)* der erste Vorläufer der Europäischen Union geschaffen. Bereits im
Rahmen der EGKS wurden soziale Maßnahmen und die sozialen Ziele bei der
Schaffung eines gemeinsamen Marktes betont. Auf dem Hintergrund erwarteter
struktureller Veränderungen im Bergbau und zur Erhöhung der Akzeptanz des
Einigungsprozesses waren neben Anpassungsleistungen (etwa Entschädigungen,
Zuwendungen, Beihilfen) auch wichtige Aktionsfelder (etwa Arbeiterwohnungen,
Förderung der Berufsausbildung, Gesundheitsschutz) vorgesehen.

Die substanziellen und im weiteren Sinne sozialpolitischen Bestimmungen
des EWG-Vertrages von 1957 beschränkten sich auf die Freizügigkeit der Arbeitnehmer*innen, den Lohngleichheitsgrundsatz zwischen Männern und Frauen,
den Arbeits- und Gesundheitsschutz sowie die Einrichtung eines Europäischen
Sozialfonds. Ansonsten vertrauten die Vertragsparteien auf die „eine Abstimmung
der Sozialordnungen begünstigenden Wirkungen des gemeinsamen Marktes"
(ehemals Artikel 117 EWG-Vertrag, heute Artikel 151 AEUV).

Die Verwirklichung der Freizügigkeit der Arbeitnehmer*innen
Nachdem zwischen 1964 bis 1968 die Freizügigkeit der Arbeitskräfte rechtlich hergestellt worden war, regelten und förderten Gemeinschaft und Mitgliedstaaten diese mit der 1971 vom Rat verabschiedeten Verordnung Nr. 1408/71
„über die Anwendung der Systeme der sozialen Sicherheit auf Arbeitnehmer und
Selbständige sowie deren Familienangehörige, die innerhalb der Gemeinschaft
zu- und abwandern" sowie mit deren Durchführungsverordnung (Verordnung
EWG Nr. 574/72), in die später auch Studierende einbezogen wurden. Artikel 4
Absatz 4 der Verordnung bestimmt allerdings einschränkend: „Diese Verordnung
ist weder auf die Sozialhilfe noch auf Leistungssysteme für Opfer des Krieges
und seiner Folgen anzuwenden." Daher gilt, dass zwar erworbene Leistungen aus
den Systemen der sozialen Sicherheit von den Arbeitskräften aus einem Land in
ein anderes mitgenommen werden können. Ein Anspruch auf Fürsorgeleistungen
aber entsteht nicht allein durch Zuwanderung in ein anderes Mitgliedsland.

Beide – soziale Sicherung und Sozialhilfe – fallen mit ihren Geld-, Sach- und Dienstleistungen in der EU-Terminologie unter den Begriff *Sozialschutz*.

Vom Gedanken einer Europäischen Sozialunion zur Phase stagnierender Integration

Mit dem *Sozialpolitischen Aktionsprogramm der Gemeinschaft für die Jahre 1974–1976* wurden die ersten sozialpolitischen Aktivitäten auf Gemeinschaftsebene jenseits der Freizügigkeit und Gleichstellung angebahnt. Das Aktionsprogramm zielte auf Vollbeschäftigung, die Verbesserung der Lebens- und Arbeitsbedingungen sowie eine stärkere Beteiligung der Vertreter*innen der Arbeitgeber*innen und Arbeitnehmer*innen *(Sozialpartner)*. In diese sozialpolitische Phase der Gemeinschaft fallen Richtlinien zur Geschlechtergleichheit im Arbeitsleben und im Sozialrecht, doch insgesamt kann die zweite Hälfte der 1970er und erste Hälfte der 1980er Jahre eher als sowohl wirtschaftliche, als auch programmatische Krisenzeit der Gemeinschaft angesehen werden, also als eine durch europapolitische Lethargie geprägte Phase der „Eurosklerose" *(Wolfgang Kowalsky)*.

Binnenmarkt und soziale Mindeststandards – Die Ära Jacques Delors

Erst mit der Präsidentschaft von *Jacques Delors* (* 1925) kehrte die Sozialpolitik in das Gemeinschaftshandeln zurück. Zum ersten Mal in der Geschichte des Integrationsprozesses wurde jenseits besagter klassischer Felder und des Aktionsprogramms systematisch begonnen, „sozialpolitische Pflöcke" *(George Ross)* einzuschlagen, wenn auch vornehmlich auf den Arbeitnehmer*innenstatus und den *Sozialen Dialog* von Arbeitgeberverbänden und Gewerkschaften bezogen. Weniger erfolgreich dagegen wurden Regelungen angestrebt, die auf den *sozialen Staatsbürgerstatus (Thomas Marshall, 1893–1981)* und die sozialen Sicherungssysteme abstellten. In einer Rede beim Kongress des Europäischen Gewerkschaftsbundes schlug Delors 1988 vor, das Binnenmarktprojekt um eine „‚Plattform garantierter sozialer Rechte' als gemeinsames Minimum für die nationalen Systeme und als Mandat für zukünftige europäische Gesetzgebung" zu ergänzen. (Streeck 1998, S. 384)

Mit der *Einheitlichen Europäischen Akte (EEA)* von 1986 wurden die Gründungsverträge der Europäischen Wirtschaftsgemeinschaft erstmals im größeren Umfang reformiert. Darin wurde das Projekt eines europäischen Binnenmarktes auf den Weg gebracht, im sozialpolitischen Bereich beschränkte man sich aber auf eine stärkere Verpflichtung zur territorialen „wirtschaftlichen und sozialen Kohäsion". Die Möglichkeit von Mehrheitsentscheidungen auf dem Gebiet von Mindeststandards in den Bereichen Arbeitssicherheit und

Gesundheitsschutz am Arbeitsplatz wurde vereinbart. Zugleich wurden erste Schritte zur Institutionalisierung des *Sozialen Dialogs* getätigt. In Folge der EEA wurden zum einen die *Strukturfondsmittel*[14] deutlich ausgeweitet, um den der Gemeinschaft beigetretenen südeuropäischen Staaten (Griechenland, Portugal und Spanien) die Zustimmung zum Binnenmarkt zu erleichtern (sog. *Delors I Paket*). Zum anderen wurde eine *Gemeinschaftscharta der sozialen Grundrechte der Arbeitnehmer* in Angriff genommen, allerdings kam es nur zu einer feierlichen politischen Erklärung von elf der zwölf Mitgliedstaaten (ohne das Vereinigte Königreich).

1992 wurden mit den *Verträgen von Maastricht* Vereinbarungen zur Wirtschafts- und Währungsunion *(WWU)* getroffen. Die darin festgelegten Konvergenzkriterien begrenzten u. a. die jährliche Staatsverschuldung auf 3 % des Bruttoinlandsproduktes (BIP) bzw. die Gesamtstaatsverschuldung auf 60 % des BIP. Eine Aufnahme in den EURO-Währungsverbund war an deren Erfüllung gebunden, Verstöße im weiteren Verlauf sollten durch erhebliche Bußgelder geahndet werden. Dieser europäische Einstieg in eine Begrenzung nationaler Staatschulden hat in den nachfolgenden Jahren nachhaltig auch die EU-europäische und die jeweiligen nationalen Sozialpolitiken beeinflusst.

Der Wechsel an der Spitze der Kommission im Jahr 1995 – an die Stelle des Präsidenten *Jacques Delors* trat *Jacques Santer* (*1937) – verstärkte die Wende weg von einem Ausbau der Sozialregulierung hin zu einer Umgestaltung der Arbeitsmärkte und der sie rahmenden Institutionen, um so besser im globalen Standortwettbewerb bestehen zu können.

Die Offene Methode der Koordination in der Wirtschafts- und Währungs-union

Der *Amsterdamer Vertrag* von 1997 brachte zwei entscheidende Neuerungen. Einmal wurde das *Sozialprotokoll* des Maastrichter Vertrages in den EG-Vertrag integriert und damit für alle Mitgliedstaaten verbindlich. Es ist nunmehr möglich – wenn auch meist unter der hohen Hürde der Einstimmigkeit –, Mindeststandards auf europäischer Ebene auch für die Systeme der sozialen Sicherheit und des weiteren Sozialschutzes zu vereinbaren. (Benz 2004) Die zweite bedeutende Neuerung betrifft die vertragliche Rechtsgrundlage einer Politik

---

[14] Die Regional- und Strukturpolitik der Europäischen Union ist seit Beginn fester Bestandteil europäischer Politik. In der Einheitlichen Europäischen Akte ist sie festgelegt worden: Es sollen ärmere oder besonders vom Strukturwandel betroffene Regionen in der EU in ihrer weiteren Entwicklung gefördert werden.

gegen Armut und soziale Ausgrenzung (Artikel 137, Abs. 2 EG-Vertrag, durch den Vertrag von Lissabon (in Kraft getreten 2009) nunmehr Artikel 153 AEUV):

Artikel 153 AEUV (Vertrag von Lissabon)

1. Zur Verwirklichung der Ziele des Artikels 151 unterstützt und ergänzt die Gemeinschaft die Tätigkeiten der Mitgliedstaaten auf folgenden Gebieten:
   a) Verbesserung insbesondere der Arbeitsumwelt zum Schutz der Gesundheit und Sicherheit der Arbeitnehmer,
   b) Arbeitsbedingungen,
   c) soziale Sicherheit und sozialer Schutz der Arbeitnehmer,
   d) Schutz der Arbeitnehmer bei Beendigung des Arbeitsvertrages,
   e) Unterrichtung und Anhörung der Arbeitnehmer,
   f) Vertretung und kollektive Wahrnehmung der Arbeitnehmer- und Arbeitgeberinteressen, einschließlich der Mitbestimmung, vorbehaltlich des Absatzes 5,
   g) Beschäftigungsbedingungen der Staatsangehörigen dritter Länder, die sich rechtmäßig im Gebiet der Union aufhalten,
   h) berufliche Eingliederung der aus dem Arbeitsmarkt ausgegrenzten Personen, unbeschadet des Artikels 166,
   i) Chancengleichheit von Männern und Frauen auf dem Arbeitsmarkt und Gleichbehandlung am Arbeitsplatz,
   j) Bekämpfung der sozialen Ausgrenzung,
   k) Modernisierung der Systeme des sozialen Schutzes, unbeschadet des Buchstaben c).
2. Zu diesem Zweck können das Europäische Parlament und der Rat
   a) unter Ausschluss jeglicher Harmonisierung der Rechts- und Verwaltungsvorschriften der Mitgliedstaaten Maßnahmen annehmen, die dazu bestimmt sind, die Zusammenarbeit zwischen den Mitgliedstaaten durch Initiativen zu fördern, die die Verbesserung des Wissensstandes, die Entwicklung des Austauschs von Informationen und bewährten Verfahren, die Förderung innovativer Ansätze und die Bewertung von Erfahrungen zum Ziel haben;
   b) in den in Absatz 1 Buchstaben a bis i genannten Bereichen unter Berücksichtigung der in den einzelnen Mitgliedstaaten bestehenden Bedingungen und technischen Regelungen durch Richtlinien Mindestvorschriften erlassen, die schrittweise anzuwenden sind. Diese Richtlinien sollen keine verwaltungsmäßigen, finanziellen oder rechtlichen Auflagen vorschreiben, die der Gründung und Entwicklung von kleinen und mittleren Unternehmen entgegenstehen.

Der von den nationalen Staats- und Regierungschefs eingesetzte Konvent zur *Grundrechtscharta* für alle EU-Bürger*innen tagte 1999/2000. Die schließlich in Nizza angenommene Charta ist zwar zunächst wieder nur eine *rechtsunverbindliche* feierliche Erklärung (also nicht Vertragsbestandteil), sie führt aber u. a. im Artikel 34 auch soziale Grundrechte auf.

Einige Mitgliedstaaten wollten neben dem Ausbau der ökonomischen Integration immer auch eine Angleichung zumindest der Mindeststandards im sozialen Bereich innerhalb der EU erreichen. Im Frühjahr 2000 einigten sich die Regierungschefs auf ihrer Sitzung des *Europäischen Rats in Lissabon* auf das Ziel, die EU bis zum Jahr 2010 zum wettbewerbsfähigsten, wissensbasierten und dynamischsten Wirtschaftsraum der Welt auszubauen und dabei neben der Förderung eines dauerhaften Wirtschaftswachstums auch die Beschäftigung und den *sozialen Zusammenhalt* („social cohesion") zu stärken *(Lissabon-Strategie)*. Schließlich beschloss der Europäische Rat von Nizza eine neue *Sozialpolitische Agenda*. Danach sollten im Bereich des sozialen Zusammenhalts seitens der nationalen Regierungen *Nationale Aktionspläne gegen Armut und soziale Ausgrenzung* bzw. zur sozialen Eingliederung (NAPincl.) erstellt werden. In den Berichten mussten die Regierungen der Mitgliedsstaaten programmatische Vorgaben formulieren und schließlich über deren Umsetzung berichten. Die Europäische Kommission hat diese Berichte im Rahmen der sog. *Offenen Methode der Koordination* bewertet und dann in gemeinsamen Berichten zusammengefasst. Um das strategische Ziel des Europäischen Rates von Lissabon für das Jahr 2010 zu erreichen, sollten die Wirtschafts-, Beschäftigungs- und Sozialpolitik aufeinander abgestimmt werden und sich einander ergänzen.

Die Offene Methode der Koordination geht historisch auf den christdemokratischen luxemburgischen Premierminister *Jean-Claude Juncker* zurück, der angesichts des Streites um eine Beschäftigungspolitik auf europäischer Ebene zwischen Frankreich (pro) und Deutschland (contra) eine *koordinierte Beschäftigungsstrategie* vorschlug. Die mittlerweile zahlreichen offenen Koordinierungsprozesse (in der Beschäftigungs-, Armuts-, Renten-, Gesundheitspolitik etc.) unterscheiden sich erheblich im Stand ihrer Implementierung und in ihrem Stellenwert im Kontext der weiteren jeweiligen Maßnahmen auf europäischer Ebene, die sich aus den Bestimmungen der europäischen Verträge und ihrer Nutzung ergeben.

Es bleibt ein gehöriges Ungleichgewicht zwischen der Formulierung von ökonomischen, politischen und sozialen Zielen sowie deren Umsetzung festzustellen. Zum einen hat die EU keine Möglichkeiten, direkt oder indirekt in die nationale Politik zu intervenieren, wenn diese die vereinbarten sozialpolitischen Ziele nicht erreicht. Zum zweiten ist die jeweilige nationale Politik im Rahmen der Währungsunion an die im Vertrag von Maastricht festgelegten strengen (wenn auch bisweilen unterlaufenen) Stabilitätskriterien gekoppelt, somit zur Haushaltsdisziplin verpflichtet. Und schließlich besteht zwar eine gemeinsame Wirtschafts- und Währungsunion, gleichzeitig aber unterliegen die Lohn-, Steuer- und Sozialpolitiken weiterhin weitgehend[15] der nationalen Gestaltungsmacht mit der Gefahr einer Dumpingkonkurrenz.

EUROPA 2020 Strategie – und weiter so bis 2030?
Als Anschluss an die *Lissabon-Strategie* (2000–2010) haben die Mitgliedstaaten der EU unter der Bezeichnung *EUROPA 2020: Eine Strategie für intelligentes, nachhaltiges und integratives Wachstum* Zielvorgaben für die nächste Dekade bis 2020 bestimmt. Diese bezogen sich auf insgesamt fünf Bereiche:

1. Beschäftigung: Es sollten 75 % der 20–64-Jährigen in Arbeit stehen.
2. Forschung und Entwicklung (FuE): Es sollten 3 % des BIP der EU-Mitgliedstaaten für den Bereich FuE ausgegeben werden.
3. Klimawandel und nachhaltige Energiewirtschaft: Es wurde eine Verringerung der Treibhausgasemissionen um 20 % (oder sogar um 30 %, sofern die Voraussetzungen hierfür gegeben seien) gegenüber 1990 angestrebt. Der Anteil der erneuerbaren Energie sollte auf 20 % erhöht werden, die Energieeffizienz sollte um 20 % gesteigert werden.
4. Bildung: Die Quote der vorzeitigen Schulabgänge sollte unter 10 % gedrückt werden. Der Anteil der 30- bis 34-Jährigen mit abgeschlossener Hochschulbildung sollte auf mindestens 40 % gesteigert werden.
5. Bekämpfung von Armut und sozialer Ausgrenzung: Die Zahl der von Armut und sozialer Ausgrenzung betroffenen oder bedrohten Menschen sollte in den EU-Staaten insgesamt um mindestens 20 Mio. gesenkt werden.

Bei den Verhandlungen zur EUROPA 2020-Strategie haben erneut einige Mitgliedstaaten (darunter die deutsche Regierung) erfolgreich darauf gedrängt, dass quantitative Zielvorgaben bezogen auf ihr Land unterblieben. Dieses betrifft insbesondere die Bereiche Bildung und Armutsreduktion. Ein umfassendes Nachfolgeprogramm wurde bislang nicht verabschiedet, jedoch u. a. ein wiederum

---

[15] Inzwischen gibt es zumindest bestimmte Mindeststeuersätze, erste Vorgaben zu mindesten Sozialleistungen bei Elternschaft sowie einen Richtlinienvorschlag der EU-Kommission zu Mindestlöhnen (s. Abschn. 3.4.4).

mit Zielgrößen, Fördermitteln, Empfehlungen usw. operierender Aktionsplan zur Umsetzung der sog. *Säule sozialer Rechte* bis 2030.

***

Am 1. Dezember 2009 ist der EU-Vertrag von Lissabon in Kraft getreten. Die Europäische Union bleibt damit einerseits mehr als ein Staatenverbund (inzwischen hat sie sogar Rechtspersönlichkeit und kann damit internationale Verträge abschließen), andererseits bleibt sie weniger als ein Bundesstaat (sie besitzt selbst keine eigenständige Souveränität, sondern bezieht ihre Kompetenzen aus dem ihr zugrunde liegenden Vertragswerk). Allerdings bedarf es inzwischen in deutlich weniger Fällen der Einstimmigkeit bei Beschlüssen im Ministerrat; an deren Stelle tritt immer häufiger eine sogenannte *qualifizierte Mehrheit* (Zustimmung von mindestens 55 % der Mitgliedstaaten; die zustimmenden Staaten müssen zusammen mindestens 65 % der Bevölkerung repräsentieren). Auch wenn der Kernbereich der Sozialen Sicherung nach wie vor in nationaler Verantwortung verblieben ist, stellt keineswegs bloß der Auftrag an die EU, den sozialen Zusammenhalt in den Mitgliedsländern zu befördern, eine indirekte Steuerung auch nationaler Politik dar. Mindestens ebenso wichtig sind finanzwirtschaftliche und wettbewerbsrelevante Kompetenzen (Geldwertstabilität, Verschuldungsgrenzen, Ansätze einer Harmonierung im Steuerrecht, Regelungen im Wettbewerbsrecht etc.).

Zusammen mit den Gemeinschaftsregelungen zum Gesundheitsschutz und zur Sicherheit am Arbeitsplatz bilden die Gleichstellung der Geschlechter und die sozialrechtliche Absicherung der Arbeitnehmerfreizügigkeit („Wanderarbeiter*innen") bis heute die zentralen Felder der Sozialpolitik der EU (vgl. Abschn. 3.4.4). Die Ausgestaltung (Träger, Finanzierung, Leistungsumfang) der Sozialversicherungs- und Sozialhilfesysteme sowie der Systeme sozialer Dienstleistungen verbleibt dagegen als leistungsrechtlicher Kern weitgehend in der Kompetenz der Nationalstaaten. Gleichwohl bleibt die Frage nach der Herstellung eines sozialen Zusammenhalts in den nationalen Gesellschaften und darüber hinaus in der Union eine zentrale Fragestellung der europäischen Politik gegen Armut und soziale Ausgrenzung. (vgl. Benz 2019)

Dabei wurde und wird die Politik der EU immer stärker einmal durch exogene Faktoren bestimmt, so in der Finanzkrise ab 2007, der Eurokrise ab 2009, der Flüchtlingskrise ab 2015 und schließlich durch die Folgen der Corona-Pandemie ab 2020. Unter Berufung auf Grundwerte der EU wurde und wird versucht, gemeinschaftliche Lösungen zu suchen und umzusetzen, gleichwohl zeigen sich hier auch starke, weiterhin bestehende oder gar zunehmende Divergenzen zwischen den einzelnen Mitgliedstaaten. Dieses wurde und wird sichtbar etwa bei Finanzprogrammen zur Unterstützung krisenbedingter finanzieller

Haushaltsnotstände in einzelnen Mitgliedsstaaten (etwa Griechenland im Rahmen der Eurokrise, aber auch anderer Mitgliedsstaaten als Folge des Lockdowns in der Coronakrise) und bei der Uneinigkeit über die Verteilung von besonderen Lasten etwa im Rahmen des Zuzugs von Flüchtlingen (hier insbesondere der massive Widerstand einiger osteuropäischer Staaten). Selbst die Anwendung von europäischem Recht ist zunehmend zwischen den Mitgliedsstaaten strittig. Insbesondere Polen, vor allem aber Ungarn umgehen europäisches Recht und auch Beschlüsse der Europäischen Union.

Auf die EU fällt nun zurück, dass die quantitative Ausweitung der Union letztlich zulasten einer qualitativen Vertiefung erfolgte und nun verstärkt nationale Interessen und auch Ideologien Oberhand gewinnen. Begründung wie Prozess des Austritts Großbritanniens aus dem EU-Staatenverbund 2019/2020 bringen diesen Konflikt auf den Punkt. Zum Problem wird, dass dabei die Bewältigung sozialer Herausforderungen auf der Strecke bleibt und dass damit der Zusammenhalt innerhalb der Union geschwächt wird. Auch wird das Gewicht der Europäischen Union in der Welt politisch und wirtschaftlich geschmälert.

2.9.2　Die ökologisch-soziale Wende – aber nicht ohne Angebotsorientierung

Der Regierungswechsel im Jahr 1998 von der christlich-liberalen zur rot-grünen Bundesregierung in Deutschland war bei weiten Teilen der Bevölkerung mit der Hoffnung auf eine *ökologisch-soziale Wende* verbunden. Die neue Regierung revidierte denn auch sozialpolitische Einschnitte der Vorgängerregierung (z. B. Rücknahme des *demografischen Faktors* in der Rentenformel). Zugleich wurde mit der am 1. April 1999 in Kraft gesetzten und im April 2004 vom Bundesverfassungsgericht als rechtmäßig anerkannten *Ökosteuer* ein neues sozialpolitisches Steuerungsmodell eingeführt. Sie wird auf den Verbrauch von Kraftstoffen und Strom erhoben; das dadurch gewonnene Steueraufkommen wird in den Haushalt der Gesetzlichen Rentenversicherung überführt. Systematisch betrachtet ist es der Versuch, *ökologische* (Reduktion des Energieverbrauchs) und *ökonomische* sowie *sozialpolitische* Ziele (Stabilisierung der Beitragssätze in der Gesetzlichen Rentenversicherung (GRV); Senkung der *Lohnnebenkosten*) miteinander zu verbinden. Weitere Reformschritte wurden auf den Weg gebracht, so Initiativen zur Stärkung zivilgesellschaftlicher Strukturen, zur Angleichung der Stellung homosexueller Partnerschaften an traditionelle Ehen, zur Einführung einer Grundsicherung im Alter und bei dauerhafter Erwerbsunfähigkeit sowie zur Verbesserung der Vereinbarkeit von Familie und Beruf.

Des Weiteren versuchte die Bundesregierung seit Jahresanfang 2003 verstärkt, die Wirkungen von Sozialleistungen bezogen auf ihre Beschäftigungswirksamkeit in einem kombinierten *Konzept des Förderns und Forderns* neu zu justieren. SPD und Bündnis 90/Die Grünen konkretisierten nach ihrer Wiederwahl im Jahr 2002 ihre Strategie. Die *Agenda 2010* ist von ihrer Proklamation bis zur Neufassung der Mindestsicherung bei Arbeitslosigkeit zum Prüfstein hochstilisiert worden, ob diese Gesellschaft überhaupt noch in der Lage sei, notwendige Reformen einzuleiten. Der Sozialstaat solle aktivieren und nicht länger konservieren *(„aktivierender Sozialstaat")*. Ziel sei also die Mobilisierung der Arbeitskraft, in die es zu investieren gelte („social investment state").

Einzelne Schritte zum *Umbau des Sozialstaates* schlossen sich an. Zentral ging es um die Bekämpfung der Arbeitslosigkeit von inzwischen über 5 Mio. Bürger*innen. Neben den Versicherungsleistungen im Rahmen des SGB III (Arbeitslosenversicherung) traten nun mit dem SGB II (Grundsicherung für Arbeitssuchende) neue Regelungen für den Personenkreis in Kraft, der keinen Anspruch auf Leistungen nach dem SGB III hat – gleich ob vorher beschäftigt oder nichtbeschäftigt. Die Leistungen im Rahmen der Sozialhilfe und des neu geschaffenen Arbeitslosengeldes II (ALG II) wurden auf dem gleichen Niveau festgelegt, zugleich wurden die arbeitsfähigen Arbeitssuchenden aus der Sozial-hilfe aus- und in die Mindestsicherung für Arbeitslose eingegliedert. Eine Viel-zahl von Maßnahmen soll nun dazu beitragen, dass die Anstrengungen zur Integration ins Erwerbsleben gesteigert werden (sog. Hartz-Gesetze I – IV).

Dabei hat eine Entscheidung des Bundesverfassungsgerichts vom 9. Februar 2010 festgelegt, dass das Zustandekommen der Höhe dieser Mindestsicherung keineswegs willkürlich erfolgen dürfe, sondern nachvollziehbar sein müsse. Ins-besondere bei Kindern und im Bereich Bildung verwies es die Politik auf schwere Formfehler, sodass die Gesamtberechnung bis zum 31. Dezember 2010 nach-gebessert werden musste. Während nun die Parteien Bündnis 90/Die Grünen, Die Linke und die SPD eine möglichst rasche Anhebung der Regelsätze forderten, stieß der damalige Vorsitzende der FDP, *Guido Westerwelle* (1961–2016), eine Grundsatzdiskussion über den Sozialstaat, das Verhältnis von Sozialleistungen und Einkommenshöhe wie überhaupt zwischen Gebrauch und Missbrauch von Sozialleistungen an. In einem Beitrag in der Tageszeitung „Welt" erkannte er in der Debatte um das Urteil des Bundesverfassungsgerichts „sozialistische Züge". Zugleich verwies er auf die Gültigkeit des Leistungsprinzips, denn wer dem Volk anstrengungslosen Wohlstand verspreche, lade zu „spätrömischer Dekadenz" ein. (ders. 2010)

Zum anderen wurde versucht, dem Prozess gegenzusteuern, dass mit der sinkenden sozialen Relevanz des Normalarbeitsverhältnisses, also dem Rückgang von Vollzeitbeschäftigung einschließlich Sozialversicherungspflichtigkeit und dessen partiellem Ersatz durch die Ausweitung geringfügiger Beschäftigung bzw. Scheinselbstständigkeit, die Einnahmen der Sozialversicherungen schrumpften, während die Ausgaben zumindest konstant blieben, wenn nicht sogar stiegen. Hierzu wurde eine Regelung verankert, wonach geringfügige Beschäftigungs-verhältnisse – nunmehr *Mini- und Midijobs* genannt – mit einer Abgabepflicht belegt wurden. Ferner wurde mit der privaten *Riester-Rente* eine zusätzliche Altersvorsorge parallel zur öffentlich-rechtlichen Alterssicherung aufgebaut. Mit dem *GKV-Modernisierungsgesetz* von 2004 wurde nicht nur die Rückverlagerung eines Teils der Kosten im Gesundheitswesen auf die Privathaushalte fortgesetzt, sondern auch der Grundsatz der paritätischen Beitragsfinanzierung erstmalig auf-gegeben; ein Teil der Kosten wird seitdem nur noch von den Arbeitnehmer*innen getragen.

Auch die Alterssicherung wurde in z. T. widersprüchlicher Weise reformiert. So leistet einerseits die im Jahr 2002 geschaffene und 2005 als 4. Kapitel in das SGB XII *Sozialhilfe* integrierte *Grundsicherung im Alter und bei dauerhafter Erwerbsminderung* (GSiG) einen Beitrag zum Abbau ‚verschämter' Armut im Alter. Großzügigere Regelungen bei der sog. Familiensubsidiarität, also der Heranziehung von Angehörigen ersten Grades in direkter Linie, in der Sozialhilfe sollen helfen, die sog. *Dunkelziffer der Armut* bei älteren Menschen zu senken. Andererseits wurde der zuvor gerade erst abgeschaffte *demografische Faktor* in der Gesetzlichen Rentenversicherung nun in Gestalt eines *Nachhaltigkeits-faktors* wieder eingeführt, wodurch die zukünftige Entwicklung der Rentenhöhe nicht nur von der Lohnentwicklung, sondern auch vom Verhältnis von Beitrags-zahler*innen zu Rentenempfänger*innen abhängig gemacht wird. Damit wurden de facto eine Absenkung des zukünftigen Rentenniveaus und eine Verpflichtung der Versicherten zur privaten Vorsorge festgeschrieben. (vgl. Bourcarde 2011)

Gleichzeitig hat die rot-grüne Koalition die Steuereinnahmen des Staates reduziert, indem sie insbesondere Besserverdienende und Kapitalgesellschaften entlastet hat – durch Senkung des Spitzensteuersatzes bei der Einkommensteuer und einer Fixierung der *Kapitalertragssteuern* auf den fixen Wert von 25 %, unabhängig von der Höhe des zu versteuernden Ertrages. Durch Beschluss des Bundesverfassungsgerichts wurde die *Vermögenssteuer* noch unter der schwarz-gelben Koalition 1997 ausgesetzt, doch ist bei Rot-Grün und darüber hinaus bis heute eine Reform dieser Steuer, die der eingeforderten Gleichbehandlung unterschiedlicher Vermögensarten Rechnung tragen würde, unterblieben; ihre Erhebung bleibt damit ausgesetzt. Insgesamt erreichte der Anteil der *Gewinn-steuern* am gesamten staatlichen Steueraufkommen in der rot-grünen Regierungs-zeit ihren bisherigen Tiefpunkt – bei ca. 11 %!

Zur Gesamtbilanz der rot-grünen Sozialpolitik gehört allerdings auch die Einführung einer nationalen *Armuts- und Reichtumsberichterstattung,* die über die
Phase der Rot-Grünen-Bundesregierung hinaus bis heute fortgeführt wird. Bislang sind sechs Berichte erschienen, der sechste Bericht im Jahr 2021. (BMAS
2001 ff.) Daneben stehen eine Reihe weiterer Beispiele für eine insgesamt stärker
partizipative, evaluierende Begleitung sozialpolitischer Gesetzgebungsprozesse,
in die verstärkt auch Nichtregierungsorganisationen und Wohlfahrtsverbände
einbezogen wurden. Auch die stärkere Orientierung hin auf Dienst- statt Geldleistungen in der Sozialpolitik von Rot-Grün ist nicht einfach nur als Abbau
von sozialen Rechten zu beschreiben. Der Anspruch zur Intensivierung der
Qualifizierungs- und Vermittlungsbemühungen als Kern des Hartz-Konzepts ist
ebenso wenig bloß wirtschaftsliberal, wie der Ausbau von Tageseinrichtungen
und Tagespflege für Kinder unter drei Jahren sowie von Ganztagsangeboten für
Schulkinder.

2.9.3   Reform – von was und mit welchem Ziel?
Regierung unter christdemokratischer Führung mit wechselnden Partnern

Seit Beginn der 1980er Jahre hat der Begriff ‚Reform' in der Sozialpolitik eine
neue Bedeutung gewonnen. Während er etwa in der Phase der Weimarer Republik
und in den 1970er Jahren politische Entscheidungen umfasste, die die Lebenslage sozial Benachteiligter günstiger gestalten und soziale Rechte im Sinne von
mehr Chancengleichheit ausbauen wollten, wurde er nun als Oberbegriff für alle
Gesetzesänderungen verwendet, auch wenn diese etwa die Lebenlage größerer
Teile der Bevölkerung negativ beeinflussen: Es bedürfe „konsolidierender
Maßnahmen" auf der Ein- oder Ausgabenseite der sozialen Sicherungssysteme,
um den Kern der sozialen Sicherung erhalten zu können. Dieses heißt: Nunmehr
sollte die Wirtschaft vor den Forderungen der Bürger*innen geschützt werden.
Doch darüber, was der nun als schützenswert bezeichnete „Kern" des Sozialen
ist, und darüber, wo und wer stärker be- oder entlastet werden solle, geht der
politische Streit in den letzten Jahren – auf dem Hintergrund eines Wohlstandszuwachses bei gleichzeitiger zunehmender sozialer Polarisierung – auseinander.
Fast alle Seiten – von den Verteidiger*innen des erreichten sozialen Sicherungsniveaus bis hin zu den Protagonist*innen einer Reduktion des Sozialen –
bedienen sich dabei des historisch an sich positiv konotierten Begriffs ‚Reform'.
    Glaubt man der Selbstwahrnehmung der tradierten politischen Parteien, hatten
die wahlberechtigten Bürger*innen nach der überraschenden Selbstaufgabe der

rot-grünen Koalition mit der vorgezogenen Bundestagswahl am 18. September 2005 die Gelegenheit zu einer ökonomischen, sozialen und ökologischen Richtungsentscheidung. Ein Lagerwahlkampf wurde inszeniert, in dem CDU/ CSU und FDP als Koalition der wirtschaftsradikalen Modernisierer auftraten, während sich SPD und Bündnis 90/Die Grünen als Mittler zwischen versorgungsstaatlicher Bewahrung und gesellschaftlicher Modernisierung präsentierten. Das Wahlergebnis selbst lieferte dann weder dem einen noch dem anderen Lager eine hinreichende Legitimationsbasis. Es war vielmehr Ausdruck einer tiefen Verunsicherung in der Bevölkerung über den weiteren politischen Kurs. Angesichts dieser politischen Konstellation gab es weder eine hinreichende Wechselstimmung für ein konservativ-liberales noch für ein linkes gesellschaftliches Reformprojekt. Herausgekommen ist die in der Geschichte der Bundesrepublik zweite große Koalition aus CDU/CSU und SPD. Von einem Intermezzo zwischen den Jahren 2009 und 2013 abgesehen, in denen es zu einer Koalition zwischen den Unionsparteien und der programmatisch wirtschaftsliberal ausgerichteten FDP gekommen war, bestimmen die beiden Partner der großen Koalition seitdem das politische und damit das sozialpolitische Geschehen in Deutschland.

Diese Regierungskoalition hat sich den großen Themen Alterssicherung und Gesundheit zugewandt. Das Argument demografischer Veränderungen in der Zukunft diente als Begründung für eine Reform der Alterssicherung. So wurde die *Altersgrenze für Rentner* allmählich von bislang 65 in Schritten auf 67 Jahre angehoben. Um die zunächst sehr niedrige Beschäftigungsquote älterer Arbeitnehmer*innen – im Jahr 2000 ca. 38 % – anzuheben, hat die Bundespolitik erfolgreich Programme aufgelegt, die die Erwerbstätigkeit gerade der über 55-Jährigen steigern.

Beide Koalitionspartner waren sich zwar darin einig, dass die *Gesetzliche Krankenversicherung* gründlich reformiert werden solle, allerdings bestand Dissens über den einzuschlagenden Weg einer zukunftssicheren Finanzierung. Die Koalition hat sich auf einen Kompromiss geeinigt, der am 1. Januar 2009 in Kraft getreten ist. Es bleibt zwar zunächst bei einer Beitragsleistung durch Arbeitnehmer*innen und Arbeitgeber*innen entsprechend der Einkommenshöhe aus sozialversicherungspflichtiger Beschäftigung, die einem neu eingerichteten *Gesundheitsfonds* zugeführt wird. Dieser Fonds wird durch Steuergelder als Ausgleich für soziale Tatbestände aufgestockt und dient der Finanzierung der Gesetzlichen Krankenversicherung. Unabhängig davon wurde die paritätische Finanzierung in der GKV weiter gelockert, da ein Teil der Aufwendungen nur noch von den Versicherten getragen wird, so etwa der mögliche Zusatzbeitrag, der von den Kassen bei Bedarf erhoben werden darf.

Ein wichtiger Fortschritt war die Einführung einer Versicherungspflicht für alle Bürger*innen. Sowohl die gesetzlichen als auch die privaten Versicherungsträger sind verpflichtet, ein Versicherungsverhältnis auch dann fortbestehen zu lassen bzw. wieder zu begründen, wenn Beitragsrückstände existieren und dieses zum Ausschluss aus dem Versicherungsschutz geführt hatte. Notfalls übernimmt die öffentliche Hand Beitragszahlungen. Nicht durchsetzen konnte sich die SPD allerdings mit ihrer Forderung nach Einführung einer *Bürgerversicherung,* die den Unterschied zwischen privaten und öffentlich-rechtlichen Kassen überwunden hätte.

Wichtige Reformprojekte wurden auch auf dem Gebiet der Förderung von Kindern und Jugendlichen beschlossen. Mit dem *Kindertagesstätten-Ausbaugesetz* sollte das Angebot an Betreuungsplätzen für Kinder unter drei Jahren erheblich gesteigert werden (angestrebte Versorgungsquote: ca. ein Drittel). Außerdem sollten Kindertagesstätten vermehrt ganztägig geöffnet sein. Diese Regelungen zielen wie das im Jahr 2007 eingeführte *Elterngeld* darauf, Eltern Möglichkeiten zu eröffnen, Familie und Erwerbsarbeit besser zu vereinbaren. Das *Starke-Familien-Gesetz,* in Kraft getreten am 1. Juli 2019, verbessert insgesamt die Lebenslage gerade von Familien mit niedrigem bzw. keinem Einkommen und leistet so einen Beitrag zur Verhinderung von Kinderarmut.

Die Bundespolitik stand zugleich unter dem Vorzeichen, die Staatsverschuldung u. a. mit Blick auf die im EU-Vertrag von Maastricht vereinbarte Marge zurückzuführen und einen ausgeglichenen öffentlichen Haushalt zu bekommen. Dieses geschah einerseits durch eine Erhöhung der *Mehrwertsteuer* und mehr symbolisch als substantiell auch mit der Einführung einer sogenannten *Reichensteuer,* also der Erhöhung der privaten Einkommensteuer für Jahreseinkommen ab 250.000/500.000 € (ledig/verheiratet) um 3 Prozentpunkte auf 45 %. Dabei lag selbst dieser Wert immer noch deutlich unterhalb des Spitzensteuersatzes in Höhe von 56 %, der bei der Einkommensteuer bis zum Jahr 1989 zur Anwendung kam. Dem Ziel, die Arbeitseinkommen zu entlasten, diente sodann die Absenkung der Beiträge zur Arbeitslosenversicherung.

Auf dem Hintergrund der erfolgreichen Einnahmen- und Ausgabenpolitik und dem Ziel vor Augen, ab 2011 ausgeglichene Haushalte vorlegen zu können, wurde sogar das Grundgesetz geändert. Die Gebietskörperschaften müssen ihre Neuverschuldung allmählich zurückführen; seit dem Jahr 2020 darf der Bund nur in Ausnahmefällen und dürfen die Länder überhaupt keine öffentlichen Schulden mehr machen (Artikel 143d, Absatz 1 Grundgesetz) (sog. *Schuldenbremse).*

2.9.4 Politik im Krisenmodus

Die Europäische Union, aber auch die einzelnen Mitgliedstaaten agieren seit Ende des ersten Jahrzehnts dieses Jahrhunderts aus verschiedenen Ursachen im Krisenmodus. Europäische oder umfassendere weltweite Krisen warten auf nationale und europäische Lösungen. Dieses betrifft insgesamt die oben im Kontext mit der Europäischen Union aufgeführten Verwerfungen im Bankenwesen *(Finanzkrise)*, die weltweiten Migrationsbewegungen *(Flüchtlingskrise)* und schließlich massive Gesundheitsrisiken *(Corona-Krise)*. Alle diese Krisen bargen und bergen bedrohliche Szenarien in sich, einmal für die konkret davon betroffenen Menschen selbst, sodann für die nationalen Staaten und schließlich für die Binnenstruktur der Europäischen Union mit deren Rückwirkungen wieder auf die nationale Politik. Die Finanzkrise und der Umgang mit der Pandemie zogen überdies große Teile der Wirtschaft in Mitleidenschaft. Die Politik der großen Koalition versuchte sich im Spagat zwischen europäischer Solidarität und der Verteidigung nationaler Interessen. Auf der einen Seite ist die deutsche Politik abhängig von dem sich ständig verändernden *Sozialraum Europa* und der sich darin niederschlagenden sozialen Polarisierung in den einzelnen Mitgliedstaaten. Diesen Sozialraum will die deutsche Politik mitgestalten, deshalb muss sie dessen sozialen Zusammenhalt auch mitfinanzieren. Zugleich will sie zuerst die nationale Wirtschaft fördern und der eigenen Bevölkerung einen Vorrang einräumen. Und da diese Widersprüchlichkeit nationaler Politik keinesfalls nur Deutschland, sondern alle Mitgliedstaaten der EU betrifft, entsteht ein beachtlicher Spielraum für neue, nationalistisch bis rechtsgerichtete politische Kräfte, die etwa in Gestalt der *Alternative für Deutschland* nunmehr Sitz und Stimme in allen Länderparlamenten und im Deutschen Bundestag haben.

Diese Tendenz schlägt sich auch über Europa hinaus auf der internationalen Ebene nieder, wo sich mehr denn je populistische Regierungsformen bis in zuvor als demokratiefest wahrgenommenen Staaten durchzusetzen beginnen, wie das Beispiel USA zwischen 2016 und 2020 zeigt. Wirtschaftliche Austauschbeziehungen werden gestört, Handelsbarrieren aufgebaut und Sozialstandards infrage gestellt. Nationale Egoismen dominieren, weltweite negative Folgen etwa beim Klimawandel wie überhaupt bei der Sicherung der natürlichen Umwelt werden billigend in Kauf genommen oder gar negiert. Doch dort, wo mehr denn je eine entschiedene europäische Antwort gefordert ist, ziehen sich die Regierungen weitgehend auf nationale Antworten und Alleingänge zurück. Gefordert aber sind internationale Lösungen etwa beim Klimawandel und beim Umgang mit den weltweiten Migrationsbewegungen.

Auch bleiben weltweite Absprachen über zukünftige bessere Kontrollen im Finanz- und Bankenwesen weitgehend Absichtserklärungen. Tatsächlich aber haben die öffentlichen Hände in allen relevanten Wirtschaftsnationen im Angesicht der Finanzkrise sowie der Corona-Pandemie milliardenschwere Finanzspritzen auf Pump in den Finanzkreislauf fließen lassen. Die große Koalition in Deutschland, die zuvor ihren Sparkurs auch gegen nationale Widerstände durchgesetzt hat, gab in der Finanzkrise großzügig Finanzzusagen, übernahm private Schulden, verstaatlichte eine Bank und stabilisierte die Nachfrage durch Konjunkturprogramme. Die Lockdowns während der Pandemie begleiteten Bund, Länder und auch Kommunen ihrerseits durch enorme, milliardenschwere Finanzprogramme. Auch die Flüchtlingskrise wurde mit erheblichen Finanzaufwendungen vor allem des Bundes, aber auch der Kommunen abgefedert. Die enormen Auswirkungen auf den Arbeitsmarkt wurden sowohl in der Finanzkrise wie in der Pandemie durch die Ausweitung der Regelungen beim *Kurzarbeitergeld* (= die Übernahme von Kosten bei vorübergehender betriebswirtschaftlich notwendiger Arbeitszeitreduzierung) abgepuffert. Dadurch konnte in einem hohen Maße Arbeitslosigkeit verhindert werden.

Die Anhebung der Altersgrenze in der Gesetzlichen Rentenversicherung, Abstriche bei der paritätischen Finanzierung im Rahmen der Gesetzlichen Krankenversicherung und die Neuordnung einer Mindestsicherung bei Arbeitslosigkeit sind insbesondere in der Wählerschaft der SPD auf großes Unverständnis gestoßen. So hat die Sozialdemokratie alleine seit Beginn ihrer Regierungstätigkeit auf Bundesebene von 1998 bis zum Herbst 2009 ca. zehn Millionen Wähler und Wählerinnen verloren, die sie bislang auch nicht zurückgewinnen konnte.

Gleichwohl trat die Partei 2013 erneut in eine große Koalition ein. Dabei besetzte sie die für Sozialpolitik wichtigen Ressorts für Arbeit und Soziales sowie für Familie, Senioren, Frauen und Jugend. Aus diesen Ministerien heraus wurden wichtige sozialpolitische Initiativen gestartet und schließlich erfolgreich im Parlament verabschiedet: Seit dem 1. Januar 2015 gibt es in Deutschland – wie in 20 anderen Staaten der Europäischen Union – einen *Mindestlohn,* in Höhe von zunächst 8,50 € pro Stunde, der in regelmäßigen Abständen angepasst wird. Er beträgt 2021 9,50 € und soll zum 1. Juli 2022 auf 10,45 € angehoben werden. Auch wurde 2014 auf Betreiben der damaligen Sozialministerin *Andrea Nahles* eine vorgezogene Rente ohne Abschläge für langfristig Beschäftigte beschlossen. Seitens der Familienmisterin *Manuela Schwesig* wurden verschiedene Initiativen zur Gleichstellung von Frauen und Männern sowie zur Verbesserung der Vereinbarkeit von Familie und Beruf ergriffen. Aber auch in der Gesundheits- und Pflegepolitik ist es zu Novellierungen bestehender Gesetze gekommen. So ist insbesondere das Risiko der Demenz im Rahmen der Pflegeversicherung im Ressort von Minister *Jens Spahn* (CDU) neu bewertet worden.

Nach der Bundestagswahl 2017, die der SPD erneut ein niedriges Wahlergebnis bescherte, wollte die Partei aus der großen Koalition ausscheren. Doch die Unfähigkeit der daran beteiligten Parteien, eine Koalition aus CDU/CSU, Bündnis 90/Die Grünen und der FDP zu schmieden, mündete in eine erneute Auflage dieser Koalition zwischen CDU/CSU und SPD, obwohl der Widerstand dagegen in der SPD sehr stark war. Als Bedingung für den Eintritt in diese große Koalition stellte sie relevante sozialpolitische Forderungen, so insbesondere die Einführung einer *Grundrente* für langfristig Erwerbstätige, wobei auch Sorgearbeit in der Familie mit einbezogen werden sollte. Es gelang der Partei trotz milliardenschwerer Ausgabenprogramme in der Corona-Pandemie, dieses Projekt durchzusetzen und ab 1. Januar 2021 in Kraft treten zu lassen. Weitere Forderungen wurden formuliert, so u. a. die Anhebung des Mindestlohns auf 12 € pro Stunde.

Dieser Prozess einer programmatischen und politischen Neuorientierung ist bislang nicht abgeschlossen, es stellt sich vielmehr die Frage, inwieweit die am Jahresende 2021 geschlossene Ampel-Koalition auf Bundesebene zwischen SPD, Bündnis 90/Die Grünen und FDP nunmehr Strukturreformen etwa im Bereich Klimaschutz und Modernisierung von Wirtschaft sowie Staatshandeln etwa durch Digitalisierung erfolgreich auf den Weg bringen wird und dabei den sozialen Ausgleich national, europa- und weltweit im Blick behält. Dabei werden kurz-, aber auch mittelfristig soziale Interessen tangiert, die teils förderlich, teils aber auch hemmend auf diesem Weg wirken können und werden.

Denn auch die anderen politischen Kräfte orientieren sich neu: Wieweit werden wirtschaftsliberale Kräfte wieder dominant, die eher soziale Leistungen zurückfahren wollen? Es bleibt offen, wie sich die nationale Sozialpolitik in einem europäischen Wirtschaftsraum behaupten kann, wo doch starke entsolidarisierende Strömungen an Gewicht gewinnen? Und schließlich ist unklar, wie sich die Immigration zukünftig entwickeln wird und welche Antworten, sei es auf europäischer, sei es auf nationaler Ebene, darauf gefunden werden? Können sich Europa oder Teile davon als Wohlstandsinseln gegenüber dem Wunsch zahlreicher Immigrant*innen abschotten, die hier rechtsstaatliche Sicherheit und soziale Integration ersehnen? Hinzu kommen nicht absehbare Auswirkungen der kriegerischen Ereignisse im Osten Europas. Die politischen Kräfte haben darauf bislang keine schlüssigen Antworten und lassen weiterhin Raum für populistische Strömungen, die den Grad der „Berechenbarkeit der gesellschaftlichen Beziehungen" nach innen und nach außen nicht nur nicht bewahren, geschweige denn erhöhen, sondern deutlich abbauen wollen. (Heller 1930, S. 24) Deutlich wird, dass die Sozialpolitik unter komplexeren nationalen und internationalen Rahmenbedingungen neu gestaltet wird:

- Die Sozialpolitik in Deutschland wird inzwischen in mehrfacher Weise durch europäische Rahmendaten mitbestimmt: durch die Umsetzung der vier Freiheiten auf europäischer Ebene, die davon mitgeprägten Wettbewerbsstrukturen, gemeinsamen Absprachen zur Währungsstabilität sowie die innereuropäischen wie von außen auf Europa einwirkenden Krisenerscheinungen.
- Einige Ansätze einer europäischen Sozialpolitik wirken positiv gestaltend auf die deutsche Sozialpolitik zurück. Benchmarks und gegenseitiges Lernen im Rahmen der *Offenen Methode der Koordination* stärken politische und soziale Kräfte im Inland, gewisse Regelungen auch in Deutschland einzuführen – so z. B. den Mindestlohn, Verbesserungen bei der Vereinbarkeit von Familie und Beruf sowie bei der Stärkung der Rolle von Frauen in zentralen gesellschaftlichen Bereichen.
- Der Widerspruch zwischen einer gemeinsamen Währung und divergierenden Standards in der Steuer- und Sozialpolitik ist nicht gelöst. So kommt es einerseits zu einem Wettbewerb um günstigere Angebotsbedingungen für die Wirtschaft, andererseits sucht die nationale Sozialpolitik immer wieder, auch eigene Akzente zu setzen, so etwa bei der Pflege.
- Insgesamt zeigt sich als große Linie deutscher Sozialpolitik aber eher ein Abbau (zumindest eine Begrenzung) der Leistungen im Rahmen der Sozialversicherung und eine deutlich ausgeweitete Forderung nach privater Vorsorge. Die Eigenverantwortung wird immer stärker eingefordert, während solidarische Elemente eher zurückgefahren werden. Auch bei der eigentlich vorleistungsfreien Gerechtigkeit (Subsidiarität) wird immer stärker versucht, diese an Vorbedingungen zu koppeln.
- Parallel dazu hat der Staat steuerpolitisch die Wohlhabenderen und die privatwirtschaftlichen Gewinne entlastet. Der Staat schränkt seinen Handlungsspielraum auch auf dem Gebiet des Sozialen dadurch selbst ein.
- Und bezogen auf die EU stellt sich abschließend die Frage: Soll Europa vor allem ein Raum für kostensparendes Wirtschaften sein oder soll Wirtschaften letztlich auch die Lebensbedingungen der Menschen, den sozialen Zusammenhalt – *„social cohesion"* –, stärken und wie kann das geschehen? Diese Frage ist aber nicht isoliert von größeren sozialräumlichen Zusammenhängen zu stellen, wie sie etwa durch bereits existierende oder geplante internationale Handelsabkommen charakterisiert sind. Finanzkrisen und die weltweiten Fluchtbewegungen stellen Herausforderungen dar, auf die Deutschland und die Europäische Union politische Antworten geben müssen, um dem offensichtlichen Schwund an sozialem Zusammenhalt in der Gesellschaft bzw. in den Gesellschaften zu begegnen. Das Menetekel vom Ende der Weimarer Republik soll nicht beschworen werden, aber die Zunahme gerade rechtspopulistischer und nationalistischer Kräfte in der Politik in *allen* europäischen Staaten kann auch nicht länger übersehen werden.

2.10   Zusammenfassung

Sozialpolitik findet, wie Abb. 2.3 zeigt, statt – aber wann, wie, durch wen und in welche Richtung gestaltet? Die Negation ist offensichtlich leicht formuliert, aber die Position – Wohin soll es gehen? – unklarer denn je, erst Recht angesichts der parteipolitisch unterschiedlich besetzten Legislativorgane im Bund – Bundestag und Bundesrat – und angesichts der Folgen von Finanz- und Eurokrise, des Zustroms von Migrant*innen sowie der lang anhaltenden Corona-Pandemie, die alle Gebietskörperschaften trifft, vor allem aber (trotz derzeit in Deutschland niedriger bis negativer Zinssätze) die Kommunen. Immer weniger ist einsichtig, warum es Milliardenbeträge zur Absicherung von Bankeneinlagen und für andere Stützungsaktionen der Wirtschaft gibt, aber Millionen etwa für Betreuungsanbote für Kleinkinder und für ein kostenfreies Mittagessen fehlen. Die Volksparteien verlieren an Integrationsfähigkeit, die ‚Partei der Nichtwähler*innen' wächst ebenso, wie die der ‚Protestwähler*innen'.

Die Abfolge von Regierungsbündnissen macht deutlich, wie stark aktuell immer wieder die Gewichtung der drei Grundnormen der Sozialpolitik – *Eigenverantwortung, Solidarität* und *Subsidiarität* – modifiziert wird, ohne dass deshalb eine der drei Normen aufgegeben würde. Dieses hängt auch sehr eng damit zusammen, dass bislang keine absoluten Mehrheiten im Bundestag anzutreffen sind, sodass in Koalitionen diese Gewichtung letztlich immer wieder austariert wird, werden muss. Dadurch kommt es aber auch zu den zu beobachtenden Stop-and-Go-Bewegungen. Zugleich zeigen sich widersprüchliche Entwicklungen innerhalb der Europäischen Union und zwischen deren Mitgliedstaaten.

Sozialpolitik ist an Normen orientiert, die sich geschichtlich jeweils in *Leitbildern* niederschlagen:

* Die konservative Sozialpolitik Bismarck'scher Prägung basierte auf dem *Leitbild einer residualen, berufsständisch organisierten sozialen Absicherung:* Die Leistungen sollten zwar mit einem Rechtsanspruch ausgestattet sein, letztlich aber nur eine materielle Mindestleistung vorhalten, leicht abgestuft nach wenigen Einkommensklassen. Auch der Kreis der sozialpolitisch Geschützten war zunächst eng begrenzt.
* Die Sozialpolitik der Weimarer Republik, genauer der Weimarer Koalition aus SPD, Zentrum und Liberaldemokraten, basierte auf dem *Leitbild einer qualitativ und quantitativ umfangreichen Reformpolitik,* brach sich aber an den fragilen ökonomischen und politischen Verhältnissen. Gleichwohl kam es der Sache nach zu einem Ausbau von sozialen Schutzrechten. Der Wirkungsgrad

---

Traditionslinien des Sozialstaates in Deutschland

Soziale Krisen in der Feudalgesellschaft im Spätmittelalter ab Mitte des 13. Jhdts.	**Soziale Krisen in der sich formierenden Industriegesellschaft gegen Ende des 19. Jhdts.**
Soziale Verwerfungen u.a. durch: • Bevölkerungswachstum • Agrarkrisen, Hungersnöte, Landflucht • Kriege, Epidemien	Soziale Verwerfungen u.a. durch: • Entstehung der sozialen Frage / Pauperisierung wegen der Auflösung feudalgesellschaftlicher Sicherungssysteme und fehlender staatlicher Sozialpolitik • Auflösung der Zünfte bei Gründung von ersten Hilfskassen für Arbeiter*innen • Aber auch: zunehmende Politisierung sozialer Probleme u.a. durch die Entstehung von Gewerkschaften bzw. der politischen Arbeiterbewegung • Gründung der Wohlfahrtsverbände bzw. freien Wohlfahrtspflege

Christliche Armenfürsorge	**Ansätze staatlicher Sozialpolitik**
• privates Almosenwesen • Klöster … mit religiös motivierter Hilfeleistung	1839: Regulativ über die Beschäftigung Jugendlicher 1881: Kaiserliche Botschaft / Sozialversicherung
Kommunale Armenfürsorge	**Arbeiterpolitik**
mit Aufbau öffentlicher Regelleistungen 14. Jhdt.: Bettelordnungen 1852: Elberfelder Modell … aus vor allem ordnungspolizeilichen Motiven	mit Ausbau der sozialen Sicherung und des Arbeitnehmer*innenschutzes 1883: Krankenversicherung für Arbeiter 1884: Unfallversicherung 1889: Alters- und Invalidenversicherung für Arbeiter 1891: Arbeiterschutzgesetz 1901: Kinderschutzgesetz
Armenpolitik	1911: Rentenversicherung für Angestellte 1927: Arbeitslosenversicherung 1935: Kinderbeihilfen für kinderreiche Familien 1938: Jugendschutzgesetz
mit Ausbau der öffentlichen Fürsorgeleistungen 1922: Jugendwohlfahrtsgesetz 1924: Grundsätze über öffentliche Fürsorgeleistungen … mit zunehmend emanzipativen Motiven, die sich an der Verwirklichung von Freiheits- und Teilhaberechten orientieren (=> Grundgesetz)	… unter Einschluss immer weiterer Problemlagen, die über den Kreis der sozialversicherungspflichtig Beschäftigten hinausweisen (z.B. Kindergeld, Jugendschutz etc.)

Bundesrepublik Deutschland

Sozialstaatsgebot im Grundgesetz

Soziale Marktwirtschaft als ordnungspolitisches Paradigma

Eigenverantwortung – Solidarität – Subsidiarität als sozialpolitische Grundprinzipien

1951: Arbeitsschutzgesetz 1952: Mutterschutzgesetz 1954: Kindergeldgesetz 1957: Rentenreform (dynamische Rente) 1961: Bundessozialhilfegesetz 1969: Arbeitsförderungsgesetz 1971: Lohnfortzahlung bei Krankheit für Arbeiter 1971: Ausbildungsförderungsgesetz (BAFöG) 1972: Mitbestimmungsgesetz	1985: Erziehungsgeld / Erziehungsurlaub 1990: Kinder- und Jugendhilfegesetz 2002: Einführung der Privatvorsorge in der GRV 2003/2005: Reform am Arbeitsmarkt („Hartz I-IV') 2009: Gesundheitsfonds 1996/2013: Rechtsanspruch auf Kinderbetreuung ab dem 4. Lj. bzw. 2. Lj. des Kindes 2015: Flächendeckender Mindestlohn 2020: Grundrente für langjährig Versicherte

Abb. 2.3 Traditionslinien in der Entwicklung von Sozialstaatlichkeit in Deutschland. (Quelle: Eigene Darstellung)

sowohl der Grundnorm Solidarität als auch der der Subsidiarität wurde ausgeweitet.

- Nationalsozialistische Sozialpolitik folgte einem *völkischen Leitbild,* dem sie Eigenverantwortung, Solidarität und Subsidiarität funktional unterordnete. Sie wurde Teil eines undemokratischen und unmenschlichen Herrschaftssystems, sodass auch deren ‚Erfolge‘, genauer: Unterstützung der ‚Freunde‘, letztlich keiner der drei Grundnormen zuzuordnen sind.

- Die Sozialpolitik in der Restitutionsphase in Westdeutschland ordnete sich dem Leitbild unter: *„Die beste Sozialpolitik ist eine gute Wirtschaftspolitik.* " Die Förderung des Wirtschaftswachstums wurde dem sozialen Ausgleich vorgeordnet, damit gewann die Grundnorm *Eigenverantwortung* zunächst eine stärkere Akzentuierung. Erst mit dem Erreichen von Vollbeschäftigung wurden *Solidarität* und *Subsidiarität* umfassend neu in sozialpolitische Regelungen gefasst, dabei allerdings stets den Vorrang der wirtschaftlichen Entwicklung im Blick behaltend.

- Die Sozialpolitik der inneren Reformen setzte vor allem auf das *Leitbild des Ausbaus solidarischer Strukturen* im Sinne von mehr Chancengleichheit. Solidarität wurde als Voraussetzung für die Wahrnehmung von mehr Eigenverantwortung begriffen, Subsidiarität wurde sehr eng mit der Norm Solidarität verbunden. Bildung wurde ausdrücklich als Teil der Sozialpolitik gesehen, da nur so sozialer Aufstieg gelingen könne.

- Die Sozialpolitik in der DDR orientiert sich am *Leibild sozialistischer Transformation,* ohne dieses jedoch langfristig umsetzen zu können.

- Die Sozialpolitik im vereinten Deutschland wechselt zwischen unterschiedlichen Leitbildern. Auf der einen Seite suchte das *Leitbild vom aktivierenden Sozialstaat* die Eigenverantwortung stärker zu betonen und bei den Menschen einzuklagen. Solidarität sollte sich stärker auf die aktiv Tätigen beziehen, während subsidiäre Leistungen der politischen Opportunität unterworfen wurden. In Teilbereichen wird dieses Leitbild sogar dahingehend verschärft, dass es eine *Unterordnung der Sozialpolitik unter eine rein angebotsorientierte Wirtschaftspolitik* fordert. Auf der anderen Seite zeigt sich auch das *Leitbild solidarischer Absicherung von neuen sozialen Risiken.*

- Die sozialpolitische Entwicklung im Raum der Europäischen Union beschränkt sich letztlich auf drei große Bereiche: Mobilität der Arbeitnehmer*innen und Unternehmer*innen, Gesundheits- und Arbeitsschutz sowie den Abbau von Diskriminierungen aufgrund des Geschlechts. Hier kommen verschiedene Leitbilder zum Tragen: einmal Eigenverantwortung im Arbeits- und Gesundheitsschutz, zweitens ein *Amalgam von Eigenverantwortung und Solidarität* im Kontext der Arbeitnehmerfreizügigkeit und drittens

Gleichberechtigung als unbedingtes (auch subsidiär zu verwirklichendes) *Menschenrecht*. In diesem alle relevanten politischen Strömungen innerhalb Europas einbindenden Konsensmodell bleiben Widersprüche nicht aus, zu denen teils vertraglich, teils auf Regierungsebene, teils im parlamentarischen Prozess jeweils neue Lösungen ausgehandelt werden müssen, denen eine zumindest mindestsicherungspolitische Fundierung (Sozialhilfegarantie) bislang weitgehend fehlt.

- Von der europäischen Sozialpolitik gehen aber wichtige Impulse auch auf die deutsche Sozialpolitik aus. Dieses betrifft einmal auf dem Gebiet der Mindestsicherung das *Leitbild von der sozialen Inklusion*. Auf dem Gebiet der Gleichberechtigung hat sich als *Leitbild Gendermainstreaming* durchgesetzt, also die Prüfung bei jedem politischen Akt, ob dadurch der Gleichstellung der Geschlechter auf sozialem Gebiet entsprochen wird oder nicht.

- Angesichts weltweiter Krisenerscheinungen im Finanzwesen, bei der Massenmigration und schließlich gesundheitlicher Pandemien sowie insgesamt im Zusammenhang mit dem Klimawandel treten Leitbilder zurück hinter dem Erfordernis möglichst zeitnaher, gleichwohl tiefgehender Anstrengungen bei der *Krisenbewältigung*. Im Spagat zwischen europäischer, teils darüber hinaus gehender Solidarität und nationalen Interessen, teilweise noch zugespitzt auf einzelne Wirtschaftsbereiche und Personenkreise, treten gesamtgesellschaftliche Integrationsansätze immer stärker in den Hintergrund, verstärkt durch das Auftreten rechtspopulistischer politischer Kräfte. Doch gleichzeitig zeigen sich auch Bemühungen nach einer *Neuorientierung* von Sozialpolitik – doch in welche Richtung, für wen und getragen wodurch und durch wen?

Sozialpolitik steht also im Widerstreit sozialer Interessen und politischer Interessenvertreter*innen. Demokratische Strukturen sind Voraussetzung dafür, dass dieser Widerstreit letztlich zu einem – wenn auch zeitlich bedingten und somit änderbaren – Konsens oder Kompromiss führt, bei dem einige Interessen sich stärker durchsetzen können als andere. Dieser Konsens setzt aber voraus, dass der Wohlstandszuwachs die Lebenslage breiter Bevölkerungskreise verbessert, auch wenn Ungleichgewichte bleiben. *Carlo Schmid* hat – wie oben zitiert – bei der Begründung des Namens „Bundesrepublik Deutschland" zu Recht das „soziale Pathos der republikanischen Tradition" beschworen und den „Mut zu den sozialen Konsequenzen, die sich aus den Postulaten der Demokratie ergäben", eingefordert. Sozialer Ausgleich und Demokratie sind zwei Seiten einer Medaille, nämlich einer zivilisierten, an der Gültigkeit von Menschenrechten orientierten Gesellschaft. Dies setzt eine demokratisch verfasste und handlungsmächtige politische Ebene voraus, auf der ein Konsens zwischen divergierenden

Interessen hergestellt werden kann und muss. Sozialpolitik ist Teil dieses Primates der demokratischen Politik vor sozialen Partikularinteressen, ohne letzteren die Relevanz und Legitimität abzusprechen.

Literatur

Achinger, Hans; Höffner, Joseph; Muthesius, Hans; Neuendörfer, Ludwig. 1955. Neuordnung der sozialen Leistungen. Köln: Greven Verlag.

Arbeiterwohlfahrt Bundesverband e. V. (Hrsg.). 1990. Helfen und Gestalten. Beiträge und Daten zur Geschichte der Arbeiterwohlfahrt. Bonn: Arbeiterwohlfahrt Bundesverband e. V.

Arnim, Bettina von. 1969. Armenbuch. Hrsg. von Vordtriede, Werner. Frankfurt a. M.: Insel Verlag.

Asche, Susanne; Huschens, Anne (Hrsg.). 1990. Frauen - Gleichberechtigung, Gleichstellung, Emanzipation? Frankfurt am Main: Diesterweg.

Bade, Klaus J. 1983. Vom Auswanderungsland zum Einwanderungsland? Deutschland 1880-1980. Berlin: Colloquium.

Balsen, Werner u. a. (Hrsg.). 1984. Die neue Armut. Ausgrenzung von Arbeitslosen aus der Arbeitslosenunterstützung. Köln: Bund-Verlag.

Benz, Benjamin. 2004. Nationale Mindestsicherungssysteme und Europäische Integration: Von der Wahrnehmung der Armut und sozialen Ausgrenzung zur Offenen Methode der Koordination. Wiesbaden: VS Verlag für Sozialwissenschaften.

Benz, Benjamin. 2019. Ohne Fundament? Perspektiven verbindlicher EU-Mindeststandards für die Mindestsicherung. Berlin: Friedrich-Ebert-Stiftung.

Bethusy-Huc, Viola Gräfin von. 1976. Das Sozialleistungssystem der Bundesrepublik Deutschland. 2. Aufl. Tübingen: Mohr.

Blanke, Thomas et al. (Hrsg.). 1975. Kollektives Arbeitsrecht. Quellentexte zur Geschichte des Arbeitsrechts in Deutschland. Band 1: 1840–1933. Reinbek bei Hamburg: rororo.

Boeßenecker, Karl-Heinz; Vilain, Michael. 2013. Spitzenverbände der Freien Wohlfahrtspflege. 2. Aufl. Weinheim und München: Beltz/Juventa.

Böhmert, Victor. 1886. Das Armenwesen in 77 deutschen Städten. Allgemeiner Teil. Dresden: Selbstverl. d. Armenstatistischen Bureaus des Dt. Vereins für Armenpflege und Wohlthätigkeit.

Bourcarde, Kay. 2011. Die Rentenkrise: Sündenbock Demographie. Kompromissbildung und Wachstumsabkopplung als Ursachen von Finanzierungsengpässen. Wiesbaden: Springer VS.

Brakelmann, Günter. 1971. Die soziale Frage des 19. Jahrhunderts. 4. Aufl. Witten: Luther Verlag.

Brück, Gerhard W. 1976. Allgemeine Sozialpolitik. Grundlagen – Zusammenhänge – Leistungen. Köln: Bund.

Brüning, Heinrich. 1968. Reden und Aufsätze eines deutschen Staatsmanns. hrsg. W. Vernekohl; R. Morsey. Münster: Verlag Regensberg.

Bundesgesetzblatt.1949.ff.https://www.bgbl.de/xaver/bgbl/start.xav?startbk=Bundesanzeiger_
BGBl&start=%2F%2F*%5B%40attr_id=%27bgbl120s0148.pdf%27%5D#__
bgbl__%2F%2F*%5B%40attr_id%3D%27I_2020_39_inhaltsverz%27
%5D__1598255446924. Zugegriffen: 24. August 2020.
(BMAS) Bundesministerium für Arbeit und Sozialordnung/Bundesarchiv. 2001 ff.
Geschichte derSozialpolitik in Deutschland seit 1945. 11 Bde. Baden-Baden: Nomos.
(BMAS) Bundesministerium für Arbeit und Soziales (Hrsg). 2001. ff: Lebenslagen in Deutsch-
land. Armuts- und Reichtumsbericht 2001, 2005, 2008, 2013, 2017 und 2021. https://www.
armuts-und-reichtumsbericht.de/DE/Startseite/start.html. Zugegriffen: 16. Januar 2022
Bundesverfassungsgericht. 1956. Entscheidungen des Bundesverfassungsgerichts. Hrsg.
von den Mitgliedern des Bundesverfassungsgerichtes. Band 4. Tübingen: Mohr Siebek.
Bundeszentrale für politische Bildung (Hrsg.). 1992. Der Sozialstaat. Bonn: Eigenverlag.
Denninger, Erhard. 1977. Freiheitliche demokratische Grundordnung. Materialien zum
Staatsverständnis und zur Verfassungswirklichkeit in der Bundesrepublik. Frankfurt
a. M.: Suhrkamp.
Deutscher Bundestag, Verhandlungen. 1949. ff: Stenographische Berichte: https://pdok.
bundestag.de. Zugegriffen: 24. August 2020.
Deutscher Bundestag. 1969. Stenographischer Bericht der Sitzung vom 28.10.1969. Bonn/
Berlin: Bundesdruckerei.
Deutscher Bundestag. 1973. Sozialbericht 1973. 7. Wahlperiode. Drucksache Nr. 7/1167.
Stuttgart: Kohlhammer.
Deutscher Bundestag. 1988. Stenographischer Bericht der Sitzung vom 10.11.1988. Bonn/
Berlin: Bundesdruckerei.
DGB – Deutscher Gewerkschaftsbund. 1956. DGB-Bundeskongress in Hamburg 1956: Protokoll.
Dreier, Horst; Waldhoff, Christian (Hrsg.). 2018. Das Wagnis der Demokratie. Eine Ana-
tomie der Weimarer Reichsverfassung. München: Beck.
Ehrle, Franz. 1888. Die Armenordnungen von Nürnberg (1522) und Ypern (1525).
Historisches Jahrbuch im Auftrag der Görres-Gesellschaft, IX. Band, 450 - 479. München:
Herder & Ko.
Erhard, Ludwig. 1957/1997. Wohlstand für alle. Neuauflage München: Econ.
Forsthoff, Ernst (Hrsg.). 1968. Rechtsstaatlichkeit und Sozialstaatlichkeit. Darmstadt:
Wissenschaftliche Buchgesellschaft.
Franz, Günther (Hrsg.). 1975. Staatsverfassung. 3. Aufl. Darmstadt: Wissenschaftliche
Buchgesellschaft.
Geißler, Heiner. 1976. Die Neue Soziale Frage. Freiburg im Breisgau: Herderbücherei.
Geremek, Bronislaw. 1991. Geschichte der Armut. Elend und Barmherzigkeit in Europa.
München: dtv.
Gladen, Albin. 1974. Geschichte der Sozialpolitik in Deutschland. Eine Analyse ihrer
Bedingungen, Formen, Zielsetzungen und Auswirkungen. Wiesbaden: Steiner.
Grebing, Helga. 1970. Geschichte der deutschen Arbeiterbewegung. München: dtv.
Hanesch, Walter. 1997. Konzetion, Krise und Optionen der sozialen Stadt. In Überlebt die
Soziale Stadt? Konzeption, Krise und Perspektiven kommunaler Sozialstaatlichkeit.
Ders Hrsg., 21–56. Opladen: Leske+Budrich.
Hartwich, Hans-Hermann. 1970. Sozialstaatspostulat und gesellschaftlicher Status quo.
Köln und Opladen: Westdeutscher Verlag.
Heller, Hermann. 1930. Rechtsstaat oder Diktatur? Tübingen: Mohr.

Hentschel, Volker. 1983. Geschichte der deutschen Sozialpolitik (1880 – 1980). Frankfurt a. M.: Suhrkamp.

Hereth, Michael (Hrsg.). 1969. 20 Jahre Bundesrepublik Deutschland. München: List Verlag.

Hinrichs, Knut. 2018. Die Entwicklung des Rechts der Armut zum modernen Recht der Existenzsicherung. In Handbuch Armut und Soziale Ausgrenzung. hrsg. Huster et al., 223 – 252. Wiesbaden: Springer-VS.

Hockerts, Hans Günter. 1977. Sozialpolitische Reformbestrebungen in der frühen Bundesrepublik. Zur Sozialreform-Diskussion und Rentengesetzgebung 1953–1957. Vierteljahreshefte für Zeitgeschichte. Heft 1977: 341 – 372. München/Berlin: Institut für Zeitgeschichte.

Huster, Ernst-Ulrich. 1978. Die Politik der SPD 1945 – 1950. Frankfurt/New York: Campus.

Huster, Ernst-Ulrich. 2000. Demokratischer Sozialismus – Theorie und Praxis der Sozialdemokratie. In Handbuch Politische Theorien und Ideologien 2, hrsg. F. Neumann, 111 – 162. Opladen: Leske + Budrich.

Huster, Ernst-Ulrich. 2020. a: Soziale Grundrechte in der Weimarer Reichsverfassung. In Aufbruch zur Demokratie. Die Weimarer Reichsverfassung als Bauplan für eine demokratische Republik hrsg. R. Voigt, 457 – 469. Baden-Baden: Nomos.

Huster, Ernst-Ulrich. 2020. b: Sozial- und Arbeitsmarktpolitik der Reichsregierungen. In Aufbruch zur Demokratie. Die Weimarer Reichsverfassung als Bauplan für eine demokratische Republik hrsg. R. Voigt, 281 – 301. Baden-Baden: Nomos.

Huster, Ernst-Ulrich et al. 1972: Determinanten der westdeutschen Restauration. Frankfurt a. M.: Suhrkamp.

Huster, Ernst-Ulrich; Boeckh, Jürgen; Mogge-Grotjahn, Hildegard (Hrsg.). 2018. Handbuch Armut und soziale Ausgrenzung. 3. Aufl. Wiesbaden: Springer VS.

Kaysberger, Johannes Geiler von. 1501. „Die XXI Artikel" an den Rat von Straßburg 1501. In 1980. Geschichte der Armenfürsorge in Deutschland. Bd. 1. Vom Spätmittelalter bis zum 1. Weltkrieg. hrsg. Sachße, Christoph; Tennstedt, Florian. Stuttgart u. a.: Kohlhammer.

Ketteler, Wilhelm Emmanuel Freiherr von. 1864. Die Arbeiterfrage und das Christentum. Mainz: Verlag Franz Kirchheim.

Kiebel, Hannes. 1988. Hundert Jahre Verein für katholische Arbeiterkolonien in Westfalen. 1888 – 1988. Hrsg. vom Verein für Katholische Arbeiterkolonien in Westfalen. Münster: Eigenverlag.

Kiebel, Hannes et al. 1991. Und führet sie in die Gesellschaft. Antworten der Erlacher Höhe. Hrsg. vom Verein für soziale Heimstätten in Baden-Württemberg e.V. Großerlach-Erlach: Eigenverlag.

Kiesow, Julia. 2015. Wirtschaftskrisen in Deutschland – Reaktionsmuster von Vetospielern und Agendasetzern. Wiesbaden: Springer VS.

Kowalsky, Wolfgang. 1999. Europäische Sozialpolitik. Ausgangsbedingungen, Antriebskräfte und Entwicklungspotentiale. Opladen: Leske + Budrich.

Krause, Gerhard. 1979. Artikel „Armut", VII. Luther. In Theologische Realenzyklopädie Bd 4. Berlin u. a.: Walter de Gruyter.

Krupp, Alfred. 1877. Ein Wort an meine Angehörigen. In Quellen zur Geschichte der sozialen Frage in Deutschland. Band II. 1871 bis zur Gegenwart. Quellensammlung zur Kulturgeschichte, hrsg. E. Schraepler 1957. Göttingen: Musterschmidt.

Külp, Bernhard; Schreiber, Wilfrid (Hrsg.). 1971. Soziale Sicherheit. Köln und Berlin: Kiepenheuer & Witsch Verlag.

Lampert, Heinz. 1980. Sozialpolitik. Berlin, Heidelberg und New York: Springer.

Lassalle, Ferdinand. 1970. Offenes Antwortschreiben (1863). In Ferdinand Lassalle. Reden und Schriften. Hrsg. von Jenaczek, Friedrich, 170 – 201. München: dtv.

Leibfried, Stefan; Pierson, Paul (Hrsg.). 1998. Standort Europa. Europäische Sozialpolitik. Frankfurt am Main: Suhrkamp.

Leo XIII. 1891/1984. Rerum novarum. Sozialenzyklika vom 17. Mai 1891. In Ausgewählte Lesestücke zum Studium der politischen Ökonomie. Sozialpolitik. Neuauflage 1984. hrsg. von K. Diehl; P. Mombert, 96 – 134. Frankfurt a. M., Berlin und Wien: Ullstein.

Luther, Martin. 1908. D. Martin Luthers Werke, Weimarer Ausgabe. Bd. 18. Weimar: Hermann Böhlau Verlag.

Luther, Martin. 1962. An den christlichen Adel deutscher Nation (1520). Stuttgart: Reclam.

Maaser, Wolfgang; Schäfer, Gerhard K. (Hrsg.). 2016. Geschichte der Diakonie in Quellen. Vom Anfang des 19. Jahrhunderts bis zur Gegenwart. Neukirchen-Vlyn: Neukirchener Verlagsgesellschaft.

Mackenroth, Gerhard. 1952. Die Reform der Sozialpolitik durch einen deutschen Sozialplan. In Schriften des Vereins für Socialpolitik. Gesellschaft für Wirtschaft- und Sozialwissenschaften. Neue Folge, Band 4. Verhandlungen auf der Sondertagung in Berlin, 18. und 19. April 1952. hrsg. Albrecht, Gerhard, 39 – 76. Berlin: Duncker & Humblot.

Marquardsen, Kai (Hrsg.). 2022. Armutsforschung. Handbuch für Wissenschaft und Praxis. Baden-Baden: Nomos.

(MEW) Marx, Karl; Engels, Friedrich. 1867. Das Kapital. Kritik der politischen Ökonomie. In MEW Bd. 23. Berlin: Dietz.

Mason, Timothy W. 1978. Sozialpolitik im Dritten Reich. Arbeiterklasse und Volksgemeinschaft. 2. Aufl. Opladen: Westdeutscher Verlag.

Naphtali, Fritz. 1966. Wirtschaftsdemokratie. Ihr Wesen, Weg und Ziel. Neuauflage. Frankfurt a. M.: EVA.

Nell-Breuning S.J., Oswald von. 1956. Bedürftigkeitsprüfung oder Bedürfnis? In Sozialer Fortschritt: 8 ff.

Neumann, Franz (Hrsg.). 2000. Handbuch Politische Theorien und Ideologien. Band. 2. 2. Aufl. Opladen: Leske + Budrich.

Oexle, Otto Gerhard. 1986. Armut, Armutsbegriff und Armenfürsorge im Mittelalter. In Soziale Sicherheit und soziale Disziplinierung. Beiträge zu einer historischen Theorie der Sozialpolitik. hrsg. Sachße, Christian; Tennstedt, Florian, 73 – 100. Frankfurt am Main: Suhrkamp.

Parlamentarischer Rat. 1949. Stenographischer Bericht über die Plenarsitzung vom 6. Mai 1949.

Preller, Ludwig. 1978. Sozialpolitik in der Weimarer Republik. Original 1949. ReprintKronberg/Ts und Düsseldorf: Athenäum/Droste

Pritzkoleit, Kurt. 1961. Auf einer Woge von Gold. Der Triumph der Wirtschaft. Wien, München und Basel: Verlag Kurt Desch.

Reidegeld, Eckhart. 2006. Staatliche Sozialpolitik in Deutschland, 2 Bände, Band 1: Von den Ursprüngen bis zum Untergang des Kaiserreichs, Band II: Sozialpolitik in Demokratie und Diktatur 1919–1945. 2.A. Wiesbaden: VS Verlag für Sozialwissenschaften.

Reinhardt, Volker. 2009. Die Tyrannei der Tugend. Calvin und die Reformation in Genf. München: C.H. Beck.

Richter, Max (Hrsg.). 1955 ff.: Die Sozialreform. Dokumente und Stellungnahmen. Bad Godesberg: Asgard Verlag.

Ridder, Helmut. 1975. Die soziale Ordnung des Grundgesetzes. Leitfaden zu den Grundrechten einer demokratischen Verfassung. Opladen: Westdeutscher Verlag.

Rousseau, Jean Jacques. 1968. Der Gesellschaftsvertrag. Stuttgart: Reclam.

Sachße, Christoph; Tennstedt, Florian. 1980. Geschichte der Armenfürsorge in Deutschland. Bd. 1. Vom Spätmittelalter bis zum 1. Weltkrieg. Stuttgart u. a.: Kohlhammer.

Sachße, Christoph; Tennstedt, Florian. 1988. Geschichte der Armenfürsorge in Deutschland. Bd. 2: Fürsorge und Wohlfahrtspflege 1871 bis 1929. Stuttgart u. a.: Kohlhammer.

Salomon, Alice. 1926. Soziale Diagnose. Berlin: Carl Heymann Verlag.

Santel, Bernhard. 1995. Migration in und nach Europa. Erfahrungen, Strukturen, Politik. Opladen: Leske + Budrich.

Schäfer, Gerhard K. 1994. Gottes Bund entsprechen. Studien zur diakonischen Dimension christlicher Gemeindepraxis. Heidelberg: Heidelberger Verlagsanstalt.

Schmidt, Manfred G. 2005. Sozialpolitik in Deutschland. Historische Entwicklung und internationaler Vergleich. 3. A. Wiesbaden: Springer VS.

Schmitt, Carl. 1932/1963. Der Begriff des Politischen. Neuauflage. Berlin: Duncker & Humblot.

Schmoller, Gustav. 1874. Die soziale Frage und der Preußische Staat. In Quellen zur Geschichte der sozialen Frage in Deutschland. Band II. 1871 bis zur Gegenwart. Quellensammlung zur Kulturgeschichte, hrsg. E. Schraepler 1957. 56ff. Göttingen: Musterschmidt.

Schraepler, Ernst. 1957. Quellen zur Geschichte der sozialen Frage in Deutschland. Band 2: 1871 bis zur Gegenwart. Göttingen, Berlin und Frankfurt a. M.: Musterschmidt Verlag.

Sozialplan für Deutschland. 1957. Auf Anregung des Vorstandes der Sozialdemokratischen Partei Deutschlands vorgelegt von Auerbach, Walter; Preller, Ludwig. Berlin, Hannover: Verlag nach Dietz.

SPD – Sozialdemokratische Partei Deutschlands. 1931. Protokoll über die Verhandlungen des Parteitages der SPD 1931 abgehalten in Leipzig. Berlin: Dietz.

Stolleis, Michael. 2003. Geschichte des Sozialrechts in Deutschland. Ein Grundriß. Stuttgart: Lucius & Lucius.

Streeck, Wolfgang. 1998. Vom Binnenmarkt zum Bundesstaat? In Standort Europa – Sozialpolitik zwischen Nationalstaat und europäischer Integration. hrsg. S. Leibfried; P. Pierson, 369 – 421. Frankfurt am Main: Suhrkamp.

Tennstedt, Florian. 1981. Sozialgeschichte der Sozialpolitik in Deutschland. Vom 18. Jahrhundert bis zum Ersten Weltkrieg. Göttingen: Vandenhoeck & Ruprecht.

Transfer-Enquête-Kommission. 1981. Das Transfersystem in der Bundesrepublik Deutschland. Veröffentlicht durch die Bundesregierung. Der Bundesminister für Arbeit und Sozialordnung. Der Bundesminister für Wirtschaft. Stuttgart u. a.: Kohlhammer.

Voigt, Rüdiger (Hrsg.). 2020. Aufbruch zur Demokratie. Die Weimarer Reichsverfassung als Bauplan für eine demokratische Republik. Baden-Baden: Nomos.

Volkmann, Heinrich. 1968. Die Arbeiterfrage im preußischen Abgeordnetenhaus 1848 – 1869. Berlin: Duncker & Humblot.

Westerwelle, Guido. 2010. An die deutsche Mittelschicht denkt niemand: https://www.welt.de/debatte/article6347490/An-die-deutsche-Mittelschicht-denkt-niemand.html. Zugegriffen: 20. Januar 2021.

Zöllner, Detlev. 1981. Ein Jahrhundert Sozialversicherung in Deutschland. Berlin: Duncker & Humblot.

Zorn, Rudolf. 1949. Von der regulierten Marktwirtschaft. Sozialistische Monatshefte. Teil 1: Heft IV/1, Januar 1949; Teil 2: Heft IV/2. Februar 1949.

Weiterführende Literatur

Bundesministerium für Arbeit und Sozialordnung/Bundesarchiv. 2001 ff. *Geschichte der Sozialpolitik in Deutschland seit 1945*. 11 Bde. Baden-Baden: Nomos.
In insgesamt 11 Bänden wird als Ergebnis eines umfangreichen Forschungsvorhabens die deutsche Sozialpolitik seit 1945 – dabei auch die unterschiedliche Entwicklung in der Bundesrepublik Deutschland und in der DDR – aufgearbeitet und nach Epochen gegliedert. Die Darstellung reicht vom Ende des Zweiten Weltkrieges bis 1994. Die Geschichte der DDR umfasst den gesamten Zeitraum von 1949 – 1989. Leider sind die Einzelbände recht teuer, aber gleichwohl für ein vertiefendes Studium unabdingbar.
Hentschel, Volker. 1983. *Geschichte der deutschen Sozialpolitik 1880-1990*. Frankfurt am Main: Suhrkamp.
Der sehr anschaulich geschriebene Band umfasst eine Darstellung der deutschen Sozialpolitik und des kollektiven Arbeitsrechts von 1880 – 1980, also von der Bismarckschen Sozialgesetzgebung bis zum Übergang von der sozialliberalen Reformpolitik zur restriktiveren Umgestaltung der Systeme der sozialen Sicherung. Er enthält viele sozialstatistische Daten und ordnet die Sozialpolitik in die komplexeren geschichtlichen Zusammenhänge ein.
Kiesow, Julia. 2015. Wirtschaftskrisen in Deutschland – Reaktionsmuster von Vetospielern und Agendasetzern. Wiesbaden: Springer VS.
Die Studie bietet eine anschauliche, aktuelle Analyse der großen Wirtschaftskrisen in der Bundesrepublik Deutschland. Es werden die Akteure, deren wirtschaftspolitische Konzepte und Strategien deutlich. Der Band ist komplementär zu den sozialpolitischen Entwicklungen von Bedeutung.
Preller, Ludwig. 1978. *Sozialpolitik in der Weimarer Republik*. Original 1949. Reprint Kronberg/Ts und Düsseldorf: Athenäum/Droste.
Eine umfangreiche, sehr detaillierte Sammlung wichtiger Dokumente und Einzelaspekte der Reformpolitik in der Weimarer Republik. Zugleich werden die sozialen Akteure deutlicher, die vorwärtstreibenden ebenso wie die rückwärtsgewandten. Eine wichtige zeitgeschichtliche Analyse.
Reidegeld, Eckhart. 2006. *Staatliche Sozialpolitik in Deutschland, 2 Bände, Band 1: Von den Ursprüngen bis zum Untergang des Kaiserreichs, Band II: Sozialpolitik in Demokratie und Diktatur 1919 – 1945*. 2. A. Wiesbaden: VS Verlag für Sozialwissenschaften.
Beide Bände befassen sich mit der Herausbildung und der Entwicklung der staatlichen Sozialpolitik. Der erste Band untersucht Ursprünge und Entstehung von Sozialpolitik. Dieses leitet dann über zur „Bismarckschen Sozialreform" und der Weiterentwicklung dieses Politikbereichs in der Ära des Imperialismus. Band II spannt den Bogen vom Übergang von der „obrigkeitsstaatlichen" zur „demokratischen Sozialpolitik" der Weimarer Republik. Doch Inflation und die Weltwirtschaftskrise haben tiefgreifende Folgen für die Sozialpolitik. Eine Analyse der völkischen Sozialpolitik im Dritten Reich bildet den Abschluss dieses Bandes.

Sachße, Christoph; Tennstedt, Florian. 1980 ff. *Geschichte der Armenfürsorge in Deutschland*. 4 Bände. Stuttgart, Berlin, Köln und Mainz: Kohlhammer.
Band 1: Vom Spätmittelalter bis zum 1. Weltkrieg, 1980
Band 2: Fürsorge und Wohlfahrtspflege 1871 bis 1929, 1988
Band 3: Der Wohlfahrtsstaat im Nationalsozialismus, 1992
Band 4: Fürsorge und Wohlfahrtspflege in der Nachkriegszeit, 2012
In dieser bislang umfassendsten Darstellung der Armenfürsorge in Deutschland seit dem Mittelalter bis in die Gegenwart werden nicht nur fakten- und dokumentenreich die geschichtlichen Zusammenhänge deutlich, sondern zugleich einzelne Aspekte sehr gründlich herausgearbeitet. Es werden sehr viele Details dargestellt und vor allem gut belegt. Diese Bände eignen sich zur Intensivierung sozialpolitischer Kenntnisse.

Schmidt, Manfred G. 2005. *Sozialpolitik in Deutschland. Historische Entwicklung und internationaler Vergleich*. 3. A. Wiesbaden: Springer VS.
Dieser Band stellt die Politik der sozialen Sicherung in Deutschland vom 19. Jhdt. bis in das Jahr 2005 dar und vergleicht diese mit der Entwicklung der Sozialpolitik in anderen Staaten. Dabei analysiert der Autor Entstehung und Ausbau der sozialen Sicherung, ihre sozialen Antriebskräfte und ihre Auswirkungen auf die Politik, die Wirtschaft und die Gesellschaft.

Stolleis, Michael. 2003. *Geschichte des Sozialrechts in Deutschland*. Stuttgart: Lucius & Lucius.
Dieser Band spannt einen weiten Bogen von der christlichen Armenfürsorge des Mittelalters bis in das 21. Jahrhundert. Dabei stehen zwar das Sozialrecht und dessen Entwicklung im Mittelpunkt, diese werden aber sehr anschaulich in die allgemeine und die Sozialgeschichte eingeordnet. So entstehen ein umfassender Überblick und zugleich eine sehr detaillierte Einzeldarstellung der Sozialpolitik einschließlich deren juristischer Kodifizierung, Anwendung und richterlichen Weiterentwicklung. Der sehr lesenswerte Band betrachtet abschließend auch die europäische Ebene.

Tennstedt, Florian. 1981. *Sozialgeschichte der Sozialpolitik in Deutschland*. Göttingen: Vandenhoeck & Ruprecht.
Hier gelingt dem Autor, einem der besten Kenner der Geschichte der Sozialpolitik in Deutschland, eine vorzügliche systematische und komprimierte Darstellung der Zusammenhänge der Sozialpolitik in Deutschland im geschichtlichen Verlauf. Es werden sozialgeschichtliche und theoretische Kontexte klar erfasst und sehr verständlich dargestellt.

Sozialpolitische, Akteure, Strukturen und Prozesse

3

Der geschichtliche Abriss hat deutlich gemacht, wie über soziale Konfliktlagen widerstreitende Vorstellungen von Gerechtigkeit entstehen, gleichzeitig, wie sich diese, getragen von unterschiedlich starken sozialen Interessen, auch verändert haben. Es geht um ein breites Verständnis der Verteilung vorhandener materieller und immaterieller Ressourcen sowie um die damit verknüpften Chancen und Risiken der Teilhabe am gesellschaftlichen Leben (*politische Ökonomie*). Allen Ankündigungen und Versuchen einer Vereinheitlichung zum Trotz hat sich in Deutschland ein insgesamt sehr zersplittertes System der sozialen Sicherung herausgebildet. Diese Vielfalt von Trägern und einzelnen Sozialrechtssystemen stellt ein Spezifikum der deutschen Sozialpolitik dar. Gleichwohl gibt es in diesem System strukturelle Gemeinsamkeiten. Aus der Perspektive des Zugangs zu den gesellschaftlichen Ressourcen stellen sich dabei mehrere Fragen:

- Was wird in dieser Gesellschaft als gerecht empfunden, was nicht? Wie sind Vorstellungen von Gerechtigkeit operationalisierbar, sodass diese an konkreten sozialpolitischen Entscheidungen nachvollzogen werden können? Abschn. 3.1 beschreibt mit den Leitbildern von der Gleichstellung der Geschlechter, von einer sozial inklusiven Gesellschaft sowie einer präventiv ausgerichteten Sozialpolitik übergreifende Paradigmen, die heute besondere Wirkkraft entfalten.
- Abschn. 3.2 greift die Frage auf, was zur Verteilung überhaupt zur Verfügung steht? Welche materiellen Werte werden in einer Gesellschaft erwirtschaftet und wieviel davon steht für welche Aufgaben zu Verteilung durch Sozialpolitik zur Verfügung?
- Abschn. 3.3 wendet sich der Frage zu, wie verteilt wird? Was sind die Instrumente, Prinzipien und Funktionen?

J. Boeckh et al., *Sozialpolitik in Deutschland*, https://doi.org/10.1007/978-3-658-36014-6_3

- Abschn. 3.4 beantwortet die Frage: Wer verteilt? Welches sind die politischen und die zivilen Träger von Verteilungsprozessen – und zwar im horizontal (staatlich/nichtstaatlich) sowie vertikal gestuften Sozialstaat von der Kommune über die Länder und den Bund bis hin zur internationalen Ebene (Europäischen Union sowie internationale Institutionen wie z. B. die Welthandelsorganisation WTO)?
- Abschn. 3.5 geht schließlich der Frage nach, in welchen Schritten Verteilungsfragen immer wieder aufgeworfen, entschieden, umgesetzt und erneut infrage gestellt werden?

3.1   Sozialpolitik und Wirtschaftswachstum: Verteilungspolitik

Sozialpolitik steht im Spannungsverhältnis zwischen Einzel- und/oder Gruppeninteressen, die sich über den Staat durchsetzen, und solchen, die gerade dieses abwenden wollen. Sie zielt auf Ausgleich, aber auch auf Ungleichheit. Sie hat letztlich das Ziel, den Lebensunterhalt des Einzelnen und seiner/ihrer Familie sicherzustellen, zugleich auch die Aufgabe, dass die nachfolgende Generation aufwachsen, sich auf deren zukünftige Stellung im gesellschaftlichen Entwicklungsprozess vorbereiten und dann auch einbringen kann. Sozialpolitik basiert auf der Wertschöpfung im – überwiegend privat organisierten – Wirtschaftsprozess, zugleich wirkt Sozialpolitik in vielfacher Weise auf den Wirtschaftskreislauf ein. Sozialpolitik ist Teil des Wertbildungsprozesses, zugleich Folge – indem sie inzwischen einen zentralen Stellenwert bei der Verteilung der erwirtschafteten materiellen Ressourcen einnimmt. Sozialpolitik ist eine Bedingung von Wirtschaftswachstum, zugleich auch eine Belastung, je nachdem, ob jemand stärker gesamtwirtschaftlich oder einzelbetrieblich, langfristig oder kurzfristig, von einem eher erweiterten oder eher begrenzten Ökonomieverständnis her argumentiert. So stellt beispielsweise das Modell der *Sozialen Marktwirtschaft* – wie in Abschn. 2.6.5 dargestellt – eine integrierende Konzeption dar, wie reproduktive und produktive Wirkungen aufeinander bezogen werden können. Das angesprochene Konzept der Sozialen Marktwirtschaft wurde und wird allerdings mit zum Teil einander widersprechenden Inhalten gefüllt.

Über Sozialpolitik wird, betrachtet man das Sozialbudget, knapp ein Drittel des Bruttoinlandsproduktes (um-)verteilt, und zwar sowohl auf der Einnahmen-, als auch auf der Ausgabenseite. „Die meisten sozialpolitischen Maßnahmen sind", so *Elisabeth Liefmann-Keil*, „gegenwärtig verteilungspolitische Maßnahmen. Sie gelten direkt (teilweise auch indirekt) der Gestaltung der Einkommensverteilung.

Die Sozialpolitik ist eine Politik der Einkommensverteilung geworden, ungeachtet mancher Ansätze und Bestrebungen, aus ihr eine Gesellschaftspolitik zu machen." Es gebe keinen eindeutigen, vorgegebenen Maßstab für die Verteilung, dieser müsse vielmehr „jedes Mal von Neuem" festgelegt werden: „Eine solche Festlegung ist stets ein politischer Akt." Zugleich könne jede Einkommensverteilung, wie immer sie zustande gekommen sein mag, „Grund zur Unzufriedenheit gegen und Anlass zu Forderungen von entsprechenden verteilungspolitischen Maßnahmen sein." Richtschnur aber für Verteilung müsse „die Anwendung des Maßstabes der Gerechtigkeit" sein: „Sozialpolitik ist in dieser Hinsicht Verteilungspolitik." (Liefmann-Keil 1961, S. 1 f.)

3.1.1 Vorstellungen von Gerechtigkeit

Sozialpolitik zielt darauf, Gerechtigkeit herzustellen. Doch darüber, was dieser Begriff meint, gehen die Meinungen weit auseinander. Was Gerechtigkeit sein soll und wie sie herzustellen ist, bestimmt jede Gesellschaft, oder besser jede gesellschaftliche Teilgruppe, selbst. Damit ist zweierlei verbunden: Vorstellungen von Gerechtigkeit verändern sich zum einen im Zeitverlauf (*sozialer Wandel*). Zum anderen sind sie davon abhängig, welche Mehrheitsmeinung sich in einer Gesellschaft herausbildet. Und dabei sind in der Regel gerade die Gruppen, die, auch aufgrund objektiver Kriterien (*Armutsforschung;* vgl. Abschn. 4.6), als Opfer von Ungerechtigkeit beschrieben werden können, meist am schwächsten an der (politischen) Willensbildung beteiligt.

Normativ
Aus den in den Abschn. 2.2.3, 2.2.4 und 2.2.5 aufgezeigten, im Laufe der Geschichte entwickelten Grundprinzipien der Sozialpolitik, *Eigenverantwortung, Solidarität* und *Subsidiarität,* leiten sich drei Grundvorstellungen von Gerechtigkeit ab: *Leistungsgerechtigkeit, solidarische Gerechtigkeit* und *vorleistungsfreie, subsidiäre Gerechtigkeit.*

- Die aus der bürgerlichen Emanzipationsbewegung herrührende Vorstellung von *Leistungsgerechtigkeit* ist inzwischen über den bürgerlichen Interessenbezug hinaus vom Großteil der abhängig Beschäftigten übernommen worden. Sie schlägt sich außer in der Lohn- und Einkommensdifferenzierung auch in Erwartungen an gestufte, d. h. an die Höhe der zugrunde liegenden, vorherigen Erwerbseinkommen gebundene Lohnersatzleistungen (Renten, Kranken- und Arbeitslosengeld) nieder.

- Umgekehrt sind Vorstellungen von *solidarischer Gerechtigkeit* über den engen Bereich der vormaligen Industriearbeiterschaft hinaus auch in die Mittelschichten eingeflossen. Sie benötigen immer stärker sozialpolitische Leistungen, da sie sozialen Risiken in gleicher Weise ausgesetzt sind wie früher die Arbeiterschaft, ohne dass sie diese Risiken allein durch Eigenvorsorge auffangen könnten.
- Stark christlich geprägt ist die Vorstellung von der *vorleistungsfreien Gerechtigkeit*. Die davon Profitierenden können sich kaum sozial bzw. politisch durchsetzen, sie gehören eher zu den sogenannten sozial benachteiligten Personengruppen und bedürfen deshalb der sozialanwaltlichen Interessenverstärkung. Dabei sind die Mindestsicherungsleistungen als solche in der Bevölkerung kaum umstritten. Allerdings gibt es sehr wohl Streit darüber, wie umfassend und in welcher Höhe sie ausgestattet sein sollen.

In der Sozialpolitik dominieren also nach wie vor diese drei normativen Vorstellungen von Gerechtigkeit, auch wenn gesamtgesellschaftlich eine Entwertung traditioneller Orientierungen unübersehbar ist. Stärker wirtschaftsliberal ausgerichtete soziale Interessenträger versuchen zu Gunsten einer Stärkung, teilweise sogar alleinigen Gültigkeit der Leistungsgerechtigkeit von der sich geschichtlich herausgebildeten Verbindung dieser drei Elemente von Gerechtigkeit abzurücken. Die Konsequenz für den Fall, dass diese Kräfte erfolgreich sind, wäre: Wenn die einzelbetriebliche Logik absolut gesetzt wird und Entlohnungsbedingungen einschließlich der davon abhängigen Lohnersatzleistungen dieser subsumiert werden, verliert der *solidarische* Gerechtigkeitsaspekt zunehmend an Gewicht, der der *vorleistungsfreien* Gerechtigkeit könnte schlicht obsolet werden.

Prozedural

Dem Dilemma, dass Wertvorstellungen interessebedingt immer weiter auseinander gehen und sich teilweise gegenseitig neutralisieren, versuchen Theoretiker*innen dadurch zu entgehen, dass sie Gerechtigkeitsvorstellungen nicht mehr normativ vorgeben, sondern konsensuelle Verfahrensgrundsätze formulieren. Hierbei wird darauf Wert gelegt, dass insbesondere Asymmetrien bei der Interessenartikulation und der Durchsetzung von Wertvorstellungen etwa in *idealen* Sprechsituationen bzw. in einem *herrschaftsfreien Diskurs (Jürgen Habermas, *1929)* aufgehoben werden und so der Weg frei gemacht wird für ein nicht machtbesetztes Wertbestimmungsverfahren.

John Rawls beispielsweise hat den Versuch unternommen, einen derartigen Verfahrensgrundsatz zu entwickeln. Danach seien soziale und wirtschaftliche Ungleichheiten so zu regeln, „daß sie sowohl a) den am wenigsten Begünstigten die bestmöglichen Aussichten bringen als auch b) mit Ämtern und Positionen verbunden sind, die allen gemäß der fairen Chancengleichheit offenstehen." (Rawls 1975, S. 104) Gerechtigkeit wird hier relational begriffen. Allerdings müssen diese Vorstellungen einer auf Konsens ausgerichteten Meinungsbildung in der sozialen Wirklichkeit akzeptiert werden. Normative Setzungen stoßen im politischen Raum aufeinander und die dort handelnden Akteur*innen müssen – meist in festgelegten institutionellen Strukturen – Kompromisse suchen, eingehen oder diese ablehnen. Bei der Vorstellung, prozesshaft nach Kompromissen zu suchen, wird diese Konsensbildung auf eine Ebene vorverlagert, bei der es keine formalisierten Entscheidungsstrukturen gibt. Ihre Umsetzung ist deshalb in einem hohen Maße von der politischen Kultur eines Gemeinwesens abhängig. Während beispielsweise in den Niederlanden eine lange Tradition sog. ‚runder Tische' besteht, hier also alle Akteur*innen gemeinsam nach Lösungen – auch bei der Verteilung materieller Ressourcen – suchen, konnten sich – geschichtlich betrachtet – in Deutschland gleichgerichtete Versuch nicht durchsetzen, wenn man beispielsweise an entsprechende Aktivitäten im Kontext der Herstellung der deutschen Einheit erinnert oder aktuell an den politischen Prozess zur Festlegung der Regeln bei der COVID-19-Bekämpfung.

Normen und Wertvorstellungen in der Sozialpolitik
Werte sind Wunschvorstellungen und Ziele, „die in einer Gesellschaft für einen Großteil der Menschen Geltung haben" (Vester 2009, S. 55) und ihnen Orientierung liefern vor allem beim Bewerten und Beurteilen der Umwelt mit ihren politischen und sozialen Prozessen. Beispiele sind Freiheit, Gleichheit, Brüderlichkeit, Sicherheit und Menschrechte.

Normen sind hingegen Verhaltenserwartungen, „die an die Mitglieder einer Gruppe oder Gesellschaft seitens der Gruppe oder Gesellschaft gerichtet werden" (ebd.) und bieten damit eine Richtschnur für gesellschaftlich akzeptiertes Verhalten.

Normen und Werte stehen damit in einem unmittelbaren Verhältnis und prägen die Sozialpolitik. Sozialpolitik ist damit aber auch immer kulturell-historisch gebunden (*Pfadabhängigkeit*). Ohne klare Vorstellungen über den Norm- und Wertekanon einer Gesellschaft lassen sich deren sozialpolitische Grundsatzentscheidungen, Verteilungskompromisse und sozialen Konflikte kaum nachvollziehbar machen.

3.1.2 Leitbilder sozialer Gerechtigkeit

Vorstellungen von Gerechtigkeit werden in Entwürfe für gesellschaftliches Zusammenleben zusammengeführt. Der geschichtliche Abriss hat die Entstehung verschiedene Leitbilder nachgezeichnet. Es bildet sich im historischen Rückblick eine Entwicklung ab, in der ein Leitbild mal dominant wird, wie etwa die Vorstellung einer residualen Absicherung im Deutschen Kaiserreich, um dann durch ein anderes überlagert oder gar verdrängt zu werden, etwa durch die qualitativ und quantitativ umfangreiche Reformpolitik in der Weimarer Republik (vgl. Abschn. 2.10). Wenn Leitbilder in einem Zeitpunkt kaum noch thematisiert werden, schließt das nicht aus, dass sie noch weiter fortwirken. Denn auch das zeigt der historische Blick, Leitbilder werden selten in Reinform politische Realität. Somit können sie auch jederzeit ganz oder teilweise reaktiviert werden. Hierbei ist etwa an Leitbilder aus dem Faschismus zur Volksgemeinschaft oder der DDR zum Privateigentum zu denken (vgl. Abschn. 2.5 und 2.8.2).

Diskutiert werden auch weitere bzw. neu akzentuierte Leitbilder, etwa das der Flexibilität und Sicherheit verbindenden ‚Flexicurity' (vgl. Klammer et al. 2001) oder das einer verstärkt ‚vorbeugenden Sozialpolitik' (vgl. Klammer und Brettschneider 2021). Im Kontext der Wirtschafts- und Sozialpolitik der EU hat die Idee des ‚social investment state' Bedeutung gewonnen. Hierbei handelt es sich um einen Ansatz, in dem stärker in die Humanressourcen der Menschen investiert werden soll, „to support them to participate fully in employment and social life. Key policy areas include education, quality childcare, healthcare, training, job-search assistance and rehabilitation." (vgl. Europäische Kommission 2021) Auch die Debatte zum bedingungslosen Grundeinkommen (BGE) erhält in regelmäßigen Abständen neuen Aufwind. Und last but not least wird auch auf (real-) utopische Leitbilder (etwa der Genossenschaftsbewegung) und ihr Potenzial hingewiesen. (vgl. Kubon-Gilke und Maier-Rigaud 2020)

In der aktuellen Diskussion bilden sich in der Leitbildfrage drei Schwerpunkte heraus bzw. werden nun stärker akzentuiert, ohne allerdings die Dominanz etwa des Primates wirtschaftlicher Wertschöpfung (*„Die beste Sozialpolitik ist eine gute Wirtschaftspolitik."*) und die darauf ausgerichtete Zuspitzung im Rahmen des Leitbildes vom *aktivierenden Sozialstaat* verdrängt zu haben. Diese drei Leitbilder betreffen die Frage der *Gleichstellung der Geschlechter,* der *Prävention* und der *sozialen Inklusion.*

Leitbild von der Gleichstellung der Geschlechter
Mit der Frauenbewegung und der Frauenforschung ist dem Aspekt der geschlechtsspezifischen Verteilungsprozesse ein besonderes Gewicht zugewachsen. *Andrea Weinert* konstatierte bündig: „Letztlich sagt es schon die Grammatik: ‚*Der* Reichtum' – ‚*die* Armut'." (Weinert 1997, S. 200) Folgt man der Arbeitsmarktstatistik, so sind Frauen bis heute, wiewohl mit einem im Vergleich zu Männern durchschnittlich höheren Bildungsabschluss ausgestattet, im Schnitt geringer beruflich qualifiziert, vermehrt mit niedriger bewerteter Arbeit

beschäftigt, seltener mit Leitungsaufgaben betraut, in hohem Maße lohnmäßig diskriminiert, verstärkt in prekären Beschäftigungsverhältnissen tätig und mehr von Arbeitslosigkeit betroffen als Männer. Dem liegt, so der analytische Schluss zahlreicher Forscher*innen, das Konstrukt zugrunde, dass Frauenerwerbstätigkeit männlicher nachgeordnet sei, weil letztere die Familie ernähre, erstere aber eher einen Zuverdienst darstelle, während die Hauptaufgabe von Frauen bei der Wahrnehmung von Familien- und Haushaltsaufgaben liege. Dass Frauen vor allem Familien- und Männer Erwerbsarbeit leisten, gehört sicher zu den nachhaltigsten ideologischen Verzerrungen von sozialer Wirklichkeit: Von einer kleinen Schicht im Bürgertum abgesehen, waren Frauen sowohl in der Feudalgesellschaft als auch in proletarischen Lebenszusammenhängen immer erwerbstätig (vgl. Abschn. 2.2.3).

Das Leitbild von einer Gleichstellung der Geschlechter zielt auf Veränderungen an zahlreichen Ebenen im gesellschaftlichen Leben. So sollen Frauen stärker in den Wirtschaftsprozess integriert werden und dabei auch in qualifiziertere Positionen aufsteigen. Sie bleiben damit allerdings in Abhängigkeit vom Wirtschaftsprozess; je stärker ihre Erwerbsbeteiligung wird, umso stärker übernehmen sie in Teilbereichen durchaus Männerrollen, ohne dass allerdings der Doppelbelastung im Haushalt entgegengewirkt würde. Hier setzen dann Initiativen zur Verbesserung der Vereinbarkeit von Familie und Beruf an.

Staatliche Politik steht in dem grundsätzlichen Dilemma, aus Gründen der Gleichstellung sozialpolitische Maßnahmen so zu regeln, dass davon Männer und Frauen sowie diverse Geschlechter gleichermaßen einen Nutzen ziehen können, aber die zugrunde liegenden langfristig wirkenden Einflüsse von Sozialisation, von Gesellschaftsbildern, von Ausbildung und Erwerbsarbeit nicht direkt beeinflussen zu können. Folglich beinhalten selbst Regelungen, die an sich geschlechterneutral sind, häufig Bevorzugungen von Männern.

Doch ist ,die' Frauenrolle nicht allein im Verhältnis zur ihr übergeordneten (männlich dominierten) Erwerbsarbeit zu bestimmen. Tatsächlich wirken auch abseits privatwirtschaftlich organisierter Erwerbsarbeit patriarchalische Strukturen im allgemeinen Lebenszusammenhang, die zwar für diese Erwerbsarbeit in einem Über- und Unterordnungsverhältnis funktional sind, sich aber nicht nur darin widerspiegeln, sondern sich einem aus langfristig wirksamem Denken bzw. Handeln der Geschlechterrollen (*doing gender*) speisen. Frauenrollen bestimmen sich also nicht nur im Verhältnis zwischen abhängiger Erwerbsarbeit und Kapital, sondern auch zwischen Frausein und der Wirksamkeit patriarchalischer Strukturen. Die sozial antrainierte Frauenrolle – oder in den Worten von *Ilona Kickbusch:* ihre ,*doppelte Vergesellschaftung*' (Kickbusch 1981, S. 414 ff.) – zielt auf beide Ebenen. Die langfristige Wirkung dieses geschlechtsspezifischen Sozialisationsprozesses, also die Hineinführung in die Gesellschaft, erklärt, warum einerseits zwar durchaus in Teilen Gemeinsamkeiten bei der sozialen Lage zwischen Mann und Frau *einer* sozialen Schicht bestehen, umgekehrt aber durchaus auch soziale Übereinstimmungen zwischen Frauen *unterschiedlicher* sozialer Positionen bzw. Stellungen anzutreffen sind.

Mit ihrem Leitbild der Gleichstellung der Geschlechter sucht die Politik auf diese widersprüchliche Situation mit unterschiedlichen Instrumenten zu reagieren: Dort wo Unterschiede in der beruflichen Stellung, beim Einkommen, beim Wohnen etc. ausgeglichen werden sollen, sollen einkommens- und statusabhängige Regelungen greifen. Dort aber, wo genderspezifische Diskriminierungen zu kompensieren sind, sollen etwa Antidiskriminierungsgebote und/oder Frauenförderpläne Abhilfe schaffen. In diesen letzten Kontext gehören auch Regelungen zur Abwehr sexueller und häuslicher Gewalt, die weit überwiegend Frauen betreffen. Je weiter allerdings soziale Problemlagen von der Ebene einfacher Kompensierbarkeit wegführen und auf langfristigen Macht- und Sozialisationsstrukturen basieren, umso schwieriger und langwieriger sind politische Gegenstrategien, die ihrerseits unter dem Vorbehalt stehen, selbst keinen archimedischen Punkt zum vorfindlichen Geschlechterverhältnis darzustellen, sondern von eben diesem mitgeprägt zu sein.

Gender-Politik ist, auch wenn der Begriff heute nicht mehr nur binär ‚beide‘, sondern (bis hin zum Eintrag im Geburtsregister) auch dritte Geschlechter umfasst, noch immer weitgehend Frauenpolitik. Der neuerliche Ansatz in der Politik, alle Maßnahmen im politischen Bereich darauf zu hinterfragen, welchen Beitrag zur Gleichstellung der Geschlechter sie leisten (*Gender mainstreaming*), bleibt so lange problematisch, als er nicht zugleich auch Männerrollen sowie die Bedingungen des Aufwachsens von Kindern und Jugendlichen mit einschließt. Damit würden Geschlechterrollen infrage gestellt, zugleich definiert; sie unterlägen Entwicklungen und könnten neue Statussicherheit schaffen.

Leitbild Prävention

In der Bundesrepublik wird, auch im Vergleich mit anderen europäischen Staaten, ein beträchtlicher Teil der gesamtgesellschaftlichen Wertschöpfung für sozialpolitische Leistungen aufgewendet. Trotz dieser enormen Anstrengungen ist erkennbar, dass ein Teil der deutschen Bevölkerung von der gesellschaftlichen Teilhabe ausgeschlossen ist und viele der oft kostspieligen Integrationsstrategien nur einen begrenzten Erfolg nachweisen können. Vor diesem Hintergrund rückte die präventive Funktion der Sozialpolitik in den letzten Jahren stärker in den Fokus. Illustriert durch den bekannten hippokratischen Ausspruch „Vorbeugen ist besser als heilen!" (*Hippokrates* 400 v. Chr.) ist die Idee, Schaden zu verhindern, bevor er entsteht, heute so präsent wie lange nicht in der sozialpolitischen Diskussion. Aktuell wird Prävention vor allem im Zusammenhang mit einer Ausweitung der Sozialen Dienste im Bereich der frühkindlichen Betreuung und Bildung und bezüglich des Aufbaus *kommunaler Präventionsketten* diskutiert. Durch die Ausweitung früh einsetzender Hilfen sollen spätere Entwicklungsdefizite z. B. in der Schulbildung und im Sozialverhalten minimiert und somit kompensatorische sozialpolitische Leistungen unnötig werden. Vor diesem Hintergrund ist auch der massive Ausbau der *Frühen Hilfen* in den letzten Jahren zu betrachten.

Ganz allgemein lässt sich Prävention definieren als die „Gesamtheit aller Maßnahmen, die eine [Gefährdung oder Schädigung des Individuums, *d. Verf.*] gezielt verhindern, weniger wahrscheinlich machen oder deren Eintritt verzögern." (Franzkowiak 2006, S. 30) Nach dem Zeitpunkt, wann eine präventive Maßnahme einsetzt und ob sie sich auf eine konkrete Risikogruppe bezieht, wird, wie in Abb. 3.1 dargestellt, zwischen *primärer, sekundärer* und *tertiärer* Prävention unterschieden.

Neben dieser Unterscheidung lassen sich *verhältnispräventive* und *verhaltenspräventive* Maßnahmen voneinander abgrenzen. Maßnahmen der *Verhältnisprävention* versuchen, die Umwelt der Menschen so zu beeinflussen, dass negative Einflüsse minimiert (z. B. die Einrichtung von Umweltzonen zur Reduktion der Schadstoffbelastung) und förderliche Entwicklungsbedingungen geschaffen werden. *Verhaltensprävention* zielt auf die Begrenzung von individuellem Risikoverhalten (wie Rauchen oder übermäßigem Alkoholkonsum) und auf die Unterstützung positiv bewerteten Verhaltens.

Präventionsart	Fokus liegt auf ... / Ziel	Beispiele
Primär-prävention	... der gesamten Population/Bevölkerung *Ziel*: Reduktion der Wahrscheinlichkeit des Eintritts eines Risikos.	Impfung
Sekundär-prävention	... bestimmten Risikogruppen *Ziel*: Frühzeitiges Erkennen, wenn das Risiko eingetreten ist.	Früherkennungsmaßnahmen
Tertiär-prävention	... Gruppen in manifesten Problemlagen (Rückfallprophylaxe) *Ziel*: Linderung der Folgen / Verhinderung der Verschlimmerung nach Eintritt des Risikos.	Rehabilitation

Abb. 3.1 Präventionsarten. (Quelle: Eigene Darstellung)

Der Präventionsbegriff stammt ursprünglich aus dem medizinischen Kontext, in dem häufig auch von *Prophylaxe* die Rede ist. Dem Modell der *Pathogenese* zufolge ist Prävention auf die Reduktion von spezifischen Risiken ausgerichtet. Folgt man dem Modell der *Salutogenese* versteht sich Prävention als Gesundheitsförderung und zielt somit nicht primär auf das Verhindern von Krankheiten, sondern auf den Erhalt von Gesundheit. Grundsätzlich kann man den sozialpolitischen Diskurs in zwei Lager aufteilen. Auf der einen Seite steht der *demokratisch-emanzipatorische Ansatz,* auf der anderen Seite ein eher *paternalistisch-kontrollierender Ansatz.* Letzterer legt den Schwerpunkt eher auf sekundär- bzw. tertiärpräventive Maßnahmen und ist somit in erster Linie auf die Verhinderung spezifischer Fehlentwicklungen ausgerichtet. Der demokratisch-emanzipatorische Ansatz betont dagegen stärker Maßnahmen der Primärprävention und ist sozialintegrativ sowie proaktiv ausgerichtet.

Nach dem paternalistisch-kontrollierenden Modell ist vor allem ein, biographisch betrachtet, möglichst frühes Eingreifen notwendig, um potentielle Fehlentwicklungen gar nicht erst entstehen zu lassen. Da das demokratisch-emanzipatorische Modell nicht primär auf die Förderung von Risikogruppen ausgerichtet ist, kann es hier auch nicht allein um lebensbiographisch früh angesiedelte Förderung gehen. Vielmehr müssen sozialpolitische Leistungen frühzeitig in dem Sinne einsetzen, dass benachteiligende Lebenslagen generell minimiert werden und Förderungen nicht so früh wie möglich, sondern dann angeboten werden, wenn benachteiligungsbedingte Entwicklungsdefizite und Entfaltungshemmnisse absehbar sind.

Nach *Aaron Antonovsky* (1923–1994) steht für den Gesundheitsbereich damit folgende Frage im Zentrum: „Warum befinden sich Menschen auf der positiven Seite des Gesundheits-Krankheits-Kontinuums oder warum bewegen sie sich auf den positiven Pol zu, unabhängig von ihrer aktuellen Position?" (Antonovsky 1997, S. 7) Die Widerstandsressourcen sind nach dem demokratisch-emanzipatorischen Ansatz auf sämtlichen gesellschaftlichen Ebenen angesiedelt, was sowohl verhaltens- als auch verhältnisbezogene Prävention notwendig macht. Durch diese Sichtweise wird Prävention zu einer Querschnittaufgabe von Politik, Institutionen, Gemeinwesen, Gruppen und Individuen. Auf der Makro-Ebene soll darauf hingewirkt werden, dass alle Menschen vergleichbare Chancen erhalten und auf der Mikro-Ebene geht es darum, die Individuen innerhalb ihrer Lebenswelt (*Setting-Ansatz*) zum autonomen Handeln und zur Selbsthilfe zu befähigen. Um diese Ziele erreichen zu können, ist auf der einen Seite eine multisektorale Vernetzung notwendig und auf der anderen Seite müssen die Individuen miteinbezogen und beteiligt werden.

Bei allen Ambivalenzen, die dem Präventionsansatz zugrunde liegen, ist das *Leitbild präventiver Sozialpolitik* unverzichtbar, da eine rein auf Nachsorge und Kompensation ausgerichtete Sozialpolitik immer erst dann einsetzen kann, wenn Negativentwicklungen feststellbar sind. Wie die Geschichte zeigt, stößt aber eine reaktive Sozialpolitik, besonders hinsichtlich der nachhaltigen Bekämpfung sozialer Ausgrenzung und der Herstellung gleichwertiger Lebensverhältnisse, schnell an Grenzen und verursacht durch ihr zu spätes Eingreifen zusätzliche Kosten.

Durch die Betonung der präventiven Funktion rücken die Handlungsfelder *Bildung* und *Erziehung* stärker ins Zentrum der Sozialpolitik. Durch Bildung soll jeder Mensch befähigt werden, einer existenzsichernde Erwerbsarbeit nachzugehen und so Verantwortung für sein Leben selbst zu übernehmen. Durch einen solchen Präventionsansatz wird die *Subsidiarität* betont. Sozialpolitik hat aus dieser Perspektive den Auftrag, durch Bildung *Hilfe zur Selbsthilfe* zu leisten. Mit präventiven sozialpolitischen Interventionen kann die Eigenverantwortung betont werden. Prävention zielt dann in erster Linie darauf ab, für vergleichbare Startchancen zu sorgen, was der bzw. die Einzelne aus diesen Chancen macht, liegt dann wiederum in der Verantwortung des Individuums. Präventive Ansätze können genauso gut aus einer *solidarischen Perspektive* betrachtet werden, indem durch präventive Maßnahmen Benachteiligungen verhindert und so der soziale Ausgleich gefördert wird (etwa: Angebote der Frühförderung).

Anhand der geschilderten Beispiele wird deutlich, dass sich Prävention nicht einer einzelnen sozialpolitischen Grundnorm zuordnen lässt. Vielmehr werden je nachdem, welche Interessen mit Prävention verfolgt werden, unterschiedliche Grundnormen durch die konkrete Ausgestaltung der Maßnahmen betont. Hinter dem Ruf nach mehr Prävention kann also sowohl das Interesse einer stärkeren Kontrolle individuellen Verhaltens seitens staatlicher Institutionen als auch das Motiv einer Demokratisierung stehen. Geht es auf der einen Seite um die Vorbeugung ungewollten Verhaltens, steht auf der anderen Seite die Schaffung der Voraussetzungen für individuelle Entfaltung und Partizipation. Auf diese Weise lässt sich mit dem Leitbild Prävention sowohl die Erweiterung, als auch der Abbau sozialpolitischer Leistungen begründen. Mit Prävention kann sowohl eine Verbesserung der Wirksamkeit von Sozialpolitik, als auch eine Reduzierung später einsetzender Hilfen gemeint sein, wenn z. B. die Förderung von Jugendlichen aus ökonomischer Sicht als weniger effizient eingestuft wird.

Dabei belegen Langfriststudien, dass schon ungeborene Kinder keineswegs gleiche Chancen auf eine gute Entwicklung haben – im Mutterleib und danach. Verantwortlich dafür sind die Wohnverhältnisse insgesamt, die Möglichkeiten der Frühförderung, Anregungen durch das soziale Umfeld etc. Diese Hinweise machen deutlich, dass bei einer umfassenden Umsetzung dieses Leitbildes in Zukunft in vielfältige Politikfelder eingegriffen werden muss. Es ist dieses zugleich der Grund, warum Politik mehr denn je bloß auf Verhaltensprävention setzt, ist doch damit zugleich die ‚Schuldfrage' bei Nichtgelingen beantwortet. Nun wird es mehr denn je auch darum gehen, Verhalten zu verändern, bedenkt man alleine die vielen persönlichen Leiderfahrungen und auch volkswirtschaftlichen Kosten, die Alkohol- und Nikotinkonsum sowie Übergewicht und mangelnde körperliche Aktivitäten nach sich ziehen können. Nur müssen diese verhaltenspräventiven Ansätze auch die sozialen Ursachen von ‚Fehl'-Verhalten mitbedenken, nicht zuletzt auch die, die sich aus enorm gesteigerten Leistungsanforderungen im Wirtschaftsleben ergeben. Politik stellt sich nicht diesen Herausforderungen, indem sie lediglich Aufklärung betreibt oder etwa bei der Zigarettenwerbung abschreckende Szenarien zur Auflage macht. Gesundheitserziehung kann die hinlänglich bekannten sozioepidemiologischen Befunde zwar verkürzen, nicht aber aufheben, es sei denn, sie geht auch an die Wurzel zahlreicher Fehlentwicklungen.

Dieses setzt sehr früh ein, eben schon in der Schwangerschaft. Wenn Prävention nicht stärker auch die Verhältnisse in den Blick nimmt, die Ursachen für soziale Problemlagen sind, verkürzt sie Prävention auf eine symbolische Politik. Als Stichworte einer umfangreicheren Prävention seien hier genannt:

- massive Entlastung gerade der benachteiligten Wohngebiete von gesundheitsschädlichen Emissionen und Umweltgiften aller Art,
- frühzeitige außerfamiliäre Förderung durch familienergänzende, kostenlose Kinderbetreuung,
- Umorientierung schulischer Bildung hin zur Persönlichkeitsbildung (erweiterter Bildungsbegriff) neben dem Erwerb von Bildungsstandards und
- Rückgriff auf die breite Debatte um eine „Humanisierung der Arbeitswelt" aus den 1970er-Jahren, nunmehr verstärkt unter Bezug auf psychische Dauerbelastungen in der Arbeitswelt.

Prävention ist sicher ein besonders ambitioniertes Leitbild in der Sozialpolitik, aber es sollte zumindest als *Mainstreaming* verstärkt in alle Politikfelder einfließen. Wenn dabei auch die normativ-erzieherischen Implikationen der Prävention kritisch-reflexiv in den öffentlichen Blick genommen und diskutiert werden, wäre es auch wirklich *sozial*politisch.

Leitbild Inklusion – sozial und für Menschen mit Behinderungen
Das Grundgesetz, in Kraft getreten 1949, stellt in Artikel 1 die Achtung der Würde des Menschen als oberste Norm staatlicher Politik heraus. Dieses deckt sich mit einer zweiten Grundsatzentscheidung der Verfassung, der zufolge Deutschland ein Sozialstaat ist: Dieser zielt nicht nur auf die bloße Absicherung eines sozialen Existenzminimums, sondern auch auf die umfassende Teilhabe am soziokulturellem Leben. Bezogen auf Menschen mit Behinderungen ist die Sensibilität im Umgang mit dieser Personengruppe in der Öffentlichkeit gewachsen (vgl. Abschn. 2.6.3). Artikel 3 des Grundgesetzes wurde 1994 ergänzt und damit ausdrücklich verankert, dass niemand „wegen seiner Behinderung" benachteiligt werden darf. Artikel 1 und Artikel 3 GG haben damit das soziale Leitbild der Inklusion mit Verfassungsrang ausgestattet. Doch was meint soziale Inklusion genau? Ist sie Ziel oder Prozess, meint sie Zugangschancen oder die Gewährung konkreter sozialer Hilfezusagen? Ist sie Vision, Utopie oder konkreter Gestaltungsauftrag an Politik und zivilgesellschaftliche Akteure? Und was ist mit der anderen Seite: Der Angewiesenheit jeder staatlichen Sozialpolitik auf Grenzen, etwa solchen zwischen Versicherten und Nichtversicherten, von Anspruchsberechtigten auf besondere Leistungen und solchen, die diese Ansprüche nicht haben? Sozialpolitik kann und wird auch eingesetzt zur Unterscheidung sozialer Gruppen, etwa von Arbeits(un)willigen oder (nicht) Zuwanderungsberechtigten usw.

Gleichwohl: Das Leitbild *Inklusion* setzt demokratische Sozialpolitik von reinen Zuordnungssystemen etwa patriarchalischer oder gar totalitärer Herrschaft ab. Sie meint zunächst und vor allem Teilhabe aller – am politischen Prozess, am Zugang zu den gesellschaftlichen Ressourcen, aber auch zu den Möglichkeiten, diese Ressourcen zu mehren und zu gestalten, indem jedes Individuum seine Fähigkeiten im Wirtschaftsprozess bzw. im gesellschaftlichen Leben einbringt. In der politischen Diskussion liefen lange Zeit zwei Zielrichtungen parallel, einmal die Integration der sozial Ausgegrenzten, zum anderen die Integration von Menschen mit Behinderungen. Beide soziale Gruppen haben einerseits eine gemeinsame Schnittmenge, sind aber nicht identisch. Beide Gruppen verbindet die Gültigkeit der Grund- und Menschenrechte, wie dies beispielhaft das Grundgesetz betont. Das Leitbild Inklusion zielt also sowohl auf die sozial Ausgegrenzten als auch auf Menschen mit Behinderungen.

Nach der UN-Behindertenrechtskonvention (UN BRK) aus dem Jahr 2006 soll jedem Menschen, unabhängig von seiner geistigen und körperlichen Konstitution, die Teilhabe am gesellschaftlichen Leben und Selbstverwirklichung ermöglicht werden. Was das konkret bedeutet, wird etwa in Art. 29 UN BRK (*Teilhabe am*

politischen und öffentlichen Leben) deutlich: Hier geht es etwa um eigenver-
antwortliche Kandidaturen für Wahlämter, solidarische Förderung des (Wohn-)
Umfeldes zur Ermöglichung politischer Teilhabe und subsidiäre Assistenz beim
Wahlakt, bei Bedarf und auf Wunsch. Die Vorstellung von sozialer Inklusion
meint ebenfalls nicht bloß die Ausstattung mit materiellen Gütern auf existenzminimalem Niveau, sondern auch die Teilhabe am soziokulturellen Leben.
An diesen Zielsetzungen wird deutlich, Inklusion ist immer durch normative
Setzungen bestimmt und zielt somit auf eine Verständigung darüber, in welchem
Mischungsverhältnis Eigenverantwortung, Solidarität und Subsidiarität wirken
sollen, wirken müssen oder können. Und Inklusion setzt Grenzen bei der asym-
metrischen Verteilung der in einer Gesellschaft gegebenen materiellen und
immateriellen Ressourcen und Chancen. Inklusion ist folglich ein Prozess, der
immer aber auch auf das Ziel sozialer Teilhabe ausgerichtet sein muss.

Trotz sozialpolitischer Interventionen werden die soziale Segregation und
die sozialen Ungleichheiten in verschiedensten Dimensionen größer (Deutscher
Bundestag 2021). Befunde, wonach Personen aus den unteren Sozialschichten
häufiger gesundheitsgefährdenden Umwelteinflüssen ausgesetzt sind, lassen sich
in diesem Kontext betrachten, und auch das sehr unterschiedliche Abschneiden
einzelner Bundesländer z. B. bei den PISA-Studien kann als Beleg für regional
unterschiedliche Entwicklungschancen bzw. Lebenslagen gesehen werden.
Zugleich verweisen Studien auf erhebliche Barrieren im öffentlichen und im
privaten Leben, die es Menschen beider Gruppen schwer machen, ihren Anspruch
auf Teilhabe einzulösen.

Über die Ursachenzusammenhänge bzw. die Auswirkungen sozialer
Exklusion gehen die politischen Meinungen ebenso weit auseinander, wie bei
der Beurteilung wirksamer Gegenmaßnahmen. Soll vor allem mit vorleistungsfreien Hilfen kompensatorisch auf die Lebenslagen der Betroffenen eingewirkt
werden, oder sollen sie mit mehr oder weniger Druck („Fördern und Fordern")
in eine Erwerbstätigkeit vermittelt werden? Handelt es sich um eine solidarische
Hilfestellung oder um eine letztlich am konservativen Subsidiaritätsverständ-
nis anknüpfende Strategie, dass die Selbsthilfepotentiale der Betroffenen durch
Abwarten bzw. restriktive Hilfegewährung zunächst aktiviert werden sollen, um
staatlich finanzierte Hilfen so weit wie möglich überflüssig zu machen? Soziale
Inklusion ist ein Leitbild, wenngleich die gesellschaftspolitischen Konsequenzen
aus diesem Leitbild sehr stark voneinander abweichen. Sie bleibt bei aller ihr
innewohnenden Ambivalenz eine zentrale sozialpolitische Herausforderung (vgl.
Abschn. 5.3).

3.1.3 Teilziele sozialer Gerechtigkeit

Gerechtigkeitstheorien und -konzepte, gebündelt in Leitbildern, zielen auf die Gestaltung der Lebensbedingungen einer Gesellschaft auf der Makroebene. Doch um zu prüfen, ob sie umgesetzt werden, müssen messbare Teilziele entwickelt werden. In Erweiterung einer von *Irene Becker* und *Richard Hauser* entworfenen Abbildung werden diesen Teilzielen – siehe Abb. 3.2 – zugleich Handlungsebenen zugeordnet:

Gerechtigkeit für Einzelne (Mikroebene)
Gerechtigkeit zielt zunächst auf die Lebenslage jeder und jedes Einzelnen. Empirische Untersuchungen belegen auch für Deutschland, dass die Startchancen für die persönliche Entwicklung und Positionierung in der Gesellschaft stark voneinander abweichen. Das soziale Umfeld bestimmt auch in hohem Maße die Bildungschancen und Gesundheitsrisiken. Beides deutet darauf hin, dass die Geburt bzw. das soziale Milieu, in das jemand hineingeboren wird, über den weiteren Lebensweg entscheidet. Dies betrifft auch Fragen nach den nach wie vor gegebenen geschlechtsspezifisch sowie ethnisch/migrationsspezifisch wirksamen Benachteiligungen.

Es geht um die Frage nach der *Startchancengleichheit* für alle. Hier hat sich die Sozialpolitik lange Zeit sehr zurückhaltend gezeigt, zieht dieses doch Eingriffe in den privaten Bereich bzw. in das unmittelbare soziale Umfeld nach sich. Auch birgt eine solche Politik das Risiko, dass bestehende soziale Hierarchien infrage gestellt werden, privilegierte Positionen aufgegeben werden müssen. Trotzdem setzte sich seit Mitte der 1960er Jahre erst allmählich, dann immer stärker die Überlegung durch, dass Risiken, unter denen insbesondere Kinder und deren Familien stehen, umso besser gemindert, behoben oder kompensiert werden können, je früher Interventionen erfolgen. (Soziale) Diagnostik allein ändert Lebenslagen allerdings noch nicht. In diesem Zusammenhang greift auch der Gedanke, Ungleichgewichte bei den Startchancen durch eine „kompensierende Diskriminierung", so der US-Philosoph *Richard Dworkin* (1931–2013), auszugleichen. In diesem Sinne gibt es Ansätze und Modelle etwa im Bereich der Kinder- und Jugendhilfe, bei der Förderung von Mädchen bzw. Frauen und schließlich auch bei der von Menschen mit Behinderungen.

Ein zweites Teilziel hängt damit eng zusammen: das der *Bedarfsgerechtigkeit*. Dominiert das Prinzip der Leistungsgerechtigkeit, das zwar wichtig ist, aber keine Rücksicht auf die unterschiedlichen Fähigkeiten, Ressourcen und Einschränkungen von Einzelnen bzw. Gruppen nimmt, dann müssen kranke

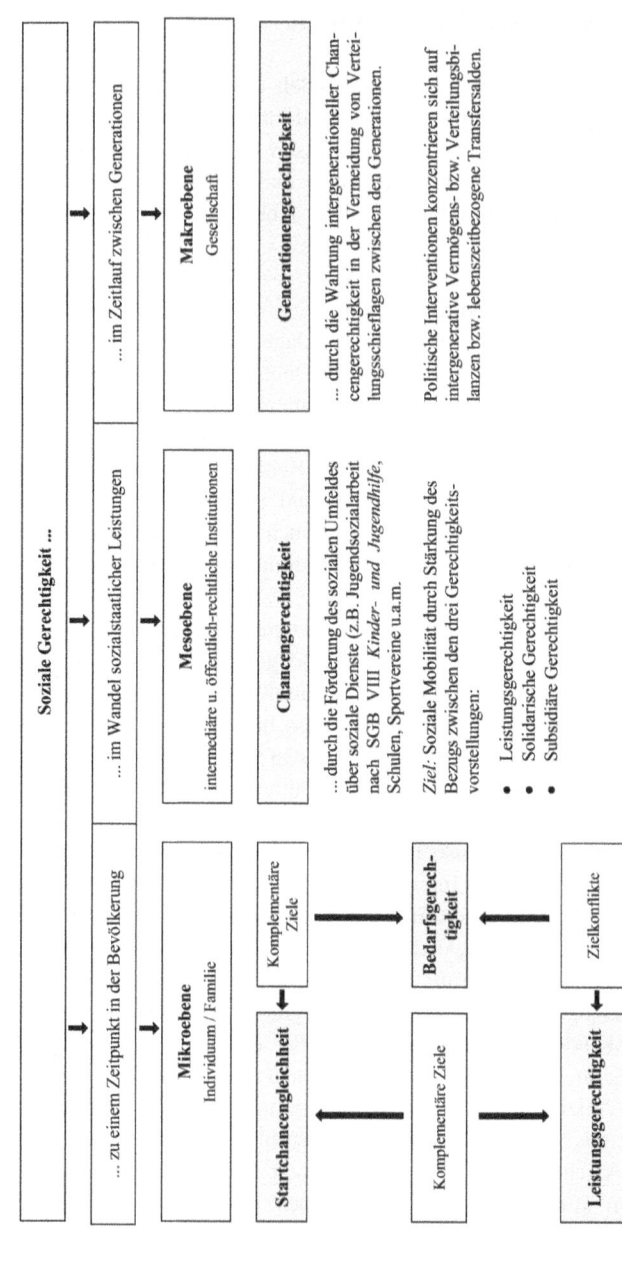

Abb. 3.2 Teilziele sozialer Gerechtigkeit. Eigene Darstellung, erweitert nach: Irene Becker und Richard Hauser, Soziale Gerechtigkeit – eine Standortbestimmung, Berlin 2004, S. 12

Menschen genauso arbeiten wie gesunde, Menschen mit Behinderungen wie solche ohne körperliche, geistige und soziale Einschränkungen. Mehr Bedarfsgerechtigkeit meint hier nicht die Erfüllung beliebiger individueller (materieller) Wünsche, sondern es geht um Bedarfe, die sich aus einer bestimmten, sozial bedingten Lebenssituation ergeben, beispielsweise wenn es gilt, Menschen den Lebensunterhalt zu sichern, die aus eigenen Mitteln nicht dazu in der Lage sind. Doch gibt es bei all diesen Regelungen immer wieder Streit: Was sollen die Hilfeempfänger*innen und ihre Angehörigen bekommen und ab wann sind die Leistungen zu hoch? Und: Wie hoch muss der Abstand zwischen diesen Leistungen etwa zur Höhe niedriger Lohneinkommen sein? In welchem Verhältnis sollen Leistungs- und Bedarfsgerechtigkeit also stehen?

Gerechtigkeit für den engeren Sozialverband (Mesoebene)
Schon die ersten sozialpolitischen Initiativen im 19. Jahrhundert hatten auch das Schicksal von Einzelnen als Teil sozialer Gruppen (Klassen, Schichten, Milieus) im Blick. Und zwar in doppelter Weise. Einmal wurden die Ursachen sozialer Problemlagen in gesellschaftlich vorgeprägten Lebensbedingungen gesehen, zugleich aber auch das soziale Umfeld mit in die Bearbeitung einbezogen. So war beispielsweise die Rentenleistung in der Sozialversicherung Bismarck'scher Prägung mehr als eine Unterstützung der Familien gedacht, in denen invalide oder ältere Arbeitnehmer*innen versorgt wurden, denn als vollwertige Kompensation für den weggefallenen Lohn.

Der Gesichtspunkt, dass die Entwicklung eines Menschen, vor allem eines jungen Menschen, von seinem unmittelbaren sozialen Umfeld stark mitgeprägt wird und auch veränderbar ist, ist inzwischen deutlicher ins Blickfeld sozialpolitischer Eingriffe getreten. Zur *Chancengerechtigkeit* gehört folglich nicht nur, dass Einzelpersonen Möglichkeiten zur Fortbildung eröffnet werden, etwa als Ausbildungsförderung (BAföG). Vielmehr zählt dazu auch die Förderung des sozialen Umfeldes in Gestalt der vorschulischen und schulischen Einrichtungen, aber auch der Vereine, der Selbsthilfegruppen etc. Hier sollen nicht nur finanzielle Mittel bereitgestellt werden, sondern auch Beratungs- und Betreuungsangebote und andere soziale Fördermöglichkeiten. Soziale Netzwerke und Unterstützungsangebote wie Hilfen zur Erziehung, Gesundheitsberatung, Ausstattung der Kindertagesstätten mit Personal sowie weitere Infrastrukturleistungen sollen die individuelle Fortentwicklung der Nutzer*innen stärken.

In der deutschen sozialpolitischen Tradition dominieren nach wie vor die finanziellen Leistungen, vorwiegend orientiert an Leistungs- und solidarischer Gerechtigkeit. Mittlerweile wurden sie aber dahingehend ausgeweitet, dass derartige

Maßnahmen nicht nur den Status quo in die Zukunft verlängern (*Lebensstandard-sicherung*), sondern darauf ausgelegt werden, gesamtgesellschaftlich soziale Mobilität zu befördern. Der soziale Status wird als veränderbar betrachtet, wozu Sozialpolitik einen Beitrag leisten kann und soll. Der einzelne Mensch bzw. sein soziales Umfeld müssen vorleistungsfreien Zugang zu neuen Entwicklungsmöglichkeiten bekommen. Sie müssen eingebunden werden in ein solidarisch agierendes Umfeld, das seinerseits zugleich zielgruppenspezifisch Kriterien der Leistungsgerechtigkeit einbeziehen wird.

Gerechtigkeit zwischen den Generationen und Regionen (Makroebene)
Sozialpolitik zielt außerdem auf einen Ausgleich der Lebenschancen zwischen den Generationen. So ist zum einen geregelt, dass das Recht der elterlichen Sorge das Einstehen für die Lebensbedarfe der Kinder einschließt. Umgekehrt haben nach dem Bürgerlichen Gesetzbuch (BGB) prinzipiell und nach dem Sozialhilferecht (SGB XII) in durch entsprechende Freibeträge abgeschwächter Form Kinder für ihre Eltern dann unterstützend einzuspringen, wenn diese ihren Lebensunterhalt nicht selber bestreiten können (*Familiensubsidiarität*) (vgl. Abschn. 4.6). Über diese unmittelbare zivil- und sozialrechtliche wechselseitige Haftung der Generationen in einer Familie hinaus gibt es eine breite Diskussion insbesondere beim Rentenrecht zur Generationengerechtigkeit.

Der hier – aber nicht nur hier – festgelegte *Generationenvertrag* sieht vor, dass die jeweils aktiv Erwerbstätigen für die noch nicht und die nicht mehr Erwerbstätigen einzutreten haben – sei es durch direkte Leistungen (Kinder, Jugendliche etc.) oder durch indirekte Leistungen (Sozialversicherungsbeiträge und Steuern für Versorgungs- und Fürsorgeleistungen). Problematisiert wird, ob hier nicht inzwischen eine verteilungspolitische Schieflage zulasten der nachwachsenden Generationen eingetreten ist bzw. ob die Interessen der derzeitigen Alten und der derzeitig Erwerbstätigen und erst recht der später Erwerbstätigen gerechter aufeinander abgestimmt werden können. Diese Diskussion um die Generationengerechtigkeit ist allerdings in einem hohen Maße auch ideologisch besetzt, blendet sie doch unter dem Schlagwort des *demografischen Wandels* in mitunter verkürzender Weise die Entwicklung des gesamtgesellschaftlichen Wohlstandes und dessen Verteilung aus. Gleichwohl bleibt es ein Gebot der Gerechtigkeit, bei der Verteilung von Chancen und Risiken die Interessen der unterschiedlichen Generationen, sodann aber auch die bestehenden Verteilungsungleichgewichte innerhalb der jeweiligen Generationen im Blick zu behalten.

Die ehedem in Artikel 72 des Grundgesetzes verankerte Verantwortung des Bundes, die „*Einheitlichkeit* der Lebensverhältnisse" zu wahren (seit 1994 heißt es hier: „Herstellung *gleichwertiger* Lebensverhältnisse"), ist bei der Revision der Verfassung im Jahr 2006 (*Föderalismusreform*) auf solche Gebiete eingeschränkt worden, die in ihrer Bedeutung über die Grenzen eines Bundeslandes hinaus gehen und sofern es die „Wahrung der Rechts- oder Wirtschaftseinheit im gesamtstaatlichen Interesse" erforderlich macht. In Artikel 74 Abs. 1 wird dieses dann spezifiziert, etwa bezogen auf die öffentliche Fürsorge, bestimmte Bereiche des Wirtschaftsrechts, die Ausbildungsbeihilfen, die Förderung der wissenschaftlichen Forschung, die wirtschaftliche Sicherung der Krankenhäuser u. a.m. Daneben gibt es weitere Instrumente und Regelungen, die sozialräumliche Ungleichgewichte und Ausgrenzungen verhindern sollen. Dem dienten und dienen der Bund-Länder-Finanzausgleich, zahlreiche Gesetze zur Raumordnung, zur Förderung von nachholenden wirtschaftlichen Entwicklungen in strukturschwachen Gebieten, Mobilitätshilfen für abhängig Beschäftige u. a.m. Gleichwohl konnte nicht verhindert werden, dass es in Deutschland ein starkes Wohlstandsgefälle zwischen einzelnen Bundesländern und Regionen, aber auch zwischen und innerhalb einzelner Städte bzw. Landkreise gibt.

Es geht über die Sozialpolitik im engeren Sinne hinaus, gehört aber zu ihren Grundanliegen, diese z. T. sehr starken Entwicklungsunterschiede konstruktiv mitzugestalten. Es ist zu klären, inwieweit nicht eine stärkere Unterstützung endogener Entwicklungspotentiale in diesen benachteiligten Gebieten erfolgen müsste, um dann – diesem Potential entsprechend – nachhaltige beschäftigungsfördernde Maßnahmen zu ergreifen, statt häufig aktionistische Ausgabenprogramme zu finanzieren. Gleichzeitig stellt sich mit der starken Erweiterung der Europäischen Union die Frage, ob und wie die Angleichung der noch sehr divergenten Lebensverhältnisse innerhalb der Union ebenfalls zum Gestaltungsauftrag europäischer Sozialpolitik werden muss.

Und last but not least hat die Gerechtigkeitsdiskussion bezogen auf die Makroebene zunehmend auch eine ökologische Dimension bekommen (vgl. Abschn. 5.6). Sie dreht sich um die Frage, wie sichergestellt werden kann, dass künftigen Generationen die Möglichkeiten der jetzigen Generationen zur Lebensgestaltung in gleichem oder zumindest hinreichendem Maße erhalten bleiben. In diesem Sinne gewinnen Aspekte des Umweltschutzes eine große sozialpolitische Bedeutung. Umgekehrt stellen sich auch Fragen sozialpolitischer Verteilungsgerechtigkeit und -notwendigkeiten innerhalb und zwischen verschiedenen Generationen bei einer Politik ökologisch nachhaltiger Umsteuerung von Wirtschaftsprozessen, die ihrerseits Gewinner*innen und Verlierer*innen produzieren. Auf welchen Status quo von sozialen Sicherungssystemen werden Antworten auf diese Fragen aufbauen müssen und können?

3.2   Das Sozialleistungssystem im Überblick

Einen ersten Überblick über das bundesdeutsche System der sozialen Sicherung
gewinnt man bei Betrachtung des regelmäßig von der Bundesregierung erstellten
Sozialbudgets. Eine Übersicht über das jeweils aktuelle Sozialbudget kann auf
der Website des Bundesministeriums für Arbeit und Soziales (BMAS) herunter-
geladen werden (http://www.bmas.de). Die im Nachfolgenden angeführten Daten
stammen aus dem im Jahre 2020 veröffentlichten Bericht. Dabei sind die Daten
bis 2017 Ist-Zahlen, die Daten für 2018 sind vorläufig, die Daten für 2019 – dem
letzten hier ausgewiesen Jahr und zugleich letzten Jahr vor den auch sozialpolitischen Friktionen der Corona-Pandemie – basieren auf Schätzungen. (vgl.
BMAS 2020)

Im Sozialbudget wird u. a. die sog. *Sozialleistungsquote* ausgewiesen, dies
meint den Anteil der im Sozialbudget enthaltenen Aufwendungen am Bruttoinlandsprodukt. Diese Quote sagt mehr über das quantitative Gewicht der
sozialen Leistungen, weniger über deren Qualität aus. Steigende Arbeitslosigkeit, zunehmende Frühverrentung etc. steigern tendenziell die Sozialleistungsquote, sind aber nicht Ausdruck für eine positive gesellschaftliche Entwicklung,
wie umgekehrt abnehmende Gesundheitsausgaben etwa Ausdruck eines besseren
Gesundheitsstatus oder effizienterer Strukturen im Gesundheitswesen sein
können und nebenbei den Effekt haben, die Sozialleistungsquote zu senken.
Gleichwohl lässt die Sozialleistungsquote Rückschlüsse darüber zu, was sich eine
Gesellschaft die Bearbeitung sozialer Problemlagen kosten lässt. Der Anteil der
Sozialaufwendungen am Bruttoinlandsprodukt (BIP) ist in den 1980er Jahren
kontinuierlich zurückgegangen, von 31,2 % im Jahr 1981 auf 27,8 % im Jahr der
Wende, um dann – einigungsbedingt – für Gesamtdeutschland wieder auf 32,3 %
im Jahr 2003 zu steigen. Seitdem ist die Quote wieder gesunken, im Jahr 2014
auf 29,2 %. In den darauffolgenden fünf Jahren ist sie um 1,2 % gestiegen, sodass
sie im Jahr 2019 bei 30,3 % lag. Im EU-europäischen Vergleich nahm Deutschland – hier die Daten vom Jahr 2018 – mit noch 28,4 % eine Mittelposition ein.
Frankreich (31,4 %), Finnland (30,1 %), Dänemark (30,1 %) und Österreich
(28,6 %) wiesen eine höhere Sozialleistungsquote aus, etliche weitere Mitgliedstaaten aber auch erheblich geringere Quoten. Der Durchschnittswert der
Europäischen Union lag 2018 bei 29,8 %. (vgl. Eurostat 2021)

Das Sozialbudget lässt sich nach den es verwaltenden *Institutionen* und nach
den einzelnen *Sicherungsbereichen* (bzw. Funktionen) gliedern. Es veranschau-
licht Umfang und Gewichtung der einzelnen Positionen. Schließlich lassen sich
die *Finanzierungsanteile* am Sozialbudget einzeln aufschlüsseln.

3.2.1 Leistungen nach Institutionen

Als Folge der geschichtlichen Entwicklung hat sich in Deutschland ein Nebeneinander von verschiedenen *Institutionen* herausgebildet. Diese lassen sich nach den für die Leistungserbringung bzw. für deren Verwaltung zuständigen Akteuren (z. B. Arbeitgeber*innen, Bundesagentur für Arbeit) bzw. Regelungsmaterien (z. B. Entschädigungsfragen, Sozialhilfebereich) gliedern. So ergibt sich eine Aufteilung in sechs Untergruppen, wie Tab. 3.1 zusammenfassend darstellt:

- Der *ersten* Gruppe – dem *Sozialversicherungssystem* – kommt im Jahr 2019 mit einem Anteil von 61,4 % an den Gesamtaufwendungen die weitaus größte Bedeutung zu. Hier sind die Gesetzliche Rentenversicherung, die Gesetzliche Krankenversicherung, die Gesetzliche Pflegeversicherung, die Gesetzliche Unfallversicherung und die Arbeitslosenversicherung angesiedelt.
- Hinzu kommen *zweitens* die *Sondersysteme* für einzelne Berufsbereiche wie etwa Landwirtschaft. Seit dem Jahr 2009 werden sowohl die Grundleistungen der Privaten Krankenversicherungen als auch Anteile der privaten Altersvorsorge und der Pflegeversicherung in der Gruppe der Sondersysteme berücksichtigt. Zusammen machen die Sondersysteme allerdings nur einen Anteil von 3,4 % des Sozialbudgets aus.
- Die Leistungssysteme des *öffentlichen Dienstes* bilden die *dritte* Gruppe. Hierbei handelt es sich um beamtenrechtliche Systeme wie z. B. Pensionen und Beihilfen. Ihr Anteil am Sozialbudget beläuft sich auf 7,8 %.

Der Wirkungskreis der bisher genannten Systeme der sozialen Sicherung ist sehr groß. Über 90 % der Bevölkerung finden Schutz in den einzelnen Zweigen der Gesetzlichen Sozialversicherung. Der Großteil der verbleibenden Bevölkerung untersteht dem Schutz der Sondersysteme. Viele werden auch von den allgemeinen und den Sondersystemen gleichzeitig erfasst.

- Der *vierte* Bereich umfasst mit einem Anteil von 9,3 % am Sozialbudget die *direkten Aufwendungen der Arbeitgeber*innen* (also nicht deren Anteil an den Sozialversicherungsbeiträgen). Den größten Teil machen dabei die Ausgaben für die sechswöchige Lohnfortzahlung im Krankheitsfall für Arbeitnehmer*innen aus, gefolgt von den Aufwendungen für die betriebliche Altersversorgung.
- Der *fünfte* Bereich umfasst *Entschädigungen für die Folgen politischer Ereignisse*, so die Kriegsopferversorgung, die politische Verfolgung im Nationalsozialismus (Wiedergutmachung) und die Eigentumsverluste infolge von Flucht und Vertreibung (Lastenausgleich). Mit zunehmender zeitlicher Distanz

Tab. 3.1   Sozialbudget 2019: Leistungen nach Institutionen

Sozialbudget Deutschland	Mrd. €	in %
Sozialbudget insgesamt	1.040.323	100,0
1 Sozialversicherungssysteme	*629.765*	*61,4*
Rentenversicherung	330.203	30,5
Krankenversicherung	250.096	23,1
Pflegeversicherung	42.391	3,9
Unfallversicherung	14.198	1,3
Arbeitslosenversicherung	28.186	2,6
2. Sondersysteme	*37.153*	*3,4*
Alterssicherung der Landwirte	2.839	0,3
Versorgungswerke	6.873	0,6
Private Altersvorsorge	545	0,1
Private Krankenversicherung	25.132	2,3
Private Pflegeversicherung	1.763	0,2
3. Systeme des öffentlichen Dienstes	*84.512*	*7,8*
Pensionen	62.963	5,8
Familienzuschläge	4.078	0,4
Beihilfen	17.472	1,6
4. Arbeitgebersysteme	*100.412*	*9,3*
Entgeltfortzahlung	58.804	5,4
Betriebliche Altersversorgung	26.795	2,5
Zusatzversorgung	13.553	1,3
Sonstige Arbeitgeberleistungen	1.261	0,1
5. Entschädigungssysteme	*2.539*	*0,2*
Soziale Entschädigung	768	0,1
Lastenausgleich	8	0,0
Wiedergutmachung	1.257	0,1
Sonstige Entschädigungen	507	0,0
6. Förder- und Fürsorgesysteme	*193.079*	*17,8*
Kindergeld und Familienleistungsausgleich	47.647	4,4
Erziehungsgeld/Elterngeld	7.812	0,7

(Fortsetzung)

Tab. 3.1 (Fortsetzung)

Sozialbudget Deutschland	Mrd. €	in %
Grundsicherung für Arbeitssuche	43.331	4,0
Arbeitslosenhilfe/sonst. Arbeitsförderung	1.101	0,1
Ausbildungsförderung	2.143	0,2
Sozialhilfe	40.343	3,7
Kinder- und Jugendhilfe	49.670	4,6
Wohngeld	1.033	0,1
Steuerliche Leistungen (ohne Familienleistungsausgleich)	*30.625*	--/--

Quelle: Eigene Zusammenstellung nach BMAS 2020, S. 9 f.

zu diesen Ereignissen hat dieser Bereich an Bedeutung verloren (2019: 0,2 % des Sozialbudgets), auch wenn mit der Migration Deutschstämmiger aus Mittelost- und Osteuropa zu Beginn der 1990er-Jahre zunächst neue Problemlagen dazugekommen waren.

- Im *sechsten* Bereich werden unterschiedliche Formen vor allem *öffentlicher Hilfs- und Dienstleistungen* zusammengefasst (Sozialhilfe, Jugendhilfe, Kindergeld bzw. Familienlastenausgleich, die Ausbildungsförderung, Wohngeld und die staatliche Förderung der Vermögensbildung). Durch gesetzliche Regelungen bzw. aktuelle soziale Entwicklungen ist der Anteil dieser Leistungen am Sozialbudget gesteigert worden. Er liegt im Jahr 2019 bei 17,8 %. Dieses hängt insbesondere mit dem Anstieg der Ausgaben für Kinderbetreuung sowie mit der Einführung der Grundsicherung für Arbeitssuchende (SGB II) zusammen. Trotz Einführung von Arbeitslosengeld II/Sozialgeld ist der Anteil der Ausgaben für die Sozialhilfe nach SGB XII am Sozialbudget nur geringfügig gesunken, was u.a. mit den wachsenden finanziellen Belastungen bei Pflege und Behinderung zusammenhängt.

Neben den sechs Bereichen werden noch sozialpolitisch relevante *Steuerermäßigungen* erfasst. Hierzu zählen unter anderem Steuerermäßigungen zur Entlastung von Personen, deren steuerliche Leistungsfähigkeit gemindert ist und steuerliche Freibeträge für Alleinerziehende oder Menschen mit Behinderung, außerdem Steuerermäßigungen zum Ausgleich außergewöhnlicher Belastungen (z. B. Krankheitskosten). Ebenfalls sozialpolitisch motiviert sind Erleichterungen für die private Wohnbauförderung sowie Steuerbefreiungen für Sonntags-, Feiertags- und Nachtarbeit. Aufgrund von Bestrebungen, das europäische System der Sozialschutzstatistiken (ESSOSS) zu vereinheitlichen, werden steuerliche Leistungen seit dem Jahr 2010 nicht mehr zum Sozialbudget gerechnet, aber weiterhin nachrichtlich ausgewiesen.

3.2.2 Leistungen nach Funktionen bzw. Sicherungsbereichen

Die Betrachtung nach *Funktionen* sagt in der amtlichen Statistik etwas darüber aus, für welche *Lebensrisiken* sozialpolitische Leistungen aufgewendet werden. Hier werden Leistungen der unterschiedlichen Sicherungssysteme entsprechend ihrer Funktion zusammengefasst. Dabei können die ausgewiesenen Summen über den Ausgaben der einzelnen Zweige der Sozialversicherung liegen. So werden die Ausgaben für den Sicherungsbereich Gesundheit – um ein Beispiel zu geben – keinesfalls nur von den Gesetzlichen Krankenkassen bezahlt, sondern auch von der Rentenversicherung (etwa: Rehabilitation), von den Unternehmen (Lohnfortzahlung im Krankheitsfall), direkt vom Staat für die Beamt*innen im Rahmen der Beihilfe, von den Sozialämtern (Krankenhilfe) und in bestimmten Fällen – indirekt – vom Finanzamt durch Steuerersparnis (außergewöhnliche Belastungen). Gleichzeitig werden – um ein anderes Beispiel zu nennen – Mittel für den Sicherungsbereich Alter und Hinterbliebene von der Gesetzlichen Rentenversicherung verwaltet, aber es gibt auch Sondersysteme für einzelne Berufsgruppen sowie die Grundsicherung im Alter und Steuernachlässe. Das amtliche Sozialbudget (vgl. Tab. 3.2) differenziert unter dem Begriff *Funktionen* folgende Sicherungsbereiche:

- Kinder, Ehegatten und Mutterschaft,
- Krankheit und Invalidität,
- Arbeitslosigkeit,
- Alter und Hinterbliebene und
- Sonstige Funktionen.

Unter letztere fallen die Aufwendungen für die Folgen politischer Ereignisse, der Lebensbereich Wohnen, die Förderung der privaten Vermögensbildung von Arbeitnehmer*innen sowie Allgemeine Lebenshilfen.

Der Bereich *Krankheit und Invalidität* hatte im Jahr 2019 mit einem Anteil von rund 44 % nicht nur das größte Gewicht, sondern er hat dieses relativ und absolut in den letzten 30 Jahren auch gesteigert. Bezogen auf das Bruttoinlandsprodukt werden 12,8 % der gesamten volkswirtschaftlichen Wertschöpfung für diesen Sicherungsbereich benötigt.

Tab. 3.2 Sozialbudget 2019: Leistungen nach Funktionen (Sicherungsbereichen) (*absolut und in Prozent des Sozialbudgets, ohne Verwaltungsausgaben*)

Krankheit und Invalidität	441,6 Mrd. € (44,2 %)
Alter und Hinterbliebene	383,3 Mrd. € (38,4 %)
Kinder, Ehegatten und Mutterschaft	115,8 Mrd. € (11,6 %)
Arbeitslosigkeit	31,8 Mrd. € (3,2 %)
Sonstige	25,5 Mrd. € (2,5 %)

Quelle: Eigene Darstellung, nach BMAS 2020, S. 6

Mit einem Anteilswert von etwas über 38 % am Sozialbudget nimmt der Sicherungsbereich *Alter und Hinterbliebene* aktuell den zweiten Rang ein (sein Anteil am gesamten Bruttoinlandsprodukt beträgt rund 11,1 %). Dass diesen beiden Handlungsfeldern daher auch unter politischen Gesichtspunkten ein besonderes Gewicht zukommt, ergibt sich zwingend.

Der Anteil der Ausgaben für *Kinder, Ehegatten und Mutterschaft* ist trotz geringerer Kinderzahl und der wachsenden Zahl nichtverheirateter Paare nach einem Anstieg zwischen 1996 und 2004 zwar weiter gesunken, liegt allerdings im Jahr 2019 immer noch bei 11,6 %, gemessen am Sozialbudget, und bei 3,4 %, gemessen am Bruttoinlandsprodukt.

Besonders auffallend ist die Kostenentwicklung im Bereich *Arbeitslosigkeit.* Bedingt durch die im Osten Deutschlands stark steigende Arbeitslosigkeit im Zuge der Herstellung der deutschen Einheit ist diese zu Beginn der 1990er-Jahre hochgeschnellt, um dann bis ca. 2005 auf dem erreichten Niveau zu verbleiben. In den Jahren 2007 und 2008 unterschritt deren Anteil am Bruttoinlandsprodukt nach sozialpolitischen Einschnitten und wieder verbesserter Arbeitsmarktlage die 2-Prozentgrenze, um danach erneut – Folge der Finanzkrise – anzusteigen. Gemessen am Sozialbudget liegt ihr Ausgabenanteil 2019 bei 3,2 %, gemessen am BIP bei 0,9 %.

Die *Sonstigen Funktionen* haben gemessen an ihrem Anteilswert von 2,5 % am Sozialbudget eine eher geringe Bedeutung, wenngleich sie bei einzelnen Trägern, etwa den Kommunen, sehr wohl ein erhebliches Gewicht haben.

3.2.3 Finanzierung des Sozialbudgets

Finanzierung nach Arten und Quellen

Die Sozialleistungen werden über *Beiträge*, Zuweisungen aus *Steuermitteln* und *sonstige Einnahmen* (etwa Zinsen) finanziert. Etwa 61 % der Gesamteinnahmen resultieren aus den Sozialversicherungsbeiträgen der abhängig Beschäftigten und der Arbeitgeber*innen. In diesem hohen Anteil kommt der Grundsatz der Selbstverantwortung der am Erwerbsleben Beteiligten zum Tragen. Die Beiträge zur Sozialversicherung werden vom Grundsatz her von den versicherten Beschäftigten und den Unternehmen paritätisch, d. h. je zur Hälfte aufgebracht. Dieses Prinzip wird allerdings in der Gesetzlichen Krankenversicherung durch Beitragsaufschläge bzw. Sonderbeiträge im *Gesundheitsfonds* sowie umfängliche Zuzahlungsregelungen und Selbstbehalte der Patient*innen, in der Pflegeversicherung durch den Wegfall eines Feiertages sowie in der Unfallversicherung durch die alleinige Beitragspflicht der Arbeitgeber*innen, durchbrochen (vgl. Abschn. 4.4.3.1). Weitere finanzielle Zuweisungen erfolgen im Wesentlichen aus öffentlichen Haushalten (und damit aus Steuern) – im Falle des Gesundheitsfonds etwa zur Deckung der Kosten der Familienversicherung.

Ordnet man die Einnahmen nach *Quellen,* so tragen die Unternehmen nach den vorläufigen Ergebnissen für das Jahr 2019 27,8 %, der Staat im weiteren Sinne 39,7 % (davon Bund 20,6 %, Länder 9 %, Gemeinden 9,8 %, die Träger der Sozialversicherungen 0,4 %), die privaten Haushalte 31,4 % und private Organisationen 1,1 % aller Einnahmen am Sozialbudget. In den letzten Jahrzehnten sind insbesondere die Unternehmen – relativ gesehen – entlastet worden. Seit 2010 steigt ihr Anteil zwar wieder leicht an, insgesamt ist dieser an den Gesamtausgaben des Sozialbudgets von 1991–2019 aber zurückgegangen. Der Staat, insbesondere der Bund, ist hingegen stärker zur Finanzierung des Sozialbudgets herangezogen worden. Als Ursache sind hier insbesondere steigende Zahlungen an die Träger der Rentenversicherung (einschließlich steigender Pensionslasten der öffentlichen Hand) sowie der Gesetzlichen Krankenversicherung (*Gesundheitsfonds*) anzuführen. Daneben steigt seit 2010 insbesondere der Anteil, den die privaten Haushalte zu schultern haben.

Staatliche Finanzierung und Steuersystem
Bei der Bewertung des staatlichen Anteils muss untersucht werden, wie sich das *Steueraufkommen* insgesamt in den letzten Jahren quantitativ und qualitativ entwickelt hat. Hierbei geht es um die Frage, inwieweit sich die steuerliche Belastung eher zulasten aller privaten Haushalte oder der höheren Einkommen, der Unternehmen bzw. der Kapitalerträge verschoben hat. Abb. 3.3 verdeutlicht: Die *Lohn- und Verbrauchssteuern* machen heute zusammen mit über zwei Dritteln den Großteil der gesamten staatlichen Steuereinnahmen aus, während die von der Wirtschaft bzw. den Kapitalbesitzer*innen zu zahlenden *Gewinnsteuern* nur noch einen Anteil von weniger als 20 % am gesamten Staatsaufkommen aufweisen.

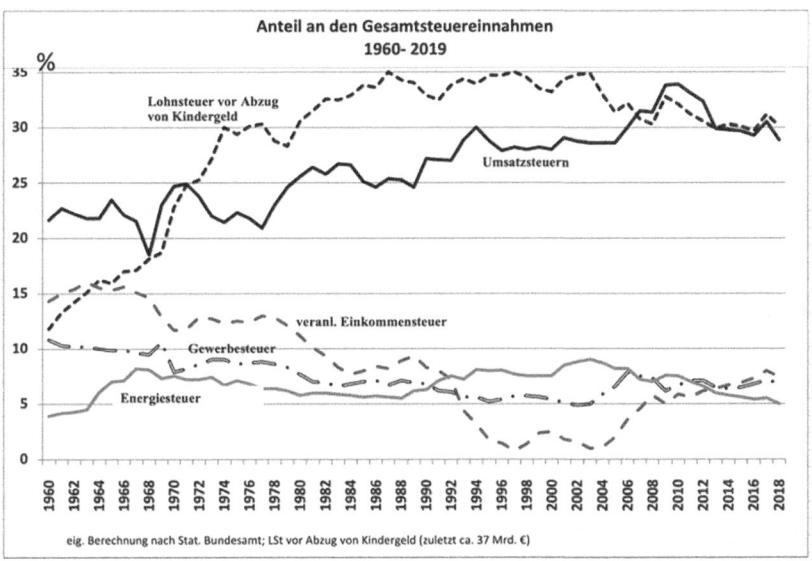

Abb. 3.3 Gesamtsteuereinnahmen. Grafik: Dieter Eißel, Universität Gießen

Der Anteil der *Arbeitsentgelte* am Volkseinkommen (*bereinigte Lohnquote*) liegt heute mit 73,7 % fast exakt auf dem gleichen Niveau wie im Jahr 1995 (73,5 %). Allerdings ist die bereinigte Lohnquote zwischenzeitlich auf 65,0 % gesunken, während der Anteil der *Unternehmens- und Vermögenseinkommen* insgesamt gestiegen ist. In den Jahren nach 2007 ist die bereinigte Lohnquote allerdings wieder angestiegen. Um diese Schwankungen erklären zu können, sind verschiedene (sich wechselseitig beeinflussende) Faktoren zu berücksichtigen.

Erstens hat eine systematische Politik der Steuersenkung auf Gewinne aus Unternehmenstätigkeit und Vermögen seit den 1990er-Jahren dazu geführt, dass trotz steigender Unternehmensgewinne und wachsender Privatvermögen der prozentuale Beitrag von Unternehmen und Vermögenden zum Gesamtsteuereinkommen im Vergleich zum Anteil der Arbeitsentgelte gleichbleibend niedrig ist. Außerdem wirkt die Gestaltung des Steuertarifs in dem Sinne progressiv auf die Einnahmen, indem durch die Progressionszone (= steigende Steuersätze mit steigendem Einkommen) Einkommenszuwächse zu einer prozentual höheren Besteuerung führen. Auf diese Weise steigt zwar die Steuerbelastung mit dem Einkommen, aber nur bis einem Betrag von rund 60.000 € (Verheiratete: rund 120.000 €) zu versteuerndem Gesamteinkommen. Ab diesem Einkommen ist der Steuersatz bei 42 % eingefroren. Bei einem jährlichen Einkommen von mehr als 250.000 € (Verheiratete: 500.000 €) setzt die sog. *Reichensteuer* mit einem Steuersatz von 45 % ein. Auch wenn in diesen Einkommensklassen hohe *absolute* Steuerbeträge bezahlt werden, *relativ* zu ihrem Einkommen liegt die Steuerbelastung durch diese Kappungsgrenzen aber niedriger als bei den Steuerzahler*innen, die nicht in die Zonen hoher und höchster Einkommen kommen.

Zweitens ist das zwischenzeitliche Absinken der bereinigten Lohnquote nicht das Ergebnis einer veränderten Steuerpolitik, sondern Ergebnis einer zurückhaltenden Lohnpolitik, bei gleichzeitig steigenden Unternehmensgewinnen. Der Anstieg der Lohnquote nach 2007 ist eine direkte Folge der Finanz -und Bankenkrise. Diese hat die wirtschaftliche Entwicklung in Deutschland gebremst, was an einem deutlichen Rückgang des Bruttosozialprodukts ablesbar ist. Die Krise hat vor allem die Gewinne und Vermögenseinkünfte schrumpfen lassen, während die Löhne und Gehälter stagnierten. Dies erklärt den Anstieg der bereinigten Lohnquote nach 2008. Ein ähnlicher Effekt ist aktuell als Folge der Corona-Pandemie zu beobachten. Mit anderen Worten, die Beschäftigten verlieren nicht direkt, sie gewinnen aber auch nicht mehr Verteilungsmasse hinzu, wie es eine selbst leicht steigende Lohnquote suggerieren könnte.

Es lässt sich festhalten, dass ein Absinken bzw. Ansteigen der Lohnquote nicht unmittelbar auf eine Verschlechterung oder Verbesserung des Einkommensniveaus schließen lässt, sondern maßgeblich von der gesamten wirtschaftlichen Entwicklung und steuerpolitischen Entscheidungen abhängt. Insgesamt ist zu konstatieren, dass der deutsche *Steuerstaat* seit den 1990er-Jahren zu einem *Lohn- und Verbrauchssteuer*staat geworden ist, der sich über die Einkommen der abhängig Beschäftigten und den Konsum der Verbraucher*innen finanziert. Von daher refinanzieren gerade die abhängig Beschäftigten und Verbraucher*innen auch weitgehend den staatlichen Beitrag zum Sozialbudget.

Finanzierung durch die Europäische Union
Eine Ko-Finanzierung sozialpolitischer Pflichtaufgaben in Deutschland (und anderen Mitgliedstaaten) seitens der EU ist ausgeschlossen, sodass die EU als Finanzierungsquelle im Sozialbudget auch keine Rolle spielt. Was die EU mit ihren sehr begrenzten Mitteln im Bereich der (nationalen) Sozialpolitik fördern kann und will, ist die Erarbeitung sozialpolitischer Untersuchungen, die Verknüpfung nationaler Netzwerke von Lobbygruppen sozial Benachteiligter (etwa im Europäischen Armutsnetzwerk EAPN; vgl. Abschn. 3.4.4) sowie die Bereitstellung zusätzlicher sozialpolitischer Sachleistungen (etwa im Rahmen des sog. EU-Schulobstprogramms in manchen Bundesländern) und innovativer Dienstleistungen. Ferner fließen Mittel aus dem „Europäischen Fonds für die Anpassung

an die Globalisierung" (EGF) im Falle von Betriebsschließungen nach Deutschland. EU-Fördermittel spielen mitunter eine wichtige, teils sogar zunehmende, Rolle bezüglich der Finanzierung sozialer Dienste. Nähere Informationen zum in diesem Kontext wichtigsten Finanzierungsinstrument der EU in Deutschland, dem Europäischen Sozialfonds" (ESF), finden sich im Internet unter www. esf.de. Schließlich spielt die EU im zeitlichen Zusammenhang mit der Corona-Pandemie inzwischen auch eine Rolle als ‚Rückversicherer' nationaler Arbeitslosenversicherungen bzw. Schutzsysteme für Kurzarbeiter*innen.

3.3 Instrumente, Prinzipien und Funktionen der Sozialpolitik

3.3.1 Instrumente

Sozialpolitische Ziele – etwa die Absicherung der auf die Erwerbsarbeit bezogenen Risiken wie Arbeitslosigkeit, Alter, Gesundheit und Invalidität – können sowohl über eine *Sozialversicherung,* über eine staatliche *Versorgungsleistung,* als auch über *Fürsorge*systeme umgesetzt werden. Dabei haben diese drei Instrumente unterschiedliche Gestaltungsprinzipien und auch (Transfer-) Wirkungen. Sie differieren bei

- den Zugangsvoraussetzungen,
- dem geschützten Personenkreis,
- der Qualität der mit ihnen verbundenen rechtlichen Sicherheiten (= Leistungsansprüche) sowie
- den Finanzierungsmodalitäten.

Die *Versicherung* erfasst einen genau festgelegten Personenkreis, der Anwartschaften bzw. Rechtsansprüche durch Beitragsleistungen als Folge von Erwerbsarbeit erwirbt. Es ist das Spezifikum der *Sozial*versicherung, dass es auch sog. *abgeleitete Ansprüche* gibt, wobei allerdings diejenigen, von denen Anwartschaften abgeleitet werden können, selbst Rechtsansprüche auf Leistungen durch Beitragszahlungen erworben haben müssen. Diese Rechtsansprüche der Sozialversicherten sind grundgesetzlich als Eigentum geschützt (Artikel 14 GG) und können durch den Gesetzgeber nicht aufgehoben werden. Versicherungsleistungen werden vorrangig aus Beiträgen finanziert. Es besteht ein kausaler Zusammenhang zwischen Erwerbsarbeit, Beitragspflicht bzw. freiwilligen Beiträgen der Versicherten und den Leistungen der Versicherung. Sowohl die Beitragserbringung wie die Leistungsgewährung sind rechtlich stark normiert. Rechtsanwartschaften können auch durch Leistungen erworben werden, die der Gesetzgeber einer Beitragszahlung gleichsetzt: etwa sog. Ersatzzeiten als Folge von Krieg und Kriegsgefangenschaft oder Kindererziehungszeiten. Die Kosten für diese Sonderleistungen werden – dieses ist eine Ausnahme in der Sozialversicherung – über einen *Bundeszuschuss* steuerfinanziert.

Auch in einem *Versorgungssystem* werden Rechtsansprüche erworben, aber nicht durch Beiträge, sondern durch eine immaterielle (Vor-)Leistung bzw. ein Opfer gegenüber der Gesellschaft. Klassisch zeigt sich dieses etwa bei der Kriegsopfer*versorgung*, mittels derer die Folgen des Zweiten Weltkrieges ausgeglichen werden sollten. Doch auch zivile Leistungen für die Gemeinschaft werden über diese Systeme aufgefangen, so etwa die Pensionen für Beamt*innen. Bei Versorgungsleistungen besteht ebenfalls eine Eigentumsgarantie, auch hier sind die Leistungen rechtlich genau normiert. Die Finanzierung allerdings erfolgt aus Steuermitteln, jeweils aufgebracht von der politischen Ebene, die für diese Dienste zuständig sind: Kriegsopferversorgung ist bspw. Sache des Bundes, die Beamt*innen eines Bundeslandes dagegen müssen vom jeweiligen Land versorgt werden, die der Kommunen von diesen bzw. deren kommunalen Zusammenschlüssen.

Fürsorgesysteme basieren nicht auf einer Mitgliedschaft bzw. Beitragszahlung oder einer gesellschaftlich akzeptierten sozialen Vorleistung, gleichwohl gibt es auch hier Rechtsansprüche. Sie bestehen *dem Grunde nach,* dieses meint: Ein Rechtsanspruch besteht universal, aber die Leistungsgewährung ist an den Nachweis der Bedürftigkeit gekoppelt. Im Rahmen dieser Prüfung ist auch zu klären, ob es nicht sehr wohl persönlich aktivierbare Ressourcen gibt, die zu einer Überwindung dieser Lage (oder zumindest zu einer Abmilderung) beitragen können (*Mitwirkungspflicht*). Die Fürsorgeleistungen selbst waren und sind auch heute noch dem Prinzip nach einzelfallbezogen (*Individualisierungsprinzip*), wenngleich gesetzliche Regelungen seit dem Jahr 2005 (sog. Hartz I – IV Gesetze) eine stärkere Normierung im Sinne von *Pauschalleistungen* vorsehen. Finanziert werden Fürsorgeleistungen ausschließlich aus Steuergeldern, und zwar der jeweiligen zuständigen örtlichen bzw. überörtlichen kommunalen Träger – im Falle der Grundsicherung für Arbeitssuchende (SGB II) auch in (zuletzt gesteigerten) Anteilen durch den Bund (vgl. zu den Leistungen der Instrumente ausführlich Kap. 4).

Dabei gibt es auch *Mischformen* zwischen diesen drei Instrumenten. So stellen beispielsweise die Leistungen nach dem *Bundesausbildungsförderungsgesetz* BAföG) eine Mischung aus Versorgung und Fürsorge dar. Der Sache nach handelt es sich hierbei um eine Versorgungsleistung: Der bzw. die Studierende

	Versicherung	Versorgung	Fürsorge
Rechtsanspruch durch:	Erwerbsarbeit und daran gekoppelte Beitragszahlung	Dienst für die Gesellschaft	Bedürftigkeit
Leistungsumfang und Ausgestaltung:	gesetzlich festgelegte ...		
	Lohnersatz- und oder Sach- bzw. Dienstleistung		einzelfallbezogene Hilfen mit Leistungspauschalen
Finanzierung:	Versicherungsbeiträge (z.T. ergänzt durch steuerliche Mittel (Bundeszuschuss) bzw. private Zuzahlungen	Steuermittel	
Beispiele:	Gesetzliche Renten-, Kranken- und Arbeitslosenversicherung	Kriegsopferversorgung	Grundsicherung für Arbeitsuchende, Sozialhilfe, Jugendhilfe
		Eine *Mischform* aus Versorgung und Fürsorge ist das Bundesausbildungsförderungsgesetz (BAFöG)	

Abb. 3.4 Versicherung, Versorgung, Fürsorge. (Quelle: Eigene Darstellung)

erbringt für die Öffentlichkeit einen Dienst, insofern er bzw. sie auf Einkommen verzichtet und sich einer Ausbildung widmet, die die Gesellschaft braucht (= Versorgungselement). Zugleich ist die Gewährung des BAföG wie bei einer Fürsorgeleistung an eine Bedürftigkeitsprüfung gebunden.

Das *Arbeitslosengeld II* ist der Sache nach eine Fürsorgeleistung. Allerdings führt der mit dem SGB II verfolgte Ansatz, Geldleistungen mit Maßnahmen der aktiven Integration in den Arbeitsmarkt zu kombinieren, dazu, dass alle Empfänger*innen von Arbeitslosengeld II Zugang zu den Angeboten des SGB III bekommen, damit zur Arbeitslosenversicherung. Abb. 3.4 fasst diese drei systematisch verschiedenen Instrumente einschließlich ihrer Mischformen zusammen.

Geldleistungen, Sachleistungen und Dienstleistungen

Das deutsche Sozialsystem ist durch *Geldleistungen* geprägt. Im Regelfall soll ausfallendes Einkommen durch finanzielle Transfers kompensiert und so der Lebensunterhalt gesichert werden. Für abgeleitete Ansprüche gilt, dass dort, wo nach dem Bürgerlichen Gesetzbuch (BGB) ein Unterhaltsanspruch gegenüber der/dem Versicherten besteht, die Sozialversicherung nach ihrem bzw. dessen Tod diesen Unterhaltsanspruch in gewissen Grenzen übernimmt (vgl. Gesetzliche Rentenversicherung). Die Höhe der Leistungen bestimmt sich nicht danach, ob mit ihnen tatsächlich der notwendige Lebensunterhalt bestritten werden kann. Deshalb ist in jedem Einzelfall zu prüfen, ob ergänzend andere finanzielle Leistungen beantragt werden können bzw. müssen (etwa Wohngeld, Grundsicherungsleistungen nach SGB II oder SGB XII). Sollte dies der Fall sein, müssen je nach gesetzlicher Vorgabe alle anderen Quellen der Existenzsicherung erschlossen werden (etwa privates Vermögen oder Unterhaltspflichten von Familienangehörigen).

Sachleistungen gibt es vor allem in der Gesetzlichen Krankenversicherung in Gestalt von Heil- und Hilfsmitteln. Aber auch in der Gesetzlichen Unfallversicherung und bei der Gesetzlichen Pflegeversicherung sind entsprechende Leistungen vorgesehen. Sachleistungen im Rahmen der Grundsicherung nach SGB II und SG XII können Einkaufsgutscheine bzw. konkrete Gegenstände des täglichen Bedarfs sein (z. B. zu Zwecken der Wohnungseinrichtung). Sie finden Anwendung bei bestimmten sozialen Gruppen, etwa im Rahmen des Asylbewerberleistungsgesetzes oder bei Personen in besonderen Schwierigkeiten (z. B. suchtkranke oder obdachlose Menschen). Im Bereich des Gesundheitswesens zielen sie auf den medikamentös steuerbaren Heilungsprozess bzw. bieten sie Hilfestellung bei der Bewältigung von Alltagshandeln.

Dienstleistungen, wie etwa ärztliche Behandlungen, diagnostische, präventive, rehabilitative, beratende und auch pflegende Hilfen werden an und zusammen mit konkreten Menschen erbracht. Sie folgen dem sog. *Uno-actu-Prinzip:* Der Empfang dieser Dienstleistung ist mit deren Erstellung identisch, das Mitwirken an der Dienstleistung ist selbst ein Teil von ihr (*Koproduktion*). Der subjektive Faktor, sowohl aufseiten der Dienstleistungserbringer*in als auch deren Empfänger*in, setzt hierbei meist ein besonderes Beziehungsverhältnis (Vertrauen) voraus. Ferner bedarf es meist des Einsatzes bestimmter spezialisierter (sozialarbeiterischer, heilpädagogischer, kinderkrankenpflegerischer usw.) Kenntnisse, Fertigkeiten und Haltungen. Die sozialen Dienste, in denen diese Fachkräfte arbeiten, sind unterschiedlich organisiert, teils in öffentlicher, oft in frei-gemeinnütziger, seltener auch in freiberuflicher und privat-gewerblicher Trägerschaft. Ihre Finanzierung erfolgt häufig aus verschiedenen Quellen, teils über Steuergelder, teils über Beiträge freier Träger, teils über die Klientel dieser sozialen Dienste. Daraus ergibt sich insgesamt das in Abb. 3.5 dargestellte sog. *sozialrechtliche Dreiecksverhältnis.*

Sach- und Dienstleistungen werden nach dem *Sachleistungs- oder Kostenerstattungsprinzip* abgerechnet. Der Unterschied lässt sich gut an der Krankenversicherung zeigen. Für gesetzlich krankenversicherte Personen gilt in der Regel das *Sachleistungsprinzip*. Werden bestimmte ärztliche Leistungen in Anspruch genommen, rechnet die behandelnde Ärzt*in die Kosten im Rahmen des Leistungskataloges über die kassenärztliche Vereinigung direkt mit der Krankenkasse ab. Es fließt also kein Geld zwischen Patient*in und der Arztpraxis. Privat

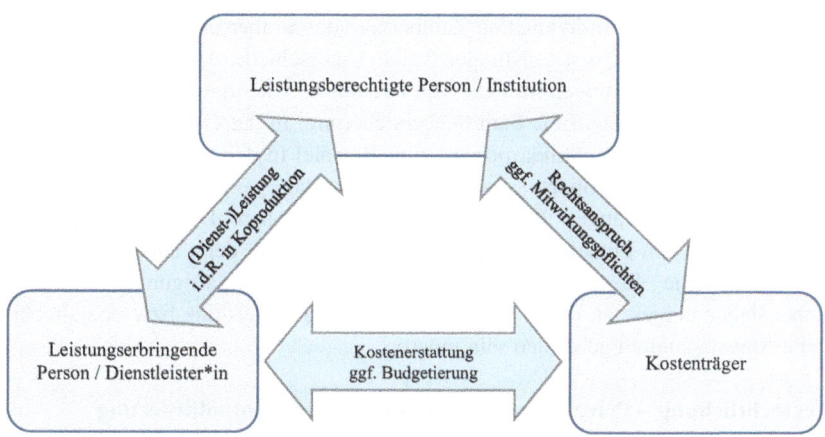

Abb. 3.5 Das soziale Dreiecksverhältnis. (Quelle: Eigene Darstellung)

Versicherte unterliegen dem *Kostenerstattungsprinzip*. Sie erhalten nach ihrer Behandlung eine Rechnung über die erbrachten Leistungen, die in der Regel zunächst durch den Privatversicherte*n beglichen wird. Im Anschluss müssen die Versicherten die entstandenen Kosten (im Rahmen des für sie geltenden Versicherungsumfangs) mit ihrer Versicherung abrechnen.

3.3.2 Prinzipien

Äquivalenzprinzip und Solidarprinzip

Die sozialpolitischen Grundnormen Eigenverantwortung und Solidarität (vgl. Abschn. 2.2.3, 2.2.4 und 2.2.5) spiegeln sich in allgemeinen Prinzipien der Sozialversicherungen. So entspricht es dem Anspruch, dass der bzw. die Einzelne für sich selbst Verantwortung wahrnehmen soll, wenn eine aus der Sozialversicherung zu erhaltende Leistungshöhe sich äquivalent zu den Vorleistungen (= Beitragszahlungen) bemisst. Am deutlichsten kommt dieses *Äquivalenzprinzip* bei monetären Transfers der Sozialversicherung zum Tragen. Die Höhe und die Dauer der geleisteten Beiträge bestimmen vorrangig die Höhe der späteren Sozialleistung.

In der Gesetzlichen Krankenversicherung kommt vor allem das *Solidarprinzip* zum Tragen: Alle Mitglieder einer Krankenkasse bezahlen zwar denselben Prozentsatz als Beitrag von ihren Arbeitsentgelten an die Krankenkasse, im Ergebnis sind die individuellen Zahlbeträge damit aber unterschiedlich hoch. Trotzdem gibt es bei den Leistungen keine Unterschiede. Jede*r hat Anspruch auf die gleichen Leistungen im Falle von Krankheit, Vorsorge und Rehabilitation. Hinzu kommt die kostenfreie Familienversicherung. In der Gesetzlichen Rentenversicherung findet das Solidarprinzip zum Beispiel in den abgeleiteten Rentenansprüchen von Hinterbliebenen seinen Niederschlag, weil hier auch ganz ohne eigene Beitragszahlungen Leistungsansprüche entstehen. Das gleiche Prinzip finden wir bei den Fürsorge- und Versorgungsleistungen, denn auch hier werden gesellschaftliche Ressourcen zur Linderung bzw. Bewältigung besonderer Lebenslagen eingesetzt, die nicht zwingend an eine Vorleistung bzw. sozialrechtliche Anwartschaften gebunden sein müssen.

Verrechtlichung – Privatisierung: Politisierung und Entpolitisierung
Sozialpolitik verrechtlicht soziale Beziehungen, so beinhaltet Erwerbsarbeit – von Ausnahmen abgesehen – eine Versicherungspflicht. Im Falle des Eintretens eines Schadens werden die sozialen Folgen aus der Sphäre der Erwerbsarbeit herausgelöst und in das soziale Sicherungssystem verlagert. Der am Individuum aufgetretene Schaden wird rechtlich abgefunden, der Produktionsprozess bleibt im Kern davon unberührt.

Gleichzeitig führt die Tatsache, dass rechtliche Regelungen über den Staat erstritten werden können, dazu, dass sich unterschiedliche soziale und politische Kräfte zunehmend darauf konzentrieren, über die Politik die soziale Lage der abhängig Beschäftigten und immer stärker auch anderer Personenkreise zu verbessern. Die *Politisierung sozialer Konflikte* stellt eine Regelungsform dar, deren erfolgreiche Umsetzung ihrerseits Rechtsansprüche schafft. Doch mit diesen Rechtsansprüchen werden zugleich neue Ausgrenzungs- bzw. Begrenzungstatbestände hervorgebracht, weil bestimmte Personengruppen die entsprechenden Voraussetzungen für den Leistungsbezug nicht erbringen bzw. auch Leistungseinschränkungen eingezogen werden können (aktuell bspw. *Rente mit 67*). Die Politik sozialrechtlicher Lösungen ist durchaus ambivalent: Einerseits soll diese Verrechtlichung für ein Mehr an sozialem Zusammenhalt sorgen und Verteilungsungerechtigkeiten einer marktwirtschaftlichen Ordnung ausgleichen. Andererseits werden nun nicht die soziale Lage bzw. die ihr zugrunde liegenden – strukturellen sozialen – Konflikte zwischen unterschiedlich starken sozialen Interessen für unzureichende, als ungerecht empfundene Leistungen verantwortlich gemacht, sondern *die* Politik. Und schließlich bedeutet eine Rückverlagerung der Bewältigung von sozialen Risiken auf die Haushaltsebene, dass die Folgen sozialer Probleme wieder den Einzelnen bzw. dem Haushaltsverbund aufgebürdet werden, obwohl diese dafür nicht ursächlich verantwortlich sind.

Kausalität und Finalität

Man nehme den folgenden Fall: Eine Person rutscht auf einer Bananenschale aus und bricht sich das Bein; Heilbehandlung ist vonnöten. Geschah dieses auf dem Weg zwischen Arbeits- oder Ausbildungsstätte und privater Wohnung, dann ist dafür die Gesetzliche Unfallversicherung zuständig. Geschah es in der Freizeit und ein*e Verursacher*in ist nicht feststellbar, ist dies ein Fall für die Gesetzliche Krankenversicherung oder, sofern ein Anspruch auf Grundsicherungsleistungen nach SGB XII und kein Versicherungsschutz besteht, für das Sozialamt. Ist ein*e Verursacher*in für die unachtsam weggeworfene Bananenschale zu ermitteln, kann – sofern vorhanden – eine private Haftpflicht in Regress genommen werden. Hat die Person aber mutwillig oder grob fahrlässig gehandelt, kommt auch eine private Haftung mit eigenem Einkommen und Vermögen in Betracht. Gefragt wird also: Was war die Ursache (lateinisch: causa) für den Eintritt des Schadens. Davon ist dann abhängig, wer für das Aufbringen der Kosten zuständig ist. Diese *Kausalität* ist aber nicht nur für die Leistungsträger*innen von Bedeutung – Wer muss bezahlen? –, sondern auch für die Leistungsempfänger*innen. So variieren die Leistungen etwa zwischen der Gesetzlichen Unfall- und der Gesetzlichen Krankenversicherung vor allem bei den rehabilitativen Leistungen, bei finanziellen Zusatzleistungen, vor allem dann, wenn möglicherweise eine Berufs- bzw. Erwerbsunfähigkeit aus dem Unfall folgt. Dieses Kausalitätsprinzip dominiert das deutsche Sozialrecht in fast allen Leistungsbereichen.

Das Gegenprinzip, die *Finalität* (lat. finis – das Ziel), fragt danach, was eine soziale Intervention bewirken soll. Klassisch sind hier die Paragraphen 67 ff. SGB XII zu nennen: Bei Personen „in besonderen Schwierigkeiten" wird nicht gefragt, wie diese Person in diese Lage kam (Nichtsesshaftigkeit, Alkoholprobleme etc.), sondern es wird gefragt, wie dieser Person über die aktuellen Probleme hinweggeholfen werden kann. Fürsorgeleistungen sind der Sache nach final ausgerichtet. Im Vordergrund steht die Hilfe zur Selbsthilfe, um möglichst schnell wieder aus dem Bezug von Grundsicherungsleistungen herauszukommen. Gleichwohl drängt das kausale Denken immer wieder auch in die Praxis der Fürsorge hinein und beschränkt selbst hier das Finalprinzip: Verletzt jemand die Mitwirkungspflicht, indem er oder sie sich z. B. weigert, zumutbare Arbeitsangebote anzunehmen, können die Leistungen des SGB II Grundsicherung für Arbeitssuchende (ALG II) gekürzt werden. Bestehen Ansprüche gegenüber anderen Trägern, ist zu klären, warum diese nicht von Antragsteller*innen abgefragt werden etc. Finalität wird meist von den politischen Interessenträger*innen eingeklagt, die die ausgrenzende Wirkung des Kausalitätsprinzips beschränken und die solidarischen Elemente stärken wollen, während umgekehrt jene sich gegen

eine Verstärkung finaler Elemente wehren, die stärker die Eigenverantwortlich-
keit betonen und die sich aus den institutionellen Differenzen heraus ergebenden
Abstufungen im System der sozialen Sicherung erhalten wollen.

3.3.3   Funktionen und Ziele von Sozialpolitik: Kompensation, Konstitution und Prävention

Sozialpolitische Leistungen *kompensieren* den Ausfall anderer Quellen, die
zum Erhalt der Existenzgrundlagen von Menschen bislang beigetragen haben
bzw. leisten einen Beitrag, um eine Barriere zu überwinden, die Einzelne in der
eigenverantwortlichen Lebensführung hindert. Dieses betrifft keinesfalls bloß
Geldleistungen, sondern kann auch in Gestalt von Sach- und Dienstleistungen
erfolgen. Der Schaden an bzw. das Fehlen von eigenen Möglichkeiten zur
Existenzsicherung wird damit sozial aufgefangen, die Lebensgrundlagen des
Individuums und von ihr gegenüber unterhaltsberechtigten Personen wird etwa
bei Arbeitslosigkeit, Unfallverletzungen, Krankheiten, im Alter etc. ganz oder
teilweise ausgeglichen. Damit hat Sozialpolitik eine *Schutzfunktion,* die zugleich
an *Verteilungs-* bzw. *Umverteilungsvorgänge* gebunden ist: Die Mittel, die der
oder die Einzelne bzw. der Haushaltsverbund benötigt, wurden entweder zu
einem früheren Zeitpunkt von der Leistungen beziehenden Person selbst und/oder
werden derzeit von anderen Beitrags- bzw. Steuerzahler*innen aufgebracht.

Der Wechsel zwischen Arbeiten und Leben entzieht sich immer schon der
individuellen Beliebigkeit. Auch wenn ein Zwang zur Arbeit verfassungsrechtlich
verboten ist (Artikel 12 des Grundgesetzes), greifen nach wie vor Regelungen,
die den Zugang zu bzw. Abgang von abhängiger Erwerbsarbeit regeln und damit
konstitutiv werden für die Durchsetzung von abhängiger Erwerbsarbeit. Anzuführen sind hier Regelungen zur Krankschreibung, Zumutbarkeitsregelungen
etwa im Zusammenhang des Leistungsbezugs bei Arbeitslosigkeit, die Mitwirkungspflicht bei Fürsorgeleistungen, die Bindung der Inanspruchnahme des
gesetzlich bzw. tariflich zustehenden Urlaubs an die zuvor erfolgte Zustimmung
der Arbeitgeber*in und Regelungen im Zusammenhang etwa von Berufs-
erkrankungen, Unfallrenten bzw. insgesamt bei Frühverrentung. Die gesetzlich
festgelegte Altersgrenze bei der Rente schließlich entbindet das Individuum von
der Pflicht, den Lebensunterhalt weiter durch Erwerbsarbeit zu bestreiten. In
diesen Kontext gehört auch die Frage nach einer Verbesserung oder Lockerung
des Kündigungsschutzes für Arbeitnehmer*innen.

Doch Sozialpolitik war und ist immer auch in einem anderen Sinne *konstitutiv*
für das bestehende Wirtschaftssystem. Hierzu gehören etwa geschichtliche und

aktuelle Regelungen, die darauf abzielen, junge Menschen nicht vorzeitig im Arbeitsprozess zu verschleißen (Kinderarbeitsschutzrechte, Jugendschutz). Des Weiteren dient der betriebliche Arbeitsschutz wie insgesamt die Gesundheitssicherung dem Erhalt benötigter, qualifizierter Arbeitskräfte. Und schließlich dienen Regelungen für den Fall von Arbeitslosigkeit der Sicherung von Qualifikationen für den zukünftigen Bedarf auf dem Arbeitsmarkt. Sozialpolitik zielt auf Erwerbsarbeit als Grundbedingung privaten Lebens, doch verbindet sie dies auch mit dem Ziel, diesen Arbeitsprozess keinesfalls bloß im Interesse der Unternehmer*innen, sondern auch im Interesse der abhängig Beschäftigten produktiver zu gestalten, zumindest die mitunter widerstreitenden Interessen nicht nur einseitig zu vertreten. Diese konstitutive Funktion von Sozialpolitik hat somit teilweise auch eine *Produktivitätsfunktion.*

Sozialpolitik hat schließlich zunehmend auch *präventive Funktionen* übernommen und will das Entstehen sozialer Risiken ursachenbezogen zu verhindern (vgl. Abschn. 3.1.2). Die Kompensation sozialer Risiken, der Erhalt von Arbeitsfähigkeit und das präventive Verhindern sozialer Schädigungen geht nicht allein in privatwirtschaftlichen Interessen auf, auch wenn letztere daraus ihren Nutzen ziehen können und dieses auch sollen. Sie ist geschichtlich betrachtet Ausfluss der Allgemeingültigkeit von Grund- und Menschenrechten, seien diese nun bürgerlich-emanzipatorisch, aus der Arbeiterbewegung heraus oder christlich begründet. Hier stellen präventive Elemente der Sozialpolitik eine soziale Konkretion dar, so etwa Vorsorgeuntersuchungen bei Kleinkindern und Erwachsenen, aber auch qualifikatorische Maßnahmen und Beratungsleistungen etwa im Kontext der Arbeitsmarktpolitik. Und nicht zuletzt sind hier Überlegungen und Ansätze einer *Humanisierung der Arbeitswelt* von Bedeutung (bpb 2011; Kleinöder et al. 2019). Den Charakter des Präventiven unterscheidet von dem des Konstitutiven vor allem, dass die von dem Vorbeugungsgedanken bestimmten Regelungen auch außerhalb des Sektors der Sicherung des Lebensunterhalts durch Erwerbsarbeit einen eigenständigen Stellenwert haben: so die gesunde Entwicklung eines Kindes, der Erhalt von Lebensqualität durch soziale Rahmenbedingungen wie Arbeitsfähigkeit, Gesundheit, Bildung, Wohnen etc.

Zusammengefasst bedeutet dies: Die sozialpolitischen Instrumente und Interventionsformen verfestigen die für unser Wirtschaftssystem bestimmende Trennung zwischen den Bereichen Arbeit und Leben. Zugleich sorgt Sozialpolitik mit dafür, dass Erwerbsarbeit als die vorherrschende Form der Existenzsicherung sozial durchsetzbar und durchgesetzt bleibt. Sozialpolitik übernimmt eine Mittlerfunktion zwischen Erwerbsarbeit und Nicht-Erwerbsarbeit. Diesen Prozess bindet Sozialpolitik an Auflagen, deren Nichterfüllung sozialrechtlich, materiell und immateriell, sanktioniert wird. Die Fürsorgesysteme zielen der Sache nach auf die Überwindung eines Notstandes (*Finalität*). Gleichwohl ist auch hier ein Bezug zur Erwerbsarbeit in vielerlei Hinsicht gegeben. Das System der sozialen Sicherung und große Teile der Sozialpolitik werden folglich von der Erwerbsarbeit bestimmt, wie sie umgekehrt wieder auf diese zurückwirken. Dieser enge Arbeitsmarktbezug im System der sozialen Sicherung ist für Deutschland prägend. Allerdings gibt es auch Leistungsbereiche, die davon nicht betroffen sind. Dieses gilt im Wesentlichen für die *Gesetzliche Pflegeversicherung,* bei der der Großteil der Leistungsbezieher*innen dem Arbeitsmarkt schon aus Altersgründen nicht mehr zu Verfügung steht. Ebenfalls keinen direkten Bezug zur Durchsetzung von Erwerbsarbeit haben u. a. die Kriegsopferversorgung, das Kindergeld und selbstverständlich auch die Rentenzahlungen – auch wenn deren Höhe auf das Engste mit den individuellen Erwerbsbiografien verbunden ist.

3.3.4 Ebenen der Umverteilung von Sozialpolitik

Sozialpolitik leistet einen erheblichen Beitrag zur Verteilung von erwirtschafteten Ressourcen in einer Gesellschaft. Dieses vollzieht sich auf unterschiedlichen Ebenen:

Interpersonelle Umverteilung
Die vom Volumen her am stärksten verbreitete Form der Verteilung ist die *interpersonelle* Umverteilung: Die aktiv Erwerbstätigen zahlen in die Sozialversicherungen und Steuertöpfe ein, Leistungen dagegen erhält, wer von einem sozialen Risiko betroffen ist und einen sozialrechtlichen Anspruch besitzt. Diese interpersonelle Umverteilung betrifft nicht nur Geldleistungen, sondern bezieht sich auch auf Sach- und Dienstleistungen. Das Entrichten von Steuern und Sozialabgaben beinhaltet, dass jede*r deshalb an diesem interpersonellen Umverteilungsprozess beteiligt sein soll, damit er bzw. sie dann, wenn auch ihn bzw. sie dieses soziale Risiko trifft, nicht ohne Unterstützung bleibt.

Intergenerative Umverteilung
Vom Volumen her den zweiten Rang nimmt die *generationenbezogene* Verteilung ein. Gerade weil es in der Sozialpolitik nicht nur um Einzelne, sondern um den Familienverbund einschließlich der älteren und der zukünftigen Generation geht, zielt Verteilung sowohl auf die Nachfolgegeneration (z. B. Kindergeld, familienergänzende Dienstleistungen) als auch auf die nicht mehr erwerbstätige Generation (insbesondere Renten, Krankenkosten etc.).

Immaterielle Umverteilung

Im deutschen Sozialsystem überwiegen monetäre Transfers, vom großen Bereich der Gesundheitssicherung und den sozialen Diensten abgesehen. Aber Lebensbedingungen bestimmen sich nicht nur aus direkten finanziellen Transfers bzw. Sach- und Dienstleistungen, sondern insgesamt aus Chancen der Teilhabe an den breiten Möglichkeiten einer Gesellschaft. Soziale, kulturelle und sportliche Einrichtungen in öffentlicher Trägerschaft verzichten im Regelfall auf kostendeckende Nutzungsgebühren bzw. Eintrittspreise und subventionieren folglich deren öffentliche Inanspruchnahme.

Wirkung von Umverteilung

In kritischer Absicht stimmen mitunter sozial sehr gegensätzliche Positionen darin überein, dass die Umverteilungswirkung der Sozialpolitik letztlich nur ein „Griff in die eigene Tasche" (Merklein 1980) darstelle. Denn würden keine Steuern und Abgaben erhoben – so die Logik dieser Metapher – bliebe den Einzelnen mehr vom Einkommen, das dann den eigenen Bedürfnissen gemäß in den Konsum von Dienst- und Vorsorgeleistungen investiert werden könnte. Es geht also um die Frage, inwieweit diese Verteilung vorwiegend innerhalb der jeweiligen sozialen Gruppe – der abhängig Beschäftigten – stattfindet bzw. inwieweit sie darüber hinausgeht. Dabei kann der Verteilungsprozess zunächst gar nichts anderes sein, als ein Verteilungsprozess innerhalb der diesem Finanzierungsverbund Angehörenden. Interessanter ist also die Frage, welches Verteilungssystem welche Wirkungen hat:

- Ein rein *beitragsfinanziertes System* beispielsweise führt auch nur zu einem Ausgleich zwischen den nach gleichen Grundsätzen Beitragszahlenden (*Solidargemeinschaft*).
- *Steuerfinanzierte Systeme* wirken umverteilend entsprechend den geltenden steuerlichen Regelungen, ihrem Steuermix und der Zielsetzung, die dieser Einbeziehung öffentlicher Steuermittel zugrunde liegt.
- *Mischsystemen* zwischen Beitragseinnahmen und Steuerzuwendungen entspricht eine gemischte Verteilungswirkung durch den Einbezug der Allgemeinheit und von definierten Teilgruppen (etwa sozialversicherungspflichtig Beschäftigte), wobei diese Gruppen in der Regel selbst wieder Teil der steuerzahlenden Allgemeinheit sind und damit u.U. einer Doppelbelastung unterliegen.

Die *umverteilende Wirkung* von Sozialpolitik unterliegt einem doppelten Dilemma: Zum einen soll sie den Lebensunterhalt sichern, obwohl den aktuellen sozialen Leistungen keine aktive Erwerbsarbeit entspricht. Der Logik dieses

Umlageverfahrens im System der sozialen Sicherung (aber auch im Steuersystem) folgend, müssen andere Personen mit ihren Beiträgen bzw. Steuern den Ausfall selbst erarbeiteter Subsistenzmittel ausgleichen. Das, was auf der einen Seite eine Entlastung beim Ausfall etwa von Einkommen darstellt, ist auf der anderen Seite eine Belastung. Denn keinesfalls bloß die Bezieher*innen von Sozialeinkommen müssen im Regelfall – gemessen an dem zugrunde liegenden vormaligen Erwerbsarbeitseinkommen – Einkommenseinbußen hinnehmen, sondern auch die Beitragszahler*innen: Je höher das aus Gründen der Kompensation gezahlte Sozialeinkommen auf der einen Seite ist, umso geringer ist das verbleibende verfügbare Erwerbseinkommen auf der anderen Seite.

Am wenigsten transparent ist die *gesamtgesellschaftliche Verteilung* durch Sozialpolitik. Deshalb werden die Verteilungswirkungen von Sozialpolitik in der Öffentlichkeit eher diskriminiert als nüchtern bewertet. Aus dem Grundsatz einer subsidiären Gerechtigkeit folgt, dass Menschen, die sich durch eigene Hilfe nicht aus ihrer Notlage befreien können, vorleistungsfreie Leistungen zugesprochen bekommen sollen. Hier findet also eine Umverteilung zu Gunsten von Menschen in Armut und zulasten der Steuerzahler*innen statt. Doch auf diese Extremfälle von Armut und sozialer Ausgrenzung bleibt die gesamtgesellschaftliche Umverteilung nicht begrenzt. In letzter Zeit kommt verstärkt in den Blick, dass – bislang noch im Umlageverfahren fest ritualisiert – zunehmend soziale Gruppen füreinander einstehen, die sich selbst aber durch wesentliche Merkmale unterscheiden (etwa: Single und Verheiratete, Kinderlose und Familien mit Kindern).

Um Aussagen darüber zu treffen, welche Einkommenssegmente stärker oder schwächer von sozialpolitischer Verteilungspolitik gefördert bzw. belastet werden, bedarf es dringlicher denn je der Neuauflage einer Transfer-Enquête-Kommission (vgl. Abschn. 2.7.2). Genauere Kenntnis über Verteilungsabläufe und deren Ergebnisse würden den häufig eher ideologischen Umgang mit dem Verteilungsargument infrage stellen und eine Justierung von Verteilungspolitik durch politisch in einem transparenten Prozess deutlich gemachte Kriterien für Gerechtigkeit ermöglichen.

3.4   Sozialpolitik im politischen Mehrebenensystem

3.4.1   Akteure und politische Ebenen

Staatliche Sozialpolitik meint in der föderalen Ordnung Deutschlands zunächst die Sozialpolitik des *Bundes* und die der *Bundesländer.* Daneben sind die Kommunen ebenso eine Ebene der Öffentlichen Hand und werden daher zu

Recht auch als ‚kommunaler Sozialstaat' bezeichnet. Eine politische Ebene ganz eigener Art stellt die *Europäische Union* dar (vgl. Abschn. 2.9.1 und 3.4.4). Schließlich findet Sozialpolitik auch auf internationaler Ebene statt, insbesondere im Rahmen der Vereinten Nationen (UN) und ihrer Organisationen, etwa der Internationalen Arbeitsagentur (ILO) sowie dem Flüchtlings- (UNHCR) oder Kinderhilfswerk (UNICEF). Sozialpolitik ist, wie Abb. 3.6 schematisch zusammenfasst, also in einem vertikalen Mehrebenensystem verortet.

Die Akteure und politischen Ebenen sind zugleich Teil der Gewaltenteilung:

Rechtsetzung (Legislative)
Die Verortung sozialpolitischer Kompetenzen zwischen Bund und Ländern regelt das Grundgesetz (Art. 70 ff. GG). Grundsätzlich gilt, dass Gesetze ausschließlich durch die Parlamente in Bund und Ländern verabschiedet werden.[1] Dabei kann gesetzlich bestimmt werden, dass Verwaltungen konkretisierende Entscheidungsbefugnisse (Erlass von Rechtsverordnungen, etwa zur Anpassung von Sozialleistungshöhen) übertragen werden. Die Kommunen hingegen können im Rahmen der kommunalen Selbst*verwaltung* nur Ordnungen (etwa Gebührenordnungen) und Satzungen (so zu Verfahrensabläufen) oder Pläne (z. B. Bebauungspläne) im Rahmen geltender Gesetze beschließen. In den Gesetzgebungsverfahren auf Bundesebene versuchen die Kommunen dabei nicht nur über ihre Ländervertretung Einfluss im Bundesrat zu nehmen, sondern agieren auch über ihre drei *kommunalen Spitzenverbände* (vgl. Abschn. 3.4.2). Die EU-Ebene wiederum kann nur im Rahmen der in den EU-Verträgen festgelegten Kompetenzen sog. *Empfehlungen, Richtlinien* und *Verordnungen* beschließen (vgl. Abschn. 3.4.4).

Verwaltung (Exekutive)
Zur Umsetzung seiner sozialpolitischen Entscheidungen verfügt der Bund im Regelfall über keine eigene Verwaltung (Ausnahme: Arbeitsverwaltung). Vielmehr nehmen die Bundesländer im Auftrag des Bundes diese Aufgaben wahr (Artikel 83 GG). Zugleich legen sie – durch ihre Beteiligung beim Bundesgesetzgebungsverfahren über den Bundesrat und in Landesausführungsgesetzen – fest, welche Aufgaben von den *kommunalen* bzw. den *überörtlichen Trägern* etwa der

---

[1] Eine Ausnahme stellen die Kirchen dar, die in Deutschland befugt sind, eigenes Kirchenrecht zu erlassen. Sozialpolitisch relevant ist dies etwa beim Mitbestimmungsrecht von Beschäftigten und weiteren Bereichen im Arbeitsrecht, auch bei kirchlichen Trägern von Caritas und Diakonie.

Ebenen	Aufgabengebiete (Beispiele)	Besonderheiten (Auswahl)
kommunale Ebene (Gemeinde, Stadt, Landkreis, Kommunalverband)	öffentliche Träger der Jugend- und Sozialhilfe (Pflichtaufgabe) daneben: Gewährleistung von im Umfang unbestimmten Leistungen der kommunalen Daseinsvorsorge, etwa Versorgungs-, Kultur- und Beratungseinrichtungen	Zweigliedrigkeit der Jugendämter in Amt und Jugendhilfeausschuss. In letzterem sind Jugendverbände stimmberechtigt vertreten. Keine Gesetzgebungskompetenz in der sozialen Sicherung
regionale Ebene (Bundesland)	Bildungspolitik (Schulen, Hochschulen) auf der Bundesebene im Bundesrat gemeinsam mit Bundestag: Rechtsetzung für die Fürsorge (Jugendhilfe, Mindestsicherung)	Leistung (Verwaltung, zum Teil auch Erbringung und Finanzierung) über örtliche Sozialverwaltungen Aufgabe, die Interessen der kommunale Ebene des Bundeslandes im Bundesrat mit zu vertreten
nationale Ebene (Zentralstaat)	zusammen mit den Bundesländern: Rechtsetzung für die Fürsorge (Jugendhilfe, Mindestsicherung) Rechtsetzung zu den Zweigen und Rechtsaufsicht über die Träger der Sozialversicherung	Keine eigenständige Sozialverwaltung (Ausnahme: Arbeitsverwaltung) Rechtsaufsicht über die Sozialversicherungen als Körperschaften öffentlichen Rechts Nichtdiskriminierungsgebot im Sozialrecht gegenüber Bürger*innen anderer EU-Staaten
europäische Ebene (insb. Europäische Union)	Europäische Menschenrechtserklärung und Sozialcharta (Europarat) zum Teil verbindliches Recht (u.a. zum Arbeits-, Gesundheits- und Sozialschutz), zum Teil sozialpolitische Zielvereinbarungen (EU)	eigene Sozialleistungen nur über die Mitfinanzierung nationaler Programme (insb. über den Europäischen Sozialfonds) und nur, solange es sich nicht um Pflicht-/Regelleistungen des EU-Mitgliedstaates handelt individuelles Klagerecht zum EU-Sozialrecht und zur Menschenrechtserklärung des Europarates
internationale Ebene	Arbeits-, Gesundheitsschutz- und Sozialstandards im Rahmen der Internationalen Arbeitsorganisation UN-Menschenrechtskatalog (besondere Konventionen insb. für Kinder und Menschen mit Behinderungen)	keine juristische Person, gegen die individuelle Sozialrechte geltend gemacht werden könnten konkrete Sozialpolitik ausschließlich im Rahmen zwischenstaatlicher Verträge und Fonds

Abb. 3.6 Die sozialpolitischen Ebenen (unter- und oberhalb) des Staates. (Quelle: Boeckh, Jürgen, Benz, Benjamin, Huster, Ernst-Ulrich und Schütte, Johannes D.: Sozialpolitische Akteure und Prozesse im Mehrebenensystem, in: Bundeszentrale für politische Bildung (Hrsg.): Sozialpolitik, Informationen zur politischen Bildung, Heft 327, Bonn, S. 54–67 (hier: S. 54), leicht modifiziert)

Sozial- und Jugendhilfe übernommen werden sollen. In den einzelnen *Bundes-ländern* weichen Detailregelungen also voneinander ab (beispielsweise Landschaftsverbände in NRW, Landesjugendamt in Hessen etc.).

Rechtsprechung (Judikative)
Durch die Sozialverwaltungen werden allgemeine sozialpolitische Bestimmungen auslegungsbedürftig, zum Teil fehleranfällig und mitunter zwischen verschiedenen Sozialleistungsträgern strittig auf konkrete Einzelfälle angewendet. Daher kommt insbesondere Sozial- und Verwaltungsgerichten sowie im Einzelfall auch dem Bundesverfassungsgericht, dem Europäischen Gerichtshof der EU in Luxemburg sowie dem Europäischen Gerichtshof für Menschenrechte des Europarates in Straßburg sozialpolitisches Gewicht zu. Die *Sozialgerichte* bilden dabei einen eigenständigen Zweig innerhalb des deutschen Rechtswesens. Besetzt mit hauptamtlichen und Laienrichter*innen werden hier in gestuften Verfahren von den Sozialgerichten über die Landessozialgerichte bis hin zum Bundessozialgericht Rechtsstreitigkeiten aus dem öffentlich-rechtlich normierten Bereich der sozialen Sicherung ausgetragen. Auch hier gewinnt die europäische Ebene zunehmend an Gewicht, so mit der Rechtsprechung des Europäischen Gerichtshofes in Luxemburg.

Dabei findet sich auch in der Sozialpolitik einschlägiges sogenanntes *Richterrecht,* das nicht durch Parlamente beschlossen, sondern von Gerichten auf Basis juristischer Grundsätze entwickelt wird. So liefert der Grundrechtskatalog des Grundgesetzes keine konkrete Bestimmung, die eine Fürsorgeleistung im Falle von Verarmung vorschreibt. Aus den Artikeln 1 (Menschenwürde), 2 (persönliche Freiheitsrechte) und 20 GG (Sozialstaatsgebot) wurde aber höchstrichterlich ein Grundrecht auf Fürsorge (Sozialhilfe) im Falle der Bedürftigkeit abgeleitet, mit Rechtsfolgen für die einfache Gesetzgebung auf diesem Gebiet. Auf verschiedenen Gerichtsebenen sind in letzter Zeit sozialpolitisch darüber hinaus relevante Urteile zum Fürsorgerecht (Sozialhilfe, Grundsicherung für Arbeitssuchende) in Verbindung mit dem europäischen Freizügigkeitsrecht ergangen.

3.4.2 Selbstverwaltung der kommunalen Ebene

Relevante Akteure der Sozialpolitik finden sich auf kommunaler Ebene in den:

- kreisfreien Städten (zusammengeschlossen im Deutschen Städtetag),
- kreisangehörigen Städten und Gemeinden (zusammengeschlossen im Deutschen Städte- und Gemeindebund),

- kreisangehörige Städte und Gemeinden umfassenden Landkreisen (zusammen-geschlossen im Deutschen Landkreistag),
- von kreisfreien und kreisangehörigen Städten und Gemeinden gegründeten Kommunalverbänden zur überörtlichen Wahrnehmung kommunaler Aufgaben (etwa der Versorgung der Bevölkerung mit öffentlichem Personennahverkehr, stationärer Jugendhilfe und psychiatrischen Kliniken).

Die Kommunen genießen nach Art. 28 Abs. 2 GG das „Recht zur Selbstver-waltung" im Rahmen geltender Gesetze. Dieses umfasst laut Grundgesetz „auch die Grundlagen der finanziellen Eigenverantwortung; zu diesen Grund-lagen gehört eine den Gemeinden mit Hebesatzrecht zustehende wirtschafts-kraftbezogene Steuerquelle" (= Gewerbesteuer). Die zentrale sozialpolitische Bedeutung der lokalen Ebene wird insbesondere daran deutlich, dass

- soziale Probleme immer konkret vor Ort auftreten, selbst wenn sie weder ört-lich verursacht sind, noch dort hinreichend gelöst werden können,
- der kommunale Sozialstaat damit stets als *Ausfallbürge* für unzureichende regionale, nationale und darüber hinausweisende Sozialpolitiken fungiert.

Die Städte und Gemeinden nehmen im Rahmen der kommunalen Selbstver-waltung die Aufgaben der öffentlichen Daseinsvorsorge wahr. Hierbei ist zu unterscheiden zwischen:

1. den sogenannten Auftragsangelegenheiten bzw. den *Pflichtaufgaben* zur Erfüllung nach Weisung. Zu diesen Aufgaben sind die Kommunen durch Bundes- oder Landesrecht verpflichtet. Hierzu gehören Aufgaben wie das Melderecht, der Katastrophen- und Denkmalschutz oder die Durch-führung von Wahlen. Aber auch Leistungen wie das Wohngeld oder Aus-bildungsförderungsleistungen. Bei dieser Art von Leistungen entscheiden die Kommunen weder, ob sie die Leistungen erbringen noch wie diese Leistungen erbracht werden.
2. den Pflichtaufgaben in Selbstverwaltung. Diese Aufgaben sind zwar im Gesetz explizit benannt, aber *in Art und Umfang unbestimmt*. Das bedeutet, die Kommune entscheidet nicht, ob sie eine Leistung erbringt, sondern wie diese erbracht bzw. ausgestaltet wird (etwa die Förderung der Jugendarbeit freier Träger).
3. den freiwilligen Aufgaben in Selbstverwaltung. Hier entscheidet die Kommune sowohl, ob als auch wie sie diese *freiwilligen Leistungen* erbringen möchte. Beispiele sind hier der Unterhalt von Museen, Bibliotheken sowie

Sport- und Spielstätten, aber auch z. B. die Einrichtung einer Frauenberatungsstelle. Im Gegensatz zum Bund oder zu den Ländern treten die Kommunen dabei zum Teil auch selbst als Leistungserbringer sozialer Dienste auf.

Beschließen Bund und Länder über kommunale Pflichtaufgaben (siehe die Einführung des Rechtsanspruchs auf einen Krippenplatz), stellt sich die Frage, wer die Kosten hierfür übernimmt. Da in vielen Kommunen das Steueraufkommen aus unterschiedlichen Gründen nicht zur Finanzierung der Aufgaben ausreicht, pochen die Kommunen zum Schutz gegen eine kompensationslose Indienstnahme durch die Bundesländer bzw. den Bundesgesetzgeber auf das sog. *Konnexitätsprinzip*, das inzwischen in allen Flächenländern zwischen dem Land und seinen Gemeinden gilt (zum Verhältnis Bund – Länder sh. Art. 104a GG).

Das Konnexitätsprinzip (Beispiel: Landesverfassung Niedersachsens)
„Den Gemeinden und Landkreisen und den sonstigen kommunalen Körperschaften können durch Gesetz oder aufgrund eines Gesetzes durch Verordnung Pflichtaufgaben zur Erfüllung in eigener Verantwortung zugewiesen werden und staatliche Aufgaben zur Erfüllung nach Weisung übertragen werden. Für die durch Vorschriften nach Satz 1 verursachten erheblichen und notwendigen Kosten ist unverzüglich durch Gesetz der entsprechende finanzielle Ausgleich zu regeln. Soweit sich aus einer Änderung der Vorschriften nach Satz 1 erhebliche Erhöhungen der Kosten ergeben, ist der finanzielle Ausgleich entsprechend anzupassen; im Fall einer Verringerung der Kosten kann er angepasst werden." *Quelle: Verfassung des Landes Niedersachen (Art. 57, Abs. 4, Satz 1-3)*

Das Bundesverfassungsgericht hat in einem Urteil aus dem Jahr 2020 (Az. 2 BvR 696/12) das Selbstverwaltungsrecht der Kommunen jüngst noch einmal bekräftigt, indem es dem Bund nicht nur untersagte, den Kommunen kompensationslos neue Aufgaben zu übertragen, sondern auch bestehende Aufgaben substanziell auszuweiten.

Das Jugendamt – Beispiel einer kommunalen Sozialverwaltung und sozialpolitischen Besonderheit
Ein Beispiel kommunaler Sozialverwaltung ist das Jugendamt (vgl. Abb. 3.7). Es stellt in seiner sog. Zweigliedrigkeit insofern eine sozialpolitische Besonderheit dar, als dass über den (kommunalparlamentarischen) *Jugendhilfeausschuss* der Amtscharakter um ein Gremium des regelhaften Einbezugs von Sachverstand erfahrener Personen der öffentlichen und frei-gemeinnützigen Jugendhilfe erweitert wird. Bei der Besetzung des Jugendhilfeausschusses sind dabei Vorschläge der Jugendverbände und der Wohlfahrtsverbände ausdrücklich zu berücksichtigen (Paragraph 71 SGB VIII Kinder- und Jugendhilfe).

Jugendamt	
Amtsleitung	Jugendhilfeausschuss (JHA)

o **Verwaltung**
Steuerung – Planung – Controlling –
Organisation – Personal – Finanzen –
Öffentlichkeitsarbeit
o **Kindertagesbetreuung**
Förderung und Betrieb von Einrichtungen
– Tagespflege – Fachberatung
o **Allgemeine Förderung**
Förderung und Betrieb von Einrichtungen
– Jugendarbeit – Jugendsozialarbeit –
Familienförderung
o **Soziale Dienste**
Hilfen zur Erziehung – Adoptionen –
Familien- und Jugendgerichtshilfe –
Amtsvormundschaft / Pflegschaft
o **Zentrale Einrichtungen**
Beratungsstellen – Jugendbildungsstätte –
Heim
	Der JHA befasst sich mit allen
	Angelegenheiten der Jugendhilfe,
	insbesondere mit:
	o der Beratung von Problemlagen junger
	   Menschen und Familien,
	o Vorschlägen für die Weiterentwicklung der
	   Jugendhilfe,
	o der Jugendhilfeplanung,
	o der Förderung der freien Jugendhilfe.
	
	Zusammensetzung des JHA:
	o zu 2/5 freie Träger: Jugendverbände,
	   Wohlfahrtsverbände,
	   Religionsgemeinschaften, Vereine;
	o zu 3/5 Vertreter*innen des
	   Kommunalparlaments

Abb. 3.7 Aufbau des Jugendamtes (prototypisch). (Quelle: nach IJAB – Fachstelle für Internationale Jugendarbeit der Bundesrepublik Deutschland e. V. (Hrsg.): Kinder- und Jugendpolitik. Kinder- und Jugendhilfe in Deutschland, erweiterte und aktualisierte Neuauflage, Bonn 2008, S. 277)

Dabei sieht Paragraph 69 SGB VIII (Kinder- und Jugendhilfe) vor, dass zunächst Kreise und kreisfreie Städte örtlicher Träger der Jugendhilfe und damit mit einem *Jugendamt* auszustatten sind. Nach Landesrecht können ggf. auch kreisangehörige Gemeinden auf Antrag zu örtlichen Trägern bestimmt werden, sie verfügen damit aber nicht in jedem Fall über ein eigenes Jugendamt. Überörtlich bildet sich die Zweigliedrigkeit des Jugendamtes auch auf Landesebene (nicht aber der Bundesebene) mit *Landesjugendämtern* und *Landesjugendhilfeausschüssen* ab.

3.4.3   Sozialpolitik im föderalen Staat: Länder- und Bundesebene

Im deutschen Föderalismus mit seinem kommunalen Selbstverwaltungsrecht beschränken sich die sozialpolitischen Kompetenzen von Bundesländern und der Bundesebene im Wesentlichen auf die – für die Sozialpolitik allerdings zentrale – Gesetzgebung. Beide staatlichen Ebenen sorgen über das Sozialrecht für einen einheitlichen Rechtsrahmen, soziale Rechtsansprüche nach bürgerlichem (Unterhaltsrecht) und öffentlichem Recht (Sozialleistungsrecht) sowie für die Festschreibung von sozialen Pflichten (insbesondere der Zahlung von zweckungebundenen Steuern und zweckbestimmten Sozialabgaben), unterhalten aber in der Regel keine eigene Sozialverwaltung, die Leistungen gewährt bzw. erbringt. Vielmehr sind – neben kommunaler Auftragsverwaltung – die parastaatlichen *Sozialversicherungsträger* die bedeutendsten Träger öffentlicher Sozialleistungen, in dem sie das gesamte Sozialversicherungssystem verwalten.

Der Bund hat dabei insbesondere die Kompetenz zur Regelung der großen Sozialleistungssysteme. Er bestimmt, wie Abb. 3.8 zeigt, deren rechtliche Normierung, teils allein, teils unter Einschluss der Bundesländer. Finanziell ist er im Wesentlichen bei Sozialleistungen beteiligt, die allgemeiner Natur sind, wie etwa über den Bundeszuschuss zur gesetzlichen Rentenversicherung oder Leistungen der Bundesagentur für Arbeit.

In die Hoheit der Bundesländer fällt im Wesentlichen die sozialpolitisch sehr bedeutende *Bildungspolitik*. So hier bundesweite Standards angestrebt werden (siehe: Zentralabitur), geschieht dies in der Regel über die Zusammenarbeit der Landeskultusministerien in der *Kultusministerkonferenz* (KMK). Die Bundesländer können eigene Sozialleistungssysteme schaffen, etwa landeseigene Eltern- und Betreuungsgeldsysteme oder Wohnungsbauprogramme. Die Bundesländer befinden auch, ob Elternbeiträge für die Nutzung von Kindergärten erhoben werden oder nicht und ob diese landeseinheitlich oder kommunal festzusetzen sind (Abb. 3.9).

---

o *Umfangreiches Berichtswesen* (Beispiele: Armuts- und Reichtumsberichte der Bundesregierung; Jugend- und Familienberichte des Bundes etc.)

o *Bundeszuschüsse zur Finanzierung sog. versicherungsfremder Leistungen in den Sozialversicherungen* (Beispiele: Kranken- und Rentenversicherung)

o *Förderprogramme* (Beispiele: Bundesmittel zum Krippenausbau und zur Stadtentwicklung)

o *Geldleistungen* (Beispiele: Steuerfinanzierung der Ausbildungsförderung und Regelsätze in der Grundsicherung für Arbeitsuchende; Bundeszuschuss zur Rentenversicherung)

o *Gesetzgebung* zum Fürsorge- (SGB II, VIII, XII), Sozialversicherungs- (SGB III – VII, XI) und Versorgungsrecht (z.B. Eltern- und Kindergeld)

o *Tarifliche und besoldungsrechtliche Regelungen* (Beispiele: Kinder- und Ehegattenzuschläge; Urlaubs- und Weihnachtsgeld für Beschäftigte im Öffentlichen Dienst des Bundes)

Abb. 3.8 Beispiele zur Sozialpolitik des Bundes. (Quelle: Eigene Darstellung)

o *Unterschiedlich   umfangreiches   Berichtswesen*   (Beispiele:
   Landessozialberichterstattung   NRW;   Sozialberichte   Hessen;   Hamburger
   Armutsbericht)
o *Landeseigene und/oder Bundesprogramme konkretisierende Förderprogramme*
   (Beispiele: Programme zum Krippenausbau und zur Stadtentwicklung)
o *Geldleistungen* (Beispiele: Landeserziehungsgeld in Bayern; Landesblindengeld in
   Schleswig-Holstein)
o *Dienstleistungen*   (Beispiele: Landesprogramme   zur   Förderung   offener
   Ganztagsschulen)
o *Gesetzgebung* durch landeseigene Gesetze oder mitwirkend am Bundesrecht zur
   Fürsorge (SGB II, VIII, XII) und den Versorgungssystemen (z.B. BAföG)
o *Tarifliche und besoldungsrechtliche Regelungen* (Beispiele: Kinder- und
   Ehegattenzuschläge; Urlaubs- und Weihnachtsgeld für Beschäftigte im Öffentlichen
   Dienst des Landes)

Abb. 3.9 Beispiele zur Sozialpolitik der Bundesländer. (Quelle: Eigene Darstellung)

Die sozialpolitische Kompetenzordnung zwischen Bund und Ländern wird über einzelne Finanzregelungen immer wieder angepasst. Bisweilen kommt es auch zu großen formalen Revisionen der Kompetenzordnungen (sog. Föderalismusreformen, in denen zuletzt etwa die Bildungspolitik noch stärker den Bundesländern zugeschlagen wurde). In finanzieller wie kompetenzbezogener Hinsicht spielen sich diese Anpassungen immer wieder zwischen dem Interesse an möglichst einheitlichen Lebensverhältnissen in Deutschland (,*kooperativer Föderalismus*') einerseits und der Durchsetzung der Idee eines ,*Wettbewerbsföderalismus*' (Konkurrenz zwischen Bundesländern in der Steuer- und Sozialpolitik) andererseits ab.

3.4.4   Sozialpolitik über die Grenzen hinaus: Die Europäische Union (EU)

Die Europäische Union hat sich zu einem „*Staatenverbund*" (so das Bundesverfassungsgericht) von Mitgliedstaaten entwickelt, bei dem die staatliche Souveränität zwar bei den Nationalstaaten verbleibt, gleichwohl aber Teile dieser Souveränität vertraglich auf die EU übertragen worden sind (vgl. etwa Artikel 23 Abs. 1 GG). Sie ist damit weit mehr als ein Zusammenschluss souveräner Staaten (wie im Europarat) und doch weniger als ein föderaler Bundesstaat (wie Deutschland).

Rechtsgrundlagen (Vertragswerke) und sozialpolitische Themen
Die EU-Sozialpolitik bezieht ihre Gegenstände und Verfahren nach wie vor (zur Geschichte der EU-Sozialpolitik vgl. Abschn. 2.9 einschließlich Exkurs 2) aus den die EU konstituierenden Verträgen,[2] insbesondere Artikel 151 ff. des Vertrages über die Arbeitsweise der Europäischen Union (AEUV). Aufbauend auf und ergänzend zu den für die EU zentralen sogenannten *vier Freiheiten* (= Freizügigkeit von Waren, Kapital, Dienstleistungen und Personen in der EU) sind dies, wie in den Abb. 3.10 und 3.11 dargestellt, insbesondere Regelungen

- zum Gesundheitsschutz und zur Sicherheit am Arbeitsplatz,
- zur Gleichstellung der Geschlechter in der Arbeitswelt und
- zur sozialrechtlichen Absicherung der Arbeitnehmerfreizügigkeit (‚Wanderarbeiter*innen‘).

Jenseits dieser (möglichen) Rahmenbestimmungen (wirksam etwa zum Verbot der sozialrechtlichen Diskriminierung von EU-Ausländer*innen) bleiben die Sozialversicherungs-, Versorgungs- und Fürsorgesysteme sowie die sozialen Dienstleistungspolitiken (staatliche, freigemeinnützige, kommerzielle Systeme oder Mischformen) aber weiterhin weitgehend in kommunaler bzw. Kompetenz der Nationalstaaten.

EU-Institutionen in der Sozialpolitik
Grundsätzlich zu unterscheiden ist auch beim *EU-Recht* zwischen dem Primär- und Sekundärrecht. Ersteres umfasst die Verträge, die dazugehörigen Protokolle und die allgemeinen Grundsätze des Gemeinschaftsrechts. Das Sekundärrecht bilden die Rechtsakte der Organe auf der Grundlage des Primärrechts. Bei den Rechtsakten der EU ist ferner zwischen *Verordnungen* und *Richtlinien* zu unterscheiden. Verordnungen haben mit Inkrafttreten Gültigkeit in jedem Mitgliedsland, Richtlinien dagegen müssen bis zu einem jeweils festgelegten Zeitpunkt in nationales Recht umgesetzt werden, wobei eine größere Gestaltungsfreiheit in der Art der Umsetzung (Wahl der Mittel zur Erreichung der Ziele der Richtlinie) besteht. *Empfehlungen* und *Stellungnahmen* dagegen sind sog. ‚weiche‘ Rechtsakte (*soft law*) mit einem unverbindlichen Charakter.

---

[2] Heute: Vertrag über die Europäische Union (EUV) und Vertrag über die Arbeitsweise der Europäischen Union (AEUV). Die sozialpolitischen Vertragsgrundlagen liefert der AEUV. Die verschiedenen reformierten Fassungen der Verträge sind jeweils nach den Orten benannt, in denen diese Änderungen beschlossen wurden, zuletzt: Vertag von Lissabon (2007 unterzeichnet, seit Dezember 2009 in Kraft).

Sozialpolitische Themenfelder	Unterstützung und Ergänzung der mitgliedstaatlichen Politiken durch …	
- Bekämpfung der sozialen Ausgrenzung - Modernisierung der Systeme des sozialen Schutzes	„(…) Initiativen, die (unter Ausschluss jeglicher Harmonisierung der Rechts- und Verwaltungsvorschriften der Mitgliedstaaten) die **Zusammenarbeit** zwischen den Mitgliedstaaten fördern: zur Verbesserung des Wissensstandes, zum Austauschs von Informationen und bewährten Verfahren, zur Förderung innovativer Ansätze und zur Bewertung von Erfahrungen."	
- soziale Sicherheit und sozialer Schutz der Arbeitnehmer*innen	… nach Anhörung des Europäischen Parlaments im Rat der Sozialminister*innen zu beschließende **Mindestvorschriften mittels Richtlinien** (die keine verwaltungsmäßigen, finanziellen oder rechtlichen Auflagen vorschreiben, die der Gründung und	Per **einstimmigem Beschluss** im Rat der Sozialminister*innen
- Schutz der Arbeitnehmer*innen bei Beendigung des Arbeitsvertrages - Vertretung und kollektive Wahrnehmung der Arbeitnehmer*innen und Arbeitgeber*inneninteressen, einschließlich der Mitbestimmung - Beschäftigungsbedingungen der Staatsangehörigen dritter Länder, die sich rechtmäßig im Gebiet der Union aufhalten	Entwicklung von kleinen und mittleren Unternehmen entgegenstehen).	Möglichkeit auf Vorschlag der Kommission, mittels einstimmigem Beschluss des Rat der Sozialminister*innen von der Einstimmigkeitserfordernis zum Mehrheitsbeschluss überzugehen
- Verbesserung insbesondere der Arbeitsumwelt zum Schutz der Gesundheit und der Sicherheit der Arbeitnehmer*innen - Arbeitsbedingungen - Unterrichtung und Anhörung der Arbeitnehmer*innen - berufliche Eingliederung der aus dem Arbeitsmarkt ausgegrenzten Personen - Chancengleichheit von Männern und Frauen auf dem Arbeitsmarkt und Gleichbehandlung am Arbeitsplatz		per **Mehrheitsbeschluss** im Rat der Sozialminister*innen

Abb. 3.10 Tätigkeitsfelder der Europäischen Union gem. Art. 153 AEUV. (Quelle: Eigene Darstellung)

Die wichtigsten *institutionellen Akteure* der EU-Sozialpolitik sind erstens der *Europäische Rat der Staats- und Regierungschef*innen* (kurz: Europäischer Rat), der mehrmals jährlich zusammentritt. Er berät bzw. beschließt über grundsätzliche Fragen der weiteren Politik auf europäischer Ebene. Hinzu kommt

---

o   Arbeits- und Gesundheitsschutz am Arbeitsplatz sowie Gleichstellung der Geschlechter: Vereinbarung von (Mindest-)Standards (Beispiele: Vorschrift für ausreichend große Sichtfenster in Pendeltüren; Gender-Mainstreaming)

o   Asyl- und Flüchtlingspolitik: Zuständigkeitsregelungen und gemeinsame Grenzsicherung (Beispiele: Dublin-Verordnungen; gemeinsame Grenzschutzagentur Frontex)

o   Finanzhilfen: Garantien und Kredite an überschuldete Euro-Länder unter Auflagen sozialpolitischer Reformen (Beispiel: Griechenland-Hilfe)

o   Freizügigkeit: Binnenmarktregeln für soziale Dienste, Diskriminierungsverbot und Koordinierung des Sozialschutzes für Wanderarbeitnehmer*innen (Beispiele: Verbot wettbewerbsverzerrender Beihilfen; Exportierbarkeit von Rentenansprüchen)

o   Sozialschutz: potentiell Vereinbarung von (Mindest-)Standards, tatsächlich Vereinbarung von gemeinsamen Zielen sowie Organisierung gegenseitigen Lernens (Informationsaustausch) (Beispiele: Empfehlung der EU-Sozialminister*innen zu Mindestsicherungssystemen in allen Mitgliedstaaten; Offener Koordinierungsprozess zum Sozialschutz und zu sozialer Inklusion)

Abb. 3.11 Beispiele zur Sozialpolitik der EU. (Quelle: Eigene Darstellung)

zweitens die *Europäische Kommission* (kurz: Kommission), deren fachpolitische Generaldirektionen für die Anwendung der Bestimmungen der europäischen Verträge sowie der auf Unionsebene getroffenen Beschlüsse sorgen. Von Ausnahmen abgesehen besitzt allein die Kommission das Initiativrecht für Rechtsakte der EU. Diese legt sie zwei weiteren zentralen Institutionen, dem *Rat der nationalen Fachminister*innen* (kurz: Rat) sowie dem *Europäischen Parlament,* zum Beschluss vor. Von wenigen Ausnahmen (so in der Steuerpolitik, bei Sozialversicherungen sowie in der Außen- und Sicherheitspolitik) abgesehen, in denen Beschlüsse im Rat einstimmig zu fällen sind, werden die Vorschläge dann vom Rat mit qualifizierter Mehrheit[3] angenommen oder abgelehnt. Das Europäische Parlament hat dabei nach verschiedenen Vertragsreformen zunehmend Kompetenzen erhalten (Beschluss des Haushaltes, Bestätigung der vorgeschlagenen Mitglieder der Kommission, Mitentscheidungsrechte bei Rechtsakten), hat aber bis heute keine den nationalen Parlamenten vergleichbare Stellung erreicht. Insbesondere hat es kein Initiativrecht zur Gesetzgebung, sondern kann die Kommission nur (wie der Rat) auffordern, gesetzgeberisch tätig zu werden.

Je nach Gegenstand der Gesetzgebung werden von der Kommission, vom Rat oder vom Parlament der *Wirtschafts- und Sozialausschuss* (Vertretung der Arbeitgeber*innen und Arbeitnehmer*innen sowie zivilgesellschaftlicher Akteure) sowie der *Ausschuss der Regionen* (Vertretung der Kommunen und Regionen) im

---

[3]Zustimmung von mindestens 55 % der Mitgliedstaaten; die zustimmenden Staaten müssen dabei mindestens 65 % der EU-Bevölkerung repräsentieren.

Gesetzgebungsprozess angehört. Beide Ausschüsse können sich aber auch von sich aus mit Stellungnahmen am Meinungsbildungsprozess beteiligen.

Der *Europäische Gerichtshof* in Luxemburg entscheidet in Streitfällen zwischen den Organen der Europäischen Union und zwischen den Organen der EU und den Mitgliedstaaten. Dieses ist etwa dann der Fall, wenn ein Mitgliedstaat eine Richtlinie nicht in nationales Recht umsetzt. Zugleich ist dieses Gericht auch durch natürliche und juristische Personen (etwa nationale Parlamente) in der EU zu europarechtlichen Fragen anrufbar. Es kann mit seinen Urteilen in Einzelfragen als fünfter zentraler Akteur auf europäischer Ebene gelten.

EU-Sozialpolitik dies- und jenseits von Recht und Geld: politische Steuerung durch Informationen und Zielvereinbarungen
Recht zu setzen und *Geld* umzuverteilen sind die klassischen Instrumente, staatliche Politik zu betreiben. Zwei weiteren Instrumenten kommt gerade in der EU-Sozialpolitik eine ebenfalls wichtige Rolle zu, weil hier die Kompetenzen, rechtlich und ökonomisch zu steuern, oft sehr begrenzt sind: die Erhebung und Nutzung von *Informationen* sowie die *Vereinbarung von Zielen.* (vgl. Benz 2004) Alle vier Arten von Instrumenten weisen je eigene Voraussetzungen, Chancen und Grenzen ihrer Effektivität für eine die nationale Sozialpolitik rahmende oder unterstützende europäische Sozialpolitik auf (vgl. Abschn. 2.9.1). Sie sind in unterschiedlichem Maße mit dominierenden sozial- und europapolitischen Interessen in den Mitgliedstaaten kompatibel, auch weil sie unterschiedlich stark in deren sozialpolitische Kompetenzen und Handlungsfreiheiten eingreifen:

- *Information:* So haben die EU-Armutsprogramme der 1980er und 1990er Jahre und die sog. *Offene Methode der Koordination* (OMK) im Sozialschutz seit den 2020er-Jahren vor allem (empirisch abgesicherte) Informationen zu Armut, sozialer Ausgrenzung, sozialen Risiken und sozialem Schutz in den Mitgliedstaaten erhoben und analysiert sowie unter Fachleuten und politischen Instanzen verbreitet. Gesucht wurde und wird hier nach bewährten Verfahren und innovativen sozialpolitischen Maßnahmen auf allen (sub- und über-) staatlichen Ebenen sowie seitens nichtstaatlicher Akteure. Informationen haben ihre größten politischen Potentiale sicher im Lernen am Beispiel der europäischen Nachbarstaaten und der Identifikation gemeinsamer sozialpolitischer Herausforderungen.
- *Recht:* Zum Einsatz kommen substanzielle rechtliche Vereinbarungen bislang nur in Teilbereichen der EU-Sozialpolitik (vgl. Abschn. 2.9.1). *Empfehlungen* können dabei als Vorstufen der Rechtsetzung mittels *Verordnungen* und *Richtlinien* begriffen werden; sie sind zum Teil bereits wie bindende Rechtsakte

formuliert. Angesichts der Anzeichen und Gefahren eines Sozialdumpings in Folge des mit der Wirtschafts- und Währungsunion intensivierten zwischenstaatlichen Konkurrenzdrucks wird auch über die Übertragung sozialpolitischer Kompetenzen auf die EU-Ebene diskutiert (Stichwort: Europäische Arbeitslosenversicherung), vor allem jedoch über unionsweite (u. U. nach jeweiliger Wirtschaftskraft abgestufte) soziale Mindeststandards. Gegen Bestrebungen in diese Richtung wirken insbesondere wirtschaftsliberale Orientierungen, Eigeninteressen lokaler, regionaler und nationaler politischer Ebenen am sozialpolitischen Kompetenzerhalt und demokratische Defizite der EU-Ebene.

- *Geld:* Finanzielle bzw. materielle Unterstützung nationaler Sozialpolitik ist bislang insgesamt nur von geringer faktischer Bedeutung in der EU. In der Armuts- und der Beschäftigungspolitik etwa leisten EU-Mittel durchaus Beiträge zur europäischen Vernetzung und konkreten Projektfinanzierung. Über die Förderung von *Leuchtturmprojekten* und europäischen Netzwerken in Wissenschaft, Politik und sozialer Praxis können sie aufgrund der begrenzten Ressourcen jedoch meist kaum hinausgehen.

- *Zielvereinbarungen:* Der deutsche Armutsforscher *Richard Hauser* empfahl bereits in den 1980er-Jahren, die EU-Mitgliedstaaten auf der Grundlage von zu vereinbarenden Qualitätskriterien und zeitlichen Zielvorgaben zur Harmonisierung ihrer Mindestsicherungen im Fürsorgezweig ‚nach oben‘ zu bewegen (Hauser 1987) und zeichnete damit eine ambitionierte Variante der gut zehn Jahre später vereinbarten OMK vor. Diese setzt neben öffentlicher Aufmerksamkeit und Information in entscheidendem Maße auf die Vereinbarung von Zielen als Mittel politischer Steuerung. Hier wird über *good practice*-Beispiele, Leitlinien und Ziele, Berichte und Aktionspläne sowie Indikatoren versucht, gemeinsame Politik in hohem Maße autonomieschonend und dezentral operationalisiert zu betreiben. Stärke und Schwäche dieses Ansatzes zugleich ist dabei sein Setzen auf Freiwilligkeit, Konsens und Beteiligung aller relevanten Akteure.

Da den nationalen Sozialstaaten unter Berufung auf das Subsidiaritätsprinzip der organisatorische Vorrang bei sozialpolitischen Regelungen zugewiesen bleibt (Art. 5 EU-Vertrag) und da es die Einstimmigkeitsregel für Beschlüsse des Rates in zentralen Bereichen der Sozialpolitik erheblich erleichtert, Bemühungen um europäische (Minimal-)Konsense immer wieder zu vereiteln, wird eine Überwindung dieser Blockaden durch die Kommission und die Nationalregierungen seit der Vertragsreform von Amsterdam zunehmend über die OMK gesucht, also jenseits von ‚harter‘ politischer Steuerung über Recht und Geld.

3.4.5   Über die Grenzen Europas hinaus: Internationale Sozialpolitik

International wird die Sozialpolitik gerahmt durch internationale Organisationen, etwa indem Deutschland deren Konventionen, Handelsverträgen usw. beigetreten ist. Diese verfolgen implizit wie zum Teil auch explizit sozialpolitische Ziele. Auch wenn sich aus ihnen nur teilweise individuell einklagbare sozialpolitische Rechtsansprüche ableiten lassen, beinhalten sie aber zumindest sozialpolitische Selbstverpflichtungen der unterzeichnenden Staaten, auf die in sozialpolitischen Debatten Bezug genommen werden kann und auch wird. Zum Teil sind Selbstverpflichtungen enthalten, sozialpolitische Aussagen in nationales Recht umzusetzen.

Europarat
Älter als die EU ist der *Europarat,* der 1949 von zunächst zehn westeuropäischen Staaten gegründet worden ist und dem heute 47 europäische Staaten angehören, darunter Staaten des Balkans, Nachfolgestaaten der Sowjetunion und die Türkei. Er hat sich die Förderung der kulturellen, sozialen, wirtschaftlichen und wissenschaftlichen Zusammenarbeit sowie die Verwirklichung der Menschenrechte in Europa zur Aufgabe gemacht. Sein bedeutendstes Dokument ist die *Konvention zum Schutze der Menschenrechte und Grundfreiheiten* von 1950, die das zentrale menschenrechtliche Dokument in Europa darstellt und deren Inhalte individuell vor dem Europäischen Gerichtshof für Menschenrechte des Europarates in Straßburg eingeklagt werden können. Die Rechtsprechung des Europäischen Gerichtshofes der EU (EuGH) betrachtet ihren Inhalt als Teil des Gemeinschaftsrechts und der Vertrag über die Europäische Union bezieht sich in Artikel 6 explizit auf sie.

1965 verabschiedete der Europarat eine *Europäische Sozialcharta,* deren Inhalt er 1996 überarbeitete, die jedoch nach wie vor nicht durch die Bürger*innen der Mitgliedstaaten des Europarates einklagbar ist. In ihr verpflichten sich die Unterzeichnerstaaten[4] vielmehr dazu, „eine Politik zu verfolgen, die darauf abzielt, geeignete Voraussetzungen zu schaffen, damit die tatsächliche Ausübung der folgenden Rechte und Grundsätze gewährleistet ist"

---

[4]Zu den unterzeichnenden Staaten der revidierten Charta gehört seit 2007 auch Deutschland. Ratifiziert hat die Bundesrepublik diese Version – unter Abgabe etlicher Vorbehaltserklärungen – 2021, siehe https://www.coe.int/de/web/conventions/full-list/-/conventions/treaty/163/signatures?module=signatures-by-treaty&treatynum=163 (Abruf: 29.07.2021).

(Teil I Satz 1 der Europäischen Sozialcharta). Anschließend findet sich ein breiter Katalog sozialer Grundrechte, der vom besonderen Schutz für Mütter, Kinder und Jugendliche, dem Recht auf soziale Sicherheit und soziale Dienste, über gerechte Arbeitsentgelte und dem Recht auf Kollektivverhandlungen bis zum Recht jedes behinderten Menschen auf eine Ausbildung sowie auf berufliche und soziale Eingliederung reicht.

Europäische Sozialcharta, Artikel 14
Um die wirksame Ausübung des Rechtes auf Inanspruchnahme sozialer Dienste zu gewährleisten, verpflichten sich die Vertragsparteien,

1. Dienste zu fördern oder zu schaffen, die unter Anwendung der Methoden der Sozialarbeit zum Wohlbefinden und zur Entfaltung des Einzelnen und der Gruppen innerhalb der Gemeinschaft beitragen sowie zu ihrer Anpassung an die soziale Umgebung;
2. bei der Bildung und Durchführung dieser Dienste Einzelpersonen und freie oder andere Organisationen zu Beteiligung anzuregen. (*Quelle:* http://www.sozial-charta.eu/europaeische-sozialcharta-revidiert-9162/ *(Abruf: 29.07.2021)*

Schließlich unterstützt der Europarat über Förderprogramme Projekte im Gesundheitswesen, für Geflüchtete, für die Wiedereingliederung von Arbeitslosen und den Bau von Sozialwohnungen. Über seine Organe *Ministerkomitee* und *Parlamentarische Versammlung* sowie über öffentliche Kampagnen fördert der Europarat zudem den Informationsaustausch und Diskussionen über nationale Grenzen hinweg.

Sozialpolitische Relevanz weiterer internationaler Organisationen
Die *Vereinten Nationen (UN)* waren nach dem Zweiten Weltkrieg als eine Art Weltparlament angedacht, das anders als der *Völkerbund* nach dem Ersten Weltkrieg an einer langfristigen Friedensordnung mitwirken sollte. Dabei kommt dieser Institution vor allem die Rolle eines Vermittlers zu, wenngleich Resolutionen beispielsweise des Sicherheitsrates nur dann Chancen auf Umsetzung haben, wenn die Veto-Mächte (China, Frankreich, Russland, Vereinigtes Königreich, Vereinigte Staaten von Amerika) dem auch zugestimmt haben. Sozialpolitisch von Relevanz sind vor allem die *Allgemeine Erklärung der Menschenrechte* vom 10. Dezember 1948 sowie die *UN-Behindertenrechtskonvention* von 2006, die am 3. Mai 2008 in Kraft getreten ist. In der Allgemeinen Menschenrechtserklärung sind wichtige soziale Grundrechte aufgeführt, die Behindertenrechtskonvention hat unter dem Stichwort *Inklusion* eine enorme

Bedeutung für den weiteren Ausbau des gesamten Bildungswesens. Zum anderen veranstalten die Vereinten Nationen sog. *Sozialgipfel,* auf denen Regierungsvertreter*innen miteinander in einen – meist konflikthaften – Austausch über einzuschlagende Wege u. a. bei der Bekämpfung von Armut in der Welt treten.[5]

Die *Internationale Arbeitsorganisation (International Labour Organization – ILO),* ist eine Sonderorganisation der Vereinten Nationen, in der Arbeitgeber*innen-, Arbeitnehmer*innen- und Regierungsvertreter*innen zusammenwirken. Durch Konventionen wurden bereits die *Kinder- und Zwangsarbeit* verboten, der Grundsatz *'Gleicher Lohn für Männer und Frauen'* bei gleicher Tätigkeit festgelegt sowie das Recht auf Gründung von Gewerkschaften und auf Abschluss von Kollektivverträgen vereinbart. Doch noch immer sind längt nicht alle Staaten den entsprechenden Konventionen beigetreten, andere ignorieren sie. Der ILO fehlen bislang häufig die Sanktionsmöglichkeiten, um die Einhaltung ihrer Beschlüsse durchzusetzen.

Weitere internationale Institutionen sollen erwähnt werden, auch wenn deren Einfluss auf die deutsche Sozialpolitik gering ist. Dieses betrifft die *Weltbank* und den *Internationalen Weltwährungsfonds* (IMF). Deutschland ist aber Mitglied und insofern indirekt auch etwa an Auflagen für Nehmerländer beteiligt, die dort sozialpolitische Konsequenzen haben können, indem z. B. Auflagen für die Haushalts- und Finanzpolitik gemacht und dadurch Ausgaben für soziale Belange nicht getätigt werden können oder Handelsbeziehungen akzeptiert werden müssen, die für die heimische Wirtschaft nachteilig sein können. Deutschland ist auch Mitglied der *Organisation für wirtschaftliche Kooperation und Entwicklung* (OECD), die als Beratungsgremium regelmäßige Studien zu den einzelnen Volkswirtschaften der Mitgliedstaaten sowie zu sozial- und bildungspolitischen Fragen veröffentlicht. So haben etwa die PISA-Studien der OECD gezeigt, dass weiche politische Steuerung mittels Information auch auf internationalem Parkett wirksam angewendet werden kann – mit in diesem Fall signifikanten Auswirkungen auf Debatten um die Schulpolitik in Deutschland.

Bislang nicht auszuschließen ist, dass Vereinbarungen zum Freihandel im Rahmen der *Welthandelsorganisation (WTO)* im Dienstleistungsbereich Einfluss auf die Sozialpolitik in Deutschland gewinnen. Dies würde sich ergeben, wenn das seit 1995 geltende, aber nach wie vor inhaltlich noch nicht gefüllte *General Agreement on Trade in Services (GATS)* auch auf Dienste der öffentlichen

---

[5] Wegweisend waren die Gipfel 1995 und 2000 mit der Vereinbarung des Zieles, die Armut in der Welt bis 2015 zu halbieren. Darauf aufbauend wurden 2015 globale Ziele für eine nachhaltige Entwicklung bis zum Jahr 2030 beschlossen (vgl. Abschn. 5.5).

o *Finanzhilfen*: Vergabe von Krediten über die *Weltbank* unter Auflagen sozialpolitischer Reformen (z.B. Griechenland)

o *Freihandel*: Vereinbarung von Freihandelsabkommen, die auch sozialpolitische Standards betreffen (Beispiel: Verhandlungen über ein transatlantisches Freihandels- und Investitionsabkommen – TTIP – zwischen der EU und den USA)

o *Hilfen in Entwicklungs-, Katastrophen- und Kriegsgebieten*: Einwerbung von staatlichen Finanzzusagen sowie Koordination und Organisation von Hilfsmaßnahmen (Beispiel: Tsunami-Hilfe für Thailand und Indonesien; Unterhalt von Flüchtlingslagern in Krisen- bzw. Kriegsgebieten)

o *Soziale Menschenrechte*: Verhandlung von und Monitoring zu internationalen Menschenrechtskonventionen (Beispiele: UN Behinderten- und Kinderrechtskonvention)

o *Sozialstandards*: Vereinbarung internationaler (Minimal-)Standards mittels Übereinkommen im Rahmen der Internationalen Arbeitsorganisation (Beispiele: Verbot von bestimmten Formen der Kinder- und Zwangsarbeit)

o *Seuchenpolitik*: Internationale Abstimmung der Impf- und akuten Seuchenbekämpfungspolitiken (Beispiel: Internationale Impfausweise und Standards der Weltgesundheitsorganisation (WHO); Bekämpfung der Ebola-, AIDS- oder COVID-19-Pandemie)

Abb. 3.12 Beispiele zur Sozialpolitik auf internationaler Ebene. (Quelle: Eigene Darstellung)

Daseinsvorsorge (Bildungs-, Kultur-, Gesundheitseinrichtungen etc.) Anwendung finden würde. Hier ist die weitere Entwicklung abzuwarten. Dieses betrifft auch Verhandlungen zwischen der EU (und ihren Mitgliedstaaten) zu Freihandelsabkommen etwa mit Kanada (CETA), den USA (TTIP) und südamerikanischen Staaten (EU-Mercosur).

Umgekehrt darf nicht übersehen werden, dass in einer (mit oder ohne Freihandelsverträgen) real- und finanzwirtschaftlich immer stärker vernetzten Welt internationale Übereinkommen dann ein wesentliches Instrument darstellen könnten, Sozialdumping zu lindern oder zu überwinden, wenn in derartigen Verträgen auch soziale Standards festgeschrieben würden. Schwierig bleibt dabei nicht nur die Suche nach inhaltlichem Konsens und Kompromiss, sondern auch die Frage danach, wie stringent (Minimal-)Standards mithilfe von nationalen Berichtspflichten, Monitorings regierungsunabhängiger Beobachter*innen, Kontrollen und Sanktionen Geltung verschafft werden kann. Beispiele internationaler Sozialpolitikansätze fasst Abb. 3.12 zusammen.

3.4.6 Nichtstaatliche Träger und Strukturen

Neben der beschriebenen *vertikalen Gliederung* sozialpolitischer Ebenen ist für die Sozialpolitik in Deutschland eine zweite, *horizontale Gliederung* charakteristisch. So treten neben die staatlichen Ebenen einmal parastaatliche, öffentlich-rechtliche Sozialversicherungsträger. Hinzu kommen Maßnahmen und Regelungen betrieblicher und tariflicher Sozialpolitik. In der Jugend- und Altenhilfe sowie bei der Unterstützung oder Selbstorganisation von sozialen Randgruppen gibt es unzählige gesellschaftliche Initiativen mit zum Teil langer historischer Tradition. Untereinander zusammengeschlossen sind sie meist über die großen religiös bzw. weltanschaulich motivierten Wohlfahrtsverbände, die in älteren und neueren sozialen Bewegungen ihren Ursprung haben (vgl. Abschn. 2.2).

Betriebliche und tarifliche Sozialpolitik

*Arbeitgeber*innen* (private als auch öffentliche) sind Träger von Sozialpolitik, da sie teils gesetzlich vorgeschriebene Leistungen (Mitfinanzierung der Sozialversicherung, Lohnfortzahlung im Krankheitsfall, Beschäftigung von Schwerbehinderten bzw. das Zahlen einer Ausgleichsabgabe etc.), teils tarifvertraglich geregelte oder freiwillige soziale Leistungen erbringen. Ferner macht es einen sozialpolitischen Unterschied, ob Beschäftigte in einem Betrieb über einen Betriebsrat (Privatwirtschaft), Personalrat (im öffentlichen Dienst) oder eine Mitarbeitendenvertretung (kirchliche Träger) und überbetrieblich (in Gewerkschaften) organisiert sind und ihre Interessen vertreten, ob Unternehmen einem Arbeitgeberverband angehören und Tariflöhne zahlen oder nicht.

Selbstverwaltete Sozialversicherungen

Die Sozialversicherungsträger sind neben kommunalen Ämtern die bedeutendsten Träger gesetzlicher Sozialleistungen in Deutschland. Als Körperschaften des öffentlichen Rechts (Art. 87 Abs. 2 GG) unterliegen sie zwar staatlicher Gesetzgebung, haben jedoch die Befugnisse der Selbstverwaltung. Letztere wird von den Versicherten, teils paritätisch zusammen mit den Arbeitgeber*innen getragen. Bei den Ersatz(kranken)kassen bestimmen nur die Versicherten in der Selbstverwaltung, während umgekehrt die allein von den Arbeitgeber*innen finanzierte Unfallversicherung auch nur von den Arbeitgeber*innen verwaltet wird. Die Versicherten bzw. zur Selbstverwaltung Befugten wählen alle sechs Jahre in einer Urwahl (*Sozialwahl*) ihre Vertreter*innen für die *Selbstverwaltungsparlamente,* d. h. für die Vertreter*innenversammlung (bei der Deutschen Rentenversicherung) bzw. den Verwaltungsrat (bei den Krankenversicherungen), dort wo eine paritätische Besetzung vorliegt in getrennten Verfahren. Aus diesen Vertretungsorganen werden dann (im Rahmen geltender Gesetze) die Leitungen der jeweiligen Sozialversicherungen bestimmt. Je nachdem, ob eine paritätische oder keine paritätische Selbstverwaltung vorliegt, setzen sich die Vorstände unterschiedlich zusammen. Die Vertreter*innenversammlung bzw. der Verwaltungsrat entscheidet in Haushaltsfragen, die Vorstände sind diesen rechenschaftspflichtig. Die jeweiligen Kompetenzen dieser Organe sind gesetzlich bestimmt, zugleich ist festgelegt, wo Handlungsspielräume bestehen. Bei der *Bundesagentur für Arbeit* liegt eine Sonderform der Selbstverwaltung unter Einschluss der öffentlichen Hand vor. Alle Sozialversicherungen unterliegen der *Rechtsaufsicht des Staates.*

Freie Wohlfahrtspflege
In Deutschland gibt es sechs *Wohlfahrtsverbände* (vgl. Abschn. 2.2.4 und 2.4.3). Diese sind dabei – wie die von ihnen meist unabhängigen Jugendverbände – zunächst auf der örtlichen und auf Kreisebene verfasst und unterhalten dort eigene Einrichtungen und Dienste. Die jeweiligen Orts- und Kreisverbände besitzen Dachorganisationen – mit Bezug auf die Organisationsform ihrer Herkunftsorganisation auf der Ebene der Bezirke/Landesverbände (Arbeiterwohlfahrt), Bistümer (Caritas), Landeskirchen (Diakonisches Werk) oder Bundesländer (Der Paritätische, Rotes Kreuz, Zentralwohlfahrtsstätte der Juden in Deutschland). Die genannten sechs Spitzenverbände wiederum kooperieren verbandsübergreifend örtlich wie auf der regionalen Ebene in sog. *Ligen der Freien Wohlfahrtspflege* (Liga) und *Landesarbeitsgemeinschaften* (LAG). Auf Bundesebene bildet diesen Zusammenschluss die *Bundesarbeitsgemeinschaft der Freien Wohlfahrtspflege* (BAG FW), die mit einem Brüsseler Büro auch über eine Vertretung auf EU-europäischer Ebene verfügt. Besonderes Gewicht kommt dem *Deutschen Verein für öffentliche und private Fürsorge* (DV) zu, mit dem sich die öffentliche und private Wohlfahrtspflege eine gemeinsame Plattform geschaffen haben, die weniger konkrete Entscheidungen trifft, sondern vielmehr in handlungsfeldbezogenen Arbeitskreisen und Fachausschüssen (für Jugend-, Altenhilfe usw.) eine Clearingstelle für gemeinsame Interessen und die Fortentwicklung von professionellen Standards darstellt.

Innerhalb und quer zur BAG FW existieren zahlreiche *Fachverbände,* in denen Vertreter*innen der Wohlfahrtsverbände und zum Teil der öffentlichen Hand sowie von jenseits der Wohlfahrtsverbände agierenden Selbsthilfeinitiativen ihren fachpolitischen Austausch und eine gemeinsame Interessenvertretung organisieren. Beispiele hierfür sind die Arbeitsgemeinschaft für Jugendhilfe (AGJ), die Bundesarbeitsgemeinschaft Wohnungslosenhilfe (BAG W) und die Nationale Armutskonferenz (NAK).

Auf EU-Ebene agieren die frei-gemeinnützigen, öffentlichen und gewerblichen Träger und Organisationen schließlich mit eigenen Vertretungen, häufig aber über *Netzwerke* europäischer Partnerinstitutionen. Sie versuchen, sich an politischen Prozessen zu beteiligen, die für sie in der Ausgestaltung der nationalen Rahmenbedingungen sozialer Dienste immer wichtiger werden

(Beispiel: Beihilfekontrolle[6], Dienstleistungsfreiheit, soziale Mindestnormen etc.). So haben sich etwa diakonische Werke und Institutionen in *Eurodiaconia* zusammengeschlossen, Vertreter*innen katholischer Verbände in *Caritas Europa*, der Arbeiterbewegung verpflichtete Verbände in *SOLIDAR*, armuts-politisch engagierte Nichtregierungsorganisationen im *European Anti Poverty Network* (EAPN) etc. Der Kreis sozialer Nichtregierungsorganisationen und ihrer Zusammenschlüsse insgesamt sind in der sog. *Social platform* organisiert. Häufig erlauben es erst diese hoch aggregierten Formationen, mit gemeinsamer Stimme bei europäischen Institutionen (EU-Kommission, Europäisches Parlament, etc.) gehört zu werden.

Verhältnis öffentlicher und freier Träger
In Deutschland konstituieren die beiden großen Fürsorgegesetze zur Kinder- und Jugendhilfe (SGB VIII) und zur Sozialhilfe (SGB XII) ein besonderes Ver-hältnis öffentlicher und frei-gemeinnütziger Wohlfahrt, das in manch anderen EU-Staaten und auf EU-Ebene bisweilen unverstanden bleibt. So soll nach Para-graph 5 SGB XII die öffentliche Hand die Religionsgemeinschaften und freien Wohlfahrtsverbände in diesem Rechtskreis weder in deren eigener Tätigkeit ein-schränken noch gegen ihren Willen mit Aufgaben versehen und auch nicht in deren Selbstbestimmung über Ziel und Art der Durchführung ihrer Maßnahmen eingreifen. Die öffentlichen Träger sollen mit den freien Trägern zusammen-arbeiten, sie fördern und ihnen (außer bei Geldleistungen) sogar einen Vorrang in der Hilfeleistung einräumen. Deutlich werden hier bestimmte Ausformungen des *Subsidiaritätsprinzips* und des *Korporatismus*.

Ähnlich wird das Verhältnis in Paragraph 74 SGB VIII bezogen auf die öffentliche und frei-gemeinnützige Jugendhilfe festgelegt. Danach sollen die öffentlichen Träger die freiwillige Tätigkeit auf dem Gebiet der Jugendhilfe „anregen; sie sollen sie fördern (…)." Die „Förderung (…) soll auch Mittel für die Fortbildung der haupt-, neben- und ehrenamtlichen Mitarbeiter sowie im Bereich der Jugendarbeit Mittel für die Errichtung und Unterhaltung von Jugend-freizeit- und Jugendbildungsstätten einschließen." (Paragraph 74 Absatz 6) Der freien Jugendhilfe und sachkundigen Bürger*innen werden im SGB VIII Mitent-scheidungsrechte bei der Arbeit des Jugendamtes und der örtlichen Jugendpolitik eingeräumt, die es außerhalb der Jugendhilfe in keinem anderen Sozialrechts-gebiet in diesem Ausmaß gibt. Teilweise finden sich auch in Verfassungen der

---

[6] Im EU-Recht werden unter „Beihilfen" – anders als etwa im deutschen Recht für die Beamt*innen – staatliche Subventionen an Dritte (Unternehmen) thematisiert.

Bundesländer einschlägige analoge Bestimmungen: „Das Mitwirkungsrecht der Kirchen und Religionsgemeinschaften sowie der freien Wohlfahrtspflege in den Angelegenheiten der Familienpflege und Jugendfürsorge bleibt gewährleistet und ist zu fördern." (Art. 6 Abs. 3 Landesverfassung NRW)

Gleichwohl verwischen diese verfassungs- und sekundärrechtlichen Verschränkungen öffentlicher und frei-gemeinnütziger Träger und Erbringer von Sozialleistungen nicht deren unterschiedliche Kompetenzen und Interessen. Über den Haushalt einer Kommune entscheidet am Ende allein der Rat der Stadt bzw. die Gemeinde-/Stadtverordnetenversammlung. Über die fach- und gesellschaftspolitische Motivation eigener sozialer Hilfsangebote, deren Ziele und über die hierfür dienlich erscheinenden Hilfekonzeptionen hingegen entscheiden umgekehrt die im Wohlfahrtsverband oder der Selbsthilfegruppe Engagierten in eigener Verantwortung.

Gleichwohl bestehen ggf. Interessen der öffentlichen Hand und besitzt diese Mechanismen, die Autonomie freier Träger zu beschränken. Dem dienen beispielsweise die immer stärker genutzten Methoden der Projekt- und Kontraktfinanzierungen. Die freien Träger wiederum versuchen, sich Autonomiespielräume zu erhalten oder hinzuzugewinnen, indem sie Spenden und andere Drittmittel akquirieren oder unter ihrem Dach gewinnwirtschaftliche Betriebe (GmbHs) gründen. Auch dies wirkt auf das Selbstverständnis und die Praxis der freien Träger zurück.

Vermarktlichung sozialer Dienste – oder: Soziale Bedarfe als Geschäftsmodell (privat-gewerbliche Träger)
So sind die Beziehungen von öffentlicher und frei-gemeinnütziger Wohlfahrt trotz der korporativen Grundaussagen im SGB VIII und XII inzwischen immer stärker von einer sozialpolitisch betriebenen Vermarktlichung des Sozialsektors geprägt. Sie gestalten sich (je nach Handlungsfeld: Frauenhaus- und Jugendarbeit, Pflegedienste usw. in sehr unterschiedlichem Ausmaß) immer öfter förderpolitisch in ein Auftraggeber-Dienstleister-Verhältnis um. Diese Ökonomisierung sozialer Dienste betrifft keinesfalls nur die Wohlfahrtsverbände. Auch bei eigentlich dem freien Wettbewerb (etwa über Honorarordnungen) enthobenen freien Berufen wie zum Beispiel bei Ärzt*innen nimmt die Wettbewerbsorientierung zu. Besonders deutlich wurde und wird diese auf einen Sozialmarkt zielende Sozialpolitik:

• in der Einführung der sogenannten *Neuen Steuerungsmodelle* von Gemeinden seit den 1990er-Jahren (Stadtverwaltungen als Konzerne),

- in der Einführung pauschaler Pflegesätze durch die Gesetzliche Pflegeversicherung (ab 1995) und
- in mittlerweile zahlreichen Gesetzen zur Stärkung des Wettbewerbs im Gesundheitswesen.

Fachkräfte als sozialpolitische Akteure: Das Beispiel ‚Soziale Arbeit'
Die soeben thematisierten öffentlichen, frei-gemeinnützigen und privat-gewerblichen Trägern sozialer Einrichtungen und Dienste leisten ‚soziale Arbeit' und weisen dies bisweilen auch unter diesem Begriff aus, wenn sich etwa die Diakonie als ‚die soziale Arbeit der Kirche' bezeichnet. Bei sozialer Arbeit geht es als zweiter Gruppe von Akteuren ferner wesentlich um die Nutzer*innen dieser Einrichtungen und Dienste, etwa die Wünsche und Interessen von Jugendlichen in einem Jugendhaus oder von Wohnungslosen, die die Straßensozialarbeit aufsucht. Die institutionellen (staatlichen, verbandlichen, gewerblichen) Interessen zu vermitteln mit denen von Klient*innen der Angebote und denen ihres Umfeldes (Anwohner*innen, Gläubiger*innen usw.), obliegt wesentlich den im Sozialwesen beschäftigten Fachkräften als dritter Gruppe von Akteur*innen sozialer Arbeit: Erzieher*innen und Altenpfleger*innen, Schuldnerberater*innen und Bewährungshelfer*innen. Damit sind ganz unterschiedliche Berufe und Tätigkeitsprofile angesprochen, die aber allesamt mit der Umsetzung sozialpolitischer Regelungen und Maßnahmen (vgl. Abschn. 3.5) beschäftigt sind. Damit besteht bei ihnen nicht nur die Notwendigkeit, Sozialpolitik zu verstehen und umzusetzen, sondern ein (zumindest latentes, vielfach aber auch organisiertes) Interesse an der Gestaltung eben dieser sozialpolitischen Rahmenbedingungen ihrer Tätigkeit. Exemplarisch lässt sich dieser Zusammenhang von Sozialpolitik und dem Handeln als Fachkraft im Sozialwesen am Beispiel von Sozialer Arbeit als Beruf und seiner Organisierung als sozialpolitischer Akteur verdeutlichen.

Als akademischer Beruf bzw. Profession gliedert sich Soziale Arbeit in eine handelnde Seite (fachpraktisch tätige Sozialarbeiter*innen und Sozialpädgog*innen), eine zum Sozialwesen Forschung und Theoriebildung betreibende Seite (Wissenschaftler*innen Sozialer Arbeit und weiterer Disziplinen) sowie eine Ausbildungsseite (Hochschulen, mit ihren in der Lehre der Sozialen Arbeit aktiven Wissenschaftler*innen sowie haupt- und nebenamtlichen Fachkräften). All diese Akteursgruppen der Profession sind zur Verständigung über ihre Interessen und deren Vertretung nach außen in diversen Vereinigungen organisiert, von denen in Abb. 3.13 nur einige benannt und mit Beispielen für ihre sozialpolitische Einflussnahme versehen sind.

Die in Abb. 3.13 genannten Beispiele machen deutlich, dass das sozialpolitische ‚Geschäft' der Profession Sozialer Arbeit mehr umfasst, als die sicherlich zentrale

Fokus	Organisation (Mitgliederzahl)	Beispiel sozialpolitischer Einflussnahme
Praxis	DBSH – Deutscher Berufsverband für Soziale Arbeit (knapp 6.000 Personen), vgl. www.dbsh.de	Mitwirkung (über die DBB Tarifunion) an der Tarifrunde 2020 für die Beschäftigten des öffentlichen Dienstes von Bund und Kommunen
Wissenschaft	DGSA – Deutsche Gesellschaft für Soziale Arbeit (knapp 1.000 Personen), vgl. www.dgsa.de	Diskussion sozialpolitischer Forschungsbedarfe und -ergebnisse auf gemeinsamen Tagungen
Ausbildung	FBTS – Fachbereichstag Soziale Arbeit (75 Fachbereiche/Fakultäten), vgl. www.fbts-ev.de	Zahlreiche mündliche und schriftliche Positionierungen z.B. zur Reform der Ausbildung von Kinder- und Jugendpsychotherapeut*innen

Abb. 3.13 Professionelle Vereinigungen Sozialer Arbeit als sozialpolitische Akteur*innen. (Quelle: eigene Darstellung)

Dimension der ‚Politikimplementation' – also die Umsetzung sozialrechtlicher und professionsbezogener Aufgaben. Daneben sind Fachkräfte Sozialer Arbeit auch mit ‚Interessenvertretung (Soziallobbying u. Gremienarbeit)' (s. o.), ‚politischer Bildung' (etwa in der Jugendarbeit) und schließlich ‚Politikberatung' (etwa zu praktisch hilfreichen Konzepten zu Gleichstellungs-, Präventions- und Inklusionsfragen, vgl. Abschn. 3.1.2) befasst (Benz und Rieger 2015, S. 46). Sie entwickeln und evaluieren Angebote, kontrollieren Bewährungsauflagen, vermitteln zwischen niederschwelligen und Spezialdiensten, machen anwaltschaftlich auf Altersarmut in der Stadt oder ihrem Bundesland aufmerksam, ermöglichen oder versagen Nutzer*innen sozialer Dienste Selbstvertretungs- und Mitbestimmungsmöglichkeiten, treten als Expert*innen in Ausschussanhörungen und den Medien auf, weisen Klient*innen auf Widerspruchs- und Klagemöglichkeiten hin, setzen sich für ihre Interessen als Fachkräfte und abhängig Beschäftigte ein – oder unterlassen dies (zu zahlreichen Fallbeispielen hierfür vgl. Klammer et al. 2021; Rieger und Wurtzbacher 2020). Sie – und Fachkräfte anderer im sozialpolitischen Feld aktiver Berufe – sind also in vielfältiger Art und Weise sozialpolitische Akteure, dies- und jenseits der sie beschäftigenden Ämter, Verbände und Unternehmen.

Sozialpolitische ‚Endverbraucher'? Starke und schwache Interessen von Bürger*innen

Eine Auseinandersetzung mit Akteuren in der Sozialpolitik bliebe an einer zentralen Stelle unvollständig, bezöge sie nicht auch die Adressat*innen dieser Politik – die Bürger*innen – mit ein. Diese üben schon im allgemeinen Wirtschaftsgeschehen als zahlungskräftige Kund*innen zwar einerseits eine signifikante Marktmacht (Einfluss) aus, organisieren sich andererseits in dieser

Eigenschaft aber kaum kollektiv, sodass in Deutschland dieser Organisierungsschwäche etwa mit öffentlich geförderten Verbraucherzentralen begegnet wird. Als Adressat*innen der Sozialpolitik sind nicht wenige Menschen mit dem Dilemma konfrontiert, gerade dann auf diesen Sozialstaat besonders angewiesen zu sein, wenn sie sich besonders schlecht eigenständig (jenseits anwaltschaftlicher Interessenvertretung, etwa über Wohlfahrtsverbände) Gehör verschaffen können, sei es als bedeutende Wähler*innen- und Lobbygruppe oder soziale Bewegung, durch Boykott, durch eigene Angebotsentwicklung, oder juristische Klage usw. (vgl. hierzu Toens und Benz 2019). Dies trifft für Nutznießer*innen von Eigenheimzulagen und des Ehegattensplittings sicher weniger zu, als für wohnungslose und Asyl suchende Menschen. Manch klassisch als politisch schwach verstandene Interessengruppe (etwa Menschen mit Behinderungen, queere Menschen) haben in den letzten Jahrzehnten erstaunliche Bedeutung als sozialpolitische ‚pressure group' erlangt, andere – etwa ausländische Pflegekräfte in Privathaushalten sowie illegalisierte Personen (chronischer Ressourcenmangel) – haben es da bedeutend und strukturell schwerer (Ebenda). Die Bedeutung der Adressat*innen sozialpolitischer Maßnahmen und Regelungen für deren Erfolg und als Akteur*innen in einzelnen Phasen des sozialpolitischen Prozesses ist damit insgesamt ebenso zu unterstreichen, wie die Relativierung dieses Stellenwertes im Licht des gesamten Sozialpolitikprozesses und der in seinen Phasen insgesamt mitwirkenden Akteur*innen (vgl. Abschn. 3.5.2).

3.4.7 (Zwischen-)Ergebnis: Öffentliche Aufgabe, eigener Antrieb und Sozialmarkt

Im Ergebnis ist Sozialpolitik in Deutschland wesentlich staatliche Sozialpolitik, bzw. inklusive des Selbstverwaltungsrechts der Kommunen und der Einbindung in europäische und internationale Zusammenhänge öffentliche Aufgabe (*vertikales Mehrebenensystem*). Zweitens betreibt aber nicht nur die öffentliche Hand Sozialpolitik, sondern wird diese aus je eigenen Motiven und mit eigenen Zielen und Ansätzen von gesellschaftlichen Akteuren mitgeprägt, teils länger, als es staatliche Sozialpolitik in Deutschland überhaupt gibt (*horizontales Mehrebenensystem*). In einer marktwirtschaftlichen Gesellschaftsordnung verwundert es nicht, dass drittens auch die Sozialpolitik Interessen an der Ökonomisierung vieler Lebensbereiche unterliegt – und ihnen in immer zahlreicheren sozialen Sicherungsbereichen in den letzten Jahrzehnten zunehmend gefolgt ist.

Die *doppelte Mehrebenenhaftigkeit* der Sozialpolitik in Deutschland ist einerseits eine Stärke dieses Sozialstaats, aber auch eine voraussetzungsvolle

Konstruktion mit (teils nichtintendierten) Nebenfolgen. Als Stärke erscheint diese Konstruktion etwa, indem hier viele unterschiedliche Akteure aus je eigenem Antrieb an der Sozialpolitik mitwirken, dabei soziale Probleme aufdecken und kreativ lindern oder lösen (in kritischer Sicht aber durchaus auch: verstetigen) helfen. Das sozialpolitische Handeln verschiedener Ebenen und Akteure wirkt dabei für die Bürger*innen am Ende im Verbund und nicht selten vorteilhaft, etwa weil sie nicht einem einzelnen Akteur und dessen Handlungslogiken, -zwängen und -interessen ausgeliefert sind.

Umgekehrt bedeutet dies, dass bereits allein das Handeln der legislativen und exekutiven staatlichen Akteure nicht in jedem Fall systematisch untereinander abgestimmt ist. So werden immer wieder sozialpolitische Lücken sichtbar. Es bestehen Konflikte zwischen Kostenträgern. Manchmal sitzen Hilfebedürftige auch zwischen allen Stühlen.

Die (teilweise) Vermarktlichung des Sozialbereiches setzt die Organisation und das Selbstverständnis nicht nur der freien Wohlfahrtspflege unter einen je nach Handlungsfeld (Alten-, Drogenhilfe usw.) unterschiedlich starken Veränderungsdruck. Gleichwohl bleibt dieser Sozialmarkt politisch stark reguliert. Er wird nach Art und Umfang erst sozialpolitisch durch EU, Bund, Länder, Gemeinden, selbstverwaltete Sozialversicherungen und künftig vielleicht auch auf Grundlage internationaler Freihandelsabkommen auf Gleichbehandlung und Gewinnaussichten klagender Unternehmen konstituiert und ist damit gestaltungsfähig und -bedürftig. Teilbereiche sozialer Geld-, Sach- und Dienstleistungen entziehen sich auch prinzipiell (etwa hoheitliche Aufgaben) oder de facto (etwa Obdachlosenhilfe) einer marktmäßigen Organisation.

Die Einbindung starker sozialer Interessen – etwa organisiert in den Arbeitgeberverbänden, den Gewerkschaften, den großen Wohlfahrtsverbänden sowie deren Spitzenorganisationen bis hin zum Deutschen Verein für öffentliche und private Fürsorge e. V. – bestimmt den nach wie vor stark *korporatistischen Charakter* deutscher Sozialpolitik. Auf allen Ebenen sozialpolitischen Handelns – vom Gesetzgebungsverfahren bis zur Umsetzung durch die selbstverwalteten Organe der Sozialversicherung bzw. der örtlichen und der überörtlichen Träger der Jugend- und Sozialhilfe einschließlich der Aufteilung zwischen staatlichen, kommunalen und freien Institutionen – sind diese großen Interessenträger beteiligt, suchen Einfluss zu nehmen und teilen ihre Zuständigkeiten untereinander auf. Die Einbindung dieser sozialen Interessenträger wird ebenso verteidigt wie kritisiert. Einerseits wird die flächendeckende und professionelle Versorgung mit sozialen Leistungen sowie die anwaltschaftliche Vertretung von Interessen sozialpolitischer Adressat*innen hervorgehoben, andererseits werden institutionelle Eigeninteressen und die Unterrepräsentanz kleinerer und weiterer Interessenvertretungen – etwa solche mancher sozialpolitischer ‚Endverbraucher*innen' – kritisiert.

3.5   Sozialpolitik als Prozess

Auch in der Sozialpolitik werden also Politikinhalte (englisch: policies) im
Rahmen einer bestimmten politischen Ordnung (polity) prozesshaft (politics-
Dimension von Politik) als Problem identifiziert, in seinen Lösungsalternativen
verhandelt und entschieden. Sozialpolitik als Prozess meint dabei zunächst
den Gesetzgebungsprozess, denn staatliche Sozialpolitik braucht im Rechtsstaat Rechtsgrundlagen, die es zuallererst zu schaffen gilt. Nur Maßnahmen und
Regelungen betrieblicher Sozialpolitik sowie solche in Eigenregie von Wohlfahrtsverbänden und Selbsthilfegruppen benötigen solche Rechtsgrundlagen
nicht.

3.5.1   Sozialpolitische Gesetzgebungsprozesse und ihre Vorgeschichte

Initiativen zur Gesetzgebung können aus den Reihen der parlamentarischen
Gremien selbst stammen oder vonseiten der Verwaltungsspitzen bzw.
Regierungen in die parlamentarischen gemeindlichen, Landes- oder Bundesver-
tretungen eingebracht werden. Für die sozialpolitischen Anliegen gesellschaftlicher Interessengruppen sind damit politische Mandatsträger*innen und/oder
Sozialverwaltungen die wichtigsten Adressaten. Um ihre Aufmerksamkeit zu
erregen, werden Problemanzeigen häufig über Medien als Verstärker publik
gemacht.

Wird nun von einem Bundesministerium ein Gesetz entworfen, geschieht dies
zunächst in der Regel als sogenannter *Referentenentwurf* aus der Arbeitsebene des
Ministeriums, was die Ministeriumsspitze bei Kritik am Entwurf von Dritten
zunächst ein Stück weit schützt. Einschlägige Interessensgruppen werden ausdrücklich zu Rückmeldungen zu diesem Entwurf eingeladen. Darauf folgt (mit
ggf. berücksichtigten Veränderungsanregungen) der im Bundeskabinett mit
allen anderen Ministerien abzustimmende Gesetzentwurf, der erst danach als
Regierungsentwurf in den Bundestag eingebracht, dort in erster Lesung beraten
und an den zuständigen Parlamentsausschuss verwiesen wird. In den Ausschüssen
folgt die zweite Runde von Anhörungen und Stellungnahmen. Hierzu laden die
Parteien ausgewählte Fachleute zur schriftlichen und mündlichen Stellungnahme
ein. Im Prinzip kann jedoch jede natürliche und juristische Person zu jedem
Stadium des Gesetzgebungsprozesses seine/ihre Meinung zum Gesetzgebungstext
veröffentlichen. Nachdem der im Verfahren federführende Bundestagsausschuss

den Gesetzentwurf verabschiedet hat, verlässt dieser wieder die Arbeitsebene des Parlaments und wird in zweiter und dritter Lesung im Parlaments-
plenum abschließend beraten und in seiner endgültigen Fassung beschlossen.
Für Prozesse der Gesetzgebung auf Landesebene gelten im Prinzip die gleichen
Abläufe.

Handelt es sich (weil auch die Bundesländer von ihm betroffen sind) um ein
zustimmungspflichtiges Bundesgesetz, muss dieses neben dem Bundestag noch
den *Bundesrat* passieren, in dem die Bundesratsmitglieder die Interessen der
Länder und ihrer Gemeinden zu wahren und zu vertreten haben. Die kommunalen
Spitzenverbände (vgl. Abschn. 3.4.2) versuchen in Gesetzgebungsprozessen ihre
Interessen jedoch auch direkt gegenüber Ministerien und Parlamentarier*innen
zu vertreten. Gelingt in strittigen Fragen eine Einigung zwischen Bundestag und
Bundesrat nicht, folgt ein *Vermittlungsverfahren* zwischen beiden Kammern des
Parlaments, an dessen Ende Gesetzesvorhaben auch scheitern können. Gelingt
hingegen der parlamentarische Prozess, wird auf der Bundesebene nach Unter-
zeichnung durch den Bundespräsidenten/die Bundespräsidentin das Gesetz im
Bundesgesetzblatt veröffentlicht. Damit ist zwar die Phase der politischen Entscheidungsfindung zunächst abgeschlossen. Die Umsetzung sowie die fachpolitische Bewertung und juristische Überprüfung des Gesetzes steht diesem aber
erst noch bevor.

3.5.2 Umsetzung und erneute Infragestellung sozialpolitischer Maßnahmen

Hier kommen nun wieder viele sozialpolitische Akteure ins Spiel, zunächst indem
sie u. U. an der Umsetzung von Regelungen und Maßnahmen in konkrete sozialpolitische Praxis beteiligt sind. Beim sog. *Bildungs- und Teilhabepaket* (BuT) im
Rahmen der Grundsicherung für Arbeitsuchende (SGB II) waren und sind dies
unter anderem Sportvereine, Schulsozialarbeit anbietende Kommunen und frei-
gemeinnützige Träger, privat-gewerbliche Nachhilfeanbieter usw. Sie und Dritte –
insbesondere Forschungsinstitute und die Sozialgerichte – evaluieren aber auch die
Gesetzesumsetzung und seine (un-)beabsichtigten (Neben-)Wirkungen, womit es
ggf. zu einer Neudefinition des Problems kommt, um es erneut auf die politische
Agenda zu setzen. Damit durchlaufen (sozial-)politische Prozesse immer wieder
(idealtypisch aufeinanderfolgende) Phasen, wie in Abb. 3.14 aufgezeig.

Dieses Beispiel verdeutlicht, dass Sozialpolitik als Prozess eigentlich nie zu
einem Endpunkt gelangt. Praxiserfahrungen, Gerichtsurteile, neue Erkenntnisse,

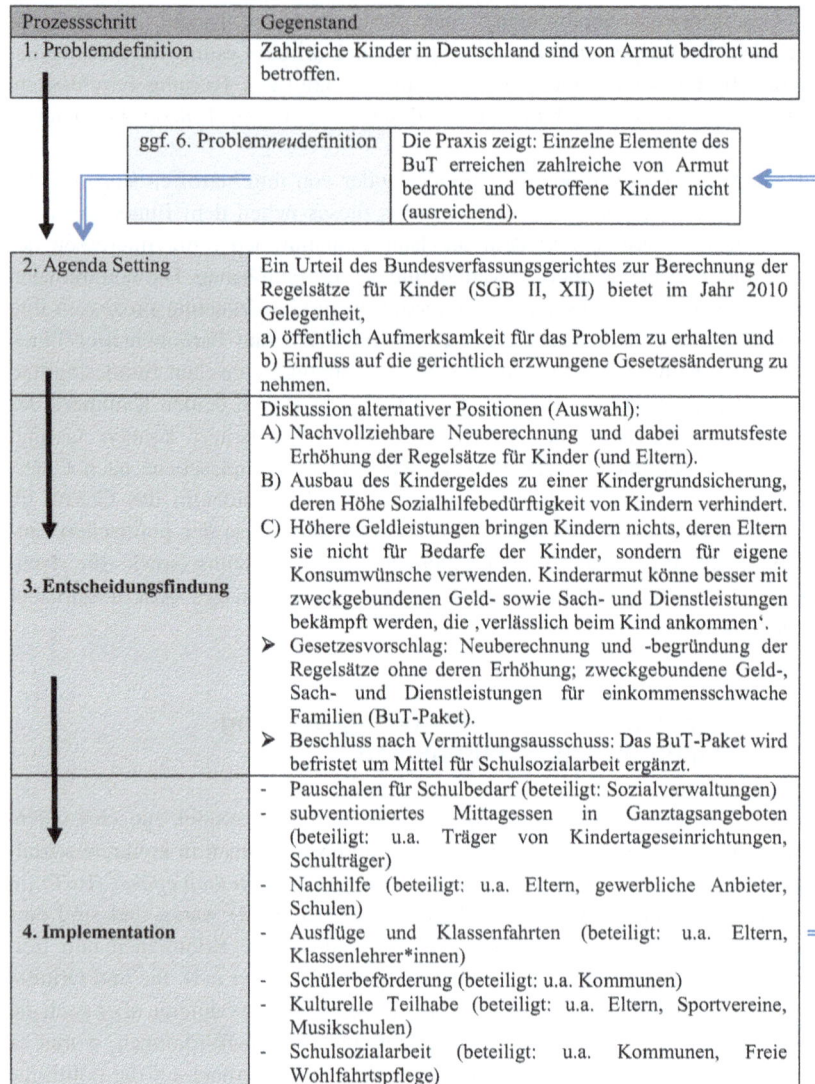

Prozessschritt	Gegenstand
1. Problemdefinition	Zahlreiche Kinder in Deutschland sind von Armut bedroht und betroffen.
ggf. 6. Problem*neu*definition	Die Praxis zeigt: Einzelne Elemente des BuT erreichen zahlreiche von Armut bedrohte und betroffene Kinder nicht (ausreichend).
2. Agenda Setting	Ein Urteil des Bundesverfassungsgerichtes zur Berechnung der Regelsätze für Kinder (SGB II, XII) bietet im Jahr 2010 Gelegenheit, a) öffentlich Aufmerksamkeit für das Problem zu erhalten und b) Einfluss auf die gerichtlich erzwungene Gesetzesänderung zu nehmen.
3. Entscheidungsfindung	Diskussion alternativer Positionen (Auswahl): A) Nachvollziehbare Neuberechnung und dabei armutsfeste Erhöhung der Regelsätze für Kinder (und Eltern). B) Ausbau des Kindergeldes zu einer Kindergrundsicherung, deren Höhe Sozialhilfebedürftigkeit von Kindern verhindert. C) Höhere Geldleistungen bringen Kindern nichts, deren Eltern sie nicht für Bedarfe der Kinder, sondern für eigene Konsumwünsche verwenden. Kinderarmut könne besser mit zweckgebundenen Geld- sowie Sach- und Dienstleistungen bekämpft werden, die 'verlässlich beim Kind ankommen'. ➢ Gesetzesvorschlag: Neuberechnung und -begründung der Regelsätze ohne deren Erhöhung; zweckgebundene Geld-, Sach- und Dienstleistungen für einkommensschwache Familien (BuT-Paket). ➢ Beschluss nach Vermittlungsausschuss: Das BuT-Paket wird befristet um Mittel für Schulsozialarbeit ergänzt.
4. Implementation	- Pauschalen für Schulbedarf (beteiligt: Sozialverwaltungen) - subventioniertes Mittagessen in Ganztagsangeboten (beteiligt: u.a. Träger von Kindertageseinrichtungen, Schulträger) - Nachhilfe (beteiligt: u.a. Eltern, gewerbliche Anbieter, Schulen) - Ausflüge und Klassenfahrten (beteiligt: u.a. Eltern, Klassenlehrer*innen) - Schülerbeförderung (beteiligt: u.a. Kommunen) - Kulturelle Teilhabe (beteiligt: u.a. Eltern, Sportvereine, Musikschulen) - Schulsozialarbeit (beteiligt: u.a. Kommunen, Freie Wohlfahrtspflege)

Abb. 3.14 Politik als Zyklus am Beispiel des Bildungs- und Teilhabepaketes (BuT). (Quelle: eigene Darstellung)

alte widerstreitende Interessen und neu hinzukommende Interessenträger*innen führen wiederkehrende Schleifen fort und leiten neue ein. Zu diesen Interessenträger*innen zählen nicht zuletzt die von der sozialpolitischen Maßnahme/Regelung betroffenen Bürger*innen. Ihre Reaktionen (Inanspruchnahme, Verweigerung, Ab- oder Wiederwahl der verantwortlichen oder verantwortlich gemachten Politiker*innen usw.) entscheiden zum Teil wesentlich über die tatsächliche Wirkung und Haltbarkeit eines Gesetzes. Bedeutsam für den (Miss-)Erfolg sind daneben – wie oben dargestellt – zahlreiche weitere an der Umsetzung beteiligte Akteure, die ihre Erfahrungen auswerten, öffentlich machen, ihre Rahmenbedingungen und ihr Verhalten evaluieren, überdenken und ggf. verändern. In der Evaluationsphase kommen schließlich Gerichte hinzu: Halten etwa die Bestimmungen eines Gesetzes bzw. einer Neuregelung ihren Prüfungen im Einzelfall stand?

Es sollte deutlich geworden sein, dass die oben eingeführte Unterscheidung von polity, policy und politics letztlich ebenso analytischer Natur ist, wie die verschiedenen Phasen im Politikprozess. Das Urteil des Bundesverfassungsgerichts zur Berechnung der Kinder-Regelsätze im Rahmen des SGB II von 2010 evaluierte eine bis dahin praktizierte Politik und spielte beim Agenda Setting für deren Veränderung eine wesentliche Rolle. Dies war Teil eines Prozesses (politics), der sich in einem ganz bestimmten institutionellen Setting (polity) mit divergierenden Problemwahrnehmungen und umstrittenen inhaltlichen Alternativen (policy) befasste.

3.6 Zusammenfassung

Sozialpolitik hat Voraussetzungen und Wirkungen, sie basiert auf Werten und Leitbildern, in ihr kommen verschiedene Instrumente, Prinzipien und Funktionen zum Tragen und schließlich wirken an ihr unterschiedliche staatliche Ebenen und vielfältige private wie öffentliche Interessenträger*innen mit. Für Außenstehende ist diese Vielfalt von Dimensionen und Handlungsebenen sicher oft verwirrend und wenig einladend, gleichwohl ist sie aber auch Ausdruck einer pluralistischen Gesellschaft. In dieser gibt es – legitimerweise – widerstreitende soziale Interessen und gestufte Zuständigkeiten, damit auch Verantwortlichkeiten im politischen Mehrebenensystem. Dieses zeigt sich anschaulich, sobald man in der Sozialpolitik das Prozesshafte betrachtet – einen Prozess, der einmal angestoßen, einer (vorläufigen) Lösung zugeführt, in konkrete Praxis umgesetzt und schließlich – auch juristisch – überprüft und hinterfragt wird und ggf. in eine neue Problemanzeige mündet. Wichtige Elemente dabei sind:

- *Gerechtigkeitsvorstellungen*, unabhängig davon, wie sie abgeleitet, begründet oder auch infrage gestellt werden. Finden diese Vorstellungen von Gerechtigkeit bzw. Ungerechtigkeit sie tragende Menschen, dann werden sie zur Richtschnur bei der Artikulation politischer Interessen, die sich auf unterschiedliche Teilziele beschränken können, sich aber auch in Leitbildern für politische Forderungen und Umsetzungsstrategien bündeln lassen.

- *Politische Ziele und Instrumente*, wie Geld-, Dienst- und Sachleistungen in einer Gesellschaft für soziale Zwecke öffentlich verteilt bzw. umverteilt werden sollen, und wie dieses finanziert werden wird. Kontrovers werden dabei insbesondere die Prinzipien und die Ebenen der Umverteilung diskutiert, regeln sie doch den Zugang bzw. Ausschluss von sozialen Leistungen ebenso wie sie umgekehrt festlegen, wer in welchem Umfang zur Finanzierung der Sozialpolitik herangezogen wird.

- *Verantwortlichkeiten und Zuständigkeiten im politischen Mehrebenensystem.* Im Gegensatz zu unitarischen Einheitsstaaten wie etwa Frankreich wirken in der deutschen Sozialpolitik die drei Ebenen – Bund, Länder und Gemeinden – teils bei der Lösung sozialer Probleme zusammen (*kooperativer Föderalismus*), teils verfolgen sie dabei aber unterschiedliche Ziele und Wege (*Wettbewerbsföderalismus*). Das Grundgesetz und die Länderverfassungen sowie die Rechtsprechung der Gerichte bis hin zum Bundesverfassungsgericht setzten hier einen normativen und prozeduralen Rahmen für Zuständigkeiten, die für Politik Richtschnur und Korrektur gleichermaßen beinhalten.

- *Europäische Integrationsschritte*, die inzwischen gleichsam eine vierte politische Ebene etabliert haben. Wenngleich kompetenzmäßig bislang fokussiert vor allem auf die Politikfelder Wirtschaftspolitik und in Teilen auch Währungspolitik, hat die Europäische Union sehr wohl – meist weiche – Instrumente, um auch soziale Probleme auf die politische Agenda zu setzen und einen innereuropäischen Informationsaustausch zu befördern. Und in Teilbereichen der Sozialpolitik (z. B. Wanderarbeit, Gleichstellung der Geschlechter) besitzt sie sehr wohl auch Kompetenzen bei der Rechtsetzung.

- *Internationale Abmachungen und Vereinbarungen*, die etwa im Rahmen der Vereinten Nationen auch Grundsätze des sozialen Zusammenlebens formulieren und zur Richtschnur auch nationaler Politik machen.

- *Öffentlich-rechtliche und zivile Akteure*, die teils im Miteinander, teils auch Neben- und Gegeneinander soziale Probleme erfassen, sie auf die Agenda setzen und teilweise zu lindern oder ganz zu lösen suchen. Hier gibt es teils ein – korporatistisches – Ineinandergreifen, teils ein wertemäßig sich voneinander Absetzen, mitunter stehen ausschließlich sozial-karitativ helfende

Ansätze im Gegensatz zu einer gewinnorientierten oder politisierenden Aus-richtung. In der Politik widerstreiten auch Vorstellungen, ob und inwieweit bei der Lösung sozialer Probleme stärker gemeinnützige oder mehr privat-wirtschaftliche Träger tätig werden sollen. Auch die unterschiedlichen frei-gemeinnützigen und privatwirtschaftlichen Anbieter sozialer Dienstleistungen haben sich inzwischen über die regionale und nationale Ebene hinaus auf europäischer Ebene vernetzt. Dies gilt teilweise auch für im Sozial-wesen tätige Fachkräfte[7] und manche Adressatengruppe[8] sozialpolitischer Maßnahmen und Regelungen.

Literatur

Antonovsky, Aaron. 1997. Salutogenese. Zur Entmystifizierung der Gesundheit. Hrsg. von Franke, Alexa. Tübingen: Dgvt-Verlag.

Benz, Benjamin. 2004. Nationale Mindestsicherung und Europäische Integration. Wies-baden: Springer VS.

Benz, Benjamin; Rieger, Günter. 2015. Politikwissenschaft für die Soziale Arbeit. Eine Einführung. Wiesbaden: Springer VS.

(Bpb) Bundeszentrale für politische Bildung. 2011. Humanisierung der Arbeit. Aus Politik und Zeitgeschichte (APuZ). Heft 15/2011. Bonn: bpb.

Bundesministerium für Arbeit und Soziales (BMAS). 2020. Sozialbudget 2019. Bonn.

Deutscher Bundestag. 2021. Sechster Armuts- und Reichtumsbericht – Lebenslagen. In Deutschland, Bericht der Bundesregierung. Drs. 19/29815. Berlin.

Europäische Kommission. 2021. Social investment; https://ec.europa.eu/social/main.jsp?catId=1044&langId=en. Zugriffen am 13.08.2021.

Eurostat. 2021. Ausgaben des Sozialschutzes, ESSOSS.

Franzkowiak, Peter. 2006. Krankheit. In Leitbegriffe der Gesundheitsförderung. Glossar zu Konzepten, Strategien und Methoden in der Gesundheitsförderung. hrsg. Bundes-zentrale für gesundheitliche Aufklärung, 30–32. Köln.

Hauser, Richard. 1987. Möglichkeiten und Probleme der Sicherung eines Mindestein-kommens in den Mitgliedstaaten der Europäischen Gemeinschaft. Arbeitspapier Nr. 246. Sonderforschungsbereich 3 – Mikroanalytische Grundlagen der Gesellschafts-politik. J. W. Goethe-Universität Frankfurt/Universität Mannheim.

Kickbusch, Ilona. 1981. Thesen zur feministischen Sozialpolitikanalyse. In Lebenswelt und soziale Probleme, Verhandlungen des 20. Deutschen Soziologentages. Hrsg. J. Mathes, 414–416. Frankfurt a. M. und New York: Campus.

[7]Vgl. etwa die europäische Sektion der Internationalen Vereinigung der Sozial-arbeiter*innen – IFSW Europe, https://www.ifsw.org/regions/europe/ (Abruf: 30.07.2021).

[8]Vgl. exemplarisch HOPE, den europäischen Zusammenschluss wohnungsloser Menschen, https://www.homelessineurope.eu/ (Abruf: 30.07.2021).

Klammer, Ute; Brettschneider, Antonio (Hrsg.) 2021. Vorbeugende Sozialpolitik. Ergebnisse und Impulse. Frankfurt am Main: Wochenschau.

Klammer, Ute; Leiber, Simone; Leitner, Sigrid (eds.). 2021. Social Work and the Making of Social Policy. Bristol: Policy Press.

Klammer, Ute; Tillmann, Katja; unter Mitarbeit von Schwarze, Johannes; Hanesch, Walter; Rabe, Birgitta; Bäcker, Gerhard; Oorschot, Wim van; Cebulla, Andreas; Braum, Thorsten; Rechsteiner, Rudolf. 2001. Flexicurity: Soziale Sicherung und Flexibilisierung der Arbeits- und Lebensverhältnisse, Forschungsprojekt des Wirtschafts- und Sozialwissenschaftlichen Instituts der Hans-Böckler-Stiftung im Auftrag des hrsg. Ministeriums für Arbeit und Soziales, Qualifikation und Technologie des Landes Nordrhein-Westfalen (MASQT). Düsseldorf: MASQT.

Kleinöder, Nina; Müller, Stefan; Uhl, Karsten (Hrsg.). 2019. „Humanisierung der Arbeit" Aufbrüche und Konflikte in der rationalisierten Arbeitswelt des 20. Jahrhunderts. Bielefeld: transcript.

Kubon-Gilke, Gisela; Maier-Rigaud, Remi. 2020. Utopien und Sozialpolitik. Über die Orientierungsfunktion von Gesellschaftsmodellen. Marburg: Metropolis.

Liefmann-Keil, Elisabeth. 1961. Ökonomische Theorie der Sozialpolitik. Berlin, Göttingen und Heidelberg: Springer.

Merklein, Renate. 1980. Griff in die eigene Tasche. Hintergeht der Bonner Sozialstaat seine Bürger? Reinbek bei Hamburg: Rowohlt.

Rawls, John. 1975. Eine Theorie der Gerechtigkeit. Frankfurt a. M.: Suhrkamp.

Rieger, Günter; Wurtzbacher, Jens (Hrsg.). 2020. Tatort Sozialarbeitspolitik. Fallbezogene Politiklehre für die Soziale Arbeit. Weinheim und Basel: Beltz Juventa.

Toens, Katrin; Benz Benjamin (Hrsg.). 2019. Schwache Interessen? Politische Beteiligung in der Sozialen Arbeit. Weinheim und Basel: Beltz Juventa.

Vester, Heinz-Günter. 2009. Kompendium der Soziologie I: Grundbegriffe. Wiesbaden: VS Verlag für Sozialwissenschaften.

Weinert, Andrea. 1997. Das Geschlecht des Reichtums … ist männlich, was sonst! In Reichtum in Deutschland. Die Gewinner in der sozialen Polarisierung. hrsg. E.-U. Huster, 200–216. Frankfurt a. M. und New York: Campus.

Weiterführende Literatur

Althammer, Jörg; Lampert, Heinz. 2021. Lehrbuch der Sozialpolitik, 10. A. Berlin/Heidelberg: Springer Gabler.
Eine ausführliche Darstellung und Analyse der geschichtlichen, theoretischen und systematischen Aspekte von Sozialpolitik und Reformproblemen. Zahlreiche Tabellen, Schaubilder und Übersichten gestalten den Band sehr anschaulich und machen es leicht, den vorgetragenen Analysen zu folgen. Literaturhinweise erleichtern die weitere Einarbeitung in die Problematik.

Bäcker, Gerhard; Naegele, Gerhard; Bispinck, Reinhard. 2020. Sozialpolitik und soziale Lage in Deutschland. 2 Bände, 6. Aufl. Wiesbaden: Springer VS.
Das zweibändige Hand- und Lehrbuch bietet einen breiten empirischen und sozialpolitischen Überblick über die Arbeits- und Lebensverhältnisse in Deutschland und

die zentralen sozialen Problemlagen. Im Mittelpunkt der Darstellung dieses Standard-werkes stehen Arbeitsmarkt, Arbeitslosigkeit und Arbeitsbedingungen, Einkommens-verteilung und Armut, Krankheit und Pflegebedürftigkeit sowie die Lebenslagen von Familien und von älteren Menschen. Auf der Grundlage dieses Überblicks werden die Maßnahmen, Leistungen und Einrichtungen des sozialstaatlichen Systems ausführlich vorgestellt und bewertet.

Benz, Benjamin; Rieger, Günter. 2015. Politikwissenschaft für die Soziale Arbeit. Wiesbaden: Springer VS.

Dieses Buch bietet eine kompakte und verständliche Einführung zu politikwissenschaft-lichen Fragestellungen und Forschungsperspektiven Sozialer Arbeit. Es dient als gezielte Begleitung für Seminare und Vorlesungen zur Politik Sozialer Arbeit, fördert ein professionelles Verständnis für die politischen Grundlagen sozialarbeiterischer/ sozialpädagogischer Praxis und eröffnet Perspektiven auf die Weiterentwicklung sozial-arbeitspolitischer Forschung.

Boeßenecker, Karl-Heinz; Vilain, Michael. 2013. Spitzenverbände der Freien Wohlfahrts-pflege. 2. Aufl. Weinheim/Basel: Beltz Juventa.

Soziale Arbeit in Deutschland wird entscheidend von der Aufgabenverteilung zwischen öffentlicher und frei-gemeinnütziger Wohlfahrtspflege geprägt. Ausgelöst durch wett-bewerbliche Rahmenbedingungen und Rechtsregelungen auf der nationalen und europäischen Ebene verändern sich nicht nur das (korporatistische) Verhältnis zwischen Verbänden und Staat, sondern ebenso auch die organisatorischen Binnen- und Rechtsstrukturen der Träger*innen selbst. Der vorliegende Band stellt deren Bedeutung als Anbieter*innen sozialer Dienstleistungen sowie als Arbeitgeber*innen in einem sich ausbreitenden Sozialmarkt sowie die prekären und kaum transparenten Finanzierungs-bedingungen der freien Wohlfahrtspflege dar.

Bundesministerium für Arbeit und Soziales. Sozialbudget, erscheint jährlich.

Das jährlich vom BMAS veröffentlichte Sozialbudget stellt eine wichtige aktuelle Daten-basis zur Verfügung. Es ist über das Internet unter www.bmas.de leicht zugänglich.

Dietz, Berthold; Frevel, Bernhard; Toens, Katrin. 2015. Sozialpolitik kompakt, 3. Aufl. Wiesbaden: Springer VS.

Der Band bietet eine kompakte Übersicht über das Sozialleistungssystem in der Bundes-republik Deutschland: die historische Entwicklung, Grundfragen und Instrumente der Sozialpolitik, wichtige Akteure und Zielgruppen, Reformen und Reformbedarf, die Perspektiven des Sozialstaates und Entwicklungen auf dem Gebiet der europäischen Sozialpolitik. Dieser Band eignet sich insbesondere für die politische Bildungsarbeit.

Kubon-Gilke, Gisela. 2018. Außer Konkurrenz. Sozialpolitik im Spannungsfeld von Markt, Zentralsteuerung und Traditionssystemen. Ein Lehrbuch und mehr über Ökonomie und Sozialpolitik, 3. A. Marburg: Metropolis.

Die Autorin bietet eine umfangreiche systematische Darstellung des Zusammenhangs von Ökonomie und sozialen Problemen. Dabei werden ausführlich wirtschaftswissenschaft-liche Grundlagen und Wirkungsweisen sowie die Koordinierung marktlicher Prozesse durch politische Steuerung erklärt. Ausführlich werden das Spannungsverhältnis von Gerechtigkeit und Freiheit diskutiert. Detailliert werden sodann die Problembereiche Arbeit und Arbeitsteilung, Organisationsformen der Arbeitsteilung, Steuerungs- und Organisationsprobleme von Markt, Zentralsteuerung und Tradition, Folgen für Inklusion und Gleichheit, Ziele der Sozialpolitik und die Systeme der Sozialen Sicherung abgehandelt.

Soziale Probleme, Lebenslagen und Sicherungssysteme

Sozialpolitik wird *für,* vor allem aber *durch* Menschen gemacht. Denn sie ist ein Feld staatlicher Interventionen in die Gesellschaft und gleichzeitig getragen von den Interessen *sozialer Bewegungen* (Parteien, (Arbeitgeber-)Verbände, Gewerkschaften, Kirchen, Bürgerinitiativen, NGO, Einzelpersonen etc.). Durch Form und Inhalt staatlicher Regelungen wird über den Umgang mit öffentlich anerkannten, *sozialen Problemen* entschieden. Wahrnehmung und öffentlicher bzw. rechtlicher Umgang mit diesen Problemen sind dabei vom Werteverständnis und dessen Wandel abhängig *(sozialer Wandel).* Wenn Eltern mit ihren Kindern zusammen Hausaufgaben machen, ist das *privat.* Wenn der Staat einen Anspruch auf Nachhilfe für (bestimmte) Kinder festlegt (etwa beim sog. Bildungs- und Teilhabepaket), ist das (sozial-)*politisch.* Es geht also um die Frage, wofür das Individuum, die Familie bzw. bestimmte Gruppen (generell: die Gesellschaft) Verantwortung tragen bzw. was über den Staat durch einen *allgemeinverbindlichen* Rechtsrahmen geregelt werden soll. Damit setzen sich sozialpolitische Regelungen von allen privaten Formen zur Bearbeitung sozialer Konflikte/Probleme ab – von der Hilfe innerhalb einer Familie ebenso wie von der Wohltätigkeit privater Organisationen. Sie kann allerdings Regeln erlassen, um diese Akteure in ihrer Problemlösungsfähigkeit zu stärken, bzw. auch Aufgaben auf diese übertragen und dieses dann auch kontrollieren (etwa: das Recht der elterlichen Sorge).

Aktive Sozialpolitik braucht Anlässe. Der Begriff *soziales Problem* wird hierbei oft als eher unspezifischer Sammelbegriff für besonders ins Auge fallende soziale Ungerechtigkeiten genutzt. Dazu gehören zum Beispiel alle Folgeerscheinungen von Armut und sozialer Ausgrenzung, aber auch Ursachen und Wirkungen von „gruppenbezogener Menschenfeindlichkeit" sind Gegenstände der Sozialpolitik (Heitmeyer 2002, S. 15). Soziale Probleme wurzeln in den sozialen Bedingungen, entstehen also aus *strukturellen* Gründen und nicht

J. Boeckh et al., *Sozialpolitik in Deutschland,* https://doi.org/10.1007/978-3-658-36014-6_4

aus persönlichem Fehlverhalten Einzelner. Gleichzeitig sind sie nicht *objektiv* bestimmbar, weil sie auch vom gesellschaftlichen Mainstream bzw. Zeitgeist abhängen, wie der geschichtliche Abriss gezeigt hat (vgl. Kap. 2). Lange Zeit war die Pflege und Betreuung von Kindern bzw. alten Menschen durch die Rollenverteilung in der Familie gesellschaftlich scheinbar geklärt. In den 1990er Jahren spitzte sich die öffentliche Debatte aber dahingehend zu, wie denn die wachsende Problematik der Pflege zu bewältigen sei. Auch die Frage von Mindestlöhnen angesichts des Rückgangs des Normalarbeitsverhältnisses ist hier anzuführen. Und schließlich zeigt das Zurverfügungstellen von Tests und Impfungen im Kontext der Corona-Pandemie, dass sich ganz plötzlich neue Probleme stellen, die vom Einzelnen bzw. dem sozialen Verband alleine nicht zu lösen sind. Daneben gibt es einen bedeutenden Wertewandel im Umgang mit den Geschlechtern. So sind in den letzten Jahrzehnten viele Schutz- und Selbstbestimmungsrechte für Frauen erst nach und nach in den (Straf-)Rechtsbestand aufgenommen und damit auch sozialpolitisch gestaltbar gemacht worden (etwa durch Gleichstellungsgesetze, Beratungsstellen, Schutzangebote etc.). Gleiches gilt für homosexuelle Menschen, die erst seit 1994 in Deutschland nicht mehr wegen ihrer sexuellen Orientierung unter Strafandrohung stehen.

Ein derartiges Verständnis sozialer Probleme impliziert, dass sie nicht allein sozialpolitisch bearbeitet werden können. Sie gelten als nicht vermeidbare Folgeerscheinungen gesellschaftlicher Entwicklungen und werden als solche im Rahmen der Sozialpolitik, der Rechtssetzung, der öffentlichen wie privaten Organisationen bzw. Institutionen – d. h. durch den Einsatz öffentlicher Gelder – bearbeitet. Sie signalisieren sozialpolitischen Steuerungs- und Handlungsbedarf. Zugleich wird auch deutlich, dass individuelle Probleme nur dann zu einem Handlungsauftrag für die Sozialpolitik werden, wenn sie als Folge eines kollektiven Problems anerkannt sind. (vgl. Groenemeyer 2011, S. 800 f.)

Es können in einer Gesellschaft gleichzeitig sehr unterschiedliche Empfindungen darüber existieren, was ein soziales Problem ist und wie darauf zu reagieren sei. Diese Konflikte zu diskutieren, um sie dann mit politischen Mehrheiten zu entscheiden, ist Aufgabe des politischen Prozesses, der wiederum selbst dem sozialen Wandel unterliegt. Die Bearbeitung sozialer Probleme erfordert somit politische Einmischung. Und hier zeigt sich, dass Menschen und Gruppen mit schwacher (politischer) Vertretungsmacht oftmals nicht ausreichend mit ihren Interessen wahrgenommen werden. Insbesondere die Träger sozialer Dienste formulieren hieraus ein (sozial-)politisches bzw. sozialanwaltschaftliches Mandat (vgl. Zimmermann und Boeckh 2018, S. 783 ff.; Lutz 2020, o. S.)

Sozialpolitik stellt also den Versuch dar, vorfindliche Problemlagen zu erkennen und zu definieren, um dann zu entscheiden, ob und wie auf diese

reagiert werden kann bzw. soll. Weil dieser Ablauf immer an normative Wertvorstellungen geknüpft ist, gibt es im Übrigen keine ‚richtige' oder ‚falsche'
Sozialpolitik. Gleichwohl hat sie immer Auswirkungen auf die Lebenslagen von
Menschen und kann sogar zur Ursache sozialer Probleme werden. Angesichts des
unübersichtlichen Systems der sozialen Sicherung in Deutschland, bei gleich-
zeitigem Ineinandergreifen unterschiedlicher Sicherungssysteme und anderer
Teilpolitiken, ist vor diesem Hintergrund danach zu fragen,

- wie die einzelnen Lebensbereiche und die damit zusammenhängenden
  Problemlagen systematisch in das gesamte gesellschaftliche System einzuordnen sind,
- welche Werte, Strukturen und Akteure dabei aktiviert werden,
- auf Basis welcher Rechtsgrundlagen und mit welchem Leistungsspektrum
  staatliche Sozialpolitik reagiert,
- welcher Stellenwert der Bewältigung dieser Probleme im gesamtgesellschaftlichen Verteilungssystem zukommt und
- wie zukünftige Trends einzuschätzen sind?

Kap. 4 beschreibt vor diesem Hintergrund konkrete politische Schritte und
Maßnahmen zur Absicherung von Lebensrisiken und analysiert, inwieweit die
aktuelle Sozialpolitik diese Dynamiken erfasst und welche Antworten sie darauf
findet. Folgende Binnengliederung gibt der Darstellung Struktur:

- Einkommen und Verteilung
- Arbeit und Arbeitsschutz
- Familie und Haushalt
- Gesundheit(sschutz) und Pflege
- Alter(ssicherung) und
- besondere Lebenslagen/Most vulnerable people

Angesichts des zentralen Stellenwerts, den das Einkommen bei der Bestimmung
der Lebenslagen einnimmt, beginnt die Darstellung mit einem systematischen
Überblick zur Einkommens- und Verteilungssituation in Deutschland. Dieser Teil
fungiert als Bezugspunkt für die Darstellung der einzelnen Sicherungsbereiche.
Denn obschon die Armuts-/Lebenslageforschung herausgearbeitet hat, dass die
Förderung sozialer Inklusion und Teilhabe über die Absicherung materieller
Ressourcen hinausgehen muss, und Dienst- bzw. Infrastrukturleistungen einen
wichtigen Beitrag bei der Bearbeitung sozialer Probleme besitzen, bleibt die Ver-
fügbarkeit über eigenes Einkommen – gleich aus welcher Quelle – ein zentraler

Faktor für die Beschreibung von Prozessen sozialer Exklusion bzw. Inklusion. Hinzu kommt, dass Sozialpolitik mehr ist als die Bekämpfung von sozialer Ausgrenzung.

4.1   Einkommen und Verteilung

Mit dem Übergang von der *Naturaltausch-* zur *Geldwirtschaft* hat der Erwerb von Geldeinkommen einen zentralen Stellenwert zur Sicherstellung der Lebensgrundlagen gewonnen. Heute gilt die Verfügbarkeit von Einkommen als einer der zentralen Parameter für die Bestimmung des individuellen *Lebensstandards*. Die Höhe des Einkommens übt wesentlichen Einfluss auf die *Lebenslage* eines Menschen und damit auf dessen Gestaltungsspielräume für gesellschaftliche Teilhabe aus. Allerdings ist es zu kurz gegriffen, aus der Höhe des Einkommens abschließende Aussagen über die Lebens*qualität* oder gar das Lebens*glück* zu treffen.

4.1.1   Systematischer Stellenwert von Einkommen und Verteilung

Ökonomisch betrachtet, entsteht Einkommen über den Einsatz der Produktionsfaktoren Boden, Arbeit und Kapital. Einkommen kann dabei aus drei Quellen resultieren:

* abhängiger Erwerbsarbeit
* selbstständiger Tätigkeit
* Erträge aus Vermögen (z. B. Zinsen) bzw. Grundbesitz (z. B. Pacht).

Was steht nun aber überhaupt zur Verteilung bereit? Das *Bruttoinlandsprodukt* (BIP) gibt einen ersten Hinweis darauf, wie sich diese Einkommensarten verteilen. Es misst die wirtschaftliche Leistungskraft eines Landes und kann über die Entstehungs-, die Verwendungs- und die Verteilungsseite errechnet werden. Es gilt als wichtiger, wenn auch eher grober Indikator für den Wohlstand, der in einer Gesellschaft innerhalb eines Jahres produziert wurde. Etwas verkürzt kann man sagen, dass das BIP der in Geld ausgedrückte Wohlstand ist, der in einer

Tab. 4.1 Bruttosozialprodukt, Volkseinkommen, Arbeitnehmerentgelt, Unternehmens- und Vermögenseinkommen in Mrd. Euro

	1970^2	1980	1990	2000	2010	2020^1
Bruttoinlandsprodukt[3]	360,3	788,52	1306,68	2109,09	2564,4	3332,23
Volkseinkommen[4]	282,12	609,30	1017,91	1547,24	1905,09	2500,38
Arbeitnehmerentgelt[4]	185,05	445,90	689,96	1117,41	1295,41	1836,38
Unternehmens- und Vermögenseinkommen[4]	97,07	163,40	327,95	429,83	609,68	663,99

[1] Stand: Februar 2020; [2] 1970 bis 1990: Früheres Bundesgebiet; [3] in jeweiligen Preisen; [4] Jahresergebnisse mit Originalwerten.
Quelle: Destatis: https://www.destatis.de/DE/Themen/Wirtschaft/Volkswirtschaftliche-Gesamtrechnungen-Inlandsprodukt/_inhalt.html und https://www.destatis.de/DE/Themen/Wirtschaft/Volkswirtschaftliche-Gesamtrechnungen-Inlandsprodukt/Tabellen/lrvgr04.html#fussnote-1-242556. *Zugegriffen: 10. März 2021.*

Gesellschaft umverteilt werden kann – sei es über Löhne und Gewinne und/oder über Steuern und Abgaben und/oder über Sozialleistungen (Tab. 4.1).[1]

Aus der Verteilungsrechnung des BIP kann u. a. das sog. *Volkseinkommen* abgelesen werden, das sich aus den Entgelten der Arbeitnehmer*innen sowie den Unternehmens- und Vermögenseinkommen zusammensetzt. Wie groß das jeweilige Stück des Kuchens ist, dass sich Arbeitnehmer*innen bzw. Unternehmer*innen aus dem Volkseinkommen herausschneiden können, wird im Rahmen der *Tarifautonomie* zwischen den Verbänden der Arbeitgeber*innen bzw. den Gewerkschaften als Interessensvertretung der Arbeitnehmer*innen ausgehandelt *(Tarifpartnerschaft/Tarifverträge)*. Der Staat hält sich aus dieser sog. *Primärverteilung* im Wesentlichen heraus, hat aber mit dem Mindestlohngesetz (MiLoG) einen Sockel geschaffen, unter den die Stundenlöhne der meisten Erwerbstätigen in Deutschland nicht sinken dürfen. Die aus der Primärverteilung resultierenden Bruttogewinne der Unternehmen bzw. Bruttoeinkommen der abhängig Beschäftigten unterliegen der anschließenden *Sekundärverteilung*. Zunächst werden *direkte Steuern* und *Sozialversicherungsbeiträge* abgezogen. Was verbleibt sind die Nettogewinne bzw. Nettoeinkommen, aus denen dann zum

---

[1] Das Statistische Bundesamt (Destatis) veröffentlicht regelmäßig und fortlaufend alle Daten der Volkswirtschaftlichen Gesamtrechnung (VGR). Die Definitionen und Daten finden sich unter: https://www.destatis.de/DE/Themen/Wirtschaft/Volkswirtschaftliche-Gesamtrechnungen-Inlandsprodukt/_inhalt.html. Zugegriffen: 10. März 2021

einen die *indirekten Steuern* abfließen (z. B. Mehrwertsteuer) und zum anderen der Konsum, die Investitionen sowie das Sparen finanziert werden. Das vom Staat eingezogene Geld steht für die Finanzierung der vielfältigen öffentlichen Leistungen zu Verfügung.

Wollen wir neben dieser globalen Betrachtung näheren Aufschluss darüber gewinnen, was ein Haushalt an Einkommen hat, müssen wir, um das sog. *verfügbare Haushaltseinkommen* zu berechnen, also weitere Einkünfte bzw. geldwerte Vorteile einbeziehen. Hierzu zählen in erster Linie öffentliche *Sozialtransfers* wie z. B. Rentenzahlungen, Kranken- und/oder Arbeitslosengeld. Daneben bestimmen *freiwillige materielle* (z. B. Schenkungen) und *immaterielle Transfers* (z. B. Pflege und Betreuung von Angehörigen), die innerhalb der Familie stattfinden, das Einkommen. Hinzu kommen Zahlungen aufgrund *gesetzlicher* (Unterhalts-)Verpflichtungen. Und last but not least sind auch der Gegenwert von selbstgenutztem Wohneigentum, weitere Kapitaleinkünfte (z. B. aus Wertpapieren oder Grundbesitz) und der Kapitalwert von Pensions- bzw. Rentenansprüchen mit zu berücksichtigen.

Die verfügbaren Haushaltseinkommen werden *innerfamiliär* entsprechend den Belangen der Haushaltsmitglieder bzw. gemeinsamer oder widerstreitender Zielvorstellungen verteilt. Der Staat ist dabei im Regelfall nicht beteiligt. Allerdings greifen staatlich geregelte Unterhaltsverpflichtungen gegenüber Ehegatten und Kindern. Hinzu kommen individuelle moralische Verpflichtungen gegenüber anderen privaten Personen. Zu bedenken ist weiterhin, dass sozialstaatliche Regelungen nicht automatisch die verfügbaren Haushaltseinkommen erhöhen. Sie können die Haushaltseinkommen zulasten bestimmter Gruppen verändern bzw. die privaten Haushalte generell stärker belasten. Wenn der Staat z. B. die Lernmittelfreiheit einschränkt, Studiengebühren einführt, Zuzahlungen in der medizinischen Versorgung oder andere sozialrechtlich relevante Abgaben erhöht, sehen sich viele Menschen wachsenden finanziellen Belastungen ausgesetzt. Beschränkungen bei vormals kostenfreien Dienstleistungen wirken dabei wie eine *Re-Privatisierung des Sozialen* und treffen Haushalte mit geringerem Gesamteinkommen vor allem dann, wenn es um Lebensbereiche geht, denen man sich kaum entziehen kann (z. B. Bildung, Gesundheit, Erwerbstätigkeit).

Ein weiterer Aspekt kommt hinzu: Über den Bezug dieser Einkommensarten bilden sich nämlich auch gesellschaftliche Abhängigkeitsverhältnisse und Bewertungsmuster aus. So hat nicht allein die Höhe, sondern auch die Art, wie Einkommen erzielt wird, entscheidenden Einfluss auf die soziale Stellung eines Menschen. Es wird mit unterschiedlicher sozialer Wertschätzung belegt, ob Einkommen aus kontinuierlicher Erwerbsarbeit, aus Kapitalvermögen (= hohe soziale Akzeptanz) oder aus Sozialleistungen (= niedrige soziale Akzeptanz) resultiert. Hierbei muss allerdings unterschieden werden. So wird der Bezug von durch Erwerbsarbeit erworbenen Sozialleistungen (z. B. Renten) in der Regel kaum, der Bezug von fürsorgerischen bzw. aus privater und/oder öffentlicher Wohltätigkeit basierenden Unterstützungsleistungen jedoch zum Teil stark stigmatisiert (vgl. Abschn. 2.9.2).

In einer Gesellschaft, die sich über Markteinkommen vermittelt, gibt es des Weiteren bestimmte *Einkommensrisiken*. So muss zum einen Erwerbstätigkeit alleine noch kein ausreichendes Einkommensniveau sichern. Vielmehr können niedrige Löhne bzw. diskontinuierliche Einnahmen aus prekärer Selbständigkeit zu (materieller) Unterversorgung führen *(working poor)*. Hinzu kommt, dass bestimmte soziale Risiken wie Arbeitslosigkeit, Krankheit und Berufs- bzw. Erwerbsunfähigkeit (sog. *Arbeitnehmerrisiken*) unmittelbare Auswirkungen auf die Möglichkeit haben, ein ausreichendes Erwerbseinkommen zu erarbeiten. Da finanzielle Sozialtransfers etwa im Falle von Arbeitslosigkeit, Krankheit, Invalidität und Alter in hohem Maße vom Niveau des zuvor erzielten individuellen Markteinkommens abhängen *(Äquivalenzprinzip)*, schlagen sich drittens unzureichende Einkommen auch in einem niedrigeren Niveau der daran gekoppelten sozialen Absicherung nieder. Und schließlich hängen die innerfamiliären Transfers auch davon ab, dass die Familie/der Haushalt insgesamt ein ausreichendes Markt- bzw. Sozialeinkommen erzielt – nur wer etwas hat, kann davon abgeben. Hinzu kommt die Frage, ob und wie die innerfamiliären Verteilungsvorgänge den unterschiedlichen Bedürfnissen und Interessen der Angehörigen dieser Bedarfsgemeinschaft Rechnung tragen.

Einkommenspolitik ist also komplex und wirkt nicht nur auf die individuellen materiellen Handlungsspielräume. Die Frage, wie Einkommen in einer Gesellschaft entsteht und in welchem Umfang es (um)verteilt wird, ist immer auch normativ besetzt. In diesem Kontext muss die Frage beantwortet werden, ob und wie die Höhe einer individuellen Entlohnung mit der familiären und sozialen Situation der Einkommensbezieher*innen zusammenpasst bzw. welche Umstände hier einen regulierenden sozialpolitischen Eingriff legitimieren können. Auch muss geklärt bzw. immer wieder gesellschaftlich ausgehandelt werden, ob und wann eine Entlohnung leistungsgerecht erfolgt.

4.1.2 Instrumente von Einkommens- und Umverteilungspolitik in Deutschland

Auf die Verteilung der Einkommen wirken in Deutschland unterschiedliche Instrumente und Akteure ein. Hierzu zählen:

- die Tarifpolitik der Arbeitgeberverbände und Gewerkschaften,
- die staatliche bzw. kommunale Steuer- und Abgabenpolitik sowie
- das System der sozialen Sicherung.

Die Rolle der Tarif- und Mindestlohnpolitik
In Deutschland erfolgt die Regulierung der primären Einkommensverteilung im Wesentlichen im Rahmen der durch Paragraph 9 Absatz 3 des Grundgesetzes geschützten *Tarifautonomie*. Ohne staatlichen Eingriff legen die *Arbeitgeberverbände* als Interessensvertretung der Unternehmer*innen sowie die *Gewerkschaften* als Vertretung der Arbeitnehmer*innen in kollektiv wirksamen *Tarifverträgen* nach *Tarifvertragsgesetz (TVG)* die (Mindest-)Standards der Arbeits- und Entlohnungsbedingungen fest. Gesetzliche Mindestvorschriften, etwa im Bereich der Arbeitsbedingungen (z. B. Arbeitszeitregelungen) und der Regulation der Arbeitsverhältnisse (z. B. Kündigungsschutz) sowie der sozialen Sicherung (z. B. durch betriebliche Zusatzversorgungen), können die tarifvertraglichen Regelungen ergänzen bzw. sockeln (z. B. Mindestlohngesetz).

Allerdings nimmt die *Tarifbindung* der Betriebe seit Jahren ab bzw. wird sie durch Vereinbarungen zwischen Geschäftsleitungen und Belegschaftsvertretungen auf betrieblicher Ebene aufgeweicht. Zwar können laut Paragraph 5 *Tarifvertragsgesetz* (TVG) Tarifverträge durch die Bundesregierung für allgemeinverbindlich erklärt werden, was zur Folge hat, dass diese dann auch für nicht tarifgebundene Unternehmen Gültigkeit besitzen. Der Deutsche Gewerkschaftsbund (DGB, 2019) hält die gesetzlichen Regelungen jedoch für unzureichend, weil sie in der Praxis kaum eine Rolle spielen: „Wie jüngste Zahlen zeigen, sind zum Beispiel im Jahr 2000 noch 163 Anträge auf Allgemeinverbindlichkeit eingegangen, während es in 2018 nur 26 Anträge gewesen sind. Angesichts von über 5000 neu abgeschlossenen Tarifverträgen im letzten Jahr, ist der Anteil verschwindend gering."

Mit dem IAB-Betriebspanel[2] lässt sich die Entwicklung insgesamt nachzeichnen. So arbeiteten im Jahr 2019 rund 48 % der westdeutschen und 34 % der ostdeutschen Beschäftigten in Betrieben, die einem Branchentarif unterliegen. Die Untersuchungen des Instituts für Arbeitsmarkt- und Berufsforschung (IAB) zeigen, wie die Flächentarifbindung in Deutschland abnimmt: „Seit Beginn der Erhebung 1996 bis zur Mitte der 2000er Jahre zeigt die Branchentarifbindung

---

[2] Das IAB-Betriebspanel ist eine regelmäßige repräsentative Befragung bei Arbeitgeber*innen zu betrieblichen Bestimmungsgrößen der Beschäftigung. Die Ergebnisse können unter: https://www.iab.de/de/erhebungen/iab-betriebspanel.aspx abgerufen werden.

in den alten wie in den neuen Bundesländern eine stark rückläufige Tendenz. In Westdeutschland folgte danach zunächst eine Phase der Stabilisierung bis 2010, während in Ostdeutschland die Reichweite der Tarifbindung mehr oder weniger stetig abnahm – wenn auch nur in sehr kleinen Schritten. In Westdeutschland ist seit 2010 ebenfalls erneut ein Rückgang zu verzeichnen. In Ostdeutschland ist in den letzten Jahren immerhin eine gewisse Stabilisierung eingetreten." (Kohaut 2020, S. 2)

Am 16. August 2014 ist das *Gesetz zur Stärkung der Tarifautonomie* in Kraft getreten. Damit existiert seit dem 1. Januar 2015 in Deutschland erstmals eine verbindliche Lohnuntergrenze für alle Arbeitnehmer*innen über 18 Jahren. Die Einführung des Mindestlohns war an Übergangsvorschriften für einzelne Branchen gebunden, die zum 1. Januar 2018 ausgelaufen sind. Allerdings gibt es weiterhin Beschäftigungsverhältnisse, die nicht durch das *Mindestlohngesetz* geschützt werden:

- Auszubildende (altersunabhängig), wobei das Berufsbildungsgesetz eine Mindestausbildungsvergütung vorsieht.
- Jugendliche unter 18 Jahren ohne Berufsausbildung.
- Jugendliche in Einstiegsqualifizierungen als Vorbereitung der Berufsausbildung oder einer anderen Maßnahmen der Berufsbildungsvorbereitung.
- Praktikant*innen, wenn es sich bei dem Praktikum um ein Pflichtpraktikum im Rahmen der (hoch-) schulischen Ausbildung handelt oder wenn es der Orientierung für eine Berufsausbildung bzw. zur Aufnahme eines Studiums dient (Dauer: max. 3 Monate).
- Heimarbeiter*innen nach Heimarbeitsgesetz
- Ehrenamtlich tätige Personen
- Selbstständige
- langzeitarbeitslose Menschen können in den ersten sechs Monaten unterhalb des Mindestlohnes beschäftigt werden, um die Integration in den Arbeitsmarkt zu erleichtern.

Die Höhe des Mindestlohns wird alle zwei Jahre angepasst. Hierüber entscheidet die sog. *Mindestlohnkommission,* die von der Bundesregierung alle fünf Jahre (neu) berufen wird und aus einem/einer Vorsitzenden (gemeinsam von den Spitzenverbänden der Arbeitgeber*innen und Arbeitnehmer*innen vorgeschlagen) sowie sechs stimmberechtigten (jeweils drei Personen von den Spitzenverbänden der Arbeitgeber*innen und Arbeitnehmer*innen vorgeschlagen) und zwei beratenden Mitgliedern aus dem Bereich der Wissenschaft (jeweils eine Person von den Spitzenverbänden der Arbeitgeber*innen und

Arbeitnehmer*innen vorgeschlagen) besteht. Zum 1. Januar 2021 wurde er auf 9,50 € pro Stunde angehoben und soll in drei weiteren Schritten bis zum 1. Juli 2022 auf 10,45 € ansteigen.[3]

Das Statistische Bundesamt (Destatis) geht davon aus, dass im Jahr 2019 knapp 2 Mio. Menschen vom Mindestlohn profitierten (Destatis 2020a). 2015 lag diese Zahl noch bei rund 3,7 Mio. Betroffenen. Es zeigt sich also durchaus ein positiver Effekt des Mindestlohngesetzes auf die Gesamtlohnentwicklung. Allerdings können diese Zahlen zum einen nicht darüber hinwegtäuschen, dass im Jahr 2018 nach wie mehr als jede*r fünfte Beschäftigte im *Niedriglohnsektor* gearbeitet (21 %) und damit weniger als 11,05 € pro Stunde verdient hat (Destatis 2020b). Und zum anderen bleibt fraglich, ob er mit der aktuellen Höhe tatsächlich als Instrument zur Bekämpfung von Einkommensungleichheit und Einkommensarmut ausreicht. Hier sind die empirischen Befunde eher (noch) ernüchternd: So ist die Zahl der sog. Aufstocker*innen – gemeint sind Personen, die erwerbstätig sind und ergänzend SGB II-Leistungen beziehen – seit der Einführung des Mindestlohnes jahresdurchschittlich nur um 4,3 % gesunken, was vor allem daran liegt, dass „nur rund 3 % aller erwerbstätigen Arbeitslosengeld-II-Bezieherinnen und -Bezieher (…) alleinstehende Vollzeitbeschäftigte [sind, d. Verf.], für die der Mindestlohn seiner Bemessung nach dazu geeignet ist, nicht mehr auf das Arbeitslosengeld II angewiesen zu sein." (Baumann und Bruttel 2020, S. 7)

Bei vielen Haushalten verpufft also der armutsvermeidende Mindestlohn-Effekt, was aber nicht per se gegen das Instrument spricht. Das wird deutlich, wenn man die genannten Gründe genauer analysiert: So kann durch die Zahl mitzuversorgender, nicht-erwerbstätiger Haushaltsmitglieder und/oder die hohen Kosten der Unterkunft der Mindestlohn zu gering sein, um die Bedürftigkeit im SGB II zu beenden. Hinzu kommt, dass besonders armutsgefährdete Personen(-gruppen) häufig nicht erwerbstätig sind. Der Mindestlohn kann hier gar nicht greifen. Wenn Baumann und Bruttel feststellen, dass nur ein Drittel der Bezieher*innen von Mindestlohn in armutsgefährdeten Haushalten lebt, muss das nicht automatisch bedeuten, dass diese Haushalte mit ihrem Einkommen deutlich über der Armutsrisikogrenze liegen. Eine Vermutung, die angesichts der hohen Zahl von Menschen mit Niedrigeinkommen auch wenig plausibel

---

[3] Unter https://www.bmas.de/DE/Arbeit/Arbeitsrecht/Mindestlohn/mindestlohn.html hält das BMAS umfassende Informationen zum Mindetslohn bereit. Zugegriffen: 1. März 2021. Auch der DGB unterhält ein Portal: https://www.dgb.de/themen/++co++6ca263de-fb0e-11e9-bdcf-52540088cada. Zugegriffen: 1. März 2021.

wäre. Schließlich kann das niedrige Einkommen von erzwungener Teilzeitarbeit und weniger vom Lohn beeinflußt sein. Auch dieses Argument spricht also nicht gegen den Mindestlohn.

Muss der Mindestlohn also einfach nur höher sein? Beantwortet man die Frage im Hinblick auf die Bekämpfung von Alterarmut sieht das arbeitgebernahe Institut der Deutschen Wirtschaft Köln selbst einen deutlich höheren Mindestlohn von 12 € pro Stunde als eher stumpfes Schwert. „Denn die neu eingeführte Grundrente nivelliert gerade im unteren Lohnbereich die Rentenansprüche. Mit der ab 2021 geltenden Grundrente ergibt sich nach den Durchschnittseinkommen und dem Rentenwert von 2019 mit dem zu diesem Zeitpunkt gültigen Mindestlohn von 9,19 € je Stunde nach 35 Beitragsjahren ein Rentenanspruch von 878 €. Bei einem Mindestlohn von 12 € wären es mit 899 € nur gut 20 € brutto mehr. Nach 45 Beitragsjahren ist der Abstand mit 68 € brutto etwas größer, da die Grundrente nur für 35 Jahre die Beiträge aufstockt." Zugleich plädieren die Autoren dafür, negative Beschäftigungseffekte in „arbeitsintensiven Dienstleistungsbereichen mit geringen Produktivitätsgewinnen" bei der Anpassung des Mindestlohnes nicht zu übersehen, was wohl als Plädoyer dafür gewertet werden muss, die Schraube nicht zu überdrehen, weil sonst Arbeitsplätze wegfallen können (Lesch und Schröder 2020, S. 15). Eine Argumentation, der sich der Deutsche Gewerkschaftsbund (2020, o. S.) mit seinen zwölf Argumenten für einen Mindestlohn von 12 € pro Stunde nicht anschliessen kann. Für ihn ist Fakt, dass ein Mindestlohn nur dann als „armutsfest (…) gelten [kann, d. Verf.], wenn er sicherstellt, dass die Bezieher*innen nicht im Alter nach 45 Jahren mit Vollzeitbeschäftigung auf die Grundsicherung zurückgreifen (…) müssen." Und sollte es den Tarifpartnern nicht gelingen, „die unteren Lohngruppen anzuheben, darf der Staat nicht tatenlos zusehen, sondern muss selber tätig werden [sic] um sozialen Frieden zu erhalten." Mit der Debatte um die armutsvermeidende Wirkung des Mindestlohnes lässt sich der eingangs des Kapitels beschriebene Interessen- und Normbezug der Sozialpolitik also eindrücklich bebildern.

Steuerpolitik und Sozialtransfers
Die Regulation der Einkommensverteilung ist eine wichtige sozialpolitische Aufgabenstellung, bei der über die Bereitstellung von Sozialeinkommen korrigierend auf die Markteinkommen eingewirkt wird. Der *Steuerpolitik* sind zur Erreichung sozialpolitischer Zielsetzungen Grenzen gesetzt. Denn ihre Wirksamkeit setzt das Vorhandensein von (Markt-)Einkommen voraus, das steuerlich begünstigt oder belastet werden kann. Steuervergünstigungen

erreichen die Bezieher*innen von Niedrig- bzw. Sozialeinkommen in der Regel nur unzureichend.[4] Und schließlich liegt es in der Logik prozentual bemessener Steuervorteile, so sie nicht streng degressiv gewährt werden, dass sie im hohen Einkommensbereich zu einer stärkeren *absoluten* Steuerersparnis führen als im mittleren und unteren Bereich. Mit anderen Worten: Wer auf 10.000 € fünf Prozent Einkommensteuer sparen kann, hat in absoluten Zahlen mehr im Geldbeutel als eine Person, die den gleichen Rabatt auf 2500 € erhält. Gerecht ist das nur, wenn die zugrunde liegende Einkommensverteilung als leistungsgerecht angesehen werden kann.

Gleichwohl kennt das Steuerrecht eine ganze Reihe von sozialpolitisch motivierten *Steuererleichterungen*. Dabei stellt sich die grundsätzliche Frage, ob es sich tatsächlich um steuerliche Begünstigungen bzw. Privilegien handelt, oder ob diese Vergünstigungen nicht eher größere Steuergerechtigkeit zum Ziel haben, indem nämlich die Aufwendungen für bestimmte gesellschaftlich erwünschte Leistungen (z. B. Kindererziehung, Ausbildungszeiten, Unterhaltszahlungen) bei der Einkommens- bzw. Steuerermittlung berücksichtigt werden. Zu den wichtigsten steuerlichen Freibeträgen und Vergünstigungen gehören die:

- gemeinsame Veranlagung der Ehegatten und gleichmäßige Aufteilung der Einkommen *(Ehegattensplitting)*,
- steuerliche Freistellung des Existenzminimums für alle Steuerpflichtigen,
- Kinderfreibeträge und Freibeträge bei der auswärtigen Unterbringung von Kindern während der Berufsausbildung,
- Anrechenbarkeit von Aufwendungen für die Berufsausübung (z. B. Werbungskosten für Fahrten zur Arbeitsstelle oder Arbeitsmittel) sowie den Erhalt der Beschäftigungsfähigkeit (z. B. Fort- und Weiterbildungskosten),

---

[4] Modelle einer sog. *negativen Einkommensteuer* greifen dieses Problem auf. Das Grundprinzip besteht darin, die bisherigen Sozialtransfers bzw. einen Teil davon in einem (normativ) zu bestimmenden Existenzminimum zusammenzufassen und über die Einkommensteuer gesellschaftlich umzuverteilen. Wird Einkommen oberhalb der Grenze erzielt, greift das Steuersystem, bei Einkommen unterhalb dieser Grenze (negatives Einkommen), soll – so die Vorstellung – etwa über die Finanzverwaltung die Auszahlung des Differenzbetrages erfolgen. Lektürehinweis zu diesem (neo)liberalen Modell unter: https://www.bundestag.de/resource/blob/426626/dc78194456a469dd4d3064a804619069/wd-5-184-08-pdf-data.pdf. Zugegriffen: 2. März 2021.

- steuerliche Anrechenbarkeit erhöhter Sonderausgaben bzw. außergewöhnlicher Belastungen (z. B. Krankheitskosten, Unterhaltsleistungen, Betreuungskosten),
- steuerliche Begünstigung der Altersvorsorge (z. B. Entgeltumwandlung im Rahmen der privaten Alterssicherung).

Die gesellschaftspolitischen Wirkungen von Steuererleichterungen können normativ stark umstritten sein. So tauchen in der sozialpolitischen Diskussion immer wieder Forderungen auf, etwa Steuererleichterungen für Ehepartner*innen zu Gunsten einer stärkeren Begünstigung von Kindern umzustellen. Andere Sondertatbestände wie etwa bei der Ausgestaltung des Mehrwertsteuersatzes sind sozialpolitisch ebenfalls umstritten. So folgt es keiner unmittelbar nachvollziehbaren Logik, wenn für Tierfutter der ermäßigte Steuersatz von 7 % und für Babynahrung der normale von 19 % angelegt wird (vgl. Paragraph 12 Umsatzsteuergesetz).

Die steuerlichen Entlastungseffekte fallen häufig zu gering aus, sodass durch direkte *Geldtransfers* aufgestockt werden muss (vgl. Abschn. 4.3.5 Familienleistungsausgleich). Aber auch die sozialen *Sach- und Dienstleistungen* haben indirekte Wirkungen auf das Haushaltseinkommen. So entstehen im Gesundheitswesen geldwerte Vorteile, wenn nicht nur für die Versicherten selbst, sondern auch für deren kostenlos mitversicherte Angehörige die Behandlungskosten übernommen werden. Ähnliches gilt z. B. für die Kinderbetreuung, den Schulbesuch, die Inanspruchnahme einer Beratungsstelle etwa beim Jugendamt etc. Auch wenn der Wert dieser Leistungen nur schwer zu messen ist, bestimmen diese maßgeblich den Entfaltungsspielraum einer Person oder eines Haushaltes mit: Denn ohne diese geldwertgleichen Leistungen müssten diese entweder aus dem verfügbaren Haushaltseinkommen bezahlt werden, oder man könnte sie sich schlicht nicht leisten! *Sozialtransfers* weichen so die Abhängigkeit eines Individuums von der Existenzsicherung durch Erwerbsarbeit auf *(Dekommodifizierung)*.[5]

Allgemeine sozialpolitische Folgewirkungen der Einkommensdifferenzierung
Die Bundesrepublik Deutschland weist insgesamt eine breit gefächerte Lohn- und Gehaltsstruktur auf. Die Löhne und Gehälter unterliegen dabei einer.

---

[5] Der Begriff geht auf *Gøsta Esping-Andersen* zurück und meint den Grad der Unabhängigkeit von unmittelbaren Marktprozessen zur Sicherung des Lebensunterhaltes. Beispiel: Den höchsten Grad der Dekommodifizierung erreicht ein existenzsicherndes, bedingungsloses Grundeinkommen, weil es dazu führt, dass Menschen keiner bezahlten Arbeit nachgehen müssen, um ihren Lebensunterhalt zu verdienen.

- intersektoralen (z. B. Tarifdifferenz zwischen Metall- und Textilindustrie),
- interregionalen (z. B. reales Lohngefälle zwischen Ost- und Westdeutschland),
- qualifikationsbezogenen (z. B. Eingruppierungsunterschiede nach unterschiedlichen Bildungsabschlüssen) sowie einer
- geschlechterspezifischen (unterschiedliche Entlohnung von Männern und Frauen)

Differenzierung. Während sich die intersektorale, interregionale und qualifikationsbezogene Lohndifferenzierung vor allem auf ökonomische Ursachen zurückführen lässt, resultiert die geschlechterspezifische Verteilung der Arbeitseinkommen im Wesentlichen aus einer versteckten, in den Lebenszusammenhängen von Frauen liegenden Diskriminierung am Arbeitsmarkt. So hängt beispielsweise die Überrepräsentation von Frauen im Niedriglohnsektor damit zusammen, dass Frauen

- über frauentypische Berufsmuster bei der Erstausbildung eingeengt,
- durch Familienarbeit an einer kontinuierlichen Erwerbsbiographie gehindert,
- sowie in Leitungspositionen unterrepräsentiert sind.

Darüber hinaus weisen Berufe, die bis heute überwiegend von Frauen ausgeübt werden (wie z. B. in der Krankenpflege oder der Sozialen Arbeit), ein vergleichsweise niedriges Gehaltsniveau auf. Traditionelle Rollenmuster führen häufig dazu, dass die Frauenerwerbstätigkeit als *Zuverdienst* zum männlichen Erwerbseinkommen *(Einverdiener- bzw. Versorgerehe)* angesehen wird, obgleich Frauen immer mehr eigenständig für ihren Lebensunterhalt aufkommen wollen bzw. müssen.

Bezogen auf den durchschnittlichen Bruttostundenlohn beziffert das WSI GenderDatenPortal: Einkommen (2021a, o. S.) den Lohnabstand von Frauen zu vergleichbaren Männereinkommen für das Jahr 2019 auf 20 %. Das WSI hält dabei fest, dass „etwa drei Viertel des Gender Pay Gap in Deutschland (…) auf strukturelle Unterschiede zwischen abhängig beschäftigten Frauen und Männer zurückgeführt werden [können, d. Verf.], also beispielsweise auf die ausgeübten beruflichen Tätigkeiten, die Verteilung auf die Wirtschaftsbereiche, das Qualifikationsniveau, auf den Beschäftigungsumfang sowie den Anteil der Frauen und Männer in Führungspositionen."[6] Dabei zeigen sich allerdings erhebliche regionale Unterschiede zwischen Ost- und Westdeutschland. EU-weit liegt die *gender pay gap* nach Angaben des Europäischen Statistischen Amtes Eurostat (2021, o. S.) bei lediglich 14,8 % (Stand: 2019). Deutschland nimmt innerhalb der Europäischen Union eine negative Spitzenposition ein – nur übertroffen von der Ungleichheit in Estland.[7]

Neben der Genderfrage zeigen sich weitere Ungleichheiten. So sollen Lohnersatzleistungen den Ausfall von Erwerbseinkommen ausgleichen. Dabei werden aber die Status- und vor allem Lohnunterschiede während des Erwerbslebens im Sozialleistungsbezug fortgesetzt. Niedriges Erwerbseinkommen zieht eine niedrige Sozialleistung nach sich – so die einfache Faustformel der Sozialversicherung. Vor allem (langanhaltende) Arbeitslosigkeit und/oder der Verbleib im Niedriglohnbereich sind deshalb aus Sicht sozialer Vorsorge problematisch, weil es dann an ausreichenden Beitragszeiten ebenso fehlt wie an den finanziellen Möglichkeiten zur privaten Vorsorge. Und es sind neben den Personen mit niedrig qualifizierter Beschäftigung insbesondere Frauen, die gehäuft diskontinuierliche Erwerbsverläufe und damit ein deutlich reduziertes Einkommen über die Lebensspanne aufweisen.

Das zeigt sich u. a. bei der Erwerbsbiografie vieler Frauen. Auch wenn die Formel: Mann = Normalarbeitsverhältnis + Frau = Zuverdienst nicht mehr in dieser Pauschalität aufgeht, weil die Erwerbstätigkeitsquote und damit auch die Zahl der Frauen, die ihren Lebensunterhalt überwiegend aus eigenem Erwerbseinkommen bestreiten können, stark angestiegen ist, lässt sich am Beispiel der sog. *Sorgearbeit* die Lohnfalle des Sozialversicherungsstaates gut bebildern. Denn aus sozialversicherungstechnischer Sicht begründet die nach wie vor hauptsächlich von Frauen erbrachte *unentgeltliche Familienarbeit* – sieht man von der Anrechnung der Kindererziehungszeiten in der Rentenversicherung, der beitragsfreien Familienversicherung nicht erwerbstätiger Ehefrauen sowie den Regelungen der Pflegeversicherung für private Pflegepersonen einmal ab – keinen eigenständigen Anspruch auf materielle Unterstützung.[8] Etwaige

---

[6] Das WSI GenderDatenPortal liefert umfassendes Datenmaterial zur genderbezogenen Sozialforschung. Untersucht werden die Bereiche Bildung, Erwerbsarbeit, Sorgearbeit, Einkommen, Mitbestimmung und Zeit: https://www.wsi.de/de/wsi-genderdatenportal-14615.htm.

[7] Vgl. https://infosys.iab.de/infoplattform/Default.asp?step=5&JavaScriptEnabled=true. Zugegriffen: 10. März 2021.

[8] vgl. WSI GenderDatenPortal 2021b: Sorgearbeit. https://www.wsi.de/de/sorgearbeit-14618-zeitaufwand-fuer-bezahlte-und-unbezahlte-arbeit-20122013-14913.htm. Zugegriffen: 10. März 2021.

Sozialversicherungsansprüche der Frauen entstehen so entweder aus der Abhängigkeit vom Erwerbseinkommen des Ehegatten oder sie resultieren aus dem durchschnittlich deutlich niedrigeren eigenen Erwerbseinkommen. Damit ergeben sich vor allem im Transferleistungsbezug (Rente, Kranken- und Arbeitslosengeld) deutliche geschlechtsspezifische Nachteile (vgl. Mogge-Grotjahn 2018, S. 523 ff.).

4.1.3 Einkommensarmut und soziale Ausgrenzung in Deutschland

In erster Linie vermittelt über den Zugang zur Erwerbsarbeit partizipiert ein großer Teil der Wohnbevölkerung in Deutschland am erwirtschafteten Wohlstand. Allerdings bleiben – trotz aktuell historischer Hochstände bei der Beschäftigungsquote – vor allem als Folge der gleichzeitig bestehenden Massenarbeitslosigkeit Menschen dauerhaft von der materiellen Teilhabe in unserer Gesellschaft ausgeschlossen. Auch sind bestimmte Lebensphasen wie z. B. Erziehungs- oder Ausbildungszeiten häufig mit einer prekären Einkommenssituation verbunden. Damit stellt sich die Frage, welche bzw. wie viele Menschen aus dem Wohlstandsmodell, warum und mit welchen Perspektiven ausgegrenzt sind. Die Armutsforschung hat zur Analyse dieser Fragen unterschiedliche Konzepte entwickelt (Abb. 4.1):

Die *absolute Armutsgrenze* definiert einen minimalen Überlebensstandard, der zur Sicherung der physischen Existenz eines Menschen unabdingbar ist. Im Allgemeinen wird dieser Grenze in Deutschland wenig Bedeutung beigemessen, wenngleich der zunehmende Anteil von Menschen nicht außer Acht gelassen werden sollte, der sich größtenteils der statistischen Erfassung entzieht, weil er von keinem (öffentlichen) Hilfsangebot (mehr) erreicht werden kann und dabei durchaus am Rande der physischen Existenz leben kann. Zu denken ist hier vor allem an obdachlose Menschen, die auf der Straße leben müssen und deren Lebensumstände so belastend sein können, dass sie häufig mit Erkrankungen und frühzeitigem Tod einhergehen. Derartige Lebenslagen stehen durchaus in Widerspruch zum grundgesetzlichen Auftrag, die „Würde des Menschen" zu sichern, und bewegen sich zumindest am Rande der absoluten Armut (vgl. Abschn. 4.6.1).

Im Mittelpunkt der Debatte in Deutschland wie in Europa steht ein *relativer Armutsbegriff*, der Armut in Bezug zum durchschnittlichen Einkommen und/oder Lebensstandard einer Gesellschaft setzt und der das Unterschreiten eines

Objektive, relative und subjektive Armutskonzepte (Auswahl)	
objektive Armutsmessung	**subjektive Armutmessung**
Absolute Armut	**Konzept der subjektiven Armutsgrenze**
Bezugspunkt: physisches Existenzminimum	Bezugspunkt: subjektives Empfinden von Armut
Relative Armut	
Bezugspunkte *relativer* Armutskonzepte sind unterschiedlich ausdifferenzierte gesellschaftliche Mindeststandards. Unterschieden werden können u.a. folgende Konzepte:	
Ressourcenkonzept	
Bezugspunkt: Verfügbares Einkommen --- = eindimensional	Festlegung einer Armutsrisikogrenze zur Bestimmung von *Einkommensarmut*: • 60 % des durchschnittlichen, bedarfsgewichteten Haushaltseinkommens (Median) oder • Bezug von Mindestsicherungsleistungen
	Sonderfälle: **Verdeckte Armut** = Kein Bezug von Mindestsicherungsleistungen trotz Anspruch **Bekämpfte Armut** = Bezug von Mindestsicherungsleistungen wird als Überwindung von Einkommensarmut verstanden.
Lebensstandardkonzept	
Bezugspunkt: gesellschaftlich akzeptierter Lebensstandard --- = eindimensional	Armut bzw. gesellschaftlicher Ausschluss (*Deprivation*) entstehen durch eine Unterversorgung mit bestimmten *materiellen* Gütern (z.B. Wohnraum, Fernseher, Telefon/Internet, PKW, Urlaubsreisen u.a.m.)
Lebenslagenkonzept	
Bezugspunkt: Versorgungsniveau in unterschiedlichen Lebensbereichen --- = multidimensional	Armut bzw. gesellschaftlicher Ausschluss (Deprivation) entstehen durch eine Unterversorgung mit bestimmten *materiellen* und *immateriellen* Gütern bzw. Ressourcen. Klassisch wird der Versorgungsgrad in den *Lebenslagen* Einkommen, Bildung, Gesundheit, Wohnen, soziale Teilhabe untersucht.

Abb. 4.1 Ausgewählte Armutskonzepte: objektive, relative und subjektive Armuts-forschung. (Quelle: eigene Zusammenstellung)

entsprechenden relativen Wertes als Form sozialer Ausgrenzung begreift. Hier kann z. B. auf die Armutsdefinition der Europäischen Union zur Einkommens-armut zurückgegriffen werden. Als *Armutsrisikogrenze* gilt dabei die 60-%-Marke des nationalen, nach Haushaltsgröße gewichteten *Median*einkommens. Die Frage, ob in Deutschland auf dieser statistischen Basis Armut existiert, wird sozialpolitisch kontrovers diskutiert. Im politischen Raum weisen in erster Linie die Vertreter*innen der jeweiligen Regierungsparteien darauf hin, dass die Leistungen der *Sozialhilfe*, die gemäß Paragraph 1 Absatz 2 Sozialgesetzbuch XII „die Führung eines Lebens (…) ermöglichen, das der Würde des Menschen entspricht", ein *soziokulturelles Existenzminimum* sichern. Armut wird in diesem Kontext als *bekämpfte Armut* verstanden. Im SGB II *Grundsicherung für Arbeitssuchende* fehlt zwar eine derartige gesetzliche Selbstverpflichtung, dennoch kann hier implizit ein vergleichbarer normativer (Bedarfsdeckungs-)Anspruch unterstellt werden.

Legt man die von der Bundesregierung in der Armuts- und Reichtumsberichterstattung akzeptierte Berechnung der Armutsrisikogrenze von 60-% des mittleren Einkommens zugrunde, stellt man fest, dass die Leistungen der Grundsicherungen meist darunter, teils auch auf dieser Grenze liegen. Insgesamt ist ein Vergleich zwischen diesen beiden Grenzen bzw. Schwellen allerdings schwierig: Die Armutsrisikogrenze ist durch einen sozialstatistischen Betrag festgelegt, während der Betrag bei der Mindestsicherung von verschiedenen Gegebenheiten mitbestimmt wird, etwa von individuellen Lebensumständen, regionalen Unterschieden bei den Miet- und Heizungskosten sowie von der Haushaltsgröße. Verallgemeinernd kann man sagen: Bei kleineren Haushalten wird die 60-%-Grenze eher unterschritten, bei größeren Haushaltseinheiten liegen die Leistungen der Mindestsicherung in etwa auf der errechneten Armutsrisikoschwelle (vgl. Hauser 2016, S. 67 f.). Allerdings macht der Streit um bekämpfte oder nicht bekämpfte Armut im Zusammenhang mit den Leistungen des SGB XII und SGB II schon deshalb nur begrenzt Sinn, wäre doch eine Person, die einen Euro über den Leistungen der Sozialhilfe bzw. des Arbeitslosengeldes II liegt, als nicht länger arm einzustufen – arm oder nicht arm: Eine Frage der Differenz von einem Euro?

Diese definitorischen Auseinandersetzungen verweisen auf einen weiteren Punkt. In unserer Gesellschaft bestimmen offenbar nicht allein die finanziellen Ressourcen die Partizipationsmöglichkeiten eines Individuums. Vielmehr bestimmt die Ausstattung in unterschiedlichen Lebensbereichen den Grad der gesellschaftlichen Teilhabe. *Gerhard Weißer* (1898–1989) versuchte bereits im Jahr 1956 diesem erweiterten Armutsverständnis mit dem Entwurf eines *Lebenslagekonzeptes* Rechnung zu tragen, woraus sich in der Zwischenzeit weitere Konzepte etwa zum allgemein akzeptierten *Lebensstandard (multiple Deprivation)* oder der *sozialen Lebenslaufforschung* entwickelt haben. Armut und soziale Ausgrenzung sind demnach nicht nur von ökonomischen, sondern auch von ökologischen, politischen, sozialen, kulturellen, psychischen und physischen Rahmenbedingungen abhängig (vgl. Naegele 2010; Dittmann und Goebel 2018; Best et al. 2018).

Wie bestimmen nun aber die je nach Konzept unterschiedlich gemessenen und bewerteten Ausstattungen einen Haushalt bzw. eine Person? Mit *Ingeborg*

Nahnsen (1923–1996) lassen sich mindestens fünf *materielle* bzw. *immaterielle* Einzelspielräume beschreiben, die die individuellen Teilhabechancen eines Menschen direkt beeinflussen:

- *Versorgungs- und Einkommensspielraum* als Grad der Versorgung mit Gütern und Dienstleistungen;
- *Kontakt- und Kooperationsspielraum* als Möglichkeit zur (sozialen) Kommunikation und Interaktion;
- *Lern- und Erfahrungsspielraum* als Möglichkeit zur Entwicklung und Entfaltung von individuellen (Bildungs-)Interessen in Abhängigkeit von häuslicher, schulischer und beruflicher Sozialisation sowie sozialer und räumlicher Mobilität;
- *Muße- und Regenerationsspielraum* als Möglichkeit zum Ausgleich psychischer und/oder physischer Belastungen durch Arbeits-, Wohn- und Umweltbedingungen;
- *Dispositions- und Partizipationsspielraum* als Grad der Teilnahme, Mitbestimmung und Mitentscheidung in beruflichen wie privaten Lebensbereichen (vgl. Glatzer und Hübinger 1990, S. 36 f.).

An diesen Spielräumen können praktische Strategien der Sozialpolitik im Allgemeinen und der Sozialen Arbeit im Besonderen ansetzen, um Teilhabechancen zu verbessern. Armut und soziale Ausgrenzung haben dabei in Deutschland viele Gesichter. Sie zeigen sich an den Lebenssituationen von Individuen bzw. einzelnen Haushalten. Aber auch soziale Gruppen können sozialer Diskriminierung ausgesetzt sein, soziale Isolierung erfahren und damit eine Schwächung traditioneller Formen des sozialen Zusammenhaltes (Familie, Nachbarschaft, soziale Netzwerke) erleiden.

Wie die Unterversorgung tatsächlich von den Betroffenen erlebt wird, bleibt für die objektive Armutsforschung allerdings hinter einem Schleier des Nichtwissens verborgen. Mithilfe der *subjektiven Armutsforschung,* die nach den subjektiven Bewertungsmustern von objektiven Einkommens- bzw. Lebenssituationen fragt, soll dieses Dunkelfeld ausgeleuchtet werden (vgl. Brettschneider et al. 2020, S. 38 ff.). Dahinter steht die Frage, ob sich subjektive von objektiven Armutsquoten unterscheiden (können). Mit dem Konzept der subjektiven Armutsgrenzen wird das Haushaltseinkommen ermittelt, das „die Befragten als niedrigstes Nettoeinkommen angeben, mit dem ihr Haushalt finanziell zurechtkäme. Diese subjektive Armutsgrenze wird genutzt, um eine Betroffenheit von Armut anhand der objektiven Armutsgrenze mit der subjektiven

Wahrnehmung zu vergleichen." (Lejeune et al. 2017, S. 100; Stadtmüller und Klocke 2021)

Die subjektive Armutsforschung fügt sich in eine soziologische Ungleichheits-forschung ein, die mit Schlagworten wie *Individualisierung* und *Pluralisierung* eine wachsende Vielfalt an heterogenen, (scheinbar) weitgehend in der auto-nomen Gestaltungshoheit des Einzelnen liegenden Lebenslagen, Milieus und Lebensstilen beschreibt (vgl. Burzan 2011). Reale Lebenswelten von Menschen und deren Bedürfnisse werden dadurch klarer konturiert und somit auch für die praktische (Sozial-)Politik greifbarer. In dieser deskriptiv differenzierenden Sicht-weise liegt allerdings auch die Gefahr, dass sich der Blick auf die Wirksamkeit vertikaler Ungleichheitsstrukturen in der Gesellschaft verstellt, sie gleichsam „wegdifferenziert, wegpluralisiert, wegindividualisiert und wegdynamisiert" werden (Geißler 1996, S. 323). Armut und soziale Ausgrenzung sind aber nur über eine politökonomische Analyse gesamtgesellschaftlicher Zusammenhänge umfassend erfassbar. Wobei auch hier gilt: Egal welcher Zugang bzw. welche Kombinationsmöglichkeit der unterschiedlichen Konzepte gewählt wird, das Verständnis von Armut und sozialer Ausgrenzung ist in hohem Maß von unter-schiedlichen Werturteilen abhängig. Deshalb ist letztlich jede *Armutsdefinition* politisch-normativer Natur (vgl. Hauser 2018).

4.1.4   Funktionale und personelle Einkommensverteilung

Einkommens(um)verteilung ist ein stetiger Prozess, der nie abgeschlossen ist, sich vielmehr regelmäßig in Tarifrunden, gesetzgeberischen Entscheidungen im Sozial- und Steuerrecht sowie in der Anwendung dieser rechtlichen Grund-lagen bzw. bei der Gewährung freiwilliger Leistungen fortschreibt. Da die sozialstatistischen Daten der realen Entwicklung im Regelfall zeitlich stark hinterher hinken, stellen Aussagen zur Verteilungswirkung bzw. zum Ver-teilungsstand immer nur Momentaufnahmen dar. Umgekehrt sind die im Regel-fall angesprochenen Verteilungsvorgänge in wichtigen Sektoren relativ stabil, zumindest über einen mittleren Zeitraum.

Die *funktionale Einkommensverteilung* beschreibt die Aufteilung zwischen den Faktoren Lohnarbeit und Kapital als Ergebnis der primären Verteilung. Die *tatsächliche Bruttolohnquote* gibt an, welcher prozentuale Anteil vom zu ver-teilenden *Volkseinkommen* über die Bruttoeinkommen (inklusive der Arbeit-geberanteile zur Sozialversicherung) an die abhängig Beschäftigten verteilt wurde. Da sich allerdings die Zusammensetzung der Erwerbstätigen im Laufe der Jahre verändert, verfolgt die Sozialstatistik vor allem die *strukturbereinigte Bruttolohnquote*. Hierbei wird die *Arbeitnehmerquote,* also der Anteil der abhängig Beschäftigten an den Erwerbstätigen insgesamt, konstant gehalten (1970 für die alten Bundesländer bzw. 1991 für Gesamtdeutschland). Dies trägt dem Umstand Rechnung, dass die Zahl der abhängig Beschäftigten zu-, die der Selbstständigen abnimmt.

In den alten Bundesländern konnten die abhängig Beschäftigten in den 1970er Jahren demnach ihren Anteil am Volkseinkommen ausweiten, doch wurde dieser relative Zuwachs im Verlauf der 1980er Jahre zurückgefahren. Zum Zeitpunkt der Wiedervereinigung standen die abhängig Beschäftigten in Westdeutschland wieder an dem gleichen Punkt wie im Jahr 1960, bevor die Marktwirtschaft in (West-)Deutschland begann, auch für die breiten Einkommensbezieher ‚sozial' zu werden.

Nach Herstellung der deutschen Einheit vergrößerte sich die Arbeitnehmerquote, insgesamt konnten die abhängig Beschäftigten ihren Anteil am zu verteilenden Kuchen – vor allem in Ostdeutschland – vergrößern, 1995 mit dem Spitzenwert von 73,5 % bei der bereinigten Bruttolohnquote. Insgesamt oszilliert die bereinigte Bruttolohnquote um die 70-%-Grenze. Im Jahr 2019 lag sie bei 72,2 %. Bei der Interpretation der Zahlen ist zu beachten, dass sich die Bruttolohnquote aus dem Volkseinkommen errechnet, in das auch die Unternehmensgewinne und Vermögenseinkommen eingehen. Sinkt deren Anteil (etwa durch die Wirtschafts- und Finanzkrise 2008), steigt automatisch der Lohnanteil, ohne dass sich dieses in den Geldbeuteln der Beschäftigten real bemerkbar macht. Betrachtet man die gesamtwirtschaftliche Entwicklung seit Beginn der 1990er Jahre ist der Anteil der Einkommen von Arbeitnehmer*innen am Volkseinkommen aber insgesamt stagnierend bis rückläufig (vgl. Destatis 2020c).

Die *personelle Einkommensverteilung* spiegelt das Ergebnis der Verteilungsvorgänge auf der individuellen und der Haushaltsebene wider. Dabei können sowohl die Brutto(haushalts)einkommen als auch Netto(haushalts)einkommen und die jeweiligen Werte für soziale Gruppen miteinander verglichen und auch intertemporal – also im Längsschnitt – betrachtet werden. Um die Einkommenssituation von Haushalten unterschiedlicher Größe miteinander vergleichbar zu machen, werden in der Statistik *Äquivalenzziffern* eingeführt. Damit können unterschiedliche altersbedingte Bedarfe ebenso differenziert berücksichtigt werden wie die Haushaltsersparnis, die sich bei mehrköpfigen Haushalten durch Synergieeffekte in der Haushaltsführung ergeben.

Nettoäquivalenzeinkommen

Das Nettoäquivalenzeinkommen ist ein Pro-Kopf-Einkommen, das berücksichtigt, in welcher Art von Haushalt die Menschen leben, um das Wohlstandsniveau von Haushalten unterschiedlicher Größe und Zusammensetzung vergleichbar zu machen. Es ist eine fiktive Rechengröße, die aus der *Haushaltszusammensetzung* und dem *Haushaltsnettoeinkommen* abgeleitet wird. Bei diesem Verfahren wird dem ersten erwachsenen Haushaltsmitglied ein Bedarfsgewicht von 1,0 und jedem weiteren Haushaltsmitglied ab 14 Jahren ein Bedarfsgewicht von 0,5 sowie Haushaltsmitgliedern unter 14 Jahren ein Bedarfsgewicht von 0,3 zugeordnet (nach modifizierter OECD-Skala).

Ein Beispiel: Zwei Erwachsene mit zwei Kindern unter 14 Jahren erhalten nach der modifizierten OECD-Skala ein Gesamtgewicht von 2,1 (1,0+0,5+0,3+0,3). Beläuft sich das verfügbare Nettoeinkommen eines solchen Haushalts auf 2000 € monatlich, so ergibt sich als Nettoäquivalenzeinkommen 952,38 € monatlich (= 2000 € geteilt durch 2,1), das rein rechnerisch dem erwachsenen Haushaltsvorstand zugewiesen wird. Es wird also nicht die Zahl der Köpfe zugrunde gelegt, sondern ein Bedarfsgewicht, weil in größeren Haushalten wirtschaftliche Einspareffekte auftreten (zum Beispiel durch gemeinsame Nutzung von Wohnraum und Haushaltsgeräten). Der Vier-Personen-Beispielhaushalt mit zwei erwachsenen Personen und zwei Kindern unter 14 Jahren benötigt bei der Berechnung also deshalb nicht das vierfache, sondern nur das 2,1-fache des Einkommens eines Einpersonenhaushalts, um das gleiche Wohlstandsniveau wie der Einpersonenhaushalt zu erreichen.

Ein weiteres Beispiel: Hat ein Einpersonenhaushalt ein Haushaltsnettoeinkommen von 1500 €, muss der Vierpersonen-Beispielhaushalt über ein Nettoeinkommen von 3150 € (= 1500 x 2,1) verfügen, um auf das vergleichbare Wohlstandsniveau zu kommen. *Quelle: entnommen aus Statistisches Bundesamt, Zentrum für Sozialindikatorenforschung, Wissenschaftszentrum Berlin (Hrsg) 2013: Datenreport 2013. S 160 und eigene Ergänzungen*

Laut Statistischem Bundesamt (Destatis) verfügen die privaten Haushalte in 2019 im Durchschnitt über ein monatliches Bruttoeinkommen von 4734 € (Netto: 3580 €). Etwa 65 % davon entstammen aus selbstständiger bzw. nichtselbstständiger Tätigkeit (= 3063 €). Öffentliche Transferzahlungen wie Renten aus der Gesetzlichen Rentenversicherung (GRV), staatliche Pensionen, Kindergeld, ALG I und II/Sozialgeld summieren sich auf 1031 € (≈ 22 %). Einnahmen aus Vermögen tragen mit 8,5 % (= 404 €) zum Bruttoeinkommen bei. Die Einkommen aus nicht-öffentlichen Transfers (Werks- und Betriebsrenten, Unterstützung von privaten Haushalten, Einnahmen aus Untervermietung) erreichen knapp 5 % (= 236 €). Gleichzeitig signalisieren die Daten von Destatis eine deutliche soziale Segregation der Haushaltseinkommen. Auf Basis der Einkommens- und Verbrauchsstichprobe errechnet das Statistische Bundesamt (Destatis) für das Jahr 2018 ein durchschnittliches Haushaltsbruttoeinkommen von 4846 € je Haushalt und Monat. Differenziert man die Verteilung anhand der sozialen Stellung der Haupteinkommensperson liegen die monatlichen Beträge zwischen 7412 € (Selbstständige) und 5917 € (Arbeitnehmer*innen). Bei den Arbeitslosen werden 1488 € und bei den Nichterwerbstätigen (= i. d. R. Ruheständler*innen) 3063 € ausgewiesen.[9]

Im Zeitverlauf hat sich auch die Zusammensetzung der Haushaltseinkommen verändert. So bleibt zwar auf der Ebene der Haushalte, trotz der seit den 1980er Jahren manifesten Massenarbeitslosigkeit, die Bedeutung der Erwerbsarbeit für die Sicherstellung des Haushaltsbruttoeinkommens in etwa konstant, aber der Anteil der Sozialtransfers hat zwischen 1998 von 25 % auf 2018 20 % deutlich verringert. (vgl. Ebenda) Gleichzeitig scheint die Fähigkeit, Bereitschaft und/ oder Notwendigkeit der Haushalte abzunehmen, kompensierende Familientransfers aufzubringen. Hinter dieser Entwicklung verbergen sich auch gesellschaftliche Trends, wie eine wachsende Erwerbsbeteiligung der Frauen, eine sinkende Geburtenrate und eine Abnahme von Eheschließungen, was insgesamt zu einem Rückgang der familiären Unterhaltsleistungen beiträgt.

Entscheidend für die Finanzkraft einer Person oder eines Haushaltes ist aber nicht das Brutto- sondern das Nettoeinkommen, also die Summe, über die tatsächlich und regelmäßig verfügt werden kann. Grundsätzlich ist festzustellen, dass die Nettoeinkommen der Haushalte stark von der sozialen Stellung der Haupteinkommensbezieher*in abhängt. Das durchschnittliche Nettoeinkommen von Haushalten mit Arbeitnehmern liegt mehr als dreimal so hoch wie das mit arbeitslosen Haupteinkommensbezieher*innen. Die Nettoeinkommen von Pensionär*innen (also ehemaligen Beamt*innen) liegen um mehr als ein Drittel über dem der Rentner*innen der Gesetzlichen Rentenversicherung.

Generalisierend kann festgehalten werden, dass sich die positive wirtschaftliche Entwicklung der letzten Jahre nicht nur über eine gestiegene Erwerbsquote, sondern auch über reale Zuwächse bei den Löhnen und Gehältern niedergeschlagen hat, was insgesamt zu einer Zunahme der verfügbaren Haushaltseinkommen führt. Allerdings sinkt dadurch nicht die *Einkommensungleichheit*. Im Gegenteil hat die Ungleichverteilung der Haushaltseinkommen seit den 1990er Jahren deutlich zugenommen.

---

[9] Für die laufend aktualisierten Zahlen vgl. Destatis: https://www.destatis.de/DE/Themen/ Gesellschaft-Umwelt/Einkommen-Konsum-Lebensbedingungen/_inhalt.html. Zugegriffen: 2. März 2021.

Wie groß ist die Ungleichheit in der Einkommensverteilung?
S. 80/S. 20-Verhältnis – Gini-Koeffizient – Palma-Ratio

Um den relativen Einkommensabstand zwischen dem oberen und dem unteren Rand der Einkommensverteilung (das sogenannte *S80/S20-Verhältnis*) zu beschreiben, wird das Nettoäquivalenzeinkommen der Personen der Höhe nach geordnet und in Quintile (fünf gleich große Teile) geteilt. Das unterste Quintil repräsentiert dabei das Fünftel der Bevölkerung mit den niedrigsten Einkommen, das oberste Quintil das Fünftel mit den höchsten Einkommen. Die Summe der Einkommen aus dem obersten Quintil, dividiert durch die Summe der Einkommen aus dem untersten Quintil, ergibt dann den Wert für das S80/S20-Verhältnis. Dieser Wert beschreibt, um wie viel höher das Einkommen des obersten Fünftels im Vergleich zum untersten Fünftel ist.

Ein anderes, häufig benutztes Verteilungsmaß ist der *Gini-Koeefizient*, ein statistisches Konzentrationsmaß. Wendet man ihn auf Einkommensdaten an, zeigt er, wie gleich oder ungleich Einkommen über eine Personengruppe verteilt sind. Bei der Berechnung wird die Ungleichheit in der Einkommensverteilung auf Basis aller individuellen Nettoäquivalenzeinkommen einer Personengruppe ermittelt. Der Gini-Koeffizient kann Werte zwischen Null (absolute Gleichheit) und 1 (absolute Konzentration) annehmen. Je näher der Wert an 1 ist, desto größer ist die Ungleichheit in der Einkommensverteilung.

Weil der Gini-Index nur bedingt Ungleichheit messen kann, werden in der Zwischenzeit weitere Maßzahlen genutzt: Die *Palma-Ratio* setzt die Einkommenssumme der obersten 10% der Einkommensverteilung in Relation zur Einkommenssumme der untersten 40%. Die Grundlage hierfür ist die Beobachtung, dass die obersten 10% und die am geringsten verdienenden 40% in fast allen Ländern gemeinsam über die Hälfte des Einkommensvolumens verfügen. Die Palma-Ratio zeigt, in welchem Verhältnis diese Einkommenssumme zueinander steht. Eine Ratio von 1 zeigt, dass die oberen 10% über eine gleich hohe Einkommenssumme wie die unteren 40% verfügen, demnach das vierfache Pro-Kopf-Einkommen hätten. *Quelle: S80/S20-Verhältnis und Gini-Koeffizient entnommen aus: Statistisches Bundesamt, Zentrum für Sozialindikatorenforschung, Wissenschaftszentrum Berlin (Hrsg.): Datenreport 2013, Berlin 2013; S. 160. Palma-Ration entnommen aus: Bundesministerium für Arbeit und Soziales: Palma-Ratio. https://www.armuts-und-reichtumsbericht.de/DE/Service/Glossar/glossar.html. Zugegriffen: 3. März 2021*

Im WSI-Verteilungsbericht 2015 wird ausgeführt, das „mit dem Jahr 1999 (…) die Konzentration der Einkommen (…) geradezu sprunghaft [ansteigt, d. Verf.]" was vor allem auf die „wachsende Bedeutung von Kapitaleinkommen" zurückzuführen sei. Die Abmilderung der Spreizung zwischen 2005 und 2010 hatte ursächlich mit den Einkommen aus Vermögen zu tun. Aber nicht, weil ein breiter Vermögenszuwachs stattgefunden hätte, sondern weil die Kapitalerträge im Zuge der Wirtschafts- und Finanzkrise rückläufig waren. 2012 hat die Ungleichheit denn auch wieder den Wert von 2005 erreicht. Der wirtschaftliche Aufschwung geht in diesen Jahren also an weiten Teilen der Bevölkerung vorbei. (Spannagel 2015, S. 626) An dieser Analyse hat sich auch in den folgenden Jahren wenig geändert. So ist im aktuellen WSI-Verteilungsbericht 2020 zu lesen, dass in Deutschland die Einkommen „bereits vor der Corona-Krise ungleich verteilt [waren, und dass, d. Verf.] während der Krise insbesondere die unteren Einkommensgruppen Einbußen erlitten haben. Damit deuten die Ergebnisse darauf hin, dass die Einkommensungleichheit durch die Krise weiter zunehmen könnte. SOEP-Daten belegen, dass die Einkommensungleichheit seit 2010 gestiegen ist." Und während die Bezieher*innen mittlerer Einkommen ihre materielle Lage seit 2010 leicht verbessern konnten, sind es vor allem Menschen im unteren Einkommensbereich, die nun auch unter den durch die Corona-Pandemie weiter verschärften Verteilungseffekten zu leiden haben: „Die Ergebnisse verdeutlichen sehr eindringlich, dass Personen mit geringem Einkommen häufiger Einbrüche im Einkommen hinnehmen müssen – und dass ihre Einbußen zudem auch stärker ins Gewicht fallen. Erwerbstätige mit hohen Einkommen und Beschäftigte in Normalarbeitsverhältnissen haben hingegen kaum krisenbedingte Verluste verzeichnet." (Kohlrausch et al. 2020, S. 1)

Wer ist arm, wer ist reich?
Gruppenbezogene Aspekte sozialer Polarisierung.
Die bundesdeutsche Gesellschaft ist reich, Reichtum ist sozial gesehen durchaus ein Massenphänomen. Dabei prägen nicht in erster Linie die offiziellen Einkommensmillionäre das Bild vom Reichtum in Deutschland, sondern die Personen, die über ein monatliches Nettoäquivalenzeinkommen von über 200 % (= reich) oder über 300 % (= sehr reich) des Medians der Nettoäquivalenzeinkommen verfügen. Nach Berechnungen des WSI im bereits erwähnten Verteilungsbericht 2020 ist zu schließen, dass der Anteil der reichen Haushalte zwischen 2010 und 2017 um einen Prozentpunkt auf 7 % leicht absank. Die Zahl der sehr reichen Haushalte bleibt hingegen sehr konstant bei 2 %. (Ebenda, S. 9) Damit haben diese Gruppen vor allem im Vergleich zu den unteren Einkommensgruppen eine stabile, vergleichsweise krisenfeste Verteilungsposition. Dies gilt auch angesichts der Einschränkung, dass sich ein Großteil der einkommensreichen Personen (im Gegensatz zur Situation der Besitzer*innen von Vermögen) nach wie vor in einem Einkommensspektrum bewegt, das nicht vom Zwang zur Erwerbsarbeit als Mittel der Existenzsicherung entbindet (Abb. 4.2).

Gleichzeitig mit dem steigenden bzw. sich stabil haltenden Wohlstand spitzt sich die *Verteilungsschieflage* zu. Das WSI schreibt im Verteilungsbericht 2019, dass sich „immer mehr Einkommen (…) bei den sehr Reichen [konzentriert, d. Verf.] während gleichzeitig die Armen zunehmend von der Entwicklung in

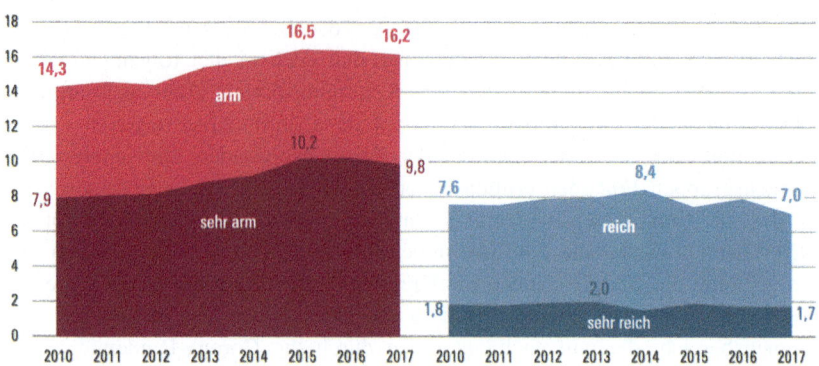

Abb. 4.2 Einkommensarmut und Einkommensreichtum, 2010–2017 (Angaben in Prozent). (Quelle: Kohlrausch Bettina, Zucco Aline, Hövermann Andreas (2020) Verteilungsber-icht 2020. Die Einkommensungleichheit wird durch die Corona-Krise noch weiter verstärkt. WSI Report Nr. 62, S. 10)

der Mitte der Verteilung abgehängt werden." (Spannagel und Molitor 2019, S. 447) Dieser Befund ist auch deshalb alarmierend, weil die gesamtwirtschaftlichen Rahmenbedingungen trotz der Corona-Pandemie als günstig bezeichnet werden können. Die Ursachen der Scherenbewegung liegen zunächst in den wachsenden Lohnungleichheiten. So müssen die unteren Lohngruppen Lohneinbußen hinnehmen, während die oberen Lohngruppen Zuwächse verzeichnen. Hinzu kommt, dass reiche Haushalte stark von ihrem Kapitalvermögen und den daraus zu erzielenden Erträgen profitieren. Und last but not least haben die reichen Haushalte von den steuerpolitischen Entscheidungen direkt Nutzen ziehen können. Hier sind vor allem die Senkung des Spitzensteuersatzes von 53 % (Ende der 1990er Jahre) auf aktuell 42 % sowie die Reform der Erbschaftssteuer aus dem Jahr 2016 zu nennen. Als direkte Folge dieser Entwicklungen resümiert das WSI: „Die Konzentration der Top-Einkommen nimmt weiter zu. Gleichzeitig stärken diese steuerpolitischen Entscheidungen einen weiteren bedenklichen Trend, der ebenfalls die Entwicklung der Einkommensverteilung in den letzten Jahrzehnten kennzeichnet: Die deutlich zurückgehende Mobilität, sowohl zwischen Einkommensschichten als auch im Generationenverlauf." (Ebenda, S. 15) Die Sonderbesteuerung mit 3-%-Punkten bei Haushalten über 500.000 € kann das nur bedingt korrigieren (Tab. 4.2).

Wie lassen sich die besonders benachteiligten sozialen Gruppen mit einem hohen Einkommensrisiko nun genauer beschreiben? Neben den

Tab. 4.2 Armutsgefährdungsquote gemessen am Bundesmedian Deutschland insgesamt sowie nach Haushaltstyp, Erwerbsstatus und Migrationshintergrund (in Prozent) Basis: Mikrozensus

	2005	2010	2015	2019
Deutschland insgesamt	14,7	14,5	15,7	15,9
Mit Migrationshintergrund	28,2	26,2	27,7	17,8
Ohne Migrationshintergrund	11,6	11,7	12,5	11,7
Erwerbslose Personen	49,6	54,0	59,0	57,9
Rentner*innen	10,7	12,6	15,9	17,1
Erwerbstätige Personen	7,3	7,5	7,8	8,0
Ein-Personen-Haushalt	23,2	23,8	26,2	26,5
Ein Erwachsene*r mit Kind(ern)	39,3	38,6	43,8	42,7
Zwei Erwachsene mit zwei Kindern	12,0	10,7	10,8	11,0
Nachrichtlich: Mindestsicherungsquote in Deutschland[1]	--	8,8	9,7	7,9 (≙ 6,9 Mill. Personen)

[1]Empfänger*innen von Mindestsicherungsleistungen nach SGB II, SGB XII und AsylbLG.
Quelle: Statistisches Bundesamt: https://www.destatis.de/DE/Themen/Gesellschaft-Umwelt/Soziales/Sozialberichterstattung/_inhalt.html. *Zugegriffen: 9. März 2021*

sozialstatistischen Daten über Empfänger*innen von Leistungen der Mindestsicherung geben die Armutsrisikoquoten Aufschluss über die Entwicklung relativer Armut in Deutschland. Bei genauerer Betrachtung zeigen sich dabei für bestimmte Personengruppen bzw. Haushaltstypen besondere Armutsrisiken, die auch im Zeitverlauf – und damit trotz sozialpolitischer Steuerungsversuche – ein höheres Armutsrisiko tragen als andere Gruppen. Aus den Ergebnissen der Armutsforschung lassen sich folgende Gruppen bzw. strukturelle Auffälligkeiten ableiten (DPWV 2018, S. 14; Goebel und Krause 2021, S. 256 ff.):

- Bei den *Alleinerziehenden* zeigt sich eine Korrelation zwischen dem Alter der Kinder und der Armutsrisikoquote: Je jünger die Kinder sind, desto höher liegt das Risiko.
- Bei den *Einpersonenhaushalten* sind vor allem junge Erwachsene unter 30 Jahren einem erhöhten Armutsrisiko ausgesetzt.
- Es ist kaum begründungsbedürftig, dass sich der finanzielle Spielraum von Familien mit *Kindern* gegenüber kinderlosen deutlich verringert. Auch wenn die Armutspopulation nicht immer die gleiche Personengruppe umfasst,

sondern eine *Dynamik* zwischen den Einkommenspositionen besteht, weisen die Zahlen daraufhin, dass das Erleben von Armut für viele Kinder und Jugendliche eine tendenziell dauerhafte Alltagserfahrung ist.

- Insbesondere *Menschen mit Migrationshintergrund,* die aus bestimmten Regionen (etwa der Türkei) nach Deutschland gekommen sind, tragen ein höheres Armutsrisiko als Einheimische. Ausgenommen sind Personen, die nach Deutschland gekommen sind, um eine herausgehobene soziale Position einzunehmen (etwa im Management international agierender Unternehmen).

- Ein *niedriges Bildungsniveau, keine Berufsausbildung* und ein *schlechter Gesundheitsstatus* schlagen sich jeweils alleine oder in Kombination in einem höheren Armutsrisko nieder.

- Haushalte von *arbeitslosen Menschen* bilden den harten Kern der Armut in Deutschland. Besonders betroffen sind zudem die Menschen, die *langzeit-arbeitslos* sind (= länger als ein Jahr).

- Arbeit schützt nicht generell vor materieller Ausgrenzung. Hierfür steht der Anteil der sog. *working poor.* Gemeint sind Personen, die einer (Vollzeit-)Erwerbstätigkeit nachgehen und ein Einkommen unterhalb der Armutsrisiko-grenze erzielen.

- Bei *Selbstständigen* gibt es eine wachsende Polarisierung innerhalb dieser Gruppe, auch wenn dieses statistisch angesichts der hohen durchschnitt-lichen Wohlstandsposition nicht offensichtlich ist. Es gibt zunehmend *Scheinselbstständigkeit* und mehr oder weniger riskante Formen der Selbst-ständigkeit, die zu sehr niedrigen Einkommen führen.

- Auch die *Altersarmut* gewinnt (wieder) an Bedeutung. So werden sich Massenarbeitslosigkeit, Niedriglohn sowie brüchige Erwerbsbiographien mittelfristig in Altersrenten niederschlagen, die nicht vor einem Leben in Armut schützen. Hinzu kommt, dass schon heute etwa 60 % der Berechtigten nicht die Grundsicherung im Alter in Anspruch nehmen, aus Unkenntnis, Scham oder Angst, die Kinder könnten in Regress genommen werden. Das DIW sieht darin ein Indiz für eine hohe verdeckte Altersarmut. (vgl. Buslei et al. 2019)

Es ist davon auszugehen, dass die Folgen der Corona-Pandemie die Ein-kommensrisiken dieser Gruppen in besonderer Weise verschärft. So schreibt die Bundesregierung (2021, S. 4) in der Antwort auf eine kleine Anfrage der Fraktion BÜNDNIS 90/DIE GRÜNEN: „Die Bundesregierung sieht aufgrund der ihr bekannten Forschungsergebnisse bestätigt, dass die COVID-19-Pandemie Beschäftigungs- und Einkommensrisiken für Personen- und Beschäftigten-gruppen in vielen Bereichen der Gesellschaft erhöht. Besonders vulnerabel sind dabei Personen mit niedrigen Einkommen oder auch nicht sozialversicherungs-pflichtigen bzw. nur temporären Beschäftigungsverhältnissen sowie in der Arbeitnehmerüberlassung. Im Bildungsbereich ist noch nicht abzusehen, welche Auswirkungen die Schulschließungen auf die Bildungschancen von Kindern und Jugendlichen mit unterschiedlichem sozioökonomischem Hintergrund haben." Unklar ist auch, ob und wenn ja, wie schnell sich die Verteilungsposition der Betroffenen wieder nach oben entwickeln wird. Was als Mutmacher gemeint ist, kann die Beobachter*in auch skeptisch stimmen. Denn die Bundesregierung verweist an gleicher Stelle darauf „schnell und kraftvoll gehandelt" zu haben. An der Scherenbewegung ändert dieses offensichtlich wenig.

Gleichwohl zeigt die Reaktion der Bundesregierung Wirkung auch bei den niedrigen Einkommen. Das Institut für Arbeitsmarkt- und Berufsforschung (IAB) verweist hier zum einen auf die Einkommen stabilisierenden Effekte des *Kurzarbeitergeldes* (vgl. Abschn. 4.2). Aus verteilungspolitischer Perspektive fast noch interessanter sind zum anderen die Ausführungen zum *Kinderbonus*:[10] „Die Einkommensgewinne für die unteren Einkommensgruppen sind wesentlich dem Kinderbonus zu verdanken. Dieser wird, anders als das Kindergeld, nicht auf bedarfsgeprüfte Leistungen wie die Grundsicherung für Arbeitsuchende angerechnet, aber mit dem aus dem Kinderfreibetrag resultierenden Einkommensteuervorteil verrechnet. Daher profitieren insbesondere Familien mit niedrigen bis mittleren Einkommen vom Kinderbonus. Zudem sind in den unteren Einkommensgruppen deutlich weniger Menschen erwerbstätig, sodass hier häufiger gar keine Verluste beim Erwerbseinkommen entstehen." (Bruckmeier et al. 2021, S. 5) Es zeigt sich zweierlei: 1) Für die Beurteilung von Armutsrisiken greift eine rein auf die Entwicklung der Einkommensverteilung reduzierte Betrachtung zu kurz. 2) Direkte Zahlungen an Familien, wie z. B. der Kinderbonus machen deutlich, dass Umverteilung von Einkommen zugunsten einkommensschwacher Haushalte nicht nur möglich ist, sondern auch direkt ankommt. Sie muss allerdings politisch gewollt und nicht, wie der Pandemie bedingte Kinderbonus, zeitlich befristet sein. Und last but not, sollten sich derartige Leistungen nicht nur auf Haushalte mit Kindern beschränken, wenn sie der allgemeinen Armutsbekämpfung nutzen sollen.

---

[10] Der *Kinderbonus* ist eine Sonderzahlung von einmalig 300 € pro Kind im Jahr 2020, für die die gleichen Voraussetzungen wie für den Bezug von Kindergeld gelten. Er wurde im Zuge des Corona-Konjunkturpakets der Bundesregierung beschlossen. Für das Jahr 2021 ist die Regelung noch offen. Ein Kabinettsbeschluss vom 3. Februar 2021 sieht eine erneute Einmalzahlung von 150 € vor.

Insgesamt lassen sich signifikante Häufungen bei der Betroffenheit von Armut feststellen, die eher für soziale denn für individuelle Entstehungsursachen von prekären Lebenssituationen bei Einzelpersonen sowie Familien und damit auch von Kindern und Jugendlichen sprechen. Die sich verschärfende Armutsproblematik bezieht sich nicht auf die Gesamtgesellschaft, sondern auf die „zunehmende Verarmung einzelner der gefährdeten Teilgruppen" – und das bereits seit Jahrzehnten! (Becker 1997, S. 59) Gleichzeitig wächst die soziale Verunsicherung in den Mittelschichten, weil hier die Sorge vor eigenem sozialem Abstieg und/oder Zukunftsängste bezogen auf die eigenen Kinder umgeht. Dabei gehört „es zu den Gründungsversprechen der deutschen Demokratie, dass sich jede und jeder kraft eigener Leistung, flankiert von sozial- und bildungspolitischen Maßnahmen, einen Platz in der Mitte der Gesellschaft sichern kann. [Von diesem Teilhabeversprechen lösen wir uns, wenn sich, d. Verf.] die deutsche Gesellschaft (…) zunehmend [polarisiert, d. Verf.]. Nicht nur die Einkommensschere wird größer, auch die Lebenswelten von Armen, Mittelschicht und Reichen fallen immer mehr auseinander. Arme und Reiche konzentrieren sich zunehmend in sozial segregierten Stadtvierteln und schicken ihre Kinder auf entsprechende Schulen. Als eine Folge (…) sinkt die soziale Durchlässigkeit der Gesellschaft." (Spannagel 2018, S. 505) Wenn Sozialpolitik in erster Linie Schaffung und Bewahrung sozialer Gerechtigkeit bedeutet (vgl. Abschn. 3.1), muss diese Zustandsbeschreibung Rückwirkungen auf sozialpolitische Interventionen haben. An die Frage der Entstehung und Verteilung der Einkommen knüpfen sich dabei die Mega-Themen der Sozialpolitik: gendergerechte Bildung und Beschäftigung, leistungsgerechte Besteuerung und Sozialabgaben, generationengerechte soziale Sicherheit in allen Lebensphasen u. a. m. (vgl. Kap. 5). Hier sind in den Parlamenten sozialpolitische Richtungsentscheidungen zu treffen und Kompromisse zum sozialpolitisch Machbaren zu finden. Ein Versagen des sozialpolitischen Prozesses führt zu Infragestellungen des politischen Systems und seinen Verteilungsstrukturen. Denn politische Radikalisierung und Feindbildsuche lassen ebenso wie resignativer Rückzug ins Private den Kitt zerbröseln, der die Struktur dieser Gesellschaft zusammenhält. (vgl. Heinze 2011; Decker et al. 2012; Schöneck und Ritter 2018) Diese Verteilungsdebatte kann aber nicht im luftleeren Raum geführt werden, sondern muss an den Strukturen des nachfolgend beschriebenen sozialen Sicherungssystems andocken.

4.2 Arbeit und Arbeitsschutz

Arbeit bestimmt unser Leben. Arbeit nimmt dabei zwar unterschiedliche Formen an, gleichwohl organisieren die meisten Menschen um sie herum ihren Alltag. Auf dem *Arbeitsmarkt* wird Arbeitskraft durch Arbeitnehmer*innen angeboten und von Arbeitgeber*innen gekauft. Er ist ein tief in die sozialen Zusammenhänge einer Gesellschaft greifendes System, in dem im Wesentlichen ökonomische Verwertbarkeitskriterien den (Stellen-)Wert eines Individuums definieren. Die große Bedeutung, die der Arbeit im Leben eines Menschen zukommt, wird auch dadurch augenfällig, dass die Vereinten Nationen mit Artikel 23 Abs. 1 das *Recht auf Arbeit, auf freie Berufswahl, auf gerechte und befriedigende Arbeitsbedingungen* sowie *auf Schutz vor Arbeitslosigkeit* und in Abs. 2 *das Recht auf gleichen Lohn für gleiche Arbeit* mit in die Allgemeine Erklärung der Menschenrechte vom 10. Dezember 1948 aufgenommen haben. Arbeit als Menschenrecht – ein höherer normativer Anspruch geht nicht!

Bleibt die Frage offen, wie dieser Anspruch durch konkrete Politik realisiert werden kann. Es ist naheliegend, dass dieser zentrale Bereich in Gesellschaft und Staat kontrovers diskutiert wird. Dies betrifft sowohl die Problemanalyse als auch die Auswahl der Politikinstrumente. Die Gestalt der Arbeit hängt in hohem Maß davon ab, wie der Arbeitsmarkt reguliert wird. Hierzu dienen vor allem die *Beschäftigungs- und Arbeitsmarktpolitik*. Nach Spohr (2019, S. 1 f.) dient die *Beschäftigungspolitik* dazu, auf gesamtwirtschaftlicher Ebene „Arbeitskräfteangebot und -nachfrage mittels Finanz-, Geld-, Lohn-, Struktur- und Bildungspolitik" zu steuern. Hier geht es mit der Sicherung gesamtwirtschaftlicher *Wettbewerbsfähigkeit* also um mehr als die Bekämpfung bzw. Vermeidung von Arbeitslosigkeit. Unterschiedliche (ökonomische) Denk- bzw. Wissenschaftstraditionen stehen sich dabei in zum Teil sehr grundsätzlicher Art und Weise gegenüber und streiten über den richtigen Weg der Wirtschaftsförderung. *Arbeitsmarktpolitik* ist demgegenüber stärker auf konkrete Personen bzw. Gruppen ausgerichtet. Das Ziel liegt vor allem in der Verhinderung von *Arbeitslosigkeit* sowie der materiellen Absicherung von arbeitslosen Menschen. Die entsprechenden gesetzlichen Grundlagen (vor allem im SGB III *Arbeitsförderung* und SGB II *Grundsicherung für Arbeitssuchende*) geben dabei *aktiven* bzw. aktivierenden Maßnahmen (= schnelle Eingliederung in den Arbeitsmarkt; Fördern&Fordern) einen deutlichen Vorrang gegenüber *passiven* Leistungen (= Lohnersatzleistungen).

Es wird deutlich: Der Arbeitsmarkt ist in besonderem Maße von unterschiedlichen, um nicht zu sagen gegensätzlichen, sozialen Interessen bestimmt.

Zugleich unterliegt er aus politökonomischen Gründen stets von Neuem erheblichen Veränderungen, die Anpassungsbedarfe in der Beschäftigungs- und Arbeitsmarktpolitik nach sich ziehen. Es gibt dabei wenige Politikfelder, in denen die Debatten kontroverser sind, als beim Streit um das richtige Mischungsverhältnis der einzusetzenden Instrumente. Das hängt auch mit dem hohen Stellenwert zusammen, den wir der Arbeit bei der Sicherstellung von sozialer Teilhabe zuschreiben. Der Zugang zum Arbeitsmarkt bzw. zu selbstständiger Arbeit ist für die meisten Menschen *der* zentrale Faktor, der über die persönlichen bzw. familiären Entfaltungsmöglichkeiten einschließlich daran gekoppelter sozialer Leistungen, die soziale Stellung sowie den Spielraum zur Entwicklung und Realisierung der Lebenschancen entscheidet. Arbeit – genauer die (abhängige) *Erwerbsarbeit* fördert und fordert wichtige Strukturierungsfunktionen im Privat- wie im Arbeitsleben. Sie gilt der Politik zusammen mit der Bildung als zentraler Schlüssel für soziale Integration und sozialen Zusammenhalt. (vgl. Deutscher Bundestag 2017, S. XI) Im Umkehrschluss ergibt sich, dass *Arbeitslosigkeit* in der Regel einen weit größeren Verlust bedeutet als das bloße Fehlen von materiellen Ressourcen. (vgl. Hetschko et al. 2018)

Im Abschn. 4.2 *Arbeit und Arbeitsschutz* werden der systematische Stellenwert von Arbeit für eine Gesellschaft ebenso beschrieben wie beschäftigungspolitische Herausforderungen und Steuerungsansätze. Der Fokus in diesem Kapitel liegt auf dem Sozial(versicherungs)recht und den darin festgelegten arbeitsmarktpolitischen Leistungen für Personen bzw. spezielle Zielgruppen.

4.2.1 Systematischer Stellenwert von Arbeit

Die historische Rückschau offenbart, dass der *Arbeits*begriff nicht immer eine positive Bedeutung hatte. Vielmehr vollzieht sich ein tiefgreifender Wandel in der Anschauung darüber, für was und für wen Arbeit notwendig ist. So galt Arbeit in der *Antike* noch als des freien Bürgers unwürdig. Erst im 16. Jahrhundert, verstärkt durch die *Reformation,* entwickelt sich eine *Arbeitsethik,* die sich im weiteren Verlauf in die entstehenden kapitalistischen Produktionsweisen einbetten lässt (vgl. Abschn. 2.2). So bemisst *Adam Smith* (1723–1790) in seiner *Arbeitswertlehre* den Wert eines Gegenstandes an der in ihm eingesetzten Arbeitszeit. Arbeit wird zu einem Gradmesser von Leistung und bestimmt immer stärker auch die gesellschaftliche Position eines Menschen. In der modernen Industrie- und Dienstleistungsgesellschaft bezeichnet *Arbeit* in einem allgemeinen Verständnis zunächst den auf ein bestimmtes Ziel hin gerichteten Einsatz von physischen und geistigen (Human-)Ressourcen. Ergebnis von Arbeit, die in unserem (kapitalistischen) Wirtschaftssystem in der Regel unter Mithilfe von Produktionsmitteln – also vor allem dem Einsatz von Kapital, Boden und Arbeit – erfolgt, sind Waren und Dienstleistungen. Im Arbeitsprozess macht sich der Mensch die (natürlichen) Ressourcen seiner Umwelt nutzbar und schafft über die Arbeitsergebnisse nicht nur die Voraussetzungen für den Erhalt der individuellen Existenz, sondern entwirft damit auch die Spielregeln für das menschliche Zusammenleben *(Vergesellschaftung)*. (vgl. Kocka 2001; Neumann 2003a).

Gegenstand staatlicher sozialpolitischer Regelungen ist vor allem die *abhängige Erwerbsarbeit*. Damit stehen die Rechte und Pflichten der Arbeitnehmer*innen im Vordergrund. Es gibt aber auch Regelungen für Selbstständige, vor allem dann, wenn die Selbstständigkeit zugleich ein besonderes Risiko einschließt (etwa: Handwerker*innen, Scheinselbstständigkeit, Möglichkeit der freiwilligen Versicherung in einer Sozialversicherung). Auch die (private) Familienarbeit wird – zumindest teilweise – sozialpolitisch geregelt, da sie insofern eine wichtige Voraussetzung für Erwerbsarbeit darstellt, als sie der Regeneration und Reproduktion der Arbeitskraft dient (z. B. Familienversicherung, Kindererziehungszeiten etc.)

Die abhängige Erwerbsarbeit entsteht in einer marktwirtschaftlich organisierten Ökonomie, indem Menschen ihre individuelle Arbeitskraft einer Arbeitgeber*in, als Besitzer*in der Produktionsmittel, anbieten. Aus diesem Verhältnis von Arbeit und Kapital sowie der Tatsache, dass die industrielle Produktion stark arbeitsteilig *(Taylorismus)*, zugleich über den Einsatz produktivitätssteigernder Maschinen hochtechnisiert *(Fordismus)* angelegt ist, resultiert, dass vor allem die industrielle Erwerbsarbeit für viele Beschäftigte kaum noch selbstbestimmten, schöpferischen Charakter trägt *(Entfremdungscharakter der Erwerbsarbeit)*. Auch wenn in historisch lang andauernden (tarif-)politischen Auseinandersetzungen Mitbestimmungs- und Schutzrechte der Beschäftigten in den Betrieben durchgesetzt werden konnten, so ist die kapitalistisch organisierte Arbeitswelt letztlich strukturell nicht nach demokratischen, auf Mitbestimmung basierenden Prinzipien organisiert, sondern beschreibt ein ungleichgewichtiges Abhängigkeitsverhältnis der Besitzer*innen der Arbeitskraft von den Kapitalbesitzer*innen. Insofern steht die kapitalistische Produktionsweise nicht nur durch das individuelle Ausschlussrisiko *(Arbeitslosigkeit)*, sondern auch durch die ihr immanente Verwertungslogik menschlicher Arbeitskraft in einem steten Spannungsverhältnis zu den Verwirklichungsbedingungen der Menschenwürde. Allerdings schafft Erwerbsarbeit – vor allem im gehobenen Einkommens- und Verantwortungsbereich – auch materielle Freiräume und hat damit eine emanzipative, die Einzelnen aus unmittelbarer Abhängigkeit herauslösende Funktion. In vielen Fällen bietet (abhängige) Arbeit

also auch Chancen zur Entwicklung und Umsetzung von Kenntnissen, Fähigkeiten, individuellen Neigungen und Interessen *(Selbstverwirklichung)* – dabei
aber immer die Abhängigkeit der Beschäftigten von den Arbeitgeber*innen
zumindest latent erhaltend. Diese Abhängigkeit ist umso stärker, je höher die
Ersetzbarkeit der angebotenen Qualifikationen und Kenntnisse ist. (vgl. Vobruba
1986, S. 33 ff.)

Wenn in einer arbeitsteiligen Industriegesellschaft abhängige Erwerbsarbeit also mehr als reine Existenzsicherung ist, leiten sich aus diesem Anspruch
auch implizit *Qualitätskriterien* für die Arbeitsverhältnisse ab. So muss Arbeit
idealer Weise allgemein zugänglich, dauerhaft angelegt, ausreichend entlohnt,
mit geringen gesundheitlichen Belastungen behaftet und mit den Erfordernissen
eines Familienlebens kompatibel sein. Tatsächlich unterliegt ihr Angebot aber
zum einen zyklisch auftretenden *Knappheitsbedingungen,* weshalb der Zugang
zur Erwerbsarbeit sowohl von der politischen Gestaltung der arbeitsmarkt- und
gesellschaftspolitischen Rahmenbedingungen als auch von den individuellen
Voraussetzungen der Beschäftigten bzw. Beschäftigungsuchenden abhängt. Zum
anderen steht sozialpolitisch Wünschenswertes häufig im Gegensatz zu den
Kapital- bzw. Gewinninteressen der (privaten) Unternehmen und stößt deshalb
auf Grenzen der Durchsetzbarkeit. (vgl. Neumann 2003b, S. 469 f.)

Staatliche Gesetzgebung sowie die zwischen den Vertretungen der Arbeitgeber*innen bzw. Arbeitnehmer*innen *(Tarifparteien)* ausgehandelten Verträge versuchen, diese konfliktbehaftete Machtfrage in einen gesellschaftlichen
Konsens bzw. Kompromiss zu überführen. Art und Umfang der sozial- und
arbeitsrechtlichen Schutzbestimmungen sowie von Entlohnungsbedingungen
definieren den Grad des erreichten Interessenausgleichs. Das Kräfteverhältnis
der Akteure steht dabei nicht zuletzt in Zusammenhang mit der beschäftigungspolitischen Gesamtsituation und den arbeitsmarktpolitischen Leitlinien der
jeweiligen Regierung bzw. den beschäftigungspolitischen Prämissen des sozialen
Sicherungssystems. Vereinfacht gesagt ist die Vertretungsmacht der Arbeitnehmer*innen umso stärker je höher ihr Organisationsgrad und je stärker die
Nachfrage ihrer Arbeitskraft durch die Arbeitgeber*innen ist. Insofern sind auch
die zwischen den Tarifparteien erzielten Kompromisse nie statisch, sondern
schwingen wie ein Pendel zwischen den Interessen der beiden Lager hin und her.

Es wird deutlich: In arbeitsteiligen Gesellschaften ist die Sicherung der
Existenz für die meisten Menschen ohne Erwerbsarbeit kaum realisierbar. In der
Sozialpolitik werden hierbei unterschiedliche Formen unterschieden, die jedoch
nicht alle auf die Erzielung von Einkommen ausgerichtet sind:

- In modernen Industriegesellschaften dominiert die *abhängige Erwerbsarbeit*. Der Zugang zur Erwerbsarbeit und deren Qualität entscheiden in besonderem Maß über die (materiellen) Teilhabemöglichkeiten eines Menschen. Auch ist in Deutschland der Zugang zu den Sozialleistungen, die vor den großen Armutsrisiken (Unfall, Pflegebedürftigkeit, Krankheit, Arbeitslosigkeit, Alter) schützen, auf das Engste mit der (sozialversicherungspflichtigen) Erwerbsarbeit verknüpft.

- Die *selbstständige Erwerbsarbeit* umfasst das ganze Spektrum von sehr guten Verdienstmöglichkeiten bis hin zu prekärer (Schein-)Selbständigkeit, bei der fraglich ist, ob es sich tatsächlich (noch) um selbstständige Beschäftigung handelt. Folglich ist auch der Grad der Selbstbestimmtheit bei Selbstständigkeit unterschiedlich hoch.

- *Familienarbeit* (*Sorge-* oder auch *Care-Arbeit*) dient der familiären Reproduktion. Sie wird zwar unentgeltlich geleistet, unterliegt aber inzwischen auch sozialrechtlichen Normierungen. Da diese Arbeit traditionell eher von Frauen geleistet wird, haben diese Regelungen auch eine frauenpolitische Bedeutung.

- In der Diskussion über die Veränderung der Arbeitsgesellschaft und die Neuorientierung des Verhältnisses zwischen Gesellschaft und Staat hat das *bürgerschaftliche Engagement* als beschäftigungspolitisches Instrument einerseits und gemeinschaftsstiftende Beteiligungsform andererseits an Bedeutung gewonnen. Damit tritt neben die auf den Einzelnen und dessen familiären Kontext bezogenen Formen von Arbeit ein auf den gesellschaftlichen Rahmen zielender, ebenfalls weitgehend unentgeltlicher Arbeitsbegriff, für den es aber etwa Schutzrechte zu organisieren gilt (Pauschalen für Übungsleiter*innen in Sportvereinen, Haftpflicht; freiwillige soziale Leistungen im Rahmen eines Ehrenamtspasses etc.).

Es zeigt sich: Geht vom Zugang zur Erwerbsarbeit eine wichtige soziale *Inklusions*wirkung aus, birgt vor allem dauerhafte Erwerbslosigkeit ein hohes Risiko der *Exklusion*. Mit dem Zugang zur Erwerbsarbeit sind aber noch lange nicht alle Fragen sozialer Teilhabe geklärt. Die Kriterien für ‚gute' Arbeit, für soziale Sicherheit in Zeiten wachsender Unsicherheiten am Arbeitsmarkt, für eine gerechte Verteilung der Einkommen zwischen allen Beschäftigten, für gendergerechte Modelle zur Vereinbarkeit von Familie und Beruf sowie für die Balance zwischen Erwerbs- und Sorgearbeit und vieles andere mehr, müssen in diesem Kontext besprochen und ausgehandelt werden.

4.2.2 Beschäftigungspolitische Grundpositionen

In der Vorstellungswelt der *neoklassischen Wirtschaftswissenschaften* schafft sich die Produktion von Gütern und Dienstleistungen ihre eigene volkswirtschaftliche Nachfrage *(Saysches Theorem)*. Durch den Einsatz von Boden, Kapital und Arbeitskraft wird nicht nur produziert, es wird auch gleichzeitig Einkommen geschaffen, das zusätzliche Nachfrage und damit weitere Produktion zu deren Befriedigung erzeugt, was schließlich in einem Kreislauf zu neuer Beschäftigung führt. Dieser simple globalwirtschaftliche Steuerungsmechanismus unterliegt offensichtlich internen wie externen Einflüssen, die verhindern, dass sich unter den am Arbeitsmarkt gegebenen Bedingungen quasi automatisch ein Gleichgewicht zwischen Arbeitsangebot und Arbeitsnachfrage auf hohem Niveau *(Vollbeschäftigung)* einstellen kann. In Deutschland gilt die Sicherung eines hohen Beschäftigungsniveaus spätestens seit dem Ende der 1960er Jahre als eines der wichtigsten Ziele in der Beschäftigungs- und Arbeitsmarktpolitik (zum *Stabilitäts- und Wachstumsgesetz* von 1967, vgl. Abschn. 2.7.1). Über die Ursachen von Arbeitslosigkeit und Möglichkeiten ihrer Überwindung wird in der beschäftigungspolitischen Debatte jedoch immer wieder heftig gestritten. Dabei geht es darum, mit welchen unterschiedlichen Instrumenten die Zahl der Arbeitsplätze dem Bedarf an Arbeit angepasst werden kann.

Im Wesentlichen kann dabei zwischen angebots- und nachfrageorientierten Positionen unterschieden werden. Vereinfacht formuliert gehen *Angebotstheoretiker*innen* davon aus, dass der Arbeitsmarkt durch gesetzliche Vorschriften so stark reguliert ist, dass das freie Spiel der Kräfte von Angebot und Nachfrage nicht mehr wirken und sich deshalb kein Gleichgewicht einstellen kann. Ein Kartell von Gewerkschaften und Arbeitsplatzbesitzer*innen verhindere nach dieser Lesart durch ein zu hohes Lohnniveau und Kündigungsschutzregeln den Marktzutritt der Arbeitslosen *(Armuts- oder Sozialstaatsfalle)*. Die verfassungsrechtlich gesicherte Tarifautonomie beinhalte demnach die Gefahr einer *korporatistischen Schließung*. Nun ist es zweifelsohne so, dass Unternehmen bei der Rekrutierung von Personal die Angebotsfaktoren von Arbeit – also Verfügbarkeit und Preis – kalkulieren müssen. Die Frage ist, ob die Gewinnerwartungen nicht deutlich wichtiger sind. Wenn diese aber nur durch niedrigste Löhne zu bedienen sind, stellt sich die politisch zu beantwortende Frage, welche Qualität von Arbeit entsteht, wenn in einer Marktordnung der Preis zum entscheidenden Faktor gemacht wird. Ein weiterer Aspekt kommt hinzu: In der globalisierten Welt gehört es zum Mantra vieler Ökonom*innen, dass Arbeitsplätze angesichts des weltweiten Wettbewerbs unsicherer denn je seien. Zugleich hat die Analyse

der Einkommensverteilung gezeigt, dass der Anteil der Beschäftigten am Volks-
einkommen seit Jahrzehnten mehr oder weniger stagniert (vgl. Abschn. 4.1.4).
Wenn nun der Schutz des Arbeitsplatzes und der Wunsch nach leistungsgerechter
Bezahlung zu den Haupthindernissen für die Bekämpfung von Arbeitslosigkeit
erklärt werden, passt das kaum zur empirischen Wirklichkeit. Es stellt sich die
Frage, ob hier nicht die Interessen von Arbeitnehmer*innen zu stärkeren arbeits-
marktpolitischen Wirkfaktoren umdefiniert werden als sie es tatsächlich sind. Die
Verantwortung für eine nicht näher bestimmte, in jedem Falle aber als zu gering
eingestufte Flexibilisierung der Primäreinkommen im Niedriglohnsegment – und
damit die Verantwortung für die hohe Massenarbeitslosigkeit – wird so aus dem
Machtbereich der Unternehmen auf eine vorgebliche Marktmacht der abhängig
Beschäftigten verlagert. So gesehen kann dieser Argumentation durchaus eine
Umkehr von Ursache und Wirkung unterstellt werden (vgl. Abschn. 4.1.2 und
4.2.1).

Zugleich werden problematische Folgen einer zunehmenden ökonomischen
Verflechtung durch internationale Freihandelszonen wie die WTO oder
Staatenverbünde mit einem gemeinsamen Markt, wie die Europäische Union für
die Lage in den nationalen Arbeitsmärkten nicht expliziert bzw. unter Verweis auf
einen allgemein zu erwartenden Wohlfahrtsgewinn marginalisiert. Dabei liegt es
in der Logik angebotsorientierter Szenarien, dass durch die Überwindung ökonomischer und politischer Grenzen die politische Gestaltungsmacht der Arbeits-
beziehungen immer stärker bagatellisiert wird. Damit geraten höhere Standards
bei den Arbeits- und Entlohnungsbedingungen im Vergleich zu denen anderer
Länder automatisch in eine ökonomische Legitimationskrise. Ein tarifpolitischer
Senkungswettlauf bis hin zur Verlagerung ganzer Produktionsstätten in Niedrig-
lohnländer ist die Folge. Letztlich führt eine auf dem (Lohn-)Kostenargument
aufbauende Wettbewerbslogik im regionalen, nationalen und internationalen Verhältnis für alle Beteiligten zu einem *race to the bottom*. (vgl. Stiglitz 2012; Benz
et al. 2000; Afheldt 1994)

*Nachfragetheoretiker*innen* weisen grundsätzliche Infragestellungen hoher
Löhne und gut ausgebauter sozialer Sicherungssysteme mit dem Hinweis
auf deren positiven Effekte für die Massenkaufkraft zurück. Sie bewerten die
Beschneidung von Löhnen und Sozialtransfers als Katalysator für eine weitere
Verschlechterung der wirtschaftlichen Gesamtsituation und docken mit ihren
Konzepten an die geschichtlichen Erfahrungen im Umgang mit der Weltwirt-
schaftskrise der 1930er Jahre an. Ziel staatlichen Handelns soll eine aktive
Steuerung der Nachfrage sein. Die Idee dabei: Die Kaufkraft der Menschen soll
erhalten bleiben (z. B. durch Sozialleistungen wie das *Kurzarbeitergeld*) und
gleichzeitig sollen die wegen der ökonomischen Krise ausbleibenden Investitionen

der Unternehmen durch eine aktive staatliche Ausgabenpolitik ersetzt bzw. ergänzt werden. Hierzu darf und soll sich der Staat in der Krise auch verschulden *(deficit spending)*. Wenn die Konjunktur wieder anspringt – so die Theorie – soll sich der Staat aus seiner aktiven Rolle zurückziehen, und aus den zu erwartenden Steuer(mehr)einnahmen die Staatsverschuldung zurückfahren (vgl. Abschn. 2.4.4 und 2.7.1).

Aber auch diese Konzepte brechen sich, zumindest in Bezug auf den Abbau der Massenarbeitslosigkeit, an empirischen Realitäten. Trotz staatlicher Nachfragepolitik entwickelt sich die Arbeitslosenzahl wie eine Fieberkurve. Und es ist der Politik seit Ende der 1970er Jahre bei wachsender Staatsverschuldung nicht (mehr) gelungen, Vollbeschäftigung zu erreichen. Auch wenn es immer wieder Branchen mit Arbeitskräftemangel gibt, ist Massenarbeitslosigkeit gleichwohl zum Strukturmerkmal und sozialen Gewohnheit in Deutschland geworden. Und wenn man die über die öffentlichen und die Sozialversicherungshaushalte finanzierte Wiedervereinigung Deutschlands als groß angelegtes keynesianisches Konjunkturprogramm begreift, so muss man feststellen, dass von der Nachfragewirkung am Arbeitsmarkt nicht alle arbeitslosen Menschen in gleicher Weise profitieren. Gleichwohl schreiben die Nachfragetheoretiker*innen den Status quo ante fort. Einerseits lässt sich die Wirkung staatlicher Nachfrageimpulse unter Geltung des Freihandelsprinzip aber kaum noch auf enge regionale Arbeitsmärkte begrenzen. Denn es besteht die latente Gefahr, dass staatlich ausgelöste Nachfrage im Zuge der internationalen Arbeitsteilung versandet, weil die zunehmende innereuropäische Arbeitsteilung und darüberhinaus gehenden weltweiten Handelsverflechtungen zur Folge haben, dass national geschaffene Nachfrage auf ein internationales Angebot von Leistungserbringern trifft. Im Ergebnis kann eine wachsende Verschuldung der öffentlichen Haushalte stehen, die die Handlungsfähigkeit der öffentlichen Hand auch bei einer günstigeren konjunkturellen Lage einschränken kann. Andererseits sind es gerade die Problemgruppen am Arbeitsmarkt, die von staatlichen Eingriffen und Programmen profitieren. Hier ist an die Förderung von Weiterbildung und Qualifikation genauso zu denken, wie an Programme zur Arbeitsbeschaffung und Förderung des zweiten und dritten Arbeitsmarktes.[11] Es gehört ebenfalls zur Beschreibung von Realitäten, dass

---

[11] *Zweiter Arbeitsmarkt*: Die Arbeitsplätze und Beschäftigungsmöglichkeiten werden von freien Trägern der Wohlfahrtspflege geschaffen und aus Steuermitteln finanziert. Sie sollen – häufig unter sozialarbeiterischer Begleitung – den Übergang in den regulären Arbeitsmarkt fördern. Vom *dritten Arbeitsmarkt* wird für die Zielruppen gesprochen, für die Maßnahmen des zweiten Arbeitsmarktes trotz intensiver sozialarbeiterischer Begleitung

Deutschland auch und gerade wegen einer beherzten Verschuldungs- und aktiven Sozialpolitik sehr gut durch die Wirtschafts- und Finanzkrise von 2008 gesteuert ist. Gleichfalls wurden und werden die sozialen und ökonomischen Folgen der ab März 2020 in Europa spürbar gewordenen COVID-19-Pandemie von einer offensiven Ausgabenpolitik auf nationaler wie europäischer Ebene begleitet. Und last but not least hängt auch und gerade die Förderung zukunftsträchtiger Technologien vom staatlichen Engagement ab. Klimaschutz, Energie- und Mobilitätswende brauchen eher einen aktiv handelnden Staat keinen neoliberalen Nachtwächter.[12] Es mag noch unklar sein, welche langfristigen (ökonomischen) Wirkungen diese Verschuldungsbereitschaft haben wird. Sicher ist aber, dass ein durch diese Krise ausgelöstes, vergleichbares Abdriften der europäischen Staaten in Protektionismus und Faschismus wie in den Folgejahren des Schwarzen Freitages von 1929 nicht in Ansätzen zu erkennen ist.

4.2.2.1 Beschäftigungspolitische Strategien

Bei der Frage, für wie viele Menschen in einer Gesellschaft Erwerbsarbeit bereitzustellen ist, spielen *normative Entscheidungen,* wer in einer Gesellschaft arbeiten *darf, soll* oder *muss* eine zentrale Rolle. Generell kann man sagen, dass in einer Industriegesellschaft der Druck, einer Erwerbsarbeit nachgehen zu müssen, umso größer ist, je geringer die sozialen Leistungen bei Nichterwerbstätigkeit sind. Ist über die *Altersgrenzenpolitik* der Zugang in bzw. der Abgang aus dem Arbeitsmarkt definiert, kann das *Erwerbspersonenpotenzial,* also die Gesamtheit der erwerbsfähigen Personen einer Gesellschaft, bestimmt

---

entweder (noch) nicht ausreichen oder die aufgrund ihrer Einschränkungen auch mittel- bis langfristig nicht wieder in reguläre Arbeitsverhältnisse finden werden. Gleichwohl soll auch für diese Menschen eine sinnstiftende, menschenwürdige und angemessen entlohnte Arbeit möglich sein.

[12] *Nachtwächterstaat:* „Bezeichnung für einen Staat, der sich am Prinzip des Laissez-faire orientiert und nicht in den Wirtschaftsprozess eingreift, also keine aktive Wirtschaftspolitik betreibt, sondern lediglich Rahmenbedingungen für die Wirtschaft setzt und z. B. Privateigentum gewährleistet oder für Sicherheit sorgt. Der Begriff wurde vom Gründer des Allgemeinen Deutschen Arbeitervereins Ferdinand Lassalle (* 1825, † 1864) geprägt.“ (Duden Wirtschaft von A bis Z: Grundlagenwissen für Schule und Studium, Beruf und Alltag. 6. Aufl. Mannheim: Bibliographisches Institut 2016. Lizenzausgabe Bonn: Bundeszentrale für politische Bildung 2016. https://www.bpb.de/nachschlagen/lexika/ lexikon-der-wirtschaft/20209/nachtwaechterstaat. Zugegriffen: 22. März 2021

werden. Unterschiedliche Faktoren wirken auf dessen Zusammensetzung und Entwicklung ein:

- die Entwicklung der Bevölkerung (= Saldo zwischen Geburten- und Sterberate),
- die Migrationbilanz (= Saldo der Zu- und Abwanderungen),
- der Zugang von Frauen zum Arbeitsmarkt *(Frauenerwerbstätigenquote)*,
- Anforderungen und Dauer der schulischen und beruflichen Bildung,
- Größe und Zusammensetzung der sog. *stillen Reserve* als Summe der Personen, die entweder (vorübergehend) keine Arbeit suchen oder sich in Warteschleifen der aktiven Arbeitsmarktpolitik befinden.

Aus der Funktionslogik bzw. den Erfordernissen des Arbeitsmarktes lassen sich mit der Steuerung der Angebots- bzw. der Nachfrageseite zwei grundsätzliche Ansatzpunkte für die Beschäftigungspolitik ableiten.

4.2.2.2 Regulation des Arbeitskräfteangebots

Hierzu zählen alle Maßnahmen, die in Zeiten von Arbeitslosigkeit darauf ausgerichtet sind, das Erwerbspersonenpotenzial zu verkleinern bzw. wieder zu vergrößern, wenn die Nachfrage nach Arbeitskraft steigt. Unterschiedliche politische Strategien und gesetzliche Regelungen wurden bzw. werden hierzu angewendet:

Steuerung der Zuwanderung

Es mag zynisch klingen, aber wenn es etwas gibt, an dem auf der Welt kein Mangel herrscht, dann sind es Menschen. Viele dieser Menschen leben allerdings außerhalb der wirtschaftlichen Macht- bzw. Wachstumszentren. Gleichwohl stellen sie ein Potenzial zur Deckung der Arbeitskräftenachfrage dar. Deutschland hat von diesem Potenzial während der Boomphasen nach dem II. Weltkrieg umfassend Gebrauch gemacht *(Wirtschaftswunder/Gastarbeiter*innen)*. Im Laufe der 1970er wurde die Anwerbung gestoppt, als der Arbeitskräftebedarf zurückging. Die Prognosen für die Entwicklung der Bevölkerung weisen für Deutschland im langfristigen Trend eine Überalterung aus. Aufgabe einer intelligenten, zugleich solidarischen und an den Menschenrechten orientierten Einwanderungspolitik ist es, für die demografischen und ökonomischen Herausforderungen der Zukunft Strategien zu entwickeln, die den Interessen der Menschen in den Herkunfts- wie Zielländern von arbeitsbedingter Migration gerecht werden.

Steuerung der Lebensarbeitszeit

Mithilfe der *Altersgrenzenpolitik* soll das vorhandene Arbeitsvolumen durch die Steuerung der Erwerbsbeteiligung auf die unterschiedlichen Altersgruppen verteilt werden. Hierbei werden vor allem rentenpolitische Regelungen umgesetzt. In den verteilungspolitisch goldenen Zeiten der 1970er und frühen 1980er Jahre wurden damit vornehmlich soziale bzw. gesundheitspolitische Ziele verfolgt *(Humanisierung der Arbeit)*. Angesichts der (Massen-)Arbeitslosigkeit im Laufe der 1980er Jahre und der Folgen der Wiedervereinigung Deutschlands wurde die Altersgrenzenpolitik zunehmend zur Bewältigung des ökonomischen Strukturwandels in Krisenregionen genutzt. Im Zuge der Diskussion um den demografischen Wandel und den damit (angeblich) verbundenen Gefahren für unser soziales Sicherungssystem erfährt die Altersgrenzenpolitik eine Neuausrichtung. Ziel ist es nunmehr, Menschen länger im Arbeitsleben zu halten. Dies soll sowohl die Gesetzliche Rentenversicherung (GRV) entlasten als auch dem Fachkräftemangel entgegenwirken. Durch die restriktivere Steuerung der Lebensarbeitszeit ist die Erwerbsquote der Arbeitnehmer*innen in den Alterssegmenten über 50 Jahre bereits wieder kontinuierlich und deutlich angestiegen.

Steuerung der Erwerbstätigkeit von Frauen

Eine erneute Verringerung der Erwerbstätigkeitsquote von Frauen verfolgt derzeit keine der im Bundestag vertretenen Parteien. Indirekt sorgen aber die noch immer bestehenden Geschlechterstereotype sowie die nach wie vor unzureichende Vereinbarkeit von Familie und Beruf dafür, dass vor allem Frauen (zeitweise) vom Arbeitsmarkt ausgegrenzt werden. Sowohl die Bundesregierung als auch die Politik auf europäischer Ebene streben eine Erhöhung der Erwerbsbeteiligung von Frauen an und setzen dabei vor allem auf den Ausbau von Kindertagesstätten sowie auf Hilfen beim Wiedereinstieg in den Beruf und eine familienfreundliche Arbeitsplatz- und Arbeitszeitgestaltung.

4.2.2.3 Regulation der Arbeitskräftenachfrage

Hierzu zählen alle Maßnahmen, die geeignet sind, das vorhandene Arbeitsvolumen je nach Bedarf auf eine größere Anzahl von Beschäftigten zu verteilen (oder umgekehrt) bzw. neue Beschäftigungschancen zu erschließen. Beschäftigungspolitische Instrumente können sein:

Steuerung über das Wirtschaftswachstum

Je nach wirtschaftspolitischer Ausrichtung können hierbei über eine angebots- oder nachfrageorientierte Wirtschafts- und Sozialpolitik Impulse für das Wirtschaftswachstum gesetzt werden. Die Erhöhung von Produktion und Konsum soll idealerweise ein erhöhtes Beschäftigungsniveau nach sich ziehen. Arbeits-marktpolitik und Wirtschaftswachstum können sich in ihrer Wechselwirkung aber entkoppeln, wenn der *Produktivitätsanstieg* vorwiegend durch Rationalisierung, Prozessinnovation und den Einsatz neuer Technologien erzielt wird. Wenn immer weniger Menschen in der Lage sind, immer mehr Wohlstand zu produzieren, kann selbst durch ein hohes gesamtwirtschaftliches Wachstum die Arbeitsmarkt-bilanz nicht verbessert werden *(jobless growth)*. (vgl. Boeckh und Huster 1998)

Steuerung der Arbeitszeit
Mitte der 1980er Jahre führten die Gewerkschaften in Deutschland harte tarif-liche Auseinandersetzungen um die Einführung der 35-h-Woche. Durch die Reduzierung der Arbeitszeit sollte der Personalbedarf insgesamt erhöht werden. Untersuchungen zeigen, dass sich durch die Verkürzung der Arbeitszeit das Beschäftigungsniveau zwar insgesamt stabilisiert hat, zugleich die Unternehmen jedoch weniger in kompensatorische Neueinstellungen als vielmehr in arbeits-platzsparende Rationalisierungen investieren bzw. der Arbeitsdruck auf den einzelnen Beschäftigten deutlich zugenommen hat. Im Zuge von (betrieblichen) Kostensenkungsstrategien sind in den letzten Jahren wieder Vereinbarungen zur Anhebung der wöchentlichen Arbeitszeit getroffen worden. Insgesamt zeichnet sich ab, dass die Arbeitszeitpolitik zukünftig vor allem darauf abzielen wird, die Spielräume einer flexiblen (betrieblichen) Umsetzung zu erweitern (breitere Korridore, längere Ausgleichszeiträume, Lebensarbeitszeitkonten, etc.) (vgl. Oschmiansky 2020a).

Steuerung der Entlohnungsbedingungen
Auf die Entlohnungsbedingungen hat der Gesetzgeber aufgrund der bereits erwähnten Tarifautonomie nur einen begrenzten Einfluss. Mit der Einführung des Mindestlohnes wurde in Deutschland nach langer politischer Debatte die Lohn-findung nach unten gedeckelt. Dies schränkt die Möglichkeiten der Unternehmen ein, über Dumping- bzw. Niedriglöhne Arbeitskraft für die eigenen Unter-nehmens- und Gewinnziele auszubeuten (vgl. Abschn. 4.1.2).

Steuerung der Arbeitsbedingungen (Flexicurity)
Konzepte der Flexicurity verstehen sich als Alternative zur reinen Flexibilisierung und Deregulierung arbeitsrechtlicher Standards wie etwa der Kündigungsschutz- und Arbeitszeitregelungen. Mitte der 1990er Jahre vor allem in Dänemark und den Niederlanden entstanden, wollen derartige Konzepte Flexibilität und soziale Sicherheit miteinander in ein neues Mischungsverhältnis bringen. Gegenüber

einem reinen Abbau von Schutzrechten und Tarifstandards sollen durch eine flexiblere Gestaltung der Arbeitsbedingungen neue Beschäftigungsmöglichkeiten und -formen entstehen, und zugleich ein hohes Maß an sozialer Absicherung erhalten bleiben. Flexicurity-Konzepte setzen voraus, dass Beschäftigungs- und Arbeitsmarktpolitik sowie Soziale Sicherung integrativ, als sich gegenseitig bedingend, verstanden und konzeptioniert werden. Bausteine von Flexicurity sind *Übergangsarbeitsmärkte,* die z. B. durch Teilzeitarbeit und befristete Verträge einen fließenden Wechsel zwischen Beschäftigung und Nichtbeschäftigung erlauben, die Stärkung *innerbetrieblicher Flexibilität* z. B. durch Öffnungsklauseln oder betriebliche Bündnisse für Arbeit sowie Konzepte des *lebenslangen Lernens,* um die Beschäftigungsfähigkeit der Arbeitnehmer*innen zu verbessern *(Employability).* Da das soziale Sicherungssystem in Deutschland (insbesondere bei den materiellen Transfers für Arbeitslosigkeit, Alter und Krankheit) auf dem Normalarbeitsverhältnis beruht, besteht hier ein paralleler Reform- und Ergänzungsbedarf einer bedarfsgerechten Absicherung *atypischer Beschäftigung* (vgl. Abschn. 4.2.3.2). Flexicurity-Konzepte, die mehr als ein Grundsicherungsniveau erreichen sollen, greifen tief in die Funktionslogik des bestehenden Sozialversicherungssystems ein. (vgl. Keller und Seifert 2002; Bredgaard und Madsen 2018)

Steuerung durch neue Formen gesellschaftlicher Arbeit
In eine andere Richtung zielt die Aktivierung gesellschaftlich wichtiger Arbeit durch eine Aufwertung des Non-Profit-Bereichs. Diese „Globalisierung des Dritten Sektors" (Rifkin, 1995) fragt nach der arbeitsmarkt- wie gesellschaftspolitischen Notwendigkeit zur Ausweitung von personenbezogenen Dienstleistungen, die zurzeit entweder noch gar nicht oder aber in weitgehend ehrenamtlicher Tätigkeit erbracht werden. Durch einen neuen Verteilungsmodus für den wachsenden ökonomischen Wohlstand soll diese gesellschaftlich nützliche Arbeit in neue Formen der Erwerbsarbeit transformiert werden. Letztlich zielen derartige Ansätze auf eine Ausweitung der öffentlichen Wohlfahrtsproduktion, ohne allerdings eine Ausweitung des Öffentlichen Dienstes fordern zu wollen.

Steuerung im Niedriglohnsektor durch Minijobs
Ausgehend von der These, dass die Höhe der Sozialleistungen (v. a. des SGB II *Grundsicherung für Erwerbsfähige)* die Anreize zur Aufnahme von auch niedrig entlohnter Erwerbsarbeit hemmt, wird immer wieder die Frage diskutiert, wie die Leistungshöhen der Sozialleistungen und ihre Zuverdienstregelungen sowie

die Entlohnungsbedingungen im Niedriglohnsektor so gestaltet werden können, dass sie einer Arbeitsaufnahme nicht im Wege stehen (*Sozialstaatsfalle* und *Lohnabstandsgebot*). Zum 1. April 2003 wurde der Niedriglohnsektor mit der Einführung der sog. *Mini-Jobs* neu geregelt. Unterschieden werden *450-Euro-Minijobs*, die auf eine Verdienstobergrenze von max. 450 € pro Monat und *Kurzfristige Minijobs*, die auf bestimmte Zeitgrenzen (max. 3 Monate bzw. 70 Arbeitstage) festgelegt sind. Je nachdem, ob der Minijob im gewerblichen oder privaten Bereich ausgeübt wird, gibt es eine ganze Reihe von unterschiedlichen Detailvorschriften. Grundsätzlich gilt für alle Minijobber*innen der gesetzliche *Mindestlohn* (vgl. Abschn. 4.1.2). Zudem haben sie die gleichen Rechte in Bezug auf Entgeltfortzahlung bei Krankheit und Urlaub wie regulär beschäftigte Arbeitnehmer*innen. Trotz der pauschalen Sozialversicherungsabgaben besteht aber nur in der Gesetzlichen Unfallversicherung (SGB VII) ein vollwertiger Schutz. Denn ein Minijob begründet kein Versicherungsverhältnis in der Gesetzlichen Arbeitslosen- bzw. Krankenversicherung. Minijobber*innen sind jedoch seit dem Jahr 2013 in der gesetzlichen Rentenversicherung (GRV) pflichtversichert. Die Arbeitgeber*innen bezahlen einen Pauschalbeitrag an die GRV und die Minijobber*innen tragen einen Eigenbeitrag. Es entstehen allerdings nur sehr geringe Rentenansprüche. Auf Antrag kann sich eine Minijobber*in von der Versicherungspflicht befreien lassen. Werden mehrere Minijobs aufgenommen und die 450 Euro-Grenze bzw. Zeitgrenze überschritten, werden diese Arbeitsverhältnisse wie eine normale sozialversicherungspflichtige Beschäftigung behandelt. Allerdings ist es möglich, *ein* geringfügig entlohntes Beschäftigungsverhältnis neben einer sozialversicherungspflichtigen Hauptbeschäftigung auszuüben, ohne dass dieses sozialversicherungspflichtig wird.[13]

Steuerung durch Lohnkostenzuschüsse

In diesem Kontext gehören *Kombilohnmodelle*, die vor allem die Beschäftigungschancen von gering qualifizierten Personen verbessern sollen. Unterschiedliche Varianten kommen hierbei zum Einsatz. Im Prinzip soll über die Gewährung (zeitlich befristeter) *Lohnkostenzuschüsse* an Arbeitgeber*innen und/oder Arbeitnehmer*innen ein Anreiz geschaffen werden, vor allem Personen, die zu den Problemgruppen am Arbeitsmarkt zählen, dauerhaft einzustellen.

---

[13] Für aktuelle Regelungen vgl.: Minijob-Zentrale: https://www.minijob-zentrale.de. Zugegriffen: 4. März 2021 und Bundesagentur für Arbeit: https://www.arbeitsagentur.de/lexikon/minijob. Zugegriffen: 4. März 2021.

Steuerung über Sozialleistungen (Lohnabstandsgebot)
Diskussionen um die Angemessenheit der Leistungen nach SGB II *Grund-sicherung für Arbeitsuchende* und SGB XII *Sozialhilfe* zielen immer auch auf die Gestaltungsspielräume für die Lohnfindung in den untersten Lohngruppen und umgekehrt. Auch wenn im Jahr 2010 das *Lohnabstandsgebot* aus Paragraph 28 Abs. 4 SGB XII *Sozialhilfe* gestrichen wurde, stehen Sozialleistungen und die durchschnittlichen Einkommen im unteren Einkommensbereich weiterhin in einem unmittelbaren Wechselverhältnis. Dies ergibt sich zum einen aus den Berechnungsgrundsätzen der Regelsätze, durch die der Spielraum für Leistungs-anpassungen eng an die Entwicklung der unteren Lohngruppen gekoppelt wurde (vgl. Abschn. 4.6.1). Zum anderen ist zu bedenken, dass die Leistungen des SGB II und SGB XII als dauerhafte Lohnsubventionierung von niedrig bezahlter Beschäftigung durch Arbeitgeber*innen mißbraucht werden können, wenn sie über den Löhnen im Niedriglohnbereich liegen würden. Und das bedeutet wiederum, dass die Regelsätze nur dann steigen können, wenn die Niedriglöhne steigen – ein Lohnabstandsgebot durch die Hintertür!

4.2.2.4 Weitere politische Entscheidungs- und Handlungsbenen

Neben dem Bund und den Kommunen übernehmen auch die *Bundesländer* gesetzliche Aufgaben im Bereich der Beschäftigungsförderung und Arbeits-marktpolitik. Aufgrund der föderalen Aufgabenzuweisung lassen sich dabei eine Vielzahl unterschiedlicher Arbeitsmarktprojekte auf regionaler Ebene beobachten. So existieren auf Länderebene sowohl eigene Haushaltsmittel für die Beschäftigungsförderung als auch Aufstockungen von Bundesmitteln der Bundesagentur für Arbeit nach SGB III. Und schließlich spielen auch auf Länderebene die Ko-Finanzierungen durch den *Europäischen Sozialfonds* (ESF-BA-Mittel) eine Rolle. In der Regel sind die arbeitsmarktpolitischen Landes-programme eng mit regional- und strukturpolitischen Entwicklungsprojekten verbunden und dienen der Flankierung des Strukturwandels. (vgl. Wycislo 2015) Im Gegensatz zu den Ländern gehört die Beschäftigungsförderung nicht zu den gesetzlichen Pflichtaufgaben der *Kommunen*. Dennoch erbringen Kommunen zahlreiche freiwillige Leistungen. Qualität und Quantität der kommunalen Beschäftigungspolitik können dabei stark zwischen den einzelnen Kommunen in den einzelnen Bundesländern variieren.

Die nationale Arbeitsmarktpolitik unterliegt in zunehmendem Maß auch dem Einfluss der *Europäischen Union* (vgl. Abschn. 2.9.1). Dies betrifft insbesondere Bestimmungen zum Schutz von EU-Bürger*innen vor Diskriminierungen im Beschäftigungs- und Sozialsystem aber auch Arbeitsschutzregeln. Neben dieser normativen Komponente verteilt die Europäische Union über den im Jahr 1957 gegründeten *Europäischen Sozialfonds* (ESF) auch materielle Hilfen in die Mitgliedstaaten. Auf dem Europäischen Rat von Amsterdam im Juni 1997 einigten sich die Mitgliedstaaten auf eine bessere Koordinierung der nationalen Arbeitsmarktpolitiken. Im November des gleichen Jahres wurde vom Europäischen Rat in Luxemburg die *Europäische Beschäftigungsstrategie* (EBS) verabschiedet. Sie wurde Teil der am 3. März 2010 verkündeten *Wachstumsstrategie Europa 2020* und beruht auf einem *weichen* politischen Steuerungsansatz (= gegenseitige Informationen und Austausch, Zielformulierung und wissenschaftliche Begleitung). (vgl. Europäische Kommission 2010) Die EU kann den Mitgliedsstaaten also keine ganz konkreten beschäftigungspolitischen Maßnahmen vorschreiben, aber sie betreibt Agenda setting und sorgt für kontinuierlichen Informationsaustausch.[14]

Der Europäische Sozialfonds (ESF) ist das bedeutendste Finanzierungsinstrument, mit dem die beschäftigungspolitischen Zielsetzungen umgesetzt werden sollen. Er fördert Maßnahmen zur Vermeidung und Bekämpfung von Arbeitslosigkeit, zur Erweiterung des Ausbildungsangebotes, für eine verbesserte Funktionsweise des Arbeitsmarktes sowie zum Abbau von (u. a. geschlechtsspezifischen) Diskriminierungen beim Arbeitsmarktzugang. Die Umsetzung des ESF in Deutschland zielt vor allem auf die wirtschaftsnahe Förderung der Weiterbildung und der Unternehmensgründung, das lebenslange Lernen, die Verbesserung des Arbeitsmarktzugangs für Menschen mit besonderen Integrationshemmnissen sowie die Förderung der Chancengleichheit von Mann und Frau in Verbindung mit einer besseren Vereinbarkeit von Familie und Beruf. Die Mittel können grundsätzlich nur zur Ko-Finanzierung von Projekten eingesetzt werden (nicht für Regelleistungen). Gleichzeitig sind durch die Maßnahmeträger Eigenanteile zu erbringen. Damit soll verhindert werden, dass sie lediglich zur Ersatzfinanzierung anderer nationaler Förderungen instrumentalisiert werden. Die ESF-Mittel flankieren die Maßnahmen der aktiven Arbeitsmarktpolitik der Bundesagentur für Arbeit und werden in den Bundesländern durch sog. *operationelle Programme* je nach deren eigenen Schwerpunktbildungen eingesetzt. Auf diese Weise konnten zum einen Arbeitslose in die berufliche Qualifizierung eingebunden werden, die sonst aufgrund fehlender leistungsrechtlicher

---

[14] Umfassende Informationen zur EBS finden sich auf den Internetseiten der Generaldirektion Beschäftigung und Soziales: https://ec.europa.eu/social/main.jsp?catId=101&langId=de. Zugegriffen: 8. März 2021.

Voraussetzungen keinen Anspruch auf Förderung gehabt hätten. Zum anderen werden durch die ESF-BA-Mittel spezifische Maßnahmen bzw. Module für alle Teilnehmer*innen in Arbeitsfördermaßnahmen finanziert, die über das SGB III nicht bezuschussungsfähig wären. Hierzu zählen z. B. Qualifizierungsangebote bei Kurzarbeit, besondere Weiterbildungsmodule in der regulären beruflichen Weiterbildung, Existenzgründerseminare oder sozialpädagogische Betreuung in der beruflichen Weiterbildung bzw. in berufsvorbereitenden Maßnahmen. Die ESF-Mittel setzen bei ausgesuchten Förderlücken des SGB III an und erweitern den von der Arbeitsförderung erreichbaren Personenkreis. Insofern wirken sie als qualitatives und quantitatives Ergänzungsprogramm der Arbeitsmarktpolitik.[15]

4.2.3   Handlungsanlässe, Felder und Instrumente der Arbeitsmarktpolitik

Die Arbeitsmarktpolitik definiert die Rahmenbedingungen und die konkreten Spielregeln für das unmittelbare Geschehen auf dem Arbeitsmarkt. Neben allgemeinen Instrumenten der Wirtschaftspolitik finden sich hier zahlreiche sozialpolitische Regelungen. Im Kontext der Arbeitsmarktpolitik sind eine ganze Reihe unterschiedlicher Aufgabenfelder zu betrachten. So geht es zum einen darum, in einem sich stetig internationalisierenden gesamtwirtschaftlichen Rahmen Beschäftigungsmöglichkeiten zu schaffen, zu sichern und/oder weiterzuentwickeln. Zum zweiten ändern sich durch den sozialen Wandel die Bedürfnisse der Menschen in Bezug auf Art, Umfang und Verfügbarkeit von Erwerbsarbeit. Diese Anforderungen müssen durch den Gesetzgeber begleitet und gestaltet werden. Und schließlich müssen drittens für die Menschen, die ganz oder zeitweise aus dem Arbeitsmarkt ausscheiden, gesetzliche Regelungen formuliert werden, die materielle Absicherung garantieren und/oder die Re-Integration in Beschäftigung möglich machen.

4.2.3.1 Formen, Ausmaß und Strukturen der Arbeitslosigkeit
Arbeitslosigkeit tritt in unterschiedlichen Formen auf und hat für die Betroffenen somit unterschiedliche Konsequenzen:

---

[15] Umfassende Informationen zum ESF finden sich auf den Internetseiten der Bundesregierung: https://www.esf.de/portal/DE/Startseite/inhalt.html. Zugegriffen: 8. März 2021.

- *friktionelle* Arbeitslosigkeit bezeichnet eine kurze Phase der Beschäftigungslosigkeit, die zwischen der Beendigung des einen und der Aufnahme eines
  anderen Beschäftigungsverhältnisses entstehen kann;
- *strukturelle* Arbeitslosigkeit entsteht immer dann, wenn durch veränderte
  Wettbewerbsbedingungen ganze Branchen in eine krisenhafte wirtschaftliche
  Lage geraten (z. B. die Schließung von Industriezweigen wie in der Stahl-
  industrie, im Schiffs- oder Bergbau). Einen Sonderfall stellt die vollständige
  Systemtransformation der ostdeutschen Planwirtschaft in eine Marktwirtschaft
  dar;
- *konjunkturelle* Arbeitslosigkeit beschreibt zyklische auftretende Krisenphasen,
  in denen Nachfrageschwankungen im Konsum- und Investitionsgüterbereich
  einen Stellenabbau auslösen;
- *saisonale Arbeitslosigkeit* ist in Branchen und Betrieben anzutreffen, in denen
  der Bedarf an Arbeitskräften an die Jahreszeiten gebunden ist (z. B. Touris-
  mus, Landwirtschaft)
- *Kurzarbeit* schützt Arbeitnehmer*innen bei vorübergehendem Arbeits- bzw.
  Produktionsausfall. Der Lohn wird durch das *Kurzarbeitergeld* ersetzt. So
  bleibt das Beschäftigungsverhältnis bestehen und das Unternehmen wird bei
  den Lohnkosten entlastet.
- *erzwungene Teilzeitbeschäftigung* stellt ebenfalls eine Form der Unterbeschäftigung dar. Sie liegt vor, wenn das Arbeitsangebot keine Vollzeitbeschäftigung erlaubt, obwohl diese von der Arbeitnehmer*in gewünscht ist.
  (vgl. Oschmiansky 2020b)

Trotz des derzeit historisch hohen Beschäftigungsstandes in Deutschland verzeichnen wir, unabhängig von der jeweiligen Regierungskonstellation, die die
politische Verantwortung getragen hat bzw. trägt, seit Jahren (Dauer-)Arbeits-
losigkeit auf hohem Niveau. Seit dem Jahr 1975 waren nie weniger als eine
Million Menschen arbeitslos, im Jahr 2005 waren es sogar fast fünf Millionen
und im Jahr 2020 rund 2,7 Mio. im Jahresdurchschnitt.[16] Nicht allein aufgrund
des Überschreitens der Fünf-Millionen-Grenze (Stichwort: *Weimarer Verhältnisse*), aber eben doch alarmiert durch die Entwicklung insgesamt, brachte die
damalige rot-grüne Regierungskoalition umfangreiche Gesetzesänderungen

---

[16]Aktuelle Daten vgl. Genesis-Online Datenbank das Statistischen Bundesamtes (Destatis)
https://www-genesis.destatis.de/genesis/online?operation=previous&levelindex=0&step=
0&titel=&levelid=1614778045147&acceptscookies=false. Zugegriffen: 3. März 2021.

Tab. 4.3 Millionensprünge in der Entwicklung der Arbeitslosenzahlen

Jahr	Arbeitslose gesamt	Arbeitslosenquote in %
1975	1.074.217	4,7
1991	2.602.203	7,3
1993	3.419.141	7,7
1997	4.384.456	11,4
2005	4.860.909	11,7
2007	3.760.586	9,0
2011	3.976.588	7,1
2019	2.266.720	5,0
2020	2.695.444	5,9

Arbeitslosenquote bezogen auf alle zivilen Erwerbspersonen.
Quelle: Destatis 2021a *Arbeitsmarkt: Erwerbslosigkeit; eigene Auswahl.* https://www.destatis.de/DE/Themen/Arbeit/Arbeitsmarkt/Erwerbslosigkeit/_inhalt.html;jsessionid=83D956517AA935D3629F04A0AC72889A.internet741. *Zugegriffen: 22. März 2021.*

für den Arbeitsmarkt in Gang, die unter den Stichworten *Agenda 2010, Fördern&Fordern* sowie *Hartz I-IV-Gesetze* den sozialpolitischen Diskurs seit mehr als 15 Jahren prägen (vgl. Abschn. 2.9.2) (Tab. 4.3).

Auf den ersten Blick suggerieren die regelmäßig von der Bundesagentur für Arbeit veröffentlichten Zahlen zum Stand der Arbeitslosigkeit eine empirisch exakte Erfassung. Dabei ist allerdings zu berücksichtigen, welche Parameter zu ihrer Feststellung verwendet werden und welche Personenkreise tatsächlich Beachtung finden.[17] Am 1. Januar 2004 wurde mit dem *Dritten Gesetz für moderne Dienstleistungen am Arbeitsmarkt* der Paragraph 16 SGB III ergänzt: Seitdem gelten nach Absatz 2 Teilnehmer*innen in Maßnahmen der aktiven

---

[17] So liegen die von der Europäischen Union erhobenen Erwerbslosenquoten für Deutschland immer unter den nationalen Zahlen der Bundesagentur für Arbeit, weil das SGB III den Begriff der Arbeitslosigkeit enger fasst. Im Gegensatz zu den EU-Richtlinien ist nach SGB III eine Person noch als arbeitslos zu registrieren, die bis zu 15 Stunden wöchentlich arbeitet. D. h. erwerbslos ist eine Person, die tatsächlich nicht arbeitet, eine arbeitslose Person kann hingegen in gewissem Umfang erwerbstätig sein. Insbesondere Länder mit hohen Teilzeitbeschäftigungsquoten (z. B. Niederlande) haben durch derartige Abgrenzungsfragen einen statistischen Vorteil. Hinzu kommt, dass der Anteil der zu erfassenden Erwerbstätigen als Bestandteil der Bezugsgröße nicht einheitlich geregelt ist.

Arbeitsmarktpolitik grundsätzlich nicht mehr als arbeitslos *(Stille Reserve in Maßnahmen)*. Andere Personenkreise können gar nicht oder nur zum Teil erfasst werden *(verdeckte Arbeitslosigkeit)*. Hierzu zählen Menschen, die eigentlich eine Erwerbstätigkeit aufnehmen würden, sich aber nicht als arbeitssuchend melden bzw. aufgrund der als ungünstig eingeschätzten Arbeitsmarktlage die Arbeitsplatzsuche zumindest vorübergehend aufgegeben haben *(Stille Reserve im engeren Sinn)*. Im Jahr 2019 umfasste die Stille Reserve rund 980.000 Menschen, die zu den offiziell gemeldeten 2,27 Mio. arbeitslosen Menschen addiert werden müssen.[18]

Die Arbeitslosigkeit verteilt sich auch nicht gleichmäßig über Deutschland. Schon in den alten Bundesländern zeigte sich eine regionale Ungleichverteilung. Die am 3. Oktober 1990 vollzogene Wiedervereinigung hat diese regionale Segregation noch einmal deutlich verschärft. Im Ergebnis zeigt sich bis heute ein Nord-Süd- und ein West-Gefälle bei den Arbeitslosenzahlen.

Die Daten zeigen aber auch, dass sich der Arbeitsmarkt durchaus *dynamisch* entwickelt. So hat die Zahl der Erwerbstätigen im Jahr 2019 die historische Marke von über 45 Mio. Personen erreicht. Zudem ist es gelungen, die Spitzenwerte Ende der 1990er und Anfang der 2000er von weit über vier Millionen Arbeitslosen zu senken, gleichwohl verharrt die Zahl der Arbeitslosen seit 1991 durchgehend bei über 2 Mio. Menschen.

Bei der Interpretation der Arbeitslosenzahlen muss die *Qualität* entstehender Beschäftigung kritisch hinterfragt werden. So ging der Anstieg seit dem Jahr 2003 zwar mit dem Aufbau von sozialversicherungspflichtiger Beschäftigung einher; er ist aber genauso auf eine schnelle Zunahme der geringfügigen Beschäftigung zurückzuführen (= Personen, ohne Normalarbeitsverhältnis in Teilzeitbeschäftigung mit ≤ 20 Stunden, oder in Minijobs oder in befristeter Beschäftigung oder in Zeitarbeit). (vgl. Allmendinger et al. 2005, S. 17 ff.; Fuchs et al. 2015)

4.2.3.2 Erwerbstätigkeit im Wandel

Der damalige Arbeitsminister *Franz Müntefering* hat auf dem 6. Europäischen Treffen der Menschen mit Armutserfahrungen in Brüssel (2007) seine Kriterien für *gute* Arbeit erläutert: Mehr Arbeit und faire Bezahlung, rechtliche Sicherheit, Gesundheitsschutz am Arbeitsplatz, familienfreundliche Ausgestaltung der

---

[18]Vgl. Institut für Arbeit und Qualifizierung 2021b: http://www.sozialpolitik-aktuell.de/files/sozialpolitik-aktuell/_Politikfelder/Arbeitsmarkt/Datensammlung/PDF-Dateien/abbIV34.pdf. Zugegriffen: 4. März 2021.

Arbeitswelt und ausreichende Chancen auf Weiterbildung. (vgl. Deutscher Vorsitz der EU-Ratspräsidentschaft 2007, S. 12) Wenn man vor diesem Hintergrund die Entwicklungen der letzten Jahre am Arbeitsmarkt genauer analysiert, stößt man neben der allgemeinen Verbesserung der Beschäftigungssituation auf Daten, die zumindest für Teile der Arbeitnehmer*innen Probleme bei der Integration in *gute* Arbeitsverhältnisse signalisieren.

So ist gleichzeitig mit den hohen Beschäftigungszahlen ein Wandel der *Beschäftigungsformen* und des *Erwerbsverhaltens* festzustellen. Zunächst erhöht sich in Folge des demografischen Wandels das durchschnittliche Lebensalter der Erwerbstätigen. Damit geht einher, dass sich der Berufseintritt junger Menschen aufgrund längerer Ausbildungszeiten verschiebt. Auf der anderen Seite ist diese Entwicklung mit einer steigenden Akademisierung der Erwerbstätigen verbunden. Ein höherer Bildungsstand garantiert jedoch nicht automatisch einen erleichterten Einstieg in das Berufsleben. Denn es vollzieht sich auch ein qualitativer Wandel der Beschäftigungsformen.[19] Hierbei stehen die folgenden Entwicklungen im Fokus:

Atypische und prekäre Beschäftigung
Atypische und prekäre Beschäftigung stehen immer wieder im Fokus der Debatten. Destatis (2021b, o. S.) grenzt diese beiden Formen wie folgt voneinander ab: „Zu den atypischen Beschäftigungsformen werden – in Abgrenzung vom Normalarbeitsverhältnis – Teilzeitbeschäftigungen mit 20 oder weniger Arbeitsstunden pro Woche, geringfügige Beschäftigungen, befristete Beschäftigungen sowie Zeitarbeitsverhältnisse gezählt. Im Gegensatz zum Normalarbeitsverhältnis, das in der Regel darauf ausgerichtet ist, den eigenen Lebensunterhalt und eventuell den von Angehörigen voll zu finanzieren, können atypische Beschäftigungsformen diesen Anspruch häufig nur bedingt erfüllen. Sie sind jedoch nicht mit *prekärer Beschäftigung* (Hervorh., d. Verf.) gleichzusetzen. Prekäre Beschäftigung zeichnet sich durch ein erhöhtes Armutsrisiko des bzw. der Beschäftigten aus, welches zusätzlich von der persönlichen Berufsbiografie und dem persönlichen Haushaltskontext abhängig ist. Die hier angesprochenen

---

[19] Die Daten variieren je nach Erfassungsgrundlage deutlich. Für langfristige Trends und Segregationseffekte rund um die Entwicklungen der Erwerbsarbeit vergleiche *Statistisches Bundesamt* (Destatis): https://www.destatis.de/DE/Themen/Querschnitt/Jahrbuch/_inhalt. html. Zugegriffen: 5. März 2021; *Bundesagentur für Arbeit*: https://statistik.arbeitsagentur. de/DE/Navigation/Grundlagen/Methodik-Qualitaet/Qualitaetsberichte/Beschaeftigung/ Qualitaetsberichte-Beschaeftigung-Nav.html. Zugegriffen: 6. März 2021.

Formen atypischer Beschäftigung können durchaus absichtlich gewählt sein, weil sich beispielsweise im konkreten Fall dadurch berufliche und andere persönliche Interessen besser kombinieren lassen. (…) Für die Berechnung der atypisch Beschäftigten werden alle abhängig Beschäftigten ermittelt, auf deren Haupttätigkeit eine der folgenden Kriterien zutrifft:

- Befristung
- Teilzeitbeschäftigung mit 20 oder weniger Stunden
- Zeitarbeitsverhältnis
- geringfügige Beschäftigung [= Minijobs, d. Verf.]."

Atypische Beschäftigung hat den Jahren 2000 bis 2019 in all ihren Ausprägungen zum Teil deutlich zugenommen. Die sozialversicherungspflichtige Teilzeitbeschäftigung hat sich von 4,3 auf 9,5 Mio. mehr als verdoppelt und die Zahl der Minijobs von 4,3 auf 7,9 Mio. fast verzweifacht. Bis zum Jahr 2012 war diese Entwicklung von einem Rückgang des traditionellen *Normalarbeitsverhältnisses* begleitet. Seit 2013 nehmen diese aber wieder zu. Insgesamt beträgt die Zunahme zwischen den Jahren 2000 und 2019 jedoch lediglich 700.000. (Destatis 2021c, o. S.) Auch wenn eine direkte Kausaliät wissenschaftlich schwer beweisbar ist, scheint es doch mehr als evident zu sein, dass atypische Beschäftigung Vollzeitbeschäftigung verdrängt, wenn auch nicht im Verhältnis 1:1. Offensichtlich bilden sich zunehmend parallele Arbeitswelten mit vergleichsweise gut abgesicherten Beschäftigungsverhältnissen einerseits und einer zunehmenden Prekarisierung der Arbeits- bzw. Entlohnungsbedingungen andererseits aus. Der Arbeitsmarkt spaltet sich tendenziell in gute und schlechte Arbeit auf. Hierfür sprechen die in Abschn. 4.1.4 referierten Daten zur Einkommensverteilung ebenso wie die im Folgenden ausgeführten Entwicklungen.

Geringfügige Beschäftigung (Minijobs)
Bei der Betrachtung der *geringfügigen Beschäftigung (Minijobs)* ist zu unterscheiden, ob es sich für eine Person um die einzige Einnahmequelle handelt oder ob lediglich ein Zuverdienst im Nebenjob erzielt werden soll. Bei beiden Formen sind die Zahlen relativ stabil und schwanken über den Zeitverlauf seit dem Jahr 2010 um die 7,5 bis 7,9 Mio. Beschäftigte. Für das Jahr 2020 weist die Statistik der Bundesagentur für Arbeit 7,3 Mio. geringfügig beschäftigte Menschen aus – davon sind 2,85 Mio. in einem Nebenjob und 4,47 Mio. ausschließlich im Minijob beschäftigt. Hohe Bedeutung haben die Minijobs auch für Rentner*innen. Hier ist zwischen den Jahren 2010 bis 2019 ein kontinuierlicher Zuwachs auf jetzt 1,14 Mio. Beschäftigte zu vermelden. (Bundesagentur für Arbeit 2021a,

o. S.) Wieder stellt sich die Frage nach der Interpretation der Zahlen: Wenn man davon ausgeht, dass Minijobs in der Regel nicht ausgeübt werden, um sich beruflich selbst zu verwirklichen, signalisiert die amtliche Statistik eine wachsende bzw. auf hohem Niveau stagnierende Zahl von Menschen, die in Deutschland von ihrem regulären Arbeitseinkommen bzw. ihren Rentenbezügen nicht (mehr) ausreichend leben können bzw. denen der Einstieg in eine Vollzeitstelle verwehrt bleibt. Zudem schmälert jeder Verlust an sozialversicherungspflichtiger Beschäftigung die Einnahmebasis der Sozialversicherung. Und last but not least verschärfen die geringfügigen Beschäftigungsverhältnisse die geschlechtsspezifischen Ungleichheiten am Arbeitsmarkt. Wie auch bei der Teilzeitbeschäftigung nehmen überwiegend Frauen diese Arbeitsverhältnisse an. So waren im Jahr 2018 von den ausschließlich geringfügig beschäftigten Personen Zweidrittel Frauen. (Bundesagentur für Arbeit 2019, S. 15)

Befristete Arbeitsverträge

Unabhängig vom Qualifikationsgrad sind es vor allem Berufsanfänger*innen und junge Menschen, die den Einstieg in den Arbeitsmarkt über atypische Beschäftigungsformen finden. So liegt der Anteil der *befristeten Arbeitsverträge* gerade in der Altersgruppe der 15–20-Jährigen am höchsten. Allerdings werden hier fast nur Ausbildungsverträge gezählt, die immer befristet sind. Aber auch im Altersegment der 20–25-Jährigen sind noch über 40 % und bei den 25–30-jährigen 20 % der Arbeitsverhältnisse befristet. Erst in den Altersegmenten darüber gehen die Quoten deutlich zurück. Befristete Verträge sind sehr ungleich über die einzelnen Branchen verteilt. Das Institut für Arbeit und Qualifikation der Universität Duisburg Essen (IAQ) führt zu den Beschäftigungsrisiken aus: „Eine branchenspezifische Betrachtung zeigt, dass Befristungen vor allem in der öffentlichen Verwaltung und bei öffentlichen und privaten Dienstleistungen (z. B. Gesundheit und Sozialwesen, Wissenschaft und gemeinnützige Betriebe) bedeutsam sind. In Branchen wie dem Produzierenden Gewerbe und in produktionsnahen Dienstleistungen spielen Befristungen hingegen eine eher untergeordnete Rolle. In diesen Branchen hat sich vielmehr die Leiharbeit ausgebreitet. Befristet Beschäftigte haben ein deutlich höheres Risiko, arbeitslos zu werden (Zugangsrisiko). Auch sind sie überproportional häufig im Niedriglohnsektor beschäftigt." (IAQ 2021a, abbIV28)

Teilzeitbeschäftigung

Teilzeitbeschäftigung (= keine feste definitorische Grenze; die Wochenarbeitszeit ist niedriger als die der Vollzeitbeschäftigten) hat seit dem Jahr 2000 zunehmend an Bedeutung gewonnen. Das Statistische Bundesamt weist auf Basis des Mikrozensus eine Zunahme der Beschäftigungsverhältnisse von etwa 6,5 Mio. im Jahr 2000 auf 11,2 Mio. in 2019 aus. Damit sind etwa ein Drittel aller Erwerbstätigen in Teilzeit beschäftigt. Auffallend ist, dass in dieser Beschäftigungsform Frauen mit einem Anteil von 80 % extrem überrepräsentiert sind. (Destatis 2021c, o. S.)

Leiharbeit
Leiharbeit ist in den letzten vierzig Jahren kontinuierlich ausgeweitet worden. Im Jahr 1973 waren in Deutschland 34.739 Leiharbeitnehmer*innen bei 1264 Verleihfirmen beschäftigt. Im 1. Hj/2020 gibt es über 48.900 Verleihbetriebe, die zusammen rund 783.000 Beschäftigte haben. Gleichwohl ist ihr Anteil an der sozialversicherungspflichtigen Gesamtbeschäftigung mit etwa 2,5 % nach wie vor vergleichsweise niedrig. (Bundesagentur für Arbeit 2020, o. S.) Unklar ist, inwieweit sich durch Leiharbeit sog. *Klebeeffekte* einstellen, die Leiharbeitsphase also letztlich in die Aufnahme einer regulären Beschäftigung mündet. Das WSI stellt zur Situation der Leiharbeiter*innen fest: „In den Daten finden sich keine Belege dafür, dass es regelmäßig zu einer Kombination zeitlich beschränkter Arbeitseinsätze bei unterschiedlichen Entleihfirmen in einem dauerhaften Beschäftigungsverhältnis bei einer Verleihfirma kommt. Vielmehr sind die Beschäftigungsverhältnisse bei den Verleihfirmen zumeist kurz und an die Dauer eines einzelnen Einsatzes geknüpft, was eine erhebliche Belastung der Beschäftigten darstellt und ihnen das Gefühl vermittelt, kein Teil der Gesellschaft zu sein." (Seils und Emmler 2020, S. 11) Zudem tragen Personen, die dauerhaft in Leiharbeit bleiben, ein deutlich höheres Risiko einer unzureichenden sozialen Absicherung. Das hat vor allem damit zu tun, dass die Entlohung in der Leiharbeit immer noch deutlich schlechter ist als in den vergleichbaren regulären Arbeitsverhältnissen. Seils und Emmler führen hierzu aus: „Die Löhne in der Leiharbeit sind in den vergangenen Jahren deutlich gestiegen. Trotz der Verbesserungen handelt es sich jedoch weiterhin überwiegend um Niedriglöhne. Etwa jeder zwanzigste Leiharbeiter ist trotz Vollzeitbeschäftigung auf Leistungen nach dem SGB II („Hartz IV") angewiesen. Die in der Arbeitnehmerüberlassung gezahlten Löhne eignen sich daher kaum als Kompensation für die instabilen Beschäftigungsverhältnisse." (Ebenda, S. 14)

Flexibilisierung der Arbeitszeiten
Parallel zur Ausweitung der atypischen Beschäftigungsformen findet eine Verlagerung bzw. *Flexibilisierung der Arbeitszeiten* statt. Zunehmend wird zu üblicherweise arbeitsfreien Zeiten wie Wochenenden, Feiertagen bzw. in Nacht- und Wechselschichten gearbeitet. Mit dieser erhöhten Arbeitszeitflexibilität sind häufig *selbstständige Tätigkeiten* verbunden, bei denen es sich nicht selten um

Ein-Personen-Betriebe handelt (vgl. Destatis 2021d, o. S.) Bei der Frage der Bewertung dieser Entwicklungen lassen sich unterschiedliche Perspektiven einnehmen. Positiv formuliert zeichnet sich in den ausdifferenzierten Erwerbsformen eine größere Flexibilität des Arbeitsmarktes als Reaktion auf sich immer stärker individualisierende Lebensentwürfe ab. Doch was ist Huhn und was Ei? Negativ formuliert, hat eine Spaltung des Arbeitsmarktes in eine *Kernarbeitnehmer*innenschaft* mit Vollzeitarbeitsplatz und umfassendem Sozialversicherungsschutz sowie eine atypisch beschäftigte *Reservearmee* stattgefunden, mit der im produzierenden Gewerbe flexible Anpassungserfordernisse an konjunkturelle und strukturelle Veränderungen der Produktionsbedingungen aufgefangen bzw. in den niedrigqualifizierten Bereichen des Dienstleistungssektors prekäre Beschäftigungsverhältnisse mit niedrigen Löhnen abgeschlossen werden können. Dazwischen etabliert sich eine *Dienstleistungselite* bestehend aus spezialisierten Fachkräften, die projektgebunden und zeitlich befristet zur Lösung betriebsspezifischer Aufgaben eingebunden werden.

Diese Segmentierungen schlagen sich unmittelbar in den Entlohnungsbedingungen nieder. Nach Berechnungen des Deutschen Institut für Wirtschaftsforschung (DIW) beziehen mehr als ein Fünftel aller Beschäftigten einen *Niedriglohn*. Deutschland hat damit im europäischen Vergleich einen der größten Niedriglohnsektoren. Atypische Beschäftigung und Niedriglohn waren ursrünglich als Sprungbrett für mehr soziale Mobilität nach oben gedacht. Dieser Wunsch erweist „sich für die meisten als Illusion. Vielmehr gibt es eine Niedriglohnfalle." Denn tatsächlich bietet sich nur einem Drittel der Betroffenen die Chance auf „Aufstieg in eine (etwas) besser entlohnte abhängige Tätigkeit. (…) Über 60 % aller Niedrigbeschäftigten verharren weiterhin in gering entlohnten Tätigkeiten." (Grabka und Schröder 2019, S. 249 und 256) Betroffen sind hierbei keineswegs nur Menschen mit einfachen Tätigkeiten, denn auch Beschäftigte mit Berufsausbildung inklusive akademischen Abschlüssen, unbefristet Beschäftigte und/oder Vollzeitbeschäftigte finden sich in diesem Lohnsegment wieder.[20]

Unter den gegebenen sozialrechtlichen Bedingungen in Deutschland birgt die Ausweitung atypischer Beschäftigung und (prekärer) Selbstständigkeit die Gefahr, dass in diesem Segment zunehmend patchworkartige Erwerbsbiographien auftreten, die eine unklare materielle Sicherung in der Erwerbsphase aufweisen sowie einen davon abgeleiteten lückenhaften Sozialschutz vor allem in der Arbeitslosigkeit und beim Rentenbezug nach sich ziehen. Die atypisch, vor allem

---

[20] Der Niedriglohn beträgt weniger als Zweidrittel des Mittelwertes (Median) aller Bruttostundenlöhne (2018: 11,05 € pro Stunde).

aber die prekär Beschäftigten sind in vielen Fällen die Bezieher*innen niedriger Löhne von heute und werden so zu großen Teilen die Altersarmen von morgen werden.

4.2.3.3 Menschen mit erhöhten Beschäftigungsrisiken

Das Risiko, arbeitslos zu werden, bzw. die Chance, sich wieder in den Arbeitsmarkt zu integrieren, sind nicht gleichmäßig über alle Bevölkerungsgruppen verteilt. Landläufig lässt sich immer wieder die Aussage vernehmen, dass schon eine Arbeit finde, wer denn eine suche. Geradezu paradigmatisch steht für diese Haltung ein Vorfall aus dem Jahr 2006 als der damalige SPD-Chef *Kurt Beck* einem Arbeitslosen, der ihn zuvor öffentlich beschimpfte, zurief, er müsse sich nur waschen und rasieren, schon „haben Sie in drei Wochen einen Job!" (zit. n. Hengst und Volkery 2006) Menschen für ihr eigenes Schicksal verantwortlich zu machen, hat nicht nur im öffentlichen Raum, sondern auch in der Sozialpolitik (ungute) Tradition. Dabei wird häufig übersehen, dass die Tatsache, dass ein Ausgrenzungsrisiko gesellschaftlich verursacht ist, nicht bedeutet, dass zu ihrer Überwindung nicht auch persönliches Engagement und Wille gehören. ‚Gesellschaftlich verursacht' meint in diesem Zusammenhang vielmehr, dass das Risiko, in eine bestimmte Lebenslage zu geraten, für bestimmte Personen aus ihren Lebensumständen heraus ungleich größer und zugleich der Aufwand, der betrieben werden muss, um diese Situation zu überwinden, oft ungleich höher ist als beim Durchschnitt der Bevölkerung. Die Chiffre ‚sozial verursacht' nimmt Menschen also nicht aus der individuellen Verantwortung für die eigene Lebensführung, sie ist vielmehr ein Indikator für soziale Ungleichheit, die sozialpolitisch bearbeitet werden muss, um gleiche Chancen auf Teilhabe zu gewähren. Bezogen auf das Risiko, arbeitslos zu werden bzw. zu bleiben, weisen die Statistiken der Bundesagentur für Arbeit und des Statistischen Bundesamtes vor allem folgende Personengruppen aus, die mit diesen *strukturellen* Problemen im Alltag konfrontiert sind:

- *Ausländische Wohnbevölkerung:* Ihr Anteil an den Arbeitslosen liegt deutlich über ihrem Anteil an der Gesamtbevölkerung. Sie tragen nicht nur ein höheres Risiko arbeitslos zu werden, sondern finden sich überproportional häufig in der Mindestsicherung wieder. Mangelnde Sprachkenntnisse und ein im Durchschnitt nach wie vor niedrigeres Qualifikationsniveau gelten als Hauptursachen für verringerte Einstellungschancen bei gleichzeitig erhöhtem Arbeitsplatzrisiko und schlechterer Qualität der Arbeitsplätze. Hinzu kommen diskriminierende Praktiken bei der Arbeitssuche. Einschränkend muss angemerkt werden, dass die ausländische Wohnbevölkerung keine homogene

Gruppe darstellt. Je nach Herkunftsland, aber auch innerhalb der ethnischen Gruppen, fällt die Arbeitsmarktintegration deshalb unterschiedlich aus.

- *Junge Menschen unter 30 Jahren:* Für junge Menschen hat die Integration in den Arbeitsmarkt besondere Bedeutung, da die Erwerbsarbeit einerseits eine Gratifikation für erbrachte Ausbildungsleistungen darstellt, zugleich die Möglichkeiten zur eigenständigen Lebensführung und sozialen Integration bestimmt. Ein (dauerhafter) Ausschluss vom Arbeitsmarkt führt deshalb vor allem bei jungen Menschen häufig zu Perspektivlosigkeit bis hin zu deviantem und/oder selbstzerstörerischem Verhalten. Dabei müssen junge Menschen in der Regel unterschiedliche Hürden überwinden: Zunächst gilt es, sich im hochgradig sozial selektiv wirkenden deutschen Schulsystem eine gute Ausgangsposition durch einen möglichst hochwertigen Schulabschluss zu verschaffen. Dann muss ein Ausbildungs- oder Studienplatz gefunden werden *(erste Schwelle),* um nach Abschluss der beruflichen Ausbildung eine Anstellung *(zweite Schwelle)* zu finden. Auch wenn der demografische Wandel insgesamt für eine Entlastung am Ausbildungsmarkt sorgt, zeigen sich gleichwohl problematische Entwicklungen. So schaffen gerade benachteiligte Jugendliche trotz umfangreicher Förderinstrumente den Sprung ins Arbeitsleben oft nur mühsam. Es fällt auf, dass die Zahl derer zunimmt, für die der Einstieg in die Lehre zunehmend Schwierigkeiten bereitet.[21] Viele von diesen Jugendlichen kamen aus arbeitsmarktpolitischen *Warteschleifen,* die vor allem gering qualifizierte Jugendliche mit oder ohne Hauptschulabschluss drehen. Hinzu kommt, dass Jugendliche aus der Statistik der Bundesagentur für Arbeit herausfallen und über deren Verbleib keine verlässlichen Angaben vorliegen. Diese Entwicklungen sind auch Ausweis einer bildungspolitischen Misere. Denn viele Jugendliche verfügen offenbar nach Schulende nur über eine unzureichende *Ausbildungsreife,* sodass regional immer wieder Bewerber*innenmangel für offene Ausbildungsstellen herrscht. Allerdings garantiert auch eine gute (schulische) Qualifikation keinen sicheren Zugang zum Arbeitsmarkt.
- *Langzeitarbeitslosigkeit* liegt vor, wenn eine Person länger als zwölf Monate arbeitslos ist. Nach Angaben der Bundesagentur für Arbeit (2021b, o. S.) waren im Februar 2021 in Deutschland rund 35 % der Arbeitslosen seit mindestens einem Jahr arbeitslos. Davon waren 28 % 55 Jahre und älter,

---

[21] Das Bundesministerium für Bildung und Forschung (BMBF) gibt jährlich den *Berufsbildungbericht* heraus: https://www.bmbf.de/de/berufsbildungsbericht-2740.html. Zugegriffen: 5. März 2021

58 % ohne Berufsabschluss, 46 % zwei Jahre und länger arbeitslos und 44 % Frauen. Die Langzeitarbeitslosigkeit ist ein Dauerproblem der Arbeitsmarktpolitik. Angeglichen hat sich in der Zwischenzeit die Struktur der Langzeitarbeitslosigkeit zwischen Ost und West. Weil sich das individuelle Qualifikationsniveau mit zunehmender Dauer der Arbeitslosigkeit reduziert, sinken bei langzeitarbeitslosen Menschen die Chancen deutlich, überhaupt wieder in den Arbeitsmarkt integriert zu werden. Sozialmedizinische Studien verweisen zudem auf die potentiellen psychischen und physischen Krankheitsfolgen der Arbeitslosigkeit, die dann wiederum als eigenständige Faktoren beschäftigungshemmend wirken können. Ältere Arbeitnehmer*innen tragen dabei nicht nur ein besonderes Risiko, langzeitarbeitslos zu werden; sie werden auch überproportional oft (unfreiwillig) vom Arbeitsmarkt ausgeschlossen. (vgl. Hollederer und Brand 2006)

Die Chancen auf (Re-)Integration in den Arbeitsmarkt sind individuell sehr unterschiedlich. Untersuchungen des Instituts für Arbeitsmarkt- und Berufsforschung (IAB) zeigten, dass sich das Risiko, arbeitslos zu werden, sehr ungleich über eine Altergruppe verteilt. Die Forscher stellten zum einen fest, dass sich das Arbeitslosigkeitsvolumen auf einen kleinen Prozentsatz eines jeweiligen Jahrganges konzentriert – die weit überwiegende Mehrheit einer Altersgruppe also nie eigene Erfahrungen mit Arbeitslosigkeit sammelt. Zum anderen zeigte sich, dass das Risiko, arbeitslos zu werden, umso stärker streut, je jünger die betrachteten Geburtsjahrgänge sind. Die intervenierenden Variablen sind hierbei das Bildungsniveau und der Migrationsstatus einer Person. (Möller und Schmillen 2008) Beim Zusammentreffen bzw. der Kombination der Faktoren Langzeitarbeitslosigkeit, fortgeschrittenes Lebensalter sowie gesundheitliche Beeinträchtigung und niedriges Qualifikationsniveau ergibt sich ebenfalls ein deutlich erhöhtes Risiko der dauerhaften Ausgliederung aus dem Arbeitsmarkt.

Neben diesen eher milieu- bzw. lebenslaufbedingten Faktoren spielt allerdings auch die Förderung der Betroffenen in den unterschiedlichen Rechtskreisen des SGB II bzw. SGB III eine wichtige Rolle bei den Reintegrationschancen in den Arbeitsmarkt. So erhalten Langzeitarbeitslose deutlich seltener berufliche Weiterbildungen, dafür aber umso mehr von den – qualitativ niedrigeren – Arbeitsgelegenheiten (sog. 1-Euro-Jobs).

4.2.3.4 Kosten der Arbeitslosigkeit

Arbeitslosigkeit ist nicht nur für die Betroffen eine einschneidende soziale Ausgrenzungserfahrung. Sie bedeutet auch eine erhebliche gesellschaftliche Kostenbelastung. Dabei sind nicht nur die direkten Transferzahlungen für das

Tab. 4.4 Gesamtfiskalische Kosten der registrierten Arbeitslosigkeit nach Kostenarten

	2003	2007	2012	2019
Registrierte Arbeitslose[4,1] (in Millionen)	4,83	3,78	2,90	2,27
Gesamtkosten pro Person und Jahr (in Euro)	18.940	17.930	18.570	22.585
Transferleistung pro Person (in Euro/Jahr)[2]	6800	6800	7500	9970
	In Mrd. Euro			
Gesamtfiskalische Kosten Davon:	91,5	67,7	53,8	51,2
Versicherungsleistung[3]	25,1	12,3	11,0	11,2
Sozialleistung[4]	21,5	22,7	18,6	16,1
Mindereinnahmen Steuern	17,7	12,1	9,0	9,2
Mindereinnahmen Sozialversicherung	27,1	20,1	15,1	14,7

[1]Aufgeschätzt um die Zahl der Sozialhilfeempfänger* innen, die in den Jahren 2003 bis 2005 unter den im Jahr 2005 reformierten Bedingungen als Arbeitslose aufgetreten wären
[2]Ab 2005: ALG I und II, Aufstockungsbetrag für ALG-I-Empfänger*innen; Zuschlag nach § 24 SGB II; Wohngeld; Kosten für Unterkunft und Heizung; Sozialgeld. Vor 2005: ALG I, Arbeitslosenhilfe, Sozialhilfe, Wohngeld.
[3]ALG-I-Leistung; Beiträge zur Kranken-, Renten- und Pflegeversicherung; ohne Leistungsempfänger*innen nach §§ 428, 125, 126 SGB III und Teilnehmer*innen an Trainingsmaßnahmen.
[4]ALG-II-Leistung; Beiträge zur Kranken-, Renten- und Pflegeversicherung; Aufstockungsbetrag für ALG-I-Empfänger*innen; Zuschlag nach § 24 SGB II; Wohngeld; Kosten für Unterkunft und Heizung; Sozialgeld. Vor 2005: Arbeitslosenhilfe, Sozialhilfe, Wohngeld, ohne Leistungsempfänger*innen nach § 65 (4) und Teilnehmer an Trainingsmaßnahmen.
Quellen: Karl Heinz Hausner, Heidemarie Engelhard und Enzo Weber: Kosten der Arbeitslosigkeit nochmals gesunken, in: IAB-Kurzbericht 2/2014, S. 2; Nürnberg 2014 (ausgewählte Jahre); Weber, Enzo; Hausner, Karl Heinz; Engelhard, Heidemarie (2020): Die Kosten der Arbeitslosigkeit sind 2019 leicht gestiegen. In: IAB-Forum 28. Dezember 2020. https://www.iab-forum.de/die-kosten-der-arbeitslosigkeit-sind-2019-leicht-gestiegen/. *Zugegriffen: 5. März 2021 (und eigene Berechnungen und Zusammenstellung)*

Arbeitslosengeld I und II, die Kosten für die aktive Beschäftigungspolitik sowie die Arbeitsverwaltung zu rechnen, sondern es entstehen über die Ausgliederung von beschäftigungsfähigen Menschen auch gesamtfiskalische Mindereinnahmen. Denn aufgrund des Einkommensausfalls bei Arbeitslosen entstehen in den öffentlichen Kassen durch Ausgaben und Einnahmedefizite direkte bzw. indirekte Kosten, die in einem statistischen Berechnungsverfahren errechnet werden können. Tab. 4.4 gibt einen Überblick zu den Ergebnissen:

Durch die registrierte Arbeitslosigkeit, d. h. ohne Berücksichtigung der stillen Reserve, erreichten die *gesamtfiskalischen Kosten* der Arbeitslosigkeit im Jahr 2004 mit 92,2 Mrd. EUR ihren vorläufigen Höchststand. Parallel zum Rückgang der Arbeitslosenzahlen sind in den folgenden Jahren die Ausgaben für die Arbeitslosigkeit bis zum Jahr 2019 auf 51,2 Mrd. EUR erheblich gesunken. Der Großteil der gesamtfiskalischen Kosten entfällt nach wie vor auf die Sozialleistungstransfers (ALG II/Sozialgeld sowie Kosten der Unterkunft) im SGB II *Grundsicherung für Arbeitssuchende* sowie auf die Zahlbeträge für das Arbeitslosengeld I im SGB III *Arbeitsförderungsgesetz*. Aber auch die Mindereinnahmen in der Sozialversicherung bzw. im allgemeinen Steueraufkommen summieren sich zu erheblichen fiskalischen Belastungen. Die Kosten pro Kopf bleiben im Zeitverlauf relativ stabil. Gleiches gilt für die Transferleistungen, also die direkten Geldzahlungen. Letztere sind auf den ersten Blick zwischen 2003 bis 2019 mit rund 46 % zwar deutlich angestiegen. Legt man aber die jeweiligen Inflationsraten in diesem Zeitraum zugrunde, bleibt letztlich ein realer Zuwachs von etwa 1430 € pro Person, das ist auf 16 Jahre gerechnet ein Zuwachs von circa 90 € pro Jahr.

Arbeitslosigkeit bleibt aber auch aus anderem Grunde ‚teuer'. So sind die indirekten Kosten der (Langzeit-)Arbeitslosigkeit, die volkswirtschaftlich durch das nicht genutzte Potenzial an Arbeitskraft entstehen, noch nicht mitgerechnet. Auch wenn statistisch kaum erfassbar, ist zugleich offensichtlich, dass sich in der Gesellschaft – u. a. durch Dequalifizierung, beruflichen Abstieg, psychosoziale und gesundheitliche Belastungen, die Auswirkungen der Arbeitslosigkeit auf den familiären Kontext, die Vorenthaltung sozialer Gratifikationen am Arbeitsmarkt auch und gerade bei Jugendlichen – langfristig desozialisierende Prozesse abspielen, die in ganz anderen Zusammenhängen wieder zu erheblichen gesellschaftlichen und materiellen Kosten führen können. *Pierre Bourdieu* (2004, S. 60) bringt diese Zusammenhänge auf den Punkt, wenn er schreibt: „Man kann den *Gewalterhaltungssatz* nicht beschummeln: Gewalt geht nie verloren, die strukturale Gewalt, die von den Finanzmärkten ausgeübt wird, der Zwang zu Entlassungen und die tiefgreifende Verunsicherung der Lebensverhältnisse schlägt auf lange Sicht als Selbstmord, Straffälligkeit, Drogenmißbrauch, Alkoholismus zurück, in all den kleinen und großen Gewalttätigkeiten des Alltags."

4.2.4 Das SGB III Arbeitsförderungsgesetz

Die (Wieder-)Eingliederung in den Arbeitsmarkt und die finanzielle Unterstützung in Phasen der Arbeitslosigkeit sind zentrale Handlungsfelder der

Sozialpolitik. Rechtliche Grundlage der Arbeitsmarktpolitik ist die *Gesetzliche Arbeitslosenversicherung* (SGB III *Arbeitsförderungsgesetz*) als Teil der Sozialversicherung und die *gesetzliche Mindestsicherung* (SGB II *Grundsicherung für Arbeitssuchende*) als Teil der Fürsorge. In diesem Kapitel wird nur das SGB III behandelt (für das SGB II vgl. Abschn. 4.6.1).

4.2.4.1   Aufgaben und Ziele des SGB III *Arbeitsförderung*

Die Besonderheit des SGB III ist seine Ausrichtung auf eine *präventive, final orientierte* Beschäftigungspolitik: Durch *aktive Leistungen* der Bundesagentur für Arbeit sollen Arbeitslosigkeit vermieden bzw. deren negativen Folgewirkungen begrenzt werden. Paragraph 1 Abs. 1 SGB III *Arbeitsförderung* umschreibt die Ziele des Gesetzes wie folgt: „Die Arbeitsförderung soll dem Entstehen von Arbeitslosigkeit entgegenwirken, die Dauer der Arbeitslosigkeit verkürzen und den Ausgleich von Angebot und Nachfrage auf dem Ausbildungs- und Arbeitsmarkt unterstützen. Dabei ist insbesondere durch die Verbesserung der individuellen Beschäftigungsfähigkeit Langzeitarbeitslosigkeit zu vermeiden. Die Gleichstellung von Frauen und Männern ist als durchgängiges Prinzip der Arbeitsförderung zu verfolgen. Die Arbeitsförderung soll dazu beitragen, dass ein hoher Beschäftigungsstand erreicht und die Beschäftigungsstruktur ständig verbessert wird. Sie ist so auszurichten, dass sie der beschäftigungspolitischen Zielsetzung der Sozial-, Wirtschafts- und Finanzpolitik der Bundesregierung entspricht." In Absatz 2 werden die die dazu gehörigen Handlungsfelder weiter spezifiziert. So sollen die Maßnahmen „(…) insbesondere

1. die Transparenz auf dem Ausbildungs- und Arbeitsmarkt erhöhen, die berufliche und regionale Mobilität unterstützen und die zügige Besetzung offener Stellen ermöglichen,
2. die individuelle Beschäftigungsfähigkeit durch Erhalt und Ausbau von Fertigkeiten, Kenntnissen und Fähigkeiten fördern,
3. unterwertiger Beschäftigung entgegenwirken und
4. die berufliche Situation von Frauen verbessern, in dem sie auf die Beseitigung bestehender Nachteile sowie auf die Überwindung eines geschlechtsspezifisch geprägten Ausbildungs- und Arbeitsmarktes hinwirken und Frauen mindestens entsprechend ihrem Anteil an den Arbeitslosen und ihrer relativen Betroffenheit von Arbeitslosigkeit gefördert werden."

Bei der Umsetzung dieser Aufgaben und Ziele kann grundsätzlich zwischen Regelungen unterschieden werden, die sich

- auf den Bereich Beschäftigung und Arbeitsmarkt,
- auf Leistungen zum Erhalt und zur Schaffung von Arbeitsplätzen sowie
- auf Geldleistungen bei Arbeitslosigkeit bzw. Zahlungsunfähigkeit des Arbeit-gebers

beziehen. Um dieses Ziel erreichen zu können, kommen *aktive* und *passive* Instrumente zum Einsatz, wobei nach Paragraph 5 SGB III die aktiven Leistungen Vorrang haben. Sie dienen der *Arbeitsförderung* und sollen in Kombination mit frühzeitig einsetzenden *Meldepflichten* sowie zusätzlichen Anreiz- und Sanktions-mechanismen dafür sorgen, dass arbeitslose Personen so schnell wie möglich wieder in Arbeit kommen und von staatlicher Unterstützung unabhängig werden. Die passiven Instrumente sind Geldleistungen, die primär den *Einkommensaus-fall* bei Arbeitslosigkeit ausgleichen sollen. Diese Grundsätze gelten auch für das SGB II *Grundsicherung für Arbeitssuchende* (vgl. Abschn. 4.6.1).

4.2.4.2 Versicherte und anspruchsberechtigter Personenkreis

In der Arbeitslosenversicherung besteht *Versicherungspflicht* für alle Personen, die einer sozialversicherungspflichtigen, abhängigen Erwerbsarbeit nachgehen oder zum Zwecke der Berufsausbildung beschäftigt werden. Die Versicherungs-pflicht besteht auch in der Elternzeit für Mütter bzw. Väter mit Kindern bis zum dritten Lebensjahr, wenn sie unmittelbar vor der Geburt eine sozialver-sicherungspflichtige Beschäftigung ausgeübt oder im Leistungsbezug nach SGB III gestanden haben (Paragraphen 24 bis 26 SGB III). Dies ist insofern von Bedeutung, als sie damit Anspruch auf Maßnahmen zur Wiedereingliederung in den Arbeitsmarkt erwerben. Ausgenommen aus der Arbeitslosenversicherung sind nach den Paragraphen 27 und 28 SGB III u. a. Studierende, geringfügig Beschäftigte in Minijobs, Beamt*innen, Richter*innen sowie Zeitsoldat*innen und Rentner*innen.

Die wichtigste Voraussetzung für den Bezug von Leistungen nach SGB III *Arbeitsförderung* ist (drohende) Arbeitslosigkeit. Paragraph 138 SGB III Abs. 1 bestimmt eine Person als arbeitslos, wenn sie die folgenden Kriterien erfüllt:

1. *Beschäftigungslosigkeit:* Es besteht kein Beschäftigungsverhältnis (mehr).
2. *Eigenbemühungen:* Es besteht die Bereitschaft, sich aktiv um Beschäftigung zu bemühen *(Mitwirkungspflicht).*
3. *Verfügbarkeit:* Die Person steht für die Vermittlungsbemühungen der Agentur für Arbeit tatsächlich zur Verfügung.

Dabei ist zu beachten, dass Beschäftigungslosigkeit nicht meint, dass gar keine Arbeit ausgeübt werden darf. So ist nach Paragraph 138 Abs. 2 SGB III eine ehrenamtliche Tätigkeit in der Arbeitslosigkeit ebenso erlaubt wie nach Paragraph 138 Abs. 3 SGB III eine Beschäftigung, die weniger als 15 Stunden pro Woche ausgeübt wird. Im Rahmen der *Mitwirkungspflicht* müssen die Leistungsbezieher*innen nach Paragraph 138 Abs. 4 SGB III aber immer alle Möglichkeiten zur dauerhaften beruflichen Eingliederung nutzen, um den Bezug der Leistungen so schnell wie möglich zu beenden. Zu diesen Möglichkeiten gehören „(…) insbesondere

1. die Wahrnehmung der Verpflichtungen aus der Eingliederungsvereinbarung,
2. die Mitwirkung bei der Vermittlung durch Dritte und
3. die Inanspruchnahme der Selbstinformationseinrichtungen der Agentur für Arbeit."

Und auch die Frage der *Verfügbarkeit* ist durch den Gesetzgeber genau definiert. Die Leistungsbezieher*innen stehen nach Paragraph 138 Abs. 5 SGB III der Agentur für Arbeit dann zur Verfügung, wenn die Person

1. „eine versicherungspflichtige, mindestens 15 h wöchentlich umfassende zumutbare Beschäftigung unter den üblichen Bedingungen des für sie oder ihn in Betracht kommenden Arbeitsmarktes ausüben kann und darf,
2. Vorschlägen der Agentur für Arbeit zur beruflichen Eingliederung zeit- und ortsnah Folge leisten kann,
3. bereit ist, jede Beschäftigung im Sinne der Nummer 1 anzunehmen und auszuüben, und
4. bereit ist, an Maßnahmen zur beruflichen Eingliederung in das Erwerbsleben teilzunehmen."

Die Versicherten haben aber nicht automatisch Anspruch auf die Beratungsleistungen, Berufsvorbereitungs- und Weiterbildungsmaßnahmen, Mobilitätsbeihilfen und materiellen Transferleistungen wie das *Arbeitslosengeld* ALG I oder *Kurzarbeitergeld*. Paragraph 137 Abs. 1 SGB III knüpft den Leistungsanspruch an Bedingungen. So kann nur eine Person Leistungen geltend machen, die

1. „arbeitslos ist,
2. sich bei der Agentur für Arbeit arbeitslos gemeldet und
3. die Anwartschaftszeit erfüllt hat."

Es reicht nicht aus, ,nur' arbeitslos zu sein. Die Person muss sich nach Paragraph 141 Abs. 1 SGB III *persönlich* bei der Agentur für Arbeit arbeitslos melden. Leistungen gibt es also nur auf Antrag. Die Bundesagentur für Arbeit empfiehlt, sich so schnell wie möglich arbeitslos zu melden, spätestens aber wenn der Eintritt der Arbeitslosigkeit innerhalb der nächsten drei Monate zu erwarten ist. Bei kurzfristigem Arbeitsplatzverlust sind die Betroffenen verpflichtet, sich spätestens drei Tage danach arbeitsuchend zu melden (Paragraph 38 SGB III). Werden diese Fristen versäumt, können Nachteile bei der Leistungserbringung durch die Agentur für Arbeit entstehen *(Sanktionen).*[22]

4.2.4.3 Träger und Finanzierung des SGB III *Arbeitsförderung*

Die *Bundesagentur für Arbeit* (BA) ist eine rechtsfähige, bundesunmittelbare Körperschaft des öffentlichen Rechts mit Sitz in Nürnberg. Sie ist nach Paragraph 368 SGB III für die Durchführung der Aufgaben, die sich aus dem SGB III ergeben, zuständig. Organisatorisch untergliedert sie sich in 10 *Regionaldirektionen,* 156 *Agenturen für Arbeit* und 302 *Jobcenter.* Die Aufsicht über die Selbstverwaltungsorgane der BA liegt beim Bundesministerium für Arbeit und Soziales (BMAS).

Der Vorstand der *Bundesagentur für Arbeit* legt die Strategien zur Umsetzung der Arbeitsmarktpolitik fest, gestaltet hierzu den konzeptionellen und inhaltlichen Rahmen und führt die *Regionaldirektionen.* Diese sind wiederum für die Steuerung der regionalen Arbeitsmarktpolitik verantwortlich und setzen die Strategievorgaben der Zentrale in enger Abstimmung mit den jeweiligen Landesregierungen um. Die *Agenturen für Arbeit* werden von den Regionaldirektionen gesteuert und erfüllen den Leistungskatalog des SGB III in Kooperation mit den Leistungsanbietern auf der lokalen Ebene mit Leben. Als *Jobcenter* werden die gemeinsamen Einrichtungen (gE) der Bundesagentur für Arbeit (BA) und eines kommunalen Trägers (zum Beispiel einer Stadt oder eines Landkreises) bezeichnet. Hier werden Aufgaben im Rahmen des SGB II *Grundsicherung für Arbeitssuchende* umgesetzt (vgl. Abschn. 4.6.1).

Finanziert werden die Leistungen des SGB III durch die *Sozialversicherungsbeiträge* zur Arbeitslosenversicherung, der von den Versicherten und den Arbeitgeber*innen hälftig getragen wird. Paragraph 341 Abs. 2 SGB III bestimmt als aktuellen Beitragssatz 2,6 % des Bruttoeinkommens. Bei der Berechnung des Beitrages

---

[22] Vgl. Onlineportal *Arbeitslos und Arbeit finden* der Bundesagentur für Arbeit: https://www.arbeitsagentur.de/arbeitslos-arbeit-finden. Zugegriffen: 10. März 2021.

wird die *Beitragsbemessungsgrenze* der Gesetzlichen Rentenversicherung (= der Betrag, bis zu dem das monatliche Erwerbseinkommen in die Berechnung der Beitragshöhe einbezogen wird) angelegt (Stand 2021: 7100 Euro/West bzw. 6700 Euro/Ost monatlich). Das *Kurzarbeitergeld* und dieses ergänzende Leistungen, wie das *Zuschuss-Wintergeld* oder *Mehraufwands-Wintergeld,* werden durch eine *Umlage* finanziert. Im Bauhauptgewerbe wird diese zu 60 % von den Arbeitgeber*innen und zu 40 % von den Arbeitnehmer*innen aufgebracht, in allen anderen Branchen von der Arbeitgeberseite alleine. Darüber hinaus kann der Bund der Bundesagentur für Arbeit nach Paragraph 364 SGB III aus Steuermitteln *Liquiditätshilfen* als zinslose Darlehn zu Verfügung stellen, sollten die eingezahlten Beiträge nicht zur Deckung der Ausgaben eines Haushaltsjahres ausreichend sein. Diese Darlehn müssen zurückgezahlt werden, sobald es die Haushaltslage der BA zuläßt.

4.2.4.4 Aktive Leistungen zur Eingliederung in Arbeit

Das SGB III hat eine breite Angebotspalette, die sich nicht nur an die versicherten Arbeitnehmer*innen, sondern auch an Arbeitgeber*innen sowie die Träger der beruflichen Bildung richtet. Zu den wichtigsten *Leistungen für Arbeitgeber*innen* gehören zum einen die Beratungsangebote der Agentur für Arbeit und zum anderen eine Reihe von Zuschüssen zu den Lohnkosten bzw. Sozialabgaben bzw. Unterstützungsleistungen zur Förderung der beruflichen Integration besonderer Problemgruppen am Arbeitsmarkt.

Die *Träger von Maßnahmen der Arbeitsförderung* erhalten je nach Art der angebotenen Maßnahmen den vollen Kostenersatz, Zuschüsse und/oder Darlehn für die Durchführung von Programmen der Aus- und Weiterbildung sowie der beruflichen Integration.

Bei den *Leistungen für die arbeitslosen Personen* spielen im Rahmen der aktiven Arbeitsmarktpolitik folgende Instrumente eine besondere Rolle:

* Die *Beratung und Vermittlung* zur Verbesserung der Eingliederungsaussichten in den Arbeitsmarkt durch die Aufnahme einer Beschäftigung oder einer selbstständigen Tätigkeit ist eine Pflichtaufgabe der Agentur für Arbeit. Zu den konkreten Maßnahmen gehört die *Berufsberatung,* die unverzüglich nach der Arbeitslosmeldung zu erfolgen hat. Weitere Angebote sind die Eignungsfeststellung, die Berufsorientierung und die Arbeitsmarktberatung (Paragraphen 29 ff. SGB III). In den Paragraphen 35 ff. SGB III werden das Recht auf *Arbeitsvermittlung* und die Grundsätze, nach denen diese zu erfolgen hat, näher bestimmt. So müssen die Vermittlungsangebote im Einklang mit dem Allgemeinen Gleichbehandlungsgesetz stehen. Die Leistungsempfänger*innen

haben zudem Anspruch auf eine *Potenzialanalyse,* um die für die Vermittlung erforderlichen beruflichen und persönlichen Merkmale, beruflichen Fähigkeiten und ihre Eignung festzustellen. Zudem wird nach Paragraph 37 SGB III eine zeitlich befristete *Eingliederungsvereinbarung* geschlossen, in der 1) das Eingliederungsziel, 2) die Vermittlungsbemühungen der Agentur für Arbeit, 3) Art und Umfang der Eigenbemühungen der arbeitsuchenden Person und 4) die vorgesehenen Leistungen der aktiven Arbeitsförderung festgelegt werden.

- Die *Aktivierung und berufliche Eingliederung* durch Förderung der beruflichen Orientierung, Berufswahl, Berufsvorbereitung sowie der Aus- und Weiterbildung inklusive Eingliederungszuschüssen zur Ausbildungsvergütung bzw. zum Arbeitslohn sowie zu den Kosten von Lehrgängen und Weiterbildungen ist in den Paragraphen 44 ff. SGB III geregelt.

- Die *Hilfen zur Berufswahl und Berufsausbildung* dienen zum einen der *Berufsorientierung* von Schüler*innen, um im unübersichtlichen Angebot von rund 330 Ausbildungsberufen und 17.000 Studiengängen ein passendes Angebot zu finden. Die *Berufseinstiegsbegleitung* richtet sich zum zweiten an Jugendliche, die Unterstützung benötigen, um einen Förder-, Haupt- oder gleichwertigen Schulabschluss zu erreichen und/oder den Übergang in eine Berufsausbildung zu bewältigen. *Berufsvorbereitende Bildungsmaßnahmen* (BvB) richten sich drittens an Jugendliche, die nicht mehr schulpflichtig sind und keinen Ausbildungsplatz haben und/oder die einen Schulabschluss nachholen möchten und/oder ihre Ausbildungsstelle verloren haben und sich nun neu orientieren wollen. Das i. d. R. zehnmonatige Angebot besteht in einer Kombination aus Praktika und schulischem Unterricht und kann durch eine *Berufsausbildungsbeihilfe* finanziell gefördert werden (Paragraphen 48 bis 53 SGB III).

- Die Leistungen zur *Förderung der Teilhabe behinderter Menschen* inklusive der Kostenübernahme für Assistenzen sind in den Paragraphen 73 ff. SGB III geregelt (vgl. Abschn. 4.2.4.7).

- Die *Außerbetriebliche Berufsausbildung* richtet sich nach Paragraph 76 Abs. 5 SGB III an junge Menschen, die „1) lernbeeinträchtigt oder sozial benachteiligt sind und wegen in ihrer Person liegender Gründe auch mit ausbildungsfördernden Leistungen nach diesem Buch eine Berufsausbildung in einem Betrieb nicht aufnehmen können oder 2) deren betriebliches oder außerbetriebliches Berufsausbildungsverhältnis vorzeitig gelöst worden ist und deren Eingliederung in betriebliche Berufsausbildung auch mit ausbildungsfördernden Leistungen nach diesem Buch aussichtslos ist, sofern zu erwarten ist, dass sie die Berufsausbildung erfolgreich abschließen können."

- Arbeitnehmer*innen können nach Paragraph 81 SGB III im Rahmen der *Beruflichen Weiterbildung* gefördert werden, wenn „1) die Weiterbildung notwendig ist, um sie bei Arbeitslosigkeit beruflich einzugliedern oder eine ihnen drohende Arbeitslosigkeit abzuwenden, 2) die Agentur für Arbeit sie vor Beginn der Teilnahme beraten hat und 3) die Maßnahme und der Träger der Maßnahme für die Förderung zugelassen sind."
- Der *Gründungszuschuss* nach Paragraph 93 SGB III dient zur Sicherung des Lebensunterhalts und zur sozialen Sicherung in der Zeit nach einer Existenzgründung, wenn dadurch die Arbeitslosigkeit beendet wird.

Die Teilnahme an den Maßnahmen der aktiven Arbeitsmarktpolitik bzw. die Entscheidung über die Annahme/Ablehnung eines Arbeitsangebotes ist allerdings nur bedingt freiwilliger Natur. Dies ergibt sich zum einen aus den Mitwirkungspflichten des Paragraph 138 SGB III und zum anderen aus Paragraph 140 SGB III in dem *Zumutbarkeitsregeln* definiert werden:

- So sind einer arbeitslosen Person alle ihrer *Arbeitsfähigkeit* entsprechenden Qualifizierungs- und Beschäftigungsangebote zumutbar, soweit dem nicht allgemeine oder personenbezogene Gründe entgegenstehen bzw. die angebotene Beschäftigung nicht gegen gesetzliche bzw. tarifliche Bestimmungen verstößt.
- Bis zu einem gewissen Grad sind die Arbeitsuchenden dabei vor übermäßigem *Lohnverzicht* geschützt. In den ersten drei Monaten darf das Arbeitsentgelt in der neuen Arbeitsstelle max. 20 %, in den darauffolgenden Monaten max. 30 % niedriger sein als das für die Bemessung des ALG-I-Anspruchs zugrunde liegende letzte Arbeitsentgelt. Ab dem siebten Monat gilt ein Lohn als zumutbar, der so hoch wie das ausgezahlte ALG I ist.
- Die täglichen *Pendelzeiten* zwischen Wohnung und Arbeitsstätte dürfen bestimmte Grenzen nicht überschreiten. Pendelzeiten von insgesamt mehr als zweieinhalb Stunden bei einer Arbeitszeit von mindestens sechs Stunden bzw. von zwei Stunden bei einer Arbeitszeit von bis zu sechs Stunden gelten als zumutbar. Sind in einer Region längere Pendelzeiten üblich, werden diese als Maßstab herangezogen. Nach Paragraph 140 Abs 4 ist zudem „ein *Umzug* zur Aufnahme einer Beschäftigung außerhalb des zumutbaren Pendelbereichs (...) zumutbar, wenn nicht zu erwarten ist, dass (...) innerhalb der ersten drei Monate der Arbeitslosigkeit eine Beschäftigung innerhalb des zumutbaren Pendelbereichs [aufgenommen, d. Verf.] wird. Vom vierten Monat der Arbeitslosigkeit an ist einer arbeitslosen Person ein Umzug zur Aufnahme einer Beschäftigung außerhalb des zumutbaren Pendelbereichs in der Regel

zumutbar." Dies gilt nicht, wenn dem Umzug ein wichtiger Grund entgegensteht. Damit sind insbesondere familiäre Bindungen gemeint.

- Die *Befristung* der neuen Stelle oder eine vorübergehend *getrennte Haushaltsführung* erkennt die Agentur für Arbeit in der Regel ebenso wenig als Ablehnungsgrund an wie ein Beschäftigungsangebot, das nicht dem *Qualifikationsniveau* bzw. der Ausbildung der Leistungsempfänger*in entspricht.

4.2.4.5 Sanktionen im SGB III *Arbeitsförderung*

Das SGB III *Arbeitsförderung* betont die Verpflichtung zur aktiven Mitarbeit. Das Leistungsrecht der Arbeitslosenversicherung ist in den letzten Jahren Objekt vielfältiger Veränderungen gewesen. Um die aktivierenden Elemente effektiver zu gestalten, setzt der Gesetzgeber vor allem auf die Androhung von *Sperrzeiten* bei Fehlverhalten. So kann nach Paragraph 159 Abs. 1 SGB III das Arbeitslosengeld I gesperrt werden, wenn

1. „die oder der Arbeitslose das Beschäftigungsverhältnis gelöst oder durch ein arbeitsvertragswidriges Verhalten Anlass für die Lösung des Beschäftigungsverhältnisses gegeben und dadurch vorsätzlich oder grob fahrlässig die Arbeitslosigkeit herbeigeführt hat (Sperrzeit bei Arbeitsaufgabe),
2. die bei der Agentur für Arbeit als arbeitsuchend gemeldete (§ 38 Absatz 1) oder die arbeitslose Person trotz Belehrung über die Rechtsfolgen eine von der Agentur für Arbeit unter Benennung des Arbeitgebers und der Art der Tätigkeit angebotene Beschäftigung nicht annimmt oder nicht antritt oder die Anbahnung eines solchen Beschäftigungsverhältnisses, insbesondere das Zustandekommen eines Vorstellungsgespräches, durch ihr Verhalten verhindert (Sperrzeit bei Arbeitsablehnung),
3. die oder der Arbeitslose trotz Belehrung über die Rechtsfolgen die von der Agentur für Arbeit geforderten Eigenbemühungen nicht nachweist (Sperrzeit bei unzureichenden Eigenbemühungen),
4. die oder der Arbeitslose sich weigert, trotz Belehrung über die Rechtsfolgen an einer Maßnahme zur Aktivierung und beruflichen Eingliederung (§ 45) oder einer Maßnahme zur beruflichen Ausbildung oder Weiterbildung oder einer Maßnahme zur Teilhabe am Arbeitsleben teilzunehmen (Sperrzeit bei Ablehnung einer beruflichen Eingliederungsmaßnahme),
5. die oder der Arbeitslose die Teilnahme an einer in Nummer 4 genannten Maßnahme abbricht oder durch maßnahmewidriges Verhalten Anlass für den Ausschluss aus einer dieser Maßnahmen gibt (Sperrzeit bei Abbruch einer beruflichen Eingliederungsmaßnahme),

6. die oder der Arbeitslose sich nach einer Aufforderung der Agentur für Arbeit weigert, trotz Belehrung über die Rechtsfolgen an einem Integrationskurs nach § 43 des Aufenthaltsgesetzes oder an einem Kurs der berufsbezogenen Deutschsprachförderung nach § 45a des Aufenthaltsgesetzes teilzunehmen, der jeweils für die dauerhafte berufliche Eingliederung notwendig ist (Sperrzeit bei Ablehnung eines Integrationskurses oder einer berufsbezogenen Deutschsprachförderung),

7. die oder der Arbeitslose die Teilnahme an einem in Nummer 6 genannten Kurs abbricht oder durch maßnahmewidriges Verhalten Anlass für den Ausschluss aus einem dieser Kurse gibt (Sperrzeit bei Abbruch eines Integrationskurses oder einer berufsbezogenen Deutschsprachförderung),

8. die oder der Arbeitslose einer Aufforderung der Agentur für Arbeit, sich zu melden oder zu einem ärztlichen oder psychologischen Untersuchungstermin zu erscheinen (§ 309), trotz Belehrung über die Rechtsfolgen nicht nachkommt oder nicht nachgekommen ist (Sperrzeit bei Meldeversäumnis),

9. die oder der Arbeitslose der Meldepflicht nach § 38 Absatz 1 nicht nachgekommen ist (Sperrzeit bei verspäteter Arbeitsuchendmeldung)."

Im Streitfall müssen die Leistungsempfänger*innen beweisen, dass kein versicherungswidriges Verhalten vorgelegen hat. Damit findet eine Umkehr der Beweislast statt. Im Zweifelsfall sollten sich Betroffene deshalb unbedingt anwaltlich oder bei einer Beratungsstelle für Arbeitslose beraten lassen, um ggf. die Rechtsfolgen einer Sperrzeit verhindern bzw. mindern zu können. Die *Sperrzeiten* selbst sind zeitlich gestaffelt und dauern:

- bei unzureichenden Eigenbemühungen zwei Wochen;
- bei einem Meldeversäumnis oder bei verspäteter Arbeitsuchendmeldung eine Woche;
- bei Arbeitsaufgabe bzw. arbeitsvertragswidrigem Verhalten zwölf Wochen;
- bei Arbeitsablehnung, bei Ablehnung einer beruflichen Eingliederungsmaßnahme, bei Abbruch einer beruflichen Eingliederungsmaßnahme, bei Ablehnung eines Integrationskurses oder einer berufsbezogenen Deutschsprachförderung oder bei Abbruch eines Integrationskurses oder einer berufsbezogenen Deutschsprachförderung im Fall des erstmaligen versicherungswidrigen Verhaltens dieser Art drei Wochen, im Fall des zweiten versicherungswidrigen Verhaltens dieser Art sechs Wochen und in den übrigen Fällen zwölf Wochen.

4.2.4.6 Passive Leistungen bei Arbeitslosigkeit

Das Arbeitslosengeld I (ALG I) ist die wichtigste direkte Geldleistung im SGB III *Arbeitsförderung.* Hierbei handelt es sich um eine *Versicherungsleistung,* die nach den Paragraphen 136 bis 162 SGB III erbracht und aus den Versicherungsbeiträgen der Arbeitgeber*innen und Arbeitnehmer*innen finanziert wird. Um ALG I beziehen zu können, muss vor Eintritt der Arbeitslosigkeit die sog. *Anwartschaftszeit* erfüllt sein. Hierbei handelt es sich um Zeiten, in denen Beiträge zur Arbeitslosenversicherung bezahlt wurden (vgl. Tab. 4.5). Das Arbeitslosengeld I wird maximal bis zum Erreichen der Regelaltersgrenze in der Gesetzlichen Rentenversicherung bezahlt. Diese steigt vom Jahr 2012 bis 2029 schrittweise vom 65. auf das 67. Lebensjahr *(Rente mit 67).* Die Höhe des Arbeitslosengeldes errechnet sich nach dem Äquivalenzprinzip (vgl. Abschn. 3.3.2) und ist vom durchschnittlichen Nettoverdienst in den letzten zwölf Monaten vor Eintritt der Arbeitslosigkeit abhängig. Das Arbeitslosengeld I wird kalendertäglich berechnet und beträgt 60 % des pauschalierten Nettoentgeltes *(Leistungsentgelt).* Ein erhöhter Leistungssatz von 67 % wird gewährt, wenn die Leistungsbezieher*in

Tab. 4.5 Das Arbeitslosengeld I im Überblick

Arbeitslosengeld I
Voraussetzungen:
• Mitgliedschaft in der gesetzlichen Arbeitslosenversicherung • Erfüllung der Regelanwartschaftszeit = 12 Monate sozialversicherungspflichtige Beschäftigung in den 30 Monaten vor Eintritt der Arbeitslosigkeit • Arbeitslosmeldung und/oder Teilnahme an einer beruflichen Weiterbildung der Agentur für Arbeit
Dauer des ALG-I-Bezuges
Bis 49 Jährige: 6 bis max. 12 Monate 50–54 Jährige: 6 bis max. 15 Monate 55–57 Jährige: 6 bis max. 18 Monate Ab 58 Jährige: 6 bis max. 24 Monate
Höhe des ALG I-Anspruches
• 60 % auf das Netto-Entgelt der letzten 12 Monate bei Alleinstehenden • 67 % auf das Netto-Entgelt der letzten 12 Monate, wenn eine Ehe-/Lebenspartner*in bzw. ein oder mehrere Kinder zum Haushalt gehören
Anrechnung von Einkommen und Vermögen
• Erwerbstätigkeit bis max. 15 Stunden pro Woche Arbeitszeit erlaubt • Nebeneinkommen wird nach Anrechnung von Freibeträgen berücksichtigt • Eigenes Vermögen wird nicht berücksichtigt

Quelle: eigene Zusammenstellung basierend auf Bundesagentur für Arbeit und SGB III Arbeitsförderung

mit einer Partner*in zusammenlebt und/oder mindestens ein Kind hat. Weitere Kinder erhöhen das Arbeitslosengeld nicht. Des Weiteren bestehen noch *Hinzuverdienstmöglichkeiten* während des ALG-I-Bezuges.

Neben dem ALG I können im Rahmen des SGB III *Arbeitsförderung* weitere *Geldleistungen* beantragt und in Anspruch genommen werden. Zu den wichtigsten Leistungen zählen:

- Das *Insolvenzgeld* nach Paragraph 165 SGB III soll Lohnansprüche von Arbeitnehmer*innen schützen, deren Unternehmen in Konkurs gehen bzw. sich in Auflösung befinden. Es wird als Ersatz für den Lohn der maximal drei letzten Monate gewährt. Es handelt sich um eine einmalige Zahlung, die in der Regel der Höhe des Nettolohns entspricht. Das Insolvenzgeld umfasst das Festgehalt und gegebenenfalls auch weitere Gehalts- oder Lohnanteile (Provisionen, Überstundenvergütungen, Weihnachtsgeld). Für Besserverdienende gibt es Obergrenzen, die je nach Bundesland unterschiedlich ausfallen.
- Das *Übergangsgeld* wird nach Paragraph 119 SGB III an behinderte Menschen ausbezahlt, „die an einer Maßnahme der Berufsausbildung, der Berufsvorbereitung einschließlich einer wegen der Behinderung erforderlichen Grundausbildung, der individuellen betrieblichen Qualifizierung im Rahmen der Unterstützten Beschäftigung nach § 55 des Neunten Buches, einer Maßnahme im Eingangsverfahren oder Berufsbildungsbereich einer Werkstatt für behinderte Menschen oder bei einem anderen Leistungsanbieter nach § 60 des Neunten Buches oder an einer Maßnahme der beruflichen Weiterbildung teilnehmen, für die die besonderen Leistungen erbracht werden." *Ausbildungsgeld* nach Paragraph 122 SGB III kann gewährt werden, wenn kein Anspruch auf Übergangsgeld besteht.
- Das *Kurzarbeitergeld* (Paragraph 95 ff. SGB III) dient dem Ausgleich von Lohnansprüchen, wenn sich Unternehmen in einer schwierigen wirtschaftlichen Lage befinden oder aufgrund von schlechten Witterungsbedingungen (z. B. im Baugewerbe) ihre Beschäftigten nicht im vollen Umfang der vereinbarten Arbeitszeit einsetzen können. Um Entlassungen zu vermeiden, kann für die ausfallende Arbeitszeit Kurzarbeitergeld beantragt werden. Im Gesetz werden unterschiedliche Formen differenziert. Im Zuge der *Corona-Pandemie* wurden die Bestimmungen zur *Höhe des Kurzarbeitergeldes* erweitert. Es beträgt aktuell wie beim ALG I 60 bzw. 67 % des Nettogehaltes für die ersten drei Bezugsmonate. Ab dem 4. Bezugsmonat steigt es auf 70 bzw. 77 % und ab dem 7. Bezugsmonat auf 80 bzw. 87 % des Nettoentgelts. Die Bezugsdauer liegt in der Regel bei maximal sechs Monaten, kann aber in besonderen

schwierigen wirtschaftlichen Zeiten durch das Bundesarbeitsministerium (BMAS) auf bis zu 24 Monate ausgedehnt werden. Neben dem Kurzarbeitergeld erhält die Arbeitnehmer*in von der Arbeitgeberseite normalen Lohn für tatsächlich erbrachte Arbeitszeiten.[23]

4.2.4.7 Sonderregelungen für Menschen mit Behinderung

Für schwerbehinderte Menschen gibt es unterschiedliche Förderungsmöglichkeiten zur Rehabilitation und Teilhabe. Hier ist in erster Linie das SGB IX *Rehabilitation und Teilhabe von Menschen mit Behinderungen* zu nennen (vgl. Abschn. 4.6.1). Dieses Sozialgesetzbuch verweist auf die Leistungen und Rechtsansprüche, die in anderen (Sozial-)Gesetzbüchern gewährt werden. Damit soll vermieden werden, dass für behinderte Menschen eine Art Sonderrecht entsteht. Denn folgt man dem Antidiskriminierungsgebot des Grundgesetzes ergibt sich zwingend, dass allen Bürger*innen in Deutschland die gleichen Rechte und Pflichten aus der Sozialgesetzgebung offenstehen müssen. In Paragraph 5 SGB IX *Rehabilitation und Teilhabe von Menschen mit Behinderungen* werden die Leistungsgruppen des Gesetzes benannt. Hierzu zählen unter anderem Maßnahmen zur Förderung der *Teilhabe am Arbeitsleben* sowie begleitende *unterhaltssichernde und andere ergänzende Leistungen*. Als Träger für die Umsetzung der Leistungen wird in Paragraph 6 SGB IX *Rehabilitation und Teilhabe von Menschen mit Behinderungen* die Bundesagentur für Arbeit benannt. Es gelten also im Wesentlichen die Regelungen des SGB III. Sofern kein anderer Rehabilitationsträger zuständig ist, erbringt deshalb die Agentur für Arbeit, wie für jede andere leistungsberechtigte Person auch, Leistungen zur Förderung der Teilhabe am Arbeitsleben.

Nach Paragraph 19 SGB III Abs. 1 gelten Menschen als behindert, „deren Aussichten, am Arbeitsleben teilzuhaben oder weiter teilzuhaben, wegen Art oder Schwere ihrer Behinderung im Sinne von § 2 Abs. 1 des Neunten Buches nicht nur vorübergehend wesentlich gemindert sind und die deshalb Hilfen zur Teilhabe am Arbeitsleben benötigen, einschließlich lernbehinderter Menschen." In Absatz 2 wird diese Definition auch auf Menschen erweitert, die von einer entsprechenden Behinderung bedroht sind. Im 7. Abschnitt *Teilhabe behinderter Menschen am Arbeitsleben* des SGB III finden sich die wesentlichen Grundsätze und Leistungen, auf die behinderte Menschen Anspruch haben. In Paragraph

---

[23]Vgl. zu den jeweils aktuellen Bestimmungen Onlineportal *Arbeitslos und Arbeit finden* der Bundesagentur für Arbeit: https://www.arbeitsagentur.de/arbeitslos-arbeit-finden. Zugegriffen: 10. März 2021

112 SGB III ist festgeschrieben, dass für behinderte Menschen „Leistungen zur Förderung der Teilhabe am Arbeitsleben erbracht werden, um ihre Erwerbsfähigkeit zu erhalten, zu verbessern, herzustellen oder wiederherzustellen und ihre Teilhabe am Arbeitsleben zu sichern, soweit Art oder Schwere der Behinderung dies erfordern." Dabei sind nach Abs. 2 bei der Auswahl der Leistungen die „Eignung, Neigung, bisherige Tätigkeit sowie Lage und Entwicklung des Arbeitsmarktes angemessen zu berücksichtigen. Soweit erforderlich, ist auch die berufliche Eignung abzuklären oder eine Arbeitserprobung durchzuführen." Konkret haben diese Personen Anspruch auf die folgenden Leistungen und Unterstützungsangebote (Auswahl):

- *Allgemeine Leistungen* nach den Paragraphen 115 und 116 SGB III: Hierzu zählen die Beratungs- und Unterstützungsleistungen zur 1) Aktivierung und beruflichen Eingliederung, 2) Förderung der Berufsvorbereitung und Berufsausbildung, 3) Förderung der beruflichen Weiterbildung sowie 4) zur Förderung einer selbstständigen Tätigkeit.

- *Besondere Leistungen* nach den Paragraphen 117 und 118 SGB III „sind anstelle der allgemeinen Leistungen insbesondere zur Förderung der beruflichen Aus- und Weiterbildung, einschließlich Berufsvorbereitung, sowie blindentechnischer und vergleichbarer spezieller Grundausbildungen zu erbringen, wenn 1) Art oder Schwere der Behinderung oder die Sicherung der Teilhabe am Arbeitsleben die Teilnahme an a) einer Maßnahme in einer besonderen Einrichtung für behinderte Menschen oder b) einer sonstigen, auf die besonderen Bedürfnisse behinderter Menschen ausgerichteten Maßnahme unerlässlich machen oder 2) die allgemeinen Leistungen die wegen Art oder Schwere der Behinderung erforderlichen Leistungen nicht oder nicht im erforderlichen Umfang vorsehen. In besonderen Einrichtungen für behinderte Menschen können auch Aus- und Weiterbildungen außerhalb des Berufsbildungsgesetzes und der Handwerksordnung gefördert werden." Bezahlt werden im Rahmen dieser Hilfen das sog. *Übergangs- oder Ausbildungsgeld* (vgl. Paragraphen 119 und 122 SGB III) sowie die *Teilnahmekosten* für eine Maßnahme. Letztere „beinhalten auch weitere Aufwendungen, die wegen Art und Schwere der Behinderung unvermeidbar entstehen, sowie Kosten für Unterkunft und Verpflegung bei anderweitiger auswärtiger Unterbringung." (Paragraph 127 SGB III) Auf Antrag können die Leistungen auch durch ein *Persönliches Budget* erbracht werden. Hierbei kann der behinderte Mensch die Leistungserbringer*innen selbst auswählen.

- *Probebeschäftigung und Arbeitshilfe* nach Paragraph 46 SGB III: Es können „die Kosten für eine befristete Probebeschäftigung behinderter, schwerbehinderter und ihnen gleichgestellter Menschen im Sinne des § 2 des Neunten Buches bis zu einer Dauer von drei Monaten erstattet werden, wenn dadurch die Möglichkeit einer Teilhabe am Arbeitsleben verbessert wird oder eine vollständige und dauerhafte Teilhabe am Arbeitsleben zu erreichen ist." Darüber hinaus können „Zuschüsse für eine behindertengerechte Ausgestaltung von Ausbildungs- oder Arbeitsplätzen gewährt werden, soweit dies erforderlich ist, um die dauerhafte Teilhabe am Arbeitsleben zu erreichen oder zu sichern und eine entsprechende Verpflichtung des Arbeitgebers nach dem Teil 3 des Neunten Buches nicht besteht."

- *Unterstützung bei der Berufsausbildung:* Arbeitgeber*innen können nach Paragraph 73 SGB III durch *Zuschüsse zur Ausbildungsvergütung* oder einer vergleichbaren Bezahlung gefördert werden, wenn die Aus- oder Weiterbildung sonst nicht durchgeführt werden könnte. Wird im Anschluss an eine Ausbildung ein schwerbehinderter Mensch in ein Anstellungsverhältnis übernommen, kann für maximal 12 Monate ein *Eingliederungszuschuss* von bis zu 70 % des Lohnes gewährt werden.

- Nach den Paragraphen 74 und 75 SGB III kann eine *assistierte Ausbildung* gefördert werden. Ziele sind die Aufnahme einer Ausbildung oder die Hinführung auf den Abschluss einer betrieblichen Ausbildung. Dabei wird „der junge Mensch (…) auch im Betrieb, individuell und kontinuierlich unterstützt und sozialpädagogisch begleitet. Ihm steht beim Träger der assistierten Ausbildung über die gesamte Laufzeit der Förderung insbesondere eine feste Ausbildungsbegleiterin oder ein fester Ausbildungsbegleiter zur Verfügung." Weitere Hilfen im Rahmen der assistierten Ausbildung sind: 1) Maßnahmen zur Stabilisierung des Berufsausbildungsverhältnisses oder der Einstiegsqualifizierung, 2) Angebote zum Abbau von Bildungs- und Sprachdefiziten und 3) Angebote zur Vermittlung fachtheoretischer Fertigkeiten, Kenntnissen und Fähigkeiten. Anspruch auf diese Förderung haben im Übrigen auch Ausländer*innen, die eine Aufenthaltsgestattung nach Asylgesetz oder eine Duldung haben.

- Nach Paragraph 90 SGB III kann ein *Eingliederungszuschuss* für behinderte und schwerbehinderte Menschen gewährt werden, der 70 % des Arbeitsentgelts beträgt. Die maximale Bezugsdauer ist gestaffelt und kann je nach Lage des Falls bis zu 96 Monate betragen.

Weitere gesetzliche Bestimmungen außerhalb des SGB III sind für diesen Personenkreis zu beachten. So ist das *Schwerbehindertengesetz* (SchwbG) seit dem 1. Januar 2018 als Teil 3 *Schwerbehindertenrecht* in das SGB IX

Rehabilitation und Teilhabe von Menschen mit Behinderungen integriert worden. Die inhaltlichen Schwerpunkte dieses Gesetzes sind:

- Die Feststellung der *Schwerbehinderung* (Schwerbehindertenausweis) und der *Gleichstellung*. Dabei geht es um Personen, bei denen der Grad der festgestellten Behinderung zwischen 30 und unter 50 liegt, und die damit als nicht schwerbehindert gelten. Sie können gleichgestellt werden, wenn sie andernfalls keinen geeigneten Arbeitsplatz finden können (Paragraphen 151 und 152 SGB IX).
- Die Regelungen zum *besonderen Kündigungsschutz* für schwerbehinderte Menschen und die Mitwirkung des Integrationsamtes (Paragraph 168 SGB IX).
- Das Verfahren zur Wahl und den Aufgaben der *Schwerbehindertenvertretungen* sowie die Zusammenarbeit der Mitglieder des betrieblichen *Integrationsamtes* (Paragraph 177 SGB IX).
- Die Regelungen zur *Beschäftigungspflicht* der Arbeitgeber*innen nach Paragraph 154 SGB IX sowie weitere Pflichten der Arbeitgeber*innen und Rechte der schwerbehinderten Menschen (Paragraph 164 SGB IX).
- Die Ausführungen zu den Aufgaben des Integrationsamtes bei der Erhebung und Verwendung der *Ausgleichsabgabe* sowie im Rahmen des Kündigungsschutzes und der Begleitenden Hilfe im Arbeitsleben (Paragraph 185 SGB IX).

Mit der Beschäftigungspflicht und der damit verbundenen *Ausgleichsabgabe* für öffentliche und private Arbeitgeber*innen soll erreicht werden, dass Betriebe genügend Arbeitsplätze für Menschen mit Behinderungen zur Verfügung stellen. Arbeitgeber*innen mit jahresdurchschnittlich monatlich mindestens 20 Beschäftigten müssen auf wenigstens 5 % der Arbeitsplätze schwerbehinderte Menschen beschäftigen. Arbeitgeber*innen mit jahresdurchschnittlich monatlich weniger als 40 Arbeitsplätzen müssen jahresdurchschnittlich je Monat einen schwerbehinderten Menschen, Arbeitgeber*innen mit jahresdurchschnittlich monatlich weniger als 60 Arbeitsplätzen jahresdurchschnittlich je Monat müssen zwei schwerbehinderte Menschen beschäftigen. Dabei sind Frauen besonders zu berücksichtigen (Paragraph 154 SGB IX). Wird diese Quote nicht erreicht, müssen sie monatlich für jeden nicht besetzten Pflichtplatz eine Ausgleichsabgabe entrichten, deren Höhe zwischen 125 bis 320 € schwankt und sich nach dem erreichten Beschäftigungsgrad richtet (Paragraph 160 SGB IX). Diese Mittel werden zum einen dafür verwendet, Betrieben bei der Arbeitsplatzgestaltung für Menschen mit Behinderungen behilflich zu sein, zum anderen sollen sie insgesamt das Arbeits- und Ausbildungsplatzangebot für diese Zielgruppe fördern.

Nachdem die Bundespolitik in den letzten Jahren einen besonderen Schwerpunkt auf die berufliche Integration von Schwerbehinderten gelegt hat, greifen die Maßnahmen deutlich besser. Gleichwohl erfüllen nach wie vor die meisten öffentlichen und privaten Arbeitgeber*innen nicht ihre Pflicht, die geforderte Anzahl von Arbeitsplätzen zur Verfügung zu stellen. In der Folge liegt die Erwerbstätigenquote von Menschen mit Behinderungen deutlich unter der der Gesamtbevölkerung. Zudem finden sie sich deutlich häufiger in den niedrigen Einkommensgruppen wieder als abhängig Beschäftigte ohne Behinderungen.

Wichtig sind in diesem Zusammenhang noch die *Integrations- bzw. Inklusionsämter*. Sie „engagieren sich seit Jahrzehnten für Inklusion auf dem allgemeinen Arbeitsmarkt. Dazu gehört: Arbeitsplätze sichern, wenn im Berufsleben eine schwere Behinderung auftritt. Die individuelle berufliche Entwicklung unterstützen. Den beruflichen Wiedereinstieg fördern. Für behinderte junge Menschen neue Zugänge schaffen zu Ausbildung und Beruf auf dem allgemeinen Arbeitsmarkt als Alternative zu der Werkstatt für behinderte Menschen." (BIH 2020, S. 7) Ihre Arbeit wird finanziert aus den Einnahmen der Ausgleichabgabe. Im Jahr 2019 waren das rund 696 Mio. Euro. Hierzu legen die Integrationsämter u. a. Arbeitsmarktprogramme auf, fördern Inklusionsbetriebe sowie Modell- und Forschungsvorhaben und erbringen begleitende Hilfen im Arbeitsleben.

4.2.5   Ausblick und Trends

Das Ende der Arbeit, wie wir sie kennen, wird in regelmäßigen Abständen besungen. Totgesagte leben aber bekanntlich länger und so erweist sich die sozialversicherungspflichtige Beschäftigung trotz aller Veränderungen als überaus beständig. Art und vor allem Umfang der Arbeitsförderbestimmungen unterliegen gleichwohl ständigen Veränderungen. Diese können strukturpolitische Entscheidungen ebenso zur Ursache haben wie fiskalpolitische Einsparziele. Die Regelungen des vormals gültigen AFG unterlagen immer wieder gesetzlichen Anpassungen. Im Jahr 2002 hat die damalige rot-grüne Bundesregierung die wohl bis heute tiefgreifendsten Änderungen auf den Weg gebracht, um den lähmenden sozialwissenschaftlichen wie politischen Streit zwischen nachfrage- und angebotsorientierter Arbeitsmarktpolitik von einer Entweder-oder- in eine Sowohl-als-auch-Politik zu überführen.

Zum Leitmotiv der neuen Arbeits*förderungs*politik wurde die per Arbeit vermittelte soziale Integration *(workfare statt welfare)*. Der Förderung der Beschäftigungsfähigkeit durch Beratung und Qualifizierung wird bis heute höchste Priorität eingeräumt. Personen, die sich nicht ausreichend um

Vermittlung bemühen, werden mit Sanktionen belegt. Zur Messlatte macht diese Politik nicht Art und Umfang der Einkommenssicherung, sondern – *output*-orientiert – die Höhe des Beschäftigungsniveaus.

In diesem Kontext erweist es sich als problematisch, dass der Primat der Erwerbsarbeit zu einer Ausweitung des Niedriglohnsektors und der atypischen Beschäftigung geführt hat. Dies liegt daran, dass mit den Gesetzesänderungen der Grad der Dekommodifizierung abgenommen hat. Durch verschärfte Zumutbarkeitsregeln ist der Druck auch auf höher qualifizierte Arbeitnehmer*innen gestiegen, niedrig qualifizierte Arbeit anzunehmen. So entsteht in diesem Segment ein zusätzlicher Verdrängungswettbewerb und dies, obwohl bereits heute nicht genügend niedrig qualifizierte, halbwegs angemessen bezahlte Arbeit zu Verfügung steht. Die Einführung des Mindestlohns hat den Druck auf die unteren Lohngruppen zwar gemindert, auf dem Weg zu guter Arbeit für Alle kann er aber nur als erster Schritt bezeichnet werden.

Insgesamt bleiben eine Reihe von Desideraten für zukünftige Untersuchungen: So ist fraglich, ob der Ausbau des Niedriglohnbereiches geeignet ist, besonders benachteiligte Zielgruppen am Arbeitsmarkt zu fördern. Diese Personen benötigen zielgerichtete, antidiskriminierende Hilfsangebote anstatt Ausgrenzung als potenzielle *working poor.* Die Ausweitung von nicht existenzsichernd entlohnten Beschäftigungsverhältnissen zielt in erster Linie auf die einen Zuverdienst erbringende Ehe- bzw. Hausfrau und nicht auf eine zielgruppenorientierte Reintegration von Menschen mit besonderen Beschäftigungshemmnissen oder gar auf eine Neuorientierung bzw. Neudefinition des Normalarbeitsverhältnisses. Damit ist der Niedriglohnsektor aber auch kein Beitrag für die Gestaltung einer familien-, geschlechter-, generationen- und migrationsgerechten Arbeitswelt.

Die problematischen Verteilungswirkungen der Arbeitsmarktpolitik der letzten Jahre zeigen sich auch und gerade unter den Auswirkungen der *Corona-Pandemie.* Das Statistische Bundesamt hat aktuelle Zahlen im Rahmen seiner Sozialberichterstattung veröffentlicht. Demnach ist die Armutsrisikoquote in den neuen Bundesländern (inklusive Berlin) auf 17,9 % gestiegen. Damit ist sie zwar immer noch niedriger als 2005, gleichwohl aber wieder ansteigend. In den alten Bundesländern ist die Quote mit 15,9 % seit 2005 kontinuierlich angestiegen. Das Statistische Bundesamt führt zudem aus, dass „viele Erwerbstätige (…) wegen der Corona-Pandemie, etwa durch Kurzarbeit, empfindliche Einbußen bei ihrem Einkommen hinnehmen [müssen, d. Verf.]. Doch schon vor der Krise schützte die Erwerbsarbeit nicht alle Beschäftigten vor Armutsgefährdung. Wie das Statistische Bundesamt (Destatis) mitteilt, waren 8,0 % der Erwerbstätigen ab 18 Jahren im Jahr 2019 in Deutschland armutsgefährdet. Rund 3,1 Mio. Menschen mussten also trotz Arbeit mit weniger als 60 % des mittleren

Einkommens (Median) der Gesamtbevölkerung auskommen." (Destatis 2021, o. S.) Die Politik zur Regulation Einkommensverteilung ist also alles andere als krisenfest. Sie schützt die Bezieher*innen hoher Einkommen und bürdet den schwachen Schultern größere Lasten auf, als diese in vielen Fällen tragen können. Daran können auch die Corona-Hilfen der Bundesregierung nichts ändern. Im Gegenteil, solange der Mindestlohn und die Transferleistungen v. a. bei Arbeitslosigkeit und Rente nicht angepasst werden, sind es vor allem die Bezieher*innen niedriger Einkommen, die keine Kompensation für die erhöhten Kosten etwa im Bereich der Hygieneartikel oder für Virus-Selbsttests oder die schulische Ausbildung ihrer Kinder erhalten. Und auch im Hinblick auf die Entwicklung zukünftiger Armutsrisiken ist die Einkommens- und Arbeitsmarktpolitik wenig präventiv ausgelegt. Es gibt in Deutschland keine ernstzunehmende Debatte, die an die Erfahrungen, die in den 1980er und 1990er mit Flexicurtiy-Modellen gemacht wurden, anknüpft. Dabei wäre das konzeptionelle Nachdenken nötiger denn je. Der konservative deutsche Sozialstaat ist dem Äquivalenzprinzip verbunden (vgl. Abschn. 3.3.2). Zwar sorgen Ausgleichstatbestände wie zum Beispiel die Anerkennung von Kindererziehungszeiten in der Gesetzlichen Rentenversicherung dafür, dass Sozialleistungsansprüche nicht allein über das Erwerbseinkommen bestimmt werden. Gleichwohl bestimmt das Einkommen, das am Arbeitsmarkt erreicht werden konnte, auch im Sozialleistungs- bzw. Rentenbezug maßgeblich die materielle Ausstattung einer Person. Ohne Reformen, die auf eine bessere Absicherung der atypischen Beschäftigung abzielen, geht das Beschäftigungswunder der 2000er Jahre nicht nur an einem erheblichen Teil der Menschen vorbei. Es wird sich dazu als Pyrrhussieg erweisen, wenn infolge der schlechten Arbeit die Altersarmut in den zukünftigen Jahrzehnten ansteigen wird. Hier wird die soziale Lage vieler Menschen sehenden Auges an die Wand gefahren.

4.2.6 Der Schutz der Arbeitskraft

Das Ziel des Arbeitsschutzes in Deutschland ist die Reduktion gesundheitlicher Risiken am Arbeitsplatz *(Prävention)* bzw. die Bereitstellung kurativer und rehabilitativer Leistungen, wenn *Unfälle* bzw. *Berufskrankheiten* die Erwerbsfähigkeit eines Versicherten bedrohen bzw. reduzieren. Neben dem SGB VII *Gesetzliche Unfallversicherung* gibt es in der Bundesrepublik Deutschland hierfür eine Vielzahl *tariflicher Vereinbarungen,* die Regelungen zur Gestaltung der Arbeitszeit, ihrer Inhalte und Organisation sowie zu den Lohnbedingungen festlegen. Daneben bilden die staatlichen Arbeitschutz- und Unfallverhütungsvorschriften der Berufsgenossenschaften ein *System des Arbeitsschutzes,* das sich u. a. auf Geräte- und Arbeitsplatzsicherheit, Hygiene- und Lärmschutzvorschriften,

aber auch auf die Arbeitszeit- und Schutzregelungen für besondere Personen-
und/oder Berufsgruppen (z. B. Ladenschlussgesetz, Jugendliche, Auszubildende,
Schwerbehinderte etc.) bezieht.

Das SGB VII Gesetzliche Unfallversicherung

Die im Jahr 1884 mit dem *Unfallversicherungsgesetz* ins Leben gerufene und
1996 als *Gesetzliche Unfallversicherung* (GUV) in das SGB als VII. Buch
integrierte Sozialleistung ist nach der Gesetzlichen Krankenversicherung
(GKV, SGB V) der zweitälteste Sozialversicherungszweig in Deutschland (vgl.
Abschn. 2.3.2 und 2.7.2). Sie verpflichtet die Unternehmen zur Bildung von
Berufsgenossenschaften, die bei Betriebsunfällen den geschädigten Arbeitnehmer*innen Schadensersatz leisten. In der Unfallversicherung ist es unerheb-
lich, wer an einem Arbeitsunfall schuld ist *(Prinzip der Gefährdungshaftung).*
Die GUV erbringt die Versicherungsleistung in jedem Fall. Die GUV stellt damit
eine *Unternehmerhaftpflicht* für das allgemeine Betriebsrisiko dar, das von einer
Produktionsanlage ausgeht. Dies betrifft das Verhältnis zwischen Unternehmern
und Beschäftigten ebenso wie das der Beschäftigten untereinander. Allerdings ist
nicht jeder Unfall, der im betrieblichen Umfeld passiert, automatisch ein Arbeitsunfall. Hier kommt es auf die Beurteilung der konkreten Umstände an.

    Träger der Unfallversicherung sind u. a. die gewerblichen und landwirtschaft-
lichen Berufsgenossenschaften sowie die Unfallversicherungsträger der öffentlichen
Hand (Paragraph 114 SGB VII). Jede Arbeitnehmer*in und alle Auszubildende sind
kraft Gesetzes unfallversichert. Darüber hinaus sind Landwirte, Kinder in Kindertagesstätten, Schüler*innen und Studierende, Helfer*innen bei Unglücksfällen,
Mitarbeiter*innen beim Zivil- und Katastrophenschutz sowie Blut- und Organ-
spender*innen in die Versicherung eingeschlossen (Paragraph 2 SGB VII).

    Die Träger der gewerblichen Unfallversicherung finanzieren sich im *Umlage-
verfahren* aus den laufenden Beiträgen der Unternehmen. Die landwirtschaftlichen Unfallkassen erhalten darüber hinaus einen *Bundeszuschuss.* Die Höhe
der Beiträge richtet sich nach der Summe der jährlichen Lohnzahlungen und dem
Grad der Unfallgefahr in dem entsprechenden Wirtschaftszweig. Die Versicherten
bezahlen keine eigenen Beiträge. *Versicherungsfälle,* die zu einem Leistungsanspruch in der GUV führen können, sind:

- *Arbeitsbedingte Erkrankungen,* die durch bestimmte berufs- und tätigkeits-
  spezifische Einflüsse hervorgerufen werden. Allerdings ist nur ein kleiner Teil
  dieser Erkrankungen tatsächlich auch sozialversicherungsrechtlich als *Berufskrankheit* anerkannt. Die offizielle *Berufskrankheitenliste* ist in der *Berufs-
  krankheiten-Verordnung* (BKV) vom 31. Oktober 1997 festgelegt. Sie wird

laufend aktualisiert und umfasst Krankheitsbilder, die durch chemische und physikalische Einwirkungen bzw. durch Infektionserreger oder Parasiten verursacht werden sowie Erkrankungen der Atemwege und der Haut. Der Liste liegt ein striktes naturwissenschaftliches *Verursachungsmodell* zugrunde. Eine Berufskrankheit kann deshalb nur anerkannt werden, wenn sie durch besondere Einwirkungen verursacht ist, denen eine Person durch ihre Berufsausübung in erheblich höherem Umfang als die übrige Bevölkerung ausgesetzt ist und sich daraus die krankmachende Wirkung zweifelsfrei feststellen lässt.

*   *Arbeitsunfälle*, die in Zusammenhang mit der Berufsausübung stehen. Dabei sind auch die direkten Wege von und zur Arbeitsstelle in die Versicherung eingeschlossen *(Wegeunfälle)*.

Das Leistungsspektrum der Gesetzlichen Unfallversicherung
Das Ziel der Unfallversicherung besteht darin, durch *präventive Maßnahmen* zur Unfallverhütung und Vermeidung von Berufskrankheiten beizutragen (z. B. durch *Unfallverhütungsvorschriften* und deren Überwachung) bzw. die Folgen von Arbeitsunfällen und Berufskrankheiten

*   durch *kurative* und *rehabilitative* Leistungen zu begrenzen,
*   die Erwerbsfähigkeit wiederherzustellen *(Wiedereingliederungsziel)* und
*   die Betroffenen bzw. deren Hinterbliebene ggf. mit *Geldleistungen* zu entschädigen.

Die wichtigsten materiellen Leistungen der Gesetzlichen Unfallversicherung, auf die Versicherte bzw. deren Angehörige Anspruch haben, sind:

*   *Heilbehandlung einschließlich Leistungen zur medizinischen Rehabilitation:* Die GUV übernimmt die Kosten für die ärztliche Behandlung, die erforderlichen Arznei-, Verbands-, Heil- und Hilfsmittel sowie für die Krankenhausaufenthalte und ggf. notwendige Rehabilitationsmaßnahmen. Die Dauer der Leistung richtet sich dabei nach medizinischen Erfordernissen.
*   *Verletztengeld:* Dies wird, soweit und solange keine Entgeltfortzahlung im Krankheitsfall erfolgt, während einer Heilbehandlung gezahlt. Die Höhe beträgt 80 % des monatlichen Bruttoeinkommens, jedoch nicht mehr als das Nettoentgelt. Erwerbseinkommen bzw. Sozialtransfers (z. B. Arbeitslosengeld I oder II) werden auf das Verletztengeld angerechnet. Die Bezugsdauer ist grundsätzlich an die Dauer der Heilbehandlung gekoppelt. Sie beträgt maximal 78 Wochen, wenn nicht mit der Wiederherstellung der

Arbeitsfähigkeit zu rechnen ist und keine Leistungen zur Teilhabe am Arbeitsleben erbracht werden.

- *Leistungen zur Teilhabe am Arbeitsleben:* Wenn ein Versicherte*r nach einem Arbeitsunfall oder in Folge einer Berufskrankheit nicht mehr im bisherigen Beruf tätig sein kann, besteht Anspruch auf Leistungen, die geeignet sind, den alten Arbeitsplatz zu erhalten bzw. einen neuen zu finden (z. B. durch Zuschüsse an die Arbeitgeber*in, die Finanzierung einer Probebeschäftigung oder die behindertengerechte Umgestaltung des Arbeitsplatzes sowie Umschulungen). Für die Dauer der Teilnahme an Maßnahmen zur Reintegration in den Arbeitsmarkt besteht Anspruch auf *Übergangsgeld,* das in gleicher Höhe wie das Verletztengeld bezahlt wird.
- *Leistungen zur Teilhabe am Leben in der Gemeinschaft und ergänzende Leistungen:* Hierzu zählen vor allem der Anspruch auf Kraftfahrzeug-, Wohnungs- und Haushaltshilfe sowie Kinderbetreuungskosten, psychosoziale Betreuung und Rehabilitationssport.
- *Anspruch auf Unfallrente:* Dieser setzt ein, wenn auch nach 26 Wochen eine Minderung der Erwerbsfähigkeit von mindestens zwanzig Prozent vorliegt und dies ursächlich auf einen Arbeitsunfall oder eine Berufskrankheit zurückzuführen ist. Die Rentenhöhe richtet sich nach dem Grad der Erwerbsminderung und dem Einkommen. Bei vollständigem Verlust der Arbeitskraft wird eine *Vollrente* in Höhe von zwei Dritteln des letzten Jahresarbeitsverdienstes gezahlt. Bei einer Minderung der Erwerbsfähigkeit wird eine *Teilrente* bezahlt, deren Anteil von der Vollrente dem Grad der Erwerbsminderung entspricht.
- *Pflegegeld:* Wird ein Versicherte*r pflegebedürftig, können neben einer Unfallrente auch Pflegeleistungen bzw. Pflegegeld oder stationäre Pflegeleistungen in Anspruch genommen werden.
- *Hinterbliebenenrenten und Sterbegeld:* Stirbt eine versicherte Person in Folge eines Versicherungsfalls hat die Ehegatt*in (seit 2005 auch die eingetragene gleichgeschlechtliche Lebenspartner*in) Anspruch auf eine *Hinterbliebenen-,* die unterhaltsberechtigten Kinder auf eine *(Voll-) Waisenrente.*
- Die Höhe der *Hinterbliebenenrente* richtet sich nach dem Alter, der Erwerbs- bzw. Berufsfähigkeit und der Kinderanzahl. Ehegatten, die älter als 47 Jahre oder erwerbsgemindert sind oder mindestens ein unterhaltsberechtigtes Kind erziehen, erhalten eine Rente in Höhe von 40 % des Jahresarbeitsverdienstes des/der Verstorbenen. Bei erneuter Heirat verfällt der Rentenanspruch. Eigenes Einkommen wird unter Anerkennung dynamisierter (Kinder-)Freibeträge mit vierzig Prozent auf die Hinterbliebenenrente angerechnet.
- Als *Waisenrente* werden bis zum 18. Lebensjahr zwanzig (Halbwaise) bzw. dreißig Prozent (Vollwaise) des Jahresarbeitseinkommens des/der

Verstorbenen ausbezahlt. Die Rente kann bis zum 27. Lebensjahr bezahlt werden, wenn sich das Kind in Schul- oder Berufsausbildung befindet, ein freiwilliges soziales oder ökologisches Jahr oder einen Bundesfreiwilligendienst leistet bzw. sich wegen körperlicher, geistiger oder seelischer Behinderung nicht selbst unterhalten kann. Bei der Waisenrente wird eigenes Einkommen ebenfalls auf die Leistung der Unfallkasse angerechnet.

Insgesamt kann die Unfallversicherung als erfolgreiches Instrument zur Bekämpfung von Arbeitsunfällen gelten. Seit den 1960er Jahren geht deren Anzahl kontinuierlich zurück, zugleich sind die Ausgaben für die Prävention deutlich gestiegen. Strittiger ist die Einschätzung des Sicherungsgrades gegenüber Berufskrankheiten. Insbesondere die Abgrenzungsschwierigkeiten, ob eine Erkrankung hauptsächlich auf berufsbedingte Faktoren zurückzuführen ist, und die Unbestimmtheit des Erwerbsunfähigkeitsbegriffs führen immer wieder zu arbeits- und sozialrechtlichen Streitigkeiten.

Neben nationalem Recht spielt gerade bei den Vorschriften zur Sicherheit am Arbeitsplatz die *Europäische Union* (EU) eine wichtige Rolle. So ist die EU ein wichtiger Schrittmacher, wenn es darum geht, Arbeitsschutzrichtlinien einzuführen. Hier ist vor allem an die Rahmenrichtlinie 89/391/EWG vom 12. Juni 1989 zu denken, in deren Folge eine Reihe von Aktivitäten zur Verbesserung des Arbeitsschutzes auf den Weg gebracht wurden. Die Richtlinie wurde zuletzt im Mai 2018 modifiziert. Sie muss in den Mitgliedstaaten in geltendes Recht umgesetzt werden. Das Ziel der Richtlinie ist es, die Sicherheit und den Gesundheitsschutz von Arbeitnehmer*innen zu verbessern. Mit der *Mitteilung über einen strategischen Rahmen der EU für Gesundheit und Sicherheit am Arbeitsplatz 2014–2020* hat die EU zudem im Jahr 2014 einen Plan vorgelegt, um in der ganzen EU einheitliche Rahmenbedingungen zu schaffen. (vgl. Europäische Kommission 2014) Zumindest bis jetzt hat dieses nicht zu einer Absenkung der Sozialstandards geführt, auch wurden über europäisches Recht hinausgehende nationale Regelungen nicht zurückgeführt. Im Gegenteil: Nicht zuletzt das Verlangen nach vergleichbaren Wettbewerbsbedingungen in der Union hat hier bislang zu weit reichenden europäischen Regelungen geführt.

4.3 Kinder, Jugend, Familie, Haushalt

Die Sozialpolitik für Kinder, Jugendliche und Familien sowie die Unterstützung privater Haushalte umfasst eine Fülle von privat-, steuer- und sozialrechtlichen Regelungen und Maßnahmen. Sie ist auch hier geprägt von Politiken aller (auch sub- und über-) staatlichen Ebenen ebenso, wie von gesellschaftlichem Engagement von, mit und für diesen Adressat*innenkreis. Die fortlaufende Diskussion über Sinn und Grenzen der Familienpolitik mündet exemplarisch in zwei Reformdebatten: in die um eine Kindergrundsicherung und in die um die Zukunft des Ehegattensplittings.

4.3.1 Systematischer Stellenwert

Kinder- und Jugendpolitik

Stimmt der Satz „Deutschland braucht mehr Kinder"? Jedenfalls werden die in Deutschland heute real existierenden Kinder und Jugendlichen zwar erst morgen über die Sozialpolitik in Deutschland bestimmen und sie zu finanzieren haben, aber sie sind heute schon ihre Adressat*innen. Kinder und Jugendliche sind dabei die einzige gesellschaftliche Gruppe mit unbedingtem Unterhaltsanspruch gegenüber ihren Eltern und dem Sozialstaat. Es besteht daneben ein Konsens, dass die Lebenlage und Lebensperspektiven von Kindern und Jugendlichen nicht völlig von denen ihrer Herkunftsfamilie abhängen sollen – also sozialpolitisch für „positive Lebensbedingungen" des Aufwachsens für alle „jungen Menschen und ihre Familien" (Paragraph 1 SGB VIII – Kinder- und Jugendhilfe) zu sorgen ist. Dieses beinhaltet auch die Fürsorge für ein gesundes Aufwachsen von Kindern und deshalb einen breiten gesellschaftlichen Konsens beim Kinderarbeitsverbot.

Familienpolitik

Insbesondere in konservativen Familienbildern gilt die eheliche, heterosexuelle Lebensgemeinschaft mit Kindern als Synonym für *Familie* und als *Keimzelle* des Staates. Familie lässt sich aber auch weiter verstehen, etwa als private Verantwortungs- und Sorgegemeinschaft unter Einschluss auch nicht-ehelicher und nicht-heterosexueller Paargemeinschaften mit und ohne minderjährigen Kindern in einem Haushalt. (Peuckert 2019) Jedenfalls wird die Familie als der Ort betrachtet, an dem Kinder geboren werden sowie die physische und psychische Gesundheit der Familienangehörigen sichergestellt werden soll. Sie ist damit der zentrale Ort für *Regeneration* und *Reproduktion,* der den gesellschaftlichen Status quo garantiert. Die wichtigsten sozialen Funktionen der Familie lassen sich beschreiben als:

- *Sozialisationsfunktion* durch Erziehungsleistungen: Familie ist eine zentrale Erziehungsinstanz in der Gesellschaft. In ihr werden Normen, Werte, Einstellungen und Verhaltensmuster transportiert. In der (klassen-/schichtspezifischen) Vermittlung kognitiver, emotionaler, materieller und kultureller

Ressourcen beeinflusst die familiäre Sozialisation entscheidend die Lebenschancen von Kindern.

- *intrafamiliäre und intergenerative Versorgungs- und Sicherungsfunktion:*
Familiäre Strukturen gewährleisten nicht nur die Betreuung und Erziehung der
Kinder, in ihnen werden auch zwischen den Generationen vielfältige wechselseitige Pflege-, (materielle) Unterstützungs- (Unterhalt) und Betreuungsleistungen (Sorgearbeit) erbracht. Familiäre Netzwerke kompensieren ggf.
fehlende öffentliche/gesellschaftliche Hilfs- und Betreuungsangebote (z. B.
für Kinder, kranke und pflegebedürftige Menschen) bzw. werden bewusst als
Alternative zu sozialen Dienstleistungen aktiv.

- *Ort der physischen und psychischen Regeneration:* Gegenüber der durch-
rationalisierten Arbeitswelt soll die Familie ein Rückzugsraum sein, der
emotionale Entlastung und Geborgenheit gewährt. Reale familiäre Lebensbedingungen (Wohnungsgröße, Einkommen, Umwelt) stehen nicht selten
dieser Anforderung entgegen. Auch können Partnerschafts- und Generationen-
konflikte zu einer zusätzlichen emotionalen und physischen Belastung werden.

- *Sicherung der demographischen Basis der Gesellschaft:* Zusammen mit
Migrationsbewegungen und der *Lebenserwartung* prägt die *Geburtenrate* die
Größe und altersmäßige Zusammensetzung einer Gesellschaft. Ob allerdings
eine konstante Bevölkerungsgröße als anzustrebendes Optimum anzusehen ist,
bleibt umstritten.

Aufgrund der konstitutiven Bedeutung von Familien für die Gesellschaft ist
deren Schutz und Förderung eine zentrale sozialpolitische Aufgabenstellung.
Familienpolitik zielt dabei – stark fragmentiert nach Familienformen und sozialen
Statusgruppen – auf eine Sicherung und Stärkung der materiellen und sozialen
Ressourcen von Familien. Sie stößt dabei auf widersprüchliche Interessen und
prägt diese mit – zwischen Geschlechtern und Generationen, armen und reichen
Familien, solchen in und jenseits ehelicher Gemeinschaft usw.

Familienpolitik ist ein weder inhaltlich noch institutionell klar abgrenz-
bares Politikfeld. Sie ist sowohl *explizite Fachpolitik* (etwa im Familienrecht),
als auch gesellschaftspolitisches *Querschnittsthema,* das in vielfältige Lebens-
und Sicherungsbereiche einwirkt (z. B. in den Bereichen Einkommen, Wohnen,
Bildung). Familie lässt sich dabei angemessen weder einseitig als Institution
(Familienpolitik als *Institutionenpolitik*) auffassen, noch darf der Blick lediglich
auf einzelne Mitglieder von Familien (Familienpolitik als *Familienmitglieder-
politik*) gerichtet werden. Familie ist heute vielmehr in erster Linie prozesshaft
„alltägliche Herstellungsleistung“. (BMFSFJ 2021, S. 5)

Familienpolitik richtet sich einmal an spezifisch problembeladene Familien: zerrüttete, von Auflösung bedrohte Familien, Familien, in denen physische und psychische Gewalt gegen Ehepartner*innen und Kinder ausgeübt wird, aus denen Kinder und Jugendliche flüchten usw. So sind u. a. Art, Umfang und Ausnahmen von Vor- und Gegenleistungsverpflichtungen für Unterhaltsansprüche von (ehemaligen) Ehe- und Lebenspartner*innen zu regeln. Aber auch Familien ohne solche besonders gravierenden Schwierigkeiten sind auf sozialstaatliche Hilfen angewiesen. Dies gilt insbesondere für ihren Bedarf an Anerkennung, Unterstützung und Entlastung von Sorgearbeit, einschließlich deren direkter (etwa Betreuungskosten) und indirekter Kosten (aufgrund von Sorgearbeit eingeschränkter Möglichkeiten zur Erzielung von Erwerbseinkommen).

Wohnungs- und Quartierspolitik
Schließlich: Kindheit, Jugend und Familie enden nicht an der Wohnungstür. Kind ist jemand auch im (begüterten oder aber benachteiligten) Quartier oder gemeindlichen Umfeld und familiale Bande spannen sich über Haushalte hinweg. Einem Haushalt anzugehören, eine Wohnung zu haben, zählt zu den besonders wichtigen Kriterien bei einer multidimensionalen sozialwissenschaftlichen Diagnose, ob Bedingungen für ein gelingendes Aufwachsen der Kinder vorliegen. Dazu gehören auch die Höhe und Konstanz eines Familieneinkommens. So bestimmen Zahlungsmöglichkeiten wesentlich darüber, ob und wo jemand ein Dach über dem Kopf hat, zugleich wo sich Wohlstand hier und soziale Probleme dort sozialräumlich konzentrieren. Das Maß an realer Gleichwertigkeit von Lebensverhältnissen bzw. sozialräumlicher Polarisierung und Segregation von Lebenslagen wird also sozialpolitisch mitbestimmt.

4.3.2 Rechtsgrundlagen

Kinder-, jugend-, familien- und wohnungspolitische Regelungen und Maßnahmen sind in zahlreichen Gesetzen auf Bundes- (Beispiel: Kinder- und Wohngeld) und Landesebene (Beispiel: Förderung von Familienerholungsmaßnahmen, Raumplanung) verankert. Eine wichtige Rolle spielen auch Regelungen und Maßnahmen auf kommunaler Ebene (Beispiel: Elternbeitragssätze für Kindertagesbetreuung, Mietobergrenzen beim Bezug von Leistungen nach dem SGB II und dem SGB XII, lokale Hilfesysteme und Ordnungspolitiken bei Wohnungsnot) sowie im europäischen und internationalen Recht (Beispiel: europäisches Asylrecht, UN-Kinderrechtskonvention). Zum Teil ist auch sog. Richterrecht relevant (Beispiel: Düsseldorfer Tabelle im familiären Unterhaltsrecht, Nachbarschaftsrecht,

Rechtssprechung zu Sozialleistungsansprüchen/-ausschlüssen für innerhalb der EU migierende Familien). Die die Sozialpolitik in Deutschland in diesem Feld am meisten prägenden Rechtsgrundlagen finden sich im Grundgesetz und in den Länderverfassungen sowie im Jugendhilferecht (SGB VIII).

Grundgesetz

Das Grundgesetz schützt zwar die Unverletzlichkeit der Wohnung (Art. 13) vor unerlaubtem Zugriff, garantiert damit allerdings kein soziales Grundrecht auf einen angemessenen Wohnraum, wie es die Weimarer Reichsverfassung vorsah. Im Sinne eines derartigen sozialen Grundrechts allerdings stellt die Verfassung die Familie unter einen besonderen staatlichen Schutz. Zugleich schreibt es fest, dass die Pflege und Erziehung der Kinder „das natürliche Recht der Eltern und die zuvörderst ihnen obliegende Pflicht" sei (Art. 6 Absatz 2 GG). In Absatz 4 wird zudem ausdrücklich Müttern der „Anspruch auf den Schutz und die Für-sorge der Gemeinschaft" garantiert. Das Grundgesetz schützt elterliche Rechte gegenüber dem Kind, bindet diese aber an das Kindeswohl und behält dem Staat eine Kontrollfunktion *(Wächteramt)* vor. Ein ausdrückliches Recht der Kinder auf eine umfassende kindergerechte Entwicklung enthält es bislang aber nicht (anders als etwa die UN-Kinderrechtskonvention oder das SGB VIII). Seit Januar 2021 steht nach jahrzehntelanger, kontroverser Debatte nun ein Vorschlag der Bundesregierung zur Ergänzung des Artikel 6 Absatz 2 GG um folgende Sätze im Deutschen Bundestag und im Bundesrat zur Debatte: „Die verfassungsmäßigen Rechte der Kinder einschließlich ihres Rechts auf Entwicklung zu eigenver-antwortlichen Persönlichkeiten sind zu achten und zu schützen. Das Wohl des Kindes ist angemessen zu berücksichtigen. Der verfassungsrechtliche Anspruch von Kindern auf rechtliches Gehör ist zu wahren. Die Erstverantwortung der Eltern bleibt unberührt." Eine parlamentarische Mehrheit konnte für diese (und konkurrierende) Formulierungen vor der Bundestagswahl 2021 nicht mehr erreicht werden, sodass sich der nächste Bundestag erneut mit dieser Frage befassen wird.

Kinder- und Jugendhilfe (SGB VIII)

Das heutige, 1990 eingeführte, Kinder- und Jugendhilfegesetz wurde 1996 als Achtes Gesetzbuch in das Sozialgesetzbuch eingegliedert. Nach SGB VIII hat jeder junge Mensch ein Recht auf Förderung seiner Entwicklung und Erziehung zu einer eigenverantwortlichen und gemeinschaftsfähigen Person (Paragraph 1). Dabei ist es Aufgabe des Gesetzes, die individuelle und soziale Entwicklung der Kinder und Jugendlichen zu fördern sowie die Eltern bei der Erziehung zu beraten und zu unterstützen. Unter ausdrücklicher Einbeziehung der Wünsche der Kinder sollen die gesetzlichen Leistungen im Ergebnis dazu beitragen, positive Lebensbedingungen für junge Menschen und ihre Familien sowie eine kinder- und familienfreundliche Umwelt zu schaffen bzw. zu erhalten (Ebenda). Das SGB VIII ist über die Betonung der *Jugendarbeit* (außerschulische Jugendbildung sowie Sport-, Spiel- und Freizeitförderung bei freien Trägern, in Jugendverbänden und Jugendgruppen), der *Jugendsozialarbeit* (sozialarbeiterische bzw. pädagogische Betreuung zum Ausgleich sozialer Benachteiligungen bzw. individueller Beeinträchtigungen in verschiedenen Lebenslagen und Erziehungssituationen) sowie der *Familienbildung, -beratung und -erholung* stark präventiv ausgerichtet. Dem sollen in erster Linie sozialräumliche, persönliche und erzieherische Dienstleistungen dienen.

Ordnungspolitische Eingriffe in die Familien gewannen in letzter Zeit nach zahlreichen gravierenden Fällen von Kindesvernachlässigung wieder an Bedeutung, so durch den 2005 ergänzten Paragraphen 8a SGB VIII zum Schutzauftrag bei Kindeswohlgefährdung. Eine Novelle zum SGB VIII gelang nach mehreren Anläufen Anfang 2021 mit dem Kinder- und Jugendstärkungsgesetz (KJSG). Obschon die politisch angestrebte „große Lösung" der Inklusion durch die Zusammenfassung aller Leistungen für Kinder und Jugendliche mit und ohne Behinderung im SGB VIII nicht zustande kam, orientiert sich das SGB VIII seitdem deutlich stärker an unterschiedlichen realen Lebenswelten. Dies wird vor allem durch die Aufnahme nicht-binärer Kinder und Jugendlicher in den Gesetzestext, die Berücksichtigung nicht-sorgeberechtigter Eltern im Hilfeplanverfahren, die Einbindung des nachfolgenden Sozialleistungsträgers (meist SGB II) bei der Beendigung von Hilfen, die deutliche Reduzierung der Kostenbeteiligung von jungen Menschen bei den Hilfen zur Erziehung und die Schaffung von Wieder- und Neueintrittsmöglichkeiten in die Jugendhilfe für junge Volljährige deutlich. Mittelfristig schafft das revidierte SGB VIII über die nächsten zwei Legislaturperioden hinweg eine weitere Bündelung von Leistungen für junge Menschen mit und ohne Behinderungen sowie den Ausbau von Beratungs- und Beschwerdemöglichkeiten für Familien und ihre einzelnen Mitglieder.

4.3.3 Träger der Sicherungssysteme

Anders als in anderen Sicherungsbereichen (und anderen europäischen Sozialstaaten, etwa Schweden) gibt es kein eigenes auf der Bundesebene angesiedeltes Sozialversicherungssystem für Kinder-, Jugend- und Familienfragen. Familien- und haushaltsbezogene Regelungen finden sich hier vielmehr verstreut über die staatlichen Ebenen und in den fünf Zweigen der Sozialversicherung. Im Einzelnen gilt:

- Beim Kindergeld etwa, das bei der örtlichen Arbeitsverwaltung zu beantragen ist, ist der Bund der Träger.
- Für ehe- und familienbezogene Bestandteile (Gehaltszuschläge, Beihilferegelungen, Hinterbliebenenversorgung) in der Versorgung der Beamt*innen sind jeweils – je nach Dienstherr – Bund, Länder oder Gemeinden die Leistungsträger.
- In der Sozialversicherung ist auch haushalts-, ehe- und familienbezogen die unterschiedliche Mitglied- und Trägerschaft etwa der Gesetzlichen und Privaten Kranken-/Pflegeversicherung relevant (so zur Frage der beitragsfreien Mitversicherung von Ehepartner*innen und Kindern mit keinem oder einem geringen Einkommen; *Familienversicherung*). Auch in der Gesetzlichen Rentenversicherung bestehen ehe- und kinderbezogene Sonderregelungen (vgl. *Kindererziehungszeiten*). In der Gesetzlichen Pflegeversicherung führt Kinderlosigkeit zu einem erhöhten Beitragssatz. Träger der Gesetzlichen Sozialversicherungssysteme sind Körperschaften bzw. Anstalten öffentlichen Rechts, im Unterschied etwa zu privaten Krankenversicherungen, deren Träger gewinnwirtschaftliche Versicherungskonzerne sind.
- Die Kinder- und Jugendhilfe (SGB VIII) ist zwar auf Bundesebene geregelt, aber länderspezifisch näher ausgestaltet und wesentlich über die Kommunen als Träger bzw. Gewährleister organisiert. So bestehen Leistungsansprüche nach dem SGB VIII zunächst gegenüber den Jugendämtern der Landkreise (bzw. kreisangehörigen Kommunen) und der kreisfreien Städte (vgl. Abschn. 3.4.2), wobei die Angebote selbst in der Regel durch Freie Träger – teilweise auch über kommunale Zweckverbände (Landschaftsverbände) – erbracht werden.
- Während die Festlegung und Finanzierung des Wohngeldes hälftig durch den Bund und die Länder erfolgt, obliegt die Durchführung den kreisfreien Städten und Landkreisen, die hierfür besondere Wohngeldstellen einrichten.
- Landeseigene Trägerschaften sozialer Sicherung bestehen etwa im Falle von Landeselterngeld- und -betreuungsgeldgesetzen.
- Schließlich können im Rahmen betrieblicher und tariflicher Sozialpolitik auch Arbeitgeber*innen Träger kinder-, jugend-, familien- und haushaltsbezogener Sozialpolitik sein, etwa in Form von Werkswohnungen oder familienbezogenen Lohnbestandteilen.

4.3.4 Politische Entscheidungs- und Handlungsebenen

vertikal (internationale und europäische Ebene sowie Bund, Länder und Gemeinden)

Auf internationaler Ebene bedeutsam sind etwa die UN-Kinderrechtskonvention, internationale familienrechtliche Übereinkommen für grenzübergreifend strittige Sorgerechtsfälle und internationale Jugendaustauschprogramme (etwa in Europa, mit Israel oder zwischen internationalen Partnergemeinden).

Auf europäischer Ebene sind die Kinder-, Jugend- und Familienpolitik sowie die Wohnungspolitik nur schwach verankert. Begründet über die auf EU-Ebene traditionell stark kultivierte Politik zur Gleichstellung der Geschlechter gibt es inzwischen allerdings auch ein erstes Beispiel, in dem die EU nicht nur Recht zum ‚Export' von Sozialleistungsansprüchen (so sie denn nach nationalem Recht bestehen) über mitgliedstaatliche Grenzen hinweg regelt, sondern unionsweit Rechtsansprüche auf Mindestleistungen durchsetzt. So wird über die Richtlinie 2019/1158 „zur Vereinbarkeit von Beruf und Privatleben für Eltern und pflegende Angehörige" vom 20. Juni 2019 unter anderem ein mindestens „zehn Arbeitstage" umfassender „Vaterschaftsurlaub" (Art. 4) festgelegt. Für diese Tage ist „eine Bezahlung oder Vergütung" mindestens in Höhe des mitgliedstaatlich geltenden Krankengeldes vorgesehen (Art. 8). Eine Abweichung von dieser Norm nach unten ist nur erlaubt, wenn der Mitgliedstaat für diese Tage ein Elterngeld vorsieht, das (wie in Deutschland) „mindestens 65 % des Nettoeinkommens des Arbeitnehmers" beträgt (Atikel 20). So begrenzt die Reichweite dieser Bestimmung für die Lebensbedingungen der EU-Bürger*innen insgesamt ist, so bedeutsam ist sie doch als Einstieg in unionsweit vereinbarte, verbindliche Mindeststandards für das materielle Sozialrecht. Bisweilen sind auch europäische Fördergelder kinder-, jugend-, familien- und wohnungspolitisch relevant für Träger vor Ort, etwa zugunsten von Roma-Communities in mittel-/osteuropäischen Ländern und für von dort stammende Sinti und Roma in Deutschland.

Bundeseinheitlich geregelt sind gesetzliche Bestimmungen zum Kinder- und Jugendschutz (JugSchG), zum Mutterschutz sowie zum familiären Unterhaltsrecht (BGB). Im Vollzug entscheidet sich die Effektivität etwa des Jugendschutzes allerdings wesentlich auf der örtlichen Handlungsebene. Bund und Länder gemeinsam entscheiden über die zentralen Rechtskreise von BAföG, SGB II, VIII und XII sowie das Wohngeldgesetz. Besonders in der Schulpolitik (etwa Ganztagsschulprogrammen), der Jugendhilfe und der Wohnungsbaupolitik spielen dabei die Bundesländer eine zentrale Rolle, in der Schulpolitik bei der inhaltlichen Ausgestaltung, in jedem Falle aber als Mitfinanzierer. Der Bau von

Schulen und der Ausbau und Unterhalt von Krippenplätzen ist kommunale Aufgabe. An der je kommunalen Sozialpolitik entscheiden sich auch Fragen etwa des Angebots/der Förderung von Jugendzentren und Familienberatungsstellen.

Horizontal (öffentlich, frei-gemeinnützig, privat-gewerblich, betrieblich)
In verschiedenen Handlungsfeldern der Kinder-, Jugend- und Familienhilfe spielen öffentliche, frei-gemeinnützige und gewerbliche Träger eine sehr unterschiedlich bedeutsame Rolle. Jugend- und Wohlfahrtsverbände[24] entscheiden zwar nicht über die gesetzlichen Rahmenbedingungen, wirken aber intensiv an der politischen Meinungsbildung in diesem Feld mit (zum Teil gemeinsam mit öffentlichen Trägern[25]) und prägen handelnd das Feld sozialer Einrichtungen und Dienste in diesem Bereich. Privatgewerbliche Anbieter sind hingegen stärker im Altenhilfe- und Pflegebereich aktiv, teils mit eigenen Strukturen zur Interessensvertretung[26], teils in solchen gemeinsam mit frei-gemeinnützigen Trägern.[27] Schließlich findet Kinder-, Jugend- und Familienhilfe auch auf betrieblicher Ebene statt (etwa in Betriebskindergärten) und im Rahmen der Bemühungen um eine familienfreundliche Unternehmenskultur.[28] Auch der Wohnungsbereich ist geprägt von einem facettenreichen Neben-, Mit- und Gegeneinander privater, genossenschaftlicher und gewinnorientierter Anbieter von Wohnraum, von kommunalem und landeseigenem Wohnungsbau, frei-gemeinnützigen Trägern stationärer Einrichtungen, Mietervereinen usw.

4.3.5 Leistungsspektrum

Kinder-, jugend-, familien- und haushaltsbezogenen sozialen Dienst-, Sach- und Geldleistungen gehen zunächst einmal familien- und ehebezogene Unterhaltsverpflichtungen nach bürgerlichem Recht sowie steuerrechtliche Regelungen vor. Nachdem auf diese eingegangen wird, werden die weiteren sozialpolitischen Regelungen und Maßnahmen entlang der in Abschn. 3.3.1 differenzierten

[24] Siehe zu diesen www.dbjr.de; www.bagfw.de Zugegriffen: 16.03.2021
[25] Siehe hierzu www.agj.de; https://bundesforum-familie.de Zugegriffen: 16.03.2021
[26] Siehe hierzu etwa www.bpa.de Zugegriffen: 16.03.2021
[27] Siehe hierzu etwa www.reisenetz.org Zugegriffen: 16.03.2021
[28] Siehe hierzu www.erfolgsfaktor-familie.de Zugegriffen: 16.03.2021

Instrumente der Versorgungs-, der Sozialversicherungs- und der Fürsorgesysteme thematisiert.

Eigenverantwortung und familiäre Unterhaltspflicht

Das bürgerliche Recht und die Sozialordnung der Bundesrepublik gehen davon aus, dass Privathaushalte ihren Unterhaltsbedarf über Primäreinkommen (und ggf. Vermögen) eigenverantwortlich sowie in privater, wechselseitiger Verflichtung decken. Diese Unterhaltspflicht gilt gesteigert zwischen Ehepartner*innen und gegenüber Kindern bis zur ersten Berufsqualifizierung, durch höhere Freibeträge/ Selbstbehalte gemindert aber auch gegenüber der Elterngeneration sowie ehemaligen Ehepartner*innen, wenn diese etwa aufgrund der Erziehung von Kleinkindern ihren Unterhaltsbedarf nicht durch eigene Erwerbstätigkeit decken können. Bei eintretender Pflegebedürftigkeit und Überforderung mit den hierfür anfallenden Kosten sind etwa vor Inanspruchnahme von Hilfen zur Pflege im Rahmen des SGB XII private Schenkungen (so ein frühzeitig an die Kinder überschriebenes Wohneigentum) der letzten zehn Jahre infrage gestellt. Zwischen der eigenverantwortlichen Unterhaltssicherung der Privathaushalte und ihrer Sicherung über Sozialleistungen folgt in einem zweiten Schritt ferner zunächst das Steuerrecht.

Steuerliche Regelungen

Ehegattensplitting
Miteinander verheiratete Personen werden mit ihren Einkommen bei der Einkommensteuer i. d. R. nicht individuell, sondern gemeinsam veranlagt. Würden die jeweiligen Einkommen dabei schlicht addiert versteuert, würde sich aufgrund der Steuerprogression (mit zunehmenden Einkommen steigender Steuersatz) eine im Vergleich zu unverheirateten Personen deutlich höhere Steuerschuld ergeben. Daher wird beim Ehegattensplitting in einem zweiten Schritt das gemeinsame Einkommen vor der Besteuerung wieder halbiert. Dabei wird nun allerdings unterstellt, dass jede Ehepartner*in genau die Hälfte des Gesamteinkommens aufbringt. Diese Einkommenshälften werden dann mit dem entsprechenden Steuersatz für Ledige belegt. Je größer die Einkommensdifferenz zwischen den Ehepartner*innen ist, umso größer wird über dieses Verfahren des Ehegattensplittings die steuerliche Ersparnis. Verdienen hingegen beide Ehepartner*innen de facto gleich viel, ändert das Splittingverfahren an ihrer Besteuerung nichts.

(steuerlicher) Familienlastenausgleich

Familien erbringen mit der Erziehung und Versorgung von Kindern für die Gesellschaft wichtige *Leistungen,* durch die ihnen (im-/materielle) *Lasten* entstehen: eingeschränkte Verdienstmöglichkeiten und Freizeit bei Kindererziehung, erhöhte Ausgaben für den Lebensunterhalt, andere Ansprüche an das Wohnumfeld, Kosten für Schule und Ausbildung sowie die Kinderbetreuung und anderes mehr. Gerade im unteren Einkommensbereich können diese Aufwendungen und Einschränkungen (im-/materielle) Unterversorgungslagen hervorrufen, für deren teilweise Kompensation unterschiedliche Geld-, Sach- und Dienstleistungen bereitgestellt werden. Im weiteren Sinne können daher zum *Familienlastenausgleich* alle Steuerermäßigungen und sozialpolitischen Leistungen gerechnet werden, die als Ausgleich für die angesprochenen Lasten gewährt werden. Da all diese Lasten zugleich Leistungen der Familien für die Gesellschaft darstellen, wird auch vom *Familienleistungsausgleich* gesprochen. In einem engeren Sinne ist mit dem Familienlastenausgleich jedoch nur das System aus *Kindergeld* und *steuerlichen Kinderfreibeträgen* gemeint. Hiermit soll zwei Gerechtigkeitsprinzipien Geltung verschafft werden:

- Das Bundesverfassungsgericht hat sich mehrfach für einen *horizontalen Lastenausgleich* ausgesprochen: Es soll erreicht werden, dass innerhalb gleicher Einkommensgruppen ein Ausgleich der durch Kinder verursachten Schwächung der wirtschaftlichen Leistungskraft erreicht wird. Dem entsprechen steuerliche Freibeträge *(Steuergerechtigkeit).* Dabei hat das Bundesverfassungsgericht den Gesetzgeber verpflichtet, das Existenzminimum von Kindern nicht nur sächlich zu definieren, sondern auch den Betreuungs- und Erziehungs- sowie den Ausbildungsbedarf mit einzubeziehen.
- Daneben gibt es den Grundsatz des *vertikalen Lastenausgleichs* zwischen Familien unterschiedlicher Einkommenslage: Die hier angestrebte *Bedarfs-gerechtigkeit* des Familienlastenausgleichs kann über Steuerfreibeträge allein nicht erreicht werden. Ihr entsprechen vielmehr ein für alle Kinder gleich hohes Kindergeld sowie ggf. ein *Kindergeldzuschlag* für gering verdienende Familien.

Mit der Neuregelung des Familienlastenausgleichs im Jahr 1996 sind diese Elemente zusammengeführt worden, zumal das Bundesverfassungsgericht eine Diskriminierung der besser gestellten Haushalte untersagt hat: Kindergeld und Kinderfreibeträge werden entsprechend dem *Günstigkeitsprinzip* gegeneinander aufgerechnet, damit die für den einzelnen Haushalt beste Entlastung heraus-kommt. Damit enthält das Kindergeld mit steigendem Einkommen einen immer höheren Anteil der Rückerstattung von Steuern aufgrund kindbedingter Unterhaltskosten: es ist also eine Sozialleistung mit integrierter Steuererstattung, die vor allem besserverdienenden Haushalten zugutekommt.

Freistellung des Existenzminimums von Kindern
Bei der Einkommensteuer ist nicht nur der Ehestatus relevant und ist nicht nur der Einkommensbestandteil von der Besteuerung freizustellen, der sicherstellt, als Steuerpflichtige*r nicht selbst fürsorgebedürftig zu werden, sondern auch der Teil, der zur Deckung des Existenzminimums unterhaltsberechtigter Kinder benötigt wird. Dieser *Kinderfreibetrag* liegt (Stand: 2022) bei 5460 € im Jahr (bzw. 455 € pro Monat; vgl. Zeile 6 und 7 der Tab. 4.6). Daneben fasst ein weiterer Freibetrag in Höhe von 2928 € pro Jahr (bzw. 244 € pro Monat, vgl. Zeile 8) Aufwendungen der Haushalte für die Betreuung und Erziehung bzw. Ausbildung eines Kindes zusammen. Entsprechend dem *Günstigkeitsprinzip* werden die tatsächlichen Steuerersparnisse aus beiden Freibeträgen (455 € + 244 € = 699 Euro/Monat) mit dem Kindergeld verrechnet.

Tab. 4.6 Existenzminimum und (Kinder-)Freibeträge (monatlich in Euro für 2022)

		Alleinstehende	Ehepaare	Kinder
Zeile 2	SGB II/XII Regelsatz	450	810	318
Zeile 3	Bildung und Teilhabe	-	-	27
Zeile 4	Kosten der Unterkunft	307	460	92
Zeile 5	Heizkosten	67	90	18
Zeile 6	Sächliches Existenzminimum (Summe Zeile 2–5)	824	1360	455
Zeile 7	Steuerlicher Freibetrag für das sächliche Existenzminimum	832	1664*	455
Zeile 8	Steuerl. Freibetrag für Betreuungs- und Erziehungs- oder Ausbildungsbedarf von Kindern			244
Zeile 9	Gesamt (Zeile 7 und 8)			699

* Nach politischem Beschluss kann der Freibetrag das freizustellende Existenzminimum übersteigen. Hier wird regelmäßig für Ehepaare der doppelte Freibetrag einer alleinstehenden Person vorgesehen.
Quelle: eigene Darstellung, nach: Bundesregierung: 13. Existenzminimumbericht, Berlin 2020 sowie dem Zweiten Gesetz zur steuerlichen Entlastung von Familien sowie zur Anpassung weiterer steuerlicher Regelungen vom 1. Dezember 2020.

Tatsächlich erhält damit die weit überwiegende Zahl der Eltern (ca. 90 %) nur das Kindergeld, weil die Steuerersparnis aus beiden Freibeträgen nur für Bezieher*innen besonders hoher Einkommen (und damit Steuersätze) höher als der Betrag des Kindergeldes ist. So bleibt (auf Monatsbasis dargestellt) selbst beim Höchstsatz der Einkommenssteuer (= 45 %) die für das sächliche Existenzminimum des Kindes (= 455 €) sich ergebende Steuerersparnis (45 % von 455 € = 204,75 €) noch unter dem Kindergeldbetrag für das erste und zweite Kind von 219 €. Erst durch die Addition der Steuerersparnis aus dem Freibetrag für den Betreuungs- und Erziehungs- bzw. den Ausbildungsbedarf (45 % von 244 € = 109,80 €) ergibt sich beim höchsten Steuersatz ein deutlicher Vorteil der Steuerfreistellung gegenüber dem Kindergeld (314,55 € addierte Freibeträge gegenüber 219 € Kindergeld).

Steuerliche Absetzbarkeit von Kinderbetreuungskosten
Ergänzend zum obigen Familienlastenausgleich sind zusätzlich Kinderbetreuungskosten bis zum 14. Lebensjahr eines Kindes als Sonderausgaben in Höhe von maximal zwei Dritteln der Kosten, höchstens aber 4000 € je Kind jährlich steuerlich absetzbar.

Freistellung von Ausbildungskosten
Die Kosten für die Schul- und Berufsausbildung der Kinder sind hingegen in den oben behandelten Freibetrag für Betreuung/Erziehung/Ausbildung einbezogen. Nur bei auswärtiger Unterbringung volljähriger Kinder wird zusätzlich ein steuerlicher Freibetrag von 924 € pro Jahr (Stand: 2021, im Betrag seit 1980 unverändert) gewährt, der nicht dem allgemeinen Familienlastenausgleich zugerechnet und deshalb auch nicht mit dem Kindergeld verrechnet wird.

Entlastungsbetrag für Alleinerziehende
Für Alleinerziehende mit mindestens einem Kind, für das ihnen der Kinderfreibetrag oder Kindergeld zusteht, sieht Paragraph 24b Einkommensteuergesetz einen (2020 deutlich erhöhten) Entlastungsbetrag von jährlich 4008 € sowie 240 € für jedes weitere Kind (Stand 2021) vor, der vom zu verteuernden Einkommen abgezogen wird und bei Wahl der Steuerklasse II schon bei der Auszahlung des Gehalts berücksichtigt wird.

Versorgungsleistungen
Sozialpolitisch an Bedeutung gewonnen haben im Bereich Kinder, Jugend, Familie und Haushalt in den letzten Jahrzehnten soziale Versorgungsleistungen. Dieses bieten einen Ausgleich für Leistungen für die Gemeinschaft, in diesem

Falle für die Versorgung und Erziehung der Kinder als nachwachsender Generation. So hat das Elterngeld 2007 als Versorgungsleistung die ehemalige Fürsorgeleistung Erziehungsgeld abgelöst. Bei der nach wie vor im Fürsorgegesetz der Jugendhilfe (SGB VIII) verankerten Kinderbetreuung wurde deren Versorgungscharakter mit Einführung eines individuellen Rechtsanspruches auf einen Kindergarten- und später auch einen Krippenplatz deutlich gestärkt. Neben dem Wohngeld und den Kinderbetreuungsleistungen ist das Kindergeld sicher die prominenteste Versorgungsleistung in diesem Feld.

Kindergeld
Dass das Kindergeld keine reine Sozialleistung, sondern mit dem steuerlichen Familienlastenausgleich verschränkt ist, wurde oben deutlich. Das Kindergeld nach dem *Bundeskindergeldgesetz* (BKGG) deckt heute (2022 = 219 € pro Monat für das erste und zweite Kind) in etwa die Hälfte des sächlichen, existenzminimalen Unterhaltsbedarfes von Kindern (2022 = 455 €; vgl. Tab. 4.7) ab. Es ist eine Versorgungsleistung und wird den Eltern gewährt als staatliche Unterstützung für deren Unterhalts-, Erziehungs- und Betreuungsleistungen gegenüber ihren Kindern.

Tab. 4.7 Entwicklung der Kindergeldbeträge (1955–2021; ausgewählte Entwicklungsschritte)

	1. Kind	2	3	4	ab 5
01.01.1955	–	–	25 DM	25 DM	25 DM
01.04.1961	–	0–25 DM*	40 DM	40 DM	40 DM
01.01.1975	50 DM	70 DM	120 DM	120 DM	120 DM
01.02.1981	50 DM	120 DM	240 DM	240 DM	240 DM
01.01.1982	50 DM	100 DM	220 DM	240 DM	240 DM
01.01.1983	50 DM	70–100 DM*	140–220 DM*	140–240 DM*	140–240 DM*
01.01.1996	200 DM	200 DM	300 DM	350 DM	350 DM
01.01.2002	154 €	154 €	154 €	179 €	179 €
01.07.2019	204 €	204 €	210 €	235 €	235 €
01.01.2021	219 €	219 €	225 €	250 €	250 €

* einkommensabhängig, bzw. Sockel- und Höchstbetrag
Quelle: eigene Darstellung, anknüpfend an Gerlach 2010, S. 263; Zweites Gesetz zur steuerlichen Entlastung von Familien sowie zur Anpassung weiterer steuerlicher Regelungen vom 1. Dezember 2020.

Kindergeld wird maximal bis zur Vollendung des 25. Lebensjahres des Kindes gezahlt. Es wird als Einkommen bei der Grundsicherung nach dem SGB II sowie der Sozialhilfe nach dem SGB XII angerechnet. Dort nicht angerechnet wurden hingegen die in der Corona-Pandemie einmalig gezahlten Zuschläge zum Kindergeld *(Kinderbonus)* von 300 € (im September-Dezember 2020 in zwei Raten) und 150 € (im Mai 2021) pro Kind.

Seit Mitte der 2010er Jahre wird politisch immer wieder um den Kindergeldbezug von EU-Bürger*innen in Deutschland gerungen. Auch hier gilt zwar das EU-rechtliche Diskriminierungsverbot EU-Bürger*innen gegenüber, manche Politiker*innen verschiedener Parteien plädieren jedoch dafür, sich bei der Kindergeldhöhe nicht an der in Deutschland geltenden zu orientieren, sondern an der des Herkunfts- bzw. Aufenthaltslandes des Kindes. Verschärft wird diese Debatte über das extreme Wohlstandsgefälle zwischen europäischen Ländern sowie darüber, dass in Deutschland manche EU-Bürger*innen seit 2017 fast vollständig vom Leistungszugang zum SGB II und XII ausgeschlossen sind (vgl. MAGS 2020, S. 491), seit 2019 teils auch vom Kindergeldanspruch. (vgl. Meyer 2019, S. 290 ff.)

Kindergeldzuschlag

Im Jahr 2005 wurde im Zuge der sog. ‚Hartz‘-Gesetzgebung ein sog. *Kinderzuschlag* zum Kindergeld in Höhe von maximal 140 € (Stand 2021: max. 205 €) eingeführt, der Familien davor bewahren soll, allein aufgrund des (vom Kindergeld nicht abgedeckten) Unterhaltsbedarfes von Kindern bedürftig zu werden. Er zielt also auf jenen (verhältnismäßig kleinen) Kreis von Familien, in denen das Erwerbseinkommen der Eltern zwar ausreichen würde, das eigene Existenzminimum zu decken, bei denen aber die Differenz zwischen Kindergeld und existenzminimalem Unterhaltsbedarf des Kindes ohne Kinderzuschlag dennoch Hartz-IV-Bezug erfordern würde. Diese Regelung hat den positiven Effekt, dass diese Familien sich nicht den Antrags-, Fristen- und Gewährungs-Logiken des SGB II unterziehen müssen.

Rechtsanspruch auf Kindertagesbetreuung

Bis in die 1990er Jahre hinein galt in Westdeutschland die vorschulische Bildung, Betreuung und Erziehung von Kindern (insbesondere für unter dreijährige Kinder) als primäre Aufgabe der Familien bzw. Mütter, ergänzt nur um eine vage als ‚bedarfsgerecht‘ definierte Pflicht der öffentlichen Hand, elementarpädagogische Angebote vorzuhalten. Als bedarfsgerecht wurde hierbei vielerorts angesehen, wenn für erwerbstätige (nicht aber etwa auch Erwerbstätigkeit suchende) Mütter von Kindern ab dem vollendeten dritten Lebensjahr und für

Kinder aus Familien in besonderen sozialen Schwierigkeiten ein Angebot in den Vormittagsstunden vorgehalten wurde. Diese eher fürsorgerechtliche Logik (Anspruch dem Grunde nach und Nachrangigkeit des Angebots) ist inzwischen immer stärker einer (in der damaligen DDR schon länger dominanten) Versorgungslogik gewichen. Hierzu hat der Wandel von Geschlechterrollen- und Bildungsverständnissen ebenso beigetragen, wie die deutsche Wiedervereinigung und eine Workfare-Politik, die ebenso wie die Politik zur Gleichstellung der Geschlechter auf eine bessere Vereinbarkeit von Beruf und Familie zielt. Entscheidend war hier die Einführung individueller Rechtsansprüche auf elementarpädagogische Bildungsgelegenheiten in mehreren Schritten.

So besteht seit 1999 zur Förderung frühkindlicher Bildung und der Vereinbarkeit von Familie und Beruf ein individuell einklagbarer Rechtsanspruch auf einen Kindergartenplatz für Eltern von Kindern ab dem vollendeten dritten Lebensjahr, der im Umfang nach Landesrecht stark variiert (Paragraph 24 SGB VIII). (BMFSFJ 2021, S. 419) 2013 wurde dieser Rechtsanspruch auf ein- und zweijährige Kinder ausgeweitet (Anspruch auf einen Krippen- oder Tagespflegeplatz). Schließlich gilt der Rechtsanspruch seit 2013 auch für Kinder unter einem Jahr, so die Eltern erwerbstätig sind oder werden, sich in Ausbildung/Studium oder einer SGB-II-Maßnahme befinden oder ohne Betreuungsangebot das Kindeswohl nicht gewährleistet erscheint (Paragraph 24 SGB VIII). Halbtagesplätze allein können dabei im Falle starrer Öffnungs- bzw. Belegungszeiten freilich noch nicht garantieren, etwa einer Teilzeitbeschäftigung nachzugehen, so diese nicht verlässlich und ohne weite Anfahrt immer vormittags liegt.

Insgesamt ist das Angebot an Krippen- und Tagespflegeplätzen sowie Kindertagesstätten in den letzten Jahren stark ausgeweitet worden, ebenso wurde das Ganztagsangebot an (Grund-)Schulen zum Teil deutlich (meist zulasten von Hortangeboten) ausgebaut. (KomDat 2020) Infolgedessen holen westdeutsche Bundesländer immer stärker zu den Bundesländern auf dem Gebiet der ehemaligen DDR auf, die über ein vergleichsweise gut ausgebautes Betreuungsangebot verfügten. In der alten Bundesrepublik hielten die Bundesländer hingegen im internationalen Vergleich und verglichen mit Bedarfserhebungen bei Eltern sehr wenige Angebote vor. Mit der Ausweitung des Rechtsanspruches auf Kinderbetreuung für Kinder unter drei Jahren und dem für 2025 von Bund und Ländern geplanten Anspruch auf Ganztagsbetreuung auch im Grundschulbereich verabschiedet sich inzwischen auch Westdeutschland allmählich vom Drei-Phasenmodell der Vereinbarkeit von Familie und Beruf (Erwerbstätigkeit beider Geschlechter vor der Kinderphase, mehrjährige Erwerbsunterbrechung der Frau bei Geburt eines Kindes, anschließend vollerwerbstätige Väter und in Teilzeitbeschäftigung ‚zuverdienende‘ Mütter).

Elternzeit

Grundlegend für die Regelungen zur *Elternzeit* (vormals Erziehungsurlaub) ist eine Gesetzesänderung aus dem Jahr 2001, mit der die Vereinbarkeit von Familie und Beruf erleichtert werden sollte und größere Spielräume für eine (gleichzeitige) Kinderbetreuung durch beide Elternteile eröffnet wurden. Anspruch auf Elternzeit haben Mütter und Väter, die in einem Arbeitsverhältnis stehen. Die Elternzeit ist auf maximal drei Jahre pro Kind begrenzt. Während der Elternzeit kann die Arbeitgeber*in den Arbeitsvertrag nicht kündigen. Die Elternzeit kann zwischen den (berufstätigen) Eltern frei aufgeteilt, aber auch gemeinsam genommen werden. Im Extremfall können beide Elternteile damit gleichzeitig die vollen drei Jahre in Anspruch nehmen, davon bis zu 24 Monate auch zwischen dem dritten und achten Geburtstag des Kindes. Während der Elternzeit besteht zudem ein Rechtsanspruch auf Teilzeitarbeit im Umfang bis zu maximal 30 Stunden pro Woche. Im Anschluss an die Elternzeit besteht das Recht auf Rückkehr zu der Arbeitszeit, die vor Beginn der Elternzeit galt. Mindestbeschäftigtenzahlen (i. d. R. mehr als 15 Arbeitnehmer*innen) und die Möglichkeit, dringende betriebliche Gründe geltend zu machen, begrenzen für kleine Unternehmen ihre Verpflichtungen zur Gewährung von Elternzeit.

Elterngeld

Im Jahr 2007 löste das *Elterngeld* das seit 1986 bestehende *Erziehungsgeld* ab, das (bei mehrfach veränderten Einkommensgrenzen) in seiner Leistungshöhe von 300 € über 20 Jahre unverändert bestand. Es sollte als einkommensabhängige Fürsorgeleistung des Bundes in unteren Einkommensgruppen einen Beitrag zu den Kosten der Kindererziehung in den ersten beiden Lebensjahren des Kindes leisten. Das Elterngeld hingegen ist nun als Versorgungs- und dabei Lohnersatz- und Mindestleistung angelegt. Es beträgt (bei steigendem Einkommen abnehmend) 65–67 % des letzten Gehalts, bis maximal einem Auszahlungsbetrag von 1800 €. Unterhalb von 1000 € Nettoerwerbseinkommen steigt die Lohnersatzrate schrittweise von 67 % (bei 1000 € Einkommen) auf bis zu 100 % (bei 340 € Einkommen). Auch Nichterwerbstätige (Hausfrauen und -männer) erhalten ein Mindestelterngeld von 300 €.

Damit wurde ein grundlegender Systemwechsel vollzogen. An die Stelle der Pauschalleistung mit engen Einkommensgrenzen trat eine Leistung, die für junge Eltern im ersten Jahr nach Geburt des Kindes Einkommenseinbrüche aufgrund von Erwerbsunterbrechung oder -reduzierung auf maximal 30 (heute: max. 32) Stunden pro Woche vermeiden soll. Zunächst wurde das Mindestelterngeld (wie das damalige Erziehungsgeld) bei ALG II- und Sozialhilfebeziehern nicht als eigenes Einkommen angerechnet. Dies ist inzwischen jedoch geändert worden. Doch auch vor der Einführung dieser Anrechnung gehörten die Bezieher*innen von Mindestsicherungsleistungen zu den Verlierer*innen der Ablösung des Erziehungsgeldes durch das Elterngeld. Denn ehedem waren sie die wesentliche Zielgruppe des maximal zweijährigen Erziehungsgeldes, während das Elterngeld nur noch auf ein Jahr (bzw. 14 Monate, wenn beide Elternteile ihre Erwerbstätigkeit aufgrund der Kindererziehung vermindern oder unterbrechen, sog. *Partnermonate*) angelegt ist. Umgekehrt profitierten nun erwerbstätige Mittelschichtsfamilien vom Elterngeld, während sie beim Erziehungsgeld nicht bezugsberechtigt waren. Inzwischen sieht das Elterngeld einige Sonderregelungen vor, so eine auf zwei Jahre gestreckte halbierte Elterngeldzahlung und verlängerte Bezugsmöglichkeiten bei Teilzeit beider Eltern *(ElterngeldPlus)*.

Betreuungs-/Familiengeld
Das Phasenmodell einer längeren Unterbrechung von Erwerbstätigkeit bei Geburt eines Kindes schützen und stützen sollte das auf Drängen der CSU 2013 bundesweit eingeführte Betreuungsgeld in Höhe von 150 € für Eltern, die ihre Kinder im zweiten und dritten Lebensjahr nicht in öffentlich geförderten Kinderbetreuungsangeboten anmelden. Nachdem das Betreuungsgeld als Bundesleistung 2015 vom Bundesverfassungsgericht verworfen wurde, führt zumindest das Bundesland Bayern diese Geldleistung jetzt als landeseigene Maßnahme fort, seit September 2018 als sog. Familiengeld mit 250 € (ab dem dritten Kind: 300 €) pro Monat.

Wohngeld und sozialer Wohnungsbau
Das an der Grenze von Fürsorge (Bedürftigkeitsprüfung) und Versorgung (Sicherung oberhalb des Existenzminimums und nur auf Antrag, nicht bereits nach Bekanntwerden der Notlage) angelegte *Wohngeld* ist keine rein familienspezifische Sozialleistung; sie „dient" aber nicht nur „der wirtschaftlichen Sicherung angemessenen" sondern auch „familiengerechten Wohnens." (Paragraph 1 Wohngeldgesetz) Denn gerade in mittleren und großen Städten haben vor allem Familien mit Kindern Schwierigkeiten, einen angemessenen, bezahlbaren Wohnraum zu finden. Bei Haushalten mit niedrigen Sozial- bzw. Erwerbseinkommen zeigt sich zudem, dass hier der Anteil der Wohnkosten an den Gesamtausgaben des Haushaltes überdurchschnittlich hoch ist.
    Die von Bund und Ländern hälftig getragenen Leistungen des Wohngeldgesetzes richten sich als Miet- bzw. Lastenzuschuss für selbstgenutztes Wohneigentum nach Tabellenwerten, die die Größe des Haushaltes, die Höhe des Haushaltseinkommens und der bezuschussungsfähigen Miete/Belastung (seit 2009 zuzüglich eines Heizkostenbetrages) berücksichtigen. Liegt das Einkommen

unterhalb des nach den persönlichen Verhältnissen berechneten zumutbaren Höchstbetrages, wird ein Miet- bzw. Lastenzuschuss gewährt. Durch die Einführung des Arbeitslosengeldes II waren etliche Hilfeberechtigte aus dem Wohngeldbezug in den Rechtskreis des (Unterkunftskosten gesondert berücksichtigenden) SGB II übergegangen, mit der Folge drastisch sinkender Gesamtausgaben für das Wohngeld. Durch Reformen des Wohngeldes 2009, 2016 und 2020 sind sowohl die Zahl der Leistungsbezieher*innen als auch die durchschnittliche Leistungshöhe wiederholt substantiell angestiegen. Eine wichtige Neuerung der Wohngeldreform 2009 war dabei die Berücksichtigung von Haushaltsmitgliedern auch jenseits der Kernfamilie, so sie eine Wohn- und Wirtschaftsgemeinschaft bilden. 2016 und 2020 wurde das Wohngeld erhöht, 2020 auch eine weitere Mietstufe für Haushalte in Städten mit besonders hohen Mieten eingeführt und die Berücksichtigung der Heizkosten um eine CO_2-Komponente erweitert. Da die Wohngeldleistungen bislang nicht dynamisiert (regelmäßig steigend) angelegt waren, sanken die Zahl der Anspruchsberechtigten und deren reale Leistungshöhe nach jeder Reform im Zeitverlauf stets wieder ab. Ab 2022 wurde mit der Wohngeldreform von 2020 nun allerdings eine alle zwei Jahre erfolgende Dynamisierung entlang der Miet- und Einkommensentwicklung eingeführt.

Statt Mietzahlungen für Wohnungen auf dem freien Wohnungsmarkt über das Wohngeld zu subventionieren, stellen der öffentlich geförderte soziale Wohnungsbau (bis zum Auslaufen der Bindungsfrist) und der auf dauerhaft niedrige Mieten ausgerichtete öffentliche und genossenschaftliche Wohnungsbau weitere Möglichkeiten dar, günstigen Wohnraum zu fördern, der insbesondere für Singlehaushalte sowie für kinderreiche Familien besonders in Ballungsregionen knapp ist. Seit den 1990er Jahren wurden jedoch in beträchtlichem Ausmaß Werkswohnungen und öffentliche Wohnungsbestände veräußert bzw. privatisiert und der öffentlich geförderte soziale Wohnungsbau so sehr zurückgefahren, dass etwa deutlich mehr Wohnungen aus der Mietpreisbindung ausscheiden, als neue entstehen. Wurde in der ersten Hälfte der 2010er Jahre dabei noch mit einer demografiebedingten Entspannung am Wohnungsmarkt bis hin zum systematischen Rückbau des Wohnangebotes gerechnet, haben sich diese Erwartungen in den Folgejahren umgekehrt. (vgl. Einem 2016)

Sozialversicherung

In allen fünf Zweigen der Sozialversicherung finden sich kinder-, jugend- und/oder familienspezifische Leistungen. Vor Einführung des Elterngeldes 2007 wurde auch diskutiert, diese Leistung ggf. nach schwedischem Vorbild als sechsten Sozialversicherungszweig zu etablieren, was jedoch zugunsten einer Versorgungslösung verworfen wurde.

Unfallversicherungsschutz im Bildungswesen
Ursprünglich bestand ein neben der Krankenversicherung gesonderter, gesetzlicher Unfallversicherungsschutz nur für Beschäftigte in Betrieben, der jedoch seit 1971 auch auf Kinder, Jugendliche und Erwachsene in Kinderbetreuungsangeboten, Schulen und (Hochschul-)Ausbildungen ausgeweitet ist.

Familienversicherung in der Kranken und Pflegeversicherung
Bei Mitgliedern der Gesetzlichen Kranken- und Pflegeversicherung sind deren Kinder (bis zu einem bestimmten Alter und Grenzen eigenen Einkommens) beitragsfrei mitversichert. Ebenso sind sie von Zuzahlungen bei Medikamenten befreit. Auch nicht oder nur geringfügig erwerbstätige Ehepartner*innen sind über die Gesetzliche Kranken- und Pflegeversicherung der sozialversicherungspflichtig beschäftigten Ehepartner*in kostenlos mitversichert. Sie haben Anspruch auf alle Leistungen außer dem (lohnabhängigen) Krankengeld. Eine pflegeversicherungsspezifische, kinderbezogene Sonderregelung auf der Beitragsstatt Leistungsseite stellt der seit 2005 für über 23 Jährige, kinderlose Versicherte geltende Beitragszuschlag von 0,25 Prozentpunkten dar.

Berücksichtigung von Kindern in der Arbeitslosenversicherung
Bei der Berechnung einiger Sozialleistungen, insbesondere bei den Lohnersatzleistungen nach Sozialgesetzbuch III *Arbeitslosenversicherung,* werden Kinder leistungssteigernd berücksichtigt.

Kindererziehungszeiten in der Gesetzlichen Rentenversicherung
Seit 1992 werden *Kindererziehungszeiten* in der Gesetzlichen Rentenversicherung als Pflichtbeitragszeiten anerkannt. Für Kinder, die vor 1992 geboren wurden, werden inzwischen 30 Monate, für ab 1992 geborene Kinder 36 Monate in Höhe des Durchschnittsentgelts aller Versicherten als fiktives eigenes Einkommen angerechnet. Damit können wahlweise Mütter oder Väter Zeiten in ihrer Rentenbiographie ausgleichen, in denen sie wegen der Kindererziehung über ein geringeres bzw. kein Einkommen verfügten. Da die Kindererziehungszeiten additiv zu einem möglichen Erwerbseinkommen in diesen zweieinhalb bzw. drei Jahren angerechnet werden, erhöhen sie später in jedem Fall den Rentenanspruch. Diese Regelung gilt auch für Frauen und Männer, die nicht verheiratet sind, aber Kinder erziehen, ebenso wie für Alleinerziehende.

Hilfen für Hinterbliebene in der Gesetzlichen Renten- und Unfallversicherung
In der Gesetzlichen Renten- und Unfallversicherung sind aus den Ansprüchen der Eltern abgeleitete Hinterbliebenenleistungen für Kinder *(Waisenrenten)* vorgesehen. Stirbt die Ehe-/Lebenspartner*in, so kann auch die Witwe bzw. der Witwer bei fehlenden/geringen eigenen Einkünften aus der Gesetzlichen Renten- oder Unfallversicherung des bzw. der verstorbenen Versicherten eine Hinterbliebenenrente *(Witwen-/Witwerrente)* erhalten.

Fürsorgeleistungen
Neben der Armenfürsorge (insbesondere SGB II und XII) stellt die im SGB VIII geregelte Kinder-, Jugend- und Familienhilfe den zweiten zentralen Bereich von Fürsorgeleitungen im deutschen Sozialrecht dar.

Jugendhilfe
Die *Leistungen* des Kinder- und Jugendhilfegesetzes ergeben sich aus Paragraph 2 Absatz 2 SGB VIII:

- Angebote der Jugendarbeit, der Jugendsozialarbeit und des erzieherischen Kinder- und Jugendschutzes,
- Angebote zur Förderung der Erziehung in der Familie,
- Angebote zur Förderung von Kindern in Tageseinrichtungen und in der Tagespflege,
- Hilfe zur Erziehung und ergänzende Leistungen,
- Hilfe für seelisch behinderte Kinder und Jugendliche und ergänzende Leistungen,
- Hilfe für junge Volljährige und Nachbetreuung.

Individuelle Rechtsansprüche bestehen dabei nur für einige Leistungsbereiche, wie die oben bereits behandelte Versorgung mit Kinderbetreuungsangeboten oder die Hilfen zur Erziehung. Andere Leistungen sind nach Art und Umfang unbestimmt, so die Verpflichtung, die Jugendarbeit vor Ort zu tragen bzw. Freie Träger hierzu zu fördern. Entscheidend sind hier Ermessensspielräume, die Raum schaffen für eine zielgerichtete Intervention, etwa im Rahmen der „intensiven sozialpädagogischen Einzelbetreuung" nach Paragraph 35 SGB VIII, die diese aber auch verweigern bzw. limitieren können. (vgl. Homann 2022)
Zu den *anderen Aufgaben* der Jugendhilfe gehören nach Paragraph 2 Absatz 3 SGB VIII vor allem Aufgaben zur Sicherung der Kinderrechte bzw. Eingriffe in die Rechte der Eltern. Dies umfasst u. a.

- die Inobhutnahme von Kindern und Jugendlichen,
- die Mitwirkung in Verfahren vor den Familiengerichten,
- die Beratung und Belehrung in Adoptionsangelegenheiten,
- die Amtspflegschaft und Amtsvormundschaft, die Beistandschaft und Gegen-vormundschaft des Jugendamtes.

Mit fast einer Million Beschäftigten gehört die Kinder- und Jugendhilfe zu den zentralen Dienstleistungsbereichen in der deutschen Sozialpolitik. Dabei spielt der Ausbau der Kindertageseinrichtungen und -pflege der letzten Jahre eine bedeutende Rolle. Doch – gemessen etwa am Personal – nehmen auch insbesondere die Bereiche Heimerziehung sowie (in schwächerem Maße) die der ambulanten Hilfen zur Erziehung, des Allgemeinen Sozialen Dienstes des Jugendamtes, der Jugendsozialarbeit und der Erziehungsberatung an Bedeutung zu. Einzig in der offenen und verbandlichen Kinder- und Jugendarbeit sind zwischen 2006/2007 und 2018/2019 die Beschäftigtenzahlen gesunken und zwar signifikant. (Mühlmann et al. 2020, S. 2 f.)

Unterhaltsvorschuss für Alleinerziehende
Mit dem 1980 eingeführten und zuletzt 2017 beim Empfängerkreis deutlich erweiterten Gesetz zur Sicherung des Unterhalts von Kindern alleinstehender Mütter und Väter durch Unterhaltsvorschüsse oder -ausfallleistungen *(Unterhaltsvorschussgesetz)* wird der Tatsache Rechnung getragen, dass nach einer Ehescheidung bzw. Trennung häufig das unterhaltspflichtige Elternteil seinen Zahlungsverpflichtungen gegenüber dem anspruchsberechtigten Kind nicht nachkommt. Um daraus resultierende finanzielle Belastungen zu mindern, kann inzwischen für Kinder bis zu deren 18. Geburtstag ein Unterhaltsvorschuss gezahlt werden. Für 12–17-jährige Kinder wird ein Unterhaltsvorschuss allerdings nur gezahlt, wenn sie keine SGB-II-Leistungen beziehen, mithilfe des Unterhaltsvorschusses nicht mehr auf diese angewiesen sind oder der alleinerziehende Elternteil im SGB-II-Bezug über ein monatliches Bruttoeinkommen von mindestens 600 € verfügt. Der Unterhaltsvorschuss beträgt (Stand: 2021) für Kinder bis fünf Jahre 174 €, für Kinder zwischen sechs und elf Jahren 232 € und für Kinder/Jugendliche zwischen zwölf und siebzehn Jahren 309 €. Zu diesen Beträgen addiert sich noch das Kindergeld beziehungsweise kommen (übertragene) steuerliche Kinderfreibeträge hinzu. Sowohl der Unterhaltsvorschuss als auch das Kindergeld werden bei SGB-II-Leistungsbezug allerdings vollständig als vorrangiges Einkommen angerechnet. Finanziert vom Bund werden

die Leistungen über die Unterhaltsvorschusskassen der kommunalen Jugendämter gewährt. Da das Unterhaltsvorschussgesetz den unterhaltspflichtigen Elternteil nicht aus der Leistungspflicht entlässt, gehört es auch zu den Aufgaben dieser Ämter, die geleisteten Zahlungen bei dem zahlungspflichtigen Elternteil wieder einzufordern *(Rückgriff)*.

Ausbildungsförderung
Wie das Wohngeld, stellt auch die Ausbildungsförderung nach dem Bundes-ausbildungsförderungsgesetz (BAföG) eine hybride (Systemmerkmale von Versorgung und Fürsorge kombinierende und über diese hinausweisende) Sozialleistung dar, indem sie als Schüler- oder Studierenden-BAföG in der Regel

- hälftig nur als Darlehen gewährt wird (nachdem sie ursprünglich als Vollzuschuss konzipiert war),
- nach ihren Einkommensgrenzen auch Mittelschichtsfamilien zugute kommt,
- gleichwohl nur nachrangig nach Einkommen der Eltern und ggf. des/der Ehepartner*in gezahlt wird.

Das BAföG stellt ein gutes Beispiel für das Wirksamwerden einer (bestimmten) subsidiären Logik in der Sozialpolitik in Deutschland dar. Nach ihr sollen die Herkunftsfamilien zuständig sein für Unterhaltsbedarfe während einer Erstausbildung. Damit Familien dies leichter leisten können, wird ihnen während dieser Ausbildungszeiten ggf. weiter Kindergeld gezahlt. Übersteigt der Unterhaltsbedarf (trotz Kindergeld) die Leistungsfähigkeit der Familie, stockt die BAföG-Leistung die Mittel auf Mindestsicherungsniveau auf.

Auch kann das BAföG als Beispiel für die sozialstaatliche Definition und Förderung von Normalbiografien gelten, indem (für Bachelor- und Master-studiengänge differenzierte) Höchstaltersgrenzen gelten, bis wann ein Studium aufgenommen sein muss, um als förderwürdig gelten zu können.

Besondere Regelungen für Alleinerziehende, bei Pflege und in Wohnungsnot im SGB II Grundsicherung für Arbeitssuchende und SGB XII Sozialhilfe
Der besonderen sozialen und materiellen Situation von Alleinerziehenden wird im SGB II und im SGB XII durch gleichlautende Sondertatbestände Rechnung getragen:

- So ist die *Familiensubsidiarität* dadurch eingeschränkt, dass die Eltern von Alleinerziehenden bis zur Vollendung des sechsten Lebensjahres des Kindes nicht zu Unterhaltsleistungen herangezogen werden dürfen.
- Alleinerziehenden mit einem Kind unter 7 Jahren bzw. mit zwei oder drei Kindern unter 16 Jahren steht ein Mehrbedarfszuschlag von 36 % auf den Regelsatz zu. Bei mehr oder älteren Kindern wird ein Zuschlag von 12 % je Kind gezahlt (insgesamt max. 60 %).

Die *Hilfen zur Pflege* nach dem SGB XII werden in Abschn. 4.4.3.4.5 angesprochen. Auf die etwa bei Wohnungsnot bedeutsamen *Hilfen in besonderen Lebenslagen* nach dem SGB XII wird in Abschn. 4.6.1.3 näher eingegangen.

Soziale Dienste

Versorgungs-, Versicherungs- und nicht zuletzt Fürsorgesysteme übergreifend, besteht eine nur schwer zu überschauende, und lokal sehr unterschiedlich präsente Fülle von sozialen Diensten und Einrichtungen im Bereich der Kinder-, Jugend und Familienhilfe sowie haushalts- und quartiersbezogener Angebote, teils in öffentlicher, häufig in frei-gemeinnütziger und (seltener) auch privatgewerblicher Trägerschaft. Sie sind oft über Sozialversicherungs-, Versorgungs- und Fürsorgesysteme gesetzlich verankert, werden teils aber auch jenseits dieser Systeme über Spenden (etwa viele Frauenhäuser) und über Mitgliedsbeiträge (so etwa Mietervereine) getragen. Die sozialen Dienste sind dabei insgesamt auf folgende *„sozialpolitische Interventionen"* (Kaufmann 1982, S. 85) ausgerichtet:

- auf die Rechtsstellung von Haushalts-/Familienmitgliedern – von der Mieterberatung, über die Schwangerschaftskonfliktberatung, vom Kinderschutz über Beschwerdestellen bis zum begleiteten Umgang, von der Förderung politischer Mitbestimmung von Kindern und Jugendlichen bis zu der von Bürger*innen benachteiligter Quartiere etc.,
- auf die Unterstützung der Ökonomie der Privathaushalte – mit Verbraucherberatungen und Flohmärkten, (Kinder-)Tafelangeboten und kostenfreien oder stark subventionierten Angeboten (etwa im Zuge kommunaler Familienpässe für Freizeit- und Kulturabgebote) etc.,
- auf sozialräumlich gebundene Teilhabe – in Form von Streetwork-Angeboten, Bauspielplätzen und Klettergärten, Anlauf- und Jugendschlafstätten, Stadtranderholungen, kinder- und jugendgerechter Gestaltung des öffentlichen Raums, Mütter- und Familienzentren, Familienfreizeiten und -ferienstätten etc. und

- auf die pädagogische Förderung von Kompetenzen – von der Mütter-, Väter-, Paar-, Lebens- und Familienberatung, über Krippen, Kindergärten, der Jugendberufs-, Drogen- und Jugendgerichtshilfe, Angebote der Jugendmusik und künstlerischen Förderung sowie des Breitensports bis zum Anti-Gewalt-Training.

Häufig charakterisieren dabei Elemente aller vier skizzierten Interventionsformen die einzelnen Konzepte und Angebote, etwa in der Gemeinwesenarbeit, bei Jugendzentren sowie ambulanten und stationären Erziehungshilfen.

4.3.6 Ausblick und Trendanalyse

Immer wiederkehrend wird in Politik und Gesellschaft ein besonderer familien-politischer Handlungsbedarf angemahnt, um der gesellschaftlichen wie (sozial-) politischen Geringschätzung der Sozialisationsleistung von Familien entgegenzu-wirken. In den letzten Jahren hat es mindestens nominale (Kindergeld, Wohngeld) und auch reale Verbesserungen familienpolitischer Geldleistungen (Einführung des Kinderzuschlags und Elterngeldes, Erweiterung des Unterhaltsvorschusses) für viele Familien gegeben. Auch die Bemühungen um den Ausbau familien-politischer Dienstleistungen (Krippen, Ganztagsschulen) sind beachtlich.

Umgekehrt genießen Bedarfe an und Angebote zur Familienbildung und Familienerholung sowie die Förderung offener und verbandlicher Kinder- und Jugendarbeit seit etlichen Jahren auf Bundes- und zumindest teilweise auch auf Landes- und kommunaler Ebene keine nennenswerte politische Aufmerksamkeit mehr. Die Refinanzierung etwa von Frauenhäusern und Frauenberatungsstellen ist chronisch prekär. Hebammen kämpfen seit Jahren mit exorbitant gestiegenen Versicherungskosten. Zahlreiche Bundes- und Landesmodellprogramme etwa zu Mehrgenerationenhäusern, Familienzentren und Lokalen Bündnissen für Familien können kaum darüber hinwegtäuschen, dass hier lokal und regional unterschied-lich zum Teil Förder- und Angebotsstrukturen auch in beträchtlichem Ausmaß erodieren.

Sichtbar werden hier auch Inkonsistenzen einer Familienpolitik im politischen Mehrebenensystem. Diese zeigt sich etwa, wenn auf der Bundesebene ein Priori-tätenwechsel weg von Investitionen in materielle Leistungen hin zu Sach- und Dienstleistungen vollzogen wird, während auf Länder- und kommunaler Ebene die Inanspruchnahme etwa von Bildungsleistungen zum Teil signifikant verteuert wird (Erhöhung von Elternbeiträgen bei Kindertagesstätten, Abschaffung der Lehrmittelfreiheit, zwischenzeitlich auch die Erhebung von Studiengebühren) oder Angebote schlicht wegfallen (Schließung von Jugend- und Bürgerhäusern, Schwimmbädern und Bibliotheken, Wegfall von Jugend-, Familien- und Seniorenfreizeiten). Das Zusammenwirken der Familienpolitiken verschiedener politischer Ebenen stellt sich damit an manchen Orten in Deutschland für Familien in der Summe als Tendenz hin zur stärkeren *Familienfreundlichkeit* der Gesellschaft, an anderen Orten jedoch zur *Refamiliarisierung* familienbedingter Kosten und als ein Abbau einer kinder-, jugend- und familienfreundlichen sozialen Infrastruktur dar.

Um bei den Familien ansetzend ein Stück mehr Chancengleichheit und soziale Gerechtigkeit zu schaffen, gilt eingedenk etwa der Hartz-Gesetzgebung, die die Zahl der von Armut betroffenen Kinder massiv erhöht hat, nach wie vor, was im Zehnten Kinder- und Jugendbericht resümierend empfohlen wurde:

> „Familien brauchen gesicherte und vorhersehbare Rahmenbedingungen für ein Leben ohne andauernde Sorge um eine Verschlechterung der familiären Existenz-bedingungen. (…) Kinder und ihre Familien sind (…) eine Gruppe der Bevölkerung, die nicht etwas abzugeben hat, sondern in den Verteilungsprozessen massiv zusätz-lich berücksichtigt werden muß." (Deutscher Bundestag 1998, S. 93)

Dabei gilt allerdings, dass Familien keine homogene soziale Gruppe sind, sondern das Spektrum der Einkommens- und Lebenslagen der Gesamt-bevölkerung spiegeln. Dies erklärt zum Teil den schwachen gesellschaftlichen Organisationsgrad von Familieninteressen und verweist darauf, dass auch bei der Formulierung familienpolitischen Reformbedarfs normative Werturteile und soziale Interessen widerstreiten, so etwa bei der Forderung nach einer Kinder-grundsicherung oder den Debatten um die Zukunft des Ehegattensplittings.

Debatte um eine Kindergrundsicherung
Der Familienlastenausgleich sieht keine automatische Anpassung (Dynamisierung) des Kindergeldes vor. Die Steuerfreibeträge für das Existenzminimum von Kindern sind hingegen gemäß dem alle zwei Jahre von der Bundesregierung dem Parlament vorzulegenden sog. *Existenzminimumbericht* per Bundesgesetz anzu-passen. Die Höhe des Kindergeldes ist sozialpolitisch umstritten, da sie nur gut die Hälfte der Mindestunterhaltskosten eines Kindes abdeckt. Dabei kann nach-gewiesen werden, dass bereits das bestehende Kindergeld für die Vermeidung von Armut bei Kindern eine wichtige Rolle spielt, die noch stärker greifen könnte, wenn das Kindergeld weiter erhöht und regelmäßig an die realen Ausgaben für Kinder angepasst werden würde.

Angesichts der hohen Kosten, die für die öffentliche Hand mit jeder Kinder-
gelderhöhung verbunden sind (und mit einem Ausbau zu einer Kindergrundsicherung verbunden wären), wird alternativ diskutiert, Kindergeldleistungen
gezielt für Bezieher*innen unterer Einkommen zu erhöhen. Der *Kinderzuschlag*
stellt – bei aller Begrenzung – eine solche Maßnahme dar. Im Ergebnis jedenfalls werden durch den Familienlastenausgleich derzeit besonders einkommens-
arme Familien lediglich auf Sozialhilfeniveau gesichert. Wenigen Familien knapp
oberhalb der Sozialhilfeschwelle wird mit dem Kinderzuschlag eine Zusatz-
leistung zugestanden. Besonders einkommensstarke Familien profitieren von
den steuerlichen Kinderfreibeträgen (und bei Ehe kombiniert mit dem Alleinver-
dienermodell vom Ehegattensplitting). Für die große Mehrheit der Familien bleibt
steuerrechtlich und bezogen auf soziale Geldleistungen hingegen das Kindergeld
die zentrale Leistung. Es stellt sich also die Frage, warum nicht gerade Kinder
aus einkommensschwächeren Familien oder generell Kinder aller Familien mit
einer auf deren Bedarfe ausgerichteten Kindergrundsicherung besser gefördert
werden als dieses derzeit im Rahmen der bestehenden Mindestsicherungs-,
Kindergeld- und Steuerfreibetragssysteme der Fall ist. (vgl. Becker 2022)

Debatte um das Ehegattensplitting
Bis in die 1950er Jahre wurde in der (westdeutschen) Einkommensteuer das Einkommen beider Eheleute addiert und diese (progressionsrelevant höhere) Gesamt-
summe in grundgesetzwidriger Weise gemeinsam versteuert, da sie verheiratete
gegenüber ledigen Paaren benachteiligte. Umgesetzt wurde die vom Bundesverfassungsgericht im Jahr 1957 der Politik als eine Möglichkeit vorgeschlagene
Änderung des Steuerrechts in Form des heute geltenden Ehegattensplittings. Dies
stellt allerdings eine Überkompensation der vormaligen Benachteiligung dar.
Das Splitting wirkt umso mehr, je höher das Einkommen ist und je ungleicher
dabei die Einkommensverhältnisse der Eheleute sind (seit Umsetzung eines
Urteils des Bundesverfassungsgerichts von 2013 auch: der eingetragenen Lebenspartner*innen). Das Splitting führt zwar dazu, dass Ehepartner*innen, die beide
berufstätig sind, nicht länger gegenüber unverheirateten Paaren benachteiligt sind,
es führt aber auch dazu, dass es für ein besonders gut verdienendes Paar, in der
vornehmlich oder nur *eine* Partner*in das Einkommen erzielt, nun von Relevanz
ist, ob es verheiratet ist oder nicht: Der Ehestatus wirkt sich nun steuerlich
besonders günstig aus.

Reformvorschläge zielen daher auf eine individuelle Besteuerung auch bei
Ehepartner*innen, bei der allerdings mindestens ein doppelter übertragbarer
Grundfreibetrag anstelle des Splittings dem Umstand Rechnung zu tragen hätte,
dass beide Ehepartner*innen einander unbedingt zum Unterhalt verpflichtet

sind. Derartige Änderungen könnten erhebliche Summen etwa für die staatliche Förderung von Sozialen Diensten (etwa Ganztagsbetreuung), Sachleistungen (etwa umfassender Lehrmittelfreiheit) oder einer Kindergrundsicherung freimachen. Befürworter*innen des Ehegattensplittings argumentieren hingegen, dass sich die Verteilung der Erwerbstätigkeit unter den Ehepartner*innen nicht steuerlich auswirken soll, die Alleinverdienerehe über das Splitting also einer Doppelverdienerehe gleichen Gesamteinkommens steuerlich gleichgestellt werden soll. Anzustreben sei nach Ansicht mancher Fürsprecher*innen des Ehegattensplittings vielmehr dessen Weiterentwicklung zu einem Familiensplitting, das bei der Einkommensaufteilung auch die Anzahl der zu unterhaltenden Kinder einbezieht. (zum Ehegattenpslitting vgl. Bach et al. 2020)

4.4 Gesundheit und Pflege

Fragen rund um die Gesundheit sind in unserer Gesellschaft allgegenwärtig. Dazu gehören Themen individuellen Wohlbefindens und Verhaltens ebenso wie strukturelle (Heraus-)Forderungen an bzw. für die Organisation des *Gesundheitswesens*. Eine Vielzahl von Diskussionssträngen ist dabei zu beobachten, was letztlich Abbild der Vielfalt an Interessen bei den unterschiedlichen Akteuren ist, die Einfluß auf das Gesundheitswesen und die *Gesundheitspolitik* nehmen. Auch wenn sich die überwiegende Mehrheit der beteiligten Interessensgruppen und Einzelakteure ohne Zweifel dem Ziel der Förderung eines gesunden Lebens zuordnen können und wollen, fallen die Antworten auf die sich stellenden Fragen ganz unterschiedlich aus:

- Die Medizin unternimmt große Anstrengungen, immer neue bzw. modifizierte therapeutische Methoden und Arzneimittel, die geeignet sein sollen, die Gesundheit der Menschen zu verbessern und das Leben zu verlängern, auf dem *Gesundheitsmarkt* zu platzieren. Hierbei ergeben sich gesundheits- und gesellschaftspolitische Kontroversen über das medizinisch Wünsch- bzw. Machbare einerseits sowie die Grenzen des ethisch vertretbaren Handelns andererseits. Diskutiert werden zum Beispiel der Einsatz der Gentechnik in der pränatalen Diagnostik bzw. Therapie, die Grenzen der Intensivmedizin und/oder das Recht auf ein selbstbestimmtes Sterben.
- Zugleich wird das Leitmotiv vom in allen Lebensphasen aktiven, dynamischen und gesunden Menschen täglich propagiert. Ein gesundheitlich nicht beeinträchtigtes Leben gilt den allermeisten Menschen als wichtigstes soziales bzw. individuelles Gut, ist es doch Basis für gesellschaftliche Integration,

soziales Wohlergehen und individuelle Selbstentfaltung. Dabei sind die Gesundheitsrisiken und die Chancen auf ein Leben ohne gesundheitliche Beeinträchtigungen (sozial) ungleich verteilt. Das liegt auch daran, dass das bestehende Gesundheitswesen mit öffentlich-rechtlichen und privaten Krankenkassen einerseits sowie privaten Anbietern von Gesundheitsleistungen aller Art andererseits unübersichtlich und somit schon aus systematischen Gründen anfällig für soziale Ungleichheiten in Bezug auf die Risiken und Chancen (individueller) Gesundheit ist.

- Neben der Frage des individuellen Zugangs kommt es in diesem Markt zu weiteren Ungleichgewichten: Muss einerseits alles medizinisch Machbare auch tatsächlich angeboten und finanziert werden? Wie können andererseits Fehlsteuerungen durch die Überinanspruchnahme von Leistungen vermieden werden? Wie können die Kosten für das Gesundheitswesen in der Gesellschaft verteilt werden? Sollen die Ausgaben möglichst solidarisch auf alle Schultern verteilt oder soll risikoreichere Lebensführung sanktioniert und umgekehrt gesundheitsförderliches Verhalten belohnt werden? Vor diesem Hintergrund werden das Nutzungsverhalten des Gesundheitswesens sowie die regelmäßig konstatierten Finanzierungsprobleme und die Diskussionen um schulmedizinisch anzuerkennende Therapieformen immer wieder zum Ausgangspunkt von Gesetzesänderungen und Leistungsanpassungen.

- Dabei geht es auch um Verteilungsfragen im nationalen wie internationalen Maßstab: In der COVID-19-Pandemie kam angesichts der zeitweise in einigen Regionen Deutschlands sehr hohen Auslastung von intensivmedizinischen Betten und der knappen Verfügbarkeit von Impfstoffen (wieder) die Frage auf, nach welchen Kriterien knappe Ressourcen im Gesundheitswesen zu verteilen sind *(Triage/Priorisierungsgruppen)*. Dahinter steht die Frage, wer unter welchen Umständen ein Therapieangebot bekommt/bekommen kann/ bekommen soll und wer nicht. Das Problem einer *solidarischen Gesundheitspolitik* rückt im Kontext der Pandemie-Bekämpfung auch aus internationaler Perspektive in den Blickpunkt der öffentlichen Wahrnehmung. Es geht dabei zum einen um die Frage, was für neue Therapien unter welchen Umständen beforscht und entwickelt werden und zum anderen um das Problem der Verteilungsgerechtigkeit beim Zugang zum Gesundheitsschutz im nationalen, europäischen und globalen Kontext. Beide Facetten, die etwa im Zuge der sog. HIV/AIDS-Pandemie noch für viele Menschen eher abstrakt zu sein schienen, haben mit dem COVID-19-Schutz massiv an Fahrt aufgenommen. Dabei fällt zunächst auf: Je weiter das Leiden und Sterben von uns entfernt scheint, umso leichter fällt es, sich aus der Verwortung zu nehmen. Das war und ist bei HIV/AIDS so und wiederholte sich in den Jahren 2014 bis 2016, als das

Ebola-Fieber in Westafrika wütete. Es wurde zwar in den Medien berichtet, zu einer europäischen Forschungsanstrengung zur Bekämpfung des Virus ist es aber nicht gekommen. Das änderte sich als COVID-19 Europa erreicht hat, von Solidarität war jedoch im politischen Raum zunächst wenig zu spüren. Es wurde auf offener Bühne zwischen den Europäer*innen gestritten: Wer bekommt medizinische Ausstattung von der Schutzmaske bis zum Beatmungsgerät? Wer kann, darf und soll forschen? Wo, wie und an wem werden neue Wirkstoffe erprobt? Wer erwirbt das Anrecht auf die Impfstoffe, wer darf sie herstellen (Stichwort: *Patentschutz*) und wer entscheidet, wie sie verteilt werden? Wer darf schließlich wie viel am Gesundheitsschutz verdienen und wer muss die Rechnungen bezahlen? (vgl. Lederer 2018)

Es zeichnen sich viele strittige und auch nicht immer widerspruchsfrei auflösbare Problemstellungen ab. Heute wie damals wird in diesem Stimmengewirr jedoch deutlich, dass sich (nationale) Gesundheitspolitik schwer damit tut, gleichberechtigten Zugang zur medizinischen (Grund-)Versorgung innerhalb eines Landes, geschweige denn im europäischen oder gar weltweiten Maßstab zu denken und zu organisieren. Der Zugang zu Gesundheitsleistungen ist nach wie vor oder sogar mehr denn je an materielle Vorbedingungen geknüpft. Das betrifft einzelne Personen bzw. Personengruppen ebenso wie Regionen, Länder und letztlich ganze Kontinente. Hochleistungsmedizin und medizinische High-Tech-Forschung, aber auch der vergleichsweise trivial klingende Anspruch auf Zugang zu einem funktionierenden, flächendeckenden Hausärzte-System, haben das Potenzial, Leben zu schützen und zu verlängern. Sie tun dies allerdings zuallererst für die Menschen, die in privilegierten Gesellschaften leben, die sich diesen Schutz leisten können bzw. wollen. Für (zu) viele Menschen ist das nach wie vor Traum statt Wirklichkeit: So hat laut WHO (2019, S. 2) über die Hälfte der Weltbevölkerung bis heute keinen umfassenden Zugang zu grundlegenden Gesundheitsdienstleistungen.

4.4.1   Systematischer Stellenwert von Gesundheit

Was bedeutet Krank- bzw. Gesundsein? Definitionen von Krankheit bilden sich über medizinische Lehrmeinungen zur Entstehung und Wirkungsweise von Krankheiten. Diese sind wiederum durch das jeweilige Normen- und Wertesystem geprägt, weshalb sich in unterschiedlichen Kulturkreisen sehr differenzierte Auffassungen von Krankheit und folglich auch von Therapie zeigen. Aber auch innerhalb einer Gesellschaft ergeben sich durch die unterschiedlichen Lebens- und Arbeitsbedingungen, das soziale Umfeld und

Bildungsungleichheiten ein schichtspezifisch variierendes Krankheitsverständnis bzw. Gesundheitsverhalten.

Die *Weltgesundheitsorganisation* (WHO) hat im Jahr 1946 in ihrer Satzung einen sehr umfassenden und für die damalige Zeit wegweisenden *Gesundheitsbegriff* formuliert:

> „Gesundheit ist ein Zustand vollständigen physischen, geistigen und sozialen Wohlbefindens und nicht die bloße Abwesenheit von Krankheit und Gebrechlichkeit. Der Genuss des höchsten erreichbaren Niveaus von Gesundheit ist eines der fundamentalen Rechte jedes Menschen ohne Unterschied von Rasse, Religion, politischer Überzeugung, ökonomischer und sozialer Stellung."[29]

Am 29. Mai 1951 ist Deutschland der WHO-Satzung beigetreten. Gesundheit wird damit auch bei uns in den Rang eines Menschenrechtes erhoben. Gleichzeitig muss offenbleiben, wie weit dieses Recht etwa durch individuelles, durch soziales und/oder durch politisches Handeln realisiert werden kann bzw. was daraus folgt, wenn dieses nicht geschieht. Wichtig ist aber, dass Gesellschaft und Staat offensichtlich bereit sind, Gesundheit und Krankheit nicht nur als *multidimensionale* Phänomene, sondern gleichzeitig als gesamtgesellschaftliche Herausforderung anzuerkennen. Damit ist auch die Selbstverpflichtung aller politischen wie gesellschaftlichen Akteure verbunden, eine Beeinträchtigung von Gesundheit zu vermeiden und schon gar nicht bewusst herbeizuführen.

Bis heute hält sich in der Medizin allerdings ein *biomedizinisches Verständnis,* wodurch Krankheit auf ein „innerkörperliches Geschehen reduziert und als Störung der normalen Organfunktion verstanden wird. Der Mensch trägt eine Krankheit also in sich und wird nach dieser Logik behandelt." (Richter und Hurrelmann 2016, S. 8) Erst seit Mitte der 1980er setzt an dieser Stelle ein langsames Umdenken ein. Ausgehend vom theoretischen Ansatz der *Salutogenese (Aaron Antonovsky)* entwickelt sich ein Krankheits- bzw. Gesundheitsverständnis (vgl. Faltermaier 2020), das sich von der Vorstellung leiten lässt, „dass Gesundheit oder die individuelle Erfahrung von Krankheit immer und überall in einem

---

[29]Vgl. Satzung der WHO. In: Bundesgesetzblatt Teil II Nr. 4 vom 29. Januar 1974. https://www. bgbl.de/xaver/bgbl/start.xav?start=%252F%252F*[%2540attr_id%253D%2527bgbl274s0043. pdf%2527]#__bgbl__%2F%2F*%5B%40attr_id%3D%27bgbl274s0043. pdf%27%5D__1616676549895. Zugegriffen: 25. März 2021

sozialen Kontext entstehen und effektive gesundheitsrelevante Interventionen – gerade im Bereich der Prävention – über die medizinische Behandlung von Individuen hinausgehen müssen. Das soziale Modell von Gesundheit ist dementsprechend nicht als Alternative zum biomedizinischen Modell gedacht, sondern als selbstbewusste, eigenständige Ergänzung." (Richter und Hurrelmann 2016, S. 12).

Krankheit bzw. Kranksein ist die Folge komplexer Verursachungszusammenhänge zwischen individuellen Dispositionen (einschließlich lebensgeschichtlich erworbenen psychischen Erlebnis- und Verarbeitungsmöglichkeiten von psychosozialen Belastungen und Konflikten) sowie belastenden Umweltfaktoren aus den Lebens- und Arbeitsbedingungen. Individuelle Disposition und soziale Umweltfaktoren bestimmen die persönliche Lebensweise und wirken auf das Gesund- bzw. Kranksein zurück. Der medizinische Fortschritt und die allgemein verbesserten Lebens- und Arbeitsbedingungen haben zur Folge, dass die Lebenserwartung kontinuierlich ansteigt *(Demografie)*. Damit geht allerdings auch das Risiko einher, aufgrund von Krankheit bzw. degenerativen Alterserscheinungen auf hauswirtschaftliche Versorgung bzw. (medizinische) Pflege angewiesen zu sein. Hinzu kommen teils angeborene, teils im Verlauf des Lebens erworbene Behinderungen.

In der konkreten Sozialgesetzgebung schlagen sich diese Vorstellungen bislang nur in Ansätzen nieder: So hat die *Gesetzliche Krankenversicherung* (GKV) nach Paragraph 1 SGB V die Aufgabe, die Gesundheit der Versicherten zu erhalten, wiederherzustellen oder ihren Gesundheitszustand zu bessern. Und die Versicherten sind für ihre Gesundheit auch ausdrücklich mitverantwortlich. Sie sollen durch eine gesundheitsbewusste Lebensführung, die Beteiligung an Vorsorgemaßnahmen sowie die aktive Mitwirkung an Krankenbehandlung und Rehabilitation dazu beitragen, den Eintritt von Krankheit und Behinderung zu vermeiden oder deren Folgen zu überwinden. Zudem haben die Krankenkassen den Auftrag, durch Aufklärung, Beratung und Dienstleistungen auf gesunde Lebensführung und -verhältnisse hinzuwirken. Was sich als multidimensionale Idee lesen lässt, entpuppt sich im Rechtsalltag aber immer noch vorrangig als ein eher schulmedizinisch biologistisches Grundverständnis. So orientiert sich der sozialrechtliche *Krankheitsbegriff* nach wie vor an den vom *Bundessozialgericht* (BSG) in unterschiedlichen Urteilen entwickelten Kriterien. (vgl. u. a. Urteil vom 15. März 2018, B 3 KR 18/17 R, Ziffer 27) Demnach liegt ein Leistungsanspruch auf Krankenbehandlung im Sinne der Gesetzlichen Krankenversicherung in der Regel dann vor, wenn:

- ein regelwidriger körperlicher, geistiger oder seelischer Zustand eine (medizinische) Leistungserbringung erfordert, um Schmerzen oder Beschwerden zu verhindern, zu beheben oder zu lindern;
- eine Krankheit erkannt (Vorsorge, Prävention) bzw. die Beeinträchtigung der gesellschaftlichen Teilhabe durch eine Krankheit so gering wie möglich gehalten werden soll;
- die Arbeitsfähigkeit eines bzw. einer Versicherten wieder hergestellt, erhalten oder im Hinblick auf die Zukunft positiv beeinflusst werden soll.

Ein wichtiger Schritt im Sinne salutogenetischer Ansätze erfolgte allerdings am 17. Juli 2015 mit der Aufnahme des *Präventionsgesetz* (PrävG) in das SGB V *Gesetzliche Krankenversicherung*. Mit dem neuen Gesetz werden Maßnahmen der (primären) *Prävention* (= Verhinderung und Verminderung von Krankheitsrisiken) und der *Gesundheitsförderung* (= selbstbestimmtes, auf Gesundheit orientiertes Handeln) in den Leistungskatalog der Sozialversicherung aufgenommen. In Paragraph 20 Abs. 2 SGB V wird deutlich, dass die Leistungen der Prävention einem multiprofessionellen und damit multiperspektiven Verständnis folgen sollen. Denn der Spitzenverband der Krankenkassen legt nach dem Willen des Gesetzgebers „unter Einbeziehung unabhängigen, insbesondere gesundheitswissenschaftlichen, ärztlichen, arbeitsmedizinischen, psychotherapeutischen, psychologischen, pflegerischen, ernährungs-, sport-, sucht-, erziehungs- und sozialwissenschaftlichen Sachverstandes sowie des Sachverstandes der Menschen mit Behinderung einheitliche Handlungsfelder und Kriterien für die Leistungen nach Absatz 1 fest, insbesondere hinsichtlich Bedarf, Zielgruppen, Zugangswegen, Inhalt, Methodik, Qualität, intersektoraler Zusammenarbeit, wissenschaftlicher Evaluation und der Messung der Erreichung der mit den Leistungen verfolgten Ziele."

Angesichts der hohen Bedeutung, die *Gesundheit* und *menschenwürdige Pflege* im Alter und bei Behinderung für die Bürger*innen, aber auch für die Wirtschaft hat, ist staatliche Gesundheitspolitik gefordert, Maßnahmen zu ergreifen, die dem Erhalt und/oder der Wiederherstellung von Gesundheit, der Sicherung des materiellen Lebensunterhalts im Falle von Krankheit, Arbeitsunfähigkeit und Erwerbsunfähigkeit sowie der Absicherung gegen das Pflegerisiko dienen. Ein umfassendes (holistisches) Verständnis von Gesundheitspolitik muss also über den Bereich des bestehenden Gesundheitswesens hinausgehen und weitere Bereiche der *Gesellschaftspolitik* einbeziehen. Hierzu zählen unter anderem Aspekte der *Sozial-* und *Bildungspolitik,* des *Arbeitsschutzes,* der *Städteplanung,* der *Umweltpolitik.*

4.4.2 Lebenslagen und gesundheitlicher Status in Deutschland

Eine historische Betrachtung zeigt, wie sich die Krankheitsrisiken in einer Gesellschaft verschieben können. So hat sich in den letzten hundert Jahren das *Krankheitsspektrum* signifikant verändert. Im 19. Jahrhundert waren vor allem *Infektionskrankheiten* wie Tuberkulose, Diphtherie und Meningitis sowie Seuchen (Cholera und Pocken) für den Tod zahlreicher Menschen verantwortlich. Über verbesserte hygienische Bedingungen, Reihenimpfungen und schließlich die Entdeckung des Antibiotikums Penicillin haben diese Krankheiten ihren Schrecken verloren. An die Stelle von Infektionen, Mangelernährung und körperlicher Überlastung sind in den modernen Industriegesellschaften die *chronisch degenerativen Krankheitsfolgen* von Stoffwechsel-, Herz-Kreislauf- und Tumorerkrankungen sowie psychische Störungen getreten. Hinzu kommen neue medizinische Therapien wie Transplantationen und der Ersatz von Organen bzw. Körperteilen, die früher nicht einsetzbar waren. Und in gleichem Maß, wie die Industriegesellschaft Fortschritt ermöglicht, birgt die Art und Weise unseres Wirtschaftens aufgrund des hohen Ressourcenverbrauchs aber auch große Risiken. Denn es treten immer wieder Krankheiten (neu) auf, die durch den modernen Lebensstil zu Teilen erst ermöglicht werden (Stichworte: Massentierhaltung, mißbräuchlicher Einsatz von Antibiotika und unzureichende Hygiene) und die sich über die weltweit vernetzten Transportwege rasant ausbreiten können (HIV/AIDS, Vogelgrippe H5N1, Rinderwahnsinn BSE, sog. multiresistente Krankenhauskeime etc.). Die COVID-19-Pandemie, die Europa im März 2020 erreicht hat, ist deshalb auch nur ein weiterer Beleg in einer langen Kette von Ereignissen, die deutlich machen, dass die Frage von Krankheitsentstehung und Krankheitsausbreitung auch mit dem *Klimawandel,* der globalen *Umweltzerstörung,* der abnehmenden Distanz zwischen Mensch und Natur sowie der weltweiten Mobilität zusammenhängen. (vgl. Schmidt-Chanasit 2020)

Die Verteilung von *Morbidität* (= Häufigkeit von Erkrankungen innerhalb einer Bevölkerungsgruppe) und *Mortalität* (= Verhältnis der Zahl der Todesfälle zur Zahl der berücksichtigten Personen) ist regional, demografisch, geschlechts- und schichtspezifisch stark differenziert. So zeigen sich in Ballungsräumen und Industriezentren höhere Gesundheitsgefährdungen als in ländlichen Gebieten. Mit steigendem Lebensalter nimmt das Risiko zu erkranken, ebenfalls deutlich zu *(Multimorbidität).* Und schließlich zeigt sich ein Zusammenhang von sozialer Lage und gesundheitlichen Risiken (Abb. 4.3):

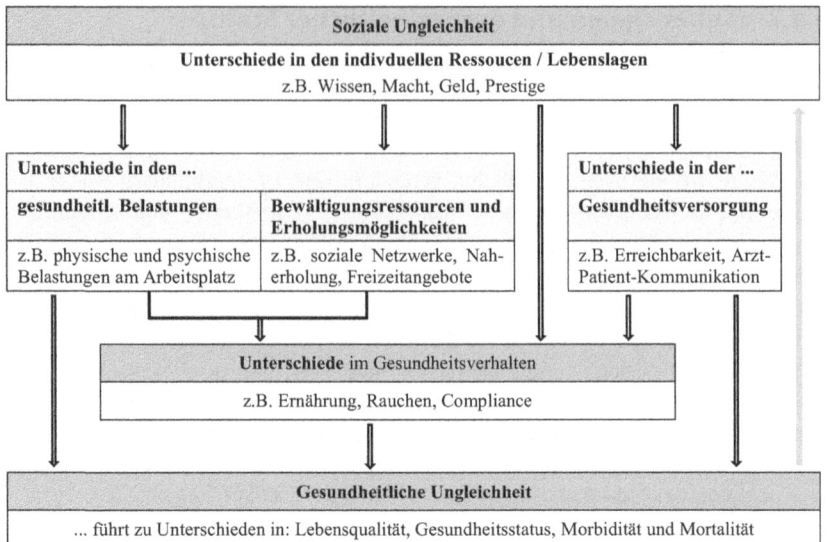

Abb. 4.3 Zusammenhang von sozialer und gesundheitlicher Ungleichheit. (Quelle: Darstellung nach Elkeles und Mielck 1997 und Mielck 2000, 2005 zit. n. Lampert Thomas 2016: Soziale Ungleichheit und Gesundheit. In: M. Richter und K. Hurrelmann (Hrsg) Soziologie von Gesundheit und Krankheit. https://doi.org/10.1007/978-3-658-11010-9_8, S. 128)

Die Lebenslage eines Individuums beeinflusst nicht nur die gesundheitliche Belastung – so ist der Krankenstand umso niedriger, je höher die Qualifikation der Arbeitnehmer*innen ist –, auch das gesundheitsrelevante Verhalten ist von der materiellen Ausstattung und vom Bildungsstand des Einzelnen abhängig. Dies schlägt sich wiederum in einer Korrelation von Einkommen und Lebenserwartung nieder (vgl. Tab. 4.8). Nach einer Untersuchung des Robert Koch-Institutes beträgt die durchschnittliche Lebenserwartung von Männern mit einem Einkommen unterhalb der *Armutsrisikoschwelle* 71 Jahre bei Geburt (Frauen 78,4 Jahre). Über die Einkommensgruppen hinweg steigt sie dann kontinuierlich auf bis zu 79,6 Jahre (Frauen: 82,8 Jahre). (vgl. Lampert et al. 2016, S. 7)

Seit dem Jahr 2004 unterhält das Statistische Bundesamt (Destatis) ein umfassendes datenbankgestütztes, über das Internet zugängliches

Tab. 4.8 Lebenserwartung nach Einkommensgruppen in Deutschland

Beobachtungs- zeitraum: Jahre 1992–2016	Mittlere Lebenserwartung bei Geburt Angaben in Jahren		Fernere Lebenserwartung im Alter von 65 Jahren	
Einkommen	Frauen	Männer	Frauen	Männer
<60 %	78,4	71,0	15,2	9,8
60 - <80 %	79,7	73,3	15,9	11,0
80 - <100 %	80,7	75,2	16,9	12,4
100 - <150 %	82,1	76,0	18,2	13,2
≥150 %	82,8	79,6	18,9	16,4
Gesamt	80,8	75,0	17,0	12,5

Armutsrisikoschwelle = Einkommen <60 % des bedarfsgewichteten Haushaltseinkommen (Median)

Quelle: Lampert Thomas, Hoebel Jens, Kroll Lars Eric 2019 Soziale Unterschiede in der Mortalität und Lebenserwartung in Deutschland – Aktuelle Situation und Trends. In: Journal of Health Monitoring · 2019 4(1), S. 8. https://doi.org/10.25646/5868

Informationssystem zur *Gesundheitsberichterstattung,* das laufend ergänzt und erweitert wird.[30] Die Gesundheitsberichte machen deutlich, dass auf der Ebene der Symptomwahrnehmung bzw. des Gesundheitsbewusstseins, des Einsatzes diagnostischer Mittel, der einzuschlagenden Therapien und der Nachsorge sozial selektive Faktoren wirksam sind. Im Ergebnis führt dies zu einem deutlich schlechteren gesundheitlichen Status und einer geringeren Lebenserwartung bei sozial benachteiligten Bevölkerungsgruppen. (vgl. Haverkamp 2018) Das deutsche Gesundheitswesen ist nach wie vor in hohem Maß schichtspezifisch, milieuabhängig und ethnisch/kulturell vorgeprägt. Die im Individuum angelegten Gesundheitsrisiken bzw. krankheitsfördernden Prädispositionen treffen durch diesen strukturellen Zusammenhang auf schicht- bzw. milieuspezifisch verteilte gesundheitsgefährdende Verhaltensmuster sowie Inanspruchnahmen von (medizinischen) Präventions- bzw. Kompensationsmöglichkeiten.

---

[30] Gefördert durch die Bundesregierung und auf Beschluss des Bundestages hat das Statistische Bundesamt (Destatis) in Zusammenarbeit mit dem Robert Koch-Institut eine Datenbank als kontinuierliche Gesundheitsberichterstattung des Bundes aufgebaut (www.gbe-bund.de). Zugegriffen: 16. März 2021

4.4.3   Sektoren und Systeme der Gesundheitspolitik

Die Vielschichtigkeit der Handlungsebenen, die Komplexität der Ursachen-zusammenhänge sowie die gesellschaftlich allumfassende Betroffenheit machen die Gesundheitspolitik zu einer *Querschnittsaufgabe,* die unterschiedliche Politik-felder einschließt. Im Mittelpunkt einer sozialpolitischen Betrachtung stehen dabei vor allem die nachfolgenden Sektoren und Systeme:

Ambulantes, teilstationäres und stationäres Gesundheitsversorgungssystem. Die zentrale Aufgabe des Gesundheitswesens ist der Erhalt und die Wieder-herstellung der Gesundheit. Hierzu steht ein differenziertes System aus medizinischen Berufsgruppen und Einrichtungen zur Verfügung:

- Ambulanter Sektor
  Er besteht aus den Praxen von (Zahn-)Ärzt*innen, Psychotherapeut*innen und anderen gesundheitlichen Dienstleistern, wie etwa Physiotherapeut*innen, Osteopath*innen, Logopäd*innen und ambulanten Pflegediensten bzw. Sozial-stationen.
- Teilstationärer Sektor
  Dazu zählen Tageskliniken, Einrichtungen der Tagesbetreuung und Tages-pflege.
- Stationärer Sektor
  Er umfasst Krankenhäuser einschließlich psychosomatischer stationärer Ein-richtungen, Einrichtungen für medizinische und rehabilitative Kuren, Ein-richtungen für Pflegebedürftige unterschiedlicher Art und Hospize zur Begleitung von Sterbenden.

Systeme der Gesundheitssicherung
- SGB V *Gesetzliche Krankenversicherung* (GKV): Insbesondere die GKV übernimmt wegen ihrer großen Reichweite als wichtigstes Finanzierungs-instrument im Gesundheitswesen eine zentrale Sicherungs- und Lenkungs-funktion bei der Bereitstellung der Geld-, Sach- und Dienstleistungen sowie medizinischer Infrastruktur.

- *Private Krankenversicherung* (PKV): Neben der gesetzlichen Krankenversicherung gibt es privatwirtschaftlich organisierte Versicherungsunternehmen mit je nach gewünschtem Versicherungsumfang abgestuften Tarifen.
- SGB XI *Soziale Pflegeversicherung* (GPV): Da in der Krankenversicherung Pflegeleistungen nur dann finanziert werden, wenn sie mit medizinischen Behandlungsleistungen einhergehen, füllt die Pflegeversicherung eine wichtige Versorgungslücke: Ein zunehmender Teil der Bevölkerung ist auch ohne akute medizinische Notwendigkeit auf pflegerische bzw. hauswirtschaftliche Leistungen angewiesen. Aus der Pflegeversicherung wird die *ambulante* sowie die *stationäre Pflege* bezuschusst.
- *Weitere gesetzliche Sozialversicherungen:* Gesundheitspolitische Leistungen werden auch nach anderen gesetzlichen Vorschriften erbracht. Zu den wichtigsten Rechtsquellen zählen das SGB VII *Gesetzliche Unfallversicherung* und das SGB VI *Gesetzliche Rentenversicherung* (vgl. Abschn. 4.2.6 und 4.5).
- *Versorgungs- und Fürsorgeleistungen:* Auch der Staat erbringt medizinische und materielle *Versorgung*sleistungen. Hierzu gehören v. a. die Kriegs- und Gewaltopferversorgung (*Opferentschädigungsgesetz* OEG und *Bundesversorgungsgesetz* BVG, vgl. Abschn. 4.6.1.6). Hinzu kommen *Beihilfen* für Beamte. Und last but not least werden im Rahmen des SGB XII *Sozialhilfe* über die Kap. 5 und 7 *Fürsorge*leistungen bei Krankheit und im Pflegefall erbracht (vgl. Abschn. 4.6.1.3).
- *Öffentlicher Gesundheitsdienst:* Dem Öffentlichen Gesundheitsdienst kommt zum einen die Aufgabe zu, allgemein präventive Maßnahmen zu ergreifen (Schul(zahn)ärztliche Untersuchung, Reihenimpfungen etc.). Zum anderen müssen die Gesundheitsämter in amtlichen Verfahren gesundheitlich gutachten (etwa bei Einstellungsverfahren, Adoptionen, Kuren und dienstrechtlichen Angelegenheiten bei Beamten etc.). Im Zuge der COVID-19-Eindämmung ist der öffentliche Gesundheitsdienst, der bis dato eher ein Schattendasein fristete, in den Fokus der öffentlichen Aufmerksamkeit gerückt. Im Rahmen des zuletzt am 19. November 2020 geänderten *Infektionsschutzgesetz* (IfSG) erhält das *Bundesministerium für Gesundheit* umfassende Kompetenzen, um per Rechtsverordnung auf epidemische Lagen von nationalem Ausmass zu reagieren (Paragraph 5 IfSG). In den kommunalen *Gesundheitsämtern* wurden bislang schon Informationen über die sog. *meldepflichtigen Krankheiten* gesammelt und entsprechende Schutzmaßnahmen für die Betroffenen bzw. die Bevölkerung erlassen. Mit diesen neuen Verordnungen im Rahmen der COVID-19-Epidemie können weitreichende Einschränkungen der persönlichen Freiheitsrechte einher gehen.

- *Private Haushalte:* Zahlreiche gesundheitsrelevante Leistungen müssen durch die Betroffenen privat finanziert werden (Selbstmedikation und Zuzahlungen, Selbsthilfe, nicht im Leistungskatalog der gesetzlichen und/oder privaten Krankenversicherung enthaltene Leistungen wie etwa die von Heilpraktiker*innen; besondere Hygieneartikel zur Pandemiebekämpfung usw.).
- *Europäische Union:* Im Artikel 153 des Europäischen Vertrages in der Fassung von Lissabon ist der Europäischen Union auch die „Verbesserung insbesondere der Arbeitsumwelt zum Schutze der Gesundheit und Sicherheit der Arbeitnehmer" sowie „soziale Sicherheit und sozialer Schutz der Arbeitnehmer" als Aufgabe übertragen worden, allerdings ohne „jegliche Harmonisierung der rechts- und Verwaltungsvorschriften." Es soll vielmehr im Rahmen der Offenen Methode der Koordination die Zusammenarbeit der Mitgliedstaaten gefördert, der Wissenstand verbessert und der Austausch von Informationen, z. B. über bewährte Verfahren (good practice), gefördert werden. Innerhalb der EU haben sich auf dieser vertraglichen Grundlage vielfältige Aktivitäten im Rahmen der Gesundheitsberichterstattung und des informellen Austausches zwischen den Mitgliedstaaten entwickelt (vgl. Abschn. 2.9.1).[31]

4.4.3.1 SGB V Gesetzliche Krankenversicherung (GKV)

Die Gesetzliche Krankenversicherung (GKV) ist der älteste Zweig der Sozialversicherung in Deutschland und als V. Buch in das Sozialgesetzbuch eingegliedert (vgl. Abschn. 2.3.2 und 2.7.2). Sie ist ein wesentlicher Bestandteil im deutschen Gesundheitswesen und sichert Millionen Versicherte und deren unterhaltspflichtige Angehörige gegen die Risiken von Krankheiten aller Art. In Deutschland muss jeder Mensch eine Krankenversicherung haben *(Versicherungspflicht).* Je nachdem, welche Voraussetzungen erfüllt sind, kann dies durch die gesetzliche bzw. freiwillige Versicherung bei einer gesetzlichen Krankenkasse oder über eine private Krankenversicherung geschehen. Obwohl rechtlich nicht vorgesehen, leben in Deutschland um die 60.000 *Nichtversicherte* (vgl. Tab. 4.9). Hierbei handelt es sich zum ersten um Personen, die auf der Straße ohne Anbindung an Hilfesysteme leben, zum zweiten um Menschen, die sich ohne legalen Aufenthaltsstatus in Deutschland aufhalten und zum dritten um Personen, die sich trotz Versicherungspflicht entweder nie bei einer Krankenkasse angemeldet haben oder

---

[31] Die Europäische Kommission unterhält ein umfangreiches Informationsangebot über das Gesundheitswesen in den Mitgliedstaaten: https://ec.europa.eu/health/home_de. Zugegriffen: 26. März 2021).

Tab. 4.9 Krankenversicherte in Deutschland nach Versicherungsart (Stand 2019)

Versicherungart	Anzahl der Versicherten	Anteil an der Bevölkerung in %
Gesetzlich Versicherte:	73.052.555	87,8
Privat Versicherte	8.731.100	10,5
Sonstige[1]	1.383.056	1,7
Nachrichtlich: Nichtversicherte[2]	61.000	0,1

[1] Anspruch auf Krankenversorgung als Empfänger* in von Leistungen nach SGB XII *Sozialhilfe,* Kriegsschadensrentner* innen, Empfänger* innen von Unterhaltshilfe aus dem Lastenausgleich, frei Heilfürsorge der Polizei und Bundeswehr, nicht krankenversicherte Personen, ohne Angabe zum Vorhandensein einer Krankenversicherung. [2] Schätzung nach Destatis 2020 Weniger Menschen ohne Krankenversicherungsschutz. Pressemitteilung Nr. 365 vom 15. September 2020.
Quellen: Verband der Ersatzkassen 2021 Daten zum Gesundheitswesen. https://www.vdek. com/presse/daten/b_versicherte.html. Zugegriffen: 6. April 2021

in Zahlungsverzug geraten sind. Werden Beiträge nicht bezahlt, wird das Versicherungsverhältnis aufgrund der Versicherungspflicht zwar nicht beendet, die Krankenkassen können die Leistungen aber einstellen bzw. auf ein Minimum zurückfahren. Die nicht bezahlten Beiträge können im Übrigen nicht erlassen werden. Sie werden aufsummiert und mit einem Säumniszuschlag belegt. Die betroffenen Personen machen also Schulden, die sich zu hohen Beträgen aufsummieren und damit die Rückkehr in eine Krankenkasse zusätzlich erschweren können.

4.4.3.1.1 Aufgaben und Ziele des SGB V Gesetzliche Krankenversicherung

Nach Paragraph 1 SGB V *Gesetzliche Krankenversicherung* ist die Krankenversicherung eine Solidargemeinschaft mit der Aufgabe, „die Gesundheit der Versicherten zu erhalten, wiederherzustellen oder ihren Gesundheitszustand zu bessern. Das umfasst auch die Förderung der gesundheitlichen Eigenkompetenz und Eigenverantwortung der Versicherten." Zur Übernahme dieser Eigenverantwortung gehören eine gesundheitsbewußte Lebensweise, die Teilnahme an Vorsorgeuntersuchungen sowie die aktive Mitwirkung bei Therapien und Rehabilitationsleistungen. Nach den Paragraphen 2 und 3 müssen den besonderen Belangen behinderter und chronisch kranker Menschen sowie geschlechtsspezifischen Besonderheiten Rechnung getragen werden. Gleichzeitig werden die

Krankenkassen dazu verpflichtet, die Versicherten so zu beraten, aufzuklären und zu unterstützen, dass sie ihren Mitwirkungspflichten auch nachkommen können.

4.4.3.1.2 Versicherte und anspruchsberechtigter Personenkreis

Als unmittelbare Folge des *GKV-Wettbewerbsstärkungsgesetz* besteht seit dem 1. April 2007 in Deutschland eine *allgemeine Versicherungspflicht* für nahezu alle Beschäftigten (Paragraph 5 SGB V). Wenn das Bruttoeinkommen die *Versicherungspflichtgrenze* (Stand 2021: 5362,50 € West/Ost) überschreitet, besteht Wahlfreiheit zwischen der Versicherung in der GKV oder dem Abschluss einer privaten Krankenversicherung (PKV). Desweiteren sind Rentner*innen, Studierende, Bezieher*innen von ALG I (Arbeitslosengeld), Behinderte in geschützten Einrichtungen u. a. m. pflichtversichert. Seit dem 1. April 2003 müssen Arbeitgeber*innen auch für Beschäftigte in Mini-Jobs Krankenversicherungsbeiträge abführen, wenn sie nicht familienversichert sind. Auch die Bezieher*innen von Leistungen der Mindestsicherung (ALG II, Sozialgeld, Sozialhilfe) sind entweder krankenversichert oder haben Anspruch auf Gesundheitsleistungen nach SGB XII *Sozialhilfe* (vgl. Abschn. 4.6.1.3). Unterhaltsberechtigte Familienangehörige von Mitgliedern (Kinder, Ehepartner*innen und eingetragene Lebenspartner*innen) sind über die beitragsfreie *Familienversicherung* abgesichert, wenn sie ihren Wohnsitz bzw. gewöhnlichen Aufenthalt in Deutschland haben und ihr monatliches Gesamteinkommen nicht über 470 € liegt (Stand 2021). (BMG 2021, o. S.)

Laut der Statistik des Verbandes der Ersatzkassen sind im Jahr 2020 etwa 73,36 Mio. Menschen in der gesetzlichen Krankenversicherung krankenversichert, was rund 90 % der Wohnbevölkerung in Deutschland entspricht. Davon waren rund 57 Mio. beitragszahlende Pflichtmitglieder und 16,2 Mio. beitragsfrei versicherte Mitglieder (z. B. unterhaltsberechtigte Familienangehörige). Etwa 6 Mio. Mitglieder sind in der GKV freiwillig versichert. Von den gesetzlichen Versicherten sind 1,2 Mio. SGB III-Empfänger*innen, 3,2 Mio. SGB II-Empfänger*innen sowie 16,9 Mill. Rentner*innen. Etwa 8,73 Mio. Menschen sind in der *Privaten Krankenversicherung* (PKV, vgl. Abschn. 4.4.3.2) und 61.000 Personen bleiben trotz Versicherungspflicht ohne Krankenversicherungsschutz (vgl. Abschn. 4.4.3.1). (vgl. BMG 2020, S. 108)

Eine Sonderstellung nehmen die *Beamten* ein. Sie erhalten einen Teil ihrer Krankheitskosten durch die *staatliche Beihilfe* erstattet, wobei sich die Höhe der Kostenübernahme nach der individuellen familiären Situation richtet. Die Beihilfe übernimmt aber nicht die vollen Kosten, sodass sich Beamte zur Deckung der nicht erstattungsfähigen Kostenanteile entweder in der GKV oder PKV zusätzlich versichern müssen.

4.4.3.1.3 Träger und Finanzierung der GKV

Träger der Gesetzlichen Krankenversicherung sind die 105 gesetzlichen *Krankenkassen* (Stand 2021), die teils betrieblich, teils lokal, teils regional, teils bundesweit und teils auf bestimmte Personenkreise ausgerichtet sind. Im Jahr 1992 wurde mit dem *Gesundheitsstrukturgesetz* den Versicherten die freie Kassenwahl eröffnet. Wirksam wurde diese Öffnung allerdings erst im Jahr 1996. Bis dahin erfolgte die Aufnahme in die einzelnen Kassen nach berufsgruppenspezifischen Merkmalen (z. B. Angestellte und Arbeiter*innen). Auch mussten die *Allgemeinen Ortskrankenkassen* (AOK) alle Personen aufnehmen, die keine andere Krankenkasse gefunden hatten. Dadurch war die Struktur der Krankheitsrisiken zwischen den Kassen sehr ungleich verteilt und damit auch deren Kosten. Aus diesem Grund unterschieden sich die Beitragssätze erheblich. Um diese ungleiche Verteilung der Kostenrisiken auszugleichen, wurde im Jahr 1994 ein sog. *Risikostrukturausgleich* eingeführt.

In der Gesetzlichen Krankenversicherung gilt das *Selbstverwaltungsprinzip*. Dabei definiert der Staat die Rahmenbedingungen und Aufgaben, innerhalb derer die Selbstverwaltungsorgane Regelungen und Entscheidungen treffen können. Eine wichtige Rolle bei der Kontrolle kommt dem *Bundesamt für Soziale Sicherung* (BAS) zu. Es führt die Aufsicht über die bundesunmittelbaren Träger der gesetzlichen Kranken-, Renten- und Unfallversicherung sowie der sozialen Pflegeversicherung. Das BAS verwaltet den Gesundheitsfonds und führt den Risikostrukturausgleich sowie den Finanzausgleich in der sozialen Pflegeversicherung durch. Die Mutterschaftsgeldstelle bearbeitet Anträge auf Mutterschaftsgeld von Frauen, die in einem Beschäftigungsverhältnis stehen, aber nicht selbst Mitglied einer gesetzlichen Krankenkasse sind.[32]

Zur Steuerung des Leistungsangebotes und der dafür anfallenden Kosten schließen die Krankenkassen Verträge mit den *Kassenärztlichen Vereinigungen* (KV) als Selbstverwaltungsorgane der (Kassen-)Ärzteschaft und den Krankenhäusern ab. Krankenkassen und Kassenärztliche Vereinigungen sind im Rahmen ihres *Sicherstellungsauftrages* verpflichtet, eine ausreichende ärztliche Versorgung der Bevölkerung zu garantieren. Auf Bundesebene schließt die Kassenärztliche Bundesvereinigung (KBV) mit den Spitzenverbänden der Krankenkassen Vereinbarungen über die Organisation und Umsetzung der vertragsärztlichen Versorgung in Deutschland ab. Auf der Ebene der Bundesländer treffen die regionalen Kassenärztlichen Vereinigungen und

---

[32] Vgl. https://www.bundesamtsozialesicherung.de/de/. Zugegriffen: 27. März 2021

Krankenkassenvertretungen die Vereinbarungen über die Vergütung ärztlicher Leistungen, die dann über die Kassenärztlichen Vereinigungen an ihre Mitglieder verteilt werden. Jeder kassenärztlich zugelassene Arzt ist automatisch Mitglied einer KV. Dieses System gilt analog für die Zahnärzt*innen.

Die Finanzierung durch den Gesundheitsfonds
Finanziert werden die Leistungen der GKV durch die *Mitgliedsbeiträge* aus sozialversicherungspflichtiger Beschäftigung. Sie werden im *Umlageverfahren* erhoben und sollen laufende Ausgaben der Krankenkassen abdecken. Es werden keine, das individuelle Krankheitsrisiko des Beitragspflichtigen berücksichtigende, Reserven angelegt. Mit der Einführung des *Gesundheitsfonds* am 1. Januar 2009 (*Gesetz zur Stärkung des Wettbewerbs in der gesetzlichen Krankenversicherung*, vgl. Abb. 4.4) wird der Beitragssatz für die Krankenversicherung nicht mehr von den einzelnen Krankenkassen, sondern per Rechtsverordnung durch die Bundesregierung festgesetzt. Dieser Beitragssatz ist für alle gesetzlichen Krankenkassen verbindlich. Er beträgt 14,6 % vom Bruttoeinkommen (Stand 2021). Arbeitgeber*innen und Arbeitnehmer*innen teilen sich den Beitrag je zur Hälfte (*paritätische Mittelaufbringung*). Der Beitragssatz wird nur auf den Anteil des Bruttoeinkommens erhoben, der unter der bundeseinheitlich festgelegten *Beitragsbemessungsgrenze* liegt (Stand 2021: 4837,50 €);[33] darüber hinaus gehendes Einkommen bleibt beitragsfrei. Dies führt dazu, dass die relative Belastung des Einkommens in dieser Einkommensgruppe niedriger ist als bei den Versicherten, die mit ihrem gesamten Einkommen unterhalb der Beitragbemessungsgrenze liegen.

*Rentner*innen* sind in der GKV entweder pflichtversicherte oder freiwillige Mitglieder. Als *freiwillig* Versicherte bezahlen sie auf ihre gesetzliche Rente plus etwaige Versorgungsbezüge (z. B. Betriebsrenten) sowie auf jede sonstige Einkommensart (z. B. Miet- und Kapitaleinkommen, private Renten) den Beitragsatz von 14,6 %. Für *pflichtversicherte* Rentner*innen bezieht sich die Beitragspflicht nur auf die gesetzliche Rente und etwaige weitere Versorgungsansprüche, nicht jedoch auf die sonstigen Einkünfte. Die Gesetzliche Rentenversicherung (GRV) trägt bei den Pflichtversicherten nach Paragraph 249a SGB V die Hälfte der nach der Rentenhöhe anfallenden Beiträge.

---

[33] Die Beitragsbemessungsgrenze wird jährlich vom Bundesministerium für Arbeit und Soziales festgelegt: https://www.bundesregierung.de/breg-de/aktuelles/beitragsbemessungs-grenzen-2021-1796480. Zugegriffen: 26. März 2021

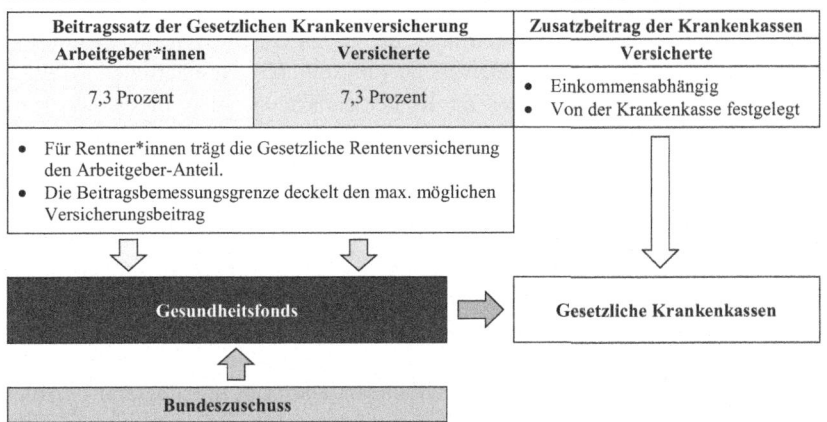

Abb. 4.4 Der Gesundheitsfonds. (Quelle: eigene Darstellung)

Studierende sind in der Regel bis zum 25. Lebensjahr familienversichert oder bezahlen einen bundeseinheitlich festgelegten, monatlichen Beitragssatz von 88,13 € (Stand 2021). Wenn Studierende mehr als 470 € im Monat verdienen, werden sie unabhängig von ihrem Alter krankenversicherungspflichtig.

Wer sich in der GKV *freiwillig* versichert (z. B. Selbstständige) bezahlt einen ermäßigten Satz von 14,0 % *ohne* und 14,6 % *mit* Krankengeldanspruch. Ein Sonderfall der freiwilligen Versicherung ergibt sich bei den Minijobs (vgl. Abschn. 4.2). Trotz der Pauschalzahlung des Arbeitgebers entsteht kein Versicherungsverhältnis in der Gesetzlichen Krankenversicherung. Gesetzlich ergibt sich lediglich ein Anspruch auf Lohnfortzahlung im Krankheitsfall durch den Arbeitgeber. Wenn eine Minijobber*in also nicht über die Hauptbeschäftigung oder die Lebenspartner*in kranken- bzw. familienversichert ist, muss er/sie sich zum Mindestbeitrag freiwillig versichern. Dieser beträgt 153,53 € pro Monat (Stand 2021).

Die Krankenkassen erhalten aus dem Gesundheitsfonds für ihre Mitglieder eine *Kostenpauschale*. Durch den per Gesetz zuletzt im Jahr 2014 präzisierten *morbiditätsorientierten Risikostrukturausgleich* erhalten die Krankenkassen, die Mitglieder mit besonders hohen Krankheits- und Kostenrisiken versichern, höhere Kostenpauschalen. Kann eine Kasse ihre Ausgaben nicht decken, hat sie die Möglichkeit, *Zusatzbeiträge* zu erheben, die nur von den Versicherten zu tragen sind. Im Gegenzug wird den Versicherten ein *Sonderkündigungsrecht* eingeräumt.

Der Gesundheitsfonds wird vom *Bundesamt für Soziale Sicherung* (BAS) als Sondervermögen verwaltet, in den auch der *Bundeszuschuss* fließt. Damit soll die Solidargemeinschaft der sozialversicherungspflichtig Beschäftigten von den Kosten der *Familienversicherung* für Kinder entlastet werden, da es sich hierbei vorrangig um ein gesamtgesellschaftlich relevantes Instrument der Familienförderung und weniger um eine unmittelbare Gesundheitsausgabe handelt. Die Höhe des Bundeszuschusses wird politisch festgelegt. Seit dem Jahr 2017 liegt er bei jährlich 14,5 Mrd. EUR.

4.4.3.1.4 Leistungen im SGB V Gesetzliche Krankenversicherung

Im Rahmen der Gesetzlichen Krankenversicherung werden Geld-, Sach- und Dienstleistungen erbracht. Das SGB V gibt aber keinen festen *Leistungskatalog*, sondern nur einen Rechtsrahmen verbindlich vor. Dieser ist in Paragraph 11 Abs 1 SGB V formuliert. Demnach haben die Versicherten Anspruch auf *ausreichende*, *bedarfsgerechte* und dem *allgemein anerkannten Stand* der medizinischen Wissenschaft angemessene Leistungen:

1. „bei Schwangerschaft und Mutterschaft (§§ 24c bis 24i),
2. zur Verhütung von Krankheiten und von deren Verschlimmerung sowie zur Empfängnisverhütung, bei Sterilisation und bei Schwangerschaftsabbruch (§§ 20 bis 24b),
3. zur Erfassung von gesundheitlichen Risiken und Früherkennung von Krankheiten (§§ 25 und 26),
4. zur Behandlung einer Krankheit (§§ 27 bis 52),
5. des Persönlichen Budgets nach § 29 des Neunten Buches."

Darüber hinaus können medizinische Leistungen zur Rehabilitation sowie unterhaltsichernde Leistungen in Anspruch genommen werden. Im Gesetz wird kein Anspruch auf konkrete Behandlungen bzw. Therapieformen festgeschrieben. Hier kommt der *Gemeinsame Bundesausschuss* (G-BA) – bestehend aus den Kassenärztlichen Bundesvereinigungen, der Deutschen Krankenhausgesellschaft (DKG) und dem Spitzenverband Bund der Krankenkassen – ins Spiel. Er setzt die Rahmenvorgaben in für die Kassen bzw. die Leistungserbringer verbindliche

Regelleistungen um. Die Krankenkassen schließen auf Grundlage der Regelleistungen Verträge mit den Leistungserbringern, ziehen die Kassenbeiträge von den Mitgliedern und Arbeitgeber*innen ein und regeln die Bezahlung der erbrachten Leistungen. Aufgrund dieser Verfahrensweise sind alle Leistungen, die die vielen unterschiedlichen Krankenkassen im Rahmen des SGB V finanzieren, identisch. Das Leistungsspektrum umfasst nach den Vorgaben des SGB V im Wesentlichen:

1. *Präventive Gesundheitsleistungen* wie Früherkennung und Vorsorgeuntersuchungen, zahnärztliche Prophylaxe (Gruppen- und Individualprophylaxe) und Schutzimpfungen, Vorsorgekuren für Mütter sowie die Unterstützung von Selbsthilfegruppen mit gesundheitsfördernder oder rehabilitativer Ausrichtung. In diesen Bereich gehört auch der Anspruch auf ärztliche Beratung über Fragen der Empfängnisverhütung sowie auf Leistungen bei einer nicht rechtswidrigen Sterilisation sowie einem Schwangerschaftsabbruch.

2. Die *Krankenbehandlung,* erbracht in Form der:
   - *ärztlichen* und *zahnärztlichen Behandlung* einschließlich der Versorgung mit Zahnersatz, die im Prinzip zeitlich unbegrenzt in Anspruch genommen und nach ärztlicher Verordnung durch Leistungen der Heil- und Hilfsberufe (z. B. Logopädie, Krankengymnastik, Osteopathie etc.) ergänzt werden kann. Zum Leistungsspektrum zählen ebenfalls medizinische Maßnahmen zur künstlichen Befruchtung.
   - Versorgung mit *Arznei-, Verbands-, Heil-* und *Hilfsmitteln.* Allerdings sind nach Paragraph 34 SGB V bestimmte Arznei-, Heil- und Hilfsmittel von der Erstattungsfähigkeit ausgenommen.
   - *häuslichen Krankenpflege* sowie *haushaltswirtschaftlichen Versorgung,* wenn eine Krankenhausbehandlung zwar geboten, aber nicht durchführbar ist bzw. sie durch die häusliche Pflege vermieden oder verkürzt werden kann.
   - *teilstationären* bzw. *vollstationären Krankenhausbehandlung,* wenn ein Behandlungsziel nicht durch eine ambulante Behandlung in einer (Fach-) Arztpraxis erreicht werden kann.

3. Menschen mit einer unheilbaren, fortschreitenden Erkrankung mit begrenzter Lebenserwartung, die eine *Hospiz- und Palliativversorgung* benötigen, bekommen diese unabhängig von ihren finanziellen Möglichkeiten. Dabei werden die Kosten sowohl der ambulanten als auch stationären Betreuung vorwiegend von den Krankenkassen, in Teilen auch von der Pflegeversicherung übernommen.

4. Medizinische und ergänzende Leistungen zur *Rehabilitation* sowie zur *Belastungserprobung* und *Arbeitstherapie*.

5. Die Zahlung von *Geldleistungen* in Form von:

- *Krankengeld* als *Lohnersatzleistung*, die im Anschluss an die sechswöchige Lohnfortzahlung der Arbeitgeber*in (*Entgeltfortzahlungsgesetz*, EFZG) einsetzt. Das Krankengeld, das auch Arbeitslose beziehen können, beträgt 70 % des regelmäßigen *Brutto*arbeitseinkommens, maximal jedoch 90 % des Nettoeinkommens. Das Krankengeld ist sozialabgabenpflichtig, wobei sich die Arbeitnehmer*in und die Krankenkasse die Beiträge hälftig teilen. Für dieselbe Krankheit gilt innerhalb von drei Jahren eine Höchstbezugsdauer von 78 Wochen.

- *Kinderkrankengeld* kann in Anspruch genommen werden, wenn Kinder unter 12 Jahren durch die Eltern gepflegt werden müssen. Pro Elternteil besteht Anspruch auf zehn Tage (Alleinerziehende: 20 Tage), bei mehreren Kindern ist der Anspruch kalenderjährlich auf max. 25 Tage pro Elternteil (50 Tage bei Alleinerziehenden) begrenzt.

- Werdende Mütter dürfen sechs Wochen vor und acht Wochen nach der Entbindung (Früh- und Mehrlingsgeburten: 12 Wochen) nicht arbeiten. Für diese Zeit besteht Anspruch auf *Mutterschaftsgeld*. Es berechnet sich am Nettogehalt der letzten drei Monate und beträgt maximal 13 € pro Tag. Eine (mögliche) Differenz zum tatsächlichen Nettoeinkommen wird durch die Arbeitgeber*innen aufgestockt. Für privat- oder nichtversicherte Arbeitnehmerinnen wird ein einmaliges Mutterschaftsgeld vom Bundesamt für Soziale Sicherung (BAS) in Höhe von höchstens 210 € gezahlt.

In der GKV gilt ein am medizinischen Bedarf orientiertes *Sachleistungsprinzip*. Der Umfang der Sach- und Dienstleistungen richtet sich nach der medizinischen Notwendigkeit und ist unabhängig von der Höhe des geleisteten Beitrages. Abgesehen vom *Krankengeld*, das als Lohnersatzleistung nur an beitragspflichtige Mitglieder ausgezahlt werden kann und an der Lohnhöhe orientiert ist, erhalten alle Familienversicherten die gleichen Leistungen wie die Versicherten selbst *(Solidarprinzip)*.

Die GKV ist eine *Vollkostenversicherung* und kein Zuschuss wie etwa das SGB XI *Soziale Pflegeversicherung*. Allerdings durchlöchern Streichungen im Leistungskatalog bzw. umfangreiche *Zuzahlungen* der Versicherten etwa bei Arznei-, Heil- und Hilfsmittel (10 % des Preises, mindestens 5 und max. 10 €), Krankenhausbesuch (10 € pro Tag für max. 28 Tage) und Zahnersatz (Zuzahlung zwischen 25 bis 40 % je nach Grad der nachgewiesenen Zahnvorsorge) nicht nur das Sachleistungsprinzip, sondern auch die paritätische Beitragszahlung. Die Zuzahlungen sind jedoch pro Jahr auf zwei Prozent (bei chronisch Kranken 1 %) der jährlichen Bruttoeinnahmen zum Lebensunterhalt begrenzt (Paragraph 62 SGB V). Wird diese Grenze überschritten, erfolgt auf Antrag für den Rest des Kalenderjahres eine Zuzahlungsbefreiung durch die Krankenkasse. Darüber hinaus legt der GKV-Spitzenverband regelmäßig eine Liste mit zuzahlungsbefreiten Arzneimitteln vor.

Mit dem *GKV-Versorgungsstrukturgesetz* aus dem Jahr 2007 haben die Krankenkassen erweiterte Spielräume für die Ausgestaltung von *Wahltarifen*. Damit können sie exklusiv für ihre Versicherten in folgenden Bereichen eigenständige Angebote machen:

- Vorsorge- und Reha-Maßnahmen
- Leistungen von Hebammen bei Schwangerschaft und Mutterschaft
- künstliche Befruchtung
- zahnärztliche Behandlung (ohne Zahnersatz)
- nicht verschreibungs-, aber apothekenpflichtige Arzneimittel
- Heil- und Hilfsmittel,
- häusliche Krankenpflege
- Haushaltshilfe sowie
- nicht zugelassene Leistungserbringer. (vgl. BMG 2016)

4.4.3.2 Private Krankenversicherung (PKV)

In der *Privaten Krankenversicherung* (PKV) bieten knapp 50 privatwirtschaftlich organisierte Finanzdienstleistungsunternehmen vollen Krankenversicherungsschutz an. Diese Anbieter unterliegen im Rahmen der allgemeinen staatlichen Aufsicht über das private Versicherungswesen der behördlichen Kontrolle. Die gesetzliche Grundlage ist das *Versicherungsvertragsgesetz* aus dem Jahr 1908. Im Jahr 2019 waren rund 8,8 Mio. Personen in der PKV *vollversichert,* was gut zehn Prozent der gesamten Wohnbevölkerung entspricht. Daneben können über die Privaten Krankenversicherungen ergänzende Leistungen versichert werden, die auch den Mitgliedern der Gesetzlichen Krankenversicherung offenstehen (etwa *Zusatzversicherungen* für das Krankenhaus, Zahnersatz, etc.). In diesem Geschäftsfeld hat die PKV über 25 Mio. Kund*innen. (vgl. Ärzteblatt 2019)

Tarife und Finanzierung in der PKV

Mit Wirkung vom 1. Januar 2009 wurde die *Versicherungspflicht* in der GKV auf die privaten Krankenversicherer ausgeweitet. Die Versicherer sind gesetzlich verpflichtet, einen sog. *Standard- bzw. Basistarif* anzubieten, auf den keine

Risikozuschläge erhoben und in dem keine Leistungsausschlüsse vorgenommen werden dürfen. Für den Basistarif besteht der sog. *Kontrahierungszwang.* Die Versicherer müssen alle Menschen aufnehmen, die die gesetzlichen Voraussetzungen erfüllen und die Aufnahme beantragen. Da es in der PKV *keine* beitragsfreie *Familienversicherung* gibt, muss jede Person einzeln versichert sein. Bei sich ändernden familiären Konstellationen (Heirat, Kinder, Tod) muss das Versicherungsverhältnis jeweils angepasst werden.

Zur *Finanzierung* der PKV werden die Beiträge nach versicherungsmathematischen Grundsätzen mit dem *Anwartschaftsdeckungs- bzw. Kapitaldeckungsverfahren* (vgl. Abschn. 4.5.7) ermittelt. Dabei beinhalten die von den Versicherten zu bezahlenden Beiträge neben einem *Beitragsanteil* für die laufenden Krankheitskosten einen *Rückstellungsanteil,* mit dem die im Alter wachsenden Krankheitsaufwendungen vorfinanziert werden. Diese Rückstellungsanteile werden in der *Deckungsrückstellung* – auch *Alterungsrückstellung* genannt – angesammelt und verzinslich am Kapitalmarkt angelegt. Wenn die altersbedingt zunehmenden Krankheitskosten durch den laufend gezahlten Beitrag nicht mehr gedeckt werden können, wird die Deckungsrückstellung nach und nach abgebaut, um die Differenz zwischen benötigtem und gezahltem Beitrag auszugleichen. Die *Beiträge* in der PKV bemessen sich also nicht wie in der GKV anhand des erwarteten Kostenvolumens, sondern sind nach *Leistungstarifen* gestaffelt, die anhand des individuellen *Gesundheitsrisikos* ermittelt werden. Auch in der PKV teilen sich Arbeitgeber*innen und abhängig Beschäftigte den Versicherungsbeitrag hälftig, wobei die Erstattungsgrenze bei 50 % des durchschnittlichen Höchstsatzes der GKV liegt. Selbstständige und Freiberufler*innen wie auch Beamt*innen tragen dagegen ihre Beiträge selbst.

Der *Beitragssatz im Basistarif* darf zudem den GKV-Höchstsatz nicht überschreiten. Seit dem 1. Januar 2009 können alle freiwillig gesetzlich Versicherten in den Basistarif ihres Versicherers wechseln. Das kann attraktiv sein, wenn zum Beispiel der Beitrag im eigenen Vertrag über den maßgeblichen GKV-Satz steigt. Zugleich können alle ab dem 1. Januar 2009 neu in der PKV vollversicherten Kund*innen in den Basistarif jedes anderen privaten Versicherers wechseln und dabei die Altersrückstellungen mitnehmen. Hierdurch wird der Wettbewerb zwischen den Versicherungsunternehmen forciert, da die Altersrückstellung, die einen hohen Anteil an den monatlichen Versicherungsbeiträgen ausmacht, nicht mehr neu aufgebaut werden muss, was in der Vergangenheit die Beiträge bei einem Versicherungswechsel massiv erhöhte.

Wer sich in der PKV krankenversichert, hat in der Regel keine *Rückkehrmöglichkeit* in die GKV, es sei denn, das Einkommen sinkt wieder unter die Versicherungspflichtgrenze (z. B. durch Arbeitslosigkeit oder dauerhaften

Einkommensverlust). Damit soll verhindert werden, dass Versicherte in jungen Jahren von den in der Regel niedrigeren Beiträgen der PKV profitieren, um dann im Alter, wenn die gesetzlichen Kassen günstiger sind, wieder in die GKV zurück zu kehren.

Leistungsspektrum und Abrechnung erbrachter Leistungen
Die privaten Krankenversicherungen decken im Wesentlichen das gleiche *Leistungsspektrum* wie die GKV ab. Allerdings besteht eine höhere *Wahlfreiheit* für die Versicherten. Somit können sie einzelne Risiken ein- bzw. ausschließen und damit die Beitragshöhe mitbestimmen. Allerdings steigt damit auch die Unübersichtlichkeit der Vertragsinhalte was wiederum den (unabhängigen) Beratungsbedarf – etwa durch die *Verbraucherzentralen* – erhöht. Es ist vor allem die Ärzteschaft, die von den Leistungen der PKV profitiert. Für eine medizinisch gleichwertige Behandlung erhalten niedergelassene Ärzt*innen durchschnittlich das 2,28-fache der Vergütung, die die Gesetzliche Krankenversicherung bezahlen würde. Wenig verwunderlich, dass privat versicherte Patienten in der Regel weniger lange auf einen Termin warten müssen als gesetzlich versicherte Patient*innen, erst recht bei Arztpraxen, die nur noch privat Versicherte versorgen. (vgl. Walendzik et al. 2008, S. 6)

Auch bei der Abrechnung der erbrachten medizinischen Leistungen ergeben sich Unterschiede zur GKV. Die PKV leistet nach dem *Kostenerstattungsprinzip*. Dabei tritt der Versicherte gegenüber dem Leistungserbringer (z. B. Ärzt*in, Logopäd*in, Physiotherapeut*in, Osteopath*in) in Vorkasse und bezahlt die Rechnung. Anschließend rechnet die versicherte Person die je nach Tarif tatsächlich erstattungsfähigen Kosten mit der Versicherung ab. Die privaten Versicherungsunternehmen treten auf diese Weise mit den Leistungserbringern nicht in vertragliche Beziehungen. Sie haben deshalb kaum direkte Steuerungsmöglichkeiten in Bezug auf Qualität, Quantität und Kostenentwicklung im Gesundheitswesen.

4.4.3.3 Ausblick und Trends im Kontext der GKV
In der fachwissenschaftlichen Diskussion besteht zwar ein weit verbreiteter Konsens, dass das deutsche Gesundheitssystem in der Vergangenheit ein insgesamt hohes Versorgungsniveau garantiert hat. Dies schließt allerdings nicht aus, dass gleichfalls eine Diskussion darüber geführt wird, ob die erreichten Effekte den damit verbundenen Kostenaufwand rechtfertigen. So hat Deutschland mit einem Anteil von 11,5 % vom Bruttoinlandsprodukt (BIP) im europäischen Vergleich die höchsten Gesundheitsausgaben. (Stand 2018, Destatis 2021) Gilt aber die Formel ‚teuer = gut‘? Vergleichende Studien weisen darauf hin,

dass die Leistungsfähigkeit des deutschen Gesundheitswesens sowohl im Hinblick auf die Qualität der Leistungen als auch in Bezug auf die Verteilung der eingesetzten Mittel nicht immer in angemessener Relation zum Mitteleinsatz steht. Die Europäische Union verweist darauf, dass Deutschland zwar nahezu allen Bürger*innen Gesundheitsschutz auf hohem qualitativem Niveau zu Verfügung stellt, was sich nicht zuletzt in der COVID-19-Pandemie zeigt. Allerdings bestehen für bestimmte Personengruppen Ausschlussrisiken. Vor allem Selbstständige mit niedrigem Einkommen tragen ein erhöhtes Risiko, etwa aufgrund von Beitragsrückständen aus der Krankenversicherung zu fallen. Aber auch Menschen, die auf der Straße leben, Flüchtlinge, Asylbewerber*innen und Migrant*innen ohne legalen Aufenthaltsstatus haben nur eingeschränkten Gesundheitsschutz verbunden mit einem erschwerten Zugang zu den Einrichtungen der Gesundheitsversorgung. Weitere Auffälligkeiten kommen hinzu: So ist die durchschnittliche Lebenserwartung in Deutschland niedriger als in den meisten anderen westeuropäischen Ländern. Die Zahl der vermeidbaren Todesfälle ist in Deutschland seit dem Jahr 2011 stabil, während sie in vielen anderen Ländern der Europäischen Union gesunken ist. Und auch bei der Digitalisierung im Gesundheitswesen hat Deutschland einen deutlichen Rückstand. (vgl. OECD und European Union 2020)

Damit wird deutlich, dass ein Teil der Probleme im Gesundheitswesen struktureller bzw. organisatorischer Natur ist. Allein durch ein Mehr an Geld werden sie sich also nicht lösen lassen. Im Gegenteil: Durch den Wettbewerbsdruck und Wirtschaftlichkeitsgedanken im stationären, wie ambulanten Bereich kann es zur Über- und Fehlversorgung von Patient*innen kommen, da nicht allein die medizinische Versorgung der Patienten handlungsleitend wird, sondern auch der Druck, das eigene Haus bzw. die Praxis zumindest kostendeckend zu bewirtschaften.

Kostenentwicklung im Gesundheitswesen

Die Diskussion um die Ausgaben im Gesundheitswesen ist in immer kürzeren Abständen von Hinweisen auf *Kostenexplosionen* bestimmt. Und tatsächlich sind die durchschnittlichen monatlichen Beitragssätze zwischen dem Jahr 1970 von 8,2 auf heute 14,6 % angestiegen. Nach Angaben des Statistischen Bundesamtes stiegen dabei die Leistungen pro versicherter Person allein zwischen den Jahren 2016 bis 2108 von 2946 € auf 3111 € an. (Statistisches Bundesamt 2020, S. 240) Diese Entwicklung verursachte immer wieder politische Versuche, durch gesetzliche Änderungen das Beitragsniveau in der GKV stabil zu halten. Setzt man die Ausgaben allerdings in Bezug zur Wirtschaftskraft in Deutschland, zeigt sich trotz aller Aufgeregtheit eine erstaunliche Kontinuität der Entwicklung.

Nach Angaben des Statistischen Bundesamtes stiegen die Gesundheitsausgaben gemessen als Anteil am Bruttoinlandsprodukt (BIP) zwischen 1992 bis 2018 von 9,4 % auf 11,7 %. Angesichts dieser eher geringen Steigerung von 2,3 % hat die Kostenentwicklung im Gesundheitswesen offenbar im Wesentlichen mit der gesamtwirtschaftlichen Entwicklung Schritt gehalten.

Allerdings sind damit die Risiken der Kostenentwicklung noch nicht hinreichend erklärt. Als problematisch erweist sich nämlich, dass sich die Refinanzierungsbasis der GKV langsamer entwickelt als der Wert der produzierten Güter und Dienstleistungen. Insgesamt nimmt seit Mitte der 1980er Jahre der Anteil der Löhne und Gehälter am *Volkseinkommen* im langfristigen Trend ab – mit dem Effekt, dass natürlich auch die Gesundheitsausgaben aus einer kleiner werdenden *Lohnquote* finanziert werden müssen (vgl. Abschn. 4.1.4). In der GKV führt dies dazu, dass die durchschnittlichen Lohnsteigerungen der Versicherten unter den Steigerungsraten der Pro-Kopf-Ausgaben im Gesundheitswesen liegen. Wenn dann noch in Rechnung gestellt wird, dass durch die hohe Arbeitslosigkeit und Flexibilisierungen am Arbeitsmarkt das Potential der sozialversicherungspflichtigen Beitragszahlenden nicht voll ausgeschöpft wird, wird deutlich, dass es trotz steigendem BIP in der GKV zu Einnahmeausfällen kommen kann, die durch Leistungskürzungen und/oder erhöhte Beitragsätze kompensiert werden müssen.

Die Kostendämpfungsgesetze im Gesundheitswesen
Die Kassenlage in der Gesetzlichen Krankenversicherung ist vor allem abhängig von der Entwicklung am Arbeitsmarkt. Denn der Stand der sozialversicherungspflichtigen Beschäftigung und die Lohnpolitik haben eine unmittelbare Wirkung auf die Einnahmen. Aber auch die Ausgabenseite ist von Bedeutung, denn selbst kleine Kostensteigerungen ziehen Ausgabensteigerungen im Milliardenbereich nach sich. Mit Hilfe von *Kostendämpfungsgesetzen* wird seit dem Jahr 1977 versucht, Beitragssatzstabilität durch eine einnahmeorientierte Ausgabenpolitik zu erreichen. In den 1990er Jahren vollzog sich die *Gesundheitsreform* in drei Stufen mit folgenden sechs Schwerpunkten:

- Budgetierung von Leistungen,
- Einführung von Wettbewerbsstrukturen in der GKV und bei den Leistungsanbietern,
- Zuzahlungsregelungen zur Ausgabenbegrenzung,
- Streichungen im Leistungskatalog,
- Übertragung von Strukturmerkmalen der PKV in die GKV und
- Einführung einer Positivliste für Arzneimittel

Insgesamt kann man eine Stop-and-Go-Politik beobachten. Einige eingeführte Maßnahmen waren von kurzer Dauer: So wurde in der ambulanten Versorgung die *Budgetierung* wieder zurückgenommen, die *Positivliste* gestrichen. Gleichzeitig wurden u. a. durch die Erhöhung und Dynamisierung der Zuzahlungsregelungen Abstriche bei der paritätischen Finanzierung der GKV vorgenommen. Umgekehrt wurde die im Jahr 2004 eingeführte *Praxisgebühr,* die jeweils beim ersten Arztbesuch pro Quartal erhoben wurde, 2012 wieder abgeschafft. Und es gab auch Leistungsverbesserungen. So wurden zum 1. Januar 2009 der Leistungskatalog um Kuren und Impfungen erweitert sowie die Angebote der Palliativmedizin ausgebaut. Zudem dürfen die gesetzlichen Krankenkassen seitdem Wahltarife einführen.[34]

Strukturelle Probleme im Gesundheitswesen
Betrachtet man die Abfolge der Gesundheitsreformen, so fällt eine einseitige Konzentration auf Einschnitte in der Leistungserbringung auf. Damit werden aber die strukturellen Probleme in der Gesundheitspolitik nur unzureichend abgedeckt: Zum einen hat sich das Spektrum der gesundheitlichen Risiken und Erkrankungen verlagert. Es herrschen Krankheiten vor, deren Behandlung langwierig und kostspielig ist. Um gegen diese sog. *Zivilisationskrankheiten* präventiv vorgehen zu können, bedürfte es zweitens tiefer Eingriffe in die Arbeits- und Lebenszusammenhänge. Nur so könnte auch die sozial ungleiche Verteilung von Krankheitsrisiken verändert werden. Doch gerade hieran scheitern bislang alle Versuche staatlicher Politik. Dies betrifft auch Korrekturen an der in hohem Maß schichtspezifisch vorgeprägten Inanspruchnahme gesundheitlicher Leistungen bzw. die Überprüfung, welche therapeutische Behandlung tatsächlich vorgenommen wird und welche nicht. Und schließlich ist drittens kaum ein anderer Bereich der Sozialversicherung derartig von privatwirtschaftlichen Interessen beherrscht wie das Gesundheitswesen.

Seit Jahren werden vor allem angebotsorientierte Steuerungsmechanismen für das Gesundheitswesen diskutiert und über die diversen Gesundheitsreformen auch umgesetzt. Diese sollen sowohl die Überversorgung als auch den Missbrauch bei der Inanspruchnahme von Leistungen wirksam eindämmen, die Qualität der Versorgung verbessern und gleichzeitig Kosten sparen. Die Grundthese lautet, dass voller Gesundheitsschutz bei den Versicherten zu einer

---

[34] Für einen Überblick zu den Gesetzesänderungen in der GKV seit dem Jahr 1977 vergleiche u. a. AOK Bundesverband Gesundheitsreformen: https://aok-bv.de/lexikon/g/index_06416.html. Zugegriffen: 28. März 2021.

Vollkaskomentalität mit zu hohem Anspruchsdenken führe. Dies wiederum impliziere den Anreiz, die eigenen Beiträge durch eine intensive Nutzung von Versicherungsleistungen voll auszuschöpfen. Verstärkter Wettbewerb zwischen den Leistungsanbietern einerseits und zwischen den Krankenkassen andererseits sowie eine Ausweitung der PKV oder von privat zu übernehmenden Leistungen sollen hingegen Anreize für ein wirtschaftlicheres Verhalten der Versicherten fördern. Preissteigerungen bei den Gesundheitsleistungen sollen also zu einem Nachfragerückgang und damit zu mehr Beitragsstabilität führen.

Fraglich ist aber, ob dieser Rückgang, der bei den Leistungserbringern ja zu Einkommenseinbußen führen würde, nicht sofort mit einer mengenmäßigen Ausweitung von Leistungen beantwortet werden würde. Denn nach wie vor sind die Ärzt*innen die zentrale Steuerungsinstanz im Gesundheitswesen und nicht die Patient*innen. Ärzt*innen stellen nicht nur die Diagnose und legen die Therapien fest; sie bestimmen damit auch maßgeblich die Höhe der Gesundheitsausgaben pro Patient*in. Zugleich sind sie über die Selbstverwaltungsstrukturen in der GKV direkt an der Festlegung der Preise bzw. Honorare für gesundheitsbezogene Dienstleistungen beteiligt. Die Gesetzliche Krankenversicherung verpflichtet die Ärzteschaft und alle anderen privaten und öffentlichen Anbieter im Gesundheitswesen zwar auf das *Wirtschaftlichkeitsgebot,* wonach bei vorhandenen Alternativen die günstigere, gleichwohl zweckmäßige und ausreichende Leistung verordnet werden soll. Es gibt jedoch eine breite Diskussion, ob diesem Gebot immer und in ausreichendem Maße gefolgt wird. Hinzu kommt, dass ein intransparentes Leistungs- und Vergütungssystem sowohl von Leistungserbringern als auch Patient*innen für betrügerische Absichten missbraucht werden kann. Dies macht offensichtlich auch vor nationalen Grenzen schon lange keinen Halt mehr. (GKV Spitzenverband 2021)

Privatisierungs- bzw. Zuzahlungsmodelle sind keine strukturelle Lösung, denn sie bringen vor allem eine *Kostenverschiebung* von den Krankenversicherern auf die Versicherten mit sich. Der internationale Vergleich zeigt denn auch, dass von ihnen nur ein geringer Steuerungseffekt auf die Nachfrage nach Gesundheitsleistungen ausgeht. Es findet keine reale Ausgabensenkung statt, sondern eine Umverteilung finanzieller Belastungen. Während die Versicherten mehr Geld für Gesundheit aufwenden müssen, reduzieren die gesetzlichen wie die privaten Krankenkassen ihre Ausgaben und werden die Arbeitgeber*innen im Rahmen der paritätischen Beitragsfinanzierung entlastet.

Die Entwicklung des Gesundheitswesens war lange Zeit durch einen breiten gesellschaftlichen Konsens darüber gekennzeichnet, dass *allen* Bürger*innen im Krankheitsfall die zur Heilung bzw. Linderung der Erkrankung notwendigen Dienst- und Sachleistungen zur Verfügung stehen sollen. Nach etwa zwanzigjähriger kontroverser sozialpolitischer Debatte wurde dieser Konsens auch auf den Bereich Pflege ausgeweitet (vgl. Abschn. 4.4.3.4). Dieser Anspruch kann dauerhaft aber nur dann aufrechterhalten werden, wenn die Nachfrage nach Gesundheitsleistungen nicht von der materiellen Situation des Einzelnen abhängig gemacht, und wenn gleichzeitig die Verwendungsseite der Gesundheitskosten kritisch reflektiert wird. Denn Geld ist genug im System. Es stellt sich die Frage, wie notwendige Konsolidierungslasten zwischen den Leistungsanbietern und den Beitragszahler*innen gerechter verteilt werden können. Dieses impliziert auch die kritische Reflexion der Verteilungsströme zwischen den einzelnen Akteuren bzw. Leistungsanbietern im Gesundheitswesen inklusive der Frage, wie zeitgemäß die nach wie vor bestehende, wenn auch bereits reduzierte Vielfalt eigenständiger Krankenkassen angesichts von nahezu einheitlichem Leistungskatalog und zentraler Mittelverwaltung über den Gesundheitsfonds noch ist. Denn natürlich verursacht jede einzelne Krankenkasse eigene Verwaltungskosten, die die Versicherten bezahlen müssen.

Die Fragen nach Ausstattung und Bereitstellung materieller Ressourcen für das Gesundheitssystem lassen sich kaum auf der Steuerungs- und Instrumentenebene allein lösen. Wie viel Gesundheit für welche Personenkreise zu welchen Bedingungen bereitgestellt werden soll, ist abhängig von den gesellschaftspolitischen Zielsetzungen und damit eine politische Frage. Das deutsche Gesundheitssystem gewährt insgesamt ein hohes medizinisches und soziales Versorgungsniveau. Unterschiedliche Gesundheitsrisiken ergeben sich weniger aus dem Gesundheitssystem selbst. Sie sind in der Regel nicht durch den mangelnden Zugang bzw. die Verfügbarkeit medizinischer Dienste verursacht, sondern eher Folge ungleicher Verteilung sozialer Risiken (im Erwerbsleben und im privaten Bereich), ökonomischer Ressourcen und unterschiedlicher Bildungsniveaus in der Bevölkerung.

Reformansätze sollten deshalb zukünftig weniger darauf abzielen, das Sachleistungs- und Solidarprinzip weiter aufzuweichen, sondern einerseits die Steuerungskompetenzen der Krankenkassen als Kontrollinstanz schärfen und andererseits über präventive Ansätze das Gesundheitsverhalten der Versicherten stärken. Dazu bedarf es der Budgetierung der Ausgaben bei den Leistungserbringern, der Mobilisierung von Wirtschaftlichkeitsreserven sowie niederschwellig zugänglicher Projekte und Angebote der individuellen Gesundheitsförderung in den Bereichen Ernährung, Bewegung, Vorsorge etc. Allerdings bedarf es auch verstärkter Schritte hin zu einer Verhältnisprävention, also dem Abbau von gesundheitlichen Risiken im Arbeitsleben, in der Umwelt und den lokalen Gegebenheiten etwa beim Wohnen. Zugleich wird darüber nachzudenken sein, wie eine Beitragsreform zu einer Verbreiterung der Einnahmeseite führen kann, ohne dabei die paritätische Finanzierung infrage zu stellen. Und schließlich müssen in den einzelnen Leistungsbereichen Reformen umgesetzt werden, die eine bessere Integration der vorhandenen ambulanten und stationären Angebote garantieren sowie Versorgungslücken schließen helfen.

4.4.3.4 SGB XI Soziale Pflegeversicherung (GPV)

Das SGB XI *Soziale Pflegeversicherung* ist in Deutschland im Jahr 1994 eingeführt worden (vgl. Abschn. 2.8.1). Auch wenn sie organisatorisch mit der Krankenversicherung verbunden ist, bildet sie einen eigenständigen fünften Zweig der Sozialversicherung. Ihre Einführung ist Reaktion auf den Anstieg der Zahl der Hochbetagten und der chronisch Kranken in unserer Gesellschaft. Bei Inkrafttreten der Pflegeversicherung waren in Deutschland rund 1,6 Mio. Menschen pflegebedürftig, wovon etwa 420.000 in Heimen lebten. Im Jahr 2013 waren es bereits 2,6 Mio. Personen und bis zum Jahr 2019 ist die Zahl der nach SGB XI Pflegebedürftigen auf 4,1 Mio. angestiegen. Es ist allerdings zu beachten, dass dieser Anstieg auch auf den neuen, seit 1. Januar 2017 geltenden *Pflegebegriff* zurückzuführen ist, durch den sich der Kreis der Anspruchsberechtigten erweiterte. (vgl. Destatis 2020a) Mehr als die Hälfte der Pflegebedürftigen wird zu Hause betreut. Und so stellt sich angesichts des gemeinhin kolportierten Mangels an Altenpfleger*innen die Frage, ob auch in Zukunft genügend Angehörige bzw. freiwillige Helfer*innen für die private Pflege zu Verfügung stehen, damit das Altenhilfesystem nicht kollabiert.

4.4.3.4.1 Aufgaben und Ziele der GPV

Paragraph 1 Abs. 1 SGB XI *Soziale Pflegeversicherung* legt die Aufgaben und Ziele der GPV fest. Sie soll Pflegebedürftigen Hilfe leisten, die wegen der Schwere der Pflegebedürftigkeit auf solidarische Unterstützung angewiesen sind. Dabei „sollen geschlechtsspezifische Unterschiede bezüglich der Pflegebedürftigkeit von Männern und Frauen und ihrer Bedarfe an Leistungen berücksichtigt und den Bedürfnissen nach einer kultursensiblen Pflege nach Möglichkeit Rechnung getragen werden." Die Leistungen sollen den Pflegebedürftigen dabei helfen, ein möglichst selbstständiges und selbstbestimmtes Leben zu führen. „Die Hilfen sind darauf auszurichten, die körperlichen, geistigen und seelischen Kräfte der Pflegebedürftigen, auch in Form der aktivierenden Pflege, wiederzugewinnen oder zu erhalten." Das Gesetz sieht eine Wahlmöglichkeit zwischen Einrichtungen und Diensten verschiedener Träger vor. Dabei soll der Wunsch nach gleichgeschlechtlichem Pflegepersonal beachtet, und auf religiöse Bedürfnisse der Pflegebedürftigen Rücksicht genommen werden (Paragraph 2 Abs. 2 und 3 SGB XI).

In der Pflegeversicherung gilt der *Grundsatz ambulant vor stationär.* Die Leistungen der Pflegeversicherung sollen deshalb „vorrangig die häusliche Pflege und die Pflegebereitschaft der Angehörigen und Nachbarn unterstützen, damit die Pflegebedürftigen möglichst lange in ihrer häuslichen Umgebung bleiben können. Leistungen der teilstationären Pflege und der Kurzzeitpflege gehen den Leistungen der vollstationären Pflege vor." (Paragraph 3 SGB XI) Wie in der Gesetzlichen Krankenversicherung auch müssen die pflegebedürftigen Menschen sich eigenverantwortlich und aktiv an der Leistungserbringung beteiligen, um Verschlimmerungen zu vermeiden bzw. Verbesserungen des Pflegegrades erreichen zu können (Paragraph 6 SGB XI). Die Soziale Pflegeversicherung ist im Gegensatz zur Gesetzlichen Krankenversicherung *keine* Vollkostenversicherung. Ihre Leistungen stellen – bis auf wenige Ausnahmen – lediglich einen *Zuschuss* zu den tatsächlich anfallenden pflegebedingten Kosten dar.

4.4.3.4.2 Träger und Finanzierung der GPV

Träger der Pflegeversicherung sind nach Paragraph 46 SGB XI *Soziale Pflegeversicherung* die sog. *Pflegekassen.* Alle Krankenkassen sind verpflichtet, eine Pflegekasse einzurichten (Prinzip: Pflege folgt Krankenversicherung). Die Pflegekassen sind Körperschaften des öffentlichen Rechts. Sie sind selbstverwaltet und unterstehen der Rechtsaufsicht des *Bundesamtes für Soziale Sicherung* (BAS) sowie dem Bundesministerium für Gesundheit (vgl. Abschn. 4.4.3.1.3). Nach Paragraph 9 SGB XI sind die Bundesländer für die Vorhaltung einer leistungsfähigen, zahlenmäßig ausreichenden und wirtschaftlichen pflegerischen Versorgungsstruktur verantwortlich.

Für die gesetzliche Pflegeversicherung gilt ein bundeseinheitlicher *Beitragssatz* von 3,05 % des Bruttoeinkommens. Es gilt eine Beitragsbemessungsgrenze ab 4837,50 € monatlich (Stand 2021). Seit dem 1. Januar 2005 müssen zudem alle kinderlosen Mitglieder der (gesetzlichen) Pflegeversicherung einen Beitragszuschlag von 0,25 % entrichten. Dies gilt auch für nach dem 1. Januar 1940 geborene kinderlose Rentner*innen *(Kinderberücksichtigungsgesetz).* Die Empfänger*innen der Grundsicherung für Arbeitsuchende (SGB II) bzw. der Grundsicherung bei Alter oder dauerhafter Erwerbsunfähigkeit (SGB XII) sind mit in die GPV eingeschlossen. Für die Bezieher*innen von Arbeitslosengeld I (SGB III) überweist die Bundesagentur für Arbeit einen Pauschalbeitrag in Höhe von 20 Mio. Euro pro Jahr an die Pflegekassen.

Die Finanzierung folgt dem *Umlageverfahren* (vgl. Abschn. 4.5.7), wobei kein Bundeszuschuss bzw. keine Bundesgarantie wie in der Gesetzlichen Rentenversicherung zur Deckung etwaiger Defizite vorgesehen ist. Anders als in der Gesetzlichen Krankenversicherung haben die Träger der Pflegeversicherung bei steigenden Ausgaben bzw. neuen Aufgabenstellungen nicht die Möglichkeit, einen Zusatzbeitrag zu erheben. Dies soll die Kostenentwicklung deckeln. Um zukünftige Kostensteigerungen dennoch abzumildern zu können, wird seit dem Jahr 2015 von den jährlichen Beitragseinnahmen (2020: rund 19 Mrd. EUR) 0,1 % in den *Pflegevorsorgefonds* abgeführt. Dieses Sondervermögen wird von der Bundesbank verwaltet. Sinn und Zweck des Fonds ist die Stabilisierung der Beitragssätze ab dem Jahr 2035, wenn die geburtenstarken Jahrgänge (‚Babyboomer') in ein Alter kommen, in dem sie möglicherweise pflegebedürftig werden.

4.4.3.4.3 Versicherte und anspruchsberechtiger Personenkreis

Versichert sind in der GPV alle *krankenversicherungspflichtigen Personen* sowie deren Kinder und Ehepartner*innen *(Solidarprinzip)*, wobei die Versicherungspflicht- und die Beitragsbemessungsgrenze der Gesetzlichen Krankenversicherung gelten. Mitglieder einer privaten Krankenkasse (PKV) müssen nach Paragraph 23 SGB XI eine private Pflegeversicherung abschließen. Nach Paragraph 22 SGB XI ist eine *Befreiung* von der *Versicherungspflicht* möglich, wenn bei einem privaten Versicherungsunternehmen eine Versicherung gegen Pflegebedürftigkeit abgeschlossen wird, die nach Art und Umfang den Leistungen der sozialen Pflegeversicherung entspricht.

In Paragraph 14 Abs. 1 SGB XI wird zunächst der *Begriff der Pflegebedürftigkeit* definiert. Die gesundheitlich bedingten Beeinträchtigungen müssen für voraussichtlich mindestens sechs Monate bestehen und so gravierend sein, dass die Betroffenen der Hilfestellung durch Dritte bedürfen. In die Bewertung fließen körperliche, kognitive und/oder psychische Beeinträchtigungen ein. Im Gesetz (Paragraph 14 Abs. 2 SGB XI) werden sechs relevante Felder benannt:

1. Mobilität (z. B. Positionswechsel im Bett, Treppensteigen, stabile Sitzposition)
2. Kognitive und kommunikative Fähigkeiten (z. B. Erkennen von nahen Angehörigen, zeitliche und örtliche Orientierung, realistische Einschätzung von gefährdenden Situationen, Alltagskompetenzen)
3. Verhaltensweisen und psychische Problemlagen (z. B. Motorik, nächtliche Unruhe, Aggressivität)
4. Selbstversorgung (v. a. Körperpflege und Nahrungsaufnahme)
5. Bewältigung von und selbstständiger Umgang mit krankheits- oder therapiebedingten Anforderungen und Belastungen (z. B. Medikation, Verbandwechsel, Wundversorgung, Arztbesuche, Einhaltung von Diäten/Ernährungsvorschriften)
6. Gestaltung des Alltagslebens und sozialer Kontakte (z. B. Gestaltung des Tagesablauf, Kontaktpflege zu Personen außerhalb des direkten Umfelds)

Art und Umfang des konkreten Anspruchs auf Leistungen hängen im SGB XI vom sog. *Pflegegrad* ab. Über ihn bestimmt sich die Schwere der Pflegebedürftigkeit (Paragraph 15 SGB XI). Die Abstufungen sollen eine möglichst passgenaue Pflege und Unterstützung gewährleisten. Sie ermöglichen es, die Leistungen der Pflegeversicherung unabhängig von körperlichen, geistigen oder psychischen Beeinträchtigungen auf die jeweiligen individuellen Fähigkeiten und Bedürfnisse abzustimmen. Seit dem 1. Januar 2017 ersetzen 5 Pflegegrade die bis dahin gültigen 3 Pflegestufen. Damit ist eine differenziertere Einstufung der Pflegebedürftigen möglich. Der Pflegegrad wird mithilfe eines pflegefachlich begründeten Fragebogens ermittelt. Die zu ermittelnden Pflegegrade sind wie folgt abgestuft: „von geringen Beeinträchtigungen der Selbstständigkeit oder der Fähigkeiten (Pflegegrad 1) bis zu schwersten Beeinträchtigungen der Selbstständigkeit oder der Fähigkeiten, die mit besonderen Anforderungen an die pflegerische Versorgung einhergeht (Pflegegrad 5). Pflegebedürftige mit besonderen Bedarfskonstellationen, die einen spezifischen, außergewöhnlich hohen Hilfebedarf mit besonderen Anforderungen an die pflegerische Versorgung aufweisen, können aus pflegefachlichen Gründen dem Pflegegrad 5 zugeordnet werden, auch wenn die erforderliche Gesamtpunktzahl nicht erreicht wird." (BMG 2017, o. S.)

Anspruchsberechtigt im SGB XI sind darüber hinaus *Pflegepersonen*. Nach Paragraph 19 SGB XI sind dies Menschen, die nicht erwerbsmäßig eine pflegebedürftige Person in deren häuslicher Umgebung pflegen. Die Pflegeperson muss also nicht zwingend ein Familienangehöriger oder die Lebenspartner*in sein. Die Pflegeperson hat Anspruch auf Leistungen zur sozialen Sicherung nach Paragraph 44 f. SGB XI, wenn sie eine oder mehrere pflegebedürftige Personen wenigstens zehn Stunden wöchentlich, verteilt auf regelmäßig mindestens zwei Tage in der Woche, pflegt. Ist die Pflegeperson nicht mehr als 30 Stunden in der Woche erwerbstätig, übernimmt die Pflegeversicherung die Beiträge zur Rentenversicherung. Die Höhe richtet sich dabei nach dem Pflegegrad sowie der bezogenen Leistungsart (vgl. Tab. 4.10). Pflegepersonen sind während der Pflegetätigkeiten und bei allen Tätigkeiten und Wegen, die mit der Pflege zusammenhängen, beitragsfrei gesetzlich unfallversichert.

4.4.3.4.4 Leistungsspektrum der GPV

Die GPV unterscheidet grundsätzlich zwischen Leistungen für die *häusliche* und die *stationäre Pflege:*

- **häusliche Pflege**

  Bei der Leistungserbringung in der *ambulanten Versorgung* unterscheidet man:
  - *Pflegesachleistungen,* die durch professionelle soziale Dienste (ambulante Pflegedienste und Sozialstationen) erbracht werden. Die Pflegeleistungen umfassen die *Grundpflege* sowie die *hauswirtschaftliche Versorgung.*
  - *Pflegegeld:* Wird die häusliche Pflege durch Privatpersonen (Familienangehörige, Nachbarn, Freunde) erbracht, besteht Anspruch auf ein Pflegegeld.

  Beide Leistungen können auch kombiniert werden *(Kombileistungen).*

- **stationäre Pflege**

  Das SGB XI unterscheidet bei Unterbringung in entsprechenden Einrichtungen der Altenhilfe (Alters- und Pflegeheime) zwischen den Kosten, die der Pflegebedürftige selbst aufzubringen hat, weil er diese, gleich ob pflegebedürftig oder nicht, zu bestreiten hat – nämlich die Kosten für Unterkunft und Verpflegung *(Hotelkosten)* –, und den *pflegebedingten Kosten,* für die die Pflegeversicherung Leistungen erbringt.

Auch wenn bezüglich der Inanspruchnahme häuslicher oder stationärer Pflegeleistungen im Grundsatz eine Wahlmöglichkeit besteht, zielt die Pflegeversicherung vorrangig auf die häusliche und damit auf die Vermeidung stationärer Pflege. Die Leistungsarten sind im Detail in Paragraph 28 SGB XI aufgelistet (vgl. Tab. 4.10). Die Leistungen der Gesetzlichen Pflegeversicherung werden als Sach-, Dienst- und/oder Geldleistungen für die häusliche, teilstationäre und stationäre Pflege erbracht. Der Pflegegrad und damit der Pflegebedarf wird vom *Medizinischen Dienst der Krankenkassen* in einem unfangreichen Gutachten festgestellt.

Das SGB XI wird laufend erweitert und verändert. Am 13. November 2015 wurde das *Zweite Pflegestärkungsgesetz* (PSG II) beschlossen. In der ersten Stufe wurden dadurch zum 1. Januar 2016 einige Verbesserungen in der Pflegeberatung, der ärztlichen Versorgung in Pflegeheimen, der Kurzzeitpflege und der Rehabilitation von pflegebedürftigen Menschen in Kraft gesetzt. Mit dem 1. Januar 2017 sind in Umsetzung der 2. Stufe die neuen Pflegegrade wirksam geworden. Zudem besteht Anspruch auf die sog. *Verhinderungspflege* nach Paragraph 39 SGB XI. Damit sollen private Pflegepersonen entlastet werden, wenn sie z. B. Urlaub machen wollen oder wegen anderer privater Verpflichtungen/Bedürfnisse eine Ersatzpflegeperson benötigen.

Über das *Pflegezeitgesetz* (PflegeZG) sowie das *Familienpflegezeitgesetz* (FPfZG) besteht seit dem Jahr 2015 Anspruch auf das *Pflegeunterstützungsgeld.* Wird ein naher Angehöriger akut pflegebedürftig, besteht das Recht auf

Tab. 4.10 Leistungen der Pflegeversicherung für körperlich Hilfebedürftige in Euro (Stand 2021)

	Pflegegrad				
	1	2	3	4	5
Häusliche Pflege:					
Geldleistung ambulant (monatlich)		316	545	728	901
Sachleistung ambulant (monatlich)		689	1298	1612	1995
Entlastungsbetrag ambulant (zweckgebunden bis zu)		125			
Pflegehilfsmittel für den Verbrauch (monatlich bis zu)		40			
Verhinderungspflege für bis zu 6 Wochen/ Jahr, bis zu					
… durch nahe Angehörige		474	817,50	1092	1.352,50
… durch sonstige Personen		1612			
Kurzzeitpflege für bis zu 8 Wochen/Jahr; bis zu		1612			
Teilstationäre Tages- und Nachtpflege (monatlich bis zu)		689	1298	1612	1995
Zusätzliche Leistungen in ambulant betreuten Wohngruppen (monatlich)		214			
Vollstationäre Pflege:					
Leistungsbetrag stationär (pauschal)	125	770	1262	1775	2005
In Einrichtungen für behinderte Menschen (monatlich)		10 % des Heimentgelts; max. 266			
Technische Pflegehilfsmittel und sonstige Pflegehilfsmittel (bis zu)		100 % der Kosten (Zuzahlungen möglich; wenn möglich sollen Leihgeräte in Anspruch genommen werden)			
Verbesserung des Wohnumfeldes (bis zu)		4000 € je Maßnahme; max. 16.000 €, wenn mehrere Anspruchsberechtigte			
Rentenversicherungsbeitrag für Pflegepersonen (monatlich bis zu) (West/Ost)		152,92 135,34	243,54 215,55	396,46 350,89	566,37 501,27

(Fortsetzung)

Tab. 4.10   (Fortsetzung)

	Pflegegrad
Arbeitslosenversicherungsbeitrag für Pflegepersonen (monatlich bis zu) (West/Ost)	45,68 40,43
Zuschüsse zur Kranken- und Pflegeversicherung für Pflegepersonen (monatlich bis zu)	258,34 (Krankenversicherung) 25,88 (Pflegeversicherung)
Pflegeunterstützungsgeld (brutto) für Beschäftige bei kurzzeitiger Arbeitsverhinderung (bis zu 10 Tage)	90 % oder 100 % vom ausgefallenen Nettoarbeitsentgelt, wenn kein Anspruch auf Lohnfortzahlung besteht

Quelle: Bundesministerium für Gesundheit: Pflegeversicherung, Zahlen und Fakten; Stand 2018 https://www.bundesgesundheitsministerium.de/fileadmin/Dateien/3_Downloads/Statistiken/ Pflegeversicherung/Leistungen/Leistungsbetraege_2018.pdf. *Zugegriffen: 27. März 2021*

kurzzeitige Freistellung. Bis zu zehn Arbeitstage können in Anspruch genommen werden, um die Pflegesituation zu organisieren oder die pflegerische Versorgung in dieser Zeit selbst sicherzustellen. Auch die Regelungen zur *Pflegezeit* wurden verbessert. Beschäftigte in Betrieben mit mehr als 15 Beschäftigten haben einen Rechtsanspruch auf nicht bezahlte vollständige oder teilweise Freistellung für maximal sechs Monate, wenn sie eine(n) nahe(n) Angehörige(n) zu Hause pflegen möchten. Der Anspruch gilt für alle Pflegegrade. Um den Verdienstausfall zu kompensieren, kann ein *zinsloses Darlehn* beantragt werden, das die Hälfte des durch die Arbeitszeitreduzierung fehlenden Nettogehalts abdeckt.

Auch die *soziale Absicherung von Pflegepersonen,* die ihren Beruf ganz aufgeben, um die häusliche Pflege zu gewährleisten, hat sich verbessert. Seit dem 1. Januar 2017 bezahlt die Pflegeversicherung die *Beiträge zur Arbeitslosenversicherung* für die gesamte Dauer der Pflegetätigkeit. Dadurch erlangt die Pflegeperson Anspruch auf Arbeitslosengeld I und die Leistungen der aktiven Arbeitsmarktpolitik nach SGB III *Arbeitsförderung.* Das ist vor allem dann von Bedeutung, wenn nach dem Ende der Pflege kein nahtloser Einstieg in eine Beschäftigung gelingt. (vgl. Bundesministerium für Gesundheit 2017)

Und last but not least gilt seit dem 1. Januar 2017 der Anspruch auf den sog. *Entlastungsbetrag.* Damit sollen Pflegepersonen Unterstützungsleistungen finanzieren, die ihnen im Alltag Entlastung bei der Pflege verschaffen können. Der Betrag kann für niedrigschwellige Betreuungs- und Unterstützungsangebote genutzt werden (z. B. Hilfen im Haushalt oder beim Einkauf, Arztbegleitung, Unterstützung bei Freizeitangeboten etc.).

4.4.3.4.5 Ausblick und Trends in der GPV

Die Finanzierungsmodalitäten der Pflegeversicherung standen bereits bei ihrer Einführung vor mehr als 25 Jahren unter der politischen Vorgabe, keine erheblichen Mehrbelastungen bei den Lohnnebenkosten zu verursachen. Dem diente der zunächst relativ niedrige, paritätisch von Arbeitgeber*innen und Arbeitnehmer*innen aufzubringende Beitragssatz, wobei der Kostenanteil der Arbeitgeber*innen zusätzlich durch Streichung eines arbeitsfreien Feiertages kompensiert wird. Nur in Sachsen und Bayern wurde auf diesen Ausgleich verzichtet, hier tragen die Arbeitnehmer*innen den vollen Beitragssatz. Zugleich sollten die Kommunen von den Kosten für Leistungen nach SGB XII *Hilfe zur Pflege* entlastet werden (vgl. Abschn. 4.6.1.3). Insgesamt ist aber eine wachsende Diskrepanz einmal zwischen der Entwicklung der Renten und den Kosten für stationäre Pflege, zum anderen zwischen den steigenden Heimplatzkosten und den festgeschriebenen Geldleistungen der *Sozialen Pflegeversicherung* (GPV) festzustellen. So liegen in der Pflegeversicherung die Leistungen – gerade im stationären Bereich – deutlich unter den tatsächlich anfallenden tatsächlichen Pflegekosten. Hinzu kommt, dass der Verzicht auf eine regelmäßige Dynamisierung der Leistungssätze schon allein durch tarif- bzw. inflationsbedingte Steigerungen der Personal- und Sachkosten zu einer wachsenden Unterdeckung bei den Pflegekosten führt. Im Bereich der ambulanten Versorgung schlägt sich dieser Effekt ebenso nieder wie bei den pflegenden Angehörigen, deren Eigenanteile an den Pflegeleistungen durch allgemeine Kostensteigerungen ebenfalls wachsen. (vgl. Rothgang und Domhoff 2019)

Die Hilfen zur Pflege nach SGB XII *Sozialhilfe* stellen eine Fürsorgeleistung dar. Es werden also Einkommen und Vermögen der Empfänger*innen im Rahmen der Bedürftigkeitsprüfung – unter Beachtung bestimmter Freigrenzen – bei der Inanspruchnahme der Leistungen angerechnet. Dieses führt zwar zu einer Kostendämpfung bei den Sozialhilfeträgern, doch im Fall unzureichender privater Zahlungsfähigkeit fallen diese Ausgaben auf die Kommunen zurück. Aus den Zahlen zum Leistungsbezug lässt sich denn auch ablesen, dass die (materiellen) Verbesserungen im Leistungsrecht des SGB XI *Soziale Pflegeversicherung* vor allem in den Jahren 2016 und 2017 durchaus einen entlastenden Effekt für die

Sozialhilfeträger hatten. Da die Zahlen der Empfänger*innen inzwischen aber wieder ansteigen, scheint diese Entlastung in der Zwischenzeit wieder verpufft zu sein. Letzteres kommt auch dadurch zum Ausdruck, dass die Bruttoausgaben der Sozialhilfeträger zwar zunächst mit der sinkenden Zahl der Empfänger*innen ebenfalls zurückgegangen sind, seit dem Jahr 2017 aber wieder kontinuierlich ansteigen. Nach Angaben von Destatis (2020b, o. S.) wurden im Jahr 2019 rund 3,8 Mrd. EUR für Hilfen zur Pflege nach SGB XII ausgegeben. Das bedeutete einen Anstieg um fast 9 % im Vergleich zum Vorjahr. Insgesamt werden die Kosten der Pflege als Folge der Beitragsdeckelung zumindest in Teilen wieder stärker (re-)privatisiert und kommunalisiert.

Die demografische Entwicklung lässt für die Zukunft eine dynamische Nachfrageentwicklung im Bereich der Pflegeversicherung erwarten. Nach Berechnungen des Statistischen Bundesamtes wird im Jahr 2022 die Zahl der Hochbetagten (über 80 Jahre) auf über sechs Millionen Menschen ansteigen und dann bis Anfang der 2030er Jahre auf diesem Niveau verbleiben. Bis zum Jahr 2050 kann die Zahl, je nach statistischen Grundannahmen, auf über 10 Mio. ansteigen. (Destatis 2019, S. 1) In dem Maße, wie außerfamiliäre Versorgungsformen an Bedeutung gewinnen, wird also die Kostenbelastung der Pflegeversicherung zunehmen. Die Politik hat bereits mit der Erhöhung des Beitragssatzes zur Pflegeversicherung reagiert. Bleibt das Ziel die Sicherstellung menschenwürdiger Pflege, wird dies aber auch in Zukunft mit wachsenden Kosten verbunden sein.

Eine weitere Herausforderung kommt hinzu: Pflege muss nicht nur finanziert, sie muss auch erbracht werden. Vor allem bei examinierten Alternpfleger*innen besteht hier aber seit Jahren ein erheblicher *Fachkräftemangel*. In der Fachkräfte-Engpassanalyse für Nordrhein-Westfalen schreibt die Regionaldirektion der Bundesagentur für Arbeit (2020, S. 19) von einem starken Mangel beim pflegenden Personal: „Die Berufsgruppe, in der in Nordrhein-Westfalen die Fachkräfte-Engpässe am deutlichsten erkennbar sind, sind die examinierten Altenpflegerinnen. Es bestehen in allen Arbeitsmarktregionen Nordrhein-Westfalens Anzeichen für einen Engpass in starker Ausprägung. Landesweit ist die Vakanzzeit um 21 auf 193 Tage gestiegen. Zudem kommen auf 100 gemeldete Stellen lediglich 45 Arbeitslose." Ein Befund, der auf die anderen Bundesländer nahtlos übertragen werden kann. Mit der *Ausbildungsoffensive Pflege* hat das Bundesfamilienministerium (BMFSFJ) im Jahr 2019 eine Initiative gestartet, um mehr junge Menschen für eine Ausbildung in einem Pflegeberuf zu interessieren. Und mit dem ebenfalls im Jahr 2019 in Kraft getretenen *Pflegepersonal-Stärkungsgesetz* (PpSG) sollen vor allem die Rahmenbedingungen für Arbeitgeber*innen verbessert werden. Das Ziel ist, 13.000 neue Pflegekräfte in der Altenpflege zu

gewinnen. Dazu wird der Stellenschlüssel in den Altenpflegeeinrichtungen aufgestockt. Wenn nach 4 Monaten keine examinierten Kräfte verfügbar sind,
dürfen diese zusätzlichen Stellen auch mit Pflegehilfskräften besetzt werden.
Zur Finanzierung dieser Stellen zahlt die Gesetzliche und die Private Krankenversicherung jährlich einen pauschalen Betrag in den Ausgleichsfonds der Pflegekassen. (vgl. BMG 2020) So wichtig dieses Gesetz sein mag, stellt es doch vor
allem die politische Anerkennung der dramatischen Personalsituation in den
Pflegeeinrichtungen dar. Denn ein Problem lässt sich nicht wegdekretieren:
Wenn Menschen nicht in einen bestimmten Beruf (bleiben) wollen, lässt sich das
fehlende Interesse kaum per Gesetz wecken. Hier gilt es vor allem, die Arbeits-
und Entlohnungsbedingungen der Beschäftigten zu verbessern. *Sylvia Bühler,*
Bundesvorstandsmitglied der Dienstleistungsgewerkschaft ver.di kommentiert
denn auch die ‚Ausbildungsoffensive Pflege‘ mit den Worten: „Entscheidend ist,
dass Auszubildende nicht nur gewonnen, sondern durch attraktive Bedingungen
und eine faire Bezahlung nach der Ausbildung auch im Beruf gehalten werden."
(ver.di 2019, S. 1).

4.5   Alter und Alterssicherung

Das Recht, nicht bis zum Lebensende erwerbstätig sein zu müssen, sondern ab
einem bestimmten Alter in den Ruhestand gehen zu können, gehört heute zum
Kernbestand unseres sozialen Grundkonsenses. Dies gilt unbeschadet der Tatsache, dass der Anspruch an die Gesetzliche Rentenversicherung (GRV) auf
Lebensstandardsicherung im Zuge der Diskussionen über die Finanzierbarkeit
eines umlagefinanzierten Rentensystems sukzessive zugunsten der Förderung
individueller bzw. privater (kapitalgedeckter) Alterssicherung aufgeweicht wird.
So bleibt das SGB VI *Gesetzliche Rentenversicherung* bis heute zum einen das
zentrale Instrument zur Sicherung der Alterseinkünfte von Millionen (sozialversicherungspflichtig) Beschäftigter und ihrer Angehörigen. Zum anderen
finanzieren die Träger der Rentenversicherung eine Reihe von Rehabilitationsleistungen, um den vorzeitigen Eintritt in die Rente zu verhindern. So gesehen ist
das SGB VI auch Teil einer sozialpolitischen Strategie, die soziale Integration in
erster Linie über Teilhabe an Erwerbsarbeit organisiert.

4.5.1 Systematischer Stellenwert der Lebensphase Alter

Die Frage, wer, wie, wann und zu welchen Bedingungen aus dem aktiven Erwerbsleben ausscheiden kann, ist auf das Engste mit der Frage nach der materiellen Absicherung dieser Lebensphase verbunden. Wenn nicht (mehr) gearbeitet werden kann, sind vor allem ältere, aber auch erwerbsgeminderte Menschen von den Rentenzahlungen aus der GRV hochgradig abhängig, weil alternative Einkommensquellen (z. B. aus Vermögen, Vermietung und Verpachtung) häufig fehlen bzw. nicht ausreichen. Hieraus ergibt sich ein enges, zugleich sensibles gesellschaftliches Vertrauensverhältnis zwischen den Menschen, die in das Rentensystem einzahlen (müssen) und dem System selbst. Wer in die *Gesetzliche Rentenversicherung* verändernd eingreift, beeinflußt damit unmittelbar die Lebenslage von Millionen Rentner*innen. Er beeinflußt zugleich die Bedingungen künftiger Rentner*innen. Dennoch oder auch deswegen werden in der politischen Diskussion die (vermeintlichen) Interessen der jungen, erwerbstätigen Generation vor allem in der Debatte um die Höhe der Renten sowie der Beiträge zur Rentenversicherung immer wieder gegen die im Ruhestand befindlichen Rentner*innen instrumentalisiert und eine stärkere Entlastung der Jungen über forcierte Eigenbeteiligungen der Alten gefordert. (vgl. Rürup 2002, S. 276 f.) Gleichzeitig wird argumentiert, dass die solidarisch umlagefinanzierte *Gesetzliche Rentenversicherung* vor dem Hintergrund des demografischen Wandels ausgedient habe und nicht länger finanzierbar sei, womit zusätzlich ein Verteilungsstreit innerhalb der aktuell erwerbsfähigen Generationen geschürt wird. (vgl. Raffelhüschen 2021, S. 4 ff.)

Es ist bei diesem sog. *Generationenkonflikt* allerdings zu bedenken, ob soziale Abhängigkeiten nicht häufig verkürzt wahrgenommen werden. So ist zum einen der Lebenstandard der jungen Generation (auch) Folge der Lebensleistung der heute älteren Menschen und wäre ohne deren Beitrag kaum zu realisieren. Zum anderen ist die Sicherung des Lebensunterhaltes der Bezieher*innen von Altersruhegeld unaufhebbar mit Finanztransfers von der jüngeren an die ältere Generation verbunden – sei es, weil eine direkte Beziehung als Beitragszahlende und Leistungsempfangende (*Umlageverfahren im Generationenvertrag*) besteht, sei es, weil die jüngere Generation das in Wertpapieren bzw. Rentenfonds oder anderen Vermögenswerten gebundene, privat angelegte Kapital (*Kapitaldeckungsverfahren*) nachfragen muss. Gleiches gilt im Übrigen für alle andere Formen der privaten Vorsorge wie Wohneigentum oder Vermögensgegenstände in gleicher Weise, denn auch hier gilt: Die Steine des Einfamilienhauses oder Kunstgegenstände kann man nicht essen. Ohne kaufkräftige Nachfrage durch die junge Generation sind diese Sparbemühungen der Rentner*innen-Generationen wenig bis nichts wert. Man kann es drehen und wenden wie man will – bei der materiellen Absicherung im Alter bleiben die Generationen untrennbar aufeinander angewiesen (vgl. Abschn. 2.6.7 und 4.5.7).

Lebensphase Alter.
Alter(n) ist ein *multidimensionaler* Entwicklungsprozess, in dem ungleiche Lebens- und Interessenslagen auf *individuelle, gesellschaftliche* und *institutionelle* Rahmensetzungen zur Ausgestaltung der Alterssicherung bzw. Altenhilfe treffen. (vgl. Backes und Clemens 2013) Sie bestimmen damit den je individuellen Teilhabegrad im Alter mit:

1. Auf der *individuellen Ebene* gehören zur Teilhabesicherung alle Maßnahmen, die den Lebensunterhalt im Alter sicherstellen. Die sozialen Risiken eines Individuums resultieren dabei aus einer Vielzahl unterschiedlicher Faktoren:
   - dem Verlauf der Erwerbsbiographie als wichtigster Determinante für die Höhe der Altersbezüge,
   - dem aus dem unterschiedlichen Spielraum bzw. (Spar-)Willen resultierenden Grad der privaten Daseinsvorsorge,
   - dem Zugang zu einem altersgerechten Wohnraum bzw. -umfeld,
   - der Versorgung mit altersnotwendigen Dienst- und Sachleistungen in Pflege und Freizeit sowie
   - den individuellen biologischen und psychologischen Anlagen, die den Gesundheitszustand (prä)disponieren.
2. Auf der *gesellschaftlichen Ebene* bestimmt sich der Grad der Teilhabe älterer Menschen vor allem über den sozialen Konsens in der …
   - *Verteilungsfrage* des Sozialprodukts zwischen den Generationen. Hierbei ist nicht nur der materielle Transfer in Form der Rentenzahlungen zu beachten, auch die Versorgung mit Sach- und Dienstleistungen sowie der Anspruch auf medizinische und pflegerische Hilfen entscheiden sich hier.
   - *Finanzierungsfrage* der Sozialleistungsansprüche. Dabei steht die Frage der Kostenverteilung, also des Verhältnisses von Eigenleistung, intergenerativer Umverteilung zwischen Erwerbstätigen und Rentner*innen und steuerfinanzierter Umverteilung im Mittelpunkt.
   - *Produktionsfrage,* bei der die Möglichkeiten, wie das Volkseinkommen in Zukunft erwirtschaftet bzw. die Finanzierung der Alterssicherung ausgestaltet werden soll, im Mittelpunkt stehen.
   - *kulturellen Frage,* verstanden als Diskurs über den Raum der Möglichkeiten für ein Leben im Alter. Es geht dabei um die gesellschaftlich akzeptierten

Altersbilder und welche Bedingungen und Gestaltungsspielräume sich daraus sowohl für den Prozess des Älterwerdens als auch den Zustand des Altseins ergeben. Die Vorstellungen darüber, wie man als alter Mensch zu sein und was man auf dem Weg dorthin zu tun bzw. zu lassen hat, sind nicht naturgegeben. Es sind soziale Konstrukte, die in verschiedenen kulturellen Kontexten sehr unterschiedlich verstanden werden, und in konkrete Politik umgesetzt werden können. (vgl. BMFSFJ 2019, S. 8)

3. Die *institutionelle Ebene* der Alterssicherung beschreibt das System der Leistungen im Rahmen der Altenhilfe. Hierzu zählen die ambulanten und stationären Einrichtungen der Alten(pflege)hilfe ebenso wie die Träger der gesetzlichen und privaten Rentenversicherung sowie der Beamtenversorgung.

Auch wenn die Finanzierbarkeit und Verlässlichkeit des Rentensystems in der politischen wie gesellschaftlichen Debatte zentrale Themen sind, so ist *Alterspolitik* doch vielmehr ein sozialpolitisches Querschnittsthema, das

- die Einkommensgestaltung im Alter,
- die Finanzierung der Geld-, Sach- und Dienstleistungen,
- eine altersgerechte gesundheits- und pflegeorientierte Versorgung,
- städteplanerische und sozialräumliche Aspekte,
- arbeitsmarkt- und migrationspolitische Fragen sowie
- sozialethische Herausforderungen an ein menschenwürdiges Altern

umfasst. (vgl. Kümpers und Alisch 2018) Empirisch gerahmt werden diese Politikfelder durch Bestandsaufnahmen und Prognosen zur *Bevölkerungsentwicklung (Demografie)*: So hat sich seit Mitte der 1950er Jahre die *Altersstruktur* in Deutschland kontinuierlich verschoben. (vgl. Destatis 2015, S. 26) Im Kern – so lautet die daraus auf die Alterssicherung bezogene demografische Argumentation – wird die Bevölkerung in Deutschland immer älter, was zur Folge haben wird, dass immer weniger junge Menschen im erwerbsfähigen Alter sowohl die materielle als auch psychosoziale und medizinisch-pflegerische Versorgung einer wachsenden Zahl alter und sehr alter Menschen absichern müssen. Von dieser Scherenbewegung wird erwartet, dass sie zu einer Überforderung der klassischen, auf Erwerbsarbeit fußenden Sozialversicherungssysteme führen müsse.[35] (vgl. BpB o. J. und Abschn. 5.1)

---

[35] Datenmaterial zur *Bevölkerungsentwicklung* veröffentlicht das Statistische Bundesamt unter: https://www.destatis.de/DE/Themen/Gesellschaft-Umwelt/Bevoelkerung/_inhalt.html. Zugegriffen: 1. April 2021

Die *chronologisch-demografische Alterung* wird von einer *funktionalen Alterung* begleitet, die die Entwertung von Erfahrungen und Fähigkeiten älterer Menschen durch die Ausgliederung aus dem Produktionsprozess bzw. aus sozialen Netzwerken beschreibt. Verfolgte die Politik der *Frühverrentung* bis Anfang der 1980er Jahre noch vorwiegend soziale und gesundheitspolitische Ziele, erfahren ältere abhängig Beschäftigte im Laufe der 1980er Jahre am Arbeitsmarkt zunehmend einen Verdrängungs- und Konkurrenzdruck. Vorruhestandsregelungen reflektierten nicht mehr eine *Humanisierung der Arbeitswelt,* sondern wurden vielmehr zu einem beschäftigungspolitischen Instrument zur Begleitung des (industriellen) Strukturwandels. So wurden bis Anfang der 2000er Jahre Rentner*innen in der Tendenz jünger, umgekehrt stellte ein fortgeschrittenes Lebensalter ein deutliches Einstellungshindernis dar. Vor diesem Hintergrund hat in den letzten 15 Jahren ein Politikwandel eingesetzt. Mit der Einführung der *Rente mit 67* im Jahr 2007 hat sich der Gesetzgeber entschieden, diesen Trend umzukehren und die Lebensarbeitszeit bis zum Jahr 2029 wieder schrittweise auf 67 Jahre auszuweiten. Und das durchaus mit Erfolg wie die Bundesagentur für Arbeit (2019, S. 4) nachweist: „Ältere ab 55 Jahren nehmen immer häufiger am Erwerbsleben teil: Die Erwerbstätigenquote der 55- bis unter 65-Jährigen ist in den letzten zehn Jahren stärker gestiegen als die der 15- bis unter 65-Jährigen. Im europäischen Vergleich ist sie überdurchschnittlich hoch. Hinzu kommt, dass immer mehr Menschen in Deutschland auch nach Erreichen der Regelaltersgrenze erwerbstätig sind." *Humanisierung der Arbeitswelt* bedeutet heute nicht mehr einen möglichst frühen Übergang in den Rentenbezug zu ermöglichen, sondern umgekehrt durch flankierende arbeitsmarktpolitische Maßnahmen den möglichst langen Verbleib in der Erwerbsarbeit sicherzustellen.

4.5.2 Säulen der Alterssicherung

Die soziale Alterssicherung ist eine Mischung aus den drei Säulen staatlicher, betrieblicher und privater Daseinsvorsorge:[36]

---

[36] Die Bundeszentrale für politische Bildung stellt aktuelles Material zur *Rentenpolitik* in Deutschland zu Verfügung. Erklärt werden das System der Alterssicherung sowie aktuelle Herausforderungen. Das Portal ist mit statistischem Material angereichert: http://www.bpb. de/politik/innenpolitik/rentenpolitik/. Zugegriffen: 1. April 2021

1. Die *erste Säule* bildet die bereits im Jahr 1889 eingeführte und inzwischen als VI. Buch in das Sozialgesetzbuch (SGB) eingefügte *Gesetzliche Renten- versicherung* (GRV) (vgl. Abschn. 2.3.2 und 2.7.2). Das SGB VI gilt für alle sozialversicherungspflichtigen Beschäftigungsverhältnisse. In ihm kommen zentrale Prinzipien des Systems der sozialen Sicherung zum Tragen, einmal horizontal das *Äquivalenz-* und das *Solidarprinzip* (vgl. Abschn. 3.3.2), zum anderen vertikal bezogen auf die Generationenabfolge ein mehrschichtiges *Umlageverfahren* (vgl. Abschn. 3.3.4), bei dem die Älteren Vorleistungen bezogen auf Infrastruktur und die vorhandene Wertschöpfung leisten, während die Jüngeren die Verpflichtung übernehmen, ihrerseits über ihre Wirtschafts- leistung und deren Verteilung die materiellen Grundlagen für das Alter der Vorgängergeneration zu schaffen *(Generationenvertrag)*.

2. Die *zweite Säule* besteht zum einen aus *betrieblichen Zusatzleistungen,* die entweder freiwillig oder durch Tarifverträge geregelt werden. Das *Betriebs- rentengesetz* aus dem Jahr 1974 regelt Fragen der Unverfallbarkeit von Anwartschaften, der Insolvenz sowie der Inflationssicherung. Leistungen dieser betrieblichen Renten bilden kein Parallelsystem zum Aufbau einer eigenständigen Rente in der GRV, sondern stocken deren Leistungen auf. Zum anderen bestehen für die Beschäftigten des öffentlichen Dienstes *Zusatzver- sorgungskassen* für die ergänzende Alters- und Hinterbliebenenversorgung (ZÖD). Hierzu zählen die *Versorgungsanstalt des Bundes und der Länder* (VBL), und die *Arbeitsgemeinschaft kommunale und kirchliche Altersver- sorgung* (AKA) sowie die unter dem Dach der Deutschen Rentenversicherung Knappschaft-Bahn-See eingebundene *Bahnversicherungsanstalt.*

3. Die *dritte Säule* ist die *private Altersvorsorge.* Ihr kommt aufgrund renten- politischer Entscheidungen der letzten 20 Jahre wachsende Bedeutung zu, wobei die Abgrenzung zwischen allgemeiner Vermögensbildung und Altersvorsorge schwierig ist. Im Allgemeinen zählen zur privaten Altersvorsorge kapitalbildende Lebensversicherungen, Zinseinkünfte aus Geldvermögen, Einnahmen aus Ver- mietung und Verpachtung, aber auch der geldwerte Vorteil von selbstgenutztem Wohneigentum. Einen deutlichen Schub bekam die private Vorsorge durch das im Jahr 2001 beschlossene *Altersvermögensgesetz* (AVmG). Damit wurde die sog. Riester-Rente eingeführt, die als Ergänzung zu den Rentenleistungen der GRV eine kapitalgedeckte private Geldanlage darstellt und über staatliche Zuschüsse vor allem die private Altersvorsorge von Familien mit Kindern unterstützen soll (vgl. Abschn. 2.9.2 und 4.5.4). Zudem wurden im Kontext der Neuregelungen für die nachgelagerte *Besteuerung von Rentenbezügen* (seit 2005) die steuer- lichen Abzugsmöglichkeiten für die Aufwendungen zur Altersvorsorge verändert. Dies soll insbesondere Selbstständigen die Möglichkeit eröffnen, eine steuerlich geförderte Altersvorsorge aufzubauen (sog. *Rürup-* oder *Basis-Rente*).

Welche Säule(n) soll(en) nun aber die Statik der Alterssicherung vor allem tragen? Diese Diskussion wird nicht erst mit der *Sozialreformdiskussion* in den 1950er Jahren begonnen, aber damals explizit ausformuliert (vgl. Abschn. 2.6.7). Unterschiedliche normative bzw. sozialpolitische und ökonomische Konzepte kommen hierbei zum Tragen. Im Grundsatz geht es um die Frage, ob die Alterssicherung stärker an die Entwicklung von Löhnen und Beschäftigung (=>Umlageverfahren und Sozialversicherung) oder an die Dynamik der Finanzmärkte (=>Kapitaldeckungsverfahren und private Vorsorge) gekoppelt werden soll (vgl. Abschn. 4.5.7). Aber egal ob Sozial- oder private Versicherung: Der Grad möglicher Vorsorge für das Alter ist in hohem Maß vom Niveau der Löhne und Gehälter abhängig. Und damit ist das Niveau der Alterssicherung stark von den individuellen Erwerbsbiografien beeinflußt, die wiederum unterschiedlich stabil bzw. geradlinig verlaufen können (vgl. Abschn. 4.2).

4.5.3 Das SGB VI Gesetzliche Rentenversicherung

In Deutschland existiert kein Einheitssystem in der Alterssicherung. Mit dem *Rentenreformgesetz* (RRG) aus dem Jahr 1992 wurden zwar die Regelungen für die Arbeiter-, Angestellten- und die knappschaftliche Rentenversicherung im SGB VI *Gesetzliche Rentenversicherung* institutionell zusammengefasst, gleichwohl bleiben für die einzelnen Zweige teilweise unterschiedliche Regelungen. Dieses gilt erst recht, wenn man die Alterssicherung insgesamt betrachtet und etwa die *Beamtenversorgung* oder das *Fremdrentengesetz* (FRG von 1960) mit einbezieht.[37] So ergeben sich trotz vergleichbarer sozialer Ausgangsbedingungen für einzelne Personengruppen zum Teil sehr unterschiedliche Versorgungsniveaus.

Bereits der flüchtige Blick auf die Zahlen macht den Stellenwert des SGB VI *Gesetzliche Rentenversicherung* (GRV) für die materielle Absicherung der Rentner*innen deutlich. Das SGB VI ist die Säule der Sozialversicherung, in der das meiste Geld (um)verteilt wird. Im Sozialbudget 2019, das vom Bundesministerium für Arbeit und Soziales erstellt wird, werden Leistungen im Wert von rund 383 Mrd. EUR verbucht. Das entspricht einem Anteil am

---

[37] Das *Fremdrentengesetz* hat die Rentenansprüche der seit Ende des Zweiten Weltkriegs aus den damaligen deutschen Ostgebieten und den Ländern Osteuropas in die Bundesrepublik Deutschland gekommenen Vertriebenen und Aussiedlern geregelt. Mit Öffnung der Grenzen nach Osteuropa nach dem Fall der Mauer erfolgen rentenrechtliche Regelungen nicht mehr nach diesem Sondergesetz, sondern im Rahmen der allgemeinen Bestimmungen des SGB VI *Gesetzliche Rentenversicherung*.

Bruttoinlandsprodukt von etwa 11,2 % (vgl. Abschn. 3.2). Rund 56 Mio. Menschen sind in der GRV *aktiv* oder *passiv* versichert.[38] Diese Zahlen aus dem *Alterssicherungsbericht* der Bundesregierung (2020, S. 9) unterstreichen die Bedeutung des SGB VI *Gesetzliche Rentenversicherung.* Von den rund 21 Mio. Menschen, die im Jahr 2019 im Rentenbezug stehen, sind 18,5 Mio. Rentner*innen im Alter von 65 Jahren oder älter. Die herausgehobene Stellung der GRV wird zudem ersichtlich, wenn im Jahr 2019 fast Dreiviertel der gesamten Alterssicherungsleistungen auf das Budget der GRV entfallen. Und last but not least beziehen in Deutschland im Jahr 2019 rund 90 % der Personen im Rentenalter eine Rente aus der GRV. In den neuen Bundesländern sind es fast 100 %. (Ebenda) Die Gesetzliche Rentenversicherung ist und bleibt damit für viele (zukünftige) Rentner*innen die wichtigste Säule der Alterssicherung.[39] (vgl. Deutscher Bundestag 2020)

---

[38] *Aktiv Versicherte* sind alle Versicherten der gesetzlichen Rentenversicherung, für die im Dezember des Berichtsjahrs rentenrechtliche Zeiten im Versicherungskonto abgelegt sind. Personen, für die im Versicherungskonto am Stichtag 31.12. keine rentenrechtlichen Zeiten gespeichert sind, die aber innerhalb des Berichtsjahrs oder in früheren Kalenderjahren rentenrechtliche Zeiten oder einen Bonus aus einem Versorgungsausgleich im Versicherungskonto stehen haben, werden als *passiv Versicherte* bezeichnet. Diese Personen haben also in der Vergangenheit eine Rentenanwartschaft erworben, beziehen aber noch keine Rente. Zu den passiv Versicherten zählen vor allem die sog. *latent Versicherten.* Sie weisen weder am Stichtag oder im Berichtsjahr einen Beitrag oder eine Ausfallzeit in ihrem Versicherungskonto auf. Das sind in der Regel Personen, die tatsächlich nicht mehr Beiträge zur GRV entrichten. Hierzu zählen nicht (mehr) berufstätige Lebenspartner*innen, Beamt*innen und Selbstständige, die früher Beiträge entrichtet haben. (vgl. DRV 2020, S. 11)

[39] Das BMAS gibt jedes Jahr den *Rentenversicherungsbericht* heraus, in dem die voraussichtliche finanzielle Entwicklung der Rentenversicherung, Modellrechnungen zu den Einnahmen und Ausgaben und Projektionen zur Rentenentwicklung dargestellt werden: https://www.bmas.de/DE/Soziales/Rente-und-Altersvorsorge/rentenversicherungsbericht-art.html. Zugegriffen: 1. April 2021

Einmal pro Wahlperiode wird der Rentenversicherungsbericht um den *Alterssicherungsbericht* ergänzt, der einen Überblick zur Finanzierung und zu den Leistungen der gesetzlichen, betrieblichen und privaten Alterssicherung gibt sowie zum Gesamtversorgungsniveau der Rentner*innen gibt. Der Bericht bezieht sich jeweils auf die Daten von *Alterssicherung in Deutschland* (ASID). Im Auftrag des BMAS und durchgeführt von Kantar Public (vormals TNS Infratest Sozialforschung) wird die Einkommens- und Lebenssituation von Menschen ab 55 Jahren untersucht. Die Studien verbinden Informationen über Art und Höhe von Einkommen auf der Personenebene mit den Bestimmungsfaktoren der Alterseinkommen: https://alterssicherung-in-deutschland.de/. Zugegriffen: 1. April 2021

Detaillierte Informationen zur Rente sind zudem über die *Deutsche Rentenversicherung* abrufbar: https://www.deutsche-rentenversicherung.de/DRV/DE/Home/home_node.html. Zugegriffen: 1. April 2021

4.5.3.1 Aufgaben und Ziele im SGB VI Gesetzliche Rentenversicherung

Die Träger der gesetzlichen Rentenversicherung haben sich ein gemeinsames Leitbild gegeben, in dem sie in sechs Thesen die zentralen Themenfelder und allgemeine Zielsetzung ihrer Arbeit wie folgt beschreiben:

- „Wir sind die soziale, gesetzliche Rentenversicherung.
- Unsere Beitragszahlerinnen und Beitragszahler und Rentnerinnen und Rentner bilden eine selbstverwaltete Solidargemeinschaft.
- Wir tragen mit unseren Leistungen wesentlich zur Lebensstandardsicherung unserer Versicherten und Rentnerinnen und Rentner bei.
- Wir sind moderne Dienstleistungsinstitutionen im Bund und in den Regionen.
- Wir sind verlässliche Partner für andere Institutionen der sozialen Sicherheit.
- Unsere Mitarbeiterinnen und Mitarbeiter übernehmen Verantwortung für die bestmögliche Erfüllung unserer Aufgaben." (Deutsche Rentenversicherung 2021a, o. S.)

Die wichtigste Aufgabe der GRV ist die Auszahlung von Renten. Dabei gibt es unterschiedliche *Rentenarten,* die zum einen an die Versicherten selbst, zum anderen an deren unterhaltsberechtigten Angehörigen ausbezahlt werden können. Neben der Bereitstellung von Alterseinkommen umfasst die Gesetzliche Rentenversicherung noch weitere, den Renten vorgelagerte, Leistungen. Hierzu gehören nach Paragraph 9 SGB VI *Leistungen zur Teilhabe* und nach Paragraph 14 SGB VI *Leistungen zur Prävention.* Damit gehört es auch zu den Aufgaben und Zielen der GRV, die Erwerbsfähigkeit von versicherten Personen zu erhalten bzw. wiederherzustellen. Dies schließt auch Leistungen zur *Gesundheitsförderung* ein. Auch die Umsetzung familienpolitischer Ziele gehört zum Aufgabenspektrum. Hierbei ist vor allem an die Anerkennung von Kindererziehungszeiten zu denken (vgl. Abschn. 4.3), aber ebenso an die Unterstützung von Menschen, die Angehörige zu Hause pflegen (vgl. Abschn. 4.4.3.4). Und last but not least beteiligt sich die GRV an den Kosten für die Kranken- und Pflegeversicherung der Rentner*innen (KVdR).

4.5.3.2 Versicherte und anspruchsberechtigter Personenkreis

Die Paragraphen 1 bis 8 SGB VI *Gesetzliche Rentenversicherung* bestimmen den versicherten Personenkreis. Demnach besteht *Versicherungspflicht* für:

- alle Arbeiter*innen und Angestellten mit einer sozialversicherungspflichtigen Beschäftigung. Hierzu zählen auch Menschen mit Behinderungen, die in

Werkstätten bzw. in Anstalten und Heimen arbeiten und Auszubildende sowie Studierende in dualen Studiengängen und Minijobs.

- Hinzu kommen bestimmte Gruppen von *freiberuflich bzw. selbstständig Tätigen*, die in sog. *arbeitnehmerähnlichen Berufen* arbeiten (Paragraph 2 SGB VI). Hierzu gehören zum Beispiel Selbstständige, die regelmäßig keine(n) Angestellten beschäftigten (sog. Soloselbstständige), Hebammen oder selbstständig arbeitende Lehrer*innen und Erzieher*innen.
- *Künstler*innen, Publizist*innen und Journalist*innen* können seit dem Jahr 1985 über die Bestimmungen des *Künstlersozialversicherungsgesetzes* (KSVG) in der GRV pflichtversichert sein.
- Des Weiteren sind geringfügig Beschäftigte und solche Personen in der GRV pflichtversichert, die Krankengeld (nach SGB V) oder Arbeitslosengeld I (nach SGB III) beziehen. Für Bezieher*innen von ALG II (nach SGB II) galt bis 2010 auch eine Versicherungspflicht, wobei die – niedrigen – Beiträge von der Bundesagentur für Arbeit gezahlt wurden, diese Regelung wurde aber zum 1. Januar 2011 aufgehoben. Zeiten des ALG II-Bezugs können seitdem zwar als Anrechnungszeit in die Rentenbiografie eingehen, leisten aber keinen Beitrag zur Rentenhöhe (vgl. Abschn. 4.4 und 4.2).
- Auch Familienangehörige von Versicherten stehen unmittelbar unter dem Schutz der GRV. So werden auch die Zeiten der Kindererziehung bzw. der nicht erwerbsmäßigen Pflege von Angehörigen in der GRV anerkannt.
- Daneben besteht nach Paragraph 7 SGB VI *Gesetzliche Rentenversicherung* die Möglichkeit der *freiwilligen Versicherung* für alle Personen ab dem 16. Lebensjahr.

Grundsätzlich gilt, dass nur ein voller Beitragssatz den Anspruch auf das gesamte Leistungsspektrum der GRV sichert. Hierdurch kann es insbesondere im Niedriglohnbereich zu Sicherungslücken kommen. So bezahlen die Arbeitgeber*innen für Minijobs im gewerblichen Bereich zwar einen pauschalen Rentenversicherungsbeitrag von 15 % (private Haushalte: fünf Prozent), die Beschäftigten können sich allerdings von der Versicherungspflicht befreien lassen. Und nur wenn die Beschäftigten einen – geringen – Eigenanteil zu den pauschalen Arbeitgeberbeiträgen zuzahlen, können sie überhaupt Anwartschaften in der GRV erwerben. Angesichts des so oder so schon niedrigen Lohnes und den sehr geringen Rentenanwartschaften, die mit einem Minijob entstehen, ist das für viele Menschen im Niedriglohnsektor eine wenig attraktive Option zur Sicherung der Altersvorsorge.

Zur Berücksichtigung von Selbstständigen, Freiberufler*innen und Beamt*innen
Nicht alle Selbstständige und Freiberufler*innen fallen unter die Versicherungspflicht. Hinzu kommt, dass unter bestimmten Voraussetzungen die Befreiung von der Versicherungspflicht möglich ist (Paragraph 6 SGB VI). Es bestehen für unterschiedliche Berufsgruppen differenzierte Vorschriften:

- *Handwerker*innen* in einem nach der *Handwerkerordnung* (HWO) zulassungspflichtigen Bereich (z. B. Bäckerei, Elektro, etc.) bzw. Personen, die in einem zulassungsfreien Handwerk bei den Handwerkerkammern eingetragen sind *(Handwerkerrolle)*, unterliegen der Pflichtversicherung in der Gesetzlichen Rentenversicherung. Generell nicht versicherungspflichtig sind Selbstständige, die ausschließlich in einem handwerkerähnlichen Gewerbe tätig sind.
- *Landwirte* sind seit dem Jahr 1957 durch das *Gesetz zur Altershilfe für Landwirte* (GAL) in einer der neun landwirtschaftlichen Alterskassen pflichtversichert, die im *Gesamtverband der landwirtschaftlichen Alterskassen* organisatorisch zusammengefasst sind.
- *Selbstständige (freie Berufe)* in sog. *kammerfähigen Berufen* (z. B. Ärzt*innen, Apotheker*innen, Architekt*innen, Rechtsanwält*innen) sind in den berufsständisch organisierten Versorgungswerken pflichtversichert.
- *Sonstige Freiberufler*innen* sind in der Wahl der Alterssicherung frei, sie können sich aber in der GRV freiwillig versichern.

Für die rund zwei Millionen *Beamt*innen* in Deutschland besteht keine Versicherungspflicht in der Sozial- bzw. Rentenversicherung. Für diesen Personenkreis existieren eigene *Versorgungssysteme*. Die Beamtenpensionen werden aus dem allgemeinen Steueraufkommen des jeweiligen Dienstherrn (Kommune, Bundesland, Bund) finanziert. Die Pensionen sollen eine dem Amt angemessene Versorgung gewährleisten.

4.5.3.3 Träger und Finanzierung des SGB VI Gesetzliche Rentenversicherung

Die Träger der Rentenversicherung bestimmen sich nach Paragraph 124 SGB VI. Seit dem 1. Oktober 2005 sind diese unter dem Dach der *Deutschen Rentenversicherung* zusammengefasst. Zu den Trägern gehören:

- die *Deutsche Rentenversicherung Bund* als Zusammenschluss des Verbandes Deutscher Rentenversicherungsträger und der Bundesversicherungsanstalt für Angestellte,
- die *Deutsche Rentenversicherung Knappschaft-Bahn-See* als Zusammenschluss der Bundesknappschaft für Bergleute, der Bahnversicherungsanstalt und der Seekasse,
- die *Deutsche Rentenversicherung Regional* als Zusammenschluss einiger Landesversicherungsanstalten zu insgesamt 14 Regionalträgern.

Als *Körperschaften des öffentlichen Rechts* handeln sie in eigener sachlicher und finanzieller Verantwortung und unterliegen dabei der Rechtsaufsicht staatlicher Aufsichtsbehörden *(Selbstverwaltung)*. In den Selbstverwaltungsorganen sind Vertreter*innen der Versicherten, der Rentner*innen und der Arbeitgeber*innen vertreten. Sie beschließen über die Finanzen der Versicherungsträger und treffen Entscheidungen in den Bereichen Personal, Leistungen, Organisation und Rehabilitation. Außerdem bringt die Selbstverwaltung im Vorfeld gesetzlicher Neuregelungen die Sicht der Versicherten und Arbeitgeber*innen in die politischen Entscheidungsprozesse mit ein. Alle sechs Jahre wird im Rahmen von *Sozialwahlen* die Zusammensetzung der Gremien bestimmt. Stimmberechtigt sind die Mitglieder der Sozialversicherung.

Das Sozial- und insbesondere das Rentenrecht ist eine komplexe Materie. Es ist für die Versicherten nicht leicht, den Überblick über Rechte und Pflichten zu behalten. Paragraph 131 SGB VI verpflichtet deshalb die Regionalträger, ein *Dienststellennetz* für Auskunft und Beratung der Versicherten zu unterhalten, über das sich die Versicherten in rentenversicherungsrechtlichen Fragen kostenfrei informieren lassen können.

Finanzierung des SGB VI Gesetzliche Rentenversicherung

Die Gesetzliche Rentenversicherung ist Teil der Sozialversicherung, die sich aus den Beiträgen der lohnabhängigen Arbeitnehmer*innen sowie der Arbeitgeber*innen finanziert. Beide teilen sich den Beitrag hälftig. Der Beitragssatz liegt aktuell bei 18,6 % des Bruttoverdienstes und wird bis zur *Beitragsbemessungsgrenze* von 7100 € monatlich West (6700 € Ost) erhoben (Stand 1. Januar 2021). Wer *freiwillig* in die gesetzliche Rentenversicherung einbezahlt, kann zwischen dem Mindestbeitrag von 83,70 € und dem Höchstbeitrag von 1320,60 € monatlich wählen (West). Der volle Regelbeitrag für *versicherungspflichtige Selbstständige* liegt bei monatlich 611,94 €; selbstständige Existenzgründer*innen müssen nur den halben Regelbeitrag bezahlen (= 305,97 €) (West). Die Werte für Beschäftigte in den neuen Bundesländern liegen entsprechend der dort gültigen Beitragsbemessungsgrenze niedriger. (Deutsche Rentenversicherung 2021b)

Die Leistungen der GRV werden über das *Umlageverfahren* (Paragraph 153 SGB VI) aus den *Beitragszahlungen* der Versicherten finanziert. Zusätzlich bilden die Träger der Rentenversicherung eine sog. *Nachhaltigkeitsrücklage* von max. 50 % einer durchschnittlichen Monatsausgabe, die von der Deutschen Rentenversicherung Bund verwaltet und liquide (= als Geldanlage mit einer Kündigungsfrist bzw. Restlaufzeit von bis zu 380 Tagen) angelegt wird (Paragraphen 216 und 217 SGB VI).

Paragraph 213 SGB VI regelt die Zuschüsse des Bundes zu der GRV. Mit dem steuerfinanzierten *allgemeinen Bundeszuschuss* werden die Kosten für solche Leistungen ausgeglichen, die von der Gesetzlichen Rentenversicherung im allgemeinen gesellschaftlichen Interesse erbracht werden (z. B. arbeitsmarktbedingte Leistungen, Ausbildungszeiten, Militär- und Ersatzdienst etc.). Mit dem Rentenreformgesetz von 1992 wurde der allgemeine Bundeszuschuss neu geregelt. Zum einen wurde er in der Höhe aufgestockt, zum anderen sowohl an die Entwicklung der Löhne als auch an die Veränderung des Beitragssatzes gekoppelt. Im Jahr 2021 liegt der *allgemeine Bundeszuschuss* bei 51,5 Mrd. EUR.

Im Jahr 1998 wurde ein *zusätzlicher Bundeszuschuss* eingeführt. Damit sollen die zusätzlichen Kosten für die Berücksichtigung von Kindererziehungszeiten sowie ein Teil der Folgekosten der Deutschen Wiedervereinigung abgefangen werden. Er beträgt im Jahr 2021 rund 26 Mrd. EUR und wird aus dem *allgemeinen Steueraufkommen* des Bundes (= 16,8 Mrd. EUR), dem Anteil des Bundes an der *Mehrwertsteuer* (= 4,4 Mrd. EUR) und dem Aufkommen aus der *Ökosteuer* (= 5 Mrd. EUR) finanziert. Mit dem zusätzlichen Bundeszuschuss soll der allgemeine Beitragssatz zur Rentenversicherung stabil gehalten werden. (vgl. Deutsche Rentenversicherung 2021c) Sollten die Rentenversicherungsträger einmal nicht in der Lage sein, die laufenden Ausgaben zu decken, greift nach Paragraph 214 SGB VI zur Sicherung der Zahlungsfähigkeit die sog. *Bundesgarantie*. Damit sichert der Bund durch ein Darlehn die Liquidität der Rentenversicherung ab. Das Darlehn wird nicht verzinst und muss je nach Kassenlage an den Bund zurückerstattet werden.

Betrachtet man die prozentuale Aufteilung setzen sich die *Einnahmen* der GRV in Höhe von 327 Mrd. EUR zu mehr als Dreivierteln aus den *Beiträgen* der Arbeitgeber*innen und Arbeitnehmer*innen und zu etwas weniger als einem Viertel aus dem *Bundeszuschuss* zusammen. Rund 3,5 Mrd. erhält die GRV über die Pflichtbeiträge, die nach SGB III *Arbeitsförderung* für arbeitslose Personen aufgebracht werden. Bei den *Ausgaben* der GRV entfällt der überaus größte

Teil mit 87 % auf die direkten Rentenzahlungen. Auffallend niedrig ist der Verwaltungskostenanteil, der bei nur 1,3 % liegt.[40] (Ebenda).

Politikziele: stabiler Beitragsatz und dynamische Renten
Die Rentenpolitik ist unterschiedlichen Zielen verpflichtet. Dazu gehört um einen die *Beitragsstabilität*. So sollte der Beitragssatz bis zum Jahr 2020 nicht über 20 % und bis 2030 nicht über 22 % steigen, um vor allem die *Lohnnebenkosten* für Beschäftigte und Unternehmen nicht weiter wachsen zu lassen. Rentenpolitik wird hier auch zur Wirtschafts- und Wettbewerbspolitik. Zum anderen gilt es, eine inflationsbedingte Entwertung der Renten zu vermeiden und die Rentner*innen an der allgemeinen Wohlstandsentwicklung zu beteiligen. Deshalb wird der *Rentenwert* jährlich zum 1. Juli eines Jahres entsprechend der Entwicklung der Bruttolöhne angepasst *(Dynamisierung)* (vgl. Abschn. 2.6.8). Auf Basis der Volkswirtschaftlichen Gesamtrechnung (VGR) bereinigt das Statistische Bundesamt dazu die Lohn- und Gehaltssumme um die Anteile, auf die keine Rentenversicherungsbeiträge entrichtet werden, weil sie z. B. oberhalb der Beitragsbemessungsgrenze liegen oder von Beamt*innen stammen. Auf diese Weise wird sichergestellt, dass die Renten entsprechend der Entwicklung der Löhne und Gehälter angepasst werden, auf die der Rentenbeitrag auch tatsächlich erhoben wird.

Dem Ziel der Beitragssatzstabilisierung diente auch das *RV- Nachhaltigkeitsgesetz* aus dem Jahr 2004. Es führt zwei zusätzliche Faktoren in die Rentenanpassungsformel ein. Mit dem *Faktor für die Veränderung des Beitragssatzes zur allgemeinen Rentenversicherung und des Altersvorsorgeanteils* werden quasi die privaten Altersvorsorgeaufwendungen der Beschäftigten anpassungsdämpfend aus der Lohn- und Gehaltssumme herausgerechnet. Die Lohnsumme wurde auf diese Weise also verkleinert, mit der Begründung, dass die Anteile aus dem Volkseinkommen, die in die Altersvorsorge fließen, der Vermögensbildung dienen und nicht dem freien Konsum zur Verfügung stehen. Der *Nachhaltigkeitsfaktor* wiederum stellt eine zahlenmäßige Relation zwischen den Rentner*innen und den Beitragszahler*innen her. Steigt die Zahl der Rentenempfänger*innen im Verhältnis zu den Beitragszahler*innen fällt die Rentenanpassung niedriger – im umgekehrten Fall höher – aus. Auf diese Weise sollen die Arbeitnehmer*innen beitragstechnisch vor der steigenden Altenlast in der GRV geschützt werden.

---

[40] Die *Deutsche Rentenversicherung Bund* veröffentlicht umfangreiche Statistiken: https://www.deutsche-rentenversicherung.de/DRV/DE/Experten/Zahlen-und-Fakten/zahlen-und-fakten_node.html. Zugegriffen: 1. April 2021

Durch eine gleichzeitig eingeführte *Schutzklausel* wird vermieden, dass es durch einen der beiden Faktoren zu einer Kürzung der Renten kommen kann. Der Bundestag hat diese Schutzklausel mit Wirkung vom 1. Juni 2009 auch auf die Lohnentwicklung ausgeweitet, sodass es faktisch zu keiner Kürzung der Renten mehr kommen kann. Allerdings werden unterbliebene Rentenkürzungen seit dem Jahr 2011 mit (späteren) tatsächlichen Rentensteigerungen verrechnet (vgl. Abschn. 4.5.7).

4.5.3.4 Leistungen zur Teilhabe im SGB VI Gesetzliche Rentenversicherung

Die Gesetzliche Rentenversicherung ist einer der wichtigsten Träger von Rehabilitationsmaßnahmen. Die Träger der gesetzlichen Rentenversicherung gewähren nach Paragraph 9 SGB VI Leistungen zur Prävention, Leistungen zur medizinischen Rehabilitation, Leistungen zur Teilhabe am Arbeitsleben, Leistungen zur Nachsorge sowie ergänzende Leistungen. Ziel ist es, die Erwerbsfähigkeit der Versicherten zu schützen, um das vorzeitige Ausscheiden aus dem Arbeitsmarkt zu verhindern. Bei der Auswahl der Hilfen haben die Leistungen zur Prävention Vorrang vor den Leistungen zur Teilhabe, die wiederum Vorrang vor möglichen Rentenleistungen haben sollen.

Leistungen zur medizinischen Prävention

Die *Leistungen zur medizinischen Prävention* nach Paragraph 15 SGB VI sind im Gesetzestext nicht näher bestimmt. Als Präventionsleistungen gelten alle Maßnahmen, die eine Beeinträchtigung der Gesundheit durch Krankheit, Unfall oder Behinderung verhindern bzw. die Folgen abmildern können. Die Leistungen des SGB VI orientieren sich dabei in erster Linie an Maßnahmen der *Primär-* (= Verhinderung des Krankheitsfalls bzw. Schadenseintritts beim Gesunden) und *Sekundärprävention* (= Früherkennung, um Schäden bzw. Folgewirkungen möglichst gering zu halten) (vgl. Abschn.. 3.3.3 und 5.3). Die *Leistungen zur medizinischen Prävention* umfassen zum Beispiel ärztliche bzw. psychotherapeutische Behandlungen, die Belastungserprobung und Arbeitstherapie sowie notwendige Heil- und Hilfsmittel. Sie werden in der Regel als *stationäre Heilbehandlung* erbracht. Das bedeutet, dass sich die Versicherten in Rehabilitätionskliniken behandeln lassen (müssen). Insbesondere bei *Entwöhnungsbehandlungen* (sog. Suchttherapie) für suchterkrankte Menschen können auch teilstationäre bzw. ambulante Hilfen finanziert werden, wobei die vorgelagerte (medizinische) *Entzugsbehandlung* (sog. Entgiftung) über die Krankenkassen im Rahmen der Krankenbehandlung erbracht wird. Den Leistungsumfang und die Dauer der Rehabilitationsleistung legt der zuständige

Rentenversicherungsträger nach eigenem Ermessen fest. Bezugspunkte für die Entscheidung sind dabei die Paragraphen 42 bis 47 SGB IX *Rehabilitation und Teilhabe von Menschen mit Behinderungen* (vgl. Abschn. 4.6.1). Nach Paragraph 15a SGB VI können auch Kinder von gesetzlich rentenversicherten Personen Anspruch auf Leistungen im Rahmen der sog. *Kinderrehabilitation* haben. Mit diesen Leistungen sollen insbesondere chronisch kranke Kinder unterstützt werden, um deren spätere Erwerbsfähigkeit zu erhalten bzw. zu sichern, damit sie ein möglichst eigenständiges Leben führen können. Es sollen vor allem gesundheitliche Einschränkungen, die den Schulbesuch oder die Teilnahme an einer beruflichen Ausbildung beeinträchtigen können, beseitigt bzw. bestmöglich kompensiert werden.

Leistungen zur Teilhabe am Arbeitsleben

Auch bei den Leistungen zur *Teilhabe am Arbeitsleben* nach Paragraph 16 SGB VI verweist der Gesetzestext auf die Leistungen des SGB IX *Rehabilitation und Teilhabe von Menschen mit Behinderungen* (hier: Paragraphen 49 bis 54 sowie 57 und 60). Mit den Leistungen soll die Erwerbsfähigkeit der versicherten Person verbessert werden. Es kommen dabei vor allem *nicht-medizinische* Hilfsangebote und Fördermaßnahmen in Betracht wie zum Beispiel Hilfen zur Erhaltung bzw. Erlangung eines Arbeitsplatzes, Berufsvorbereitung, Assistenzen sowie Weiterbildungsangebote. Wenn es nach Art und Schwere der Behinderung erforderlich ist, können die Maßnahmen auch stationär in den Einrichtungen der beruflichen Rehabilitation bzw. den sog. *Berufsförderungswerken* (BFW) sowie den *Werkstätten für behinderte Menschen* (WfbM) erbracht werden. Auch Leistungen an Arbeitgeber*innen in Form von Zuschüssen sind möglich, wenn dadurch die berufliche (Wieder-)Eingliederung unterstützt wird.

Das Übergangsgeld

Versicherte, die von einem Träger der Rentenversicherung Leistungen zur Prävention, Leistungen zur medizinischen Rehabilitation, Leistungen zur Teilhabe am Arbeitsleben, Leistungen zur Nachsorge oder sonstige Leistungen zur Teilhabe erhalten, haben nach Paragraph 20 SGB VI Anspruch auf ein *Übergangsgeld*. Es handelt sich dabei um eine Entgeltersatzleistung, deren Höhe sich nach den Vorschriften des SGB IX *Rehabilitation und Teilhabe von Menschen mit Behinderungen* richtet. Es wird für die Dauer der Teilnahme an der Rehabilitationsmaßnahme bezahlt. Die Höhe richtet sich nach dem vorherigen Lohn, wobei allerdings nur 80 % des regelmäßigen Arbeitsentgelts (max. 100 % des Nettoentgelts) in die Berechnung eingehen. Das Übergangsgeld beträgt 67 % dieser Bemessungsgrundlage und kann auf 75 % angehoben werden, wenn bei dem/der Versicherten mindestens ein Kind lebt oder wenn häusliche Pflege geleistet bzw. in Anspruch genommen wird.

Voraussetzungen für die Leistungserbingung

Um die Leistungen beantragen zu können, müssen nach Paragraph 11 SGB VI bestimmte versicherungsrechtliche Voraussetzungen bzw. *Anwartschaftszeiten* erfüllt sein:

- *Leistungen zur Teilhabe* werden gewährt, wenn eine Person die Wartezeit von 15 Jahren erfüllt, eine Rente wegen verminderter Erwerbsfähigkeit bezieht oder als Witwe/Witwer wegen vermindeter Erwerbsfähigkeit Anspruch auf eine Hinterbliebenenrente hat.
- *Leistungen zur Prävention und medizinischen Rehabilitation* werden gewährt, wenn zum Zeitpunkt der Antragstellung eine versicherungspflichtige Beschäftigung ausgeübt wird, die Person arbeitslos ist oder innerhalb der letzten zwei Jahre vor Antragstellung mindestens sechs beitragspflichtige Kalendermonate erbracht hat oder die Person die allgemeine Wartezeit von fünf Jahren erfüllt. In diesem Fall muss die Antragsteller*in zusätzlich vermindert erwerbsfähig bzw. davon bedroht sein.
- *Leistungen zur Teilhabe am Arbeitsleben* werden gewährt, wenn ansonsten Anspruch auf eine Rente wegen verminderter Erwerbsfähigkeit bestünde oder wenn die Leistungen in unmittelbarem Zusammenhang mit einer medizinische Rehabilitationsleistung nach SGB VI stehen.

Neben diesen unterschiedlichen persönlichen bzw. versicherungsrechtlichen Voraussetzungen muss noch die Zuständigkeit der einzelnen Rehabilitationsträger geprüft werden. So sind etwa die Leistungen zur *medizinischen Rehabilitation* im SGB VI nachrangig gegenüber den medizinischen Leistungen der Gesetzlichen Krankenversicherung (SGB V). Die Rentenversicherung erstattet beispielsweise keine Kosten „in der Phase akuter Behandlungsbedürftigkeit einer Krankheit" oder anstelle „einer sonst erforderlichen Krankenhausbehandlung" (Paragraph 13 SGB VI). Auch die Vorschriften der Bücher I, IX und X des SGB sind vor der Entscheidung über mögliche Hilfen zu berücksichtigen. Es ist das im deutschen Sozialrecht immer (wieder) zu Tage tretende *Kausalitätsprinzip* (vgl. Abschn. 3.3.2), das Abgrenzungsfragen in der Leistungsbringung nach sich zieht und das Sozialrecht insgesamt so unübersichtlich werden lässt.[41] Es folgt einer Logik aus Ursache, Vorleistung und daraus abzuleitenden Zuständigkeiten und nicht in erster Linie der Logik eines sozialpolitisch definierten Integrationsziel bzw. Teilhabeangebotes, das allen Bürger*innen gleichermaßen offenstehen soll – unabhängig davon mit welchen persönlichen Leistungsvoraussetzungen sie ausgestattet sind. Im Ergebnis folgen das Eingliederungsziel und die dazugehörige Leistungsbringung dem historisch gewachsenen Sozialrecht und nicht das Sozialrecht einem (sozial-)politisch bzw. gesellschaftlich gewünschten, normativ gesetzten Teilhabeversprechen. Und so kann die gleiche individuelle Ausgangslage bzw. Beeinträchtigung aufgrund der Zuständigkeiten zu unterschiedlichen Rechts- und Versorgungsansprüchen führen.

4.5.3.5 Die materielle Absicherung im SGB VI Gesetzliche Rentenversicherung

Es gibt im SGB VI *Gesetzliche Rentenversicherung* nicht die *eine* Rente. Insofern gibt es auch nicht die *eine* Rentner*in. Im Gegenteil: Tab. 4.11 gibt einen Überblick über die unterschiedlichen Rentenarten.[42] Grundsätzlich kann eine Rente nur nach *Antragstellung* beim zuständigen Rentenversicherungsträger bewilligt und ausgezahlt werden. Es können aber auch mehrere Rentenarten gleichzeitig bezogen werden *(Mehrfachrentner*innen)*. Ein Beispiel hierfür ist die Kombination von eigener Altersrente mit einer Hinterbliebenenrente.

Für den Bezug der jeweiligen Rente muss die erforderliche *Mindestversicherungszeit* erfüllt sein. Die *allgemeine Wartezeit* beträgt fünf Jahre. Aber nicht alle Leistungen stehen den Versicherten damit automatisch offen. Wie lange die Wartezeit genau ist, ergibt sich aus Paragraph 50 SGB VI und den jeweiligen Bestimmungen für die jeweilige Rentenart. Die für den Anspruch

---

[41] Um diese Unübersichtlichkeit zu verdeutlichen, sei aus Schulungsmaterialien der Deutschen Rentenversicherung Bund zitiert: „Die Zuständigkeit eines Rehabilitationsträgers richtet sich entsprechend dem gegliederten System der Rehabilitation nach § 6 SGB IX und den für die Rentenversicherung geltenden speziellen Leistungsgesetzen. Danach wird die Zuständigkeit nach Art der Leistungen zur Teilhabe (siehe Leistungsgruppen 1 bis 5 des § 5 SGB IX) und durch die jeweiligen Ursachen der Behinderung, Zugehörigkeit zu einem bestimmten Personenkreis (z. B. Versicherter der Rentenversicherung) oder durch Vor- bzw. Nachrangigkeit einzelner Träger bestimmt. Die Träger der Rentenversicherung erbringen bei Erfüllung der Voraussetzungen die in Abschn. 2.4 aufgeführten Leistungen zur Teilhabe (§ 6 Abs. 1 Nr. 4 SGB IX, § 9 Abs. 1 SGB VI)." (Schönau 2020, S. 53/80).

[42] Einen guten Überlick zu den einzelnen Rentenarten sowie den Anspruchsvoraussetzungen liefert das Informationsportal der Deutschen Rentenversicherung: www.deutsche-rentenversicherung.de.

Tab. 4.11 Rentenarten nach Paragraph 33 SGB VI *Gesetzliche Rentenversicherung*

Rentenarten	
(1) Renten werden geleistet wegen Alters, wegen verminderter Erwerbsfähigkeit oder wegen Todes	
(2) **Rente wegen Alters** sind	*Wartezeit und gesetzl. Grundlage*
1. Regelaltersrente,	5 Jahre (§ 35 u. 235 SGB VI)
2. Altersrente für langjährig Versicherte,	35 Jahre (§ 36 u. 236 SGB VI)
3. Altersrente für schwerbehinderte Menschen,	35 Jahre (§ 37 u. 236a SGB VI)
3 a. Altersrente für besonders langjährig Versicherte,	45 Jahre (§ 38 u. 236b SGB VI)
4. Altersrente für langjährig unter Tage beschäftigte Bergleute	25 Jahre (§ 40 u. 238 SGB VI)
Sowie nach den Vorschriften des Fünften Kapitels als	
5. Altersrente wg. Arbeitslosigkeit oder nach Altersteilzeitarbeit	15 Jahre (§ 237 SGB VI)
6. Altersrente für Frauen	15 Jahre (§ 237a SGB VI)
(3) **Rente wegen verminderter Erwerbsfähigkeit** sind	
1. Rente wegen teilweiser Erwerbsminderung,	5 Jahre (§ 43 SGB VI)
2. Rente wegen voller Erwerbsminderung,	
3. Rente für Bergleute	5 Jahre (§ 45 SGB VI)
(4) **Rente wegen Todes** sind	
1. kleine Witwenrente oder Witwerrente,	5 Jahre (§ 46 SGB VI)
2. große Witwenrente oder Witwerrente,	
3. Erziehungsrente,	5 Jahre (§ 47 SGB VI)
4. Waisenrente	5 Jahre (§ 48 SGB VI)

(5) Renten nach den Vorschriften des Fünften Kapitels sind auch die Knappschaftsausgleichsleistungen, Renten wegen teilweiser Erwerbsminderung bei Berufsunfähigkeit sowie Witwen- und Witwerrenten an vor dem 1. Juli 1977 geschiedene Ehegatten

Quelle: Gesetze im Internet https://www.gesetze-im-internet.de/. *Zugegriffen: 3. April 2021*

nachzuweisenden Wartezeiten können zwischen 5 und max. 45 Jahren liegen. Die Wartezeit umfasst rentenrechtlich relevante Zeiten, in denen Beiträge (Pflicht- oder freiwillige Beiträge) gezahlt worden sind. Je nach Rentenart können auch Zeiten anerkannt werden, für die keine Pflichtbeiträge entrichtet wurden. Bei diesen sog. *rentenrechtlichen Zeiten* unterscheidet das Gesetz nach:

* *Beitragszeiten* (Pflicht- und freiwillige Beiträge).
* *Ersatzzeiten* (Zeiten ohne Beitragsleistung, z. B. bei Militärdienst, Kriegsgefangenschaft, NS-Verfolgung, Haft und Verfolgung in der DDR).

- *Anrechnungszeiten* (Zeiten ohne Beitragsleistung, z. B. bei schulischer Ausbildung nach dem 17. Lebensjahr, Arbeitslosigkeit, Arbeitsunfähigkeit wegen Krankheit).
- *Berücksichtigungszeiten* (Kindererziehungszeiten bis zur Vollendung des 10. Lebensjahres des Kindes).
- *Zurechnungszeiten* (tritt eine Rente wegen Erwerbsminderung ein, werden die Jahre vom Eintritt der Erwerbsunfähigkeit bis zum theoretischen Renteneintritt als (fiktive) Erwerbsarbeitszeit rentensteigernd in die Rentenberechnung einbezogen).
- *Versorgungsausgleich* (Aufteilung der während einer Ehe erworbenen Renten- und Versorgungsanwartschaften auf beide Ehegatten zu gleichen Teilen im Falle einer Scheidung).

Die Wartezeit setzt sich also aus unterschiedlichen Komponenten zusammen. Deren Zusammensetzung ist aber nicht beliebig, sondern ebenfalls im SGB VI für die einzelnen Leistungen festgelegt. So werden in der *allgemeinen Wartezeit* von fünf und den Wartezeiten von zehn und 15 Jahren die Beitrags- und Ersatzzeiten berücksichtigt. Für die Wartezeit von 35 Jahren werden zusätzlich die *Anrechnungs-, Berücksichtigungs-* und *Zurechnungszeiten* geltend gemacht.

Die Wartezeiten begründen den Anspruch auf eine der *drei Rentenformen* nach Alter, geminderter Erwerbsfähigkeit und Tod (vgl. Tab. 4.11). Die jeweilige Zuordnung zu diesen Rentenarten ist dann wieder an versicherungsrechtliche und individuelle Voraussetzungen (z. B. Dauer der Beschäftigung, Grad der Erwerbsminderung, Verwandschaftsverhältnis) gebunden.

Grundsätzlich unterliegen Rentner*innen mit ihren Einnahmen der *Versicherungspflicht* in der *Gesetzlichen Kranken- und Pflegeversicherung der Rentner* (KVdR/PVdR). Der Beitragssatz in der Krankenversicherung beträgt 14,6 %, wobei der Rentenversicherungsträger davon die Hälfte übernimmt. Die Beiträge für die Krankenversicherung werden vom Rentenversicherungsträger einbehalten und an die entsprechende Krankenkasse überwiesen. Dies summierte sich im Jahr 2019 auf rund 20 Mrd. EUR. (vgl. DRV 2021) Erhebt eine Krankenkasse einen *Zusatzbeitrag*, muss dieser von der Rentner*in direkt an die Kasse bezahlt werden. Die Beiträge für das SGB XI *Soziale Pflegeversicherung* tragen die Rentner*innen selbst in voller Höhe. Der Beitragssatz liegt, wie bei den sozialversicherungspflichtig Beschäftigten, bei 3,05 %. Kinderlose Rentner*innen, die nach 1939 geboren wurden und das 23. Lebensjahr vollendet haben, zahlen zudem einen Zuschlag von 0,25 %.

Am 6. März 2002 hat das Bundesverfassungsgericht entschieden, dass die unterschiedliche Besteuerung von Beamtenpensionen und gesetzlichen Renten dem Gleichheitsgrundsatz nach Art. 3 GG widerspricht. Seit dem 1. Januar 2005 ist deshalb das *Alterseinkünftegesetz* (AltEinkG) in Kraft. Mit einer langjährigen Stufenregelung werden seitdem die Rentenversicherungsbeiträge der Arbeitnehmer*innen schrittweise steuerfrei gestellt. Parallel dazu werden die Renten stärker besteuert *(nachgelagerte Besteuerung)*. Ab dem Jahr 2040 sind Renteneinkünfte dann voll als Einkommen zu versteuern.

4.5.3.5.1 Renten bei Erreichen der Altergrenze und die Grundrente

Der abschlagsfreie Anspruch auf eine *Regelaltersrente* entsteht, wenn die entsprechende *Altersgrenze* erreicht und die *allgemeine Wartezeit* von fünf Jahren (= 60 Monate) erfüllt ist. Fehlen Beitragszeiten ist entweder eine *Beitragserstattung* oder eine weitere Zahlung von freiwilligen Beiträgen möglich. Beginnend mit dem Jahr 1992 wurden die Altersgrenzen für den Rentenbezug stufenweise angehoben. Mit dem *RV-Altersgrenzenanpassungsgesetz* vom 20. April 2007 steigt die *Altersgrenze* für eine abschlagsfreie Altersrente seit dem Jahr 2012 stufenweise von 65 auf 67 Jahre bis zum Jahr 2029. Das bedeutet, dass für alle Beschäftigten, die nach 1964 geboren sind oder werden die *Rente mit 67* gilt. In der Übergangszeit ergeben sich – nicht zuletzt aufgrund zahlreicher Regeln zum Vertrauensschutz – je nach Geburtsjahrgang individuelle *Regelaltersgrenzen*.

Es muss aber nicht in jedem Fall bis zum Erreichen der Altersgrenze gewartet werden, um eine Rente erhalten zu können. Denn unter bestimmten Umständen ist auch ein *vorzeitiger Rentenbezug* möglich. Dabei kann es allerdings zu einer Kürzung der Rente kommen. Mit der neuen Rechtslage ergeben sich beim vorzeitigen Altersrentenbezug folgende Varianten:

- Wer eine Versicherungszeit von 45 Jahren erreicht, darf grundsätzlich in Rente gehen *(Altersrente für besonders langjährig Versicherte)*. Alle Geburtsjahrgänge ab 1964 können damit ab 65 Jahren abschlagsfrei in Rente gehen. Diese Rente kann nicht vorzeitig beantragt werden.
- Wer eine Versicherungszeit von 35 Jahren erreicht, kann die *Altersrente für langjährig Versicherte* beantragen. Die Altersgrenze für den abschlagfreien Bezug dieser Rente wird stufenweise erhöht und liegt für alle Geburtsjahrgänge ab 1964 bei 67 Jahren. Eine vorzeitige Inanspruchnahme ist ab dem 63. Lebensjahr möglich, wird allerdings mit einem Rentenabschlag von 0,3 % pro Monat bei vorzeitigem Renteneintritt belegt. Wer von dem Renteneintritt mit 63 Jahren Gebrauch macht, muss je nach Renteneintrittsalter einen Rentenabschlag von bis zu maximal 14,4 % in Kauf nehmen. Der Abschlag bleibt für die gesamte Dauer des Rentenbezugs bestehen, wird also mit Erreichen der gesetzlichen Altersgrenze nicht aufgehoben.

- Die Regelaltersgrenze für die *Altersrente für Schwerbehinderte* (Wartezeit: 35 Beitragsjahre, Grad der Behinderung mind. 50 %) wird stufenweise von 63 auf 65 Jahre angehoben. Die Altersgrenze für den frühestmöglichen Bezug verschiebt sich gleichzeitig von 60 auf 62 Jahre. Wenn die Rente mit dann 62 Jahren in Anspruch genommen wird, ergibt sich ein Rentenabschlag von 10,8 %.

Im *RV-Altersgrenzenanpassungsgesetz* wurde zugleich festgelegt, dass für bestimmte Personengruppen bzw. Geburtsjahrgänge Vertrauensschutz besteht, sodass in bestimmten Fällen die alte Rechtslage weiter Bestand hat. So gilt:

- Mit vollendetem 60. Lebensjahr ist für Personen, die vor 1946 geboren wurden, der Bezug einer Altersrente wegen *Arbeitslosigkeit* bzw. nach *Altersteilzeitarbeit* möglich. Für die Geburtsjahrgänge 1946 bis 1951 wurde die Altersgrenze in Monatsschritten auf das 63. Lebensjahr angehoben. Die Antragsteller*in muss nicht nur bei Rentenbeginn arbeitslos, sondern auch nach Vollendung von 58,5 Jahren mindestens ein Jahr arbeitslos gewesen sein. Innerhalb der letzten zehn Jahre vor Rentenbeginn müssen mindestens acht Jahre mit Pflichtbeitragszeiten erbracht worden und eine Wartezeit von 15 Jahren erfüllt sein. Bei einer *Rente wegen Altersteilzeitarbeit* müssen statt der Arbeitslosigkeit mindestens 24 Monate Altersteilzeitarbeit nachgewiesen werden.
- Die *Altersrente für Frauen* kann mit dem vollendeten 60. Lebensjahr beantragt werden, wenn nach Vollendung des 40. Lebensjahres mindestens 10 Jahre mit Pflichtbeiträgen zurückgelegt wurden und eine Wartezeit von insgesamt 15 Jahren vorliegt.

Wenn jemand vor Erreichen der Regelaltersgrenze in Rente geht, kann diese *vorzeitige Altersrente* als *Voll-* oder *Teilrente* in Anspruch genommen und mit einem Nebenverdienst kombiniert werden. Hierbei sind allerdings einkommensabhängige *Hinzuverdienstgrenzen* zu beachten. Grundsätzlich dürfen 450 € pro Monat hinzuverdient werden. Wer nur eine Teilrente in Anspruch nimmt, sich also nicht den vollen Rentenbetrag auszahlen lässt, hat höhere Zuverdienstgrenzen. Diese richten sich nach dem Verdienst der letzten drei Jahre vor Renteneintritt. Erreicht die Rentner*in die maßgebliche Regelaltersgrenze, entfallen die Beschränkungen zum Hinzuverdienst ersatzlos.

Die Grundrente

Zum 1. Januar 2021 wurde die sog. *Grundrente* eingeführt *(Grundrentengesetz).* Mit ihr soll die Lebensleistung von langjährig Beschäftigten mit niedrigem Einkommen honoriert werden. Etwa 1,3 Mio. Menschen sollen nach Angaben des Bundesministeriums für Arbeit und Soziales (BMAS) von der Grundrente profitieren. Der Gesetzgeber hat dabei vor allem Personen im Blick, die nur eine sehr kleine Rente erhalten. Um die Grundrente zu erhalten, müssen die Versicherten eine Mindestversicherungszeit von 33 Jahren nachweisen. Folgende Zeiten werden dabei anerkannt:

- Pflichtbeitragszeiten aus Berufstätigkeit oder Selbständigkeit,
- Pflichtbeitragszeiten für Kindererziehung und Pflege,
- Zeiten der Leistungen bei Krankheit oder Rehabilitation,
- Berücksichtigungszeiten wegen Kindererziehung und Pflege,
- Ersatzzeiten (bspw. Zeiten des Kriegs-/Zivildienstes, der Kriegsgefangenschaft oder der politischen Haft in der DDR)

Die Grundrente wird zusätzlich und ohne weiteren Antrag auf bereits bestehende Rentenansprüche aufsummiert (Paragraph 76 g SGB VI). Ihre Höhe ist nach der Dauer der Beitragszahlung gestaffelt und erreicht für 35 Zahljahre die volle Summe. Das Bundesministerium für Arbeit und Soziales (BMAS) geht davon aus, dass die Grundrente durchschnittlich 75 € pro Monat betragen wird. (vgl. BMAS 2021)

Der Name *Grundrente* ist irreführend, weil dahinter ein universaler Anspruch vermutet werden kann. Tatsächlich ist sie aber keine *bedingungslose Rente,* auf die alle Bürger*innen ab einem bestimmten Alter Anspruch haben. Somit bleiben Menschen, die nie einer sozialversicherungspflichtigen Beschäftigung nachgegangen sind bzw. keine alternativen Anwartschaften in der GRV ansammeln konnten, im Alter auf das SGB XII *Grundsicherung im Alter und bei Erwerbsminderung* angewiesen.

4.5.3.5.2 Renten bei Erwerbsminderung

Die Regelungen für *Renten wegen Erwerbsminderung* wurden zum 31. Dezember 2000 geändert. Personen, die vor dem 1. Februar 1961 geboren wurden, haben nach wie vor Anspruch auf eine *Rente wegen teilweiser Erwerbsminderung bei Berufsunfähigkeit.* Hierzu müssen sie in den letzten fünf Jahren vor Eintritt der Erwerbsminderung drei Jahre Pflichtbeiträge geleistet haben und die allgemeine Wartezeit von fünf Jahren erfüllen. Für Bergleute gelten nach Paragraph 45 SGB VI weitere Sonderregelungen.

Für alle später geborenen Personen gelten die Regelungen für die *Renten wegen teilweiser bzw. voller Erwerbsminderung.* Eine Person ist nach Paragraph 43 SGB VI *teilweise erwerbsgemindert,* wenn sie wegen Krankheit oder Behinderung auf nicht absehbare Zeit außerstande ist, unter den üblichen Bedingungen des Arbeitsmarktes mindestens sechs Stunden täglich erwerbstätig zu sein. Diese Regelung gilt ausdrücklich unabhängig von der jeweiligen Lage am Arbeitsmarkt. Findet eine Person also lediglich keine entsprechende Arbeit, fällt er bzw. sie in den Rechtskreis des SGB III *Arbeitsförderung* oder SGB II *Grundsicherung für Arbeitsuchende. Volle Erwerbsminderung* tritt ein, wenn nicht mindestens drei Stunden täglich gearbeitet werden kann. Hierbei spielt auch die sog. *konkrete Betrachtungsweise* eine Rolle, ob nämlich ein entsprechender Arbeitsplatz für den Betroffenen bzw. die Betroffene auf dem Arbeitsmarkt gefunden werden kann. Die *Rente bei teilweiser Erwerbsminderung* soll die Lohnminderung ausgleichen, die durch die gesundheitliche Dauerbeeinträchtigung entsteht. Nach Möglichkeit soll deshalb zumindest ergänzend einer Teilzeitarbeit nachgegangen werden. Die *Rente bei voller Erwerbsminderung* soll dagegen den Verdienstausfall ersetzen, wenn dauerhaft keine Erwerbsarbeit mehr möglich ist. Die Wartezeit beträgt in beiden Fällen fünf Jahre, zudem müssen in den letzten fünf Jahren vor Eintritt der Erwerbsminderung drei Jahre mit Pflichtbeiträgen nachgewiesen werden.

4.5.3.5.3 Renten bei Tod

Mit der Hinterbliebenenversorgung übernimmt die GRV im Todesfall eines Versicherten zumindest einen Teil der Unterhaltsverpflichtungen, die die versicherte Person nach dem Bürgerlichen Gesetzbuch (BGB) gegenüber den unterhaltspflichtigen Angehörigen hat *(Solidarprinzip).* Es ist zwischen der *Kleinen* und der *Großen* Witwen bzw. *Witwerrente* einerseits und der (Halb-)*Waisenrente* für Kinder andererseits zu unterscheiden.

Eine hinterbliebene Ehepartner*in, die nicht wieder heiratet, hat Anspruch auf eine *Kleine Witwen- bzw. Witwerrente,* wenn die verstorbene Partner*in die allgemeine Wartezeit von fünf Jahren erfüllt hatte.

Der Anspruch auf die *Große* Witwen- bzw. Witwerrente entsteht ebenfalls bei erfüllter allgemeiner Wartezeit. Zudem muss in dem Haushalt entweder ein noch nicht volljähriges Kind leben und der bzw. die Hinterbliebene das 45. Lebensjahr überschritten haben oder erwerbsgemindert sein.

Analog zur Regelaltersrente ändert sich auch für die große Witwen- bzw. Witwerrente die Altersgrenze. Beginnend mit dem 30. Dezember 2011 wird sie stufenweise bis 2029 von 45 auf 47 Jahre angehoben. Ist der Tod des Ehegatten/der Ehegattin durch einen Arbeitsunfall eingetreten, genügt bereits ein Pflichtbeitrag zur Erfüllung der Wartezeit. In allen anderen Fällen greift die *Kleine Witwen- oder Witwerrente*. Hat eine Ehe nicht mindestens ein Jahr gedauert, besteht kein Anspruch auf Hinterbliebenenversorgung, es sei denn, es ist den Umständen nach offensichtlich, dass die Ehe nicht lediglich geschlossen wurde, um einen entsprechenden Anspruch zu begründen.

Die Leistungen der Witwenrenten richten sich nach der Rente wegen voller Erwerbsminderung des bzw. der Verstorbenen und betragen 55 bzw. 25 % des Zahlbetrages für den Versicherten bzw. die Versicherte.[43] Die oberhalb eines monatlichen Freibetrages liegenden anderen Einkünfte der Witwe bzw. des Witwers werden mit 40 % angerechnet. In den ersten drei Monaten nach dem Todesfall besteht Anspruch auf den vollen Rentenanspruch der verstorbenen Partner*in (sog. *Sterbevierteljahr*). Wenn eine Witwe/ein Witwer wieder heiratet, erschlischt der Rentenanspruch. Es kann aber eine sog. *Rentenabfindung* formlos bei der Rentenversicherung beantragt werden. Die Rentenabfindung beträgt zwei Jahresbeträge der Witwen- oder Witwerrente. Bei der kleinen Witwen- oder Witwerrente wird der noch nicht verbrauchte Restbetrag bis zum Ende der Laufzeit der Rente ausgezahlt.

Auf die sog. *Erziehungsrente* besteht Anspruch, wenn die geschiedene Lebenspartner*in stirbt und noch ein minderjähriges eigenes Kindes bzw. ein Kind des/der Verstorbenen erzogen wird. Zu den Voraussetzungen gehört, dass ein eigenes Rentenkonto besteht und die allgemeine Wartezeit erfüllt ist, denn die Höhe der Rente berechnet sich nicht aus den Ansprüchen des/der Verstorbenen, sondern aus dem eigenen Versicherungsverlauf. Die Antragsteller*in muss unverheiratet geblieben bzw. keine eingetragene Lebenspartnerschaft eingegangen sein. Die Höhe der Rente entspricht der Rente wegen voller Erwerbsminderung.

Anspruch auf *Halb- bzw. Vollwaisenrente* besteht nach dem Tod eines oder beider Elternteile, wenn diese die allgemeine Wartezeit und mindestens einen Pflichtbeitrag erbracht haben. Der Rentenanspruch besteht bis zum 18. Lebensjahr, kann aber, z. B. durch Zeiten der Ausbildung, bis maximal zur Vollendung des 27. Lebensjahres verlängert werden. Mit der Volljährigkeit wird eigenes Einkommen, das über dem maßgeblichen monatlichen Freibetrag liegt, zu 40 % auf die Waisenrente angerechnet.

---

[43] Bei Ehepaaren, die vor 2002 geheiratet haben, beträgt die Hinterbliebenenrente noch 60 % der Rente wegen voller Erwerbsminderung. Bei Ehepaaren, die nach 2002 geheiratet haben, ist der Bezug der kleinen Witwen- bzw. Witwerrente auf 24 Monate begrenzt.

4.5.3.5.4 Rentenformel: Die Höhe des Rentenanspruchs

Die Höhe einer Rente berechnet sich nach der *Rentenformel* (Paragraph 254b SGB VI). Der monatliche Zahlbetrag ergibt sich dabei aus der Multiplikation von vier Faktoren:

Rentenartfaktor

Hierbei handelt es sich um einen festgelegten Faktor, der das relative Gewicht der jeweiligen Rentenart im Verhältnis zu einer Altersrente bestimmt. Der Rentenartfaktor beträgt bei:

Altersrenten	1,0
Rente wegen teilweiser Erwerbsminderung	0,5
Rente wegen voller Erwerbsminderung	1,0
Rente wegen Erwerbsunfähigkeit	1,0
Erziehungsrenten	1,0
Großen Witwen-/Witwerrente	1,0 (nach drei Monaten: 0,6/0,55)
Kleinen Witwen-/Witwerrente	1,0 (nach drei Monaten: 0,25)
Halb-/Vollwaisenrente	0,1/0,2

Zugangsfaktor

Der Zugangsfaktor beträgt in der Regel 1,0. Wenn eine Rente trotz erfüllter Wartezeit nicht in Anspruch genommen wird, erhöht er sich mit jedem zusätzlichen Monat um 0,005. Wird dagegen die Rente vor Erreichen der Regelaltersgrenze beantragt, kürzt sich der Faktor pro Monat, der vorgezogen wird, um 0,003. Dies entspricht einer Rentenerhöhung von 0,5 % bzw. einer Rentenkürzung von 0,3 % pro Monat.

Persönliche Entgeltpunkte

Grundsätzlich gilt, dass eine Rente umso höher ist je mehr Entgeltpunkte nachgewiesen werden. Dabei können die Entgeltpunkte auf unterschiedliche Arten erworben werden.

1. Entgeltpunkte als Spiegel des Erwerbslebens:
   Die Anzahl der Entgeltpunkte ergibt sich hierbei aus dem Verhältnis des eigenen Einkommens zu dem Durchschnittseinkommen aller Versicherten. Für das Jahr 2021 liegt das (vorläufige) durchschnittliche Bruttojahresarbeitsentgelt als sog. *Bezugsgröße* bei 41.541 €. Wer in 2021 genau diesen

Betrag als Einkommen hat, bekommt dafür einen Entgeltpunkt. Liegt die Person mit dem Einkommen bei exakt der Häfte, ist der Entgeltpunkt 0,5. Teilt man die *Beitragsbemessungsgrenze* (2021: 85.200 €) durch das durchschnittliche Bruttojahrentgelt erhält man die für dieses Jahr maximal erreichbare Zahl der Entgeltpunkte (2021: 2,05 West). Für die Versicherten in den neuen Bundesländern liegen diese Werte etwas niedriger, weil zum einen die Beitragsbemessungsgrenze (2021: 80.400 €) als auch das durchschnittliche Bruttojahresarbeitsentgelt (2021: 39.338 €) niedriger liegen. (vgl. DRV 2020)

2. Entgeltpunkte als sozialpolitische Kompensationsleistung:
   Entgeltpunkte können auch durch beitragsfreie Zeiten und aus Zuschlägen für beitragsgeminderte Zeiten entstehen (z. B. Ausfallzeiten als Zeiten der schulischen und/oder Ausbildung an Hochschulen). Sie können sich aus Zu- oder Abschlägen aus einem Versorgungsausgleich oder aus Zuschlägen für Beiträge aus geringfügiger Beschäftigung ergeben. Bei Renten wegen Erwerbsminderung gleichen Zurechnungszeiten für den Zeitraum zwischen dem Eintritt des Schadens und dem 62. Lebensjahr aus, dass jemand nicht mehr in der Lage ist, länger einer Erwerbsarbeit nachzugehen, um so seine Rentenansprüche über das Ansammeln der Entgeltpunkte weiter aufzubauen *(Solidarprinzip)*.[44]

Aktueller Rentenwert

Der aktuelle Rentenwert ist der Betrag, der einer monatlichen Altersrente in der Arbeiter- und Angestelltenversicherung entspricht, wenn für ein Kalenderjahr Beiträge aufgrund des Durchschnittsentgelts gezahlt worden sind. Seit dem Jahr 1972 wird der Wert zum 1. Juli eines Jahres durch die Bundesregierung nach Zustimmung des Bundesrates festgelegt. Zum 1. Juli 2021 liegt er im Westen bei 34,19 € (Ost: 33,23 €). Durch die Erhöhung (theoretisch auch Senkung) des aktuellen Rentenwertes wird die Rente an die Veränderung der Löhne und Gehälter angepasst *(Dynamisierung)*.

Mit dem *Renten-Überleitungsgesetz* (RÜG), das zum 1. Januar 1992 in Kraft getreten ist, wurden die beitragspflichtigen Einkommen der Beschäftigten in Ostdeutschland auf die westlichen Berechnungsmodalitäten umgestellt. Dabei wurde und wird bis heute der Tatsache Rechnung getragen, dass das Lohnniveau in Ostdeutschland niedriger ist als in Westdeutschland. Um hier einen Ausgleich zu schaffen, werden die ostdeutschen Einkommen über den sog. *Hochwertungsfaktor*

---

[44] Die Altersgrenze von 62 Jahren wird seit dem Jahr 2018 bis 2024 schrittweise auf 65 Jahre angehoben.

höher bewertet als in Westdeutschland. Im Jahr 2021 liegt der Faktor bei 1,056 mit der Folge, dass aus einem realen Verdienst von beispielsweise 1000 € (Ost) renten-rechtlich anerkannte 1056 € werden. Gleiches Einkommen führt also zu einer unterschiedlichen Anzahl von für die Höhe der Rente relevanten Entgeltpunkten. Allerdings ist dafür der *aktuelle Rentenwert* in Ostdeutschland niedriger. Dennoch erzielen Arbeitnehmer*innen in Ostdeutschland bei gleichem Arbeitslohn hier-durch einen geldwerten Vorteil. Mit dem *Rentenüberleitungs-Abschlussgesetz* vom 17. Juli 2017 werden diese unterschiedlichen Berechnungen schrittweise aufgehoben und im Ergebnis durch eine Angleichung der Ost- an die Westrenten mit dann einheitlichen Rechengrößen ersetzt. In sieben Schritten wird dabei der *Hochwertungsfakor* abgesenkt und der *aktuelle Rentenwert* Ost erhöht. Zum 1. Januar 2025 wird die Überleitung abgeschlossen sein und dann ein einheitliches Rentenrecht mit einheitlicher Bezugsgröße und Beitragsbemessungsgrenze sowie einheitlichem Rentenwert in Deutschland gelten. (vgl. Schott 2017, S. 3)

Die Rentenformel und Rentenniveau

Für eine *Eckrentner*in*, die 45 Jahre lang exakt das durchschnittliche Jahresein-kommen der jeweils versicherungspflichtigen Erwerbstätigen verdient hat (= 45 Entgeltpunkte), die für sie gültige Regelaltergrenze erreicht (= Zugangsfaktor 1,0) und damit in die Regelaltersrente (= Rentenartfaktor 1,0) geht, errechnet sich, wenn keine weiteren Entgeltpunkte, z. B. durch Kinderziehungszeiten, geltend gemacht werden können, folgende *Eckrente* (Stand 2021) (Abb. 4.5):

In der GRV ist keine bedarfsbezogene Rentenberechnung vorgesehen. Die Rentenhöhe orientiert sich überwiegend am *Äquivalenzprinzip* und damit an der Höhe und der Dauer der Beitragszahlung (vgl. Abschn. 3.3.2). Parallel zur Einführung der kapitalgedeckten Privatvorsorge (sog. *Riester-Rente*) wird das gesetzliche Rentenniveau systematisch und schrittweise abgesenkt. Mit dem sog. *Rentenpakt für Deutschland* hat die Bundesregierung vom 1. Januar 2019 an gültige Haltelinien eingezogen. So soll das Mindestsicherungsniveau bis zum Jahr 2025 nicht unter 48 % sinken. Gleichzeitig wurde der Beitragssatz auf 20 % gedeckelt. Sollten die Beitragszahlungen die Ausgaben der GRV nicht decken,

Rentenartfaktor		Zugangsfaktor		Entgeltpunkte		aktueller Rentenwert		Monatliche Rente
1,0	x	1,0	x	45	x	34,19 Euro (West)	=	1.538,55 Euro
1,0	x	1,0	x	45	x	33,23 Euro (Ost)	=	1.495,35 Euro

Abb. 4.5 Berechnung der Eckrente. (Quelle: eigene Darstellung, Zahlen basieren auf Deutsche Rentenversicherung 2021)

Tab. 4.12 Versorgungsniveau im Alter für Rentenzugang aus GRV-Rente und geförderter zusätzlicher privater Altersvorsorge (Riester-Rente)

Jahr	Beitragssatz in %	Brutto-standard-rente in €	Sicherungs-niveau vor Steuern in %	Riester-Rente in €	Gesamt-versorgung (2+4)	Gesamt-ver-sorgungs-niveau vor Steuern
2008	19,9	1195	50,5	0	1195	50,5
2010	19,9	1224	51,6	31	1255	52,0
2015	18,7	1314	47,7	65	1380	50,1
2020	18,6	1539	48,2	111	1650	51,7
2025	19,9	1699	49,4 (48,4)	171	1870	54,4 (53,3)
2030	21,5	1878	47,6 (46,6)	252	2130	54,0 (52,9)
2034	22,4	2031	46,0 (45,0)	325	2356	53,3 (52,3)

Annahmen: Rechnung für Standardrentner mit 45 Jahren Beitragszahlung aus Durchschnittsverdienst. Aufwand private Altersvorsorge ab 2008 mit 4 %. Verzinsung der Riester-Rente mit 4 % p. a. (2015: 3,5 %, 2016: 3,0 %, 2017 bis 2024: 2,5 %, danach schrittweiser Anstieg auf 4,0 % bis 2030 und 10 % Verwaltungskosten. Riester-Rente wird in der Auszahlungsphase wie Rente aus der GRV angepasst. Für Rentenzugänge vor 2010 wird kein Riester-Vertrag unterstellt. *In Klammern:* Sicherungsniveau vor Steuern bereinigt um den Statistikeffekt der Revision der beitragspflichtigen Entgelte.
Quelle: Bundesministerium für Arbeit und Soziales (Hrsg.): Rentensicherungsbericht 2020, Drucksache 19/24.925 vom 1. Dezember 2020. o. V., Berlin, S. 30.

müsste der Bund den Fehlbetrag aus dem Steueraufkommen ausgleichen. (vgl. DRV 2018)

In den Modellrechnungen der Bundesregierung im aktuellen Rentenversicherungsbericht aus dem Jahr 2020 steigt die Bruttostandardrente jährlich an. Das Sicherungsniveau der GRV (vor Steuern) soll dabei, wie in Tab. 4.12 dargestellt, von 50,5 % im Jahr 2008 zwar auf 48,4 % im Jahr 2025 absinken. Der gesetzlich vorgeschriebene Zielkorridor bei der Rentenhöhe wird damit aber voraussichtlich eingehalten.

Bis zur Umsetzung der Rentenreform im Jahr 2001 mit der Einführung der kapitalgedeckten Privatvorsorge (sog. *Riester-Rente*) war es Ziel der Rentenpolitik, dass die Versicherten ihren Lebensstandard allein aus der Gesetzlichen Rentenversicherung halten sollten. Auch wenn sich das Sicherungsniveau vor Steuern nach jetzigem Berechnungsstand im Rahmen der im Gesetz vorgesehenen Grenzwerte bewegt, wird gleichwohl deutlich, dass sich die GRV in großen Schritten von einer den Lebensstandard sichernden *Lohnersatzfunktion* entfernt hat. Denn selbst unter Einberechnung der Riester-Rente bleibt das Sicherungsniveau mit 45 bzw. 52,3 % im Jahr 2034 weit hinter dem einstigen Ziel zurück. So liegt das Rentenniveau auch deutlich unter der Lohnersatzrate des Arbeitslosengeld I nach SGB III *Arbeitsförderung* mit 60/67 % (vgl. Abschn. 4.2). In Zukunft kann allein über die Kombination aus gesetzlicher und privater Riester-Rente plus weiterer privater Vorsorge ein den Lebensstandard sicherndes Versorgungsniveau erreicht werden. Das wäre verteilungspolitisch erklär- und nachvollziehbar, wenn in Deutschland in den letzten 25 Jahren eine negative Wohlstandentwicklung zu verzeichnen wäre, aufgrund der alle soziale Gruppen (Einkommens-)Einschnitte zu verzeichnen hätten. Allein, das war nicht der Fall, wenn man die Entwicklung des *Volkseinkommens* betrachtet (vgl. Abschn. 4.1). Im Ergebnis wird mit diesen Entwicklungen die solidarische Absicherung des Lebensrisiko Alter über die *Gesetzliche Rentenversicherung* untergraben und stärker auf individualisierte und dem privaten Sparen beruhende Vorsorgemodelle gesetzt. (vgl. Bäcker und Kistler 2020)

4.5.4 Altersvermögensgesetz (AVmG): Die sog. Riester-Rente

Neben der Gesetzlichen Alterssicherung und möglichen betrieblichen Zusatzleistungen ist die Qualität des Lebensstandards im Alter auch von der *privaten Daseinsvorsorge* abhängig. Dabei sind die Ausgangsbedingungen der bundesdeutschen Haushalte allerdings sehr verschieden:

- Aufgrund der ungleich verteilten Einkommensschichtung in der Erwerbsphase variiert die *Möglichkeit,* zusätzlich zur gesetzlichen Altersversicherung etwas für das Alter zur Seite zu legen. Die statistisch ausgewiesenen Sparquoten korrelieren positiv mit der Einkommenshöhe, d. h., wer mehr verdient, spart mehr und umgekehrt.
- Auch gibt es Unterschiede bei der *Bereitschaft* zu sparen, also der Entscheidung, in jungen Jahren für das Alter Konsumverzicht zu üben. Auch hier gibt es einen Zusammenhang mit dem verfügbaren Einkommen.

Zu Beginn der 2000er Jahre sah sich die Politik zum Handeln gezwungen und hat die private Vorsorge zum integralen Bestandteil der Lebensstandardsicherung im Alter gemacht: Unter dem Eindruck demografischer Prognosen *(Überalterung)* und aufgrund der ungünstigen Entwicklung vor allem am ostdeutschen Arbeitsmarkt galt die Finanzierung des Rentensystems über das *Umlageverfahren* als überholt, weshalb ein *Systemwechsel* in der staatlichen Alterssicherungspolitik eingeleitet wurde. Mit dem zum 1. Januar 2002 in Kraft getretenen *Altersvermögensgesetz* (AVmG) wurde nach den Worten des damaligen Arbeitsministers *Walter Riester* das „größte Altersvermögensprogramm aller Zeiten" zum Aufbau einer zusätzlichen *kapitalgedeckten Altersvorsorge* in Gang gesetzt. (vgl. DER SPIEGEL 2001) Die *dritte Säule* der Alterssicherung sollte auf diese Weise gestärkt, die Refinanzierung der Alterssicherung von der Entwicklung des Arbeitsmarktes unabhängiger und stärker an die – seinerzeit noch überwiegend als positiv eingeschätzte – Entwicklung der Kapitalmärkte gebunden werden. Gleichzeitig wurde über die Ausweitung der privaten Vorsorge das Prinzip der paritätischen Beitragsaufbringung durch Arbeitgeber*innen und Arbeitnehmer*innen ausgehöhlt, zumindest wenn man es auf die Sicherstellung des alten Rentenniveaus bezieht. Denn um dieses wieder erreichen zu können, müssen die Versicherten nun höhere eigene Sparleistungen aus ihrem Nettolohn erbringen. Die Aufgabe, Vorsorge für das Alter zu betreiben, wurde also stärker an die Beschäftigungs- und Einkommenssituation des Einzelnen gebunden, die Arbeitgeberseite im gleichen Maß aus dieser sozialen Verpflichtung entlassen. Parallel mit der Einführung der *Riester-Rente* sinkt das Leistungsniveau in der Gesetzlichen Rentenversicherung. Mit der *Niveausicherungsklausel* will der Gesetzgeber aber verhindern, dass die Nettorenten der GRV bis zum Jahr 2030 unter 43 % der durchschnittlichen Nettoentgelte fallen können (= *untere Haltelinie*).

Leistungsberechtigte und Anlageformen
Leistungen der Riester-Rente können alle in der gesetzlichen Rentenversicherung versicherten Personen in Anspruch nehmen. Die gewählte Anlageform kann der betrieblichen Altersvorsorge angegliedert sein (z. B. Pensionskassen und -fonds, Direktversicherungen) oder am privaten Kapitalmarkt in Form von Rentenversicherungen, Fonds- oder Banksparplänen erfolgen. Die Versicherungen müssen bestimmte Kriterien erfüllen, damit sie bezuschusst werden können. So ist die Leistungserbringung an den Beginn der Altersrente der Anleger*in gebunden und darf nur in Form einer lebenslang steigenden oder gleichbleibenden monatlichen Rentenzahlung erbracht werden (*Altersvorsorgeverträge-Zertifizierungsgesetz,* AltZertG). Zum 29. Juli 2008 ist das *Gesetz zur verbesserten Einbeziehung der selbstgenutzten Wohnimmobilie in die geförderte Altersvorsorge* (Eigenheimrentengesetz, EigRentG) in Kraft getreten. Damit kann das geförderte Altersvorsorgekapital auch für die Finanzierung einer selbstgenutzten Immobilie eingesetzt werden. Zudem können entsprechende Tilgungsleistungen für Baudarlehn steuerlich gefördert werden.

Umfang der Förderung

Um die staatlichen Zulagen in voller Höhe zu erhalten, muss der mit dem Gesetz geforderte *Altervorsorgeaufwand*, der sich aus den Eigenbeiträgen der Anleger*in und der ihr zustehenden Zulagen zusammensetzt, erbracht werden. Sollte dieser Betrag bereits durch die Zulagen abgedeckt sein, muss dennoch ein *Mindesteigenbeitrag (Sockelbeitrag)* eingezahlt werden, sodass die Förderung in jedem Fall an eine finanzielle Eigenleistung gebunden ist (vgl. Tab. 4.13).

Tab. 4.13 Staatliche Förderung der privaten Altersvorsorge in Euro

	Altersvor-sorgeauf-wand	Mindesteigenbeitrag			Grund-zulage bis zu:	Zulage je Kind bis zu:	Sonder-aus-gaben-abzug bis zu:
		Ohne Kinder	1 Kind	≥ 2 Kinder			
2002	1 %	45	38	30	38	46	525
2003	1 %	45	38	30	38	46	525
2004	2 %	45	38	30	76	92	1050
2005	2 %	90	75	60	76	92	1050
2006	3 %	90	75	60	114	138	1575
2007	3 %	90	75	60	114	138	1575
ab 2008	4 %	90	75	60	154[2]/200[3]	185/300[1]	2100
ab 2018	4 % abzüglich der Grundzulage und der Kinderzulagen Altersvorsorgeaufwand mindestens: 60 €/Jahr (= *Sockelbeitrag*); maximal: 2100 €/Jahr				175[2]/200[3]	185/300[1]	2100

Altersvorsorgeaufwand: in Prozent des jährlichen Bruttoeinkommens (max. bis zur Beitragsbemessungs-grenze); setzt sich zusammen aus Eigenbeiträgen und allen zustehenden Zulagen.

Höhe der Zulage: Die vollen Zulagen werden gewährt, wenn der volle Altersvorsorgeaufwand erbracht wird.

[1] 185 Euro bzw. 300 Euro für ab 2008 geborene Kinder. Haben Ehepaare beide einen eigenen Riester-Vertrag, bekommt die Frau die Kinderzulagen gutgeschrieben, es sei denn eine andere Verteilung wurde vereinbart.

[2] Auch bei Ehepaaren gilt der Grundsatz, dass die Zulage nur pro Vertrag gewährt wird. Bei einem Ehepaar, bei dem nur ein Partner einen Vertrag hat, verdoppelt sich die Zulage nicht.

[3] Für junge Menschen unter 25 Jahren kann bei Vertragsabschluss einmalig der *Berufseinsteigerbonus* beantragt werden.

Quelle: eigene Darstellung, basierend auf Bundesministerium für Arbeit und Soziales (BMAS) http://www.bmas.de/DE/Themen/Rente/Zusaetzliche-Altersvorsorge/private-altersvorsorge-staatliche-foer¬derung.html *Zugegriffen: 25. März 2016 und 9. April 2021*

Die Beitragszahlungen inklusive der Zulagen können zudem als *Sonderausgaben* in der Steuererklärung geltend gemacht werden. Ist die Steuerersparnis dabei höher als die Zulagen, wird die Differenz der steuerpflichtigen Person gutgeschrieben.

Generell sind die Zulagen Pauschalbeträge, deren Höhe vom individuellen Einkommen unabhängig ist. Sie werden von der Deutschen Rentenversicherung direkt dem förderfähigen Altersvorsorgevertrag gutgeschrieben. Die relative Förderrate ist umso höher, je niedriger das zugrunde liegende Einkommen ist. Auch liegen die Kinderzulagen bereits vom ersten Kind an über der Grundzulage. Zugleich entwickelt sich der Sockelbetrag für die Eigenleistung mit der Kinderzahl degressiv, sodass daraus im Ergebnis eine besondere Förderung von Familien mit Kindern resultiert.

In der schrittweisen Umsetzung der Förderung wurde bis zum Erreichen der Endstufe im Jahr 2008 der private Vermögensaufbau am Kapitalmarkt bzw. über die betrieblichen Altersvorsorgesysteme mit insgesamt 20 Mrd. EUR gefördert. Der jährliche Finanzaufwand des Bundes für die Finanzierung der Zulagen bzw. der steuerlichen Vorteile liegt seit dem Jahr 2016 bei rund vier Mrd. Euro pro Jahr. (vgl. BMF 2020) Gleichzeitig nimmt die Bedeutung der Riester-Rente zunehmend ab. Im Alterssicherungsbericht der Bundesregierung (2020, S. 10) heißt es wörtlich: „Nachdem der jährliche Zuwachs der Riester-Verträge bis zum Jahr 2011 überwiegend bei einer Mio. und mehr lag, ist für die Folgejahre eine deutlich geringere Dynamik festzustellen. Im Jahr 2019 ist die Zahl der Verträge im Vergleich zum Jahr 2018 sogar geringfügig um ca. 70 Tsd. gesunken. Ursachen hierfür dürften unter anderem die durch die Finanzmarktkrise verursachte Unsicherheit, die anhaltende Niedrigzinsphase sowie die oft sehr einseitige negative Berichterstattung über die Riester-Rente sein." Sozialpolitisch (noch) problematischer ist die im Bericht direkt folgende Aussage, denn „insbesondere Bezieherinnen und Bezieher geringer Einkommen sorgen nach wie vor zu wenig zusätzlich für das Alter vor." (Ebenda) Die Förderung der privaten Vorsorge von Menschen mit niedrigen Einkommen erreicht diese also nur unzureichend. Was ihnen bleibt, ist die Absenkung des Rentenniveaus ihrer gesetzlichen Rente. Expert*innen haben schon bei der Einführung der Riester-Rente auf diesen problematischen Effekt hingewiesen. Es hat ein wenig gedauert, aber kritische Stimmen zur Riester-Rente kamen und kommen in der Zwischenzeit auch von den damaligen Befürworter*innen selbst. So hat sich der heutige Innenminister *Horst Seehofer* im Jahr 2016 mit Blick auf die Verhinderung von Altersarmut durch die Riester-Rente mit der Aussage vernehmen lassen, dass diese „gescheitert" sei. (vgl. Gentrup 2016)

4.5.5 Das SGB XII Grundsicherung im Alter und bei Erwerbsminderung

Niedrige Renten sind in der Gesetzlichen Rentenversicherung kein zufälliges, sondern ein systematisches bzw. strukturelles Problem. Aufgrund der Lohnabhängigkeit der Rentenhöhe liegt es in der Logik des Systems, dass Rentenzahlbeträge auch unterhalb der Regelsätze der Mindestsicherungssysteme möglich sind. Viele dieser Kleinrenten sind auf eine kurze Phase sozialversicherungspflichtiger Erwerbstätigkeit bei Personen zurückzuführen, die später Beamt*innen und/oder Selbstständige geworden sind. Angesichts der langanhaltenden Massenarbeitslosigkeit, dem geringen Lohnanstieg, patchworkartigen Erwerbsbiographien – also dem häufigen Arbeitsplatzwechsel unter Einschluss von Phasen der Arbeitslosigkeit im Erwerbsleben – u. a. m. ist aber damit zu rechnen, dass in Zukunft bei nicht wenigen Erwerbstätigen die Rentenanwartschaften geringer ausfallen werden als in zurückliegenden Jahrzehnten. Gleichzeitig machen vor allem ältere Menschen mit Renten unterhalb des Sozialhilfeniveaus ihre ergänzenden Ansprüche nach dem SGB XII *Sozialhilfegesetz* nicht geltend – sei es aus Unwissenheit, Scham oder wegen der Sorge, die eigenen Kinder würden im Zuge der Familiensubsidiarität zum Unterhaltsrückgriff durch das Sozialamt herangezogen.

Am 1. Januar 2003 ist deshalb zur materiellen Absicherung der Kleinrentner*innen das *Grundsicherungsgesetz im Alter und bei Erwerbsminderung* (GsiG) in Kraft getreten und zwei Jahre später inhaltlich unverändert als Viertes Kapitel in das SGB XII *Sozialhilfe* integriert worden (vgl. Abschn. 4.6). Antragsberechtigt sind alle hilfebedürftigen Personen, die die Regelaltersgrenze der GRV erreicht haben, sowie aus medizinischen Gründen dauerhaft voll erwerbsgeminderte Personen ab 18 Jahren. Die Mitgliedschaft in der Gesetzlichen Rentenversicherung, der Rentenbezug oder die Erfüllung von Wartezeiten sind nicht erforderlich. Durch die Einführung der Rente mit 67 steigt die Altersgrenze ebenfalls in Schritten von 65 auf 67 Jahre an (Paragraph 41 Abs. 2 SGB XII). Es besteht eine *Informationspflicht* der Rentenversicherungsträger gegenüber den (aktuellen) Rentenbezieher*innen, die Anspruch auf Leistungen der Grundsicherung haben könnten. Sie müssen also aktiv auf die Möglichkeit einer Antragstellung hingewiesen werden.

Träger der Grundsicherung, deren Leistungen der Sozialhilfe nach SGB XII entsprechen, sind die Landkreise und kreisfreien Städte. Die Finanzierung erfolgt aus Steuermitteln, wobei der Bund über das *Wohngeldgesetz* den Ländern einen

Teil der Kosten ausgleicht, die durch die Besonderheiten des GsiG gegenüber dem SGB XII entstehen.

Die Grundsicherung ist keine Versicherungsleistung, stellt also keine *Ersatz-* oder *Mindestrente,* sondern eine *bedarfsabhängige Fürsorgeleistung* dar, bei der eigenes Einkommen und Vermögen anspruchsmindernd *(Bedürftigkeitsprüfung)* berücksichtigt werden. Abweichend von den Regelungen des SGB XII *Sozialhilfe* gilt dabei allerdings:

- ein *eingeschränkter Unterhaltsrückgriff:* Liegt das Einkommen unterhaltspflichtiger Kinder oder Eltern unter 100.000 € pro Jahr, sind diese von der Unterhaltspflicht befreit. Wird die Einkommensgrenze überschritten, verfällt der Anspruch nach dem 4. Kapitel. Alternativ kann nach SGB XII *Sozialhilfe* mit allerdings vollem Unterhaltsrückgriff beantragt werden.
- Die *Vermutungsregel* nach Paragraph 36 SGB XII *Sozialhilfe* ist für das 4. Kapitel SGB XII *Grundsicherung im Alter und bei Erwerbsminderung* aufgehoben. Dies bedeutet den Verzicht auf die Annahme, dass Antragsberechtigte von ihren im Haushalt lebenden Angehörigen Unterhaltsleistungen beziehen, was wiederum den Sozialhilfeanspruch reduzieren kann. Hiervon profitieren insbesondere junge erwerbsgeminderte Personen, die einen originären Leistungsanspruch haben und nicht länger aus Gründen der finanziellen Entlastung der Angehörigen in eine stationäre Einrichtung gehen müssen.

Wer seine Bedürftigkeit innerhalb der letzten zehn Jahre grob fahrlässig oder vorsätzlich herbeigeführt hat, indem z. B. Rücklagen zur Alterssicherung verschenkt wurden, hat keinen Anspruch auf Grundsicherung.

Nach den Zahlen des Statistischen Bundesamtes erhielten zum 31. Dezember 2003 rund 257.000 Menschen im Alter über 65 Jahren Leistungen aus der Grundsicherung im Alter. Im Jahr 2008 waren es schon über 400.000 Empfänger*innen und im Dezember 2019 lag die Zahl bei rund 562.000. In 15 Jahren hat sich damit die Zahl der Empfänger*innen mehr als verdoppelt. (vgl. Destatis 2020) Das liegt zum einen an der sinkenden Dunkelziffer, weil die Regelungen zum Unterhaltsrückgriff verbessert wurden, ist aber zum anderen auch ein Indiz dafür, dass der seit Jahrzehnten wachsende Niedriglohnsektor (vgl. Abschn. 4.1 und 4.2) in der Alterssicherung angekommen ist.

4.5.6 Alterssicherung und Lebenslagen

Auf die Bedeutung und den hohen Abdeckungsgrad der GRV wurde bereits in Abschn. 4.5.3 verwiesen. Folgt man dem *Alterssicherungsbericht* (vgl. Bundesregierung 2020, S. 9 ff.) bleibt nur ein geringer Prozentsatz aller Personen ab 65 Jahren ohne eigene Leistungen aus einem Alterssicherungssystem, wobei Frauen häufiger ohne eigenen Rentenanspruch bleiben als Männer. Innerhalb der Gesetzlichen Rentenversicherung können auch *Mehrfachrenten* bezogen werden, die vor allem aus der Kombination der eigenen Altersrente mit einer Leistung aus der Hinterbliebenenversorgung, aber auch aus den Ansprüchen gegenüber unterschiedlichen Rentenversicherungsträgern, entstehen. In der Praxis beziehen fast ausschließlich Frauen Mehrfachrenten, da Männer erst seit dem Jahr 1986 überhaupt einen Anspruch als Hinterbliebene geltend machen können und dieser zudem noch einer Einkommensanrechnung unterliegt, was in der Mehrzahl der Fälle nicht zur Zahlung einer Witwerrente führt.

Folgende Aussagen lassen sich generalisierend und gestützt auf die *Alterssicherungsbericht* des Bundes zur materiellen Situation der Rentner*innen festhalten:

- Die durchschnittlichen Rentenbeträge differieren beträchtlich. Auch wenn nach der Zusammenführung der Arbeiter- und Angestelltenversicherung in der Deutschen Rentenversicherung keine getrennte statistische Erfassung mehr erfolgt, ist festzustellen, dass als Folge des unterschiedlichen Lohnniveaus die Renten zwischen Arbeiter*innen und Angestellten bzw. unterschiedlichen Lohn- und Gehaltsgruppen deutlich voneinander abweichen.
- Es gibt in der GRV deutliche Unterschiede zwischen Ost und West. Die männlichen Rentner verfügen in den neuen Ländern über eine höhere durchschnittliche Rente als im Westen. Bei den Frauen ist dieser Unterschied noch ausgeprägter. Zugleich liegen die durchschnittlichen Renten der Männer über dem Niveau der Frauen. Während die (Tarif-)Löhne in den neuen Bundesländern noch nicht durchgängig auf dem Niveau der alten Bundesländer angekommen sind, können sich die ostdeutschen Altersrentner*innen durchaus zu den Gewinner*innen der Wiedervereinigung zählen. Sie profitierten in besonderem Maß von Übergangsregelungen, mit deren Hilfe das Grundversorgungssystem der DDR an die Gesetzliche Rentenversicherung herangeführt wurde. Zugleich weisen sie im Durchschnitt auch deutlich längere *Erwerbsbiographien* auf. Allerdings ist in Rechnung zu stellen, dass die ostdeutschen Rentner*innen wesentlich stärker als ihre westdeutschen Altersgenoss*innen

von den Zahlungen der GRV abhängig sind. So haben sie in der Regel kaum Ansprüche aus der betrieblichen Zusatzversorgung bzw. den Zusatzversorgungskassen des öffentlichen Dienstes. Auch waren in der DDR die Spielräume enger, in vergleichbarer Weise privates Vermögen ansparen zu können. Bezogen auf die verfügbaren Haushaltseinkommen bleiben damit deutliche Unterschiede zwischen den neuen und den alten Bundesländern bestehen. Diese Disparitäten werden sich aufgrund der – regional zwar unterschiedlich ausgeprägten, im Trend aber – langanhaltenden Massenarbeitslosigkeit in Ostdeutschland zukünftig eher verstärken und nachhaltig negativ auf die soziale Situation der kommenden Rentnergenerationen auswirken.

- Zwischen den Geschlechtern besteht eine deutliche Ungleichverteilung. So liegen die Renten von Frauen erheblich niedriger als entsprechende Leistungen für Männer. Nur wenn Frauen als Mehrfachrentnerinnen einen abgeleiteten Rentenanspruch auf Witwenrente haben, erzielen sie einen durchschnittlichen Rentenzahlbetrag, der in etwa einer männlichen Alterseinzelrente entspricht. In allen anderen Fällen reichen die Anwartschaften einer weiblichen Erwerbsbiographie nicht aus, um ein vergleichbares Sicherungsniveau zu erreichen. Ganz offensichtlich können die die Renten aufstockenden Leistungen (z. B. Kindererziehungszeiten) strukturelle Benachteiligungen im Erwerbsleben von Frauen, die vor allem aus der Kombination von Familien- und Erwerbsarbeit resultieren, nicht kompensieren.

- Die Höhe der monatlichen Rentenzahlung aus der Gesetzlichen Rentenversicherung lässt keine abschließende Aussage über das Gesamteinkommen der Rentnerhaushalte zu. So zeigen etwa die Zahlen im *Alterssicherungsbericht* zur Einkommenssituation von Ehepaaren in den neuen Bundesländern, dass deren durchschnittlichen Renteneinkünfte über dem Niveau in den alten Ländern liegen. Werden jedoch weitere Einkünfte in die Betrachtung einbezogen (etwa: Kapitalerträge und Zinseinkünfte, Einkünfte aus Vermietung und Verpachtung, Erwerbseinkünfte oder Renten aus privaten Renten- und Lebensversicherungen u. a. m) verfügen die westdeutschen Paare über ein deutlich höheres monatliches Bruttoeinkommen.

- Betrachtet man die Gesamtbruttoeinkommen der Rentner*innenhaushalte, dann ist die GRV mit einem Anteil von über 80 % die Haupteinnahmequelle. Die anderen Alterssicherungssysteme (z. B. Betriebsrenten) und alle weiteren zusätzlichen Einkommensarten (z. B. Zinsen, Mieten, Pacht) tragen mit etwas weniger als einem Fünftel zu den Gesamteinkünften bei. Die Verfügbarkeit über diese zusätzlichen Einkommensquellen ist sowohl regional als auch nach Haushaltstypen sehr unterschiedlich verteilt. So sind die ostdeutschen Rentnerhaushalte sehr viel stärker von der GRV abhängig als im Westen.

- Betrachtet man die Einkommenslage nach *Einkomensquintilen,* so zeigt sich, dass sich das Einkommen im Alter besonders bei den unteren Quintile fast ausschließlich aus Rentenzahlungen speist. *Zusätzliche Einkommen* gibt es höchstens von einem eigengenutzten Eigenheim. Im Gegensatz dazu haben die Rentner*innen im obersten Quintil nicht nur höhere Rentenzahlungen, sondern auch zusätzlich höhere Einnahmen aus anderen Quellen. (vgl. Ebenda, S. 96 ff.)

Der *Alterssicherungsbericht* zeichnet gleichwohl ein insgesamt positives Bild bei der Entwicklung der Alterseinkünfte: „Die Entwicklung der Alterseinkommen war in den letzten Jahren insgesamt günstig. Die Haushaltsnettoeinkommen aller Ehepaare und Alleinstehenden im Alter ab 65 Jahren betragen 2019 im Durchschnitt 2207 € und sind seit 2015, dem Berichtsjahr des letzten Alterssicherungsberichts, um 14 % gestiegen. Da die Preise für die Lebenshaltung im gleichen Zeitraum nur um 5,3 % gestiegen sind, zeigt sich hier ein deutlicher realer Einkommenszuwachs, der in etwa dem Einkommenszuwachs in der Gesamtbevölkerung entspricht. Für alle Haushaltstypen gilt, dass die Einkommen in den alten Ländern höher sind als in den neuen Ländern. Das durchschnittliche monatliche Nettoeinkommen von Ehepaaren beträgt in Deutschland rund 2907 €. Alleinstehende Senioren verfügen im Durchschnitt über deutlich geringere Nettoeinkommen, wobei die Einkommen von Männern höher sind als die von Frauen. Allerdings sind die Einkommen von Frauen seit 2003 am stärksten gestiegen, sodass die Unterschiede deutlich geringer geworden sind." (Ebenda, S. 70).

Generell ist zu bedenken, dass Durchschnittsangaben nur sehr bedingt etwas über die tatsächliche Verteilung der Einkommen bzw. Alterseinkünfte aussagen. Auch sind die Vermögen in Deutschland stark ungleich verteilt (vgl. Abschn. 4.1.4). Damit sind die Spielräume zur Aufstockung der Renten aus privaten Vermögensbeständen vor allem auf den Personenkreis beschränkt, der schon im Erwerbsleben privilegiert war. So ist es kein Widerspruch, wenn Destatis (2021, o. S.) für die Rentner*innen im Jahr 2019 eine signifikant hohe Armutsgefährdungsquote von 18,4 % ausweist (Basis: EU-SILC). Im Jahr 2009 waren es noch 14,9 %. Hier schlägt sich die Scherenentwicklung bei den Löhnen und Gehältern unmittelbar nieder. Der ungleich verteilte Vermögensbesitz verstärkt diesen Effekt, dennoch besitzen die Rentner*innenhaushalte heute im Regelfall einen materiellen Verfügungsrahmen, der der durchschnittlichen Kaufkraft der übrigen Bevölkerung in etwa entspricht und je nach Haushaltskonstellation (Paarhaushalte) auch übersteigen kann.

Fraglich ist, wie sich die Lebenslagen der Rentner*innen in Zukunft weiter entwickeln. Der aus dem wachsenden Ungleichgewicht zwischen

Rentenempfänger*innen und Beitragszahler*innen resultierenden Refinanzier-
ungsproblematik begegnete die Politik seit dem Jahr 1992 mit mehreren *Renten-
reformgesetzen,* die zu einer Verlängerung der Lebensarbeitszeit führen sollen.
Zwei Effekte sind bei dieser Strategie zu erwarten: Zum einen wird sich bei
einem Teil der Betroffenen die Erwerbsphase de facto verlängern und die durchschnittliche Rentenbezugsdauer durch den späteren Renteneintritt verkürzen.
Zum zweiten werden Personen, die nicht bis zum Erreichen der (neuen) Regel-
altersgrenze(n) arbeiten können oder wollen, Abschläge bei der Rentenhöhe verzeichnen. Dadurch sinkt die durchschnittliche Rentenleistung als Gegenwert zu
den eingezahlten Beiträgen. Die ungleiche Verteilung der Erwerbseinkommen
mag zwar aufgrund von sozialpolitischen Verbesserungen nicht mehr „unerbittlich" (Erich Standfest) in der Ungleichverteilung der ausgezahlten Rentenhöhen
festgeschrieben sein. Insgesamt sprechen die Entwicklungen gleichwohl eher für
eine Zunahme der Polarisierungen und weniger für ein gemeinsames, sorgen-
freies Erleben der Lebensphase Alter.

4.5.7   Ausblick und Trends im Kontext der GRV

Die Diskussion um das Älterwerden in unserer Gesellschaft wird häufig ein-
dimensional auf eine tatsächliche oder vorgebliche soziale und ökonomische
Belastung der jungen Generation (gerne auch als Leistungsträger*innen
bezeichnet) durch die ältere Generation (sog. *Altenlast*) reduziert. Seit Ende
der 1970er Jahre haben die Entkopplung von Wirtschaftswachstum und
Beschäftigungsquote, die bis zum Jahr 1992 vorgenommenen Kürzungen beim
Bundeszuschuss, die steigende Zahl der Rentner*innen, die Veränderungen im
Verhältnis der tatsächlich sozialversicherungspflichtig Beschäftigten zu den
Rentenbezieher*innen sowie die Ausweitung atypischer Beschäftigung immer
wieder zu erheblichen Finanzproblemen in der Rentenkasse geführt. Darauf
reagierten die jeweiligen Bundesregierungen mit verschiedenen, z. T. (verteilungspolitisch) sehr problematischen Maßnahmen, um die Ausgaben zu
senken und/oder die Einnahmen anzuheben.[45] Insgesamt wurde die Zielvorgabe
der Reform von 1957, nämlich eine Sicherung der Teilhabe der Rentner*innen
an der allgemeinen Wohlstandsentwicklung zu garantieren, über die Jahrzehnte

---

[45] Für eine Übersicht der Gesetzesänderungen im Rentenrecht seit dem Jahr 1978 vgl.
Portal Sozialpolitik: http://www.portal-sozialpolitik.de/index.php?page=rentenversicher
ung. Zugegriffen: 10. April 2021

hinweg kontinuierlich ausgehöhlt. Der durch die Sparmaßnahmen gewonnene Spielraum der Rentenversicherung ist vom Bund immer wieder zunichte gemacht worden, indem der Rentenversicherung in vielfältiger Weise Lasten aufgebürdet wurden: die Auswirkungen der Massenarbeitslosigkeit, das auseinanderdriftende Verhältnis von Rentner*innen und tatsächlich Beschäftigten in Ostdeutschland nach 1990 sowie die Integration Deutschstämmiger aus Osteuropa. Politisch war dieses jeweils sinnvoll, finanztechnisch aber eine große Herausforderung für die Rentenkassen. Die zunehmende Kurzatmigkeit der Rentenpolitik zeigt sich in der Entwicklung seit Ende der 1990er Jahre. Mit dem *Rentenkorrekturgesetz* aus dem Jahr 1999 wurde der letzte Rentenreformversuch der damals christlich-liberalen Regierungskoalition von 1998 modifiziert. Der sogenannte *demografische Faktor,* der die längere Rentenbezugsdauer als Folge der steigenden Lebenserwartung bei der Rentenanpassung leistungsmindernd berücksichtigen sollte, wurde wieder zurückgenommen. Dafür wurde eine Politik der Anhebung der Altersgrenzen fortgeführt und auf weitere Rentenarten ausgedehnt sowie die Rente bei verminderter Erwerbsfähigkeit geändert. Aber auch Verbesserungen haben stattgefunden. So wurde beispielsweise die Bewertung der Kindererziehungszeiten in den Jahren 2014 und 2019 erhöht oder im Jahr 2021 die Grundrente eingeführt.

Das Grundmuster der Rentenpolitik besteht gleichwohl vor allem in einer Verminderung des Rentenniveaus einerseits, sowie andererseits in Bemühungen, die private Vorsorge und Betriebsrenten zu stärken. Die große *Rentenreform 2001* ist insofern eine besondere Zäsur in der Gesetzlichen Rentenversicherung, als die Umlagefinanzierung erstmals systematisch um eine kapitalgedeckte Finanzierungskomponente erweitert wurde. Mit dem *Altersvermögensgesetz* (AVmG) wurden staatliche Zuschüsse für die private Rente direkt an Kürzungen der gesetzlichen Rentenleistungen gebunden. Damit wurde die kapitalgedeckte Altersvorsorge zum systematischen Bestandteil des gesetzlichen Alterssicherungssystems. Weitere Leistungseinschränkungen kamen mit dem *RV-Nachhaltigkeitsgesetz* aus dem Jahr 2003 hinzu. Kernpunkte dieser ‚Reform' waren:

- Die Modifizierung der Rentenanpassungsformel durch die Einführung eines *Nachhaltigkeitsfaktors,* der eine Senkung des Rentenniveaus zur Folge hat.
- Die Anhebung der Altersgrenze für den frühestmöglichen Beginn der vorzeitigen Altersrente wegen Arbeitslosigkeit oder nach Altersteilzeitarbeit auf das 63. Lebensjahr.
- Die Reduzierung der bewerteten Anrechnungszeiten bei schulischer Ausbildung auf Fachschulen und berufsvorbereitende Bildungsmaßnahmen sowie
- die Begrenzung der Bewertung bzw. Höherbewertung von schulischen und beruflichen Ausbildungszeiten auf insgesamt höchstens 36 Monate. (vgl. Portal Sozialpolitik 2021)

Es ist keine Übertreibung festzustellen, dass der Wirkungsgrad der Gesetzlichen Rentenversicherung trotz der Verbesserungen in Summe systematisch beschnitten wurde. Die Begründung besteht jeweils im Wesentlichen darin, dass aufgrund des demografischen Wandels die Rentenversicherung mit dem *Umlageverfahren* nicht mehr finanzierbar wäre. Wie können die darauf aufbauenden Argumentationsfiguren sozialpolitisch eingeordnet werden?

Es besteht unter den Rentenexpert*innen insofern weitgehende Einigkeit, dass sowohl die Entwicklung am Arbeitsmarkt als auch die demografische Entwicklung Auswirkungen auf das System der Rentenfinanzierung haben. Wesentlich weniger Einigkeit besteht jedoch in der Gewichtung dieser Faktoren. Im Grundsatz argumentieren die eher *angebotsorientierten 'Demografiker*innen'*, dass immer mehr Menschen immer älter werden und dass deren Anteil an der Wohnbevölkerung – relativ betrachtet – größer wird. Durch diese Änderungen im Bevölkerungsaufbau verschlechtere sich zukünftig das Verhältnis von Beitragszahler*innen und Rentenbezieher*innen. Wenn aber immer weniger Beitragszahler*innen einen immer größer werdenden Anteil von Rentner*innen finanzieren müssen, sei eine strukturelle Überforderung der Rentenkassen zu erwarten.

Für die eher nachfrageorientierten *'Verteilungstheoretiker*innen'* ist weniger die Demografie das Problem als vielmehr die gesamtwirtschaftliche Entwicklung. Selbst wenn sich das Zahlenverhältnis der 20- bis unter 65-Jährigen zu den 65-Jährigen und Älteren von 3,8:1 im Jahr 2000 auf 2,1:1 im Jahr 2030 verändere, sei das nur problematisch, wenn die dann Beschäftigten einen kleineren volkswirtschaftlichen Wohlstand erwirtschafteten als heute. Doch davon sei nicht auszugehen, sodass bei insgesamt abnehmender bzw. stagnierender Wohnbevölkerung und einem ansteigenden Sozialprodukt pro Person mehr zur Verteilung zur Verfügung stehen müsste als heute. Eine Erhöhung der Frauenerwerbsquote und die Integration von Migrant*innen in den Arbeitsmarkt würden den Verteilungsspielraum zusätzlich erhöhen.

Die Finanzierung der Rentenversicherung – wie auch anderer umlagefinanzierter Systeme wie z. B. das SGB XI *Soziale Pflegeversicherung* – ist vor diesem Hintergrund seit Jahren eine politische Streitfrage zwischen den Demografiker*innen, die in der Regel eine stärkere private Vorsorge in *kapitalgedeckten Systemen* fordern und den Verteilungstheoretiker*innen, die sich eher als Hüter*innen des beitragsfinanzierten *Umlageverfahrens* sehen. Der Konflikt dreht sich vordergründig um die Frage nach einer möglichst sicheren Finanzierung des Gesamtsystems. Es geht dabei aber auch um die Frage, wer von den dreistelligen Milliardenbeträgen, die in der *Gesetzlichen Rentenversicherung* jedes Jahr umgesetzt werden, profitieren und damit ggf. Geschäfte machen soll. (vgl. Bourcarde 2011)

Das Umlageverfahren

Zu den zentralen Merkmalen des *Umlageverfahrens,* dargestellt in Abb. 4.6, gehört, dass die Beiträge der Versicherten nicht angespart und am Kapitalmarkt angelegt werden, um sie dann später im Rentenfall den Versicherten auszuzahlen. Es wird stattdessen ein persönliches *Rentenkonto* geführt, in dem rentenrelevante Zeiten und Betragszahlungen festgehalten werden. Im Grunde sind die Einnahmen der Gesetzlichen Rentenversicherung – abgesehen von der sogenannten Schwankungsreserve zur Sicherung der Liquidität – durchlaufende Posten, die direkt an die Rentner*innen weitergeleitet werden.

Die Rente selbst ergibt sich aus der eigenen Erwerbsbiografie, also der Dauer und der Höhe der eingezahlten Beiträge, ggf. ergänzt um weitere rentenrechtlich relevante Zeiten. Um eine ausreichende Absicherung im Alter zu erreichen, ist deshalb eine möglichst kontinuierliche, gut entlohnte sozialversicherungspflichtige Beschäftigung nötig. Die Anpassung der späteren Renten erfolgt durch den Gesetzgeber und ist an die Entwicklung der Löhne und des Beitragssatzes gekoppelt. Damit ist das Umlageverfahren von einem funktionierenden Arbeitsmarkt, ausreichenden staatlichen Zuschüssen zum Ausgleich versicherungsfremder Leistungen und – aus Sicht der Versicherten – einer angemessenen Lohnentwicklung abhängig.

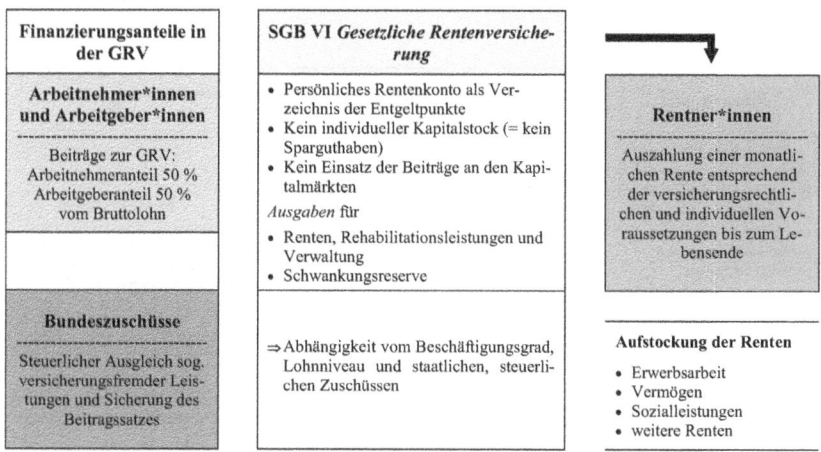

Abb. 4.6 Grundzüge des Umlageverfahrens. (Quelle: eigene Darstellung)

Das Kapitaldeckungsverfahren

Beim *Kapitaldeckungsverfahren* wie es z. B. bei privaten Lebensversicherungen oder auch der Riester-Rente vorkommt, wird für jede Beitragszahler*in ein eigenes *Vorsorgekonto* angelegt, über das die individuelle Sparleistung während des Erwerbslebens (plus Zinsen und Überschussbeteiligungen) gesammelt und dann in eine spätere Rentenzahlung übersetzt wird (vgl. Abb. 4.7). Vergleichbar mit einem Sparbuch wird so ein individueller Kapitalstock angelegt, von dem allerdings auch alle betrieblichen Kosten des Finanzdienstleisters abgezogen werden. Der Spielraum für mögliche Rentensteigerungen ergibt sich aus den finanzmathematischen Annahmen der Finanzdienstleister. Er wird in die Beitragszahlungen einkalkuliert und damit nur scheinbar von der allgemeinen Lohnentwicklung abgekoppelt. Da bei der privaten Vorsorge die paritätische Beitragszahlung wegfällt, schlagen sich Beitragserhöhungen nicht mehr unmittelbar in den Lohnkosten nieder, sondern schmälern das jeweilige Haushaltseinkommen der Versicherten.

Das Kapitaldeckungsverfahren weicht auf der Einnahmeseite die unmittelbare Abhängigkeit des Rentensystems von der Entwicklung der sozialversicherungspflichtigen Beschäftigung auf, weil die Ausgaben nicht aus den laufenden Einnahmen, sondern aus den individuellen Sparkonten gedeckt werden. Eine Entkopplung von der Lohn- und Gehaltsentwicklung ist damit jedoch nicht verbunden. Denn es müssen am Arbeitsmarkt Beschäftigungs-

Finanzierung	Private Finanzunternehmen	
Versicherte Person	• Bildung eines individuellen Kapital-stocks (= Sparguthaben), der nach Abzug der Kosten des Finanzunternehmens, am Kapitalmarkt angelegt wird. *Ausgaben* für • Gewinnausschüttungen, Provisionen, Verwaltung, Marketing und ggf. Dividenden an Kapitaleigner*innen	**Rentner*innen**
Beitragsberechnung nach persönlichen Risikomerkmalen Aktuell kein Anteil der Arbeitgeber*innen		Auszahlung einer monatlichen Rente anhand der realisierten Rendite
Staatliche Zuschüsse	⇒ Abhängigkeit vom Zinsniveau und den Kapitalmärkten. ⇒ Rendite von der Nachfrage nach Finanzprodukten abhängig ⇒ Ohne staatliche (= steuerliche) Einlagensicherung ist ein Totalverlust der Einlagen bei Finanzmarktkrisen möglich.	**Aufstockung der Renten**
Direkte Zulagen und Steuervorteile möglich (Riester- und Rürup-Rente)		• Erwerbsarbeit • Vermögen • Sozialleistungen • weitere Renten

Abb. 4.7 Grundzüge des Kapitaldeckungsverfahrens. (Quelle: eigene Darstellung)

und Einkommensbedingungen anzutreffen sein, die es erlauben, die Kosten der privaten Vorsorge zu decken. Anders formuliert: Die Kosten des Kapital-deckungsverfahrens werden zwar nicht in die Lohn*neben*kosten einkalkuliert, müssen aber *direkt* in die Löhne einfließen – geschieht das nicht, ist die Eigen-vorsorge fürs Alter von den betroffenen Beschäftigen nicht oder nur zulasten anderer Konsum- bzw. investiver Ausgaben bezahlbar! Dies gilt jedenfalls dann, wenn die Arbeitgeber*innen keinen Anteil an den Versicherungsprämien – wie beim Umlageverfahren – übernehmen sollen. Aus Sicht eines bzw. einer Ver-sicherten bleiben sowohl die Arbeitsmarkt- als auch die damit verbundenen Ein-kommensrisiken erhalten. Denn Phasen der Arbeitslosigkeit, Kurzarbeit bzw. der Lohnsenkung gehen über geringere private Beiträge ebenfalls in das spätere Rentenniveau ein. Und auch bei der Kapitaldeckung wird vom Staat eine aktive Rolle erwartet und eingepreist. So müssen Menschen mit niedrigen Einkommen mit Zulagen und/oder Steuervorteilen unterstützt werden, damit sie sich eine private Vorsorge leisten können. Auch wenn also kein direkter Bundeszuschuss vorgesehen ist, Steuergeld fließt auch hier in das System. Dies gilt auch im Hinblick auf die Sicherung der Einlagen der Versicherten. Das Kapitaldeckungsver-fahren setzt diese den Risiken des Finanzmarktes aus – bis hin zur Möglichkeit des Totalverlustes. Sollen die Beschäftigten dieses Risiko nicht alleine tragen, kann nur der Staat über eine *Einlagensicherung* die Funktionsfähigkeit einzelner Finanzinstitute bzw. der Finanzmärkte aufrechterhalten.

Umlageverfahren versus Kapitaldeckungsverfahren – eine Bewertung
Der Streit über das Umlage- oder Kapitaldeckungsverfahren ist in einem hohen Maße interessebesetzt. Das Kapitaldeckungsverfahren gibt eine höhere Sicher-heit gegenüber dem Umlageverfahren vor, die nicht gegeben ist. Denn jede Kapitalansammlung fließt in den laufenden Wirtschaftsprozess ein und muss zum Zeitpunkt der Auflösung des Kapitalstocks aus dem dann aktuellen Wirtschafts-kreislauf herausgenommen werden. Es ist – wie das Umlageverfahren auch – also von einem erfolgreichen Wirtschaftsgeschehen abhängig (vgl. Abschn. 2.6.7). Nicht zuletzt die OECD hat im Zuge der Wirtschafts- und Finanzkrise 2008 herausgestellt, dass gerade das deutsche Altersicherungssystem auf der Grundlage seines an Beschäftigung gebundenen Umlageverfahrens deutlich besser durch die Krise gekommen ist als kapitalgedeckte Sicherungssysteme anderer Staaten. (vgl. OECD 2009)
    Es ist unstrittig, dass das Umlageverfahren Risiken und Probleme hat. So ist es zwingend erforderlich, es auf die Sicherungsbedürfnisse der Menschen abzu-stimmen, die (dauerhaft) in nicht regulärer, niedrig entlohnter Beschäftigung stehen. Dies gilt jedenfalls dann, wenn es Ziel der Sozialpolitik bleiben soll,

(materielle) Unterversorgungen im Falle von Arbeitslosigkeit und Altersarmut im Falle der Altersrenten – und damit letztlich die regelhafte Inanspruchnahme der Mindestsicherung nach SGB II bzw. XII – zu verhindern. Das Umlageverfahren sorgt aber dafür, dass die Alterssicherung Teil der öffentlichen Daseinsvorsorge und ihre Gewährleistung eine zentrale *staatliche* Aufgabe bleibt. Diese Verantwortung nahm der Bund in der Wirtschafts- und Finanzkrise sowie während der Corona-Epidemie auch wahr: Er weitete massiv die aktive und passive Arbeitsmarktpolitik (v. a. *Kurzarbeitergeld*) aus, um das Beschäftigungsniveau zu sichern.

Damit ist aber auch klar, wer der Ausfallsbürge sein wird, wenn die kapitalgedeckten Systeme ihre Renditeversprechen ganz oder teilweise nicht einlösen können und die soziale Lage der dann von ihnen abhängigen Leistungsempfänger*innen Handeln erfordern wird. Es wird der Staat sein und damit diejenigen, die Steuern zahlen, und letztlich das gesamte Gemeinwesen, wenn das Geld, das in Rettungsaktionen fließt (sei es direkt zur Rettung der Finanzdienstleister, sei es indirekt in Form der Grundsicherung im Alter), an anderer Stelle nicht mehr ausgegeben werden kann. Wenn am Ende der Staat in dem einen wie dem anderen System als Garant für die Lücken und Risiken auftreten muss, geht es im Kern nicht länger um das richtige Finanzierungsverfahren, sondern – unter dem Blickwinkel der Generationengerechtigkeit – um die Frage, welchem Risiko heutige und künftige Generationen ausgesetzt werden sollen: dem der spekulativen (globalen) Finanzmärkte und/oder dem des (nationalen) Arbeitsmarktes mit seinen konjunkturellen Schwankungen? Letztlich bestehen die Finanzierungsprobleme der Rentenversicherung also nicht in erster Linie *wegen* der Alterung der Bevölkerung, sondern sie sind *auch* durch die demografische Entwicklung beeinflusst. Will man weder den Faktor Arbeit über steigende Rentenversicherungsbeiträge teurer machen noch die Rentenzahlungen den Kapitalmärkten anvertrauen, bedarf es weiterer Korrekturen an den Finanzierungs*wegen*. Hierbei ist vor allem an indirekte Steuern zu denken, wie dies derzeit bereits bei der sog. *Ökosteuer,* einer zweckgebundenen Abgabe auf den Verbrauch von Energie als Beitrag zur Rentenkasse, der Fall ist.

4.6   Soziale Sicherung für nicht standardisierbare Lebensrisiken

„Die Würde des Menschen ist unantastbar. Sie zu achten und zu schützen ist Aufgabe aller staatlichen Gewalt." Diese in Artikel 1 Grundgesetz verankerte Grundnorm unserer Gesellschaft findet sich im normativen Anspruch des SGB XII *Sozialhilfe* wieder, wenn dort in Paragraph 1 formuliert wird, dass jeder Mensch das Recht darauf hat, ein Leben zu führen, das der „Würde des Menschen" entspricht. Um dieses Recht vor allem für die Schwächsten in einer Gesellschaft zu verwirklichen, bedarf es eines sozialen Sicherungssystems, das einerseits soziale Risiken möglichst breit absichert und dabei andererseits soziale Aufwärtsmobilität ermöglicht. In Deutschland zielt die *Sozialversicherung* auf die sog. *Arbeitnehmerrisiken*, also *standardisierbare* Wechselfälle des Lebens, die in Zusammenhang mit der Arbeitswelt, genauer der sozialversicherungspflichtigen Beschäftigung stehen (Arbeitslosigkeit, Alter, Gesundheit/Pflege und Unfall). Damit ist zwar ein Großteil, aber nicht alle der als schutzwürdig anerkannten sozialen Probleme abgedeckt. Hinzu kommt, dass Menschen aus unterschiedlichen Gründen aus dem Netz der Sozialversicherung heraus- bzw. hindurchfallen können – sei es, weil sie keine Ansprüche haben bzw. diese ausgelaufen sind, oder weil die Leistungen aus der Sozialversicherung unterhalb der Grenzen der Fürsorgeleistungen liegen.

4.6.1   Die Mindestsicherungssysteme

Um Menschen in diesen *nicht-standardisierbaren* Lebenslagen zu unterstützen, bedarf es neben der Sozialversicherung sozialrechtlicher Ergänzungen, die in Deutschland zum einen in Form materieller *Fürsorge*- bzw. *Versorgung*sleistungen (vgl. Abschn. 3.3.1), zum anderen als soziale Hilfestellungen immaterieller Art *(Sach- und Dienstleistungen)* organisiert sind. Diese Systeme sind vor allem in der Fürsorge in Art und Umfang offener ausformuliert und damit stärker am individuellen Bedarf der Leistungsberechtigten ausgerichtet *(Individualisierungsprinzip)*. Damit gibt es in Deutschland neben der Sozialversicherung differenzierte Leistungen, die auf erwerbstätige bzw. auf aus unterschiedlichen Gründen (vorübergehend) nicht-erwerbstätige Personen ausgerichtet sind (z. B. kurzfristige Notlagen, (Schwer-)Behinderung, psychosoziale Probleme, Jugend- und Altenhilfe, Gewaltopfer). Zugleich existiert ein breites Angebot an (nicht-staatlichen) sozialen Diensten, die teils aufgesucht werden können, teilweise aber auch die Hilfebedürftigen selbst aufsuchen (vgl. Abschn. 4.6.2).

Neben der steuerlichen Freistellung des Existenzminimums bei Einkommen lassen sich systematisch fünf Arten der Mindestsicherung unterscheiden:

- Fürsorgesystemen vorgelagerte Mindestsicherung in den Sozialversicherungs- (etwa die Grundrente nach 35 Versicherungsjahren) und Versorgungssystemen (vgl. den Kinderzuschlag zum Kindergeld)
- die Verbindung von Mindestsicherung *mit* erwerbsarbeitsbezogener Mitwirkungspflicht (SGB II *Grundsicherung für Arbeitsuchende*),

- die Sicherung eines soziokulturellen Existenzminimums *ohne* erwerbsarbeits-
  bezogene Mitwirkungspflicht (SGB XII *Sozialhilfe*),
- die Sicherung des Existenzminimums von schutzsuchenden Personen *(Asylbewerberleistungsgesetz)*
- die Sicherung in besonderen Fällen der Erwerbsminderung *(Bundesversorgungsgesetz und Opferentschädigungsgesetz).*

In der grafischen Übersicht (vgl. Abb. 4.8) lassen sich die Bausteine der Mindestsicherung wie folgt darstellen:

STEUERRECHTLICHE LEISTUNGEN
Steuerrechtliches Existenzminimum

VERSICHERUNGSLEISTUNGEN
Grundrente nach 35 Versicherungsjahren (SGB VI Gesetzliche Rentenversicherung)

VERSORGUNGSLEISTUNGEN
Bundesversorgungsgesetz (BVG) und Opferentschädigungsgesetz (OEG) **Kinderzuschlag zum Kindergeld nach dem Bundeskindergeldgesetz (BKGG)**

FÜRSORGELEISTUNGEN		
Leistungen zur Sicherung des Lebensunterhaltes im SGB II und SGB XII		
Erwerbsfähig, weil ...	Keine Erwerbsfähigkeit, weil ...	
Arbeit im Umfang von mind. 3 Stunden täglich möglich.	... keine Beschäftigung von mind. 3 Std. möglich:	... Rentenalter erreicht.
	nicht dauerhaft	dauerhaft

⬇   ⬇   ⬇   ⬇

SGB II ***Grundsicherung für Arbeitsuchende***	**SGB XII** *Sozialhilfe*	
Hilfe zum Lebensunterhalt: *Arbeitslosengeld II / Sozialgeld*	Hilfe zum Lebensunterhalt: 3. Kapitel *Hilfe zum Lebensunterhalt*	Hilfe zum Lebensunterhalt: 4. Kapitel *Grundsicherung im Alter und bei Erwerbsminderung*

Asylbewerberleistungsgesetz (AsylbLG)
zuzüglich weiterer Leistungen v.a. zur Integration in das Erwerbsleben in SGB II, XII und AsylbLG

Abb. 4.8 Bausteine zur Sicherung des (soziokulturellen) Existenzminimums in Deutschland. (Quelle: Eigene Zusammenstellung)

Das SGB IX *Rehabilitation und Teilhabe behinderter Menschen* ist ein Sonderfall in dieser Systematik. Wie eine Rahmenordnung bündelt bzw. verweist es auf Leistungen in allen relevanten Sozialgesetzbüchern. Es ist damit in seinem Leistungsumfang weder eindeutig den Fürsorge- bzw. Versorgungssystemen noch der Sozialversicherung zuzuordnen. Da Menschen mit Behinderungen in der Regel als Zielgruppe mit eigenständigen Sicherungs- und Unterstützungsbedarfen wahrgenommen werden, und es aus redaktionellen Gründen sinnvoll erschien, das SGB IX möglichst gebündelt an einem Ort zu behandeln, haben die Autoren die Gesamtübersicht in diesem Kapitel platziert – wohl wissend, dass sich viele Menschen mit Behinderungen gerade vor dem Hintergrund der *Inklusionsdebatte* nicht unbedingt zu den Schwächsten dieser Gesellschaft zählen lassen (wollen). Die einschlägigen Regelungen zur Arbeitsmarktintegration behinderter Menschen finden sich allerdings in *Arbeit und Arbeitsschutz*.

Beim SGB VIII *Kinder- und Jugendhilfe* stellt sich die Situation ähnlich dar. Auch hier ist eine trennscharfe Zuordnung nicht möglich. Es enthält bedarfsabhängige Geldleistungen sowie eine Vielzahl von sozialen Diensten. Auch der *Unterhaltsvorschuss* und das *Wohngeld* sind der Sache nach eher Fürsorgeleistungen, die *Ausbildungsförderung* hingegen eine Mischung aus Versorgungs- und Fürsorgeleistung. Aufgrund ihres klaren inhaltlichen Bezugs werden diese Leistungen im Abschn. 4.3 *Jugend, Familie, Haushalt* besprochen.

Und auch bei den Leistungen der *Grundsicherung im Alter und bei dauerhafter Erwerbsminderung* nach SGB XII haben wir uns entschlossen, diese nach Zielgruppen orientiert und damit im Abschn. 4.5 *Alter und Alterssicherung*, abzuhandeln. Entsprechende Querverweise erleichtern das Herstellen der inhaltlichen bzw. systematischen Bezüge.

4.6.1.1 Das steuerrechtliche Existenzminimum

Personen, die Einkünfte erzielen, müssen unter anderem Einkommensteuern an den Bund abführen. Dabei könnte es rein rechnerisch passieren, dass die betroffene Person nach Abzug der Steuerschuld weniger übrig hat, als ihr nach den Vorschriften des SGB II *Grundsicherung für Arbeitsuchende* oder SGB XII *Sozialhilfe* zustehen würde. Hier kommt das Bundesverfassungsgericht ins Spiel, das entschieden hat, dass die steuerliche Belastung der Einkommen den notwendigen Lebensunterhalt einer einkommensteuerpflichtigen Person und ihrer Familie nicht gefährden darf (vgl. BVerfGE 87, 153 [169]). Der steuerpflichtigen Person muss deshalb „nach Erfüllung seiner Einkommensteuerschuld von seinem Erworbenen so viel verbleiben, dass er seinen notwendigen Lebensunterhalt und den seiner Familie bestreiten kann. Meßlatte ist dabei der im Sozialhilferecht anerkannte Mindestbedarf. Das von der Einkommensteuer zu verschonende Existenzminimum darf diesen Betrag nicht unterschreiten. Es ist dem Gesetzgeber allerdings gestattet, wegen der Masse der Verfahren bei der Steuerveranlagung individuelle Sonder- oder Mehrbedarfe unberücksichtigt zu lassen und Typisierungen vorzunehmen." (Sauckel 2015, S. 1) Um also zu vermeiden, dass die Steuererhebung Bedürftigkeit, und damit den Anspruch auf Sozialleistungen nach sich ziehen würde, wird bei allen steuerpflichtigen Personen ein steuerlich zu verschonendes *Existenzminimum* berücksichtigt (vgl. Tab. 4.14). Es handelt sich dabei um einen Sockelbetrag, der nicht in die Berechnung der Steuerschuld einbezogen wird. Die Höhe des zu verschonenden Existenzminimums kann der Gesetzgeber nach eigener Einschätzung festgelegen. Er darf bei der Festlegung des *sächlichen Existenzminimums* und dem daraus abgeleiteten Steuerfreibetrag aber nicht unter den Leistungen des SGB XII *Sozialhilfe* bleiben. (BMF 2020, S. 2)

Durch Beschluss des Bundestages vom 2. Juni 1995 muss die Bundesregierung alle zwei Jahre einen Bericht über die Höhe des Existenzminimums von Erwachsenen und Kindern vorlegen. Hierbei wird überprüft, ob die Freibeträge des Einkommensteuerrechtes das Existenzminimum ausreichend berücksichtigen. Die Berechnung des steuerlichen Existenzminimums umfasst die Kosten für

Tab. 4.14 Darstellung der steuerfrei zu stellenden sächlichen Existenzminima und der entsprechenden einkommensteuerlichen Freibeträge (in Euro)

	Alleinstehende		Ehepaare	Kinder	
Jahr	2021	2022	2022	2021	2022
Regelsatz	5352	5400	9720	3780	3816
Bildung und Teilhabe[4.1]	-	-	-	324	324
Kosten der Unterkunft	3612	3684	5520	1092	1104
Heizkosten	780	804	1080	216	216
Sächliches Existenzminimum	**9744**	**9888**	**16.320**	**5412**	**5460**
Steuerlicher Freibetrag	**9408**[2]	**9408**	**18.816**	**5172**[2]	**5172**

[1]Bei Kindern sind die Leistungen des Bildungs- und Teilhabepakets (BuT) zu berücksichtigen. Bei Erwachsenen sind insofern relevante Leistungen bereits vollständig vom Regelsatz erfasst. [2]Grundfreibetrag für Alleinstehende aus § 32a EStG und Freibetrag für das sächliche Existenzminimum eines Kindes aus § 32 EStG; vgl. Gesetz zur steuerlichen Entlastung der Familien sowie zur Anpassung weiterer steuerlicher Regelungen (Familienentlastungsgesetz) vom 29. November 2018 (BGBl. I S. 2210)
Quelle: Bundesministerium für Finanzen (Hrsg) 2020: 13. Existenzminimumbericht. https://www.bundesfinanzministerium.de/Content/DE/Standardartikel/Themen/ Steuern/2020-09.23-existenzminimumbericht-anl.pdf?__blob=publicationFile&v=2., *S. 14. Zugegriffen: 12. März 2021*

den notwendigen Lebensunterhalt des Steuerpflichtigen und seiner Familien-angehörigen (berechnet auf Basis der Regelsätze nach SGB XII), der Unterkunft (berechnet auf Basis der Wohngeldstatistik des Statistischen Bundesamtes), der Heizung (berechnet auf Grundlage der Einkommen- und Verbrauchstichprobe) sowie des Betreuungs- und Erziehungs- oder Ausbildungsbedarfes der Kinder (bemessen an den Freibeträgen des Einkommensteuerrechtes) (vgl. Abschn. 4.3).

4.6.1.2 Das SGB II Grundsicherung für Arbeitsuchende

Schutz vor bzw. Hilfen bei Arbeitslosigkeit soll in Deutschland in erster Linie das SGB III *Arbeitsförderung* leisten (vgl. Abschn. 4.2). Als Versicherungs-leistung organisiert, werden aber nicht alle erwerbsfähigen Personen erfasst. Es können folglich im Falle von Arbeitslosigkeit auch nicht alle bedürftigen Menschen Leistungen in Anspruch nehmen. Zudem kann es vor allem bei Gering-verdiener*innen mit unterhaltspflichtigen Angehörigen dazu kommen, dass das Arbeitslosengeld I nicht ausreicht, um das (soziokulturelle) Existenzminimum abzudecken (vgl. Abschn. 4.6.1.1). Für diese Wechselfälle des Lebens über-nimmt bzw. ergänzt das SGB II *Grundsicherung für Arbeitsuchende* die soziale Absicherung. Das Gesetzbuch ist Folge der *Gesetze für moderne Dienstleistungen am Arbeitsmarkt I-V* (sog. Hartz-Reformen), die im Jahr 2003 beschlossen wurden und 2005 in Kraft traten. Dabei wurde die Arbeitslosenhilfe und Sozial-hilfe im Wesentlichen auf dem Leistungsniveau der vormaligen *Sozialhilfe* (BSHG; vgl. Abschn. 4.6.1.3) zusammengelegt und als Zweites Buch im Sozial-gesetzbuch eingefügt

Aufgaben und Ziele des SGB II Grundsicherung für Arbeitsuchende

Das SGB II *Grundsicherung für Arbeitsuchende* unterteilt sich in 11 Kapitel, in denen die unterschiedlichen gesetzlichen Leistungen ausformuliert sind. Kap. 1 ist betitelt mit *Fördern und Fordern* und definiert die Aufgaben und Ziele des Gesetzes. Nach Paragraph 1 SGB II soll die Grundsicherung „die Eigenver-antwortung von erwerbsfähigen Leistungsberechtigten und Personen, die mit ihnen in einer Bedarfsgemeinschaft leben, stärken und dazu beitragen, dass sie ihren Lebensunterhalt unabhängig von der Grundsicherung aus eigenen Mitteln und Kräften bestreiten können. Sie soll erwerbsfähige Leistungsberechtigte bei der Aufnahme oder Beibehaltung einer Erwerbstätigkeit unterstützen und den Lebensunterhalt sichern, soweit sie ihn nicht auf andere Weise bestreiten können. Die Gleichstellung von Männern und Frauen ist als durchgängiges Prinzip zu ver-folgen."

Um diese Ziele zu erreichen, stehen den leistungsberechtigten Personen analog zum SGB III *aktive* und *passive* Instrumente der Arbeitsmarktpolitik zu

Verfügung. Dies sind Beratungsleistungen und Leistungen zur Integration in den Arbeitsmarkt sowie Transferzahlungen zur Sicherung des Lebensunterhaltes.

In Paragraph 2 SGB II wird der Grundsatz des Forderns – und werden damit implizit auch die umfassenden *Mitwirkungspflichten* der Hilfeempfänger*innen – näher bestimmt: „1) Erwerbsfähige Leistungsberechtigte und die mit ihnen in einer Bedarfsgemeinschaft lebenden Personen müssen alle Möglichkeiten zur Beendigung oder Verringerung ihrer Hilfebedürftigkeit ausschöpfen. Eine erwerbsfähige leistungsberechtigte Person muss aktiv an allen Maßnahmen zu ihrer Eingliederung in Arbeit mitwirken, insbesondere eine Eingliederungsvereinbarung abschließen. Wenn eine Erwerbstätigkeit auf dem allgemeinen Arbeitsmarkt in absehbarer Zeit nicht möglich ist, hat die erwerbsfähige leistungsberechtigte Person eine ihr angebotene zumutbare Arbeitsgelegenheit zu übernehmen. 2) Erwerbsfähige Leistungsberechtigte und die mit ihnen in einer Bedarfsgemeinschaft lebenden Personen haben in eigener Verantwortung alle Möglichkeiten zu nutzen, ihren Lebensunterhalt aus eigenen Mitteln und Kräften zu bestreiten. Erwerbsfähige Leistungsberechtigte müssen ihre Arbeitskraft zur Beschaffung des Lebensunterhalts für sich und die mit ihnen in einer Bedarfsgemeinschaft lebenden Personen einsetzen."

Es wird deutlich: Wer das SGB II in Anspruch nehmen muss, dem lässt das Gesetz kaum Entscheidungsspielräume zum Umgang mit der eigenen Arbeitslosigkeit. Der Druck, Erwerbsarbeit schnell und zu nahezu allen Bedingungen anzunehmen, ist groß, der Grad der Dekommodifizierung – also die Möglichkeit, den Lebensunterhalt ohne Arbeit über Sozialleistungen sichern zu können – gering. Integration in Arbeit ist das unbedingte Paradigma, unter dem das SGB II *Grundsicherung für Arbeitsuchende* formuliert wurde. Nimmt im Kontext der Arbeitsmarktpolitik die Debatte über ‚gute' Arbeit sonst breiten Raum ein (vgl. Abschn. 4.2), sind deren Kriterien im Verständnis der Fürsorge damit eher en passant mitformuliert: ‚Gute' Arbeit sei alles, was oberhalb der Fürsorgeleistungen liegt bzw. sich auf diese leistungsmindernd anrechnen lässt.

Leistungsberechtigter Personenkreis, Bedarfs-, Haushalts- und Wohngemeinschaft

In den Paragraphen 7 ff. SGB II ist festgelegt, wer Leistungen in Anspruch nehmen kann. Es handelt sich dabei im Detail um komplexe sozialrechtliche Abgrenzungsfragen. Vom Grundsatz her gelten Personen als *erwerbsfähige Leistungsberechtigte,* die

- das 15. Lebensjahr vollendet und die *Altersgrenze* der Gesetzlichen Renten-versicherung noch nicht erreicht haben (Geburtsjahrgänge ab 1964: 67 Jahre) (Paragraph 7a SGB II);
- *erwerbsfähig* und damit in der Lage sind, mindestens drei Stunden täg-lich erwerbstätig zu sein (Paragraph 8 SGB II). Die Entscheidung über die Erwerbsfähigkeit trifft die Agentur für Arbeit (Paragraph 44a SGB II).
- *hilfebedürftig* sind. Das ist der Fall, wenn die Personen den Lebensunter-halt nicht oder nicht ausreichend aus eigenem Einkommen oder Vermögen sichern können und/oder keine (ausreichenden) Unterhaltsansprüche gegen-über Angehörigen oder Trägern anderer Sozialleistungen (Paragraph 9 SGB II) bestehen;
- ihren *gewöhnlichen Aufenthalt* in Deutschland haben.

Wer Leistungen nach SGB II Grundsicherung für Arbeitsuchende beantragen will, muss also *nicht* arbeitslos sein! Auch Menschen, die Vollzeit arbeiten, mit ihrem Verdienst aber unter den Leistungen des SGB II bleiben, können einen Antrag auf *ergänzende Hilfen* stellen. Es müssen auch *keine* Beiträge an die Träger des SGB II bezahlt worden sein. Denn der Anspruch besteht *dem Grunde nach*. Das bedeutet, er entsteht Kraft Gesetz und resultiert nicht aus einem Ver-trags- bzw. Arbeits- oder sonstigem Treueverhältnis. Ausländer*innen können ebenfalls Leistungen beanspruchen, wenn ihnen aufgrund ihres Aufenthaltsstatus die Aufnahme einer Beschäftigung erlaubt ist oder erlaubt werden könnte. Hier-bei sind die Vorschriften des *Zuwanderungsgesetzes* maßgeblich.[46]

Ein wichtiger Begriff im Zusammenhang mit dem Bezug von Leistungen ist die *Bedarfsgemeinschaft*. Sie wird in Paragraph 7 Abs. 3 SGB II definiert und ist eine zentrale Bezugsgröße in der Grundsicherung. Die Bundesagentur für Arbeit (2021c, o. S.) fasst darunter zunächst „eine Gemeinschaft von Menschen, die zusammenleben und gemeinsam wirtschaften." Konkret wird jede Person als Bedarfsgemeinschaft bezeichnet, die im Leistungsbezug steht. So zählt auch eine alleinstehende Person als Bedarfsgemeinschaft. Weitere Bedarfsgemeinschaften können nach Paragraph 7 Absatz 3 sein:

- Eheleute, die nicht dauerhaft getrennt leben;
- eingetragene gleichgeschlechtliche Lebenspartner*innen, die nicht dauerhaft getrennt leben;
- Personen, die in einer eheähnlichen Gemeinschaft zusammenleben.

---

[46] Für die Frage, wie viele Menschen Leistungen nach SGB II in Anspruch nehmen, vgl. Abschn. 4.6.1.7.

Bei diesem Personenkreis wird nach Paragraph 7 Abs. 3a SGB II davon ausgegangen, dass „ein wechselseitiger Wille, Verantwortung füreinander zu tragen
und füreinander einzustehen" besteht, wenn die Partner

- länger als ein Jahr zusammenleben,
- mit einem gemeinsamen Kind zusammenleben,
- Kinder oder Angehörige im Haushalt versorgen oder
- befugt sind, über Einkommen oder Vermögen des anderen zu verfügen.

Kinder, die im Haushalt der Eltern leben und jünger als 25 Jahre sind, gehören
mit zur Bedarfsgemeinschaft, wenn sie nicht verheiratet sowie erwerbsfähig sind
und ihren Lebensunterhalt nicht aus eigenem Einkommen bestreiten können. Als
Einkommen von Kindern zählen u. a. das *Kindergeld* oder *Unterhaltszahlungen*.
Beantragt ein unverheiratetes erwerbsfähiges Kind, das mindestens 15, aber noch
keine 25 Jahre alt ist, Leistungen nach dem SGB II, gehören im Umkehrschluss
auch die im Haushalt lebenden Eltern oder Elternteile zur Bedarfsgemeinschaft.

Eine *Haushaltsgemeinschaft* bilden Personen, die in einem Haushalt
zusammenleben, aber nicht im Sinne des SGB II als Bedarfsgemeinschaft
gelten. Das können verwandte oder verschwägerte Personen sein (z. B. Eltern,
Großeltern, Enkel, Geschwister über 25 Jahren) oder eigene Kinder bzw. Pflege-
kinder, die älter als 25 Jahre sind und zusammen in einem Haushalt leben. Diese
Unterscheidung ist nicht semantischer Natur, sondern hat gravierende Folgen in
Bezug auf die Unterhaltspflichten. So bestimmt Paragraph 9 Abs. 5 SGB II, dass
bei Haushaltsgemeinschaften davon ausgegangen wird, dass deren Mitglieder
sich wechselseitig unterstützen. Diese Annahme kann zwar beim Jobcenter wider-
legt werden, die Beweislast trägt aber die beantragende Person.

Menschen, die in einer *Wohngemeinschaft* leben, bleiben hingegen sozialrechtlich voneinander unabhängig. Sie bilden weder eine Bedarfs- noch Haushaltsgemeinschaft, weshalb auch keine wechselseitigen Unterhaltsverpflichtungen
entstehen (können).

Träger und Finanzierung des SGB II Grundsicherung für Arbeitsuchende
Gesetzesänderungen in der Arbeitsmarktpolitik haben sowohl das Leistungsrecht als auch den Aufbau der Arbeitsverwaltung nachhaltig beeinflusst. So
sollte u. a. zu Beginn der 2000er Jahre nach dem Willen der damaligen rot-
grünen Regierungskoalition die Bundesagentur für Arbeit im SGB II zur
alleinigen Trägerin der *Grundsicherung für Arbeitsuchende* werden, um eine
einheitliche Hilfegewährung aus einer Hand für *alle* erwerbsfähigen Leistungsempfänger*innen zu gewährleisten. Es war dem politischen Streit geschuldet,

dass das Vorhaben in der ursprünglichen Form nicht umgesetzt werden konnte. Der schließlich gefundene Kompromiss sah schließlich die Gründung von sog. *Arbeitsgemeinschaften* (ARGEn) vor, in denen Arbeitsagenturen und kommunale Sozialverwaltungen zusammengeführt wurden. Dies war ein Novum in der deutschen Sozialpolitik, das allerdings gegen das grundgesetzliche Verbot der *Mischverwaltung* von Bund und Kommunen verstieß. Nach einer entsprechenden Grundgesetzänderung im Jahr 2010 ist die Zuständigkeit nunmehr grundgesetzkonform formuliert. Nach Paragraph 6 SGB II werden die *Bundesagentur für Arbeit* (BA) und die *kreisfreien Städte und Kreise* als Trägerinnen der Grundsicherung für Arbeitsuchende bestimmt. Zwei Formen sind zur konkreten Umsetzung möglich: 1) Jobcenter als sog. gemeinsame Einrichtungen (gE) und 2) sog. Jobcenter mit zugelassenen kommunalen Trägern (zkT).

Mit dem Begriff *gemeinsame Einrichtungen* (gE) werden Jobcenter bezeichnet, in denen die Bundesagentur für Arbeit (BA) und ein kommunaler Träger (zum Beispiel einer Stadt oder eines Kreises) gemeinsam das SGB II umsetzen. Neben diesen gemeinsamen Einrichtungen gibt es *Jobcenter mit zugelassenen kommunalen Trägern* (zkT). Sie haben die alleinige Verantwortung für die Grundsicherung von Arbeitsuchenden.

In beiden Fällen bilden sie die zentrale Anlaufstelle für die Leistungsbezieher*innen im SGB II. In Deutschland gibt es 302 *Jobcenter*, die als gE und 104, die als zkT organisiert sind. Sie betreuen die Bezieher*innen von Arbeitslosengeld II (umgangssprachlich: ‚Hartz IV‘) und bedienen dabei die folgenden Handlungsfelder:

- Die Sicherstellung des Lebensunterhaltes.
- Die Betreuung und Beratung der Leistungsberechtigten.
- Die Vermittlung in Eingliederungsmaßnahmen und berufliche Weiterbildungen.
- Die Unterstützung der Leistungsberechtigten bei speziellen Problemen, zum Beispiel durch Suchthilfe, Schuldnerberatung oder psychosoziale Betreuung.

Die Leistungen nach SGB II *Grundsicherung für Arbeitsuchende* werden aus *Steuermitteln* finanziert. An der Aufteilung der Kosten bzw. ihrer Finanzierung ändert sich durch die unterschiedlichen Organisationsformen nichts. Grundsätzlich sind die Bundesagentur für Arbeit (BA) und die kommunalen Träger für unterschiedliche Grundsicherungsleistungen in den Jobcentern inhaltlich und finanziell zuständig:

- Die BA übernimmt die arbeitsmarktbezogene Eingliederung durch Beratung und Vermittlung sowie die Förderung von Maßnahmen zur Integration in Arbeit. Sie sichert den Lebensunterhalt (ALG II/Sozialgeld/Mehrbedarfe) und kommt zudem für die Beiträge zur gesetzlichen Kranken- und Pflegeversicherung auf.
- Die Kommunen übernehmen die Kosten für Unterkunft und Heizung der Leistungsempfänger*innen. Hinzu kommen besondere Mehrbedarfe wie z. B. die Erstausstattung einer Wohnung oder bei Schwangerschaft bzw. Geburt. Außerdem arbeiten sie vor Ort mit Einrichtungen bzw. sozialen Diensten zusammen, die die Integration der Betroffenen in den Arbeitsmarkt begleiten sollen. Hierzu gehören u. a. Angebote zur Kinderbetreuung, Schuldner- und Suchberatung sowie Angebote zur psychosozialen Betreuung. (vgl. Bundesagentur für Arbeit 2021d, o. S.)

Paragraph 46 SGB II regelt die genauen Umstände der Kostenverteilung zwischen den Trägern. Dabei erhalten die Kommunen – vermittelt über die Bundsländer – vom Bund Zuschüsse für die Kosten der Unterkunft und Heizung. Die Ausgaben, die den Kommunen hierbei für die Unterbringung von geflüchteten Menschen entstehen,[47] werden seit dem Jahr 2016 sogar vollständig durch den Bund übernommen (vgl. *Bundesbeteiligungs-Festlegungsverordnung*). Im Jahr 2019 hat der Bund für den gesamten kommunalen Zuschuss 6,7 Mrd. EUR budgetiert. (Bundesrechnungshof 2019, S. 6) Hinzu kommt die Beteiligung des Bundes an den Verwaltungskosten, die im SGB II *Grundsicherung für Arbeitsuchende* anfallen. Hier ist er mit einer weiteren Kostenzusage von fast 85 % beteiligt.

Aktive Leistungen zur Eingliederung in Arbeit
Aktive Leistungen für Arbeitslose werden über die Sozialversicherung (SGB III *Arbeitsförderung*) und das SGB II *Grundsicherung für Arbeitsuchende* erbracht. Gemäß dem *Kausalitätsprinzip* (vgl. Abschn. 3.3.2) entscheiden in Deutschland nicht die sozialpolitischen Integrationsziele (= Eingliederung in den Arbeitsmarkt), sondern die Erfüllung von sozialrechtlichen Anspruchsvoraussetzungen über Art und Umfang der angebotenen Hilfen. Seit dem Jahr 2005

---

[47] „Ab dem Jahr 2016 erhöhte der Bund seine Beteiligung an den Kosten der Unterkunft und Heizung nach dem SGB II mit dem Ziel, die Kommunen vollständig von den zusätzlichen Ausgaben für Unterkunftskosten im Kontext Fluchtmigration zu entlasten. Hierfür wurden 400 Mio. EUR im Jahr 2016, 947 Mio. EUR im Jahr 2017, 1.313 Mio. EUR im Jahr 2018 und 1.890 Mio. EUR im Jahr 2019 gezahlt." (Deutscher Bundestag 2020, S. 3)

haben Empfänger*innen der Grundsicherung für Arbeitsuchende prinzipiellen Zugang, jedoch keinen eigenständigen bzw. vollständigen rechtlichen Anspruch auf die aktiven *Sozialversicherung*sleistungen des SGB III. Denn die Jobcenter müssen die Leistungen des SGB III nicht anbieten. Art und Umfang der Umsetzung einzelner Maßnahmen bleiben als sog. *Kann-Leistungen* grundsätzlich in ihrem Ermessen. Der Sache nach sollen sie aber vom dort festgelegten Förderinstrumentarium Gebrauch machen können. Mit den Paragraphen 14 – 18e SGB II existiert nun dennoch ein bundeseinheitlicher Rechtsrahmen für die aktive Arbeitsmarktpolitik auf kommunaler Ebene.

Die Leistungsbezieher*innen müssen sich aktiv an allen angebotenen Maßnahmen zur Eingliederung in den Arbeitsmarkt beteiligen *(Mitwirkungspflicht)*. Nach Paragraph 3 Abs 1 SGB II sollen vorrangig solche Maßnahmen eingesetzt werden, die eine „unmittelbare Aufnahme einer Erwerbstätigkeit ermöglichen." Es geht also nicht um den Erhalt bzw. Ausbau von individuellen Qualifikationsprofilen oder gar um die persönlichen Wünsche des Einzelnen zu seiner/ihrer beruflichen Weiterentwicklung. Ziel ist die Aufnahme von Erwerbsarbeit, und zwar so schnell wie möglich! Die aktiven Leistungen des SGB II *Grundsicherung für Arbeitsuchende* sind in Tab. 4.15 überblicksartig zusammengefasst (vgl. auch Abschn. 4.2)

Tab. 4.15 Aktive Hilfsangebote der Beschäftigungsförderung im Rahmen des SGB II

	Art der Leistung	Instrumente
§ 16	Leistungen der Eingliederung	Zugang zu den Leistungen nach SGB III *Arbeitsförderung:* • für Beratung und Vermittlung • zur Aktivierung und beruflichen Eingliederung • zur Berufsausbildung • zur beruflichen Weiterbildung • zur Aufnahme einer sozialversicherungspflichtigen Arbeit
§ 16a	Kommunale Eingliederungsleistungen	• Betreuung minderjähriger oder behinderter Kinder • Häusliche Pflege von Angehörigen • Schuldnerberatung • Psychosoziale Betreuung • Suchtberatung
§ 16b	Einstiegsgeld	Zuschuss zur Aufnahme einer sozialversicherungspflichtigen oder selbstständigen Erwerbstätigkeit (max. 24 Monate)

(Fortsetzung)

Tab. 4.15　(Fortsetzung)

	Art der Leistung	Instrumente
§ 16c	Leistungen zur Eingliederung von Selbstständigen	Darlehn und Zuschüsse von max. 5000 € zur Aufnahme einer selbstständigen Tätigkeit
§ 16d	Arbeitsgelegenheiten	Gemeinnützige bzw. zusätzliche Arbeitsgelegenheiten können zur Erhaltung oder Wiedererlangung der Erwerbsfähigkeit zugewiesen werden (sog. 1-Euro-Jobs)
§ 16e	Eingliederung von Langzeitarbeitslosen	Zuschuss für Arbeitgeber*innen, die eine Leistungsbezieher*in, die seit mindestens zwei Jahren arbeitslos ist, für mindestens zwei Jahre einstellen
§ 16f	Freie Förderung	Freie individuelle Förderung (z. B. Führerschein)
§ 16 g	Förderung bei Wegfall der Hilfebedürftigkeit	Begonnene Maßnahmen können auch bei Wegfall der Hilfebedürftigkeit bis zu ihrem Abschluss gefördert werden
§ 16h	Förderung schwer zu erreichender junger Menschen	Für Leistungsberechtigte, die das 25. Lebensjahr noch nicht vollendet haben, kann die Agentur für Arbeit Leistungen erbringen mit dem Ziel, die aufgrund der individuellen Situation der Leistungsberechtigten bestehenden Schwierigkeiten zu überwinden, 1.) eine schulische, ausbildungsbezogene oder berufliche Qualifikation abzuschließen oder anders ins Arbeitsleben einzumünden und 2.) Sozialleistungen zu beantragen oder anzunehmen. Die Förderung umfasst zusätzliche Betreuungs- und Unterstützungsleistungen mit dem Ziel, dass Leistungen der Grundsicherung für Arbeitsuchende in Anspruch genommen werden, erforderliche therapeutische Behandlungen eingeleitet werden und an Regelangebote dieses Buches zur Aktivierung und Stabilisierung und eine frühzeitige intensive berufsorientierte Förderung herangeführt wird
§ 16i	Teilhabe am Arbeitsmarkt	Zuschüsse an Arbeitgeber*innen, die Leistungsberechtigte in eine sozialversicherungspflichtige Beschäftigung übernehmen

Quelle: SGB II Grundsicherung für Arbeitsuchende, eigene Zusammenstellung

Die Leistungsempfänger*innen erstellen zusammen mit ihrer sog. *persönlichen Ansprechpartner*in* (PAP) des Jobcenters eine verbindliche *Eingliederungsvereinbarung* (Paragraph 15 SGB II). Hierin werden die als notwendig erachteten Leistungen zur Eingliederung in Arbeit und die daran geknüpfte Mitwirkung der beantragenden Person schriftlich aufgeführt. Dabei sollen nach Paragraph 3 Abs. 1 SGB II die individuelle Eignung, die individuelle bzw. familiäre Situation, die Dauerhaftigkeit der Eingliederung sowie die voraussichtliche Dauer der Hilfebedürftigkeit berücksichtigt werden. Die Vereinbarung soll Handlungssicherheit schaffen und einerseits das Jobcenter bzw. die vom ihm beauftragten Leistungserbringer*innen als auch andererseits die Hilfeempfänger*innen auf die Einhaltung der vereinbarten Integrationsschritte verpflichten.

Nach Paragraph 15 Abs. 3 SGB II soll die Eingliederungsvereinbarung „regelmäßig, spätestens jedoch nach Ablauf von sechs Monaten, gemeinsam überprüft und fortgeschrieben werden. Bei jeder folgenden Eingliederungsvereinbarung sind die bisher gewonnenen Erfahrungen zu berücksichtigen." Es handelt sich bei diesem Prozess aber nur bedingt um ein Beratungsgespräch auf Augenhöhe. Zwar können die Leistungsempfänger*innen am Inhalt der Vereinbarung mitwirken, letztlich entscheidet aber die persönliche Ansprechpartner*in (PAP) über die konkrete Ausformulierung. Selbstverständlich kann eine Leistungsempfänger*in einer Vereinbarung ganz oder teilweise widersprechen. Dies hat aber keine aufschiebende Wirkung, weshalb gleichwohl Sanktionen bzw. Leistungskürzungen drohen.

Was ist einer leistungsberechtigten Person im Zuge der Vermittlung in Arbeit nun aber konkret zumutbar? In Paragraph 10 Abs. 1 SGB II werden zunächst auf die *Person bezogene Zumutbarkeitskriterien* formuliert. Demnach ist „einer erwerbsfähigen leistungsberechtigten Person (…) jede Arbeit zumutbar, es sei denn, dass

1. sie zu der bestimmten Arbeit körperlich, geistig oder seelisch nicht in der Lage ist,
2. die Ausübung der Arbeit die künftige Ausübung der bisherigen überwiegenden Arbeit wesentlich erschweren würde, weil die bisherige Tätigkeit besondere körperliche Anforderungen stellt,
3. die Ausübung der Arbeit die Erziehung ihres Kindes oder des Kindes ihrer Partnerin oder ihres Partners gefährden würde; die Erziehung eines Kindes, das das dritte Lebensjahr vollendet hat, ist in der Regel nicht gefährdet, soweit die Betreuung in einer Tageseinrichtung oder in Tagespflege im Sinne der Vorschriften des Achten Buches oder auf sonstige Weise sichergestellt ist; die zuständigen kommunalen Träger sollen darauf hinwirken, dass erwerbsfähigen Erziehenden vorrangig ein Platz zur Tagesbetreuung des Kindes angeboten wird,
4. die Ausübung der Arbeit mit der Pflege einer oder eines Angehörigen nicht vereinbar wäre und die Pflege nicht auf andere Weise sichergestellt werden kann,
5. der Ausübung der Arbeit ein sonstiger wichtiger Grund entgegensteht."

In Paragraph 10 Abs. 2 SGB II wird ausgeführt, was unter einer *zumutbaren Beschäftigung* zu verstehen ist: „Eine Arbeit ist nicht allein deshalb unzumutbar, weil

1. sie nicht einer früheren beruflichen Tätigkeit entspricht, für die die erwerbsfähige leistungsberechtigte Person ausgebildet ist oder die früher ausgeübt wurde,
2. sie im Hinblick auf die Ausbildung der erwerbsfähigen leistungsberechtigten Person als geringerwertig anzusehen ist,
3. der Beschäftigungsort vom Wohnort der erwerbsfähigen leistungsberechtigten Person weiter entfernt ist als ein früherer Beschäftigungs- oder Ausbildungsort,
4. die Arbeitsbedingungen ungünstiger sind als bei den bisherigen Beschäftigungen der erwerbsfähigen leistungsberechtigten Person,
5. sie mit der Beendigung einer Erwerbstätigkeit verbunden ist, es sei denn, es liegen begründete Anhaltspunkte vor, dass durch die bisherige Tätigkeit künftig die Hilfebedürftigkeit beendet werden kann."

Diese relativ engen und im Gegensatz zum SGB III *Arbeitsförderung* auch unbestimmter ausgeführten Regelungen haben zur Folge, dass Hilfebedürftige im Prinzip jede Arbeit annehmen bzw. den Eindruck gewinnen müssen, dazu verpflichtet zu sein. Da die Ablehnung von Arbeitsangeboten zu Leistungskürzungen führen (können), entsteht hier erheblicher Druck in einer so oder so schon belastenden Lebensphase. Ob dieser Druck die Arbeitsaufnahme allerdings hemmt oder beschleunigt, kann – wie der nachfolgende Blick auf die Sanktionen zeigt – wissenschaftlich nur schwer belegt werden. Arbeitsmarktpolitik gestaltet sich hier vor allem entlang normativer politischer Vorgaben.

Sanktionen im SGB II Grundsicherung für Arbeitsuchende
Im SGB II *Grundsicherung für Arbeitssuchende* gilt der Rechtsgrundsatz *quid pro quo*. Leistung und Gegenleistung stehen in einem direkten Wechselverhältnis. Werden Mitwirkungspflichten verletzt, kann das Jobcenter Sanktionen verhängen. Nach Paragraph 31 Abs. 1 SGB II verletzen erwerbsfähige Leistungsberechtigte ihre Pflichten, „wenn sie trotz schriftlicher Belehrung über die Rechtsfolgen oder deren Kenntnis

1. sich weigern, in der Eingliederungsvereinbarung (…) festgelegte Pflichten zu erfüllen, insbesondere in ausreichendem Umfang Eigenbemühungen nachzuweisen,
2. sich weigern, eine zumutbare Arbeit, Ausbildung, Arbeitsgelegenheit nach § 16d oder ein nach § 16e gefördertes Arbeitsverhältnis aufzunehmen, fortzuführen oder deren Anbahnung durch ihr Verhalten verhindern,
3. eine zumutbare Maßnahme zur Eingliederung in Arbeit nicht antreten, abbrechen oder Anlass für den Abbruch gegeben haben.

Dies gilt nicht, wenn erwerbsfähige Leistungsberechtigte einen wichtigen Grund für ihr Verhalten darlegen und nachweisen." Sanktionen drohen weiterhin

- bei *unwirtschaftlichem Verhalten* und/oder beim Versuch, Bedürftigkeit zu erzeugen, in dem das eigene Einkommen oder Vermögen mit Absicht vermindert wird;
- bei Verstößen gegen die *Meldepflichten* und
- beim Fernbleiben von einer angeordneten *ärztlichen Untersuchung.*

Bei *Verstößen gegen die Eingliederungsvereinbarung* bzw. bei *Verweigerung der Arbeitsaufnahme* wird das ALG II in einer ersten Stufe um 30 % gekürzt. Bei einem zweiten Verstoß beträgt die Kürzung 60 % und ab dem dritten Verstoß wird die Leistung ganz eingestellt. In diesen Fällen müssen allerdings Sachleistungen – wie Lebensmittelgutscheine – zur Verfügung gestellt werden, weil auch hier gilt, dass das Existenzminimum nicht unterschritten werden darf (Paragraph 31a SGB II). Bei *Meldeversäumnissen* wird das ALG II jeweils um zehn Prozent, bei wiederholten Pflichtverletzungen in 10-%-Schritten gekürzt (Paragraph 32 SGB II).

Verschärfte Sperrzeitenreglungen gelten für Jugendliche unter 25 Jahren. Sie erhalten schon bei der ersten Pflichtverletzung nur noch die Kosten für Unterkunft und Heizung, die unmittelbar an die Vermieter*in gezahlt werden. Für den Lebensunterhalt werden dann Sachleistungen (z. B. Gutscheine für Lebensmittel) bewilligt. Bei einer wiederholten Pflichtverletzung können auch die Kosten für Unterkunft und Heizung gestrichen werden (Paragraph 31a Abs. 2 SGB II).

Eine wiederholte Pflichtverletzung liegt vor, wenn bereits zuvor eine Minderung festgestellt wurde. Sie liegt nicht vor, wenn der Beginn des vorangegangenen Minderungszeitraums länger als ein Jahr zurückliegt. Die Sanktionen werden immer zum Folgemonat gültig und dauern drei Monate. Im Einzelfall können sie bei Hilfebedürftigen unter 25 Jahren auf sechs Wochen verkürzt werden. Bei allen Sanktionen müssen die Betroffenen vor deren Festsetzung über die Folgen eines Pflichtverstoßes belehrt worden sein. Sanktionen dürfen zudem nicht ausgesprochen werden, wenn die Empfänger*in einen wichtigen Grund für das Versäumnis bzw. die Weigerung nachweisen kann. Es empfiehlt sich also grundsätzlich, eigenes Verhalten bzw. Nichtverhalten gegenüber dem Jobcenter schriftlich zu begründen (Tab. 4.16).[48]

Der Großteil der Sanktionen wird aufgrund von Meldeversäumnissen erteilt. (vgl. Bundesagentur für Arbeit 2019) Ganz offensichtlich fällt es Betroffenen schwer, Termine fristgerecht einzuhalten. Nur ein geringer Anteil der Sanktionen

---

[48]Vgl.   Informationsportal   https://www.arbeitsagentur.de/arbeitslos-arbeit-finden   der Bundesagentur für Arbeit. Zugegriffen: 15. März 2021.

Tab. 4.16 Leistungskürzungen durch Sanktionen und nach Sanktionsarten im SGB II

Leistungskürzungen

Jahr	Erwerbsfähige Leistungsberechtigte (ELB) insgesamt			ELB unter 25 Jahren		
$\varnothing^4$	Bestand ELB[4.1]	Kürzung in %[2]	Kürzung in Euro[3]	Bestand ELB[4.1]	Kürzung in %[2]	Kürzung in Euro[3]
	1	2	3	4	5	6
2020	33.343	12,9	79	7530	14,7	74
2019	120.899	18,0	108	27.577	26,4	126
2018	132.208	18,8	110	29.939	27,5	128
2017	136.799	19,0	109	30.420	28,0	127
2016	134.333	19,3	108	30.125	28,1	125
2015	131.520	19,4	108	30.268	28,1	126
2010	135.656	25,2	124	37.868	39,0	157
2007	123.367	27,0	127	38.934	41,6	166

Arten der Sanktionen

	2007	2010	2012	2015	2019
Gesamtzahl der neu verhängten Sanktionen:	782.996	814.706	1.022.921	978.809	806.811
	Anteile der Sanktionsarten an den Sanktionen insgesamt in %				
Meldeversäumnis	54	61	69	77	78
Weigerung der Aufnahme oder Fortführung einer Arbeit, Ausbildung oder Maßnahme	23	16	13	10	10
Weiterung der Erfüllung von Pflichten aus der Eingliederungsvereinbarung	17	18	14	10	8
Sonstige Sanktionsgründe	6	5	4	3	4

[1]Bestand ELB mit mindestens einer Sanktion; [2]Anteil der Kürzung durch die aktuell wirksamen Sanktionen einer Person an dem laufenden Leistungsanspruch, den die Person ohne Sanktionierung gehabt hätte; [3]Durchschnittliche Höhe der Kürzung bezogen auf die Gesamtregelleistung (Arbeitslosengeld II und Sozialgeld), die den Regelbedarf zur Sicherung des Lebensunterhalts, Leistungen für Mehrbedarfe, Kosten der Unterkunft, sowie – bis zum 31.12.2010 – den befristeten Zuschlag nach Bezug von Arbeitslosengeld gemäß § 24 SGB II a.F. umfasst; [4]Angegeben werden die Jahresdurchschnittswerte; für 2020 basierend auf Januar bis November *Quellen: Bundesagentur für Arbeit 2020 Sanktionen (Zeitreihe Monats- und Jahreszahlen ab 2007), Tab. 1; eigene Berechnung für den Jahresdurchschnitt 2020 und* Bundesagentur für Arbeit 2019 *Entwicklungen in der Grundsicherung für Arbeitsuchende 2005 bis 2019, S. 25.*

erfolgt dagegen wegen der Weigerung, eine zumutbare Arbeit, Ausbildung oder Maßnahme anzunehmen. Dies kann als Indiz gewertet, dass die Arbeitsbereitschaft der Betroffenen hoch ist. Vor allem in Selbsthilfekreisen und Betroffeneninitiativen wird aber diskutiert, inwieweit die Zumutbarkeitsregeln des SGB II einen unmittelbaren Zwang zur Arbeit darstellen und deshalb als Verstoß gegen geltendes (internationales) Recht zum Verbot von Zwangsarbeit sind. (vgl. Wiersbien 2013 o. S.) Im Grundsatz geht es hierbei um die Frage, inwieweit der Sozialstaat Sanktionen (hier: Kürzungen von Sozialleistungen) aussprechen darf, um die Aufnahme von Arbeit zu erreichen. Das Bundesverfassungsgericht hat hierzu am 5. November 2019 geurteilt, der Staat dürfe „erwerbsfähigen Menschen, die nicht in der Lage sind, ihre Existenz selbst zu sichern und die deshalb staatliche Leistungen in Anspruch nehmen, abverlangen, selbst zumutbar an der Vermeidung oder Überwindung der eigenen Bedürftigkeit aktiv mitzuwirken. Er darf sich auch dafür entscheiden, insoweit verhältnismäßige Pflichten mit wiederum verhältnismäßigen Sanktionen durchzusetzen." (BVerfG 2019, o. S.) Nun ist es Aufgabe der Sozialgerichtsbarkeit, im Einzelfall festzustellen, wann die Verhältnismäßigkeit gegeben und wann sie verletzt wurde. Unstrittig ist nach dem höchstrichterlichen Urteil, dass das SGB II *Grundsicherung für Arbeitsuchende* in einem Rechtsstaat kein mit Zwangsarbeit vergleichbares Unrechtsverhältnis darstellt. Damit ist allerdings nicht die Frage beantwortet, wie sinnvoll und wirksam Sanktionen und Zumutbarkeitsregeln im Hinblick auf die Förderung sozialer Teilhabe der betroffenen Menschen sind. Hierzu hat die AG Grundsicherung (2011, S. 3) der *Nationalen Armutskonferenz* in einem Positionspapier grundlegende, bis heute aktuelle, Ausführungen gemacht:

„Die Grundsicherung für Arbeitsuchende in ihrer heutigen Ausgestaltung konzentriert sich stark auf die Vermittlung in Arbeit. Durch Sanktionsregelungen wird dieses Ziel untermauert. Dabei kann ein erhöhter Druck auf Erwerbslose nicht die drängende Problematik lösen, dass in vielen Teilen Deutschlands schlicht nicht genug Arbeitsplätze für alle Arbeitsuchenden zur Verfügung stehen. Ebenso wird außer Acht gelassen, dass es einen großen Personenkreis im Leistungsbezug des SGB II gibt, der sozial nicht mehr voll in die Gesellschaft integriert ist und der in diesem Bereich Hilfe braucht, bevor überhaupt an die Aufnahme einer regulären Arbeit gedacht werden kann. Die Grundsicherung muss durch Bereitstellung einer sozialen Integrations-Infrastruktur wie Beratung, Unterstützung, Ermutigung ausgebaut und ergänzt werden. Insbesondere bei psychischen Problemen oder Lebenslagen, die zu einer Beeinträchtigung von grundlegenden sozialen Integrationsmöglichkeiten und des sozialen Umfelds geführt haben, fehlen zur Unterstützung der Leistungsberechtigten durch die AnsprechpartnerInnen im Jobcenter oft Kompetenz, Zeitressourcen und Finanzmittel, um eine angemessene Förderung anzubieten und zu gewährleisten."

Trotz der insgesamt moderaten *Sanktionsquote* (2019: 3,1 %) bleibt also die Frage offen, ob nicht ein Mehr an sozialpädagogischer Betreuung die Integrationschancen von Betroffenen stärker erhöhen würde als Sanktionen. (vgl. Obermeier et al. 2020) Empirische Untersuchungen kommen „zu ambivalenten Ergebnissen: Demnach verbessern Sanktionen die Reintegration von Arbeitssuchenden in den Arbeitsmarkt durchaus, gleichzeitig können sie aber unbeabsichtigt zur Folge haben, dass Betroffene den Kontakt zum Jobcenter abbrechen und/oder obdachlos werden." (Beckmann et al. 2021, S. 4) Es ist also durchaus zu befürchten, dass Sanktionen die Betroffenen eher aus dem Hilfesystem heraus und ins soziale Abseits führen.

Passive Leistungen bei Arbeitslosigkeit
Das SGB II *Grundsicherung für Arbeitsuchende* ist keine bedingungslose *Sozialleistung*. Im Rahmen einer *Bedürftigkeitsprüfung* werden die Voraussetzungen für den Bezug von Leistungen kontrolliert. In einer *Bedarfsgemeinschaft* wird das gesamte Einkommen und Vermögen der Haushaltsmitglieder in die Leistungsberechnung einbezogen. Für das Vermögen werden *Freigrenzen* berücksichtigt. Auch bleiben ein angemessener Hausrat, ein Auto sowie eine Altersvorsorge, die nach den Riester-Kriterien (vgl. Abschn. 4.5.4) ausgestaltet ist, bei der Anrechnung unberührt.

Nach Lage des Einzelfalls können in der Grundsicherung unterschiedliche Leistungsarten zum Tragen kommen. Die wesentlichen Elemente sind in der Abb. 4.9 dargestellt und werden im Folgenden erläutert.

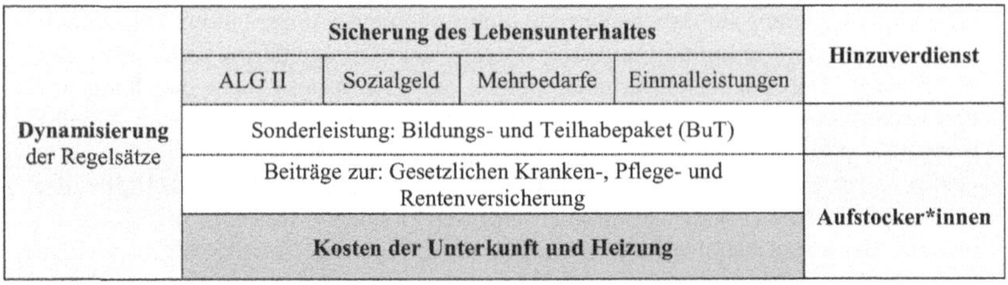

	Sicherung des Lebensunterhaltes				Hinzuverdienst
Dynamisierung der Regelsätze	ALG II	Sozialgeld	Mehrbedarfe	Einmalleistungen	
	Sonderleistung: Bildungs- und Teilhabepaket (BuT)				
	Beiträge zur: Gesetzlichen Kranken-, Pflege- und Rentenversicherung				**Aufstocker*innen**
	Kosten der Unterkunft und Heizung				

Abb. 4.9 Bausteine der passiven Leistungen. (Quelle: eigene Darstellung)

Leistungen zur Sicherung des Lebensunterhaltes: ALG II und Sozialgeld

Das nach Paragraph 20 SGB II monatlich ausbezahlte *Arbeitslosengeld II* (ALG II) umfasst als pauschalen *Regelbedarf zur Sicherung des Lebensunterhaltes* die Kosten für Ernährung, Kleidung, Körperpflege, Hausrat, Bedarfe des täglichen Lebens sowie in begrenztem Umfang zur Teilnahme am gesellschaftlichen Leben. ALG II kann im Prinzip zeitlich unbegrenzt bis zum Erreichen der Regelaltersgrenze der Gesetzlichen Rentenversicherung bezogen werden. Bei der Berechnung des Regelsatzes werden die unterschiedlichen persönlichen bzw. familiären Konstellationen berücksichtigt. Für bedürftige Angehörige wird das sog. *Sozialgeld* bezahlt, sofern diese keinen ausreichenden Anspruch auf andere Unterhalts- bzw. Sozialleistungen haben (z. B. nach SGB XII *Grundsicherung im Alter oder bei Erwerbsminderung* bzw. SGB IX *Rehabilitation und Teilhabe behinderter Menschen*).

In besonderen Fällen (z. B. bei Drogen- oder Alkoholsucht bzw. bei unwirtschaftlichem Verhalten) kann die Regelleistung nach Paragraph 24 Abs. 2 SGB II ganz oder teilweise als *Sachleistung* gewährt werden.

Regelungen zur Gesetzlichen Kranken-, Pflege- und Rentenversicherung

Grundsätzlich sind die Leistungsempfänger*innen in der gesetzlichen *Kranken- und Pflegeversicherung* pflichtversichert. Die Meldung erfolgt durch den zuständigen Träger der Grundsicherung an die bisherige Krankenkasse. Seit dem 1. Januar 2016 ist der Vorrang auf eine Familienversicherung entfallen. Dadurch wird jede erwerbsfähige Bezieher*in über 15 Jahren automatisch pflichtversichert. Privat Krankenversicherte erhalten einen Zuschuss zu ihren Beiträgen von max. 384,58 € monatlich (Stand: 2021). Im Übrigen besteht auch Schutz im Rahmen der *Unfallversicherung*. Dieser greift bei Unfällen auf dem Weg zum und vom Jobcenter. Die Leistungsbezieher*innen sind seit dem 1. Januar 2011 nicht mehr in der gesetzlichen *Rentenversicherung* pflichtversichert. Es werden allerdings Anrechnungszeiten gemeldet, die im Einzelfall wichtig werden können, wenn es um die Erfüllung von Anwartschaften etwa für den Bezug von Erwerbsminderungsrenten oder Leistungen der (beruflichen) Rehabilitation geht.

Mehrbedarfe und einmalige Leistungen

Nicht alle Kosten der Lebensführung werden über den Regelsatz erfasst. Nach Paragraph 21 SGB II können deshalb für unabwendbare Bedarfe sog. *Mehrbedarfszuschläge* beantragt werden. Diese Zuschläge erhöhen den monatlichen Auszahlungsbetrag solange der Bedarf besteht und nachgewiesen werden kann. Dies gilt zum Beispiel bei laufend erhöhten Ausgaben während der Schwangerschaft, bei Alleinerziehenden sowie bei Personen, die aus medizinischen Gründen eine kostenaufwändige Ernährung benötigen. Für andere Ausgaben, die nicht regelmäßig anfallen, wie etwa für die Kosten der Erstausstattung einer Wohnung oder für Bekleidung und Erstausstattung bei Schwangerschaft und Geburt, aber auch für die Anschaffung von orthopädischen Schuhen sowie Reparaturen von therapeutischen Geräten bzw. deren Mietkosten, können *einmalige Leistungen* beantragt werden. Die Höhe der Leistung hängt von den erforderlichen Aufwendungen ab und soll nachvollziehbare Erfahrungswerte berücksichtigen (Paragraph 24 Abs. 3 SGB II).

Das Bildungs- und Teilhabepaket (BuT)
Durch die pauschalen Regelsätze ist die Leistungserbringung übersichtlicher und einfacher geworden. Zugleich zeigt die Praxis, dass die Pauschalierung gerade bei der Absicherung von Kindern zu wenig flexibel auf die Wechselfälle des Lebens ausgerichtet ist. Hier hat der Gesetzgeber nach einem Urteil des Bundesverfassungsgerichts aus dem Jahr 2010 (BVerfG, 1 BvL 1/09 vom 9. Februar 2010) reagiert und die Leistungen für *Bildung und Teilhabe* (BuT) in das SGB II aufgenommen (Paragraphen 28 bis 30 SGB II). Das BuT richtet sich vor allem an Schüler*innen, die das 25. Lebensjahr noch nicht vollendet haben, eine allgemein- oder berufsbildende Schule besuchen und keine Ausbildungsvergütung erhalten. Das BuT bezuschusst bzw. deckt Kosten für folgende Leistungen ab:

- eintägige Schul- und Kita-Ausflüge,
- mehrtägige Klassen- und Kita-Fahrten,
- den persönlichen Schulbedarf,
- die Beförderung von Schüler*innen zur nächstgelegenen Schule,
- außerschulische Lernförderungen,
- Zuschuss zur Teilnahme an einer gemeinschaftlichen Mittagsverpflegung in Schule oder Kindertageseinrichtung
- sowie die Teilnahme am sozialen und kulturellen Leben in der Gemeinschaft, zum Beispiel durch Besuch einer Musikschule, Mitgliedschaft in einem Sportverein oder Teilnahme an Kursen.

Leistungen für Unterkunft und Heizung
Im Rahmen des SGB II werden auch die angemessenen *Kosten für Unterkunft und Heizung* übernommen, wobei die Höhe der tatsächlich anerkannten Kosten von Kommune zu Kommune unterschiedlich ist. Sind die Kosten einer Wohnung unangemessen, dann werden sie nur solange übernommen, wie es der Empfänger*in nicht zumutbar oder nicht möglich ist, diese zu senken (in der Regel für max. sechs Monate). Danach werden nur noch die angemessenen Kosten erstattet. Zur Vermeidung von Wohnungslosigkeit bzw. wenn eine Räumungsklage droht, können *Mietschulden* darlehnsweise übernommen

werden. Die *Heizkosten* schließlich sind in tatsächlicher Höhe zu übernehmen. Fallen diese unangemessen hoch aus, kann die Leistungsbezieher*in nach einer Anhörung dazu aufgefordert werden, diese zu senken. Erst danach kann eine (Teil-)Übernahme der Kosten durch den Leistungsträger versagt werden. Eine Sonderregelung betrifft die *unter 25 jährigen Hilfebedürftigen*. Bei ihnen werden die Wohnkosten nur anerkannt, wenn der kommunale Träger dies vor Abschluß des Mietvertrages zugesagt hat. Kann die betroffene Person aus schwerwiegenden sozialen Gründen nicht in der Wohnung der Eltern bzw. eines Elternteils verbleiben (z. B. nach Heirat, bei Schwangerschaft oder Gründung eines eigenen Hausstandes mit Kindern) muss der kommunale Träger die Kosten übernehmen. Gleiches gilt auch, wenn der Umzug wegen der Eingliederung in den Arbeitsmarkt nötig wird.

Hinzuverdienst und Aufstockung

SGB II-Leistungen können auch beantragt werden, wenn das Erwerbseinkommen unterhalb des Leistungsniveaus des ALG II liegt *(Aufstocker*innen)*. Zwar wird das Arbeitseinkommen auf das ALG II/Sozialgeld angerechnet, gleichwohl soll so Beschäftigung erhalten bzw. die Arbeitsaufnahme gefördert werden. Für die Anrechnung von Einkommen gilt ein *Grundfreibetrag* von 100 € monatlich. Diesen Betrag darf die Leistungsempfänger*in also für sich behalten. Wird darüber hinaus gehendes Einkommen erzielt, bleiben bis zur Grenze von 1000 € 20 % anrechnungsfrei. 80 % des Einkommens zwischen 101–1000 € werden also auf das ALG II angerechnet. Bei einem Bruttoeinkommen bis 1200 € werden 90 % auf das Arbeitslosengeld angerechnet. Lediglich 10 % des Zuverdienstes bleiben anrechnungsfrei. Wenn Kinder im Haushalt leben, erhöht sich die Einkommensgrenze auf 1500 € monatlich. Bei der Berechnung des Einkommens werden zudem berufsbedingte Ausgaben (z. B. Fahrtkosten, Versicherungen) etc. abgezogen.

Dynamisierung der Leistungen

Jeweils zum 1. Januar eines Jahres erfolgt die *Dynamisierung* des Regelsatzes anhand des *Regelbedarfsermittlungsgesetzes* (RBEG). Als Grundlage dienen die Ergebnisse der Einkommens- und Verbrauchsstichprobe (EVS), die das Statistische Bundesamt regelmäßig erhebt. Für die Berechnung der Regelsätze werden Sonderauswertungen zur Ermittlung der durchschnittlichen Verbrauchsausgaben einkommensschwacher Haushalte vorgenommen. Insgesamt gehen 12 Ausgabengruppen in die Berechnung ein (z. B. Abteilung 1 und 2: Ausgaben für Nahrungsmittel, Getränke, Tabakwaren; Abteilung 3: Bekleidung und Schuhe; Abteilung 10: Bildungswesen usw.). Unterschieden wird nach dem Konsumverhalten von Einpersonenhaushalten und Paarhaushalten mit Kindern.

Haushalte, die Leistungen nach dem Asylbewerberleistungsgesetz, SGB II und/oder SGB XII beziehen, werden aus den Referenzgruppen herausgerechnet. Für die abschließende Festlegung der Regelsätze werden dann bei den Einpersonenhaushalten die unteren 15 % und bei den Familienhaushalten die unteren 20 % aller Haushalte als maßgebliche Bestimmungsgrößen berücksichtigt. Da die EVS nur alle 5 Jahre vorliegt, wird in den Jahren, in denen keine Neuermittlung erfolgen kann, der Regelsatz mithilfe eines Mischindex angepasst. Dieser bezieht die Preisentwicklung regelbedarfsrelevanter Güter und Dienstleistungen (70 %) sowie die Entwicklung der Nettolöhne (30 %) ein.

Ausblick und Trends
Art und vor allem Umfang der Arbeitsförderbestimmungen unterliegen ständigen Veränderungen. Das kann strukturpolitische Entscheidungen ebenso zur Ursache haben wie fiskalpolitische Einsparziele. Im Jahr 2002 hat die damalige rot-grüne Bundesregierung die wohl bislang tiefgreifendsten Änderungen auf den Weg gebracht. Zum Leitmotiv der neuen Arbeits*förderungs*politik wurde die durch Erwerbsarbeit vermittelte soziale Integration *(workfare statt welfare)*. Der Förderung der Beschäftigungsfähigkeit durch Beratung und Qualifizierung wird höchste Priorität eingeräumt. Personen, die sich nicht ausreichend um Vermittlung bemühen, werden mit Sanktionen belegt. Zur Messlatte macht diese Politik nicht Art und Umfang ‚guter' Arbeit, sondern die Höhe des Beschäftigungsniveaus. Es hat lange gedauert, aber auf dem Bundesparteitag im Dezember 2019 hat sich die SPD endgültig von den von ihr selbst mit in Gang gesetzten Reformen verabschiedet und so den Weg für ein neues Sozialstaatskonzept freigemacht, „um Hartz IV zu überwinden und ein Bürgergeld einzuführen." (SPD 2021, o. S.)

Es ist vor allem der Corona-Pandemie geschuldet, dass die politische Auseinandersetzung um dieses Konzept und zahlreiche andere Reformvorschläge von Parteien und Verbänden kaum in die öffentliche Wahrnehmung dringt. Es ist gleichzeitig der Corona-Pandemie zu verdanken, dass die Bundesregierung konkrete – wenn auch zeitlich befristete – Änderungen vor allem am SGB II *Grundsicherung für Arbeitsuchende* vornehmen kann bzw. muss, die den Weg für eine echte Reform – verstanden als eine Veränderung zum Besseren – weisen können. So hat die Bundesregierung im Zuge der Bekämpfung der Corona-Pandemie bislang zwei Sozialschutz-Pakete zur Abfederung sozialer und wirtschaftlicher Folgen auf den Weg gebracht (Stand: 15. März 2021). Mit dem sog. Sozialschutzpaket 1 *(Gesetz für den erleichterten Zugang zur sozialen Sicherung und zum Einsatz und zur Absicherung sozialer Dienstleister aufgrund des CoronaVirus SARS-CoV-2)* sollte vor allem das SGB II leichter zugänglich gemacht und die Sanktionsmöglichkeiten ausgesetzt werden. Folgende Maßnahmen wurden für den Zeitraum vom 1. März 2020 bis 31. März 2021 umgesetzt:

- eine befristete Aussetzung der Berücksichtigung von Vermögen,
- eine befristete Anerkennung der tatsächlichen Aufwendungen für Unterkunft und Heizung als angemessen und
- Erleichterungen bei der Berücksichtigung von Einkommen in Fällen einer vorläufigen Entscheidung.[49]

Im Rahmen des Koalitionsausschusses der Großen Koalition vom 3. Februar 2021 wurden diese Regelungen zunächst bis zum 31. Dezember 2021 verlängert. Mit seinem Entwurf für ein *elftes Gesetz zur Änderung des Zweiten Sozialgesetzbuches und anderer Gesetze* hat Bundesarbeitsminister *Hubertus Heil* (SPD) zum Jahresbeginn 2021 die Frage aufgeworfen, ob die zunächst befristeten Änderungen nach Auslaufen der Corona-Sonderregeln dauerhaft beibehalten werden sollen. Konkrete Vorschläge aus dem Entwurf sind:

1. Einführung einer *Karenzzeit:* Neuantragsteller*innen sollen in den ersten zwei Jahren grundsätzlich weder das eigene Vermögen angreifen noch eine zu teure Wohnung aufgeben müssen.
2. Neue Freigrenzen für das *Schonvermögen:* Für einen Single-Haushalt soll ein Vermögen von 60.000 € anrechnungsfrei bleiben. Hinzu kommt für den nicht getrennt lebenden Ehegatten, die Lebenspartner*in und für minderjährige unverheiratete Kinder, die dem Haushalt angehören, ein Freibetrag von zusätzlich jeweils 30.000 €. Ein Ehepaar mit zwei Kindern kommt so beispielsweise auf einen Freibetrag von 150.000 €. Auch soll selbstgenutztes Wohneigentum nicht mehr zum Vermögen zählen.
3. *Sanktionen:* Wurde zu Beginn der Pandemie ganz auf Sanktionen verzichtet, sollen diese nun in Einklang mit dem Urteil des Bundesverfassungsgerichtes aus dem Jahr 2019 gebracht werden. So darf der Regelsatz dem Entwurf zufolge zukünftig maximal um 30 % gekürzt werden. Kommt eine sanktionierte Person den geforderten Verpflichtungen nach, soll die Sanktion direkt beendet werden. In diesem Kontext sollen auch die verschärften Sanktionen für unter 25 Jährige abgeschafft werden.
4. *Qualifizierung* statt Arbeit um jeden Preis: Der Auf- und Ausbau von beruflichen Qualifikationen soll im Mittelpunkt der aktiven Maßnahmen stehen und nicht länger die schnellstmögliche Vermittlung in Arbeit. Hierzu soll auch eine monatliche Bonuszahlung in Höhe von 75 € für die Teilnahme an einer berufsabschlussbezogenen Weiterbildung dienlich sein. (vgl. Roßbach 2021)

---

[49] Vgl. Bundesministerium für Arbeit und Soziales: Sozialschutzpakte (Stand 28. Mai 2020). https://www.bmas.de/DE/Corona/sozialschutz-paket.html. Zugegriffen: 15. März 2021

Mindestens drei Konfliktfelder, die schon die Diskussion um die damalige Agenda 2010-Politik bestimmt haben, werden auch in der Debatte um diese *bedingungsärmere Grundsicherung* an Fahrt gewinnen: „Erstens wird normativ (wieder) über die richtige Balance zwischen dem Fordern und Fördern gestritten und es werden Gerechtigkeitsfragen etwa zwischen Leistungsbeziehenden und Steuerzahlenden thematisiert. Hierzu zählt zweitens die Frage nach den arbeitsmarktpolitischen Wirkungen: BefürworterInnen betrachten eine Reduzierung individuellen Drucks bei gleichzeitiger Konzentration der Arbeitsverwaltung auf Beratung und Qualifizierung als positive Folgen. KritikerInnen hingegen argumentieren, dass eine solche Reform das Fordern unterbetone und die Arbeitsmarktdynamik zu hemmen drohe. Zu guter Letzt werden drittens fiskalpolitische Aspekte debattiert und der finanzielle Mehraufwand in Höhe von jährlich rund 310 Mio. EUR problematisiert." (Beckmann et al. 2021, S. 2).

Es sollte nicht übersehen bzw. vergessen werden, dass die Zusammenlegung der Arbeitslosen- und Sozialhilfe seinerzeit ein auch von Expert*innen lange gefordertes Projekt war, überwindet es doch das der deutschen Sozialbürokratie eigene Festhalten am *Kausalprinzip,* das Hilfeempfänger*innen nicht in ihren Bedarfslagen, sondern nach sozialrechtlicher Kategorie behandelt.

Auch mit dem vorliegenden Referenten-Entwurf zur Weiterentwicklung des SGB II *Grundsicherung für Arbeitsuchende* stellt sich pointiert die Frage, wie Lohnersatzleistungen (Arbeitslosengeld I/II), Sozialhilfe und soziale Dienstleistungen quantitativ und qualitativ in Zukunft gestaltet werden sollen. Hierzu gehört auch die Frage, wie das Setting aus aktiven und passiven Instrumenten organisatorisch und inhaltlich in Zukunft aufeinander bezogen werden kann, um unerwünschte Steuerungseffekte zu vermeiden. Denn ein Teil der *Forderinstrumente*, wie die verschärften Zumutbarkeitsregelungen oder eindimensional am Eingliederungserfolg einer Maßnahme bemessene Refinanzierungsbedingungen für die Träger von Aus-, Fort- und Weiterbildungsmaßnahmen befördern in der Tendenz eher soziale Ausgrenzung *(creaming the poor),* weil sie Anreize dafür schaffen, vorrangig Arbeitslose mit geringen Vermittlungshemmnissen und guten Vermittlungschancen in beschäftigungsfördernde Maßnahmen aufzunehmen. (vgl. Bäcker und Neubauer 2018)

Ein weiteres Problem kommt hinzu. Schon heute zeigt sich, dass der bereits bestehende Vermittlungsansatz des Hartz-Konzeptes von der Bundesagentur für Arbeit oder von kommunalen Strukturen in seiner Breite kaum umsetzbar ist. So ist die schroffe Teilung zwischen denen, die mindestens drei Stunden am Tag dem Arbeitsmarkt zur Verfügung stehen (SGB II), und denjenigen, bei denen dieses nicht der Fall ist bzw. aufgrund des Alters kein Kriterium darstellt (SGB XII), zu grob. Es gilt einen arbeitslosen Hochschulabsolventen ebenso

zu betreuen, wie eine drogenabhängige Jugendliche ohne Schulabschluss. Da
die Mitarbeiter*innen bei den kommunalen Trägern häufig keine ausreichende
sozialarbeiterische/-pädagogische Beratungskompetenz aufweisen, ist die Fall-
bearbeitung in der Regel zu schematisch und hierarchisch angelegt. So entsteht in vielen Fällen keine echte Beratungssituation. Im Ergebnis gibt es nicht
nur eine wachsende Zahl von Personen, die der Sache nach sowohl dem SGB II
als auch dem SGB XII zuzuordnen sind und die nun weder über das eine noch
über das andere System allein angemessen integriert werden. Die erbrachten
Betreuungsleistungen – gerade bei jungen Menschen unter 25 Jahren – sind noch
dazu häufig eher aktionistisch und folgen keiner auf die individuelle Lebenssituation abgestimmten Hilfeplanung. Das kann auch gar nicht anders sein, wenn
in der Beratung kein Raum für eine *lebensweltorientierte Hilfeplanung* bleibt
(vgl. Thiersch 1992), weil das Ziel vor allem auf die schnelle Beendigung des
Leistungsbezugs ausgerichtet ist. Für stabile Beziehungsarbeit bleibt unter diesen
Rahmenbedingungen keine Zeit. Hier liegt auch das (sozialarbeiterische) Problem
begründet, dass Menschen nicht nur Aneignungs*gelegenheiten* benötigen, sondern
auch und gerade in ihren Aneignungs*fähigkeiten* unterstützt werden müssen. Die
beste Maßnahme zielt ins Leere, wenn sie nicht passgenau auf die Ressourcen
und Defizite einer Zielgruppe abgestimmt sind. (vgl. Schütte 2013) Hinzu kommt
gerade bei jungen Menschen noch eine Schnittstellenproblematik mit den Hilfen
des SGB VIII *Kinder- und Jugendhilfe,* in dessen Fokus nicht in erster Linie die
Integration in Arbeit, sondern Hilfen zur Entwicklung einer selbstverantwort-
lichen und gemeinschaftsfähigen Persönlichkeit im Vordergrund stehen. (vgl.
Hinrichs 2018) Der aus dem Arbeitsministerium bekannt gewordene Entwurf
greift diese Fragen bislang nur in Ansätzen auf. Er zielt in der Sicherung von Ver-
mögensinteressen (noch) zu sehr auf die Verteilungsinteressen der Mittelschichten
unserer Gesellschaft. Aber auch dieses reicht schon für aufgeregte Reaktionen:
„So sah der Vorsitzende des Deutschen Gewerkschaftsbundes, Reiner Hoff-
mann, in dem Vorhaben einen ‚sozialpolitischen Meilenstein‘, wohingegen der
sozialpolitische Sprecher der FDP-Bundestagsfraktion, Pascal Kober, vor einer
‚(…) Einführung des bedingungslosen Grundeinkommens durch die Hintertür‘
warnte." (Beckmann et al. 2021, S. 2)

4.6.1.3 SGB XII *Sozialhilfe*

Das *Bundessozialhilfegesetz* (BSHG) aus dem Jahr 1961 ist der Vorläufer des
heutigen SGB XII *Sozialhilfe*. Das BSHG wurde zum 1. Januar 2005 im Zuge der
damaligen Arbeitsmarktpolitik als Zwölftes Buch in das Sozialgesetzbuch (SGB
XII) integriert und dabei in Teilen neu geregelt. Die Sozialhilfe stellt eine *steuerfinanzierte* Fürsorgeleistung dar, die der Sozialstaat v. a. über die Kommunen als

letztes Auffangnetz im System der sozialen Sicherung bereitstellt. Seinem Wesen nach schafft es für soziale Risiken eine Absicherung, die nicht durch andere Systeme aufgefangen werden, etwa durch die Sozialversicherung, staatliche Versorgungssysteme oder Ansprüche gegenüber privaten Personen. Zugleich wurde mit der Zusammenlegung der Arbeitslosenhilfe und Sozialhilfe eine systematische Trennung der Leistungsbereiche vollzogen (vgl. Abschn. 4.6.1.2). So ist das SGB II *Grundsicherung für Arbeitsuchende* auf *erwerbsfähige* und das SGB XII *Sozialhilfe* auf *nicht (mehr) erwerbsfähige* Menschen ausgerichtet. Da es sich sowohl beim SGB II als auch beim SGB XII um Fürsorgeleistungen handelt, gibt es große Übereinstimmungen bei den Prinzipien der Leistungserbringung und der Ausgestaltung der Geldleistung *(Regelbedarf)*. Mit der Integration des BSHG in das Sozialgesetzbuch ist der Kreis der Anspruchsberechtigten also stark eingeschränkt worden. Das SGB XII hat in gewisser Weise seine ursprüngliche Funktion als eine einzelfallbezogene Sonderleistung in *kommunaler Trägerschaft* und Finanzierung wieder zurückhalten, auch wenn es inzwischen wieder zu einem systematischen Anstieg einiger Risikobereiche kommt. So steigt zum Beispiel die Inanspruchnahme bei der *Grundsicherung im Alter* als Folge zu niedriger Renten deutlich an, offenbar aber auch, weil immer mehr alte Menschen bereit sind, diese Sozialleistung tatsächlich in Anspruch zu nehmen, was einerseits als Verringerung der *Dunkelziffer,* andererseits als Anzeichen für steigende Altersarmut aufgrund eines sinkenden Rentenniveaus interpretiert werden kann (vgl. Abschn. 4.5).

Aufgaben und Ziele des SGB XII Sozialhilfe
Nach Paragraph 1 SGB XII ist es Aufgabe der Sozialhilfe, den Empfänger*innen „die Führung eines Lebens zu ermöglichen, das der Würde des Menschen entspricht." Die Hilfeleistung soll eine kurzfristige Nothilfe sein und die Bezieher*innen dabei unterstützen, „unabhängig von ihr zu leben", zugleich ist damit die Aufforderung an die Leistungsbezieher*innen verbunden, darauf „nach ihren Kräften hinzuarbeiten" *(Hilfe zur Selbsthilfe)*.

Auch im SGB XII gilt das *Aktivierungsprinzip*. Nach Paragraph 11 SGB XII werden die Leistungsberechtigten beraten und unterstützt. In Absatz 2 werden die Beratungsinhalte und Ziele der Beratung festgelegt: „Die Beratung betrifft die persönliche Situation, den Bedarf sowie die eigenen Kräfte und Mittel sowie die mögliche Stärkung der Selbsthilfe zur aktiven Teilnahme am Leben in der Gemeinschaft und zur Überwindung der Notlage. Die aktive Teilnahme am Leben in der Gemeinschaft umfasst auch ein gesellschaftliches Engagement. Zur Überwindung der Notlage gehört auch, die Leistungsberechtigten für den Erhalt von Sozialleistungen zu befähigen. Die Beratung umfasst auch eine gebotene Budgetberatung." Um die Leistungsempfänger*innen bei der Überwindung der

Bedürftigkeit zu unterstützen, werden im Sinne des Förderns und Forderns die *Aktivierungselemente* durch Beratungsleistungen, gegenseitige schriftliche Vereinbarungen und die Bereitstellung von Tagesbetreuungsplätzen für die Kinder Alleinerziehender gestärkt (Paragraph 11 SGB XII). Andererseits können nach Paragraph 39a SGB XII die Leistungen auch in Stufen von 25 % gekürzt werden, wenn die Hilfeempfänger*innen entgegen ihrer Verpflichtung die Aufnahme einer Tätigkeit oder die Teilnahme an einer vorbereitenden Maßnahme ablehnen *(Sanktionen)*.

Leistungsberechtigter Personenkreis
In Paragraph 19 SGB XII werden leistungsberechtigte Personengruppen benannt. Da die Leistungen des SGB XII nach Lebensphasen bzw. Hilfeformen differenziert sind, ergeben sich unterschiedliche Gruppen bzw. Lebenssituationen, für die bzw. in denen das SGB XII greifen kann:

1. Anspruch auf *Hilfe zum Lebensunterhalt* (3. Kapitel) haben Personen, „die ihren notwendigen Lebensunterhalt nicht oder nicht ausreichend aus eigenen Kräften und Mitteln, insbesondere aus ihrem Einkommen und Vermögen, bestreiten können" und die keine anderen (ausreichenden) Ansprüche geltend machen können.
2. *Grundsicherung im Alter und bei Erwerbsminderung* (4. Kapitel) können Personen erhalten, die die Altersgrenze der gesetzlichen Rentenversicherung erreicht oder volljährig und dauerhaft voll erwerbsgemindert sind, sofern auch hier Bedürftigkeit vorliegt.
3. *Hilfen zur Gesundheit, Hilfe zur Pflege, Hilfe zur Überwindung besonderer sozialer Schwierigkeiten und Hilfen in anderen Lebenslagen* (5. – 9. Kapitel) werden geleistet, „soweit den Leistungsberechtigten, ihren nicht getrennt lebenden Ehegatten oder Lebenspartnern und, wenn sie minderjährig und unverheiratet sind, auch ihren Eltern oder einem Elternteil die Aufbringung der Mittel aus dem Einkommen und Vermögen (…) nicht zuzumuten ist."

Auch *Ausländer*innen* können unter bestimmten Voraussetzungen Leistungen aus dem SGB XII erhalten (Paragraph 23 SGB XII). *Deutsche, die ihren gewöhnlichen Aufenthalt im Ausland* haben, erhalten keine Sozialhilfe. Hiervon kann abgewichen werden, wenn aus rechtlichen Gründen ein Kind im Ausland betreut werden muss, dort längerfristige stationäre Betreuung/Pflege erforderlich ist oder hoheitliche Gewalt die Rückkehr nach Deutschland verhindert. Das Gesetz sieht auch dann die Finanzierung im Ausland wohnender Personen vor, wenn diesen ein Aufenthalt in Deutschland nicht zumutbar ist (Opfer des Naziregimes).

Anspruch auf Sozialhilfe entsteht *dem Grunde nach.* Es müssen also keine Vorleistungen etwa in Form von Beiträgen erbracht werden. Die Antragsteller*innen müssen aber im Sinne des Gesetzes *bedürftig* sein. Und sie müssen alle anderen Sicherungs- und Unterstützungsleistungen, die ihnen zu Verfügung stehen (könnten), vorrangig in Anspruch nehmen *(Nachrangigkeit der Sozialhilfe).* Zwar sind mit der Einführung des SGB II die *Hilfen zur Arbeit* aus dem SGB XII herausgenommen worden, gleichwohl können Hilfeempfänger*innen, die nicht erwerbsfähig sind, aber angehalten werden, zu arbeiten bzw. sich an berufsvorbereitenden Maßnahmen zu beteiligen. Wenn Leistungsberechtigte durch die Aufnahme einer zumutbaren Tätigkeit eigenes Einkommen erzielen können, sind sie zur Beschäftigungsaufnahme sogar verpflichtet. Denn werden diese Ressourcen nicht genutzt, greift Paragraph 2 Abs. 1 SGB XII und der Anspruch auf Leistung erlischt: Sozialhilfe erhält *nicht,* „wer sich vor allem durch Einsatz seiner Arbeitskraft, seines Einkommens und seines Vermögens selbst helfen kann oder wer die erforderliche Leistung von anderen, insbesondere von Angehörigen (…) erhält."

Dieses Nachrangigkeitsprinzip gilt auch gegenüber allen anderen Sozialleistungen. Paragraph 2 Abs. 2 bestimmt, dass „auf Rechtsvorschriften beruhende Leistungen anderer (…) nicht deshalb versagt werden [dürfen, d. Verf.], weil nach dem Recht der Sozialhilfe entsprechende Leistungen vorgesehen sind." Wenn sich die unterschiedlichen Träger der Sozialgesetzbücher die Zuständigkeit für eine Hilfeempfänger*innen gegenseitig hin und her schieben, ist dies rechtlich also nicht zulässig.

Andererseits können die Leistungen nach SGB XII nicht verwehrt werden, wenn die Bedürftigkeit vorliegt und die Zuständigkeit der Sozialhilfeträger gegeben ist. Unter dieses letzte soziale Netz soll niemand fallen (ausgenommen: Zielgruppen des Asylbewerberleistungsgesetzes sowie in bestimmten Fällen EU-Bürger*innen). (vgl. Schmidt 2019) Allerdings ist nach Paragraph 26 SGB XII die Einschränkung „bis auf das zum Lebensunterhalt Unerlässliche" möglich. Dies gilt, wenn volljährige Erwachsene „ihr Einkommen oder Vermögen vermindert haben in der Absicht, die Voraussetzungen für die Gewährung oder Erhöhung der Leistung herbeizuführen, (…) [oder Hilfeempfänger*innen, d. Verf.] trotz Belehrung ihr unwirtschaftliches Verhalten fortsetzen."

Träger des SGB XII Sozialhilfe
In Paragraph 3 SGB XII werden die Träger der Sozialhilfe benannt. Sie wird von den *örtlichen* und *überörtlichen Trägern* geleistet. Örtliche Träger der Sozialhilfe sind die kreisfreien Städte und die Kreise. Die genaue Festlegung erfolgt durch *Landesrecht,* wobei zu gewährleisten ist, dass die örtlichen Träger mit

der Übertragung dieser Aufgaben einverstanden und zur Erfüllung der Aufgaben geeignet sind, sowie dass die Erfüllung dieser Aufgaben in dem gesamten Kreisgebiet sichergestellt werden kann. Die *überörtlichen* Träger der Sozialhilfe werden durch die Bundesländer bestimmt. Als Träger kommen die Bundesländer selbst oder höhere *Kommunalverbände* in Frage. In Deutschland existieren 23 überörtliche Träger, die sich in der *Bundesarbeitsgemeinschaft der überörtlichen Träger der Sozialhilfe* (BAGüS) zusammengeschlossen haben.[50] Sie beschäftigen sich vor allem mit Fragen von überörtlicher Bedeutung und/oder besonderer finanzieller Tragweite. Auch die inhaltliche und konzeptionelle Weiterentwicklung von Hilfen fällt in ihre Zuständigkeit.

Paragraph 4 SGB XII verpflichtet die Träger der Sozialhilfe zur Kooperation mit anderen Akteuren: „Ist die Beratung und Sicherung der gleichmäßigen, gemeinsamen oder ergänzenden Erbringung von Leistungen geboten, sollen zu diesem Zweck Arbeitsgemeinschaften gebildet werden." Dies schließt auch die *Träger der freien Wohlfahrtspflege* ein. Paragraph 5 SGB XII bestimmt, dass die Träger der Sozialhilfe bei der Umsetzung der Sozialhilfeleistungen mit den Kirchen und Religionsgesellschaften des öffentlichen Rechts sowie den Verbänden der freien Wohlfahrtspflege zusammenarbeiten sollen. Dabei ist die Selbstständigkeit der Wohlfahrtspflege in Zielsetzung und Durchführung ihrer Aufgaben zu achten. Wird eine Leistung durch die freie Wohlfahrtspflege erbracht, „sollen die Träger der Sozialhilfe von der Durchführung eigener Maßnahmen absehen. Dies gilt nicht für die Erbringung von Geldleistungen." *(Subsidiaritätsprinzip)*

In Paragraph 6 SGB XII ist festgeschrieben, dass bei den Trägern der Sozialhilfe nur Personen beschäftigt werden, „die sich hierfür nach ihrer Persönlichkeit eignen und in der Regel entweder eine ihren Aufgaben entsprechende Ausbildung erhalten haben oder über vergleichbare Erfahrungen verfügen." Darüberhinaus müssen die Träger „eine angemessene fachliche Fortbildung ihrer Fachkräfte [gewährleisten, d. Verf.]. Diese umfasst auch die Durchführung von Dienstleistungen, insbesondere von Beratung und Unterstützung."

Leistungen des SGB XII Sozialhilfe

Sozialhilfe muss zunächst nicht formal beantragt werden. Sie ist zu gewähren, sobald dem Träger der Sozialhilfe der Bedarfsfall bekannt wird. Das SGB XII leistet Hilfen in sechs unterschiedlichen Lebensbereichen bzw. Lebenslagen. In Paragraph 8 SGB XII sind die Leistungen zusammengefasst (vgl. Abb. 4.10).

---

[50]Vgl. weitere Informationen zur BAGüS unter https://www.bagues.de/de/. Zugegriffen: 16. März 2021.

Grundsicherung im Alter und bei Erwerbsminderung (4. Kapitel, §§ 41 bis 46)	Hilfe zur Gesundheit (5. Kapitel, §§ 47 bis 52)	Eingliederungshilfe für behinderte Menschen (6. Kapitel, §§ 53 bis 60)
	SGB XII Sozialhilfe	*weggefallen*
Hilfe zum Lebensunterhalt (3. Kapitel, §§ 27 bis 40) ------------------------------- • Regelbedarf • Unterkunft / Heizung • Einmalige Leistungen • Mehrbedarfszuschläge	• Ewerbsunfähigkeit u./o. Alter • Bedürftigkeit • Individualisierungs- und Bedarfsdeckungsprinzip • Mitwirkungspflicht • Aktivierungsprinzip • Subsidiarität / Nachrangigkeit • Anspruch *dem Grunde nach* • Steuerfinanzierung • Träger: Kommunen und Länder	vgl. Kapitel 4.6.1.4 ------------------------------- Hilfe zur Pflege (7. Kapitel, §§ 61 bis 66)
	Hilfe in anderen Lebenslagen (9. Kapitel, §§ 70 bis 74)	Hilfe zur Überwindung besonderer sozialer Schwierigkeiten (8. Kapitel, §§ 7 bis 69)

Abb. 4.10 Schematische Übersicht der Hilfen und Prinzipien im SGB XII *Sozialhilfe*. (Quelle: SGB XII Sozialhilfe, eigene Darstellung)

Auf die Leistungen des SGB XII *Sozialhilfe* haben die Hilfesuchenden einen *Rechtsanspruch*. Allerdings liegt dessen Ausgestaltung im Ermessen des Trägers der Sozialhilfe (Paragraph 17 SGB XII). Dabei ist jedoch Paragraph 9 SGB XII zu beachten: Art, Form und Umfang der Hilfeleistung müssen sich „nach der Besonderheit des Einzelfalls, insbesondere nach der Art des Bedarfs, den örtlichen Verhältnissen, den eigenen Kräften und Mitteln der Person oder des Haushalts bei der Hilfe zum Lebensunterhalt" richten *(Individualisierungsprinzip)*.

Vor der Leistungserbringung erfolgt eine *Bedürftigkeitsprüfung* durch den örtlichen Träger der Sozialhilfe. Hier werden zum einen vorrangige Sozialleistungsansprüche geprüft, die die beantragende Person geltend machen und/oder an den Träger der Sozialhilfe übertragen muss (Paragraph 93 SGB XII). Zum anderen werden nach Paragraph 94 SGB XII die Ansprüche gegenüber Unterhaltspflichtigen geprüft – also der Eltern gegenüber den Kindern und umgekehrt. Die Höhe des Unterhaltsanspruchs ergibt sich aus dem *Bürgerlichen Gesetzbuch* (Paragraph 1601 BGB). Die Frage ist, wie weit die Unterhaltspflicht geht. Im Rahmen der *Familiensubsidiarität* gibt es zwar keine altersmäßige, aber eine Begrenzung des finanziellen Volumens. So ist die Lebenssituation des Unterhaltspflichtigen in die rechtliche Beurteilung mit einzubeziehen, was zur Folge hat, dass der Unterhaltsanspruch nur dann an den Träger der Sozialhilfe übergeht, wenn dies keine unangemessene Härte bedeutet (BVerfG – 1 BvR 1508/96 –, Rn. 1–60 vom 7. Juni 2005). Aufgrund dieses Urteils des Bundesverfassungsgerichts gilt im SGB XII seit dem 1. Januar 2020, dass Kinder ihren Eltern gegenüber erst ab einem Jahresbruttoeinkommen von 100.000 € unterhaltsverpflichtet sind. (vgl. Berliner Senatsverwaltung für Integration, Arbeit und Soziales 2019, o. S.)

Auch die Umstände, unter denen eine Person lebt, fließen in die Bedürftigkeitsprüfung ein. Wohnt eine Antragsteller*in „gemeinsam mit anderen Personen in einer Wohnung oder in einer entsprechenden anderen Unterkunft, so wird vermutet, dass sie gemeinsam wirtschaften *(Haushaltsgemeinschaft)* und dass die nachfragende Person von den anderen Personen Leistungen zum Lebensunterhalt erhält, soweit dies nach deren Einkommen und Vermögen erwartet werden kann." (Paragraph 39 SGB XII) Nur wer also nachweisen kann, dass in seinem Haushalt nicht gemeinsam gewirtschaftet wird, bekommt Hilfe zum Lebensunterhalt. Bei Schwangeren und/oder Personen, die ein Kind betreuen, das noch keine sechs Jahre alt ist, sowie wenn pflege- bzw. betreuungsbedürftige Personen in dem Haushalt leben, kommt diese Vorschrift nicht zur Geltung.

Und last but not least muss vorhandenes *Vermögen* vor Inanspruchnahme der Hilfen eingesetzt werden. Sowohl im Fall der Hilfe zum Lebensunterhalt als auch bei der Hilfe in besonderen Lebenslagen bleibt jedoch ein *Schonvermögen* anrechnungsfrei.

3. Kapitel SGB XII: Die Hilfe zum Lebensunterhalt
Anspruch auf Hilfe zum Lebensunterhalt besteht nach Paragraph 27 Absatz 1 SGB XII, wenn Personen ihren „notwendigen Lebensunterhalt nicht oder nicht ausreichend aus eigenen Kräften und Mitteln bestreiten können. Eigene Mittel sind insbesondere Einkommen und Vermögen. Nach Abs. 2 erhalten Personen, die ihren Lebensunterhalt aus eigenen Mitteln und Kräften bestreiten können, jedoch einzelne im Haushalt erforderliche Tätigkeiten nicht verrichten können (…) auf Antrag einen angemessenen Zuschuss, wenn ihnen die Aufbringung der für die geleistete Hilfe und Unterstützung notwendigen Kosten nicht in voller Höhe zumutbar ist."

Der Regelbedarf
Der *notwendige Lebensunterhalt* umfasst nach Paragraph 27a SGB XII die Aufwendungen für Ernährung, Wohnung, Kleidung, Körperpflege, Hausrat, Heizung und die Bedürfnisse des täglichen Lebens, was laut Gesetz ausdrücklich auch eine angemessene Teilhabe am kulturellen Leben einschließt *(Bedarfsdeckungsprinzip)*. Die Hilfe wird in Form des *Regelbedarfes* gewährt. Dieser ist in *Regelbedarfsstufen* eingeteilt, die bei Kindern und Jugendlichen das Alter berücksichtigen und bei

Tab. 4.17 Regelbedarfe bei Arbeitslosengeld II/Sozialgeld (Stand: 1. Januar 2021)

Berechtigte	Betrag in Euro[1]
Alleinstehende/Alleinerziehende	446 (= Regelbedarfsstufe 1)
Paare je Partner/Bedarfsgemeinschaften	401 (= Regelbedarfsstufe 2)
Volljährige in Einrichtungen (nach SGB XII)	357 (= Regelbedarfsstufe 3)
Nicht-erwerbstätige Erwachsene unter 25 Jahre im Haushalt der Eltern	357 (= Regelbedarfsstufe 3)
Jugendliche von 14 bis 17 Jahren	373 (= Regelbedarfsstufe 4)
Kinder von 6 bis 13 Jahren	309 (= Regelbedarfsstufe 5)
Kinder von 0 bis 5 Jahren	283 (= Regelbedarfsstufe 6)

[1] Zum 1. Januar 2022 werden die Regelbedarfsstufen 1 bis 4 um jeweils 3 € und die Stufen 5 und 6 um jeweils 2 € angehoben
Quelle: Die Bundesregierung https://www.bundesregierung.de/breg-de/aktuelles/regelsaetze-steigen-1775798. *Zugegriffen: 15. März 2021*

Erwachsenen, in welcher Form von Paarbeziehung (Ehe, eheähnlich, wirtschaft-lich selbstständig) sie leben. Der Regelbedarf wird als monatlicher *Pauschalbetrag* ausbezahlt. Über dessen Verwendung entscheiden die Leistungsberechtigten eigen-verantwortlich. Sie müssen dabei allerdings das Eintreten unregelmäßig anfallender Bedarfe berücksichtigen. Es werden also Sparleistungen aus dem Regelsatz erforderlich, damit Rücklagen für die Anschaffung höherwertiger Güter gebildet werden. Die *Höhe der Regelbedarfe* und die Regelungen zu ihrer *Dynamisierung* entsprechen den Vorschriften im SGB II (vgl. Tab. 4.17). Nach Paragraph 32 SGB XII werden zudem die angemessenen Beträge für eine *Kranken- und Pflegever-sicherung* als Bedarf anerkannt. Privat Versicherte erhalten den halbierten monat-lichen Beitrag, der im Basistarif der privaten Versicherung fällig ist. Auch Beiträge zur gesetzlichen *Rentenversicherung* können anerkannt werden (Paragraph 33 SGB XII) (vgl. Abschn. 4.6.1.2).

Besondere Umstände sowie Bildung und Teilhabe (BuT)
Für besondere Lebensumstände besteht nach Paragraph 30 SGB XII Anspruch auf *Mehrbedarfe* (z. B. bei besonderer Ernährung, Schwangerschaft, Allein-erziehende). Und schließlich sieht Paragraph 31 SGB XII die Gewährung *ein-maliger Hilfen* für besondere Anlässe vor (z. B. Erstausstattung für Wohnung und Bekleidung). *Ergänzende Darlehen* können nach Paragraph 37 SGB XII gewährt werden, „wenn ein nach den Umständen unabweisbar gebotener Bedarf auf keine andere Weise gedeckt werden" kann. Die Leistungen für *Bildung und Teilhabe* (BuT) stehen in der Sozialhilfe nach Paragraph 34 SGB XII ebenfalls zur Ver-fügung (vgl. Abschn. 4.6.1.2).

Kosten für Unterkunft und Heizung
Nach Paragraph 27a SGB XII werden die angemessenen *Kosten für die Unterkunft und Heizung* übernommen. Die Frage was angemessen ist, müssen die Träger der Sozialhilfe entscheiden. In der Verfügungssammlung der Stadt Bochum (2018, S. 1) beispielsweise heißt es dazu: „Der unbestimmte Rechtsbegriff der Angemessenheit ist gesetzeskonform auszulegen und setzt immer eine Einzelfallprüfung voraus. Da diese Auslegung in vollem Umfang der gerichtlichen Kontrolle unterliegt, hat der Leistungsträger in einem ‚schlüssigen Konzept' (…) darzulegen, welche Kriterien und ermittelten Daten seiner Entscheidung zugrunde liegen. Diese Angemessenheitskriterien sind dabei an den konkret-individuellen Maßstab anzulegen." Nach Paragraph 36 SGB XII können auch *Mietschulden* übernommen werden, „wenn dies gerechtfertigt und notwendig ist und sonst Wohnungslosigkeit droht."

4. Kapitel SGB XII: Grundsicherung im Alter und bei Erwerbsminderung
Neben dem Personenkreis der Älteren, deren Altersversorgung unterhalb des Niveaus der Sozialhilfe liegt, ist im Jahr 2003 auch für dauerhaft nicht erwerbsfähige Personen, die das 18. Lebensjahr vollendet haben und noch nicht im Rentenalter sind, im Rahmen der Sozialhilfe eine Grundsicherung eingeführt worden. Die *Grundsicherung im Alter* wird im Zusammenhang mit der Alterssicherung dargestellt (vgl. Abschn. 4.5). Die *Grundsicherung bei dauerhafter voller Erwerbsminderung* schließt eine wichtige Lücke hin zu mehr sozialer Inklusion. So wurde der Freibetrag beim Unterhaltsrückgriff auf Verwandte in gerader Linie und im 1. Grad auf 100.000 € angehoben. Zum anderen wird auf die sog. *Vermutungsregel* verzichtet. Dadurch haben dauerhaft nicht erwerbsfähige Personen mit dem 18. Lebensjahr auch dann einen Rechtsanspruch auf eine eigene Fürsorgeleistung, wenn die Angehörigen ein Einkommen haben, von dem man vermuten kann, dass es für den Unterhalt ausreichen würde.

5. bis 9. Kapitel SGB XII: Weitere Hilfen in anderen Lebenslagen
Im Rahmen der *Hilfen zur Gesundheit* (5. Kapitel) nach den Paragraphen 47 bis 52 SGB XII *Sozialhilfe* werden für Personen, die nicht dem Schutz der Gesetzlichen oder Privaten Krankenversicherung unterliegen, Hilfen gewährt, die entweder präventiv oder kurativ geeignet sind, eine Krankheit oder sonstigen gesundheitlichen Schaden abzuwenden. So können z. B. die Kosten für Vorsorgeuntersuchungen oder Kuren bzw. einer stationären oder ambulanten

ärztlichen und zahnärztlichen Behandlung übernommen werden. Auch die Kosten für notwendige Medikamente bzw. sonstige medizinische Hilfsmittel sind erstattungsfähig. Nach Paragraph 48 SGB XII und Paragraph 264 SGB V *Gesetzliche Krankenversicherung* werden die Leistungen zur Gesundheits- und Krankenhilfe seit dem 1. Januar 2004 aber nur noch nachrangig gegenüber der GKV gewährt, denn auch Sozialhilfebezieher*innen müssen in eine gesetzliche Krankenkasse aufgenommen werden. Damit unterstehen sie wie alle Pflicht-versicherten dem Leistungsspektrum der GKV und erhalten eine eigene Ver-sichertenkarte.

Im Rahmen der *Hilfe zur Pflege* (7. Kapitel) werden nach den Paragraphen 61 bis 66 SGB XII Leistungen für die Personen erbracht, bei denen Pflegebedürftig-keit vorliegt und die nicht (ausreichend) durch die Gesetzliche Pflegeversicherung abgesichert bzw. die für die Pflege benötigten Mittel aus Einkommen und Ver-mögen nicht selbst oder über familiäre Unterhaltspflichten aufbringen können. Die Ausgaben für diesen Personenkreis steigen erheblich, weil die Rentenein-kommen plus die Leistungen der Pflegeversicherung immer öfter nicht aus-reichen, um die ambulanten oder gar stationären Pflegekosten aufzufangen.

Nach den Paragraphen 67 bis 69 SGB XII werden *Hilfen zur Überwindung besonderer sozialer Schwierigkeiten* (8. Kapitel) erbracht. Sie richten sich an Personen, bei denen besondere Lebensverhältnisse mit sozialen Schwierigkeiten verbunden sind. Die Leistungen umfassen nach Paragraph 60 Abs. 1 SGB XII „alle Maßnahmen, die notwendig sind, um die Schwierigkeiten abzuwenden, zu beseitigen, zu mildern oder ihre Verschlimmerung zu verhüten, insbesondere Beratung und persönliche Betreuung für die Leistungsberechtigten und ihre Angehörigen, Hilfen zur Ausbildung, Erlangung und Sicherung eines Arbeits-platzes sowie Maßnahmen bei der Erhaltung und Beschaffung einer Wohnung. Zur Durchführung der erforderlichen Maßnahmen ist in geeigneten Fällen ein Gesamtplan zu erstellen." Einkommen und Vermögen bleiben nach Abs. 2 unbe-rücksichtigt, „soweit im Einzelfall Dienstleistungen nötig sind." *Nichtsesshafte Personen,* die ihre Wohnung verloren haben und damit keinen festen Wohn-sitz mehr haben, erhalten häufig sog. *Tagessätze* in Form von *Barschecks* oder Lebensmittelgutscheinen, wenn sie nicht erwerbsfähig im Sinne des SGB II *Grundsicherung für Arbeitsuchende* sind. Bei Bedarf kann zudem eine Bei-hilfe für Bekleidung gewährt werden. Bei Krankheit erhalten diese Menschen Krankenscheine für ambulante Arztbesuche. Auch die Kosten einer stationären Aufnahme im Krankenhaus werden getragen. Allerdings sind die Leistungen des SGB III *Arbeitsförderungsgesetzes* vorrangig auszuschöpfen, wenn die Person grundsätzlich erwerbsfähig ist. Denn das Bundessozialgericht hat in einer

Grundsatzentscheidung festgestellt, dass auch Personen, die keinen festen Wohnsitz haben, aber ansonsten die Voraussetzungen des SGB II erfüllen, Anspruch auf die Grundsicherung für Arbeitsuchende haben. Das bedeutet, dass diese Personen in der Regel auch über die *Gesetzliche Krankenversicherung* geschützt sind.

Die Paragraphen 70 bis 74 SGB XII regeln die *Hilfen in anderen Lebenslagen* (9. Kapitel). Hierzu zählt die Altenhilfe, die die Teilhabe älterer Menschen am gesellschaftlichen Leben sichern, eine altersgerechte Ausstattung der Wohnung ermöglichen sowie durch ein umfassendes Beratungsangebot den Zugang zu altersgerechten Dienstleistungen unterstützen soll. Die Leistungen im Rahmen der *Blindenhilfe* werden hier ebenso aufgeführt wie die *Übernahme der Bestattungskosten*.

4.6.1.4 SGB IX Rehabilitation und Teilhabe behinderter Menschen

Behinderte und von Behinderung bedrohte Menschen haben zunächst den gleichen Zugang zu Sozialleistungen und sonstigen Hilfen wie nicht behinderte Menschen. Wird zum Beispiel ein behinderter Mensch arbeitslos, besteht – je nach den individuellen sozialrechtlichen Voraussetzungen – der gleiche Anspruch auf Eingliederungsleistungen nach SGB III *Arbeitslosenversicherung* oder SGB II *Grundsicherung für Arbeitsuchende* wie bei allen anderen Betroffenen auch. Gleichwohl finden sich im SGB IX *Rehabilitation und Teilhabe behinderter Menschen* darüberhinaus gehende Vorschriften, wenn die Besonderheiten des Einzelfalles zusätzliche Leistungen erfordern. Denn das SGB IX, das am 1. Juli 2001 in Kraft getreten ist, fasst die Leistungen der anderen Sozialgesetzbücher nicht einfach nur zusammen, sondern passt diese an die Erfordernisse von Menschen mit Behinderungen an. Hierzu wurden auch verfahrenskoordinierende, trägerübergreifende Vorschriften aufgenommen, die für alle Rehabilitationsträger verbindlich sind und sowohl die Zusammenarbeit untereinander als auch mit den Betroffenen verbessern sollen.

Das Bundesteilhabegesetz
Dennoch bleiben Schnittstellenprobleme bestehen, auf die u. a. mit dem *Bundesteilhabegesetz* (BTHG) reagiert wurde. Mit vier zeitversetzten Reformstufen (2017, 2018, 2020 und 2023) sollen in sieben Handlungsfeldern die Hilfen für behinderte Menschen so weiterentwickelt werden, dass mehr Raum für Teilhabe und Selbstbestimmung entsteht. Gleichzeitig werden die Bundesländer und Kommunen durch den Bund finanziell entlastet. Die Ziele des BTHG umschreibt das Bundesministerium für Arbeit (BMAS, 2020) wie folgt:

- *„Frühzeitige Intervention:* Staatliche Stellen müssen früher verhandeln und neue Modellvorhaben sollen Erwerbsunfähigkeit verhindern, damit chronische Erkrankungen gar nicht erst entstehen und Erwerbsfähigkeit erhalten bleibt.
- *Verfahren:* Ein Reha-Antrag reicht zukünftig aus, um Rehaleistungen bei verschiedenen Trägern zu erhalten, damit die individuelle Unterstützung im Mittelpunkt steht und nicht wer dafür zuständig ist.
- *Beratung:* Unabhängige Beratungsstellen leisten Hilfe zur Selbsthilfe, damit Menschen mit Behinderung in der Lage sind, mehr selbst zu bestimmen.
- *Eingliederungsleistungen:* z. B. ein Budget für Arbeit schafft neue Übergänge in Arbeit und neue Assistenzleistungen wie im Masterstudium werden möglich, damit Bildung, Arbeit und soziale Teilhabe besser möglich wird.
- *Schwerbehindertenvertretung:* Mehr Rechte und Ansprüche für Schwerbehindertenvertretungen in Unternehmen und Werkstätten, damit Menschen mit Behinderung mehr mitbestimmen können.
- *Systemwechsel:* Die Eingliederungshilfe wird aus der Sozialhilfe herausgelöst und die Einkommens- und Vermögensrechnung deutlich verbessert, damit mehr vom eigenen Einkommen bleibt und Partner nicht mehr mitbezahlen müssen.
- *Qualitätskontrolle:* Durch bessere Wirtschaftlichkeits- und Qualitätsprüfungen sowie Sanktionsmöglichkeiten können Leistungsträger besser gesteuert werden, damit Leistungen auch erbracht und eine gute Qualität sichergestellt werden kann."

Zum 1. Januar 2020 wurden die *Eingliederungshilfen* grundlegend umgestaltet und in das SGB IX *Rehabilitation und Teilhabe behinderter Menschen* integriert. Bisher wurden in der Eingliederungshilfe *ambulante, teilstationäre* und *stationäre* Leistungen unterschieden. Das systematische Problem dabei: Bei (teil-) stationärer Hilfeerbringung werden die Kosten der eigentlichen Eingliederungsleistung (z. B. Assistenz) mit denen für den Lebensunterhalt vermischt (sog. *Komplexleistung*). Dies führte dazu, dass der Träger einer Behindertenrichtung den Betroffenen nicht den ihnen eigentlich zustehenden Regelsatz inklusive der Kosten der Unterkunft und Heizung weiterleitete, sondern einen Barbetrag als Taschengeld sowie eine Pauschale für Bekleidung. Mit der aktuellen Gesetzesänderung werden die Leistungen der Eingliederungshilfe eindeutig von den existenzsichernden Sozialleistungen getrennt. Die Träger bekommen nur noch ihre tatsächlichen Fachleistungen vergütet. Dies gilt allerdings nur für volljährige Menschen mit Behinderungen. Bei minderjährigen Menschen mit Behinderungen bleibt das System der Komplexleistung erhalten. Im Ergebnis erhalten Menschen, die in besonderen Wohnformen leben (= stationäre Einrichtungen), zukünftig ihre Grundsicherungsleistung direkt vom Träger der Grundsicherung ausbezahlt. Sie können und müssen diesen Betrag dann selbstständig verwalten. (vgl. Lebenshilfe 2021, o. S.)

Das SGB IX Rehabilitation und Teilhabe behinderter Menschen
In Paragraph 1 SGB IX ist der normative Grundanspruch des Gesetzes formuliert: „Menschen mit Behinderungen oder von Behinderung bedrohte Menschen erhalten Leistungen nach diesem Buch und den für die Rehabilitationsträger geltenden Leistungsgesetzen, um ihre Selbstbestimmung und ihre volle, wirksame und gleichberechtigte Teilhabe am Leben in der Gesellschaft zu fördern, Benachteiligungen zu vermeiden oder ihnen entgegenzuwirken. Dabei wird den besonderen Bedürfnissen von Frauen und Kindern mit Behinderungen und von Behinderung bedrohter Frauen und Kinder sowie Menschen mit seelischen Behinderungen oder von einer solchen Behinderung bedrohter Menschen Rechnung getragen."

Im Rahmen der Hilfegewährung wird der Vorrang der Prävention ausdrücklich festgelegt (Paragraph 3 SGB IX). Die Leistungen zur Teilhabe werden in Paragraph 4 SGB IX aufgelistet: Sie umfassen „die notwendigen Sozialleistungen, um unabhängig von der Ursache der Behinderung 1) die Behinderung abzuwenden, zu beseitigen, zu mindern, ihre Verschlimmerung zu verhüten oder ihre Folgen zu mildern, 2) Einschränkungen der Erwerbsfähigkeit oder Pflegebedürftigkeit zu vermeiden, zu überwinden, zu mindern oder eine Verschlimmerung zu verhüten sowie den vorzeitigen Bezug anderer Sozialleistungen zu vermeiden oder laufende Sozialleistungen zu mindern, 3) die Teilhabe am Arbeitsleben entsprechend den Neigungen und Fähigkeiten dauerhaft zu sichern oder 4) die persönliche Entwicklung ganzheitlich zu fördern und die Teilhabe am Leben in der Gesellschaft sowie eine möglichst selbständige und selbstbestimmte Lebensführung zu ermöglichen oder zu erleichtern."

Bei den Leistungen für Kinder wird in Paragraph 4 SGB IX Abs. 3 der Gedanke der *Inklusion* eingeführt, denn sie sollen zum einen nicht von ihrem sozialen Umfeld getrennt und zum anderen gemeinsam mit Kindern ohne Behinderungen betreut und gefördert werden. Darüberhinaus sollen nach Paragraph 4, Abs. 4 SGB IX Mütter und Väter mit Behinderungen bei der Versorgung und Betreuung ihrer Kinder unterstützt werden.

In Paragraph 5 SGB IX werden die *Leistungsgruppen* aufgelistet. Demnach werden zur Sicherung der Teilhabe am Leben in der Gesellschaft folgende Felder berücksichtigt:

- Leistungen zur medizinischen Rehabilitation
- Leistungen zur Teilhabe am Arbeitsleben
- Unterhaltssichernde und andere ergänzende Leistungen
- Leistungen zur Teilhabe an Bildung und
- Leistungen zur sozialen Teilhabe.

Bei der Leistungserbringung soll der behinderte Mensch im Mittelpunkt stehen, das Recht auf Selbstbestimmung und Selbstständigkeit respektiert und gefördert werden. Ein wichtiges Instrument ist hierbei das zum 1. Juli 2001 eingeführte *Persönliche Budget*. Anstelle von Sach- und Dienstleistungen werden die benötigten Leistungen in Form von Geldbeträgen und Gutscheinen erbracht, mit denen der behinderte Mensch die benötigten Leistungen selbst aussuchen und einkaufen kann. Die Idee: „Als Experten in eigener Sache entscheiden sie so selbst, welche Hilfen für sie am besten sind und welcher Dienst und welche Person zu dem von ihnen gewünschten Zeitpunkt eine Leistung erbringen soll." (BMAS 2021a, o. S.)

Weitere Schutzvorschriften

Nicht zum Sozialrecht im engeren Sinne gehören weitere Schutzvorschriften und Gesetze wie das *Behindertengleichstellungsgesetz* (BGG), das am 1. Mai 2002 in Kraft getreten ist und das die Gleichberechtigung von Menschen mit Behinderungen im öffentlichen wie privaten Leben fördern soll. Das Gesetz enthält u. a. Vorschriften und Bestimmungen zur Barrierefreiheit in Infrastruktur und Sprache. Gleichzeitig wurde mit Paragraph 18 BGG ein *Beauftragte*r der Bundesregierung für die Belange von Menschen mit Behinderungen* ins Leben gerufen. Die/der Behindertenbeauftragte hat die Aufgabe, darauf hinzuwirken, dass die Verantwortung des Bundes, für gleichwertige Lebensbedingungen für Menschen mit und ohne Behinderungen zu sorgen, in allen Bereichen des gesellschaftlichen Lebens erfüllt wird.[51]

Mit dem *Allgemeinen Gleichbehandlungsgesetz* (AGG) vom 18. August 2006 werden behinderte Menschen im Alltag und Berufsleben vor Diskriminierungen geschützt – etwa im Vertragsrecht oder bei beruflichen Einstellungsverfahren. Auch hier wurde mit der *Antidiskriminierungsstelle des Bundes* ein Wächteramt eingerichtet. An diese Stelle können sich Menschen wenden, die der Ansicht sind, Benachteiligungen „aus Gründen der Rasse oder wegen der ethnischen Herkunft,

---

[51] Vgl. Beauftragter der Bundesregierung für die Belange von Menschen mit Behinderungen: https://www.behindertenbeauftragter.de/DE/DerBeauftragte/DerBeauftragte_node.html. Zugegriffen: 16. März 2021

des Geschlechts, der Religion oder Weltanschauung, einer Behinderung, des Alters oder der sexuellen Identität" (Paragraph 1 AGG) erlitten zu haben. Seit dem 26. März 2009 gilt in Deutschland die *UN-Behindertenrechts-konvention,* die keine Sonderrechte schafft, sondern im Sinne der *Inklusion* die universellen Menschenrechte im Hinblick auf behinderte Menschen konkretisiert und spezifiziert. Die Bundesregierung hat am 15. Juni 2011 einen Nationalen Aktionsplan mit über 200 Maßnahmen zur Umsetzung der Konvention beschlossen. Insbesondere hat sich die Bundesregierung verpflichtet, die Belange behinderter Menschen bei allen politischen Vorhaben und Gesetzen zu berücksichtigen *(disability mainstreaming)* und Lücken zwischen aktueller Gesetzeslage und praktischer Umsetzung zu schließen. In diesem Zusammenhang hat der Bundestag im Mai 2016 ein Gesetz beschlossen, wonach der Zugang zu allen öffentlichen Behörden zukünftig barrierefrei ausgestaltet werden muss. Der *Beauftragte der Bundesregierung für die Belange von Menschen mit Behinderungen* (2019, S. 22 ff.) hat im Dezember 2019 Teilhabeempfehlungen für mehr Inklusion an Politik formuliert. Als Handlungsfelder werden das Gesundheitssystem, die Förderung von Familien, das Wohnrecht, die Teilhabe am Arbeitsleben sowie die Digitalisierung benannt.

4.6.1.5 Das Asylbewerberleistungsgesetz (AsylbLG)

Das *Asylbewerberleistungsgesetz* (AsylbLG) ist ein Sondersystem der Mindestsicherung. Es wurde im Zuge des sog. ‚Asylkompromisses‘ aus dem Jahr 1993 eingeführt, mit dem das Grundrecht auf Asyl in Teilen neu gefasst bzw. spezifiziert und eingeschränkt wurde. Mit dem Gesetz reagierte die damalige Bundesregierung auf die steigende Zuwanderung sowie gewalttätige Fremdenfeindlichkeit. Der Kompromiss war der Versuch einer Antwort auf die sog. *Mißbrauchsdebatte* von sozialen Sicherungsleistungen (v. a. der Sozialhilfe) durch Flüchtlinge, die nicht vorrangig aus politischen, sondern aus wirtschaftlichen Gründen nach Deutschland kamen, um Asyl zu beantragen (*Stichworte:* „Das Boot ist voll!", Scheinasylanten, Wirtschaftsflüchtlinge).

Die Änderungen im Asylrecht sollten unterstreichen, dass sich ausschließlich politisch verfolgte Menschen auf den grundrechtlich garantierten Schutz nach Artikel 16a berufen können. Als Voraussetzungen für politische Verfolgung wurde definiert, dass sie von einem Staat ausgehen und die Menschenwürde der schutzsuchenden Person schwerwiegend verletzen muss. Armut, Bürgerkrieg oder Naturkatastrophen sowie die Verfolgung durch nicht-staatliche Akteure (z. B. Bürgerkriegsparteien) begründen seitdem keinen Anspruch auf Asyl mehr. Eingeführt wurde im Jahr 1993 auch die sog. *Drittstaaten-Regelung.* Sie hat zur Folge, dass kein Anspruch auf Asyl besteht, wenn die schutzsuchende Person über einen Mitgliedstaat der Europäischen Union nach Deutschland einreist. Gleiches gilt, wenn sie aus einem Land kommt, das die Bundesregierung als *sicheren Herkunftsstaat* klassifiziert. (BpB 2013, o. S.) Und last but not least gilt seit dem Jahr 1993 auch das sog. *Flughafenverfahren.* Um zu vermeiden, dass die Grenzschutzbehörden Menschen, die Schutz suchen und keinen Pass vorweisen können, aufgrund der *Genfer Flüchtlingskonvention* die Einreise gestatten müssen, wird der Antrag auf Asyl direkt am Flughafen geprüft. Das ganze Verfahren darf max. 19 Tage in Anspruch nehmen. In dieser Zeit verbleiben die schutzsuchenden Personen im Transitbereich. Kann das Verfahren nicht innerhalb der Frist abgeschlossen werden, muss die Einreise gewährt werden. Neben den Änderungen im *Asylgesetz* (AsylG) wurden mit dem *Asylbewerberleistungsgesetz* (AsylbLG) auch die Sach- und Geldleistungen neu bestimmt, um Deutschland vor allem für Migrant*innen weniger attraktiv zu machen, die aus ökonomischen Gründen Zuflucht suchen. (vgl. BAMF, 2021, o. S.)

Leistungsberechtiger Personenkreis und Träger
Die Frage der materiellen Absicherung von schutzsuchenden Menschen hängt in erster Linie vom Aufenthaltsstatus ab. Näheres hierzu regelt das *Aufenthaltsgesetz* (AufenthG). Menschen, die sich im Asylverfahren befinden, werden über das *Asylbewerberleistungsgesetz* materiell unterstützt. Leistungsberechtigt nach Paragraph 1 AsylbLG sind insbesondere folgende Personen(gruppen):

- Personen für die Dauer ihres Asylverfahrens in Deutschland *(Aufenthaltsgestattung).*
- Migrant*innen, die wegen Krieges in ihrem Heimatland eine *Aufenthaltserlaubnis* besitzen.
- Ausländer*innen, die eine Aufenthaltserlaubnis für die Zeit besitzen, in der dringende humanitäre bzw. persönliche Gründe oder ein erhebliches öffentliches Interesse am weiteren Aufenthalt in Deutschland bestehen.
- Ausländer*innen mit einer *Duldung,* die zwar ausreisen müssten, dieses aber wegen drohender Folter, Androhung von Todesstrafe, menschenunwürdiger Behandlung, Krankheit oder ähnlichem nicht können.
- Ausreisepflichtige ausländische Zuwander*innen ohne Duldung. Dies sind Personen, die z. B. keinen Asylantrag gestellt haben und die keinen Aufenthaltstitel haben oder die nach Ablehnung ihres Antrages nicht ausgereist bzw. (noch) nicht abgeschoben worden sind.

Die Umsetzung des *Asylbewerberleistungsgesetzes* liegt in der Verantwortung der Bundesländer. Träger ist der örtliche bzw. überörtliche Sozialhilfeträger. Mit den Leistungen soll den Hilfesuchenden ein menschenwürdiger Aufenthalt in Deutschland ermöglicht werden. Verteilt werden die Asylsuchenden nach dem sog. *Königsteiner Schlüssel,* der sich zu zwei Dritteln aus dem Steueraufkommen und zu einem Drittel aus der Bevölkerungszahl der Bundesländer errechnet und gewährleisten soll, dass sich die Zahl der aufzunehmenden Flüchtlinge an der Größe und Wirtschaftskraft des entsprechenden Bundeslandes orientiert. Vor allem strukturschwache Regionen sollen auf diese Weise entlastet werden.

Leistungen nach AsylbLG

Mit dem *Asylbewerberleistungsgesetz* ist der Zugang zur Mindestsicherung für Asylbewerber*innen eingeschränkt worden. Sie haben in den ersten 18 Monaten ihres Aufenthaltes keinen Anspruch (mehr) auf Leistungen nach SGB XII *Sozialhilfe* (Paragraph 2 Abs. 1 AsylbLG), sondern erhalten nach den Paragraphen 3 bis 7 AsylbLG gekürzte *Grundleistungen.* Diese bestehen aus dem *notwendigen Bedarf* an Ernährung, Unterkunft, Heizung, Kleidung, Gesundheitspflege sowie an Gebrauchs- (Hausrat, Bettwäsche, Handtücher etc.) und Verbrauchsgütern (Haushaltsenergie, Putzmittel). Zusätzlich werden Leistungen zur Deckung persönlicher Bedürfnisse gewährt *(notwendiger persönlicher Bedarf).* Eigenes Einkommen und/oder Vermögen muss aufgezehrt werden, bevor das AsylbLG greifen kann (Paragraph 7 AsylbLG) (Abb. 4.11).

Regelbedarfsstufe		Bedarf in Euro		Summe
		notwendig	persönlich	
1	Alleinstehende und Alleinerziehende	202	162	364
2	Paare in gemeinsamer Wohnung	182	146	328
	Alleinstehende Erwachsene, die in einer Aufnahme-einrichtung oder Gemeinschaftsunterkunft zusammen wohnen			
3	Ledige Erwachsene unter 25 Jahren, die mit mind. einem Elternteil wohnen	162	130	292
	Erwachsene in einer stationären Einrichtung			
4	Jugendliche zwischen 15 bis 18 Jahren	213	110	323
5	Kinder zwischen 7 bis 14 Jahren	174	108	282
6	Kinder bis 6 Jahre	143	104	247

Abb. 4.11   Aktuelle Regelbedarfsstufen im Asylbewerberleistungsgesetz (Stand: 1. Januar 2021). (Quelle: Paragraph 3a AsylbLG, eigene Zusammenstellung)

Die Berechnung der Regelbedarfe erfolgt in Anlehnung an das SGB XII *Sozialhilfe*. Sie sind allerdings etwa 20 % niedriger, weil unterstellt wird, dass Asylbewerber*innen nicht die gleiche Ausgaben- bzw. Kostenstruktur wie inländische Haushalte haben. So müssen sie zum Beispiel in der Gemeinschaftsunterkunft nicht für eigenen Hausrat aufkommen. Die Zahlbeträge werden jährlich zum 1. Januar fortgeschrieben.

Der Gesetzgeber überlässt den Träger einen Spielraum bei der Art, wie sie die Leistungen erbringen. Da es sich bei den Grundleistungen um pauschalierte Leistungen auf niedrigem Niveau handelt, können die zuständigen Behörden nach Paragraph 6 AsylbLG *sonstige Leistungen* erbringen. Diese sind im Gesetz nicht weiter beschrieben und sollen auf die Besonderheiten des Einzelfalles bezogene Hilfen möglich machen. Die Höhe der *tatsächlichen Auszahlung* ist damit von unterschiedlichen Faktoren abhängig:

- Für die Dauer der Unterbringung *in der Erstaufnahmeeinrichtung* wird der *notwendige Bedarf* vollständig durch Sachleistungen erbracht. Auch der *notwendige persönliche Bedarf* soll nach Möglichkeit nicht in bar ausgezahlt werden. Hier sollen vorrangig Wertgutscheine und andere unbare Formen der Leistungserbringung zum Einsatz kommen.
- Bei der Unterbringung *außerhalb der Erstaufnahmeeinrichtung* sollen die notwendigen Bedarfe als Geldleistung gewährt werden. Die Kosten für die Erstausstattung der Wohnung können ebenfalls übernommen werden.

Nach Paragraph 47 *Asylgesetz* sind schutzsuchende Menschen, die einen Asylantrag gestellt haben, grundsätzlich verpflichtet, in den ersten 18 Monaten (wenn minderjährige Kinder zum Haushalt gehören, in den ersten 6 Monaten) in der für sie zuständigen Aufnahmeeinrichtung zu wohnen. Die Bundesländer haben hier jedoch einen Spielraum bei der Umsetzung dieser Residenzpflicht. In Nordrhein-Westfalen beispielsweise sollen die Menschen max. drei Monate in der Erstaufnahmeeinrichtung verbleiben, bevor sie im Anschluss für die restliche Dauer ihres Asylverfahrens auf die Kommunen verteilt werden. Hier leben sie in *Gemeinschaftsunterkünften*, können aber auch in privaten Wohnungen untergebracht sein, sofern auf dem Wohnungsmarkt entsprechende Angebote verfügbar sind.

Seit dem 1. März 2015 haben Kinder, Jugendliche und junge Erwachsene, die in Deutschland Asyl suchen, nach Paragraph 3 Abs. 4 AsylbLG Anspruch auf die Leistungen zur *Bildung und Teilhabe* nach Paragraph 34 SGB XII *Sozialhilfe* (vgl. Abschn. 4.6.1.3). Dadurch sollen – auch bei noch nicht entschiedenen Asylverfahren – möglichst frühzeitig Bildungs- und Teilhabechancen gefördert werden.

Die *medizinische Versorgung* ist nach Paragraph 4 AsylbLG auf akute Erkrankungen und Schmerzzustände beschränkt. Es besteht auch keine freie Arztwahl. Für nicht eindeutig indizierte Behandlungen oder solche, die wegen der zeitlichen Befristung des Aufenthaltes nicht abgeschlossen werden können, besteht keine Leistungspflicht. Ebenso wird Zahnersatz nur in Ausnahmefällen gewährt. Schwangere und junge Mütter haben Anspruch auf ärztliche und pflegerische Hilfe und Betreuung sowie auf Hebammenhilfe, Arznei-, Verband- und Heilmittel.

In den Gemeinschaftsunterkünften sollen nach Paragraph 5 AsylbLG zur Aufrechterhaltung und Betreibung der Einrichtung *Arbeitsgelegenheiten* ohne arbeitsvertragliche Grundlage angeboten werden. Hierbei handelt es sich im Wesentlichen um hausmeisterliche Tätigkeiten oder um die Mithilfe in der Kleiderkammer, Waschküche bzw. anderen Gemeinschaftseinrichtungen. Darüber hinaus sollen nach Paragraph 5a AsylbLG Leistungsemfänger*innen Arbeitsgelegenheiten bei staatlichen, kommunalen und gemeinnützigen Trägern zugewiesen werden. Für arbeitsfähige, nicht schulpflichtige und nicht erwerbstätige Leistungsbezieher*innen besteht die Pflicht zur Annahme einer angebotenen Arbeitsgelegenheit. Für die geleistete Arbeitszeit wird eine Aufwandsentschädigung von 80 Cent pro Stunde bezahlt. Das hieraus erzielte Einkommen wird nicht auf andere Sozialleistungen angerechnet. Wird eine Arbeitsgelegenheit abgelehnt, erlischt jedoch der Anspruch auf Leistungen nach dem Asylbewerberleistungsgesetz.

Das Integrationsgesetz

Mit dem im Jahr 2016 in Kraft getretenen *Integrationsgesetz* wurden in die Sozialgesetzbücher II, III und XII sowie in das AsylbLG Vorschriften aufgenommen, die dazu beitragen sollen, die Integration geflüchteter Menschen zu verbessern. Leitgedanke ist das aus dem SGB II und III bekannte Paradigma des Förderns und Forderns. Laut Bundeskanzlerin *Angela Merkel* gebe es erstmals in der Geschichte der Bundesrepublik Deutschland „ein Bundesgesetz als rechtliche Grundlage für die Integration. Es sei sehr wichtig, Integration als Angebot an die Menschen, die zu uns gekommen sind, zu sehen, aber auch als Erwartung: dass sie die deutsche Sprache lernen und dass sie sich an unsere Gesetze halten' (…)." (Bundesregierung 2016, o. S.) Folgende Regelungen wurden mit dem Gesetz unter anderem in Kraft gesetzt:

• Die Schaffung von 100.000 zusätzlichen Arbeitsgelegenheiten aus Bundesmitteln für die Arbeitsmarktintegration von Flüchtlingen.
• Der Zugang zu den Leistungen für Langzeitarbeitslose nach SGB II *Grundsicherung für Arbeitsuchende* wird erleichtert.

- Besserer Zugang zum SGB III Arbeitsförderung: Junge Flüchtlinge mit einer guten Bleibeperspektive und andere Schutzsuchende sollen möglichst eine qualifizierte Berufsausbildung aufnehmen.
- Die Vorrangprüfung durch die Arbeitsagentur wird ausgesetzt, sodass nicht mehr überprüft werden muss, ob deutschen bzw. EU-Bürger*innen ein Vorrang gegenüber Asylbewerber*innen und Personen mit Duldungen bei der Besetzung einer Arbeitsstelle eingeräumt werden muss.
- Auszubildende erhalten für die Gesamtzeit ihrer Ausbildung eine Duldung.
- Asylbewerber*innen dürfen auch als Leiharbeiter*innen beschäftigt werden.
- Werden Integrationsmaßnahmen abgelehnt, können Sozialleistungen gekürzt werden.
- Asylbewerber*innen kann ein Wohnsitz zugewiesen werden, um der Entstehung von sozialen Brennpunkten entgegen zu wirken, und um die Integration in Arbeit zu erleichtern.

Aus Untersuchungen des Instituts für Arbeitsmarkt- und Berufsforschung (IAB) wird deutlich, dass die Integration von geflüchteten Menschen in den Arbeitsmarkt und das Bildungssystem seit dem Jahr 2015 insgesamt Fortschritte macht:

- „Rund die Hälfte der Geflüchteten, die seit 2013 nach Deutschland gekommen sind, geht fünf Jahre nach dem Zuzug einer Erwerbstätigkeit nach. Die Arbeitsmarktintegration erfolgt damit etwas schneller als bei Geflüchteten früherer Jahre.
- Mehr als die Hälfte der erwerbstätigen Geflüchteten arbeitet als Fachkraft oder in Tätigkeiten mit höherem Anforderungsniveau, 44 % sind als Helfer tätig.
- Etwa 23 % der erwachsenen Geflüchteten haben seit ihrem Zuzug eine allgemeinbildende Schule, eine berufliche Bildungseinrichtung, eine Hochschule oder eine Universität besucht.
- 60 % der Geflüchteten gingen im zweiten Halbjahr 2018 einer Erwerbstätigkeit nach, besuchten eine Bildungseinrichtung oder nahmen an Integrationsmaßnahmen oder arbeitsmarktpolitischen Maßnahmen teil. Der Großteil der verbleibenden 40 % war aktiv auf Stellensuche, in Elternzeit oder Mutterschutz." (Brücker et al. 2020, S. 1)

4.6.1.6 Das Opferentschädigungs- bzw. Bundesversorgungsgesetz

Mit dem *Bundesversorgungsgesetz* (BVG) und dem *Opferentschädigungsgesetz* (OEG) werden Menschen abgesichert, die entweder als Opfer eines Krieges oder einer Gewalttat körperliche bzw. seelische Schäden erlitten haben. Beide Gesetze beziehen sich aufeinander und müssen deshalb im Zusammenhang betrachtet werden.

Das Opferentschädigungsgesetz (OEG)

Das *Opferentschädigungsgesetz* (OEG) wurde im Jahr 1976 eingeführt. Nach Paragraph 1 OEG hat einen Leistungsanspruch, wer „infolge eines vorsätzlichen, rechtswidrigen tätlichen Angriffs gegen seine oder eine andere Person oder durch dessen rechtmäßige Abwehr eine gesundheitliche Schädigung erlitten hat (…)." Hierzu zählen auch Sexualstraftaten und sexuelle Übergriffe gegenüber Minderjährigen. Mit dem Gesetz sollen die materiellen und immateriellen Folgen, unter denen das Opfer einer Straftat leidet, gemildert werden. Zugleich sollen auch Opfer einer Gewalttat unterstützt werden, bei denen die Täter*innen nicht haftbar gemacht werden können. Das OEG unterscheidet zwischen Straftaten, die im In- oder im Ausland begangen wurden, wobei eine Person, die im Ausland Opfer wird, geringere Leistungsansprüche geltend machen kann. Bei Gewalttaten im Inland soll für alle resultierenden physischen und psychischen gesundheitlichen Beeinträchtigungen eine Entschädigungsleistung erbracht werden. Der Umfang und die Höhe der Leistungen richten sich nach dem *Bundesversorgungsgesetz* (BVG). Die Zahlung von Schmerzensgeld ist im OEG nicht vorgesehen. Auch werden keine Eigentums- bzw. Vermögensschäden ersetzt. Entsprechende Ansprüche müssen die Opfer von Gewalttaten auf zivilrechtlichem Wege gegenüber den Täter*innen einklagen und durchsetzen. Ausnahmen gelten nur für am Körper getragene persönliche Hilfsmittel wie Sehhilfen oder Zahnersatz. (vgl. BMAS 2021b) Allerdings haben die Opfer nach Paragraph 3a Abs. 2 OEG Anspruch auf eine *Einmalzahlung*. Deren Höhe ist abhängig vom *Grad der Schädigungsfolgen* (GdS) und liegt zwischen 800 und max. 28.500 €. Neben direkten Leistungen für die Betroffenen können auch *Hilfen für Hinterbliebene* erbracht werden. Seit dem 1. Juli 2018 können auch Ausländer*innen Leistungen aus dem OEG erhalten, wenn sie in Deutschland Opfer einer Straftat werden. Das OEG gewährt, in Verbindung mit dem BVG, nicht nur einmalige Entschädigungen, „sondern Versorgung. Denn die Leistungen werden so lange erbracht, wie die gesundheitlichen Belastungen bestehen und deshalb Hilfe erforderlich ist." (Borrée et al. 2014, S. 76)

Das Bundesversorgungsgesetz (BVG)

Bei den Sicherungsleistungen nach dem *Bundesversorgungsgesetz* (BVG) geht es vor allem um die Gewährung von Rentenzahlungen sowie Sach- und Dienstleistungen für Menschen, die in Ausübung eines *militärischen Dienstes* (nach deutschem Wehrrecht; *Kriegsopfer*) oder eines *zivilen Ersatzdienstes* zu Schaden gekommen sind. Die Leistungen des *Bundesversorgungsgesetzes* (BVG) umfassen:

- Rentenzahlungen
- Heil- und Krankenbehandlung, Pflegeleistungen
- Hilfsmittel (z. B. Prothesen, Zahnersatz, Rollstuhl)
- Entschädigungszahlungen für Geschädigte und Hinterbliebene
- Bestattungs- und Sterbegeld
- Zusätzliche Fürsorgeleistungen bei wirtschaftlicher Bedürftigkeit (z. B. Hilfe zur Pflege, ergänzende Hilfe zum Lebensunterhalt)

Um aus dem BVG eine Rentenzahlung erhalten zu können, muss die Schwere der erlittenen Verletzung bzw. Schädigung einen *Grad der Schädigung* (GdS) von 30 % erreichen. Dann wird eine *Grundrente* als Entschädigung für die Beeinträchtigung der körperlichen Unversehrtheit fällig. Sie beträgt 156 €. Dieser Betrag steigt mit dem Grad der Schädigung in 10-%-Schritten auf max. 811 € (Stand: 7/2020). Personen über 65 Jahren erhalten bei einem GdS über 50 % einen Zuschlag zwischen 32 bis 40 € monatlich (Paragraph 31 BVG). Die Grundrente gilt nicht als Lohnersatzleistung und wird deshalb ohne Anrechnung von weiterem Einkommen bezahlt.

Nach Paragraph 32 BVG erhalten schwerbeschädigte Personen eine *Ausgleichsrente*, „wenn sie infolge ihres Gesundheitszustands oder hohen Alters oder aus einem von ihnen nicht zu vertretenden sonstigen Grund eine ihnen zumutbare Erwerbstätigkeit nicht oder nur in beschränktem Umfang oder nur mit überdurchschnittlichem Kräfteaufwand ausüben können." Der Anspruch tritt ab einer Schädigung von 50 % ein und ist ebenfalls gestaffelt (zwischen 499 bis 811 €). Im Gegensatz zur Grundrente wird eigenes Einkommen in Anrechnung gebracht (Paragraph 33 BVG).

Weitere ergänzende Leistungen sind die *Schwerstbeschädigtenzulage,* der *Berufsschadensausgleich* sowie der *Ehegatten- bzw. Kinderzuschlag.* Die *Schwerstbeschädigtenzulage* wird in 6 Stufen gewährt, die zwischen 94 und 578 € monatlich liegen. Sie kommt zum Zug, wenn die Betroffenen allein aufgrund ihrer körperlichen Schädigung einen *Grad der Schädigung* (GdS) von 100 % erreichen (Paragraph 31 BVG). Der *Berufsschadensausgleich* nach Paragraph 30 Abs. 3 BVG wird gewährt, wenn die Schädigung zu einem Einkommensverlust geführt hat. Der *Ehegattenzuschlag* nach Paragraph 33a BVG beträgt 91 € monatlich. Dies gilt auch, wenn die Ehe geschieden oder annulliert wurde, aber der Schwerbeschädigte für ein Kind aus dieser Ehe sorgt. Der *Kinderzuschlag* nach Paragraph 33b BVG wird für jedes Kind fällig. Er ist jedoch nachrangig gegenüber anderen kinderbezogenen Leistungen wie dem *Kindergeld* oder *Kinderfreibetrag* (vgl. Abschn. 4.3).

4.6.1.7 Zur Bedeutung der Mindestsicherungsleistungen

Am Jahresende 2019 haben in Deutschland über 6,8 Mio. Personen Leistungen im Rahmen der Mindestsicherung bezogen. Das entspricht einem Anteil an der Wohnbevölkerung von 8,3 %. Gegenüber dem Vorjahr ist das ein Rückgang von fast fünf Prozent und der niedrigste Stand seit Beginn der Berechnungen durch das Statistische Bundesamt im Jahr 2006. Vor allem in den neuen Bundesländern ist der Rückgang der Quote überdurchschnittlich stark ausgefallen (vgl. Tab. 4.19). Die Armutsrisikoquote lag im Jahr 2019 bei 15,9 % (Basis: Mikrozensus). Wenn der Bezug von (Sozial-)Einkommen vor Einkommensarmut schützt, müssten die Armutsrisiko- und Mindestsicherungsquote relativ eng beieinander liegen. Tatsächlich ist die Lücke zwischen beiden Quoten beträchtlich. Dies ist im Wesentlichen darauf zurückzuführen, dass sich die Mindestsicherungsleistungen nicht an der Armutsrisikogrenze orientieren – Leistungsansprüche unterhalb dieser Grenze sind deshalb möglich. Auch führt die Ausweitung des Niedriglohnsektors dazu, dass Erwerbsarbeit nicht vor Einkommensarmut schützt (vgl. Abschn. 4.2 und 4.3). Hinzu kommt eine nach wie vor bestehende *Dunkelziffer.* Denn ein Teil der Hilfebedürftigen löst aus Scham, Unkenntnis oder Angst vor dem Bewilligungsverfahren mögliche Ansprüche nicht bei den Trägern der Mindestsicherung ein. Insbesondere wenn unterhaltspflichtige Kinder existieren oder bei vorhandenem Einkommen nur geringfügig aufstockende Leistungen zu erwarten sind, schrecken die zum Teil aufwändigen Antragsverfahren, sowie die mit dem Bezug verbundenen oder befürchteten Auflagen, Kontrollen, Verpflichtungen bzw. möglichen Unterhaltsrückgriffe ab. (vgl. Bäcker und Kistler 2020, S. 8)

4.6.2 Soziale Dienste

Da eine Vielzahl an Bedarfs- und Notlagen nicht allein durch die Bereitstellung finanzieller Hilfeleistungen überwunden werden können, spielen *soziale Dienste* für die Absicherung nicht standardisierbarer Lebensrisiken eine zentrale Rolle. Anders ausgedrückt, die Art der Notlage bei bestimmten sozialen Gruppen und Personen macht es notwendig, besondere Hilfeleistungen vorzusehen.

Soziale Dienstleistungen sind personenbezogen und für sie gilt das sog. *unoactu Prinzip.* Das bedeutet, dass die Produktion und der Verbrauch simultan und am gleichen Ort stattfinden. Im Rahmen der Bekämpfung der COVID-19-Pandemie wird bei den Anbietern sozialer Dienste allerdings verstärkt darüber nachgedacht, welche Anteile der Dienstleistung auch über online-Medien bzw. andere Formen kontaktreduzierter Leistungserstellung erbracht werden können.

Tab. 4.19 Zahl der Empfänger*innen ausgewählter Mindestsicherungsleistungen in Deutschland

Jahr	Quote in %[5]	Summe	Leistungen nach SGB II			Leistungen nach SGB XII		AsylbLG[4]
			Summe	davon		HzL[2]	Grund-sicherung[3]	
				ALG II[1]	Sozialgeld			
2005	9,5	8.098.964	7.100.647	5.224.494	1.876.133	80.845	630.295	211.122
2010	9,2	7.536.721	6.469.423	4.701.380	1.768.043	98.354	796.646	130.297
2015	9,7	7.986.994	5.837.290	4.243.707	1.593.583	137.145	1.038.008	974.551
2019	8,3	6.863.906	5.280.242	3.739.301	1.540.941	113.314	1.085.043	385.307

[1]Arbeitslosengeld II nach dem SGB II *Grundsicherung für Arbeitsuchende.*
[2]Leistungen der Hilfe zum Lebensunterhalt außerhalb von Einrichtungen nach SGB XII Sozialhilfe ohne einmalige Leistungen.
[3]Leistungen der *Grundsicherung im Alter und bei Erwerbsminderung* nach SGB XII Sozialhilfe ohne einmalige Leistungen.
[4]Regelleistungen nach dem *Asylbewerberleistungsgesetz.*
[5]Anteil der Empfänger*innen am Jahresende an der Gesamtbevölkerung

Quellen: eigene Zusammenstellung nach Destatis: Sozialberichterstattung der amtlichen Statistik, online unter: http://www.amtliche-sozialberichterstattung.de/B1mindestsicherungsquote.html. *Zugegriffen: 19. April 2016) und* https://www.statistikportal.de/de/sbe. *Zugegriffen: 21. März 2021.*

Diese Gleichzeitigkeit bewirkt, dass die Dienstleister*in immer auf die Mitwirkung der Konsument*in angewiesen ist (Ko-Produktion). Personenbezogene Dienstleistungen können somit nicht gelagert und transportiert werden. Im Vergleich z. B. zu *ehrenamtlichen Tätigkeiten* werden soziale Dienste gegen Entgelt erbracht und finden stets in einem institutionellen Kontext statt. Die voraussetzungsvollen Tätigkeiten machen es außerdem meist notwendig, dass soziale Dienstleistungen von professionell ausgebildetem Fachpersonal ausgeführt werden.

Für die Absicherung nicht standardisierbarer Lebensrisiken sind primär die Kommunen zuständig. Gemäß dem Subsidiaritätsprinzip übertragen sie die Erbringung der sozialen Dienste in der Regel aber an privatgewerbliche bzw. freigemeinnützige Träger. Letztere sind neben den großen Wohlfahrtsverbänden und Kirchen häufig auch kleinere Vereine bzw. gemeinnützige Betriebe, die sich der Fürsorge für bestimmte Personengruppen zuwenden und zum Teil auch unbeauftragt von sich aus tätig werden. Finanziert werden soziale Dienste in erster Linie über Steuern und Beiträge (daneben Spenden und Eigenmittel) und können in der Regel kostenfrei in Anspruch genommen werden.

Strukturell lassen sich zwei Hilfeansätze unterscheiden, einmal diejenigen, die nach der *Komm-Struktur* arbeiten, und jene, die mit einer *Geh-Struktur* wirksam werden. *Komm-Struktur* meint, dass bestimmte Einrichtungen vorgehalten werden, an die sich Hilfesuchende wenden können. Dieses betrifft neben den oben bereits beschriebenen Einrichtungen der Kinder-, Jugend- und Familienhilfe eine breite Palette an Beratungsangeboten: Partnerschaftskonfliktberatung, allgemeine Lebensberatung, Schuldnerberatung, Drogenberatung, AIDS-Beratung, neuerdings Beratungsstellen für Eltern, deren Kinder etwa in radikalisierte Kreise politischer und/oder religiöser Gruppen geraten sind. Hierzu zählen auch öffentliche Schlafstätten für Wohnungslose. Einige Kommunen bieten inzwischen auch Beratungen für ältere Menschen bzw. Menschen mit Behinderungen an, um die eigene Wohnung behinderten- bzw. altersgerecht umzugestalten.

Geh-Struktur bezieht sich auf eine aufsuchende Hilfe: Sog. Streetworker*innen gehen in Problemzonen einer Kommune, suchen gezielt Einzelpersonen und soziale Gruppen (Jugendcliquen, obdachlose oder hilflose Personen) auf, versuchen Kontakte herzustellen und zwischen Zielgruppen und etwa Anwohner*innen zu vermitteln, sind behilflich beim Lösen von Alltagsproblemen und versuchen Sprachrohr für die Interessen Benachteiligter in der Stadtgesellschaft zu sein. Das Spektrum reicht hierbei inzwischen bis hin zu älteren Personen, die nicht mehr in der Lage sind, selbst Rechtsansprüche bei Behörden einzulösen bzw. keinen Kontakt mehr mit Behörden wünschen (aufsuchende Altenhilfe).

Neben diesen sehr offenen Hilfeangeboten gibt es fest geregelte Angebote, teilweise sogar verbunden mit öffentlich-rechtlichen Auflagen. Dieses trifft neben den familienunterstützenden Leistungen im Rahmen des SGB VIII *Kinder- und Jugendhilfe* (Allgemeiner Sozialer Dienst (ASD) zur Sicherung des Kindeswohls) und dem sozialpsychiatrischen Dienst (Betreuungsrecht) auch für Fälle jugendlicher Delinquenz (Jugendgerichtshilfe), Prozesskostenhilfe und nach Verbüßen einer Haftstrafe für die Bewährungshilfe zu.

Schließlich gibt es in fast allen Kommunen Angebote der offenen sozialen Arbeit, sei es etwa für Senior*innen (Seniorentreffs, Altennachmittage, generationenübergreifende Angebote etc.), für Jugendliche (offener Jugendtreff, Fanprojekte etc.), für Menschen mit Migrationshintergrund (Angebot zur schulischen, beruflichen und gesellschaftlichen Integration), Selbsthilfegruppen zu sehr verschiedenen Themen u. v. a. m., die *gemeinwesenorientiert* in einen Stadtteil oder ein Viertel hineinwirken. Wiewohl es sich hierbei um dezentrale Initiativen handelt, von denen nur wenige verpflichtenden Charakter haben (wie etwa im Zusammenhang mit dem SGB VIII), sind sie gerade für den Prozess der sozialen Eingliederung, der Teilhabe am gesellschaftlichen Leben und der Wahrung eigener Interessen etwa im politischen Kontext besonders wichtig.

Die voranschreitende Differenzierung und Spezialisierung der angebotenen Dienstleistungen, lässt sich in Zusammenhang bringen mit der *Professionalisierung der Sozialen Arbeit.* Gleichzeitig sind soziale Probleme in der Regel multidimensional verursacht, weshalb fast immer mehrere Dienste in Anspruch genommen werden müssen. Dies stellt die Adressat*innen vor zusätzliche Herausforderungen und kann im schlechtesten Fall institutionelle Ausgrenzungseffekte befördern. So wird im Bereich der Frühen Hilfen über das *Präventionsparadox* diskutiert. Dies beschreibt das Phänomen, dass Adressat*innen, die besonders auf (frühe) Hilfen angewiesen sind, diese nicht oder nicht rechtzeitig in Anspruch nehmen (können). Um solche Benachteiligungseffekte zu vermeiden, bestehen an unterschiedlichen Orten in Deutschland verschiedene Initiativen und Modellprojekte, die versuchen Ansätze zu entwickeln, um Hilfen aus einer Hand anbieten zu können und so den reaktiven Charakter der spezialisierten sozialen Dienste abzuschwächen. Mithilfe vernetzter kommunaler Angebotsstrukturen *(Präventionsketten)* soll der Steuerungsproblematik sozialer Dienste begegnet werden. Über eine stärkere Vernetzung der lokalen Akteure wird das sog. *Silodenken* (gemeint ist ein an formalen Organisationsstrukturen bzw. Zuständigkeiten orientiertes, wenig vernetztes Denken und Handeln), welches eine Konsequenz des vor allem im SGB dominierenden Kausalitätsprinzip darstellt, bekämpft. So wird versucht die

Versäulung des deutschen Sozialleistungssystems auf kommunaler Ebene aufzulösen (vgl. Abschn. 3.1.2).

Soziale Dienste fungieren in gewisser Weise als Frühwarnsystem im System der sozialen Sicherung. Wo sich private bzw. wohlfahrtsverbandliche Hilfesysteme etablieren, bestehen i. d. R. Lücken zwischen öffentlicher Unterstützung und zu deckendem gesellschaftlichen Bedarf. Ein Beispiel für diesen Fall stellen die sog. *Tafeln* dar. Gab es im Jahr 1994 sieben Tafeln in ganz Deutschland, ist ihre Anzahl im Jahr 2021 auf über 2000 Ausgabestellen angestiegen, in denen Hilfebedürftige mit gespendeten Lebensmitteln versorgt werden. (vgl. Tafel Deutschland e. V. 2020, S. 2) Vor dem Hintergrund des zunehmenden Problems der Kinderarmut haben sich einige dieser Tafeln inzwischen auf den Bedarf von Kindern spezialisiert. Daneben sind weitere Hilfeeinrichtungen entstanden, etwa *Suppenküchen,* bei denen Hilfebedürftige mit einer warmen Mahlzeit versorgt werden und soziale Kontakte pflegen können. In sog. *Sozialkaufhäusern* können gegen ein geringes Entgelt oder gegen einen Berechtigungsschein Gegenstände zur Wohnungseinrichtung und andere einfache längerfristige Verbrauchsgüter erworben werden. Träger dieser Tafeln, Suppenküchen, Sozialkaufhäuser etc. sind häufig Einrichtungen der freien Wohlfahrtspflege, Kirchengemeinden oder Privatpersonen.

Damit Lösungen für soziale Probleme gefunden werden können, müssen sie öffentlich wahrgenommen und verhandelt werden. Inwiefern z. B. die Notfallhilfe der Tafeln dazu beitragen kann, dass vorhandene Lücken im System der sozialen Sicherung erkannt werden, oder ob gerade diese Hilfen die Notwendigkeit öffentlicher Unterstützung verschleiert, ist seit Jahren Inhalt kontroverser Diskussionen. (vgl. Benz 2014) Sicher scheint, ohne sozialanwaltschaftliche Unterstützung z. B. durch Sozialarbeiter*innen erreichen viele Betroffene diese Aufmerksamkeit nicht.

Die Europäische Union etwa hat sich mit vielen Initiativen daran gemacht, auch diesen sozialen Interessen auf europäischer Ebene Gehör zu verschaffen. So unterstützt die Europäische Kommission die Arbeit von EU-weit agierenden Nichtregierungsorganisationen (Non Governmental Organisations – NGOs) wie beispielsweise dem *European Anti Poverty Network* (EAPN), Social Platform (SP), European Federation of National Organisations working with the Homeless (FEANTSA) etc. (vgl. Abschn. 3.4.6). Zugleich leistet die EU einen erheblichen Beitrag im Rahmen der *Offenen Methode der Koordinierung,* gelungene Beispiele sozialer Integration (good practice) bekannt zu machen und Personengruppen aus ähnlicher sozialer Problemlage über ihre Landesgrenzen hinweg zum Austausch anzuregen (vgl. Abschn. 3.4.4). Vor allem die Idee, Betroffene als Expert*innen in eigener Sache stärker in Austausch-, Informations-, Planungs-, Steuerungs-, Entscheidungs- und Deutungsprozesse einzubinden, wird zunehmend von lokaler bis internationaler Ebene aufgegriffen. (vgl. Toens und Benz 2019) Exemplarisch steht hierfür die methodische und konzeptionelle Entwicklung der Sozialberichterstattung in Nordrhein-Westfalen. (vgl. MAGS 2020, S. 14 ff.)

4.7   Zusammenfassung

Ein Sozialstaat ist ein Gemeinwesen, das soziale Inklusion zum Inhalt und Ziel hat. Dieses meint keinen einmal zu erreichenden und anschließend zu konservierenden Zustand – weder vom Inhalt noch von der Form her. Herausforderungen, auf die Antworten gefunden werden müssen, stellen sich stets von Neuem. Auch Infragestellungen werden immer wieder artikuliert. Letztlich aber hat die Bevölkerung zu entscheiden, wie sie das Soziale gestalten, wie sie dieses in Rechtsansprüche umgesetzt sehen will und wie es finanziert werden soll. Dabei gilt es einige Merkposten aus der Beschäftigung mit den Politikfeldern des 4. Kapitels zu bedenken:

- Die sozialen Sicherungssysteme in Deutschland haben quantitativ und qualitativ einen großen Umfang. Sie betreffen faktisch alle sozialen Problembereiche und Förderbedarfe der hier Lebenden, und zwar der einheimischen Bevölkerung ebenso wie die der Migrant*innen und schutzsuchenden Flüchtlinge. Mit den großen Sicherungsbereichen Arbeit/Arbeitsschutz, Jugend/Familie/Haushalt, Gesundheit/Pflege, Alter/Alterssicherung sowie Mindestsicherung gestaltet das Leistungsrecht nicht nur die konkrete Lebenslage von Menschen aus, es legt zugleich die Grundlagen für deren zukünftige Teilhabe- und Verwirklichungs-chancen *(Amartya Sen)* – besser aber noch: Teilhabe*rechte!*
- Deutschland hat keine *Volksversicherungen,* von denen alle Bürger*innen gleichermaßen erfasst sind, wie wir dieses aus anderen europäischen Ländern kennen. Aber das soziale Sicherungssystem in Deutschland ist vom Volumen und vom Organisationsgrad her ebenfalls sehr umfassend ausgestaltet. Gleichwohl gibt es immer wieder Lücken, ausgrenzende Regelungen und Hindernisse bei der Lösung neuer Problemstellungen. Dieses bewirkt zweierlei: Einmal ist das System der sozialen Sicherung in ständigem Wandel: Es muss laufend überprüft, ergänzt, verändert werden. Es gibt hier keinen Zustand, der als endgültig betrachtet werden kann – und darf. Zum anderen bewirkt dieses System neben sozialer Inklusion per se auch soziale Exklusion. Dort, wo es (noch) keinen oder keinen ausreichenden Rechtsanspruch (mehr) gibt, gibt es Ausgrenzung beim Zugang zu Leistungen.

- Das deutsche System der sozialen Sicherung hat in einem gewissen Umfang eine sozial ausgleichende Funktion, vor allem bei den *Umlagesystemen.* Aber das soziale System in Deutschland begrenzt diesen Ausgleich auch, in dem bestimmte soziale Gruppen gar nicht oder nur partiell an dessen Finanzierung beteiligt sind. Versicherungspflicht- und Beitragsbemessungsgrenzen, die Gestaltung des Steuerrechts, die Finanzierung des Systems der sozialen Sicherung vor allem über (abhängige) Erwerbsarbeit bei nur begrenzter Einbeziehung der Einkommen aus Kapitalvermögen, Gewinnen u. a. m. bewirken, dass die soziale Polarisierung trotz des großen Anteils des Sozialsektors am Bruttoinlandsprodukt nur teilweise abgefedert wird – im Endeffekt sogar zunimmt.

- Nicht nur in diesem Kapitel fällt die starke *Verrechtlichung* der Sozialleistungen auf. Allein das Volumen des 12-teiligen Sozialgesetzbuches unterstreicht den zentralen Charakter des deutschen Systems der sozialen Sicherung, nämlich die Normierung, verwaltungsmäßige Umsetzung und finanzielle Absicherung von *Rechtsansprüchen.* Erst wenn ein soziales Problem nicht nur erkannt, sondern Eingang in das Leistungsrecht des SGB oder anderer Sozialgesetze gefunden hat, also als sozialrechtlich existierend anerkannt ist, wird es sozialpolitisch durch den Staat bzw. die Kommunen bearbeitet – und auch nur im Rahmen dieser rechtlichen Vorgaben. Umgekehrt ist eben dieser Rechtsanspruch auch einklagbar – in einer eigens dafür geschaffenen *Sozialgerichtsbarkeit.*

- Große Teile dieser Sicherungssysteme zielen auf die Stabilisierung von *Einkommen,* da dieses in einer sich wesentlich über Geld vermittelnden Erwerbsarbeits- und Konsumgesellschaft Voraussetzung für die eigene Subsistenzsicherung und die Teilhabe am gesellschaftlichen Leben ist. Die zentrale Stellung von Einkommen zeigt sich darin, dass über (Erwerbs-)Einkommen häufig erst der Zugang zum System der sozialen Sicherung möglich ist, wie umgekehrt Einkommensersatz den Ausfall von Primäreinkommen kompensieren soll. Die meisten Geldleistungen sind in ihrer Höhe durch das *Äquivalenzprinzip* bestimmt.

- Es gibt weiterhin soziale Leistungen, sei es zur Stärkung der individuellen Einkommenssituation, sei es in Gestalt von Sach- und Dienstleistungen, die keinen direkten Bezug zum Erwerbsarbeitssystem haben. Diese Leistungen werden meist vor allem mit den Personen assoziiert, die am Rande der Gesellschaft stehen – greifen aber, wie etwa das BVG zeigt, auch über diese Zielgruppe hinaus. Sie ziehen ihre Legitimation vor allem daraus, dass letztlich jeder Mensch in eine individuelle Notlage kommen kann und dann auf dieses *letzte Netz* im System der sozialen Sicherung zurückgreifen können soll. Angesichts der realen Einkommensentwicklung insgesamt und der zunehmenden Zahl von Personen, deren Erwerbs- und/oder Sozialeinkommen nicht über das Niveau der Mindestsicherung hinauskommt, ist es für eine dem Sozialstaatspostulat verpflichtete Gesellschaft wichtiger denn je, dieses letzte Netz stabil zu gestalten.

- Daneben gibt es soziale *Versorgungs*leistungen, die nicht Fürsorge sind, sondern einen Beitrag zu einem *gesamtgesellschaftlichen Lastenausgleich* leisten, indem etwa die Gesellschaft die Finanzierung der Kosten bei der Kindererziehung wenigstens teilweise übernimmt und sich auch an der schulischen und beruflichen Ausbildung von Kindern und Jugendlichen beteiligt.

- Und schließlich gibt es auch *soziale Dienst- und Sachleistungen,* die direkt zugeteilt werden. Diese haben auch einen Geldwert, der als solcher im *Sozialbudget* dargestellt wird. Allerdings kennen die Bezieher*innen dieser Dienst- und Sachleistungen die dafür aufzubringenden Kosten meist nicht. Zwar kann deren Bezug auch an über Erwerbsarbeit erworbene Anwartschaften sowie Zuzahlungen gebunden sein, allerdings lösen sich hier Höhe und Dauer der Leistungen stärker vom zugrunde liegenden Erwerbseinkommen. Diese Sach- und Dienstleistungen folgen stärker dem *Solidarprinzip.*

- Es gibt im System der sozialen Sicherung auch *Ermessensspielräume,* vor allem bei Fürsorgeleistungen, aber auch bei weiteren Dienst- und Sachleistungen. Doch faktisch werden diese Leistungen vor allem dem verfügbaren Finanzvolumen nachgeordnet, sei es dem der sozialen Sicherungssysteme, sei es dem der kommunalen Haushalte und den davon abgeleiteten finanziellen Möglichkeiten freier Träger.

Bei aller Kritik und allen Baustellen leistet das nun fast 150 Jahre alte System der sozialen Sicherung einen beachtlichen Beitrag zur Stabilisierung des *sozialen Friedens* in Deutschland, dessen Attraktivität sich trotz z. T. starker Einschnitte erhalten hat. Eine Mehrheit der deutschen Bevölkerung beklagt in Umfragen zunehmende Ungerechtigkeiten in der Gesellschaft, gleichwohl wird das bestehende soziale Sicherungssystem von weiten Teilen nicht infrage gestellt. Dieses erklärt, warum die Finanzierung des Sozialen insgesamt seitens der Beitrags- und Steuerzahlenden getragen wird, auch wenn Zweifel an der zukünftigen Stabilität des Systems der sozialen Sicherung heute deutlicher als früher zum Ausdruck kommen. Eines aber wird sicher zum Problem: Ein soziales Sicherungssystem, das auf derartig ausdifferenzierten Leistungs- und Finanzierungsstrukturen basiert, ist immer weniger transparent. Wenn schon Expert*innen (auch die Autoren dieses Bandes, sei selbstkritisch angemerkt!)

oftmals intensiv recherchieren müssen, was denn nun gilt und was nicht, ist dieses für breite Bevölkerungskreise noch schwieriger.

Das SGB I hat in den Paragraphen 13–15 alle Leistungsträger verpflichtet, die Bevölkerung und alle Hilfesuchenden über Rechte und Pflichten der einzelnen Leistungszweige aufzuklären, zu beraten und auf Verlangen auch Auskünfte zu erteilen. Diesem Anspruch versuchen die Träger in unterschiedlicher Weise Rechnung zu tragen. Erfahrungsberichte zeigen, dass oftmals diejenigen Personen, die am dringlichsten dieser Information, Beratung und Auskunft bedürfen, mitunter die schlechtesten Möglichkeiten haben, an dieses Wissen zu gelangen. Es bleibt eine Herausforderung an die Politik, den breiten Zugang für Menschen mit den unterschiedlichsten Kommunikationsformen und Rezeptionsmöglichkeiten tatsächlich erreichbar zu machen. Der Gesetzgeber erwartet von den Bürger*innen Gesetztreue, legt aber Gesetzestexte vor, die nur mit juristischem Sachverstand zu entschlüsseln sind. Gleichzeitig werden Ratgeber und Leitfäden veröffentlicht, um den Menschen zu erklären, was Recht und Gesetz sein soll. Warum nicht gleich im Steuer-, Sozial- und jedem anderen Rechtsbereich für einen niedrigschwelligen Zugang und Barrierefreiheit sorgen, in dem die Vorschriften so abgefasst werden, dass sie allgemein verständlich sind und sich alle Bürger*innen in den Originalquellen informieren können?

Literatur

Afheldt, Horst. 1994. Wohlstand für niemand? Die Marktwirtschaft entläßt ihre Kinder. München: Verlag Antje Kunstmann.

AG Grundsicherung. 2011. Grundsicherung für Arbeitsuchende: Armutsverwaltung oder Armutsbekämpfung. Positionspapier der Nationalen Armutskonferenz vom 31. Mai 2011. https://www.nationale-armutskonferenz.de/wp-content/uploads/2017/08/nak-Positionspapier_Grundsicherung-und-Armutsverwaltung.pdf. Zugegriffen: 15. März 2021.

Allmendinger, Jutta; Eichhorst, Werner; Walwei, Ulrich (Hrsg.). 2005. IAB Handbuch Arbeitsmarkt. Analysen, Daten, Fakten. Frankfurt a. M./New York: Campus Verlag.

AOK Bundesverband Gesundheitsreformen: https://aok-bv.de/lexikon/g/index_06416.html. Zugegriffen: 28. März 2021.

Ärzteblatt. 2019. Zahl der privaten Zusatzversicherungen steigt weiter an. https://www.aerzteblatt.de/nachrichten/103855/Zahl-der-privaten-Zusatzversicherungen-steigt-weiter-an. Zugegriffen: 26. März 2021.

Bach, Stefan; Foscher, Björn; Haan, Peter; Wrohlich, Katharina. 2020. Reform des Ehegattensplittings mit niedrigem Übertragungsbetrag ist ein guter Kompromiss. In DIW Wochenbericht. Jg., Heft 41/2020: 786–794. Wiesbaden: Springer VS.

Backes, Gertrud M.; Clemens, Wolfgang. 2013. Lebensphase Alter. Eine Einführung in die sozialwissenschaftliche Altersforschung. Weinheim/Basel: Beltz Juventa Verlag.

Bäcker, Gerhard; Neubauer, Jennifer. 2018. Arbeitslosigkeit, Grundsicherung und Arbeits-marktpolitik. In Handbuch Armut und soziale Ausgrenzung. hrsg. E.-U. Huster; J. Boeckh; H. Mogge-Grotjahn, 395–414. Wiesbaden: Springer VS Verlag.

Bäcker, Gerhard; Kistler, Ernst. 2020. Empfängerzahlen und -strukturen und Dunkel-ziffer der Nicht-Inanspruchnahme. https://www.bpb.de/politik/innenpolitik/renten-politik/289542/empfaenger-und-dunkelziffer. Zugegriffen: 21. März 2021.

Bäcker, Gerhard; Kistler, Ernst. 2020. Das Rentenniveau. In Bundeszentrale für politische Bildung, Dossier Rentenpolitik. https://www.bpb.de/politik/innenpolitik/rentenpolitik/290755/das-rentenniveau. Zugegriffen: 8. April 2021.

(BAMF) Bundesamt für Migration und Flüchtlinge. 2021. Zuständige Aufnahmeeinrichtung. https://www.bamf.de/DE/Themen/AsylFluechtlingsschutz/AblaufAsylverfahrens/Auf-nahmeeinrichtung/aufnahmeeinrichtung-node.html. Zugegriffen: 21. März 2021.

Baumann, Arne; Bruttel, Oliver. 2020. Fünf Jahre gesetzlicher Mindestlohn. Hrsg. Bundes-zentrale für politische Bildung. Bonn.

Beauftragte der Bundesregierung für die Belange von Menschen mit Behinderungen. 2019. Teilhabeempfehlungen. Mehr Inklusion wagen!. o. V., Berlin.

Becker, Irene. 1997. Die Entwicklung von Einkommensverteilung und Einkommens-armut in den alten Bundesländern von 1962 bis 1988. In Einkommensverteilung und Armut. Deutschland auf dem Weg zur Vierfünftel-Gesellschaft? hrsg. R. Hauser, 43–62. Frankfurt a. M. und New York: Campus Verlag.

Becker, Irene. 2022. Sicherung des Existenzminimums mit Regelleistungen – kritische Anmerkungen und Reformüberlegungen zu Hartz IV und zum Familienlastenausgleich. In Grundsicherung weiterdenken. hrsg. D. Spannagel; C. Schäfer; F. Blank. Bielefeld: transkript. (im Erscheinen)

Beckmann, Fabian; Heinze, Rolf G.; Schad, Dominik; Schupp, Jürgen. 2021. Hartz-IV-Reformvorschlag: Weder sozialpolitischer Meilenstein noch schleichende Einführung eines bedingungslosen Grundeinkommens. In DIWaktuell Nr. 58 12. Februar 2021. o. V., Berlin.

Benz, Benjamin. 2014. Armenhilfepolitik. Soziale Arbeit als „Hilfe unter Protest" am Beispiel der Tafeln. In Politik Sozialer Arbeit. Band 2: Akteure, Handlungsfelder und Methoden. hrsg. B. Benz; G. Rieger; W. Schönig; M. Többe-Schukalla, 122–140.Wein-heim/Basel: Beltz Juventa.

Benz, Benjamin; Boeckh, Jürgen; Huster, Ernst-Ulrich. 2000. Sozialraum Europa. Öko-nomische und politische Transformation in Ost und West. Opladen: Leske+Budrich

Berliner Senatsverwaltung für Integration, Arbeit und Soziales. 2019. Rund-schreiben Soz Nr. 16/2019 über die Änderungen im 11. Kapitel SGB XII durch das Angehörigenentlastungsgesetz vom 03.12.2019. https://www.berlin.de/sen/soziales/service/berliner-sozialrecht/kategorie/rundschreiben/2019_16-873523.php. Zugegriffen: 16. März 2021.

Best, Norman; Boeckh, Jürgen; Huster, Ernst-Ulrich. 2018. Armutsforschung: Ent-wicklungen, Ansätze und Erkenntnisgewinne. In Handbuch Armut und soziale Aus-grenzung, 3. Aufl. hrsg. E.-U. Huster et al., 27–58. Wiesbaden: Springer VS.

(BIH) Bundesarbeitsgemeinschaft der Integrationsämter und Hauptfürsorgestellen (Hrsg). 2020. BIH-Jahresbericht 2019 | 2020 Behinderung & Beruf und soziale Entschädigung. Hürth: CW Haarfeld GmbH.

(BMAS) Bundesministerium für Arbeit und Soziales. 2020. Bundesteilhabegesetz. https://www.bmas.de/DE/Soziales/Teilhabe-und-Inklusion/Rehabilitation-und-Teilhabe/bundesteilhabegesetz.html. Zugegriffen: 16. März 2021.

(BMAS) Bundesministerium für Arbeit und Soziales. 2021. Persönliches Budget. https://www.bmas.de/DE/Soziales/Teilhabe-und-Inklusion/Persoenliches-Budget/persoenliches-budget.html. Zugegriffen: 16. März 2021.

(BMAS) Bundesministerium für Arbeit und Soziales. 2021. Opferentschädigungsrecht. https://www.bmas.de/DE/Soziales/Soziale-Entschaedigung/Opferentschaedigungsrecht/opferentschaedigungsrecht.html. Zugegriffen: 24. März 2021.

(BMAS) Bundesministerium für Arbeit und Soziales. 2021. Gesetz zur Einführung der Grundrente. https://www.bmas.de/DE/Service/Gesetze-und-Gesetzesvorhaben/gesetz-zur-einfuehrung-der-grundrente.html. Zugegriffen: 13. April 2021.

(BMF) Bundesministerium für Finanzen. 2020. Statitische Auswertungen zur Riester-Förderung. https://www.bundesfinanzministerium.de/Content/DE/Standardartikel/Themen/Steuern/Steuerliche_Themengebiete/Altersvorsorge/2020-11-16-Statistische-Auswertungen-Riester-Foerderung-bis-2019.html. Zugegriffen: 9. April 2021.

(BMF) Bundesministerium der Finanzen. 2020. Bericht über die Höhe des steuerfrei zu stellenden Existenzminimums von Erwachsenen und Kindern für das Jahr 2022 (13. Existenzminimumbericht). https://www.bundesfinanzministerium.de/Content/DE/Standardartikel/Themen/Steuern/2020-09.23-existenzminimumbericht-anl.pdf?__blob=publicationFile&v=2. Zugegriffen: 12. März 2021.

(BMFSFJ) Bundesministerium für Familie, Senioren, Frauen und Jugend. 2019. Eine neue Kultur des Alterns. Altersbilder in der Gesellschaft. Erkenntnisse und Empfehlungen des Sechsten Altenberichts. o.V. Berlin.

(BMFSFJ) Bundesministerium für Familie, Senioren, Frauen und Jugend (Hrsg.). 2021. Eltern sein in Deutschland. Neunter Familienbericht. Berlin: BMFSFJ.

(BMG) Bundesministerium für Gesundheit. 2020. Daten des Gesundheitswesens 2020. https://www.bundesgesundheitsministerium.de/fileadmin/Dateien/5_Publikationen/Gesundheit/Broschueren/Daten_des_Gesundheitswesens_2020.pdf. Zugegriffen: 19. Januar 2022

(BMG) Bundesministerium für Gesundheit. 2016. Begriffe von A - Z Leistungskatalog. https://www.bundesgesundheitsministerium.de/service/begriffe-von-a-z/l/leistungskatalog.html. Zugegriffen: 26. März 2021.

(BMG) Bundesministerium für Gesundheit. 2017. Begriffe A-Z Pflegegrad; neuer Pflegebedürftigkeitsbegriff. https://www.bundesgesundheitsministerium.de/service/begriffe-von-a-z/p/pflegegrade-neuer-pflegebeduerftigkeitsbegriff. Zugegriffen: 27. März 2021.

(BMG) Bundesministerium für Gesundheit. 2018. Pflegeversicherung, Zahlen und Fakten. https://www.bundesgesundheitsministerium.de/fileadmin/Dateien/3_Downloads/Statistiken/Pflegeversicherung/Leistungen/Leistungsbetraege_2018.pdf. Zugegriffen: 27. März 2021.

(BMG) Bundesministerium für Gesundheit. 2021. Online Ratgeber Krankenversicherung. https://www.bundesgesundheitsministerium.de/gesetzlich-versicherte.html. Zugegriffen: 14. September 2021.

(BpB) Bundeszentrale für politische Bildung. 2013. Vor zwanzig Jahren: Einschränkung des Asylrechts 1993. https://www.bpb.de/politik/hintergrund-aktuell/160780/asylkompromiss-24-05-2013. Zugegriffen: 21. März 2021.

(BpB) Bundeszentrale für politische Bildung o.J. Demografischer Wandel und Rentenfinanzierung. https://www.bpb.de/politik/innenpolitik/rentenpolitik/291711/demografischer-wandel-und-rentenfinanzierung. Zugegriffen: 1. April 2021.

(BVerfG) Bundesverfassungsgericht Urteil des Ersten Senats vom 5. November 2019
- 1 BvL 7/16 -, Rn. 1–225, http://www.bverfg.de/e/ls20191105_1bvl000716.html.
Zugegriffe: 15. März 2021.

Boeckh, Jürgen; Huster, Ernst-Ulrich. 1998. Politische Steuerung des Arbeitsmarktes angesichts Europäisierung und Globalisierung. In Politische Vierteljahresschrift 39 Jg Heft
4: 845–857.

Borrée, Iris; Friedrich, Johannes; Wüsten, Barbara. 2014. Das kaum bekannte Opferentschädigungsgesetz. Die Leistungen und ihre Gewährung - Praxisprobleme und
Novellierungsbedarf. In Soziale Sicherheit 2/2004: 69–76.

Bourcarde, Kay. 2011. Die Rentenkrise: Sündenbock Demographie. Kompromissbildung
und Wachstumsabkoppelung als Ursachen von Finanzierungsengpässen. Wiesbaden: VS
Verlag.

Bourdieu, Pierre. 2004. Gegenfeuer. Konstanz: UVK Verlagsgesellschaft mbH.

Bredgaard, Thomas; Madsen, Per Kongshøj. 2018. Farewell flexicurity? Danish flexicurity
and the crisis. In Transfer. Vol. 24, No. 4/2018: 375–386.

Brettschneider, Antonio; Leitner, Sigird; Schütte, Johannes; Hilke, Maren; Jehles, Nora;
Pullen, Armin; Schäfer, Stefan. 2020. Qualitative Untersuchung von subjektiven Ausprägungen und Dynamiken sozialer Lagen. In Begleitforschung zum Sechsten Armuts-
und Reichtumsbericht der Bundesregierung. https://www.armuts-und-reichtumsbericht.
de/SharedDocs/Downloads/Service/Studien/methodenbericht-qualitative-untersuchung-
subjektive-auspraegung-und-dynamiken-sozialer-lagen.pdf;jsessionid=E112C1847F
37A4B52FC817116823C74A?__blob=publicationFile&v=1. Zugegriffen: 14. April
2021.

Brücker, Herbert; Kosyakova, Yuliya; Schuß, Eric. 2020. Integration in Arbeitsmarkt
und Bildungssystem macht weitere Fortschritte. In IAB-Kurzbericht 4/2020. o. V.,
Nürnberg.

Bruckmeier, Kerstin; Peichl, Andreas; Popp, Martin; Wiemers, Jürgen; Wollmershäuser,
Timo. 2021. Covid-19-Krise: Für das Jahr 2020 ist mit keinem Anstieg der Einkommensungleichheit in Deutschland zu rechnen. https://www.iab-forum.de/
covid-19-krise-fuer-das-jahr-2020-ist-mit-keinem-anstieg-der-einkommensungleichheit-
in-deutschland-zu-rechnen/. Zugegriffen: 12. März 2021.

Bundesrechungshof. 2019. Abschließende Miteilung an das Bundesministerium für Arbeit
und Soziales über die Prüfung der Beteiligung des Bundes an den Leistungen für Unterkunft und Heizung. Gz.: VI 1–019–0591. o. V., Berlin.

Bundesagentur für Arbeit. 2019. Statitik/Arbeitsmarktberichterstattung. Berichte: Blickpunkt Arbeitsmarkt - Die Arbeitsmarktsituation von Frauen und Männern 2018.
Nürnberg.

Bundesagentur für Arbeit. 2019. Drei von vier Sanktionen entfallen auf Terminversäum-
nisse. In Presseinfo Nr. 15 vom 10. April 2019, o. V., Nürnberg.

Bundesagentur für Arbeit. 2019. Situation von Älteren. Berichte: Blickpunkt Arbeitsmarkt
September 2019. o. V., Nürnberg.

Bundesagentur für Arbeit. 2020. Leiharbeitnehmer und Verleihbetriebe (Monatszahlen und
Jahreszahlen). Nürnberg.

Bundesministerium für Arbeit und Soziales: Palma-Ratio. https://www.armuts-und-
reichtumsbericht.de/DE/Service/Glossar/glossar.html. Zugegriffen: 3. März 2021.

Bundesagentur für Arbeit. 2021a. Fachstatistiken Beschäftigung. https://statistik.arbeits-agentur.de/DE/Navigation/Statistiken/Fachstatistiken/Beschaeftigung/Beschaeftigung-Nav.html. Zugegriffen: 5. März 2021.

Bundesagentur für Arbeit. 2021b. Langzeitarbeitslosigkeit (Monatszahlen). Nürnberg Stand: Februar 2021.

Bundesagentur für Arbeit. 2021c. Lexikon: Bedarfsgemeinschaft. https://www.arbeits-agentur.de/lexikon/bedarfsgemeinschaft#:~:text=Zum%20Einkommen%20von%20Kindern%20z%C3%A4hlen,Eltern%20oder%20Elternteile%20zur%20Bedarfsgemein-schaft. Zugegriffen: 15. März 2021.

Bundesagentur für Arbeit. 2021d. Lexikon. Jobcenter. https://www.arbeitsagentur.de/lexikon/jobcenter. Zugegriffen: 15. März 2021.

Bundesregierung. 2016. Integrationsgesetz setzt auf Fördern und Fordern. https://www.bundesregierung.de/breg-de/aktuelles/integrationsgesetz-setzt-auf-foerdern-und-fordern-222362. Zugegriffen: 21. März 2021.

Bundesregierung. 2020. Ergänzender Bericht der Bundesregierung zum Rentenver-sicherungsbericht 2020 (Alterssicherungsbericht 2020) und Gutachten des Sozialbei-rats. Drucksache 19/24926. o. V., Berlin.

Bundesregierung. 2021. Entwicklungen von Armut und sozialer Ungleichheit im Zuge der Corona-Pandemie. Antwort auf eine kleine Anfrage der Fraktion BÜNDNIS 90/DIE GRÜNEN. Drucksache 19/26481. o. V. Berlin.

Burzan, Nicole. 2011. Soziale Ungleichheit. Eine Einführung in die zentralen Theorien, 4. Aufl. Wiesbaden: VS Verlag für Sozialwissenschaften.

Buslei, Hermann; Geyer, Johannes; Haan, Peter; Harnisch, Michelle. 2019. Starke Nicht-inanspruchnahme von Grundsicherung deutet auf hohe verdeckte Altersarmut. DIW Wochenbericht.

Decker, Oliver; Weißmann, Marliese; Kiess, Johannes; Brähler, Elmar. 2012. Die Mitte in der Krise. Rechtsextreme Einstellungen in Deutschland. Hrsg. von der Friedrich Ebert Stiftung. Springe: Klampen Verlag GbR.

DER SPIEGEL. 2001. Riester umwirbt die großen Koalitionen, DER SPIEGEL online vom 9. Mai 2001. https://www.spiegel.de/politik/deutschland/abstimmung-ueber-rentenreform-riester-umwirbt-die-grossen-koalitionen-a-132824.html. Zugegriffen: 11. April 2021.

Destatis. 2015. Bevölkerung Deutschlands bis 2060. 13. Koordinierte Bevölkerungsvoraus-berechnung. Wiesbaden.

Destatis. 2019. Bevölkerung im Erwerbsalter sinkt bis 2035 voraussichtlich um 4 bis 6 Millionen. In Pressemitteilung vom 27. Juni 2019 - 242/19. https://www.destatis.de/DE/Presse/Pressekonferenzen/2019/Bevoelkerung/pm-bevoelkerung.pdf?__blob=publicationFile. Zugegriffen: 28. März 2021.

Destatis. 2020. Dezember 2019: 0,6% mehr Personen erhielten grundsicherung im Alter und bei Erwerbsminderung. Pressemitteilung Nr. 140 vom 22. April 2020. https://www.destatis.de/DE/Presse/Pressemitteilungen/2020/04/PD20_140_228.html;jsessionid=43560D7019B0267648839C59412A2E43.live731. Zugegriffen: 9. April 2021.

Destatis. 2020a. Knapp zwei Millionen Jobs profitieren von der Mindestlohnerhöhung 2019.https://www.destatis.de/DE/Presse/Pressemitteilungen/2020/06/PD20_238_623.html. Zugegriffen: 1. März 2021.

Destatis. 2020b. 8 Millionen Niedriglohnjobs im Jahr 2018. https://www.destatis.de/DE/Presse/Pressemitteilungen/2020/10/PD20_416_623.html. Zugegriffen: 1. März 2021.

Destatis. 2020c. Volkswirtschaftiche Gesamtrechnungen, Fachserie 18 Reihe 1.4. https://www.destatis.de/DE/Themen/Wirtschaft/Volkswirtschaftliche-Gesamtrechnungen-Inlandsprodukt/Publikationen/Downloads-Inlandsprodukt/inlandsprodukt-endgueltig-pdf-2180140.pdf?__blob=publicationFile. Zugegrifen: 2. März 2021.

Destatis. 2020a. 4,1 Millionen Pflegebedürftige zum Jahresende 2019. Pressemitteilung vom 15. Dezember 2020. https://www.destatis.de/DE/Themen/Gesellschaft-Umwelt/Gesundheit/Pflege/_inhalt.html. Zugegriffen: 27. März 2021.

Destatis. 2020b. Sozialhilfeausgaben im Jahr 2019 um 5,8 Prozent gestiegen. In Pressemitteilung Nr. 314 vom 18. August 2020. https://www.destatis.de/DE/Presse/Pressemitteilungen/2020/08/PD20_314_221.html. Zugegriffen: 28. März 2021.

Destatis. 2021. Laufende Gesundheitsausgaben in der EU 2018. https://www.destatis.de/Europa/DE/Thema/Bevoelkerung-Arbeit-Soziales/Gesundheit/Gesundheitsausgaben.html. Zugegriffen: 29. März 2021.

Destatis. 2021. Einkommen, Konsum und Lebensbedingungen. https://www.destatis.de/DE/Themen/Gesellschaft-Umwelt/Einkommen-Konsum-Lebensbedingungen/_inhalt.html;jsessionid=D05BE2D1993E4E2811AED041353CF18F.live731. Zugegriffen: 10. April 2021.

Destatis. 2021a. Arbeitsmarkt: Erwerbslosigkeit. https://www.destatis.de/DE/Themen/Arbeit/Arbeitsmarkt/Erwerbslosigkeit/_inhalt.html;jsessionid=83D956517AA935D3629F04A0AC72889A.internet741. Zugegriffen: 22. März 2021.

Destatis. 2021b. Atypische Beschäftigung. https://www.destatis.de/DE/Themen/Arbeit/Arbeitsmarkt/Glossar/atypische-beschaeftigung.html. Zugegriffen: 5. März 2021.

Destatis. 2021c. Arbeitsmarkt -> Erwerbstätigkeit. https://www.destatis.de/DE/Themen/Arbeit/Arbeitsmarkt/Erwerbstaetigkeit/_inhalt.html. Zugegriffen: 5. März 2021.

Destatis. 2021d. Qualität der Arbeit -> Flexible Arbeitszeiten. https://www.destatis.de/DE/Themen/Arbeit/Arbeitsmarkt/Qualitaet-Arbeit/Dimension-3/flexible-arbeitszeiten.html. Zugegriffen: 5. März 2021.

Destatis. 2021e. 3,1 Millionen Erberbstätige waren 2019 hierzulande von Armut bedroht. In. Pressemitteilung Nr. N 008 vom 28. Januar 2021. https://www.destatis.de/DE/Presse/Pressemitteilungen/2021/01/PD21_N008_634.html. Zugegriffen: 11. März 2021.

Deutscher Bundestag (Hrsg.). 1998. Bericht über die Lebenssituation von Kindern und die Leistungen der Kinderhilfen in Deutschland – Zehnter Kinder- und Jugendbericht, Drucksache 13/11368, 13. Wahlperiode. Bonn.

Deutscher Bundestag. 2017. Lebenslagen in Deutschland - Fünfter Armuts- und Reichtumsbericht. 18. Wahlperiode. Drucksache 18/11980 vom 13.4.2017. Berlin.

Deutscher Bundestag. 2020. Rentenversicherungsbericht 2020 und Gutachten des Sozialbeirats. In Deutscher Bundestag 19. Wahlperiode Drucksache 17/24925 vom 1.2.2020.

Deutscher Bundestag. 2020. Bericht der Bundesregierung über Maßnahmen des Bundes zur Unterstützung von Ländern und Kommunen im Bereich der Flüchtlings- und Integrationskosten und die Mittelverwendung durch die Länder im Jahr 2019. In: Drucksache 19/19780 19. Wahlperiode vom 4. Juni 2020.

Deutscher Gewerkschaftsbund. 2020. 12 € Mindestlohn: Alle Argumente auf einen Blick. https://www.dgb.de/themen/++co++70ba34c8-849e-11ea-b3d7-52540088cada. Zugegriffen: 1. März 2021.

Deutsche Rentenversicherung. 2020. Versichertenbericht 2020. o. V., Berlin.

Deutsche Rentenversicherung. 2021a. Leitbild & Philosphie der Deutschen Rentenversicherung. https://www.deutsche-rentenversicherung.de/DRV/DE/Ueber-uns-und-Presse/Struktur-und-Organisation/Leitbild-Philosophie/leitbild-philosophie_node.html. Zugegriffen: 1. April 2021.

Deutsche Rentenversicherung. 2021b. Werte der Rentenversicherung. https://www.deutsche-rentenversicherung.de/DRV/DE/Experten/Zahlen-und-Fakten/Werte-der-Rentenversicherung/werte-der-rentenversicherung_node.html. Zugegriffen: 1. April 2021.

Deutsche Rentenversicherung. 2021c. Kennzahlen der Finanzentwicklung. https://www.deutsche-rentenversicherung.de/DRV/DE/Experten/Zahlen-und-Fakten/Kennzahlen-zur-Finanzentwicklung/kennzahlen-zur-finanzentwicklung_node.html. Zugegriffen: 1. April 2021.

Deutscher Vorsitz der EU-Ratspräsidentschaft (Hrsg.). 2007. 6. Europäisches Treffen von Menschen mit Armutserfahrungen. Erfahrungen, Fortschritte, Perspektiven – Konferenzbericht. Brüssel und Berlin.

(DGB) Deutscher Gewerkschaftsbund. 2019. 70 Jahre Tarifvertragsgesetz - Allgemeinverbindlichkeit weiter erleichtern! In klartetxt, Nr. 14/2019 vom 12. April 2019.

Dittmann, Jörg; Goebel, Jan. 2018. Armutskonzepte. In Handbuch Armut. hrsg. P. Böhnke et al., 21–34. Opladen, Toronto: Barbara Budrich.

(DPWV) Deutscher Paritätischer Wohlfahrtsverband. 2018. Wer die Armen sind. Der Paritätische Armutsbericht. Hrsg. von Der Paritätische Gesamtverband. o. V. Berlin.

(DRV) Deutsche Rentenversicherung. 2018. Rentenpakt verabschiedet. https://www.deutsche-rentenversicherung.de/RheinlandPfalz/DE/Presse/Pressemitteilungen/2018/2018-11-23_Rentenpakt_verabschiedet.html. Zugegriffen: 8. April 2021.

(DRV) Deutsche Rentenversicherung. 2020. Zahlen und Tabellen der gesetzlichen Rentenversicherung - Werte West (ohne Knappschaft) - 1.1. - 30.6.2021. o. V., Berlin.

(DRV) Deutsche Rentenversicherung. 2021. Zahlen und Fakten. https://www.deutsche-rentenversicherung.de/DRV/DE/Experten/Zahlen-und-Fakten/zahlen-und-fakten_node.html. Zugegriffen: 7. April 2021.

Duden Wirtschaft von A bis Z: Grundlagenwissen für Schule und Studium, Beruf und Alltag, 6. Aufl. Mannheim: Bibliographisches Institut 2016. Lizenzausgabe Bonn: Bundeszentrale für politische Bildung 2016. https://www.bpb.de/nachschlagen/lexika/lexikon-der-wirtschaft/20209/nachtwaechterstaat. Zugegriffen: 22. März 2021.

Einem, Eberhard von (Hrsg.). 2016. Wohnen. Markt in Schieflage – Politik in Not. Wiesbaden: Springer VS.

Europäische Kommission. 2014. Mitteilung der Kommission an das Europäische Parlament, den Rat, den Europäischen Wirtschafts- und Sozialzuschuss und den Ausschuss der Regionen über einen strategischen Rahmen der EU für Gesundheit und Sicherheit am Arbeistplatz 2014–2020.

Europäische Kommission (Hrsg.). 2010. Europe. 2020. A strategy for smart, sustainable and inclusive growth, COM.. Brüssel.

Eurostat. 2021. Gender pay gap statistics. Tabelle sdg_05_20. https://ec.europa.eu/eurostat/statistics-explained/index.php/Gender_pay_gap_statistics#Gender_pay_gap_levels_vary_significantly_across_EU. Zugegriffen: 10. März 2021.

Faltermaier, Toni. 2020. Salutogenese. https://www.leitbegriffe.bzga.de/alphabetisches-verzeichnis/salutogenese/. Zugegriffen: 25. März 2021.

Fuchs, Johann; Hummel, Markus; Hutter, Christian; Klinger, Sabine; Wanger, Susanne; Weber, Enzo; Weigand, Roland; Zika, Gerd. 2015. Der Arbeitsmarkt bleibt auf Erfolgskurs. In IAB-Kurzbericht 7/2015, Nürnberg.

Geißler, Rainer. 1996. Kein Abschied von Klasse und Schicht. Ideologische Gefahren der deutschen Sozialstrukturanalyse. Kölner Zeitschrift für Soziologie und Sozialpsychologie. Jg 48 Heft 2:319–338.

Genesis-Online Datenbank. 2021. Bruttoausgaben der Sozialhilfe: Deutschland, Jahre, Sozialhilfearten. Tab. 22111-0004. https://www-genesis.destatis.de/genesis/online?operation=abruftabelleBearbeiten&levelindex=2&levelid=1616931589138&auswahloperation=abruftabelleAuspraegungAuswaehlen&auswahlverzeichnis=ordnungsstruktur&auswahlziel=werteabruf&code=22111-0004&auswahltext=&nummer=3&variable=3&name=SOZAT3&werteabruf=Werteabruf. Zugegriffen: 28. März 2021.

Gentrup, Anna. 2016. Ist die Riester-Rente gescheitert?. In Süddeutsche Zeitung vom 11. Juli 2016. https://www.sueddeutsche.de/wirtschaft/riester-rente-erst-lichtblick-nun-sorgenkind-1.3073342. Zugegriffen: 10. April 2021.

GKV Spitzenverband. 2021. Fehlverhalten im Gesundheitswesen. https://www.gkv-spitzenverband.de/gkv_spitzenverband/presse/fokus/fehlverhalten_im_gesundheitswesen_1/thema_fehlverhalten_1.jsp. Zugegriffen: 29. März 2021.

Glatzer, Wolfgang; Hübinger, Werner. 1990. Lebenslagen und Armut. In Armut im Wohlstand. hrsg. D. Döring, W. Hanesch, E.-U. Huster, 31–55. Frankfurt a. M.: Suhrkamp.

Goebel, Jan; Krause, Peter. 2021. Einkommensentwicklung - Verteilung, Angleichung, Armut und Dynamik. In Datenreport 2021. Ein Sozialbericht für die Bundesrepulik Deutschland. hrsg. von Destatis, Wissenschaftszentrum Berlin für Sozialforschung, Bundesinstitut für Bevölkerungsforschung. o. V., 229–244. Bonn.

Gerlach, Irene. 2010. Familienpolitik. Wiesbaden: VS Verlag.

Grabka, Markus M.; Schröder, Carsten. 2019. Der Niedriglohnsektor in Deutschland ist größer als bislang angenommen. In DIW Wochenbericht Nr. 14/2019: 249-257.

Groenemeyer, Axel. 2011. Soziale Probleme. In Fachlexikon der sozialen Arbeit. 6. Aufl. hrsg. vom Deutschen Verein für öffentliche und private Fürsorge e. V., 859–860. Baden-Baden: Nomos Verlagsgesellschaft.

Hauser, Richard. 2016. Armut und Teilhabe. In Gesellschaft • Wirtschaft • Politik Heft 1/2016:63–72.

Hauser, Richard. 2018. Das Maß der Armut: Armutsgrenzen im sozialstaatlichen Kontext. Der sozialstatistische Diskurs. In Handbuch Armut und soziale Ausgrenzung 3. Aufl. hrsg. E.-U. Huster; J. Boeckh; H. Mogge-Grotjahn, 148–178. Wiesbaden: Springer VS.

Hausner, Karl Heinz; Engelhard, Heidemarie; Weber, Enzo. 2014. Kosten der Arbeitslosigkeit nochmals gesunken. In IAB-Kurzbericht 2/2014, Nürnberg.

Haverkamp, Fritz. 2018. Gesundheitliche Ungleichheit und neue Morbidität. In Handbuch Armut und soziale Ausgrenzung. Hrsg. Huster, Ernst-Ulrich; Boeckh, Jürgen; Mogge-Grotjahn, Hildegard. S 479–502. Wiesbaden: Springer VS.

Heinze, Rolf G. 2011. Die erschöpfte Mitte. Zwischen marktbestimmten Soziallagen, politischer Stagnation und der Chance auf Gestaltung. Weinheim und Basel: Juventa Verlag.

Heitmeyer, Wilhelm. 2002. Gruppenbezogene Menschenfeindlichkeit. Die theoretische Konzeption und erste empirische Ergebnisse. In Deutsche Zustände Bd 1. ders. hrsg, 15–36. Frankfurt a. M.: Suhrkamp Verlag.

Hengst, Björn; Volkery, Carsten. 2006. "Waschen und rasieren, dann kriegen Sie auch einen Job". In Spiegel-online. https://www.spiegel.de/politik/deutschland/kurt-becks-arbeits-losen-schelte-waschen-und-rasieren-dann-kriegen-sie-auch-einen-job-a-454389.html. Zugegriffen: 5. März 2021.

Hetschko, Clemens; Küfner, Benjamin; Stephan, Gesine. 2018. Arbeitslosigkeit und Wohlbefinden: Interdisziplinäre Tagung des IAB eröffnet neue Einblicke. https://www.iab-forum.de/arbeitslosigkeit-und-wohlbefinden-interdisziplinaere-tagung-des-iab-eroeffnet-neue-einblicke/?pdf=7065. Zugegriffen: 3. März 2021.

Hinrichs, Knut. 2018. Die Entwicklung des Rechts der Armut zum modernen Recht der Existenzsicherung. In Handbuch Armut und soziale Ausgrenzung. hrsg. E.-U. Huster; J. Boeckh; H. Mogge-Grotjahn, 223–252. Wiesbaden: Springer VS Verlag.

Hollederer, Alfons; Brand, Helmut (Hrsg.). Arbeitslosigkeit, Gesundheit und Krankheit. Bern: Verlag Hans Huber.

Homann, Dennis. 2022. Beziehung, Verbindlichkeit und Haltung: Praktische Arbeit mit „Systemsprengern" im Rahmen der Flexiblen Hilfen. In Körper(lichkeit) im Grenzbereich sozialer Ausgrenzung. Die Unsichtbaren sichtbar machen! hrsg. E.-U. Huster; S. Schache; M. Wendler S. 273–296. Wiesbaden: Springer VS.

(IAQ) Institut für Arbeit und Qualifikation. 2021a. Anteil der befristet Beschäftigten an allen abhängig Beschäftigten 2009 und 2019. Abbildung abbIV28. http://www.sozialpolitik-aktuell.de/files/sozialpolitik-aktuell/_Politikfelder/Arbeitsmarkt/Datensammlung/PDF-Dateien/abbIV28.pdf. Zugegriffen: 5. März 2021.

(IAQ) Institut für Arbeit und Qualifikation 2021b: http://www.sozialpolitik-aktuell.de/files/sozialpolitik-aktuell/_Politikfelder/Arbeitsmarkt/Datensammlung/PDF-Dateien/abbIV34.pdf. Zugegriffen: 4. März 2021.

Kaufmann, Franz-Xaver. 1982. Elemente einer soziologischen Theorie sozialpolitischer Intervention. In Staatliche Sozialpolitik und Familie. ders. Hrsg., S 49–86. München/Wien: R. Oldenbourg Verlag.

Keller, Berndt; Seifert, Hartmut. 2002. Flexicurity – Wie lassen sich Flexibilität und soziale Sicherheit vereinbaren? In Mitteilungen aus der Arbeitsmarkt- und Berufsforschung. Heft 1/2002: 90-106.

Kocka, Jürgen. 2001. Thesen zur Geschichte und Zukunft der Arbeit. APuZ 21/2001: 8–13. Bonn: Bundeszentrale für politische Bildung.

Kohaut, Susanne. 2020. Tarifbindung geht in Westdeutschland weiter zurück. https://www.iab-forum.de/tarifbindung-geht-in-westdeutschland-weiter-zurueck/. Zugegriffen: 1. März 2021.

Kohlrausch, Bettina; Zucco, Aline; Hövermann, Andreas. 2020. Verteilungsbericht 2020. Die Einkommensungleichheit wird durch die Corona-Krise noch weiter verstärkt. WSI Report Nr. 62.

KomDat – Kommentierte Daten der Kinder- & Jugendhilfe. 23. Jg., Heft 2–3/2020.

Kümpers, Susanne; Alisch, Monika. 2018. Altern und Soziale Ungleichheiten: Teilhabechancen und Ausgrenzungsrisiken. In Handbuch Armut und soziale Ausgrenzung. hrsg. E.-U. Huster; J. Boeckh; H. Mogge-Grotjahn, 597–618. Wiesbaden: Springer VS.

Lampert, Thomas; Hoebel, Jens; Kroll, Lars Eric. 2019. Soziale Unterschiede in der Mortalität und Lebenserwartung in Deutschland – Aktuelle Situation und Trends. In Journal of Health Monitoring. Berlin: Robert Koch- Institut.

Lampert, Thomas. 2016. Soziale Ungleichheit und Gesundheit. In Soziologie von Gesundheit und Krankheit. hrsg. M. Richter; K. Hurrelmann. Bern: Huber.

Lebenshilfe. 2021. Recht der Eingliederungshilfe - Änderungen durch das Bundesteilhabegesetz. https://www.lebenshilfe.de/eingliederungshilfe-und-das-bundesteilhabegesetz/. Zugegriffen: 16. März 2021.

Lederer, Erich. 2008. Afrikanisches Roulette. In SPIEGELWissenschaft vom 29. September 2008. https://www.spiegel.de/wissenschaft/mensch/medikamententests-afrikanisches-roulette-a-577109.html. Zugegriffen: 26. März 2021.

Lejeune, Constanze; Romeu Gordo, Laura; Simonson, Julia. 2016. Einkommen in Deutschland: Objektive Einkommenssituation und deren subjektive Bewertung. In Altern im Wandel. Zwei Jahrzehnte Deutscher Alterssurvey. hrsg. K. Mahne; J. Wolff; J. Simonson, C. Tesch-Römer, 97–110. Wiesbaden: Springer VS.

Lesch, Hagen; Schröder, Christoph. 2020. Zur Höhe des Mindestlohns. In Aus Politik und Zeitgeschichte. hrsg. Bundeszentrale für politische Bildung. Bonn.

Lutz, Ronald. 2020. Tripelmandat. https://www.socialnet.de/lexikon/Tripelmandat. Zugegriffen: 1. März 2021.

MAGS – Ministerium für Arbeit, Gesundheit und Soziales des Landes Nordrhein-Westfalen (Hrsg.). 2020. Sozialbericht NRW 2020. Armuts- und Reichtumsbericht. Düsseldorf: MAGS.

Meyer, Jörg. 2019. Erweiterte Befugnisse des Zolls – Ausschluss vom Kindergeld für einige EU-Bürger. In Soziale Sicherheit. Jg., Heft 7/2019: 288–292.68. Frankfurt am Main: Bund Verlag.

Ministerium für Arbeit, Gesundheit und Soziales des Landes NRW. 2020. Sozialbericht NRW 2020 Armuts- und Reichtumsbericht. http:// www.sozialberichte.nrw.de. Zugegriffen: 30. März 2021.

Mogge-Grotjahn, Hildegard. 2018. Geschlecht: Wege in die und aus der Armut. In Handbuch Armut und soziale Ausgrenzung, 3. Aufl. hrsg. E.-U. Huster; J. Boeckh; H. Mogge-Grotjahn, 523–538. Wiesbaden: Springer VS.

Möller, Joachim; Schmillen, Achim. 2008. Hohe Konzentration auf wenige – steigendes Risiko für alle. In IAB-Kurzbericht 24/2008. Nürnberg.

Mühlmann, Thomas; Olszenka, Ninja; Fendrich, Sandra. 2020. Das Personal in der Kinder- und Jugendhilfe – ein aktueller Überblick. In KomDat – Kommentierte Daten der Kinder- & Jugendhilfe. Jg., Heft 1/2020: 1–6.23. Dortmund.

Naegele, Gerhard. 2010. Soziale Lebenslaufpolitik - Grundlagen, Analysen und Konzepte. In Soziale Lebenslaufpolitik. ders. hrsg., 27–85. Wiesbaden: VS Verlag für Sozialwissenschaften.

Neumann, Franz. 2003. Arbeit. In Gesellschaft und Staat. Lexikon der Politik. hrsg. H. Drechsler; W. Hilligen; F. Neumann, 38. München: Verlag Franz Vahlen.

Neumann, Franz. 2003. Arbeitslosigkeit. In Gesellschaft und Staat. Lexikon der Politik. hrsg. H. Drechsler; W. Hilligen; F. Neumann, 469–470. München: Verlag Franz Vahlen.

Obermeier, Tim; Oschmiansky, Frank; Kühl, Jürgen. 2020. Die Leistungen der Grundsicherung für Arbeitsuchende. https://www.bpb.de/politik/innenpolitik/arbeitsmarktpolitik/317313/leistungen-der-grundsicherung. Zugegriffen: 15. März 2021.

OECD und European Union. 2020. Health at a Glance: Europe 2020: State of Health in the EU Cycle. Paris: OECD Publishing.

OECD. 2009. Pensions at a Glance. Retirement-Income Systems in OECD Countries. www.sourceoecd.org/finance/9789264060715. Zugegriffen: 10. April 2021.

Oschmiansky, Frank. 2020a. Arbeitszeitpolitik. https://www.bpb.de/politik/innenpolitik/ arbeitsmarktpolitik/306055/arbeitszeitpolitik. Zugegriffen: 4. März 2021.

Oschmiansky, Frank. 2020b. Arten der Arbeitslosigkeit. https://www.bpb.de/politik/innen-politik/arbeitsmarktpolitik/305618/arten-der-arbeitslosigkeit. Zugegriffen: 4. März 2021.

Peuckert, Rüdiger. 2019. Familienformen im sozialen Wandel, 9. Aufl. Wiesbaden: Springer VS.

Portal Sozialpolitik. 2021. RV-Nachhaltigkeitsgesetz. http://www.portal-sozialpolitik.de/ index.php?page=rv-nachhaltigkeitsgesetz. Zugegriffen: 1. April 2021.

Raffelhüschen, Bernd. 2021. Altersvorsorge nach Corona. Damit müssen die kommenden Rentnergenerationen rechnen. In Discussion paper No. 74 - Januar 2021. hrsg. v. Forschungszentrum Generationenverträge der Albert-Ludwigs-Universität Freiburg.

Richter, Matthias; Hurrelmann, Klaus. 2016. Die soziologische Perspektive auf Gesundheit und Krankheit. In Soziologie von Gesundheit und Krankheit, dies. Hrsg., 3–22. Wiesbaden: Springer VS.

Rifkin, Jeremy. 1995. Das Ende der Arbeit und ihre Zukunft. Neue Konzepte für das 21. Jahrhundert. Frankfurt, New York: Campus Verlag.

Roßbach, Henrike. 2021. So will die SPD Hartz IV reformieren. In Süddeutsche Zeitung vom 15. Januar 2021. https://www.sueddeutsche.de/wirtschaft/hartz-iv-grundsicherung-corona-hubertus-heil-1.5175666. Zugegriffen: 15. März 2021.

Rothgang, Heinz; Domhoff, Dominik. 2019. Die Pflegeversicherung als Vollversicherung. In böcklerimpuls 15/2019Working paper der Forschungsförderung der HBS Nr. 150, September 2019. https://www.boeckler.de/pdf/p_fofoe_WP_150_2019.pdf. Zugegriffen: 28. März 2021.

Rürup, Bert. 2002. Generationenvertrag und intergenerative Gerechtigkeit. Zeitschrift für Gerontologie und Geriatrie Bd. 35, Heft 4/2002: 275–281.

Sauckel, Marika. 2015. Der Familienleistungsausgleich: Einkommensteuerliche Freistellung des Existenzminimums durch Freibeträge oder Kindergeld. In Wissenschaftliche Dienste Deutscher Bundestag Nr. 12/15 vom 8. Juni 2015.

Schmidt-Chanasit, Jonas. 2020. Corona-Krise: Wie hängen Pandemie, Umweltzerstörung und Klimawandel zusammen? https://www.bpb.de/politik/innenpolitik/corona-virus/308483/pandemien-umwelt-und-klima. Zugegriffen: 25. März 2021.

Schönau, Martin. 2020. Leistungen zur Teilhabe. Studientext Nr. 12 Stand 2020. Hrsg. von Deutsche Rentenversicherung Bund.

Schöneck, Nadine M.; Ritter, Sabine (Hrsg). 2018. Die Mitte als Kampfzone. Wertorientierungen und Abgrenzungspraktiken der Mittelschichten. Bielefeld: transcript Verlag.

Schott, Josef. 2017. Die Ost-West-Rentenangleichung durch das Rentenüberleitungs-Abschlussgesetz. In Informationen der Regionalträger der Deutschen Rentenversicherung in Bayern Nummer 03/2017 vom 2. August 2017.

Schmidt, Susanne K. 2019. Ein Kampf der Staatsgewalten? Die schwierige soziale Absicherung des europäischen Freizügigkeitsregimes. In Zeitschrift für Sozialreform, 65. Jg., Heft 1: 29-57.

Schütte, Johannes D. 2013. Armut wird "sozial vererbt". Status Quo und Reformbedarf der Inklusionsförderung in der Bundesrepublik Deutschland. Wiesbaden: Springer VS.

Seils, Eric; Emmler, Helge. 2020. Leiharbeit im regionalen Vergleich. In Policy Brief Nr. 35 WSI 01/2020. o. V. Düsseldorf.

Spannagel, Dorothee; Molitor, Katharina. 2019. Einkommen immer ungleicher verteilt. WSI-Verteilungsbericht 2019. In:WSI Mitteilungen Heft 6/2019: 440–450.

Spannagel, Dorothee. 2015. Trotz Aufschwung: Einkommensungleichheit geht nicht zurück. WSI-Verteilungsbericht 2015. WSI-Mitteilungen Heft 8/2015: 622–629.

Spannagel, Dorothee. 2018. Dauerhafte Armut und verfestigter Reichtum. WSI-Verteilungsbericht 2018. In WSI-Mitteilungen Heft 6/2018: 505–512.

(SPD) Sozialdemokratische Arbeiterpartei Deutschland. 2021. Ein neuer Sozialstaat für eine neue Zeit. Arbeit - Solidarität - Menschlichkeit. https://indieneuezeit.spd.de/aktuelles/tag-2/sozialstaat/. Zugegriffen: 15. März 2021.

Spohr, Florian. 2019. Arbeitsmarkt- und Beschäftigungspolitik. In Handwörterbuch des politischen Systems der Bundesrepublik Deutschland. hrsg. U. Andersen; J. Bogumil; S. Marschall; W. Woyke. Wiesbaden: Springer VS.

Stadtmüller, Sven; Klocke, Andreas. 2021. Die Wahrnehmung von Armut. Ergebnisse einer schriftlichen Befragung in zwei Frankfurter Stadtteilen. In Soziale Arbeit. S. 56–64.

Statistisches Bundesamt: https://www.destatis.de/DE/Themen/Gesellschaft-Umwelt/Soziales/Sozialberichterstattung/_inhalt.html. Zugegriffen: 9. März 2021.

Stiglitz, Joseph. 2012. Der Preis der Ungleichheit. Wie die Spaltung der Gesellschaft unsere Zukunft bedroht. München: Siedler Verlag.

Stadt Bochum. 2018. Bedarfe für Unterkunft und Heizung „Angemessenheit laufender Aufwendungen und Verteilung". 50 122 (2742) vom 30. April 2018. In Bedbarfe für Unterkunft und Heizung. Verfügungssammlung; Version: SGB XII. Letzte Aktualisierung 11.2019.

Statistisches Bundesamt. 2013. Zentrum für Sozialindikatorenforschung, Wissenschaftszentrum Berlin (Hrsg.): Datenreport 2013, Berlin.

Statistisches Bundesamt. 2020. Statistisches Jahrbuch 2019. o.V..Wiesbaden.

Tafel Deutschland e. V. 2021. Zahlen & Fakten. Lebensmittel retten. Zeit schenken. https://www.tafel.de/fileadmin/media/Presse/Hintergrundinformationen/2021-08-13_Zahlen_und_Fakten.pdf: Zugegriffen:17. August 2021.

Thiersch, Hans. 1992. Lebensweltorientierte Soziale Arbeit. Aufgaben der Praxis im sozialen Wandel. Weinheim und München: JuventaVerlag.

Toens, Katrin; Benz, Benjamin (Hrsg.). 2019. Schwache Interessen? Politische Beteiligung in der Sozialen Arbeit. Weinheim/Basel: Beltz Juventa.

Verband der Ersatzkassen. 2021. Daten zum Gesundheitswesen. https://www.vdek.com/presse/daten/b_versicherte.html. Zugegriffen: 6. April 2021.

(ver.di) Vereinte Dienstleistungsgewerkschaft. 2019. Pflegeberufe attraktiv machen. Pressemitteilung vom 28. Januar 2019. https://gesundheit-soziales.verdi.de/themen/fachkraeftemangel/++co++fe90510e-22f9-11e9-a28e-525400423e78. Zugegriffen: 28. März 2021.

Vobruba, Georg. 1986. Arbeit. In Lexikon des Sozialismus. hrsg. T. Meyer; K-H. Klär; S. Miller; K. Novy; H. Timmermann, 33–36. Köln: Bund-Verlag.

Walendzik, A.; Greß S.; Manouguian, M.; Wasem, J. 2008. Vergütungsunterschiede im ärztlichen Bereich zwischen PKV und GKV auf Basis des standardisierten Leistungsniveaus der GKV und Modelle der Vergütungsangleichung. In Böcklerimpuls 8/2008, S. 6. Essen: Universität Duisurg- Essen.

Weber, Enzo; Hausner, Karl Heinz; Engelhard, Heidemarie. 2020. Die Kosten der Arbeitslosigkeit sind 2019 leicht gestiegen. In IAB-Forum. https://www.iab-forum.de/die-kosten-der-arbeitslosigkeit-sind-2019-leicht-gestiegen/. Zugegriffen: 28. Dezember 2020.

(WHO) World Health Organization. 2019. Primary Health Care on the Road to Universal Health Coverage. 2019 Global Monitoring Report. https://www.who.int/healthinfo/universal_health_coverage/report/2019/en/.

Wiersbien Norbert. 2013. Hartz IV verstößt gegen internationales und nationales Recht. http://www.armutsnetzwerk.de/netzwerk-2014/home/allgemeines/377-serie-teil-4-hartz-iv-verstoesst-gegen-internationales-und-nationales-recht. Zugegriffen: 15. März 2021.

WSI GenderDatenPortal. 2021a. Einkommen https://www.wsi.de/de/einkommen-14619-gender-pay-gap-14932.htm. Zugegriffen: 2. März 2021.

WSI GenderDatenPortal. 2021b. Sorgearbeit. https://www.wsi.de/de/sorgearbeit-14618-zeitaufwand-fuer-bezahlte-und-unbezahlte-arbeit-20122013-14913.htm. Zugegriffen: 10. März 2021.

Wycislo, Robert. 2015. Öffentlich geförderte Beschäftigung als Instrument der aktiven Arbeitsmarktpolitik in den Bundesländern. Münster: lit Verlag.

Zimmermann, Germo; Boeckh, Jürgen. 2018. Politische Repräsentation schwacher sozialer Interessen durch Initiativen, Wohlfahrtsverbände und Parteien. In Handbuch Armut und soziale Ausgrenzung 3. Aufl. hrsg. E.-U. Huster; J. Boeckh, H. Mogge-Grotjahn, 783–806. Wiesbaden: Springer VS.

Weiterführende Literatur

Althammer, Jörg W.; Lampert, Heinz; Sommer, Maximilian 2021. Lehrbuch der Sozialpolitik, 10. A., Berlin/Heidelberg: Springer Gabler.
Die gründlich überarbeitete 10. Auflage des Lehrbuchs bietet eine ausführliche Darstellung und Analyse der geschichtlichen, theoretischen und systematischen Aspekte von Sozialpolitik und Reformproblemen. Zahlreiche Tabellen, Schaubilder und Übersichten gestalten den Band sehr anschaulich und machen es leicht, den vorgetragenen Analysen zu folgen. Literaturhinweise erleichtern die weitere Einarbeitung in die Problematik.

Balz, Hans-Jürgen; Benz, Benjamin; Carola Kuhlmann (Hrsg.). 2012. Soziale Inklusion. Grundlagen, Strategien und Projekte in der Sozialen Arbeit. Wiesbaden: Springer VS.
Soziale Inklusion ist nur partiell über monetäre Leistungen zu erreichen. Gefordert sind daneben soziale Beratung, Unterstützung und Betreuung durch fachlich geschulte Institutionen und Einzelpersonen. Dieser Band gibt einen guten Einblick in entsprechende Arbeitsfelder der Sozialen Arbeit.

Bäcker, Gerhard; Naegele, Gerd; Bispinck, Reinhard. 2020. Sozialpolitik und soziale Lage in Deutschland. Ein Handbuch. 2 Bände, 6. A., Wiesbaden: Springer VS.
Das Hand- und Lehrbuch bietet in zwei Bänden einen breiten empirischen Überblick über die Arbeits- und Lebensverhältnisse in Deutschland und die zentralen sozialen Problemlagen. Im Mittelpunkt der Darstellung dieses Standardwerkes stehen Arbeitsmarkt, Arbeitslosigkeit und Arbeitsbedingungen, Einkommensverteilung und Armut, Krankheit und Pflegebedürftigkeit sowie die Lebenslagen von Familien und von älteren

Menschen. Auf der Grundlage dieses Überblicks werden die Maßnahmen, Leistungen und Einrichtungen des sozialstaatlichen Systems ausführlich vorgestellt und bewertet.

Boeckh, Jürgen; Benz, Benjamin; Huster, Ernst-Ulrich; Schütte, Johannes D. 2015. Sozialpolitik, Informationen zur politischen Bildung, Heft Nr. 327 3/2015. Wiesbaden: Springer VS.

Das Heft bietet eine kompakte, gleichwohl alle relevanten Bereiche der Sozialpolitik einbeziehende Darstellung (Geschichte, Theorie, Leitbilder, Leistungsbereiche, Herausforderungen und internationale Verflechtungen). Es ist kostenlos bei der Bundeszentrale für politische Bildung zu beziehen bzw. im Internet herunterzuladen. Das Heft eignet sich besonders für Schüler und Schülerinnen sowie Studienanfängerinnen und Studienanfänger.

Bundesministerium für Familie, Senioren, Frauen und Jugend (Hrsg.). 2013. 14. Kinder- und Jugendberichterstattung des Bundes. Berlin.

Der Bericht analysiert die Lebenslage von Kindern und Jugendlichen sowie die Jugendhilfepolitik im föderal gegliederten und von frei-gemeinnützigen Trägern mitgeprägten deutschen Sozialstaat. Gemäß § 84 SGB VIII ist die Bundesregierung verpflichtet, dem Deutschen Bundestag und dem Bundesrat in jeder Legislaturperiode einen Kinder- und Jugendbericht vorzulegen und dazu Stellung zu nehmen. Mit der Ausarbeitung des Berichtes wird jeweils eine unabhängige Sachverständigenkommission beauftragt. Die Berichte finden sich auf den Internetseiten des BMFSFJ: https://www.bmfsfj.de/bmfsfj/service/publikationen.

Bundeszentrale für politische Bildung: Dossier Rentenpolitik.

Mit diesem Dossier bietet die Bundeszentrale für politische Bildung unter der URL https://www.bpb.de/politik/innenpolitik/rentenpolitik/ein umfassendes Informationspaket rund um das Thema Rentenpolitik und soziale Lage von Rentner*innen in Deutschland.

Dietz, Berthold; Frevel, Bernhard; Toens, Katrin. 2015. Sozialpolitik kompakt, 3. A. Wiesbaden: Springer VS.

Der Band bietet eine kompakte Übersicht über das Sozialleistungssystem, seine Grundlagen, Instrumente und einzelnen Zweige. in Deutschland. Er eignet sich von seiner Anlage insbesondere für vertiefende Einführungen in das Themenfeld.

Faik, Jürgen. 2015. Verteilung und Umverteilung von Wohlstand. Tübingen: Mohr Siebeck.

Der Band bietet eine straffe, gleichwohl gründliche Zusammenfassung wichtiger Grundlagen der Verteilungsprozesse und -strukturen sowie deren Ergebnisse. Er bietet eine sehr gute Einführung in zentrale Begrifflichkeiten, zugleich werden Bewertungskriterien transparent diskutiert.

Huster, Ernst-Ulrich; Boeckh, Jürgen; Mogge-Grotjahn, Hildegard (Hrsg.). 2018. Handbuch Armut und soziale Ausgrenzung, 2. A. Wiesbaden: Verlag für Sozialwissenschaften.

In insgesamt 38 Handbuchartikeln werden theoretische Grundlagen, geschichtliche Entwicklungen, zentrale Felder von und Strategien zur Überwindung von Armut und sozialer Ausgrenzung entfaltet. Dabei geht es über empirische Einzeldarstellungen hinaus darum, gesellschaftliche Ursachen, politische Aktivitäten und zivilgesellschaftliches Engagement ebenso deutlich zu machen wie um die Frage, wie Kreisläufe der Armut überwunden werden können.

Peuckert, Rüdiger. 2019. Familienformen im sozialen Wandel, 9. A. Wiesbaden: Springer VS.

Das Standardwerk analysiert Kontinuitäten und Veränderungen der Lebenslagen und Gesellungsformen von Kindern, Jugendlichen und Erwachsenen in und jenseits familialer Formen, auf die die Kinder-, Jugend- und Familienpolitik reagiert, die durch Politik aber auch mit geprägt werden.

Robert Koch Institut: Gesundheitsmonitoring und Gesundheitsberichterstattung.

Das Gesundheitsmonitoring des Robert Koch Institut hält unter der URL https://www.rki.de/DE/Content/Gesundheitsmonitoring/gesundheitsmonitoring_node.html;jsessionid= 17B207A8188F4E3380530CCF967AFCF9.internet052 *ein umfassendes Informationsangebot zum Krankheitsgeschehen in Deutschland bereit. Die Daten sind nach unterschiedlichen Dimensionen geclustert (z. B. Migration und Gesundheit, Gesundhet im Alter, Sozialer Status, Prävention etc.). Unter der URL* https://www.rki.de/DE/Content/Gesundheitsmonitoring/Gesundheitsberichterstattung/gbe_node.html;jsessionid=A8 DF32AA4B952B19D4155A8CB54DD252.internet091 *finden sich die Ergebnisse der Gesundheitsberichterstattung.*

Zentrale sozialpolitische Herausforderungen

Sozialpolitik und die ihr zugrunde liegenden Leitbilder stoßen, wie schon der historische Rückblick gezeigt hat, stets auf neue Heraus- und Anforderungen und damit verknüpfte Interessenkonstellationen. Diese betrifft sowohl die Werte und Normen, also wie das Soziale gestaltet werden soll, als auch die Instrumente und Strukturen, mit denen man dieses erreichen will, und schließlich den politischen Prozess, in dem diese Vorstellungen umgesetzt werden sollen. Sozialpolitik ist also nicht beliebig – sie ist gebunden an historisch gewachsene gesellschaftliche Strukturen und daran, wie diese mit neuen Fragestellungen umgehen (können). Sozialpolitik ist aber nicht nur gesteuerter Prozess, sie findet auch in ihrer Negation statt, wenn nämlich auf soziale Herausforderungen nicht reagiert wird. Werden Herausforderungen bearbeitet, so werden zugleich auch unterschiedliche Leitbilder von Sozialpolitik wirksam, sei es, dass diese zur Lösung der neuen Herausforderungen aufgegriffen, oder sei es, dass sie zur Abwehr nicht gewünschter Lösungen aktiviert werden.

Die sozialpolitischen Akteure müssen auf immer wieder ändernde Rahmenbedingungen reagieren *(Sozialer Wandel)*. Dabei sind die Handlungserfordernisse oftmals nur auf den ersten Blick klar. Es ist wie immer in der Sozialpolitik – schon das *Agenda Setting* (Was sind die wichtigen Themen?) und die daraus abzuleitenden Problemdefinitionen (Was sind dabei die jeweils möglichen Handlungsansätze?) sind bereits interessebesetzt. Im Einzelnen lassen sich nach aktuellem Diskurs folgende zentrale sozialpolitische Herausforderungen skizzieren:

- Die Gesellschaft altert, das zahlenmäßige Verhältnis zwischen jung und alt verschiebt sich in Richtung der hochaltrigen Bevölkerungsteile: Ist dies eine besondere Belastung für die Gesellschaft und für die Finanzierung der zukünftigen Sozialpolitik? (vgl. Abschn. 5.1)
- Sozialpolitik hat eine konstitutive Funktion für unser Erwerbsarbeitssystem wie auch insgesamt für die gesamte Wirtschaft: Wird die Sozialpolitik zukünftig stärker die wirtschaftliche Entwicklung belasten oder wird sie weiterhin eine wichtige Voraussetzung für eine prosperierende Wirtschaft sein? (vgl. Abschn. 5.2)
- Welchen Stellenwert hat der Grundwertekanon unserer Gesellschaft für das Lösen sozialer Problemlagen? Wieweit sind und bleiben die Grund- und Menschenrechte gültig, wenn es darum geht, die soziale Teilhabe aller zu ermöglichen und die Rechte strukturell benachteiligter Personengruppen durchzusetzen *(Soziale Inklusion)?* (vgl. Abschn. 5.3)
- Wie entwickelt sich der Sozialraum Europa weiter? Eher in Richtung eines bloßen Wirtschaftsverbundes oder stärker in Richtung sozialen Ausgleichs? (vgl. Abschn. 5.4)
- Wie wird sich die Rolle Deutschlands in der Welt auf das soziale Leben in Deutschland auswirken, welche Wechselwirkungen werden das Soziale in Deutschland herausfordern? (vgl. Abschn. 5.5)
- Und schließlich: Welche sozialpolitischen Herausforderungen ergeben sich aus dem nötigen Umsteuern hin zu einer nachhaltigen ökologischen Produktion und Konsumtion von Gütern und Diensten in der laufenden Dekade? (vgl. Abschn. 5.6)

5.1   Demografischer Wandel

Unbestreitbar verändert sich die gesellschaftliche Zusammensetzung, wie Abb. 5.1 zeigt. Im Jahr 1910 glich der grafisch aufbereitete Bevölkerungsaufbau noch einer symmetrischen Pyramide, unten breit und dann – aufgrund signifikanter Sterblichkeit in jedem Lebensalter – kontinuierlich sich nach oben bis zur Spitze verjüngend. Heute gleicht dieses Abbild eher einer sturmzerzausten Fichte, in die Lücken gerissen worden sind (Geburtenrückgänge etwa in Folge des Zweiten Weltkrieges, ‚Pillenknick‘ etc.) und die sich zugleich im oberen Bereich deutlich weniger zuspitzt. Hochgerechnet auf die nächsten 40 Jahre nimmt dieser Bevölkerungsaufbau immer stärker die Form einer Urne an: unten relativ schmal (Folge einer geringen Geburtenrate) und dann auf allen Altersegmenten bis in den mittleren und oberen Bereich jeweils in etwa gleich breit, nur im obersten

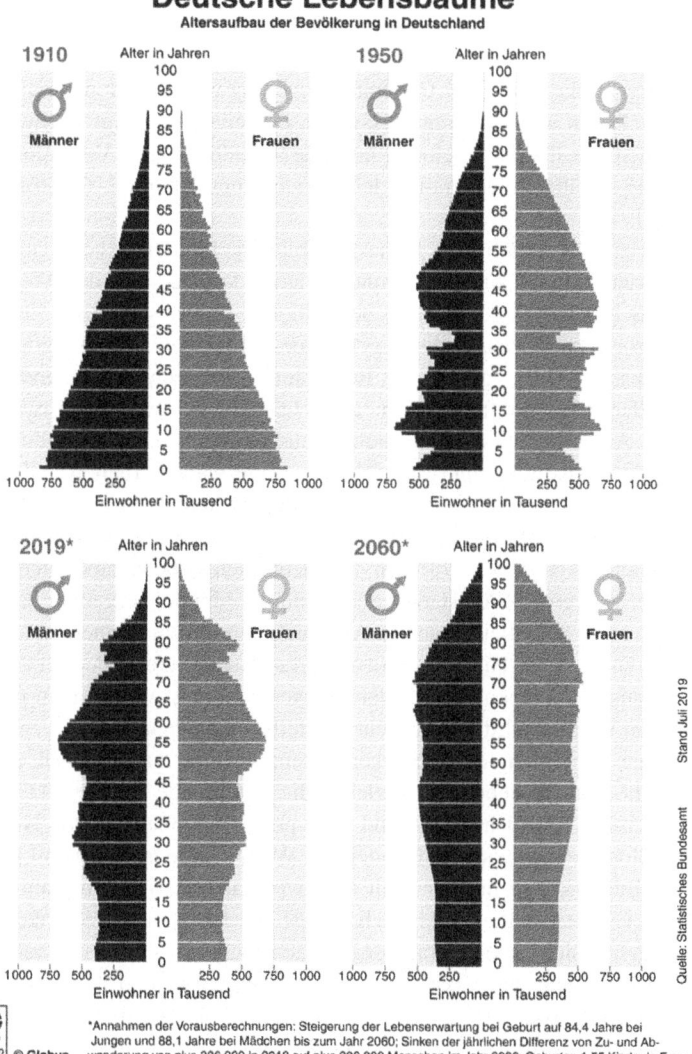

Deutsche Lebensbäume
Altersaufbau der Bevölkerung in Deutschland

*Annahmen der Vorausberechnungen: Steigerung der Lebenserwartung bei Geburt auf 84,4 Jahre bei Jungen und 88,1 Jahre bei Mädchen bis zum Jahr 2060; Sinken der jährlichen Differenz von Zu- und Abwanderung von plus 386 000 in 2018 auf plus 206 000 Menschen im Jahr 2026; Geburten 1,55 Kinder je Frau

Abb. 5.1 Der Altersaufbau der Bevölkerung in Deutschland 1910–1950–2019–2060[1]. (Quelle: Statistisches Bundesamt 2019 nach Globus Schaubild 13292 (Stand Juli 2019))

[1] Auf der Internetseite des Statistischen Bundesamtes kann eine interaktive Simulation der Bevölkerungsvorausberechnung abgerufen werden: https://service.destatis.de/ bevoelkerungspyramide *(zugegriffen: 2. September 2021).*

Bereich sich verjüngend. Viele Stimmen in Gesellschaft, Politik und Wissenschaft sehen hierin eine zentrale Herausforderung der zukünftigen Sozialpolitik: Immer weniger aktiv Erwerbstätige müssten in Zukunft für immer mehr Nichterwerbstätige aufkommen, der Generationenvertrag werde nicht mehr aufrecht zu halten sein. Daran wird die Frage gekoppelt, ob denn die heutige nachwachsende Generation später überhaupt einmal auf eine ähnliche soziale Versorgung hoffen darf, wie sie der älteren Generation derzeit noch zugute kommt *(Generationengerechtigkeit)*.

Demografie meint allerdings keinesfalls bloß die biologisch bedingte Zu- oder Abnahme der Wohnbevölkerung, sondern auch den Zu- und den Wegzug von Personen. Seit dem Fall der Mauer sind Millionen deutschstämmiger Zuwanderer aus Osteuropa nach Deutschland gekommen. Innerhalb der Mitgliedsstaaten der Europäischen Union gibt es das Recht auf freie Niederlassung und die Freizügigkeit der Arbeitskräfte, sich in allen Ländern der EU eine Erwerbsarbeit zu suchen. Auch wenn es – nicht zuletzt aus Gründen sozialer Bindungen, der Sprache wie der Kultur – nur eine relativ geringe Wanderarbeiterschaft gab und gibt, brachte auch die Osterweiterung der Europäischen Union in den 2000er und 2010er Jahren Arbeitskräfte nach Westeuropa, wie schon Ostdeutschland in den 1990er Jahren als Reservoir für den westdeutschen Arbeitsmarkt diente. Dabei spielen auch das große Wohlstandsgefälle und die Möglichkeit, unter bestimmten Voraussetzungen Sozialleistungen in Anspruch nehmen zu können, eine nicht zu unterschätzende Rolle. Hinzu kommen Migrant*innen, die in den letzten Jahren vor allem aus dem Nahen und Mittleren Osten bzw. aus Afrika einen meist sehr gefährlichen Weg nach Europa gesucht und teils gefunden haben.

Bisherige Prognosen der Bevölkerungsentwicklung haben einen derartigen Zuzug nicht vorhergesehen, wenngleich die wachsende Diskrepanz zwischen dem wirtschaftlich armen Süden und dem prosperierenden reichen Norden auf unserem Globus einerseits und die auch mit Waffen der europäischen Lieferanten geführten Bürgerkriege in aller Welt sehr wohl als massive Emigrationsgründe aus diesen Gebieten hätten analytisch erfasst werden können. Wie auch immer: Daraus ergeben sich große Herausforderungen nicht nur kurzfristig bei der Nothilfe für Geflüchtete, deren Versorgung mit Wohnungen und der Sicherung des Lebensunterhalts, sondern vor allem auch mittel- bis langfristig bezüglich der schulischen und beruflichen Integration dieser Menschen. Dieses alles ist mit erheblichen Kosten verbunden. Aber auch das Großziehen von Kindern und Jugendlichen, die bereits in Deutschland leben oder nach Vorstellungen mancher Politiker*innen noch dringend geboren werden müssten, wäre mit erheblichen Kosten verbunden – wenn dieses denn ein Argument sein soll. Gleichzeitig ist festzustellen, dass auch viele Menschen aus Deutschland emigrieren. In jedem Falle verdeutlichen nicht zuletzt diese Zusammenhänge den in einem hohen Maße ideologischen Charakter des Demografie-Arguments im Kontext mit der Refinanzierungskrise des Sozialstaates, wie in Abschn. 4.5.4 zur Alterssicherung aufgezeigt wird.

Schon unabhängig von diesen Wanderungszuwächsen besteht derzeit angesichts faktisch knapp vier Millionen arbeitsloser bzw. unterbeschäftigter Menschen kein demografisches Problem, sondern ein Ungleichgewicht auf dem Arbeitsmarkt. In diesem Zusammenhang wird vor allem auf eine drohende Facharbeiterlücke in der Zukunft verwiesen. Wenn es weniger Jugendliche gibt, dann werden auch weniger Jugendliche für qualifiziertere Ausbildungsgänge zur Verfügung stehen, so die Logik. Dem ist entgegenzuhalten, dass es zum einen bereits jetzt viele Menschen gibt, die gegen ihren Willen unterbeschäftigt sind bzw. unterhalb ihres Qualifikatonsniveaus arbeiten müssen. Dieses betrifft nicht zuletzt Frauen, die insgesamt eine stärkere Erwerbsbeteiligung anstreben. Allerdings bedarf es dann weiterer Anstrengungen zur besseren Vereinbarkeit von Familie und Beruf. Gleichzeitig zeigt sich, dass der Anteil der älteren Arbeitnehmer*innen seit Jahren zunimmt; dieses ist jedoch abhängig von einer Verringerung der gesundheitlichen Belastungen an den Arbeitsplätzen. Desweiteren bedarf es bloß der Anwendung bekannter Fördermöglichkeiten, um Kinder und Jugendliche trotz schlechter Startchancen in der vor- und in der schulischen Bildung für das spätere Berufsleben zu qualifizieren. Und schließlich sind verstärkt Anstrengungen zur Qualifizierung zahlreicher Migrant*innen notwendig. Dabei weist ein nicht geringer Teil der Asylsuchenden aus Krisengebieten schon jetzt zumindest eine relativ hohe Formalqualifikation auf. Und last but not least: Die Prognose für 2060 in Abb. 5.1 spiegelt lediglich das Mengenverhältnis spezifisch definierter Alterskohorten. Damit wird noch nichts ausgesagt etwa zu Fragen gestaltungsbedürftiger Rahmenbedingungen

- für das faktische Erwerbseintrittsalters (siehe Einschulungsalter, Abitur nach acht/neun Jahren, verkürzte Bachelor- und berufsbegleitend aufbauende Masterstudiengänge),
- tatsächlich rentenbeitragspflichtiger Einnahmen (siehe Mindest-/Lohnhöhen sowie Beitragsbemessungs- und Pflichtversicherungsgrenzen),
- Finanzierungsanteilen von Alterssicherungs- und Pflegeleistungen aus Steuer- und Beitragsmitteln,
- Politiken zur Steuerung des faktischen Renteneintrittsalters (vgl. Abschn. 4.5.3).

Bedenkt man diese Handlungsmöglichkeiten, so müssen sich auch in Zukunft zumindest keine Schreckensszenarien ergeben, auch wenn die erwartbaren demografischen Verschiebungen durchaus Anfragen an die Sozialpolitik zu allen Lebensaltern und -risiken (von riskanten Bildungsbiografien bis zur Pflegebedürftigkeit) hervorrufen.

Ein Weiteres kommt hinzu: Prognosen über 40 Jahre müssen Annahmen treffen etwa über das Zeugungs- und Gebährverhalten von Kohorten, die selbst noch garnicht geboren sind, über Wanderungssalden, deren kurzfristig drastische Veränderung auch jüngst wieder eindrucksvoll erlebbar wurde, über die Entwicklung der Lebenserwartung, die wir heute noch nicht wissen können. Wenn die demografischen Annahmen zutreffen, steht bei abnehmender Gesamtbevölkerung der Anzahl der älter werdenden Mitbürger*innen in Zukunft eine abnehmende Zahl von Kindern und Jugendlichen gegenüber.

Die nachfolgende Abb. 5.2 berücksichtigt Verschiebungen von faktischen Altersgrenzen, Versicherten, Finanzierungsanteilen etc. noch nicht und basiert in dieser (aus verschiedenen Szenarien ausgewählten) Variante auf folgenden Annahmen:

- einer konstanten Geburtenrate von 1,55 Kindern je Frau (und Mann),
- einer durchschnittlichen Lebenserwartung bei Geburt 2060 für Jungen von knapp 85/Mädchen von rund 88 Jahren,
- einem Wanderungssaldo von jährlich im Durchschnitt plus 221.000 Personen bis 2060.

Wichtig zu bedenken ist ferner, dass mit dieser oder alternativen allgemeinen Berechnungen noch keine Aussage über die finanzielle Belastung einzelner Haushalte und Personengruppen getroffen ist. Richtig ist zunächst, dass die Kosten für Kinder und Jugendliche und die für die Nicht-mehr-Erwerbstätigen unterschiedlich aufgebracht werden: Für Kinder und Jugendliche sind vorrangig die nach dem Bürgerlichen Gesetzbuch bestimmten Sorgeberechtigten, also private Quellen, zuständig. Nach Berechnungen des Statistischen Bundesamtes addiert sich dies für ein Kind bis zum 18. Lebensjahr auf rund 140.000 € – im Durchschnitt. (vgl. Statistisches Bundesamt 2018, S. 15) Renten- und Pensionsleistungen dagegen werden vorrangig aus öffentlichen Fonds bezahlt. Umgekehrt benötigen Kinder und Jugendliche durchaus auch öffentliche Aufwendungen (Kindergeld, Kindergärten, Schulen, Hochschulen etc.), die in Zukunft quantitativ abnehmen werden. Hinzu kommen die Kosten für berufliche Ausbildungsplätze. Bezogen auf das gesamte Sicherungssystem und dessen Finanzierung stehen beim demografischen Wandel somit nach Trägern differenziert zu betrachtende

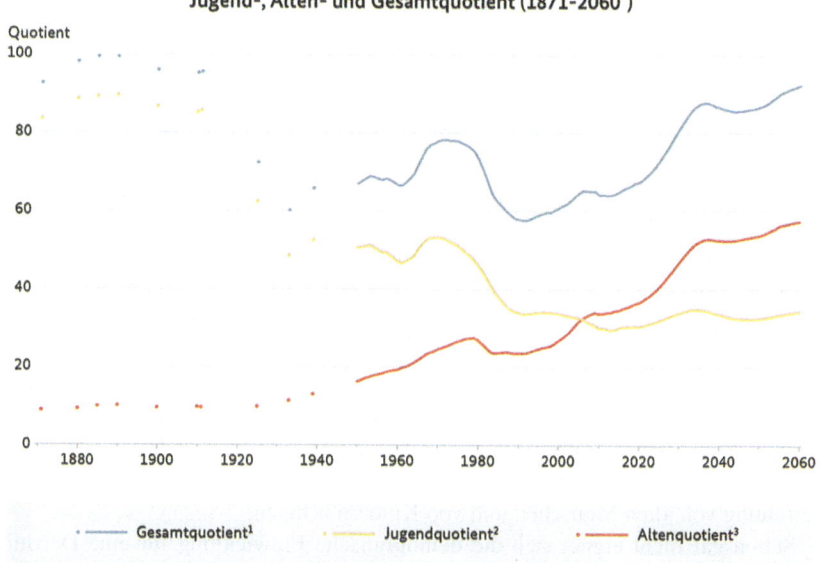

Abb. 5.2 Jugend-, Alten- und Gesamtquotient (1871–2060). (Quelle: Bundesinstitut für Bevölkerungsforschung (BiB) 2021 auf Datenbasis des Statistisches Bundesamtes)

Mehrausgaben an der einen Stelle ebenso differenziert gegenzurechnende Minderausgaben in anderen Bereichen gegenüber.

Da sich die belastenden und entlastenden materiellen Effekte jedoch nicht gleichgewichtig auf der jeweiligen Haushaltsebene niederschlagen, kommt es hier erstens in vielen Fällen zu einer doppelten bzw. dreifachen Versorgungsanforderung. Dies gilt insbesondere für Familien mit Kindern, denn der demografische Wandel führt hier ja nicht zu geringeren Ausgaben. Im Gegenteil: Kinderbetreuungs- und Ausbildungskosten nehmen in der Tendenz zu. Zweitens sind durch die politischen Einschränkungen des Generationenvertrages die individuell zu tragenden Kosten für die private Altersvorsorge angestiegen. Und drittens kann eine anhaltend/wiederkehrend negative Entwicklung am Arbeits-markt in der Tendenz zu einer steigenden Beitragslast der sozialversicherungs-pflichtig Beschäftigten in der Pflege-, Kranken- und Rentenversicherung führen. Gegenzurechnen sind diesen demografischen Folgewirkungen allerdings die entlastenden Effekte familiärer Transfers *(Erbengeneration)*. Wenn jedoch die oberen 10 % der Bevölkerung über mehr als 60 % aller Vermögen verfügen, konzentrieren sich große Erbschaften eben auch nur auf deren Nachkommen.

Bei der Verteilung demografisch bedingter gesellschaftlicher Lasten bedarf es also insgesamt einer volkswirtschaftlichen Umsteuerung im Verhältnis der Kostenaufbringung für die nachwachsende Generation bzw. die Nicht-mehr-Erwerbstätigen. Die Erwerbstätigengeneration wird umso stärker dann ent-lastet, wenn etwa Frauen die Möglichkeit der aktiven Teilhabe am Erwerbsleben erhalten und die Zahl der (sozialversicherungspflichtig) Erwerbstätigen insgesamt nicht weiter durch eine stärkere Prekarisierung der Beschäftigungsverhältnisse beeinträchtigt wird. Eine weitere Entlastung würde der möglichst kosten-freie, zumindest stark verbilligte Zugang zu sozialen Dienstleistungen für die Betreuung von alten Menschen und von Kindern bringen.

Schon gar nicht eignet sich die demografische Entwicklung für eine Debatte über eine schiefe Verteilungslage zwischen den Generationen. Denn Sozialaus-gaben werden durchgängig umlagenfinanziert: Die zukünftige Generation der Älteren muss so oder so von dem finanziert werden, was dann in einem Wirt-schaftsjahr erwirtschaftet wird und zur Verteilung zur Verfügung steht. Da helfen – hier ist *Gerhard Mackenroth* zuzustimmen – auch keine Kapitalansammlungen, denn auch diese sind letztlich umlagenfinanziert.

> *„Kapitalansammlungsverfahren und Umlageverfahren sind also der Sache nach gar nicht wesentlich verschieden. Volkswirtschaftlich gibt es immer nur ein Umlage-verfahren, d. h. eben: aller Sozialaufwand wird auf das Volkseinkommen des Jahres umgelegt, in dem er verzehrt wird. "*
> *Mackenroth 1952, S. 39 ff, hier S. 43. (vgl. Abschn. 2.6.7 in diesem Band)*

Das heißt: Auch Kapitalansammlungen werden zum Zeitpunkt des Aufkommens angelegt, also in den Wirtschaftskreislauf eingespeist, um eine Rendite zu erwirt-schaften, möglichst über der Inflationsrate. Müssen diese Anlagen zu einem späteren Zeitpunkt aufgelöst werden, um etwa Renten auszahlen zu können, müssen diese aus dem je aktuellen Wirtschaftskreislauf wieder entnommen werden. Das bedeutet: Es muss sich eine Käufer*in finden, die bereit ist, die gewählten Sparformen (Aktien, Wertpapiere, Schmuck, Gold etc.) aufzukaufen.

Wird das Geld nach der Methode Sparstrumpf nicht angelegt, sondern rein privat als Bargeld gehortet, wird zwar keine Abnehmer*in benötigt, allerdings würde die Rücklage je nach Geldentwertung und zeitlicher Dauer laufend an realem Wert verlieren.

Es ist heute und morgen eine Frage der Verteilung des erwirtschafteten Wohlstandes und nicht eine Frage der Generationengerechtigkeit, wie die Menschen abgesichert sein werden. *Michael Klundt* (2008) hat den ideologischen Charakter gerade dieses Argumentes sehr treffend herausgearbeitet: Es geht angesichts der derzeitigen zunehmenden Polarisierung in der Gesellschaft weniger um einen Streit zwischen den Generationen, sondern mehr um den Streit innerhalb der derzeit erwerbstätigen Generation: Die Bessergestellten wollen mit der Warnung vor Ungleichgewichten zwischen den Generationen vor allem spätere Ansprüche der heute weniger gut Gestellten *ihrer* Generation abwehren.

Eignet sich die demografische Entwicklung kaum als Erklärungsmuster für die aktuellen Finanzierungsprobleme der sozialen Sicherungssysteme (vgl. Bourcarde 2010), so stellen demografische Verschiebungen im Kontext mit veränderten humanitären, kulturellen, medizinischen wie allgemeinen sozialen Standards und veränderten Familien- und Haushaltsstrukturen gleichwohl Herausforderungen für die Sozialpolitik dar: Verlängert sich die konkrete Lebenserwartung, werden Ansprüche oder Notwendigkeiten selbstständigen Wohnens im Alter wirksam (altersgerechtes Wohnen, kommunale Altenhilfe etc.). Leben Familienteile, generationenübergreifend gesehen, geographisch weit gestreut, besteht im Alter ein neuer Betreuungsbedarf. Erhöht sich die Erwerbsbeteiligung der Frauen, also derjenigen, die bislang im Rahmen der Familie bzw. der Nachbarschaftshilfe meist Aufgaben der Betreuung und Pflege im Alter erbracht haben, entsteht ebenfalls ein zusätzlicher außerfamilialer Bedarf an personenbezogenen Dienstleistungen. Zunehmende Frauenerwerbstätigkeit erfordert ihrerseits weitere Hilfen – etwa bei der Kinderbetreuung. Auch werden Forderungen erhoben, die durch die quantitative Abnahme der Kinder eingesparten öffentlichen Betreuungskosten stärker für eine qualitative Verbesserung des Betreuungsangebotes zu nutzen. Andererseits wird erwartet, dass angesichts der Verlängerung der Lebensphase, die nicht durch gesundheitliche Beeinträchtigungen belastet ist, das Selbsthilfepotential der älteren Generation steigen wird. Staatliche Politik wird auf diese unterschiedlichen Tendenzen und Herausforderungen reagieren müssen.

Demografisch bedingt wird es zu Veränderungen der Anforderungen an das System der gesundheitlichen Versorgung und der Pflegedienste kommen. Das Gesundheits- bzw. Krankheitsspektrum bei Kindern und Jugendlichen weicht mit überwiegend kurzfristigen Akuterkrankungen von dem der Älteren

mit vorwiegend chronifizierten Erkrankungen erheblich ab, sodass es demografisch bedingt im Bereich der Krankenversicherungen zu einem Kostenanstieg
kommen wird, erst recht, wenn man gerade hier den medizinischen Fortschritt
in Rechnung stellt. Die aktuelle gesundheitspolitische Diskussion sucht nach
Antworten, stößt dabei aber vor allem auf starke privatwirtschaftliche Interessenträger, die naheliegende Umsteuerungsmöglichkeiten – wie die Sicherstellung
von mehr Effizienz und Transparenz – eher behindern denn fördern.

Anforderungen an die Sozialpolitik aus Gründen des demografischen
Wandels bedürfen folglich der genauen Analyse. Wenn staatliche Politik in
Zukunft verstärkt auf die Anforderungen des Alters (insbesondere auch der
drohenden wachsenden Altersarmut) bei gleichzeitig wachsenden Integrations-
pflichten in einer Einwanderungsgesellschaft reagieren muss und will, wird sich
der Gesamt(belastungs)quotient in einem gewissen Umfang zulasten der aktiv
Erwerbstätigen verschieben. Insofern erfordert die Debatte um die demografische
Entwicklung sehr wohl eine Auseinandersetzung über Umfang und Qualität
sozialer Geld-, Sach- und Dienstleistungen sowie deren Finanzierungsquellen in
einer gealterten Gesellschaft, wenn gesamtgesellschaftliche Herausforderungen
nicht vorwiegend über die Solidargemeinschaft der Sozialversicherten oder
privat (individuell, familiär) finanziert werden sollen. Als Gesichtspunkt mit
in den interessegeleiteten Streit um Risiken und Chancen sowie Kosten und
Nutzen des demografischen Wandels gehört dabei die simple Feststellung, dass
bei prognostisch abnehmender Einwohnerzahl und dabei voraussichtlich weiter
steigender Wirtschaftskraft in Zukunft nicht etwa weniger Wohlstand zu verteilen sein wird, sondern mehr – natürlich vorausgesetzt, er wird auch tatsächlich
generiert.

5.2 Verhältnis Sozialpolitik und wirtschaftliche Entwicklung

Eine zweite Herausforderung stellt sich mit der Frage, inwiefern eine überwiegend national organisierte Sozialpolitik die wirtschaftliche Entwicklung
Deutschlands, in einer zunehmend international verflochtenen Wirtschaft, belastet
oder stützt?

Sozialpolitik hat eine konstitutive Funktion für unser Wirtschaftssystem.
Öffentliche soziale Leistungen stellen letzten Endes ökonomische Werte dar. Ein
Teil dieser Leistungen wird zwar privat erstellt, muss aber öffentlich finanziert
werden und zwar aus den Beitragszahlungen zur Sozialversicherung und/
oder durch direkte bzw. indirekte Steuerzahlungen. Andere Leistungen werden

öffentlich erbracht und müssen teils öffentlich, teils privat bezahlt werden. Damit ist Sozialpolitik mehrfach an die Dynamik der Volkswirtschaft gekoppelt. Sozialpolitik hängt auf der Einnahme- wie auf der Ausgabeseite von diesem volkswirtschaftlichen Kreislauf ab: In Phasen der Lohn- und Gewinnexpansion steigen die Einnahmen etwa über die Sozialabgaben und Steuern und schaffen Raum für Leistungsausweitungen, in Phasen sinkender bzw. stagnierender Einkommen sind die materiellen Ressourcen für Sozialpolitik eingeschränkt. Auch die Fähigkeit des Einzelnen, notwendige Zuzahlungen bzw. komplementäre Eigenleistungen aufzubringen, ist von der allgemeinen und der persönlichen wirtschaftlichen Situation abhängig. Konkrete Berechnungen belegen, wie sich beispielsweise ein Plus oder ein Minus bei den Löhnen bzw. ein Mehr oder Weniger an Beschäftigung aufseiten der Sozialversicherungen und beim Steuereinkommen direkt niederschlagen. Es besteht folglich ein Zusammenhang zwischen wirtschaftlicher Entwicklung und Einnahmen des *Fiscus,* sprich Staat, und der *Parafisci,* sprich den Sozialversicherungen. Doch dieses ist kein Automatismus, sondern abhängig von Verteilungsstrukturen und -prozessen.

Der Staat – auch der Sozialstaat – ist *Steuerstaat (Joseph Schumpter,* 1883–1950), d. h. er verfügt über keine nennenswerten eigenen finanziellen Ressourcen, sondern nimmt über Steuern, Gebühren und Abgaben ein, was er für seinen Bedarf bzw. den der Gesellschaft benötigt. Er steht hier in dem Dilemma, dass er die Quellen, die er abschöpfen will, pflegen muss, um auch für den nationalen Sozialstaat die notwendigen Ressourcen mobilisieren zu können. Dabei hat er es mit dem Paradoxon zu tun, dass derselbe wirtschaftliche Prozess, der dem Sozialstaat höhere Ausgaben aufnötigt, zugleich dessen Einnahmen schrumpfen lässt *(Dilemma der Sozialpolitik).* (vgl. Schumpeter 1976) Dieses heißt: Der Staat muss heute mehr denn je die Voraussetzungen für die Wettbewerbsfähigkeit seiner nationalen Wirtschaft sicherstellen, sodass der privatkapitalistische Akkumulationsprozess auch unter europäisierten und in Teilbereichen globalisierten Bedingungen marktmäßig erfolgen kann, indem er die allgemeine Infrastruktur, Bildung, Ausbildung und Forschung, Technologieförderung, Absicherung von Auslandsgeschäften u. v. a. m. ausbaut und dafür erhebliche Kosten aufbringt. Ausgaben für diese Bereiche staatlichen Handelns stehen aber nur scheinbar in einem strukturellen Gegensatz zu denen anderer Aufgabenfelder, zu denen auch die Sozialpolitik gehört. Denn verlässliche sozialpolitische Rahmenbedingungen schaffen die ökonomische und gesellschaftliche Stabilität, die eine wichtige Grundlage von Investitionsentscheidungen und damit auch für die zukünftige Wettbewerbsfähigkeit darstellt.

Galt in der deutschen Sozialpolitik lange Zeit das Leitbild: „Eine gute Wirtschaftspolitik ist die beste Sozialpolitik." – das meint: Wirtschaftswachstum reduziert die sozialen Risiken und vergrößert den sozialpolitischen Handlungs-spielraum –, so hat sich dieses immer schon mit der konjunkturellen Zyklizität, nunmehr aber vermehrt strukturell verändert. Die Sozialpolitik ist an einen Wirt-schaftsprozess gekoppelt, der – im Standortwettbewerb befindlich – auf eine Reduktion der Belastungen mit Sozialabgaben und Steuern drängt und für den soziale Ausgrenzung nicht etwa unbeabsichtigte Randerscheinung, sondern viel-mehr integraler Bestandteil ist. Die vormalige Koppelung der Sozialpolitik an eine expandierende Ökonomie in Deutschland droht nun in eine zunehmende scherenhafte soziale Entwicklung einbezogen zu werden, sodass trotz allgemeiner Wohlstandsmehrung letztlich für den sozialen Umverteilungsprozess weniger zur Verfügung steht. Denn der Staat reduziert die Steuerlast der Unternehmen wie der höheren Einkommensbezieher*innen, letztlich aus Gründen der Standortpflege: Die Sozialpolitik steht damit direkt im Dilemma zwischen wachsendem privatem Wohlstand und zunehmender öffentlicher Armut. Dieses hat direkte Auswirkungen auf die Entstehung bzw. Verfestigung sozialer Problemlagen. Denn erhebliche Bedarfe an einer Umstrukturierung der Arbeits- und Lebens-bedingungen sowie der Modernisierung von (sozialer) Infrastruktur gibt es mehr als 30 Jahre nach der Herstellung der deutschen Einheit inzwischen weniger per se in den ‚neuen' Bundesländern als bei Kommunen in strukturschwachen Regionen des gesamten Bundesgebietes.

Dieser Prozess läuft parallel zu weitreichenden Veränderungen auf dem Beschäftigungsmarkt. Insgesamt ist zu erkennen, dass sowohl für Personen in einem Normalarbeitsverhältnis als auch für solche in atypischer und prekärer Beschäftigung der ökonomische Druck zunimmt. Es wird ein immer größeres Maß an Flexibilität und Arbeitsverdichtung gefordert. Auf die Beschäftigten wird mehr Verantwortung übertragen. Diese Tendenzen schlagen sich in der zunehmenden Anzahl an arbeitsbedingten Stresserkrankungen (z. B. Burn-Out) nieder. (vgl. Eichhorst et al. 2013) Auch im Bereich der freiberuflich Tätigen bzw. Selbstständigen verschärfen sich die Wettbewerbsbedingungen. Daneben kommt es zu einer Unternehmenskonzentration im Dienstleistungsbereich, die früher als unvorstellbar galt.

Für die Zukunft bleibt es eine der zentralen sozialpolitischen Heraus-forderungen, angemessene Lösungen für diese sich aus den nach Wirtschafts-sektor, Qualifikation und Geschlecht ausdifferenzierenden Arbeitsbedingungen ergebenden Problemlagen zu suchen. Dabei wird es um eine Vielzahl von Einzelregelungen gehen, wobei jeweils abzuwägen ist zwischen den Heraus-forderungen einer sich globalisierenden Wirtschaft und den Interessen der abhängig Beschäftigten, übrigens auch der leitenden Angestellten und Selbstständigen. Als Beispiel kann hier ein Ausgleich zwischen den Interessen der Arbeitnehmer*innen nach mehr Sicherheit und denen der Arbeitgeber*innen nach mehr Flexibilität angeführt werden, den das bereits dargestellte Konzept der *Flexicurity* herbeizuführen verspricht (Abschn. 4.2.2). Hier wird es in Zukunft um jedes Detail gehen, wobei sich die Frage stellt, wieweit überhaupt noch nationale Konsensstrukturen ausreichen und inwieweit hier nicht darüberhinausgehend supranationale Vereinbarungen notwendig werden. Dabei geht es um Entlohnungsfragen und dem davon abhängigen Sicherungsniveau bei Nichterwerbstätigkeit. Die Einführung eines Mindestlohns stellt einen ersten Schritt dar, um den Umfang von *working poor* zu beschränken, wird aber das Problem der Altersarmut nicht lösen können. Dazu wäre ein deutlich höheres Niveau des Mindestlohns von Nöten.

Dieses alles ist ohne staatlich aktiv gestaltete Umverteilungsprozesse nicht machbar. Doch diesen vorgelagert ist jeweils die primäre Verteilung zwischen Lohnarbeit und Kapital. Hier gilt es, deutlich weiterreichende Verschiebungen zugunsten der Einkommen aus abhängiger Erwerbsarbeit zu erreichen, wie in letzter Zeit gerade auch renommierte Verteidiger der Marktwirtschaft Deutschland empfohlen haben: die OECD etwa und die Deutsche Bundesbank. Daneben haben international renommierte Wissenschaftler wie *Thomas Picketty* (2014) und *Anthony Atkinson* (2015) ebenfalls eine stärkere Abschöpfung hoher Gewinne und Einkommen angemahnt. Angesichts der derzeitigen Steuerpolitik und der daraus abgeleiteten zunehmenden Schieflage bei der Verteilung entstehen private Kapitalansammlungen, die insgesamt die Möglichkeiten der Realinvestitionen weit übersteigen: Die Gewinne von heute sind eben (in vielen Fällen) nicht die Investitionen von morgen und die Arbeitsplätze von übermorgen – wie es in den 1950er und 1960er Jahre noch hieß. Vielmehr suchen diese nicht reinvestierbaren Kapitalmassen von Wirtschaftsunternehmen und hohen Einkommensbezieher*innen nach Anlagemöglichkeiten – mit einem großen Spekulationsrisiko. Damit tragen diese Kapitalüberschüsse nicht nur erheblich zur wirtschaftlichen Instabilität bei, sondern erfordern beim Platzen derartiger Spekulationsblasen staatliche Interventionen – auf dem Kreditwege. Eine stärkere Umverteilung zu Gunsten staatlicher Politik – neben sozialpolitischen Erfordernissen bestehen erhebliche Lücken bei der Finanzierung im Bildungs-, Forschungs- sowie insgesamt im Infrastrukturbereich – wäre ökonomisch sinnvoll und als Investition in die Zukunft des Landes wichtig.

5.3   Grund- und Menschenrechte: Für wen sind sie gültig?

Thomas Piketty (2014, S. 639) formuliert in seinem Buch „Das Kapital im
21. Jahrhundert" zu Beginn des 13. Kapitels: „Die moderne Umverteilung
gründet sich auf eine Logik der Rechte und das Prinzip der Gleichheit des
Zugangs zu einer Reihe von Gütern, die als fundamental gelten." Dabei bezieht
er sich auf zentrale Dokumente der Grund- und Menschenrechte, u. a. auf die
Präambel der amerikanischen Unabhängigkeitserklärung von 1776:

> „We hold these truths to be self-evident, that all men are created equal, that they are
> endowed by their Creator with certain unalienable Rights, that among these are Life,
> Liberty and the pursuit of Happiness."
> *Amerikanische Unabhängigkeitserklärung vom 4. Juli 1776*

Der Bielefelder Soziologe *Wilhelm Heitmeyer* hat in einer langen Serie von
Untersuchungen die Beobachtung gemacht, dass genau diese Orientierung
an den Grundwerten der bürgerlichen Gesellschaft von nicht geringen Teilen
der Gesellschaft zunehmend aufgegeben wird bzw. gar nicht mehr im Focus
steht. (Heitmeyer 2002 ff.) Dass das Streben aller Bürger*innen nach „pursuit
of happiness", also nach Wohlbefinden, Glück und Zufriedenheit konstitutiver
Bestandteil der Grund- und Menschenrechte ist, setzt voraus, dass Chancen zum
Zugang zu materiellen und immateriellen Ressourcen verallgemeinert und dass
im Sinne von *Armatya Sen* Perspektiven zur persönlichen Verwirklichung eröffnet
werden. Wichtige Leitbilder der Sozialpolitik sind eng mit dieser Orientierung
an den Grund- und Menschenrechten verbunden, bspw. das einer umfassenden
Reformpolitik zur sozialen Absicherung neuer sozialer Risiken. Dabei gehen die
traditionellen Grund- und Menschenrechte inzwischen weit über die ursprüngliche eher negatorische, gegen den Einfluss des Staates formulierte Ausrichtung
hinaus und zielen – so etwa auch die Menschenrechtskonvention und die
Behindertenrechtskonvention der UN – auch auf soziale Grundrechte (vgl. Huster
2020). So formuliert bereits das Grundgesetz von 1949:

> *„Niemand darf wegen seines Geschlechtes, seiner Abstammung, seiner Rasse,
> seiner Sprache, seiner Heimat und Herkunft, seines Glaubens, seiner religiösen
> oder politischen Anschauungen benachteiligt oder bevorzugt werden. Niemand darf
> wegen seiner Behinderung benachteiligt werden." – Artikel 3 (3) GG*

Mit der Zitation von Artikel 3 des Grundgesetzes könnte das gesamte Kapitel
eigentlich abgeschlossen sein. Nur: „Die Verhältnisse, sie sind nicht so (…)"

(Dreigroschenoper, *Bertolt Brecht*, 1898–1950). Der umfassende Bezug zu dem zentralen Grundrecht eines *Diskriminierungsverbots* zeigt zugleich die Schwierigkeit, dieses gegen z. T. massive Widerstände in der Gesellschaft umzusetzen.

Gleichberechtigung der Geschlechter

Es hat 27 Jahre und mehrerer Urteile des Bundesverfassungsgerichts bedurft, bis der Gleichheitsgrundsatz zwischen Mann und Frau aus dem Grundgesetz Eingang gefunden hat ins Familienrecht (Paragraph 1356 im BGB, vgl. Abschn. 2.7.2). Diese formale Gleichstellung hat aber in der Wirklichkeit noch lange nicht dazu geführt, dass in den Familien bzw. Lebensgemeinschaften tatsächlich gleichberechtigte Verhältnisse eingetreten sind. Dazu tragen auch sozialpolitische Regelungen und gesellschaftliche Einstellungen bei, die die Kindererziehung faktisch immer noch stärker den Müttern zuordnen als den Vätern. Allein die bestehende Lohndifferenz zwischen Männern und Frauen bewirkt, dass vom Erwerbsarbeitseinkommen abgeleitete Lohnersatzleistungen bei Frauen niedriger ausfallen als bei Männern, sodass es vermeintlich im wohl verstandenen Interesse der Familien bzw. Lebensgemeinschaften liegt, dass lieber die Frau als der Mann die Kindererziehung durch Unterbrechung oder Reduktion der Erwerbsarbeit übernimmt. Dies hat dann auch später z. B. niedrigere Renten zur Folge. Solange gleiche Arbeit nicht gleich bezahlt wird und solange nicht gleiche Chancen beim Aufstieg in der Hierarchie der Erwerbsarbeit bestehen, bleibt es hier bei einer materiellen Schieflage, die Sozialpolitik herausfordert. Aber nicht nur diese, sondern auch den Alltag in der Erwerbsarbeit. Sofern dieser nicht freiwillig seitens der Arbeitgeber*innen verändert wird, bedarf es hier rechtlicher Vorgaben, die es in anderen Ländern bereits gibt.

Doch die soziale Lage bestimmt sich nicht alleine über finanzielle Gratifikationen bzw. Entgelte, sondern schlicht durch das Vorhandensein von Optionen – für oder gegen Erwerbsarbeit, für oder gegen Familienarbeit. Es wird deshalb mehr denn je darauf ankommen, dass die Vereinbarkeit von Familie und Beruf für Mütter *und* Väter weiter verbessert wird. Dass derzeit häufig noch die Finanzkraft der einzelnen Haushalte darüber bestimmt, ob familienergänzende und -unterstützende Institutionen nachgefragt werden (können), ist in doppelter Weise problematisch. Einmal stellt es eine deutliche Bevorzugung von Eltern und Kindern aus einer besseren Einkommenslage dar. Zum anderen verfestigt es gerade in Familien mit einem eher niedrigen Einkommen traditionelle Geschlechterrollen mit häufig negativen Folgen gerade für Frauen.

Insbesondere bleibt die Positionierung von Frauen in höheren sozialen Positionen eine wichtige Herausforderung. Aus der traditionellen Frauenrolle heraus leitet sich auch ab, dass Frauen stärker an Familienarbeit gebunden und deshalb weder in der Hierarchie der Erwerbsarbeit aufsteigen noch sich außerhalb von Familie und Erwerbsarbeit engagieren können bzw. wollen. Dabei hat inzwischen allerdings ein beachtlicher Wandel stattgefunden. Verschiedene politische Parteien etwa haben sich verpflichtet, Kandidat*innen für politische Wahlen fortan im ‚Reißverschlussverfahren' aufzustellen. Im Jahr 2015 wurde ein Gesetz beschlossen, dass Frauen zukünftig mit einem Anteil von 30 % in Aufsichtsräten großer Unternehmen vertreten sein müssen – gegen erhebliche Widerstand aus der männlich dominierten Wirtschaft, obwohl das Beispiel Norwegen zeigt, dass es kein Problem darstellen muss, derartige Quoten umzusetzen. Mit der gesetzlichen Einführung des dritten Geschlechts im Personenstandsrecht gehen Gleichstellungs- und Antidiskriminierungspolitiken inzwischen auch über binäre Geschlechterlogiken hinaus, ohne dass dies sozialpolitisch und in der sozialen Fachpraxis bereits hinreichend nachvollzogen worden wäre. (Schmauch 2019)

Kinderrechte
Kindererziehung ist zunächst und vor allem Aufgabe und Verpflichtung der Eltern. Deshalb hat der Gesetzgeber an verschiedenen Stellen auch das Elternrecht als vorrangig verankert und dem Staat eher eine Wächterfunktion übertragen. Nicht erst schlimme Fälle von Verwahrlosung und Notwendigkeiten, Kinder auch gegen den Willen der Eltern in Obhut zu nehmen, haben deutlich gemacht, dass Kinder mehr sein müssen als Teil einer Familie. Dieses hat die UN in ihrer Kinderrechtskonvention auch so unterstrichen. Der deutsche Gesetzgeber konnte sich allerdings bislang nicht entschließen, Kinder als Träger eigenständiger Grundrechte zu begreifen und daraus abgeleitet eine deutlich differenzierte Bewertung des Verhältnisses zwischen Eltern und Kindern vorzunehmen. Das *Zurück in die Familie* gilt immer noch als Grundmaxime etwa der Jugendhilfe, obwohl inzwischen die Zahl der Inobhutnahmen bei Kindern ab dem 16. Lebensjahr vor allem auf Antrag betroffener Jugendlicher angestiegen ist. Dem liegt meist eine lange Zeit des Aufwachsens unter schwierigen Bedingungen zugrunde. Auch die Frage der Inanspruchnahme von bestimmten Vorsorge- und Früherkennungsuntersuchungen im Gesundheitsbereich unterliegen der Entscheidung der Eltern; die Schuleingangsuntersuchung ist die erste Pflichtuntersuchung von Kindern – wobei sich hier mitunter erschreckende Ergebnisse von unzureichender Förderung, Verwahrlosung und auch von körperlichen bzw. psychischen Misshandlungen zeigen. Kindern eine sichere Perspektive für ihren weiteren Lebensweg zu eröffnen, stellt eine wichtige Herausforderung an die gesamte Politik auf allen Handlungsebenen dar, die zahlreiche Politikfelder

umfasst. Die oben diskutierte *Kindergrundsicherung* (vgl. Abschn. 4.3.6) ist dabei ebenso anzustreben wie vor allem die Entwicklung von Schutzräumen. Hinzu kommen die vielfältigen Möglichkeiten der Früh-, aber auch der Förderung im weiteren Entwicklungsprozess. (vgl. Balz et al. 2009)

Menschen mit Behinderungen
Der Beitritt Deutschlands zur UN-Behindertenrechtskonvention ist ein wichtiger Schritt, doch bleibt deren Umsetzung eine große Herausforderung an viele Politikfelder (vgl. Abschn. 3.1.2 und 4.6.1). *Uwe Becker* (2015) hat anschaulich herausgearbeitet, dass und wie der Zustimmung zu dieser internationalen Vereinbarung keineswegs die notwendigen Schritte, vor allem nicht die unabdingbare materielle und personelle Ausstattung der entsprechenden Institutionen und Einrichtungen gefolgt sind. Es wird vielmehr deutlich, dass die Politik die Verantwortung für die Verwirklichung dieses Inklusions-Auftrages nach unten abgeschoben hat, um dann bei einem Nichtgelingen letztlich diese Träger dafür verantwortlich machen zu können.

Gerade diese Gemengelage hat dazu geführt, dass nicht wenige Betroffene bzw. deren Sorgeberechtigte lieber auf die alten Fördersysteme in Sondereinrichtungen zurückgreifen wollen. Es ist nach wie vor in einem hohen Maße letztlich die Herkunftsfamilie, die den größten Beitrag zur Inklusion zu leisten hat. Dabei hat aber bereits das Grundgesetz mit seiner Erweiterung in Artikel 3 (3) ein Diskriminierungsverbot auch bei Behinderung festgeschrieben.

Dieses betrifft in vielfältiger Weise die Herstellung barrierefreier Zugänge zu öffentlichen, aber auch zu privaten Einrichtungen. Hier gibt es einen großen Investitionsstau schon bei öffentlichen Einrichtungen, der der chronischen finanziellen Unterausstattung insbesondere vieler Kommunen geschuldet ist, aber auch häufig nicht vorhandener Sensibilitäten vor Ort. Kritiker*innen dieser 2016 getroffenen Regelungen monieren, dass der Gesetzgeber nicht auch die privaten Unternehmen in die Pflicht genommen hat, barrierefreie Zugänge für Beschäftigte und für Kund*innen vorzuschreiben. Ein Problem ist nach wie vor, dass sich private Unternehmen, aber auch öffentliche Einrichtungen lieber durch eine Geldzahlung von der Verpflichtung, Menschen mit Behinderungen einzustellen, freikaufen, als dass sie die Voraussetzungen für deren berufliche Integration schaffen. Dabei trifft auch und gerade auf diesen Personenkreis zu: Letztlich wollen sie im Rahmen ihrer Möglichkeiten für ihren Lebensunterhalt aufkommen, sie identifizieren sich in hohem Maße mit ihrer Arbeit und bereichern mit ihren Fähigkeiten den Arbeitsalltag.

Eine besondere Bedeutung kommt auch dem ästhetisch-künstlerischen Bereich zu. Hier gibt es inzwischen zahlreiche Projekte von Menschen mit

Behinderungen, die teils in kleineren Zirkeln aktiv werden, teils aber auch über-
regional agieren.

Letztlich stellt sich für eine Gesellschaft die Frage: Was ist normal? Sind
dieses nur Eigenschaften, die im bestehenden ökonomischen System funktional
sind, bzw. sind dieses nur Personen, solange sie den Anforderungen des betriebswirtschaftlich an möglichst hohen Gewinnen interessierten Wirtschaftssystems
entsprechen? Oder ist jeder Mensch normal – so wie er ist? Und wird dann
danach gefragt, was er zum sozialen Bestehen und Zusammenhalt beitragen
kann? Waren als Folge des faschistischen Regimes zwischen 1933 und 1945
tausende Menschen mit Behinderung schlicht umgebracht worden, stellten sich
diese Fragen in der jungen BRD und DDR vornehmlich als solche des Umgangs
mit Kriegsversehrten. Inzwischen sind aber wieder auch mehrere Generationen
von Menschen mit erblich, bei Geburt oder im zivilen Lebenslauf eintretender
Behinderung Realität in der deutschen Gesellschaft, sodass sich die Politik dieser
Herausforderung stellen muss. Sozialpolitische Fragen wirft auch das ethisch
schwierige Feld der Pränataldiagnostik und der sozialpolitischen Rahmung dabei
aufkommender Fragen nach Zukunftsperspektiven auf.

Menschen mit Migrationshintergrund
Deutschland hat sich lange Zeit um die Erkenntnis herumgedrückt, ein Einwanderungsland zu sein. Lange Zeit wurde darauf verzichtet, den Millionen
für die Arbeit Angeworbenen und Zugezogenen eine Perspektive in der
deutschen Gesellschaft und in der Politik zu eröffnen. Inzwischen leben viele
Migrant*innen hier in der dritten Generation, sehr viele von ihnen haben die
deutsche Staatsbürgerschaft. Gleichwohl weisen zumindest bestimmte Gruppen
unter ihnen deutlich schlechtere schulische Leistungen, Defizite bei der beruflichen Ausbildung und eine höhere Arbeitslosigkeit auf als Deutschstämmige
(vgl. Abschn. 4.2.3). Die aufgelisteten Unterschiede weisen auf strukturelle
Benachteiligungen von Menschen mit Migrationshintergrund hin. Dies gilt für
Menschen, die schon lange in Deutschland leben aber erst recht für neu hinzukommende Migrant*innen z. B. seit der Herstellung der Arbeitnehmer-Freizügig-
keit mit den EU-Mitgliedstaaten in Osteuropa und neuerdings als Asylsuchende
aus Krisengebieten in Vorderasien und in Afrika. Diese Entwicklungen stellen
eine erhebliche Herausforderung für die Sozial- und die Arbeitsmarktpolitik dar.

Beginnend mit Integrationskursen, der Unterbringung in Wohnungen, der
Betreuung der Kinder setzt sich dies fort bei der Platzierung in der Gesellschaft insgesamt. Dabei geht es auch um die Vermittlung und Erfahrbarmachung
von Werten und Normen dieser Gesellschaft: Das Grundgesetz ist Grundlage unseres Zusammenlebens und kann nicht selektiv angewendet werden.

Religionsfreiheit – um ein Beispiel zu nehmen – gilt für jedermann bzw. jedefrau, zugewandert oder nicht, damit eben auch für den bzw. die Andersgläubigen einschließlich derer, die keine religiöse Bindung eingegangen sind. Die bundesdeutsche Gesellschaft ist pluralistisch eingestellt, was für nicht wenige Einheimische schwer auszuhalten und manche Zuwanderergruppen schwer nachzuvollziehen ist. Doch für den öffentlichen wie für den privaten Bereich gelten die Wertentscheidungen des Grundgesetzes, wie die Kinderrechte und der Grundsatz der Gleichberechtigung der Geschlechter.

Der Zustand, Einwanderungsgesellschaft zu sein, bietet Chancen, aber auch Risiken, in jedem Fall ist er eine Herausforderung, die einerseits finanzielle Mittel erfordert, aber auch eine Auseinandersetzung darüber, wieweit die Pluralität einer Gesellschaft gehen muss aber auch kann, wenn sie noch *eine* Gesellschaft bleiben will. Dieses ist eine sich ständig neu stellende Frage, ohne dass dafür nur lineare Antworten zu bekommen wären.

Armut und soziale Ausgrenzung
Die nationale Armuts- und Reichtumsberichterstattung und auch Analysen z. B. im Kontext der Aktivitäten der Europäischen Kommission gegen Armut und soziale Ausgrenzung zeigen eindrücklich, dass sich die Lebenslagen in Deutschland eher stärker ausdifferenzieren als dass sie zusammengeführt würden. Die immer weiter auseinandergehende Schere zwischen kleinen und großen Erwerbseinkommen sowie Vermögen spiegelt diese Entwicklung wider. Auch auf die politische Partizipation lässt sich die zunehmende soziale Spaltung beziehen. Die sozialen Unterschiede in der Wahlbeteiligung sind größer geworden. Darüber hinaus gibt es Studien, die belegen, dass sich Teile der Bevölkerung immer weniger als (anerkannter) Bestandteil der bundesdeutschen Gesellschaft fühlen. Der inklusive Charakter der Grund- und Menschenrechte, die daran gebundenen Beteiligungsrechte am sozialen und politischen Leben und damit insgesamt das „Persuit of Happiness" werden für Teilgruppen der Gesellschaft sozial ausgehöhlt, teilweise faktisch außer Kraft gesetzt.

Es wird deutlich, dass die unterschiedlichen Dimensionen sozialer Ausgrenzung nicht getrennt voneinander betrachtet werden dürfen, da sich Benachteiligungen in einer Dimension auf andere Bereiche auswirken und sich gegenseitig verstärken können. Dies lässt sich entlang des gesamten Lebenslaufs empirisch belegen. Zu nennen sind hier zum Beispiel schichtspezifisch unterschiedliche Verhaltensweisen der Eltern, peer groups und anderer Bezugspersonen, Bedingungen in der weiteren Umwelt (z. B. Wohnverhältnisse) als auch Verhaltensweisen der Personen selbst. Die individuellen Verhaltensweisen werden von außen häufig so interpretiert, dass sie außschließlich auf frei gewählten

Entscheidungen basieren, faktisch stellen diese aber häufig habitualisierte (= sozial vererbte) Verhaltensabläufe dar (z. B. Umgang mit Suchtmitteln, Problemlöse- und Stressverarbeitungsstrategien). Die Ergebnisse der schichtabhängigen Entwicklungsmöglichkeiten sind dann später in Unterschieden im sprachlichen Code, im gesundheitsrelevanten Verhalten oder auch in den Kompetenzen zur Verarbeitung von Informationen erkennbar. Diesen Unterschieden wird dann wiederum ein gesellschaftlicher Wert zugeordnet. Ein Beispiel sind hier die unterschiedlichen Zertifikate, die es im Bildungssystem zu erwerben gilt. Auf diese Weise schließt sich dann der Armutskreislauf, indem die Verantwortung für die Ausgrenzung auf die individuelle Ebene verschoben wird.

Darüber hinaus weisen vor allem die Ergebnisse der Resilienzforschung darauf hin, dass es bestimmte Einflussfaktoren gibt, die die Chancen der gesellschaftlichen Teilhabe maßgeblich beeinflussen. Diese Resilienzfaktoren wirken nicht nur auf der strukturellen Ebene, sondern auch in den individuellen Fähigkeiten. Angelehnt an die Theorie von *Pierre Bourdieu* (1930–2002) lassen sich diese Fähigkeiten als Kapitalaneignungs*fähigkeiten* beschreiben. Es sind also individuelle Konstitutionen, die es einem Menschen ermöglichen, von verfügbaren Ressourcen zu profitieren, oder eben nicht. Das bestehende deutsche Hilfesystem fokussiert allerdings stärker auf die Bereitstellung von Infrastrukturen und ist dominiert von Angeboten, die eine Komm-Struktur aufweisen. Somit liegt der Schwerpunkt auf der Bereitstellung von Kapitalaneignungs*gelegenheiten* und weniger auf der Förderung der zur Kapitalaneignung notwendigen *Fähigkeiten*. Da die Zugänge zu vielen Hilfen außerdem häufig auf einer kausalen Logik beruhen, selbst bei vielen auf Finalität hin ausgerichten Hilfen (s. Abschn. 3.3.2), haben bestimmte Personengruppen *(most vulnerable groups)* in der Praxis nur einen erschwerten Zugang zu Unterstützungsleistungen und werden somit strukturell ausgegrenzt. Die damit verbundenen Exklusionswirkungen gilt es abzubauen, denn bloß vorgehaltene Hilfeangebote entwickeln einen Bumerangeffekt, wenn diese nicht angenommen werden – aufgrund habitueller Prägungen nicht angenommen werden können. Hilfeangebote auch materieller Art bedürfen meistens einer begleitenden sozialen Unterstützung, sei es des familialen Umfelds, sei es durch außerfamiliäre Institutionen wie Kindertagesstätten, Schulen und Ausbildungsbetriebe.

Ein weiteres Problem stellt der starke (Homann 2022) Arbeitsmarktbezug vieler Hilfeangebote dar. So werden nicht nur Personengruppen, die dem Arbeitsmarkt näherstehen, stärker gefördert, sondern auch Kompetenzen und Fähigkeiten, die auf dem ersten Arbeitsmarkt verwertbar sind. Kompetenzen und Fertigkeiten aber, für die dies nicht zutrifft, werden somit implizit abgewertet oder ‚enteignet‘. (vgl. Schütte 2013) Durch diese gesellschaftlichen Bewertungsprozesse sortiert das

Hilfesystem genau die Personen aus, die aufgrund persönlicher und sozialer Problemzusammenhänge die größte Distanz zum ersten Arbeitsmarkt aufweisen *(creaming the poor)*.

Zum systematischen Problem wird es, dass die Zielsetzung der Sozialpolitik, fast alle Personen im Erwerbsalter in den Erwerbsarbeitsmarkt zu integrieren, den Blick dafür verstellt, dass dieses oftmals aufgrund der Lage auf dem Erwerbsarbeitsmarkt gar nicht möglich ist und dass zahlreiche Menschen die Voraussetzungen dafür nicht mitbringen, zumindest nicht unter den aktuellen Bedingungen, national und darüber hinaus in Europa. Sozialpolitik zielt auf soziale Integration, bei der dem Erwerbsarbeitsmarkt zwar eine bestimmende, aber in keinem Falle eine ausschließliche Bedeutung zukommen sollte. Eine derart vorrangige Fixierung übersieht die Notwendigkeiten und Chancen anderer Formen sozialer Integration. Will diese erfolgreich sein, muss sie vor allem an den Lebenssituationen und Bedarfen der exkludierten Personen ansetzen und zwischen unterschiedlichen Benachteiligungslagen differenzierende Angebote machen, die die Handlungsspielräume der Hilfeempfänger*innen spürbar erweitern. Solange es nicht gelingt, Personen, die sich außerhalb der Gesellschaft fühlen, von ihren Ohnmachtserfahrungen zu befreien und ihnen das Gefühl zurückzugeben, ihr Leben selbst in die Hand nehmen zu können *(Selbstwirksamkeit)*, werden Hilfen wirkungslos bleiben (vgl. Wendler und Huster 2015; Zimmermann 2015).

Nicht nur in Deutschland beginnen gerade die an den Rand der Erwerbsarbeitsgesellschaft Gedrängten in unterschiedlicher Weise, sich gegen ihre faktische soziale Ausgrenzung zu wehren – zum Teil, indem sie Gruppen und Personen attackieren, die sozial noch schlechter gestellt sind oder auch nur scheinen. Beispiele aus anderen europäischen Ländern – nicht nur, aber auch in Frankreich – zeigen, dass hier ein großes Konfliktpotential in der Zukunft liegen wird.

5.4   Europa: Sozialmodell oder Wettbewerbsmodell?

Europäisierung und Globalisierung werden immer häufiger schlagwortartig dafür eingesetzt, um die Unabänderlichkeit wirtschaftlicher Prozesse zu belegen, zugleich um die geringe nationale politische Steuerung zu entschuldigen. So werden etwa bei Tarifkonflikten, Beitragserhöhungen in Sozialversicherungssystemen, Diskussionen um Steuererhöhungen usw. die Europäisierung und die Globalisierung so gebetsmühlenartig und vehement als Argument in politischen Debatten eingesetzt, bis sich selbst jede Frisör*in in einen globalen Wettbewerb um Standortbedingungen hineingestellt sehen muss. Dabei hängt sein/ihr Geschäft auch übermorgen noch wesentlich schlicht an lokaler Kaufkraft, ordentlicher Arbeit und Kundentreue.

Auch in Zeiten von zum Teil tatsächlich globalem Standortwettbewerb (insbesondere um Finanzkapital), einer (verkürzt) als neoliberal umschriebenen EU-Politik und einer stark von Importen und Exporten geprägten Produktion und Konsumption in Deutschland, bleiben – wie das Beispiel Mindestlohn zeigt – sozialpolitische Gestaltungsmöglichkeiten. Der Primat der Politik verdampft also auch in globalisierten Zeiten nicht einfach, so als bliebe bloß noch eine *formale* nationale (auch sozialpolitische) Souveränität als Hülle übrig, während der Kern *faktischer* (sozialpolitischer) Handlungsmacht zerstört worden sei. (Zur Diskussion um sozialpolitische Souveränität und Handlungsmacht vgl. Leibfried 1996) Gleichwohl bleibt als zentrale Herausforderung, wie denn in Zukunft Sozialpolitik im Vier-Ebenen-Sozialstaat ausgestaltet werden soll und was letztlich Aufgabe nationaler Sozialpolitik bleiben wird.

Die derzeitige Politik einer zunehmenden *Entgrenzung der Europäischen Union* dagegen unterliegt – trotz aller gegenteiligen Behauptungen – vor allem *zwei Antinomien.* Zum einen geht es um einen immanenten *Widerspruch* zwischen *quantitativem* und *qualitativem* Ausbau der Union. Wenn nämlich die derzeitigen EU-Staaten qualitativ etwa auch über demokratische Binnenstrukturen, Grundrechtsnormen und gemeinsame Politikfelder miteinander verbunden werden sollen, begrenzt dieses die Möglichkeit, alle am Beitritt interessierten Länder auf Grund deren unterschiedlichem Entwicklungsstand umstandslos in diesen Prozess – zumindest jetzt und in absehbarer Zeit – einzubeziehen.

Die zweite Antinomie bezieht sich darauf, dass, selbst wenn neue supranationale Entscheidungsebenen geschaffen werden könnten, die *Standortkonkurrenz* zwischen den Regionen, den unterschiedlichen Anbietern und letztlich einzelner Arbeitsplätze, unter sonst gleichbleibenden Bedingungen genauso wenig aufhebbar ist wie derzeit. (vgl. Habermas 1998) Hier bedürfte es sehr weitgehender Einschnitte in nationale Regelungskompetenzen, um zumindest in einem begrenzten europäischen Sozialraum wieder vergleichbare Wettbewerbsbedingungen zu schaffen. Doch gerade dieses haben die dominierenden politischen Kräfte in vielen Staaten der Union bislang beharrlich – aus Standort-, aber auch aus anderen meist nationalistischen Gründen – verhindert. Infolgedessen greifen *direkte* und *indirekte* Folgen regionaler bzw. nationaler Entwicklungen im wirtschaftlichen und im sozialen Bereich auf andere Regionen und Staaten über: Migration, Lohndrift, Druck auf die Steuersysteme, Absenkungen sozialer Leistungen und von arbeitsrechtlichen Standards sowie solchen des Gesundheitsschutzes am Arbeitsplatz. (vgl. pars pro toto für die kommunale Mindestsicherungspolitik im europäischen Mehrebenensystem und deren Grenzen Schmidt 2019).

Diese beiden Antinomien können nicht einfach überwunden werden, zumal divergierende soziale und politische Interessen dem entgegenstehen. Politik allerdings – auf lokaler, regionaler, nationaler und europäischer Ebene – darf nicht behaupten, sie sei quasi alternativlos in diese Antinomien hineingerutscht. Das zentrale Dilemma bleibt: *Die Gleichzeitigkeit einer wirtschaftlichen und einer politischen Transformation in Europa* wurde seit den 1990er Jahren fest an eine marktliberale Wirtschaftsreform gekoppelt, so als hätte es dazu keine Alternative gegeben. In der Folge ist eine doppelte Transformation keineswegs bloß in Mittel- und Osteuropa eingetreten, sondern auch im alten Westeuropa der Europäischen Union selbst. Denn dort haben sich Zielsetzung und Durchsetzungsformen des Nationalstaats unmerklich, aber wirksam verändert und damit das von *Fritz W. Scharpf* treffend charakterisierte Dilemma verschärft:

> „Die Kapazitäten der Union, eigene Politiken zu verwirklichen, sind nicht annähernd in derselben Weise gestärkt worden, wie sie auf der Ebene der Mitgliedstaaten abgenommen haben." (Scharpf 1994, S. 220)

Entwickelte Sozialstaaten bleiben „Wettbewerbsstaaten" *(Wolfgang Streek)*. Sie verschlanken sich in der Bearbeitung sozialer Problemlagen, zugleich versuchen sie ihre gewichtigen (nationalen) Wirtschaftsanbieter zu stärken. Dabei hat es durchaus Stimmen gegeben, die davor gewarnt haben, im Wechselspiel zwischen funktionsbeschränkter werdenden Nationalstaaten und einer nicht mit genügend Kompetenzen ausgestatteten supranationalen Handlungsebene politische Aufgaben nicht mehr angemessen abzuarbeiten.

Umstrittene Rolle der EU-Ebene für ein Europäisches Sozialmodell
Wohin soll die europäische Entwicklung auf dem Gebiet des Sozialen gehen? Darüber besteht nach wie vor keine Einigkeit. Kontrovers waren in der Geschichte und sind bis heute die Positionen in und zwischen den verschiedenen Mitgliedstaaten:

- Europa als bloße Zoll- bzw. Freihandelsunion,
- Europa als politisch-ökonomische Union,
- Europa als ein Sozialmodell für stärker abgestimmte europäische und nationale Steuer-, Finanzausgleichs- und Sozialpolitik,
- Europa als Wohlfahrtsstaat, der die Nationalstaaten in dieser Funktion ersetzt. (vgl. Kowalsky 1999, S. 343 ff.)

Immer wieder aufs Neue werden diese unterschiedlichen Leitbilder europäischer (und internationaler) Integration aktualisiert, beim Ringen um:

* Freihandelsabkommen,
* sozialpolitische Flankierungen von Konsolidierungspolitiken für Schulden-länder in der Euro-Zone,
* die europa- bzw. weltweite Einführung von (Mindest-)Standards im Steuer-, Sozial-, Lohn- und Arbeitsrecht.

Diese Kontroversen um die soziale Dimension (EU-)Europas finden vor dem Hintergrund gemeinsamer Herausforderungen und Trends in den National-staaten statt: Fragen nach der Zukunft der Arbeitsgesellschaft, zu Auf-, Um- und Abbautendenzen sozialer Sicherungssysteme, zur Suche einer wünschenswerten und realistischen Rolle europäischer Sozialordnung(en) im globalen Kontext. Die Bundesrepublik Deutschland hat ihre Position in dieser Debatte bereits im Grundgesetz formuliert: Sie bekennt sich seit ihrer Gründung zu einem geeinten Europa, wobei offen bleibt, wie weit diese Einigung etwa auf sozialem Gebiet gehen soll.

Präambel des Grundgesetzes

„Im Bewußtsein seiner Verantwortung vor Gott und den Menschen, von dem Willen beseelt, als gleichberechtigtes Glied in einem vereinten Europa dem Frieden der Welt zu dienen, hat sich das Deutsche Volk kraft seiner verfassunggebenden Gewalt dieses Grundgesetz gegeben."

Versteht sich die Europäische Union als Wertegemeinschaft, dessen Fundament gemeinsame Werte wie die Achtung der Menschenwürde und Demokratie sind? Mit Blick auf den Umgang mit Geflüchteten aus Nordafrika, die aufgrund der Abschottungspolitik der EU zu tausenden im Mittelmeer ertrinken, erscheint diese Frage aktuell besonders zentral. Aber auch mit Blick auf die Entwicklungen der Demokratie in einigen osteuropäischen Mitgliedsstaaten der EU, vor allem in Ungarn und Polen, stellt sich die Frage, inwiefern Werte wie die Unabhängigkeit der Justiz, die Gleichheit aller vor dem Gesetz sowie die Presse- und Meinungs-freiheit auch dann grundlegend in der EU sind, wenn sie z. B. aus nationaler Sicht oder orientiert an ökonomischen Interessen eher hinderlich erscheinen?

Insgesamt sind der derzeitige Diskussionsverlauf und mögliche gemeinsame Zielvorstellungen widersprüchlich. Angesichts von Währungskrisen, Brexit, massiven Wanderungsbewegungen und rigider auseinandertretender nationaler Interessen sind Lösungen weniger in Sicht denn je. Gleichwohl ist es unübersehbar, dass Verteilungsprozesse innerhalb der europäischen Sozialstaaten immer mehr ihren ausschließlich nationalen Charakter verloren haben, wie sie umgekehrt damit nicht aufhören, letztlich national zu sein. Erfolg oder Misserfolg werden dabei von der Wohnbevölkerung zuerst und vor allem der nationalen Politik bzw. den nationalen Akteuren zugeschrieben bzw. angelastet. Dieser Widerspruch ist derzeit systematisch und faktisch nicht auflösbar.

Wird die EU am Ende nur noch mit ungelösten Problemen, Blockaden, Bedrohungen erreichter und Verhinderung zu erkämpfender sozial-politischer Standards verbunden werden, wird sie den nötigen Rückhalt in den Bevölkerungen der Mitgliedstaaten verlieren. Ist aber nicht im gemeinsamen Geld (Euro) und gemeinsamen Binnenmarkt eine gemeinsame Sozialpolitik früher oder später schlicht funktional notwendig und wird sich diese also – allen Widerständen zum trotz – durchsetzen?

Allen nationalen Interessen zum Trotz: Europas soziale Probleme und Problemlösungsansätze haben längst die Grenzen nationaler Zuständigkeit über-schritten, wie Tab. 5.1 exemplarisch zeigt.

Die Beispiele ließen sich auch für die Bereiche Gesundheit, Bildung, Wohnen etc. fortführen. Im Rahmen der *Offenen Methode der Koordination* (vgl. Abschn. 2.9.1) und durch Zahlen des Europäischen Statistischen Amtes (EURO-STAT) in Luxemburg wird deutlich: Der sozialpolitische Handlungsbedarf ist zwar einerseits zwischen den einzelnen Mitgliedstaaten unterschiedlich stark aus-geprägt mit einer deutlichen Differenz zwischen dem eher wohlhabenden Norden gegenüber dem Süden sowie mit einer deutlichen West-Ost-Drift. Aber angesichts der Freizügigkeitsregelungen zwischen den Mitgliedstaaten ‚wandern' soziale Probleme von einer Region zu einer anderen und über Ländergrenzen hinweg. Folglich werden nationale zu europäischen Herausforderungen.

Doch selbst wo es nicht zu Binnenwanderungen innerhalb der EU kommt, gibt es Fernwirkungen: Der heutige gemeinsame Markt funktioniert fast ohne sozial-, steuer- und lohnpolitische Harmonisierung, allerdings erzeugt er dann einen Druck zur Verlagerung sozialer Kosten (weg von mobilen Einkommen und Vermögen, hin zu immobilen) und zu Steuersenkungen. Deutschlands chronisch restriktive Lohnpolitik wiederum wird als Problem für die Wettbewerbsfähig-keit der an den internationalen Finanzmärkten seit 2010 unter Druck geratenen südeuropäischen EU-Mitgliedstaaten genannt. Konkurrieren sich damit die nationalen Sozialstaaten in der EU immer weiter gegenseitig spiralförmig herunter – kommt es also mit so wenig gemeinschaftlicher Sozialpolitik wie bis-lang zum befürchteten Sozialdumping? (vgl. Benz 2019).

Tab. 5.1 Armut und (Jugend-)Arbeitslosigkeit in der EU 2019 (ausgewählte EU-Mitgliedstaaten)

	Armutsrisikoquote*	Arbeitslosigkeit**	Jugendarbeitslosigkeit***
Belgien	14,8	5,4	14,2
Bulgarien	22,6	4,2	8,9
Tschechien	10,1	2,0	5,6
Dänemark	12,5	5,0	10,1
Deutschland	14,8	3,2	5,8
Irland	13,1	5,0	12,5
Griechenland	17,9	17,3	35,2
Spanien	20,7	14,1	32,5
Frankreich	13,6	8,4	19,5
Italien	20,1	10,0	29,2
Ungarn	12,3	3,4	11,4
Niederlande	13,2	3,4	6,7
Polen	15,4	3,3	9,9
Portugal	17,2	6,5	18,3
Rumänien	23,8	3,9	16,8
Schweden	17,1	6,8	20,1
EU 27	16,5	6,7	15,1

*Armut: in Prozent der Bevölkerung unterhalb von 60 % des nach Haushaltsgröße gewichteten Nettoäquivalenzeinkommens des jeweiligen Mitgliedstaates
**Arbeitslosigkeit: Arbeitslosenquote
***Jugendarbeitslosigkeit: Arbeitslosenquote unter den 15–24 Jährigen
Quelle: Eurostat 2021 Data Browser http://ec.europa.eu/eurostat/ *(Zugegriffen: 31. März 2021)*

Sozialpolitische Perspektiven für die Europäische Union
Die bisherigen Bemühungen im Rahmen der EU-2020-Strategie zielten vor allem auf einen beschäftigungszentrierten Umbau der Sozialstaaten (vgl. Abschn. 2.9.1). Angesichts von Massenarbeitslosigkeit ist aber nicht die Formulierung und Verpflichtung auf evaluierbare beschäftigungsbezogene Ziele, die die Teilhabe am Erwerbsarbeitssystem entschiedener steigern sollen, der problematische Punkt, sondern die Art und Weise, wie dies erreicht werden soll. Denn Beschäftigungsförderung wird zunehmend gleichgesetzt mit einem Abbau

von Steuern und Abgaben, mit einem schlanken Staat und mit Sozialleistungen, die die Aufnahme einer Beschäftigung nicht behindern dürften. Als Motto gilt:

> „All in all, a remarkable political concensus seems to prevail that various measures are needed to change the old, passive, income-support oriented, dependency-creating policy into an active, enabling, capability-building and work-incentive stressing policy." (Heikkilä 2001, S. 9)

So wichtig es ist, Leistungen vorzusehen, die in die Fähigkeiten der Leistungs-bezieher*innen investieren und versuchen, sie in den Arbeitsmarkt zu integrieren – Transfereinkommen als rein passive, Abhängigkeit produzierende Leistungen zu etikettieren, geht fehl. Transfereinkommen sind – wie soziale Sach- und Dienstleistungen – aktive Solidarleistungen zur Bekämpfung von Armut und sozialen Nöten und befähigen die Empfänger*innen vielfach erst zu aktiver Teilnahme am gesellschaftlichen und wirtschaftlichen Leben. Und Arbeitslosengeld- sowie Sozialhilfebezieher*innen gehen in aller Regel nicht deshalb keiner Erwerbsarbeit nach, weil sie an Sozialleistungen hängen, sondern weil für sie – zumindest derzeit – keine Arbeitsplätze vorhanden sind. Das Resümee eines europäisch kaum flankierten Um- und in Teilen auch Abbaus der nationalen Sozialstaatlichkeit wirft nochmals die Frage nach Chancen und Grenzen sowie Ansätzen einer Sozialpolitik auf europäischer Ebene auf, nach deren Interessenträgern und ihr entgegenstehenden Zielen und Strukturen.

Die EU arbeitet derzeit immer weniger an der Verwirklichung eines Europäischen Sozialmodells. Doch dieses hat keineswegs bloß soziale Folgen, sondern auch politische. In allen Ländern der EU formieren sich zunehmend EU-kritische Stimmen und politische Parteien. Denn die bislang verfolgte Integrationspolitik legte den Hauptakzent auf den Ausbau des Binnenmarktes, dem auch die Einführung des Euros dienlich war. Die Nachteile dieser Integration – die sozial unterschiedlich wirkende Verteilung der erwirtschafteten Ressourcen – hingegen führen zu Protest und auch zu einer neuen Form der Radikalisierung.

Dagegen könnten folgende Punkte zumindest eine Stärkung der sozialen Dimension der Europäischen Union bewirken (vgl. Abschn. 3.4.4):

- Die Politik, über EU-Richtlinien stärker soziale Kriterien für wichtige politische Bereiche, u. a. zum öffentlichen Beschaffungswesen festzuschreiben, muss weiterverfolgt werden, sodass es nicht zu einem Sozialdumping bei der Erstellung öffentlicher Anschaffungen bzw. Dienstleistungen und in anderen Bereichen kommen kann.

- Die Empfehlungen von 1992 zum Auf- und Ausbau von Mindestsicherungsleistungen innerhalb der EU ist in die Tat umzusetzen. Damit werden Vorstellungen der Unionspräsidentschaft von *Jacques Delors* vom Ausbau
  von Mindestleistungen in der Sozialpolitik im europäischen Raum endlich
  realisiert.
- Bei finanziellen Unterstützungen für Länder, die sich in einer wirtschaftlichen
  oder Währungskrise befinden, müssen Gesichtspunkte wie die Förderung von
  Bildung/Ausbildung, Beschäftigung und der Erhalt bzw. Auf- und Ausbau des
  Mindestsicherungssystems im Zentrum stehen.
- Und schließlich sind Vorstellungen von einer „variablen Geometrie", wie sie
  im Sozialprotokoll entwickelt worden sind, (vgl. Schengen- und Euroraum)
  auch auf sozialpolitischem Gebiet weiter zu verfolgen. Soziale Standards
  müssen weiter ausgebaut werden, ggf. auch im Vorlauf durch einige Mitgliedstaaten der EU.

5.5   Internationale Politik zwischen Freihandel und sozialen Mindeststandards – Herausforderungen in einer globalisierten Welt

Über Europa hinaus weisen weltweit verflochtene Produktions- und
Konsumptionsmuster. Auch global lassen sich soziale, politische, ökonomische
und ökologische Kosten und Nutzen der Bewältigung von Krisen und – ganz allgemein – der Befriedigung menschlicher Bedürfnisse bzw. grenzenloser Habgier nur verschieben, minimieren oder inflationieren, aber nicht aufheben. Dieses
dürfte in Zukunft die größte Herausforderung an die Politik darstellen.

Europäischer Sozialraum – eine Festung?
Ein wie auch immer begrenzter europäischer Sozialraum kann keine Insellösung
bzw. *Festung* sein: Er muss vielmehr um faire (Handels-)Beziehungen zu anderen
Wirtschafts- und Sozialräumen bemüht sein. Er steht in einer Weltökonomie, die
einer rationalen, auf Ausgleich ausgerichteten Gestaltung bedarf. Dieses betrifft
auch internationale Regelungen für Fragen des Waffenexports, der Sicherung der
Teilhabe weiter Teile dieser Erde am steigenden Weltwohlstand und das Problem
der Migration. Der Zusammenhang zwischen millionenfacher Migration und
konkretem auch nationalem Handeln wird leider immer wieder verkürzt dargestellt. In einem wie auch immer erweiterten Sozialstaat gibt es – legitime –
Interessenunterschiede, die unterschiedliche Konzepte für diese Erfordernisse
nach sich ziehen.

Dabei sind diese Interessen und deren soziale sowie politische Vertretung keineswegs gleich stark, sie sind vielmehr nach stärkeren und schwächeren Akteuren geschieden. Vermochten sich insbesondere transnationale Wirtschaftsunternehmen schon früher mehr oder weniger den – nicht nur sozialen – Imperativen nationaler Regierungen bzw. nationaler und supranationaler Sozialordnungen fast zur Gänze zu entziehen, haben sich inzwischen Kapitalformen herausgebildet, die nationale Volkswirtschaften und kleine bzw. auch größere Marktsegmente ganz oder doch in bestimmender Weise unter ihre Kontrolle bringen. Strategien zur Übernahme von Unternehmen bzw. Unternehmensgruppen und spekulative Angriffe auf Währungen mit dem Ziel der Herbeiführung von nationaler Zahlungsunfähigkeit zeigen einerseits deutlich, dass sich jenseits nationaler Grenzen inzwischen wieder der bei *Thomas Hobbes* noch als Naturzustand beschriebene Ausgangspunkt liberalen staatstheoretischen Denkens herausgebildet hat, nämlich der, an dem der „Mensch dem Menschen Wolf ist." (vgl. Huster 2016) Es stellt sich die Aufgabe, einen Rahmen zu setzen, um die für Sozialstaatlichkeit zu organisierende Solidarität erfolgreich mobilisieren zu können. Hilfen im Euro-Block zur Rettung beispielsweise in Not geratener Länder innerhalb der Europäischen Union stellen bislang eher eine Krisenintervention dar, ohne dass den ganz offensichtlich grenzen- und maßlosen Begehrlichkeiten ständig sich neu aufstellender spekulativer Kapitalformationen auch nur ansatzweise Grenzen gesetzt werden. Nur – wer sollte, wer kann diese setzen?

Transnationale Wertschöpfungsketten und Freihandelsabkommen
Nachfolgend wird skizziert, dass Regierungen EU-europäischer Länder und die Europäische Kommission einerseits mittels Freihandelspolitiken daran mitwirken, den Primat der Politik zugunsten von Interessen multinationaler Konzerne infrage zu stellen. Andererseits leisten sie gleichwohl zumindest einen Beitrag, diesen Primat auf sozialpolitischem Gebiet zu behaupten bzw. künftig stärker zur Geltung bringen zu können.

Es würde zu kurz greifen, wenn die Mitglieder des Deutschen Bundestages oder des Europäischen Parlamentes mit Hinweis auf Zwänge der Globalisierung eigene sozialpolitische Gestaltungsmöglichkeiten und -verantwortungen *(Handlungsmacht)* abzuwälzen versuchten. Ferner scheint es so, als bilden Teile der Europäischen Union und eine übersichtliche Anzahl von Staaten der Triade (Europa – Nordamerika – Südostasiatischer Raum) eine weltwirtschaftliche *und* sozialpolitische Handlungsmacht, die in der Lage ist, den Primat der Politik zu behaupten.

Doch schon die US-amerikanische Friedensnobelpreisträgerin und Pionierin der Sozialen Arbeit *Jane Addams* (1860–1935) kritisierte die Ausbeutung von Kindern (etwa in Chicago) in Fabriken internationaler Konzerne, während ihre Eltern arbeitslos blieben. (vgl. Adams 1960, S. 109 ff., 156 ff.) Ihre deutsche Kollegin *Alice Salomon* (1872–1948) wies darauf hin, dass jeder unserer „Atemzüge nur möglich" sei, weil „tausende Hände sich für ihn regen" (Salomon 1912, S. 13), heute etwa von Betreuungs- und Pflegekräften nebenan, von Näher*innen unserer Kleidung in Südostasien und von Schürfer*innen Seltener Erden für unsere Mobiltelefone in Afrika. Das von Alice Salomon bereits vor hundert Jahren beschriebene Problem, dass der Zusammenhang zwischen den Arbeits- und Lebensbedingungen bei der Herstellung von Gütern und Diensten außerhalb Europas und deren Verbrauch in den Wirtschaftsmetropolen zwar weiterhin bestehe, aber in der über anonyme Märkte sich vermittelnden, extrem arbeitsteiligen Gesellschaft abstrakt geworden sei und damit leicht aus dem Blick und Verantwortungsgefühl gerate, ist aktueller denn je. Mit Blick auf die Textilproduktion in asiatischen Billiglohnländern für billige Textildiscounter in Deutschland lautet diese Aktualität wie folgt:

> Teils komplizierte „Zulieferketten sind Ergebnis eines durch Freihandelspolitik begünstigten neoliberalen Produktionsmanagements, das auf totale Flexibilisierung der Produktion setzt. Die hiesigen Unternehmen (…) stellen (…) über diese Wertschöpfungsketten (…) eine rechtliche Unverantwortlichkeit her. Denn jede rechtliche Verantwortung knüpft an Näheverhältnisse und die sich daraus ergebene Möglichkeit (an), Einfluss zu nehmen und beispielsweise Rechtsverletzungen in einem Zulieferbetrieb zu ahnden." (Saage-Maaß 2015, S. 27)

Wieso ist eine Freihandelspolitik für die angesprochenen Wertschöpfungsketten so wichtig? Sie mindert für die betroffenen Unternehmen Kosten und ggf. Beschränkungen ihres Handlungsspielraumes (Ein- und Ausfuhrbeschränkungen). In vielen Fällen gewichtiger, geht es – ebenfalls kostenmindernd – um die gegenseitige Anerkennung von technischen, genehmigungs- und haftungsrechtlichen Standards. Schließlich bewahren Investorenschutzklauseln nicht nur davor, sich bei Investitionen in rechtsunsicheren Ländern vor Enteignungen, unberechenbaren Verwaltungspraxen und unfairen Gerichtsverfahren schützen zu müssen, sondern ermöglichen auch bei geschäftsschädigenden Änderungen nationalen Rechts, Staaten vor internationalen Instanzen auf Schadensersatz zu verklagen.

Hinter dem angesprochenen weltweiten Handel von Waren und Dienstleistungen steht außerdem eine weitreichende Verflechtung der Finanzwelt und im hohen Maße reine Finanzinteressen. Diese gehen soweit, dass es gar nicht mehr darauf ankommt ob mit Rüstungsgütern aus den USA, mit Getreide aus der Ukraine oder mit Immobilien in den Niederlanden gehandelt wird. Es geht schlichtweg um (meist kurzfristige) Investitionsmöglichkeiten mit einer möglichst hohen Gewinnaussicht. Hierzu wird unter anderem mit Hilfe von Devisentermingeschäften auf den Kursverfall von ganzen Währungen gewettet oder es werden höchst unterschiedliche Finanzprodukte kombiniert, sodass am Ende selbst für Finanzexpert*innen kaum noch ersichtlich ist, ob und welche real existierende Werte hinter diesen Geschäften stehen. Die Gefahren, die beispielsweise spekulative Blasen auch für die Realwirtschaft mit sich bringen, haben sich zuletzt im Jahr 2008 nach dem Zusammenbruch von Lehman Brothers, einer amerikanischen Investmentbank, in einer globalen Wirtschafts- und Finanzkrise gezeigt.

Die letzten rund dreißig Jahre haben aber auch gezeigt, dass einer Liberalisierungspolitik des Welthandels viele Widerstände entgegenstehen, sodass – wie angesprochen – die Formate, in denen sie durchgesetzt werden sollen, sich bereits mehrfach verändert und diversifiziert haben. Die Vielzahl z. T. seit Jahrzehnten bestehender bilateraler Abkommen soll die 1995 gegründete und ca. 160 Mitgliedstaaten umfassende *World Trade Organization (WTO)* überwinden. Ziel dieser Gründung sollte es sein, „in der Weltwirtschaft das Recht des Stärkeren durch ein Recht für alle zu ersetzen." (Beise 2014, S. 19) Besonders mächtige Staaten sollten also schwächeren Ländern nicht länger über bilaterale Handelsverträge deren Regeln diktieren können. Von einer Harmonisierung der Regeln sollten natürlich auch multinationale Konzerne profitieren. In der WTO konkret beschlossen wurde mit ihrer Gründung ein *General Agreement on Trade in Services (GATS)*. Ziel des GATS ist es, den Welthandel mit Dienstleistungen zu liberalisieren – also ggf. auch Dienste der öffentlichen *Daseinsvorsorge*. Allerdings sieht das GATS noch „Ausnahme- und Schutzklauseln für Dienstleistungsbereiche" vor, „die besonders sensibel oder von hohem öffentlichen Interesse sind." (Zumach 2014) Angesichts der schleppenden WTO-Prozesse, in denen widerstreitende Interessen der Industrie-, Schwellen- und Entwicklungsländer immer wieder zu Blockaden führen, werden inzwischen wieder Freihandels- und Investitionsschutzabkommen jenseits der WTO angestrebt. Und nach Erfahrungen heftiger öffentlicher Proteste von Gewerkschaften, sozialen Bewegungen und anderen Interessensträgern finden Verhandlungen zu ihnen inzwischen in der Regel streng geheim statt. Misstrauen gegenüber den Verhandlungspositionen und Vertragsinhalten nährt dies jedoch, und Proteste hat es nicht verhindert. Ebenso gelingt es Kritikernetzen der Geheimhaltungpolitik (etwa wikileaks) bisweilen, Verhandlungsdokumente öffentlich zu machen. Im Ergebnis wird die Liberalisierungspolitik des Welthandels heute in einer unübersichtlichen Anzahl von Prozessen forciert. Ein Beispiel für einen solchen Prozess stellt das seit 2012 zwischen den USA und der EU angestrebte und bis heute noch nicht ausverhandelte *Transatlantic Trade and Investment Partnership (TTIP)* dar. Geworben wird für das Abkommen damit, dass es u. a. Bürokratie abbauen, die Konjunktur ankurbeln, zu mehr Arbeitsplätzen führen, die Reallöhne steigen lassen und „Impulse" für eine globale Welthandelsordnung setzen würde. (vgl. Presse und Informationsamt der Bundesregierung Hrsg. 2013) Doch auch hier zeigen sich massive Widerstände, etwa in Form einer Europäischen Bürgerinitiative gegen TTIP. Aber auch in den USA werden Sinn und Folgen dieses Projektes kritisch hinterfragt. In den USA ist der geplante „Investitions-Gerichtshof als auch die geforderte Verankerung von Arbeitnehmerrechten" umstritten. (vgl. Bonse 2016, S. 8) Nachdem *Donald Trump* die Verhandlungen während seiner Amtszeit ausgesetzt hatte, wird damit gerechnet, dass der amtierende US-Präsident *Joe Biden* die Verhandlungen wieder aufnimmt.

Zusammenfassend wird derzeit – auch seitens der Bundesregierung – mit Vehemenz eine auf Liberalisierung und Privatisierung zielende Handelspolitik für Waren und Dienste betrieben. Diese wird in zahlreichen Initiativen und auf unterschiedlichen Ebenen gleichzeitig verfolgt. Für diese Politik mag die starke Exportorientierung Deutschlands sprechen. Sie stößt jedoch – nicht zuletzt aus sozialpolitischen Erwägungen – auch auf starke politische Widerstände. Ferner sieht sie sich auch ökologischen Kritiken gegenüber, denn niedrigste Transportkosten sind eine Voraussetzung für die weltumspannende Produktion und den Vertrieb von Autos, Handys und Fruchtjoghurts, deren Einzelteile bereits die halbe Welt bereisen. (vgl. Altvater und Mahnkopf 1997)

Ansätze sozialpolitischer Ziele und Mindeststandards auf internationaler Ebene

So wie sich im Falle der Europäischen Union neben Konstruktionsmerkmalen und Strategien einer *kalten Integration* zumindest Ansätze und Alternativen einer die Sozialpolitik der Mitgliedstaaten rahmenden und unterstützenden EU-Sozialpolitik finden lassen, so stehen auch auf internationalem Parkett Freihandelspolitiken andere Mechanismen zumindest zur Seite, die auf gemeinsame soziale Zielvereinbarungen und eine Durchsetzung sozialer Menschenrechte und Mindeststandards gerichtet sind. Zu denken ist hierbei etwa an die von den Vereinten Nationen im Jahr 2015 vereinbarten 17 *Ziele nachhaltiger Entwicklung* für die Jahre bis 2030 (vgl. Abb. 5.3), die die *Millenniumsziele* (darunter: Halbierung der Armut in der Welt bis 2015) abgelöst haben.

Viele dieser Ziele sind direkt für die Sozialpolitik in Deutschland (zumindest auf den ersten Blick) nicht ambitioniert, konkretisieren aber auf globaler Ebene elementare soziale Menschenrechte, deren Einhaltung etwa in Produktions-,

1. Armut in allen Formen beenden
   - Bis 2030 extreme Armut (weniger als 1,25 US-Dollar pro Tag) überall beenden
   - Bis 2030 den Anteil der Menschen halbieren, die je nach nationalen Maßstäben als ‚arm' gelten
2. Hunger beenden, Ernährungssicherheit
   - Bis 2030 sichere Ernährung für alle, besonders Kinder und Arme.
3. Gesundheit
   - Bis 2030 Reduzierung der Mütter- und Kindersterblichkeit
4. Bildung
   - Bis 2030 kostenloser mittlerer Schulabschluss für alle Jungen und Mädchen, freier Zugang zu Vorschulen
5. Frauenrechte
   - Diskriminierung, Gewalt, sexuelle Ausbeutung, Zwangsheirat und Genitalverstümmelung beenden
6. Wasser und Abwasser
   - Bis 2030 Zugang zu sauberem Trinkwasser und Abwassersystemen für alle Menschen
7. Zugang zu verlässlicher und nachhaltiger Energie
   - Bis 2030 Zugang für alle zu ‚bezahlbarer, verlässlicher und moderner' Energie
8. Nachhaltiges Wirtschaftswachstum
   - Bis 2030 Vollbeschäftigung, bis 2020 Reduzierung der Jugendarbeitslosigkeit
   - Bekämpfung von Zwangsarbeit, Sklaverei, Menschenhandel. Ende der Kinderarbeit bis 2025
9. Nachhaltige Industrialisierung
10. Ungleichheit bekämpfen
    - Bis 2030 größere Zuwächse beim Einkommen für die ärmsten 40 Prozent der Bevölkerung
    - Bessere Regulierung der internationalen Finanzmärkte, mehr Gleichheit bei Lohn und sozialer Sicherheit
    - Sichere Migration durch koordinierte Politik
11. Städte der Zukunft
    - Bis 2030 sicheres und bezahlbares Wohnen und öffentlicher Nahverkehr, Renovierung von Slums
12. Nachhaltiger Konsum und Produktion
13. Klimaschutz
14. Meerespolitik
    - Zugang lokaler Fischer zu Fanggründen und Märkten sicherstellen
15. Artenvielfalt
16. Friedliche Gesellschaften
    - Reduzierung von Gewalt, Menschenhandel, Korruption und illegalem Waffenhandel
    - Bis 2030 offizielle Registrierung für jeden, inkl. Geburtsurkunde
17. Umsetzung der Maßnahmen
    - Bekräftigung des 0,7 Prozent-Ziels für Entwicklungshilfe durch Industrieländer, mehr finanzielle Hilfe
    - ‚Respekt für die Politik jedes Landes zur Armutsbekämpfung und Nachhaltigkeit'

Abb. 5.3 UN-Ziele nachhaltiger Entwicklung bis 2030 (Auswahl). (Quelle: UN, nach: Die Tageszeitung vom 28. September 2015, S. 3)

Handels- und Konsumptionspolitiken gefordert werden und die zur Bekämpfung von Fluchtursachen und eklatanter ökonomischer Ungerechtigkeiten, weltweit betrachtet, sehr bedeutsam sind.

Mindestens ein weiteres Beispiel internationaler Sozialpolitik – der *UN-Sozialpakt* über wirtschaftliche, soziale und kulturelle Rechte – stellt hingegen auch direkt für die Sozialpolitik in Deutschland eine Herausforderung dar. Der Sozialpakt wurde 1966 verabschiedet, wurde auch von der Bundesrepublik unterzeichnet und ratifiziert und trat 1976 in Kraft. Er garantiert unter anderem, dass ein Unterzeichnerstaat „unter Ausschöpfung aller seiner Möglichkeiten" (Art. 2 Abs. 1) Rechte auf Arbeitsschutz, gleiches Entgelt und Ausbildungsprogramme verwirklicht, ebenso Rechte auf Soziale Sicherheit inklusive Sozialversicherung

(Art. 9), gesundheitliche (Art. 12) und Bildungsrechte (Art. 13). Ein 2008 von der UN-Generalversammlung verabschiedetes sog. Fakultativprotokoll zum Sozialpakt (in Kraft seit 2013) wurde hingegen durch Deutschland bis heute nicht ratifiziert.

> „Es sieht unter anderem vor, dass Einzelpersonen beim zuständigen UN-Ausschuss für wirtschaftliche, soziale und kulturelle Rechte Beschwerde einlegen können, wenn sie ihre im Sozialpakt verankerten Rechte verletzt sehen." (Das Parlament vom 16. November 2015, S. 12)

Gerade fehlende individuelle Beschwerderechte (oder weitergehend: Klagerechte) werden immer wieder als Schwachstelle internationaler Menschenrechts- und Sozialpolitik und ihre Garantie als Stärke insbesondere des Menschenrechtssystems des Europarates benannt.

Ein drittes Beispiel aktueller Bemühungen um kurz- und mittelfristig gangbare Wege und Mechanismen einer internationalen Sozialpolitik stellt das von der Internationalen Arbeitsorganisation der Vereinten Nationen und der Welthandelsorganisation in den 2010er Jahren gemeinsam entwickelte Konzept der sog. *Social Protection Floors* dar:

> Es sieht „vier ‚essentielle Bereiche' sozialer Garantien vor: Dazu gehören eine ‚Mindestgesundheitsversorgung für alle', ‚Mindesteinkommensgarantien für Kinder, um Kinderarbeit zu verhindern', die ‚Unterstützung für Arme und Arbeitslose' und schließlich ‚Mindesteinkommensgarantien im Alter und für Menschen mit Behinderungen'."
> (Das Parlament vom 29. Oktober 2012, S. 7)

Laut Europäischem Rat der Staats- und Regierungschefs soll dieses Konzept „Bestandteil der europäischen Entwicklungspolitik" sein. (Ebenda) Hierzu bekannte sich erneut für die Politik der Bundesregierung auch der Koalitionsvertrag von Union und SPD für 2018–2021.

Ein Europäisches Haus mit sozialem Anspruch in einem unsozialen globalen Dorf?

Angesichts asymmetrischer Verteilungsrelationen zwischen den industriellen High-Tech-Produkten der Metropolen und Rohstofflieferungen der Länder der Peripherie *(Terms of trade)* ist ein allgemeiner Kapitalabfluss aus diesen Ländern zu konstatieren. Dies hat u. a. zur Folge, dass die Verteilungsprozesse in den hochentwickelten Ländern der *Triade* zu einem Teil von der vorfindlichen Weltwirtschaftsordnung und den dort anzutreffenden Verteilungsungleichgewichten bestimmt werden, im Regelfalle zugunsten der Metropolen und zu Lasten der anderen Länder. Weltentwicklungsberichte des Entwicklungsprogramms der Vereinten Nationen (UNDP) liefern hierzu anschauliche Beispiele, auch dafür, dass selbst in den Ländern, die in Teilbereichen ihre wirtschaftlichen Ergebnisse erheblich steigern konnten, letztlich der Abfluss von Kapital größer ist als der Zufluss.[2]

Nun wird es nicht darum gehen können, hier gleichsam – wie im Grundgesetz festgehalten – eine „Einheitlichkeit der Lebensverhältnisse" weltweit einzuklagen. Angesichts sozialer Problemzusammenballungen, sozialer Ausgrenzung und Armut auch in den wirtschaftlich weit entwickelten Ländern Westeuropas tritt der Zusammenhang von Prosperität in der Triade und Armut in der Dritten Welt immer wieder in den Hintergrund. Doch die aktuellen globalen Flüchtlingströme – nicht bloß am Mittelmeer – zeigen an, dass daraus Folgeprobleme resultieren, die dann auch die Exklusivität des – relativen und ungleich verteilten – Wohlstands in den Metropolen sehr bald infrage stellen. Zumindest ist dieser Kontext dann zu erinnern, wenn in der politischen Debatte polemisch von *Wirtschaftsasylanten* gesprochen wird, so als wäre nicht die bestehende und von Westeuropa maßgeblich mitbestimmte Weltwirtschaftsordnung gerade für diese Entwicklung in einem hohen Maße mitverantwortlich.

5.6 Soziale und ökologische Nachhaltigkeit in der einen Welt

Fünfzig Jahre nach der Publikation der „Grenzen des Wachstums" (Meadows u. a. 1994) hat sich in den letzten Jahren ein weitreichender Konsens entwickelt, dass Industrie-, wie Schwellen- und Entwicklungsländer in der laufenden Dekade ihre Produktions- und Konsumtionsweisen und -aussichten massiv infragestellen müssen, soll eine folgenreiche, weitere Ausbeutung der natürlichen Ressourcen und die Erwärmung des Erdklimas abgewendet werden. Die Ressourcen dieser Erde sind endlich, erst recht wenn der in den wohlhabenden Staaten praktizierte Lebensstandard verallgemeinert werden würde. Umgekehrt ist nicht hinnehmbar, dass die wohlhabenden Staaten einen Ressourcenverbrauch pflegen, der anderen Staaten eine nachhaltige Entwicklung versperrt. Überdies hat der ungebremste

---

[2] UNDP: Human Development Report, erscheint jährlich auch in deutscher Sprache: Deutsche Gesellschaft für die Vereinten Nationen e. V. (Hrsg.): Bericht über die menschliche Entwicklung, veröffentlicht für das Entwicklungsprogramm der Vereinten Nationen (UNDP), Bonn jährlich.

Ressourceneinsatz etwa im Bereich klimaschädlicher Emmissionen dazu geführt, dass die Grundlagen des Lebens weltweit infrage gestellt werden. Dieser ungebremste Ressourceneinsatz, beginnend mit der Industrialisierung, hat einerseits Wohlstand gebracht, auch in der Breite der wohlhabenden Gesellschaften, wenngleich zwischen ihnen und jeweils in den einzelnen Ländern stark abgestuft sowie ungleich verteilt. So wurde denn auch immer wieder öffentlich und interessebedingt argumentiert, dass allgemeiner Wohlstand eben nur durch immer mehr Ressourcenverbrauch möglich sei. Dagegen hat sich inzwischen Widerstand formiert, in den wohlhabenden Ländern vor allem aber auch in den Staaten der sog. Dritten Welt.

So wenig dies auf den ersten Blick ein sozialpolitisches Thema ist, so sehr wird es dies bei näherer Auseinandersetzung mit den damit verbundenen Herausforderungen. Was heißt dieses Umsteuern für die (Arbeitsplatz-)Verlierer*innen dieser Transformation? Was bedeuten Überschwemmungen und Unwetter für durch sie land- und brotlos werdende Menschen und für damit weiter forcierte Migrationsströme bei misslingender Transformation? Welche sozialen Voraussetzungen und Folgen hat ein ökologischer Umbau der Wirtschaft, für wohlhabende und ärmere Bevölkerungsschichten, auf dem Land und in der Stadt? Welche Verschränkungen und Widersprüche bestehen zwischen ökologischen und sozialen (Un-)Gerechtigkeiten?

Hier bedarf es gründlicher Überlegungen. Soll dieses über eine Bepreisung etwa des Verbrauchs von Ressourcen bzw. des Ausbringens von Emmissionen geschehen? Eine allgemeine Benzin- und Heizölverteuerung trifft ärmere und wohlhabende Haushalte unterschiedlich. Eine Umorientierung etwa zu neuen Energiequellen bzw. deren Nutzung impliziert einen strukturellen Wandel in der Wirtschaft. Die Verlagerung von Produktionsstätten in Regionen etwa mit einer günstigeren, sonnenbedingten Energieversorgung könnte Arbeitsplätze in Regionen kosten, die weniger auf Solarenergie zurückgreifen können. Wer werden die Gewinner, wer die Verlierer sein? Schon diese wenigen Überlegungen zeigen, dass die Neubestimmung des Verhältnisses von Ökonomie, Ökologie und Sozialstaat eine der größten Herausforderungen der Zukunft sein wird, und zwar über die nationale Ebene hinaus auf europäischer Ebene und weltweit. Die sozialpolitische Debatte steht hier noch am Anfang, wird aber erheblich intensiviert werden müssen. (Gottwald u. a. 2020)

5.7   Zusammenfassung

Es wird deutlich: Sozialpolitik bewegt sich in vielen Spannungsfeldern und unterliegt stets von neuen Herausforderungen. So lassen sich zu den genannten Bereichen weitere Herausforderungen ohne Mühe ergänzen und mit Querschnittsfragen wie Gender, Diversität, Interkulturalität u. a.m. verbinden. Die ausgeführten Herausforderungen markieren aber das weite Feld, vor dem die Sozialpolitik steht. Sozialpolitik kennzeichnet immer einen offenen Prozess, sie wird durch Herausforderungen zu neuen Leistungen gebracht, kann aber auch an ihnen scheitern.

- Sozialpolitik kann sich nicht aus sozialen Rahmenbedingungen lösen, sie wird von diesen mitbestimmt, wie sie diese selbst auch mitgestaltet. Es charakterisiert die sozialpolitische Diskussion, dass häufig einzelne Faktoren dieser Rahmendaten aus dem Kontext gelöst und interessebedingt so in den Vordergrund gestellt werden, dass nur eine Lösung möglich zu sein scheint. Im Falle des demografischen Wandels und weltwirtschaftlicher Verflechtungen wird die Notwendigkeit restriktiver Entscheidungen bezogen auf den Sozialstaat unterstrichen, wo es doch letztlich um die eine zentrale soziale Herausforderung geht, nämlich die Verteilung des erwirtschafteten, des vorhandenen Wohlstandes.
- Letztlich geht es einer demokratischen Sozialpolitik immer um die Gültigkeit, die Durchsetzung von Grund- und Menschenrechten, die über den Staatseingriffe in Freiheitsrechte abwendenden (negatorischen) Charakter im frühen Liberalismus hinaus inzwischen auch eine soziale (partizipative) Stoßrichtung bekommen haben. Die Bewahrung persönlicher Integrität und die Durchsetzung des Gleichheitsgrundsatzes stellen keine neuen Herausforderungen dar, aber ihre Wertigkeit und Dringlichkeit ergeben sich aus dem je aktuellen Diskurs darüber, was denn persönliche Integrität und Grund- und Menschenrechte meinen. Wertewandel bedeutet, dass geschichtlich bestimmte Normen und Werte mal mehr, mal weniger in den Vordergrund gestellt werden als zu anderen Zeiten. Dieses können dann Brüche sein, vielleicht aber auch nur Neu-Bewertungen.
- Die Sozialpolitik in Deutschland steht, vermittelt über vielfältige (wirtschaftliche, migrationsbezogene, klimatische usw.) Austauschprozesse sowie über politische Vereinbarungen, in einer zunehmenden Verflechtung mit innereuropäischen und globalen Entwicklungen. Es zeigt sich an zahlreichen Tatsachen letztlich die Dominanz der Ökonomie gegenüber einer gleichwohl

nicht machtlos werdenden politischen Regulierung; es bleiben vor allem nationale und innereuropäische, aber auch weltweite Steuerungsmöglichkeiten für einen sozialen Ausgleich. Gewichtige starke ökonomische Interessen stellen jedoch oftmals mehr als ein bloßes Hindernis und mitunter sogar eine Blockade dar.

- Sozialpolitik allerdings kann auf den Primat der demokratischen Politik auch gegenüber wirtschaftlichen Interessen nicht verzichten. Demokratische Politik bedeutet zugleich eine Bindung an universale Grundrechte. Diese immer wieder auf die Agenda in der sozialen und politischen Auseinandersetzung zu bringen, stellt *die* ständige Herausforderung von Sozialpolitik dar.

Soziale Verhältnisse sind dabei prinzipiell in alle Richtungen verhandel- und wandelbar. Sozialpolitik ist untrennbar mit dem demokratischen und sozialen Rechtsstaat verbunden – sie allein kann dessen Bestand aber nicht garantieren. Die Bewahrung des *sozialen Friedens* erfordert eigenes Engagement – unterbleibt dieses, stellen andere die Regeln auf! Demokratie ist keine Dienstleistung, bei der man zu einem anderen Anbieter wechselt, wenn das Angebot nicht mehr stimmt. Sie ist eine permanente Aufforderung an den Einzelnen und soziale Gruppen mitzumachen, sich einzumischen und dabei auch unbequem zu sein.

Literatur

Addams, Jane. 1960. A Centennial Reader. New York: The Macmillan Company.

Altvater, Elmar; Mahnkopf, Birgit. 1997. Grenzen der Globalisierung, 2. A. Münster: Westfälisches Dampfboot.

Atkinson, Anthony. 2015. Eine zivilisierte Gesellschaft braucht hohe Steuern – Interview mit Sir Anthony Atkins, geführt von Michael Hesse. In Frankfurter Rundschau vom 21./22. 11. 2015: 14 f.

Balz, Hans-Jürgen; Biedermann, Klaus; Huster, Ernst-Ulrich; Mogge-Grotjahn, Hildegard; Zinda, Ursula (Hrsg.). 2009. Zukunft der Familienhilfe. Veränderungen und integrative Lösungsansätze. Neukirchen-Vluyn: Neukirchener Verlag.

Becker, Uwe. 2015. Die Inklusionslüge. Bielefeld: Klinkhardt.

Beise, Marc. 2014. Die WTO strauchelt. In Süddeutsche Zeitung vom 2. August 2014.

Benz, Benjamin. 2019. Gutachten im Auftrag des Deutschen Gewerkschaftsbundes (DGB) und der Nationalen Armutskonferenz (NAK) zur Ausgestaltung eines europäischen Rahmens für die Mindestsicherung. https://www.nationale-armutskonferenz.de/wp-content/uploads/2020/06/DGB-NAK-Benz-Gutachten-EU-Rahmen-Mindestsicherung_Februar2019.pdf. Zugegriffen: 31. März 2021.

Bonse, Eric. 2016. Fehlstart für Freihändler. In Die Tageszeitung vom 11. Januar 2016.

Bourcarde, Kay. 2010. Die Rentenfinanzen in der politischen Auseinandersetzung um Demografie und Wirtschaftswachstum. Prognosen, Entwicklung und Verteilung in Deutschland 1957–2009. Wiesbaden: VS Verlag für Sozialwissenschaften.

Bundesinstitut für Bevölkerungsforschung (BiB). 2021. Jugend-, Alten- und Gesamtquotient (1871–2060). https://www.bib.bund.de/Permalink.html?id=10203396. Zugegriffen: 31. März 2021.

Eichhorst, Werner et al. 2013. Neue Anforderungen durch den Wandel der Arbeitswelt – Kurzexpertise für die Enquete-Kommission ‚Wachstum, Wohlstand, Lebensqualität' des Deutschen Bundestages, IZA Research Report No. 51, Forschungsinstitut zur Zukunft der Arbeit (IZA).

Gottwald, Franz-Theo; Mayer-Tasch, Peter-Cornelius; Sauer, Linda (Hrsg.). 2020. Zeitenwende? Zur Dialektik von sozialer und ökologischer Gerechtigkeit? Marburg: Metropolis-Verlag.

Habermas, Jürgen. 1998. Die postnationale Konstellation und die Zukunft der Demokratie. In Blätter für deutsche und internationale Politik. 43. Jg., Heft 7/1998: 804–817.

Heitmeyer, Wilhelm (Hrsg.). 2002. ff Deutsche Zustände Folge 1–10. Frankfurt a. M.: Suhrkamp.

Huster, Ernst-Ulrich. 2016. Soziale Kälte. Rückehr zum Wolfsrudel? Stuttgart: Alfred Kröner Verlag.

Huster, Ernst-Ulrich. 2020. Soziale Grundrechte. In Aufbruch zur Demokratie. Die Weimarer Reichsverfassung als Bauplan für eine demokratische Republik, hrsg. Rüdiger Voigt, 457–470. Baden-Baden: Nomos.

Joseph, Schumpeter. 1976. Die Krise des Steuerstaats. In Die Finanzkrise des Steuerstaats. hrsg. R. Goldscheid; J. Schumpeter, 329–379. Frankfurt am Main: Suhrkamp.

Klundt, Michael. 2008. Von der sozialen zur Generationengerechtigkeit? Polarisierte Lebenslagen und ihre Deutung in Wissenschaft, Politik und Medien. Wiesbaden: Springer SV.

Kowalsky, Wolfgang. 1999. Europäische Sozialpolitik. Ausgangsbedingungen, Antriebskräfte und Entwicklungspotentiale. Opladen: Springer VS.

Leibfried, Stephan. 1996. Wohlfahrtsstaatliche Perspektiven der Europäischen Union: Auf dem Weg zu positiver Souveränitätsverflechtung. In Europäische Integration, hrsg. Markus Jachtenfuchs und Beate Kohler-Koch, 455–477 . Opladen: Leske + Budrich.

Mackenroth, Gerhard. 1952. *Die Reform der Sozialpolitik durch einen deutschen Soziaplan.* Referat gehalten bei den Verhandlungen auf der Sondertagung des Vereins für Sozialpolitik – Gesellschaft für Wirtschafts- und Sozialwissenschaften in Berlin 1952, hrsg. A. Gerhard, 39–76. Berlin: Duncker & Humblot.

Matti, Heikkilä. 2001. Context, Project: The Role of Social Assistance as Means of Social Inclusion and Activation. A comparative study on minimum income in seven European countries. Report 1. Saarijärvi (Finland).

Meadows, Dennis; Meadows, Donella; Zahn, Erich; Milling, Peter. 1994. Die Grenzen des Wachstums. Bericht des Club of Rome zur Lage der Menschheit, aus dem Amerikanischen übersetzt von Hans-Dieter Heck. 16. Aufl. Stuttgart: Deutsche Verlags-Anstalt.

Piketty, Thomas. 2014. Das Kapital im 21. Jahrhundert, 2. A. München: C.H. Beck.

Presse und Informationsamt der Bundesregierung (Hrsg.). 2013. Neue Chancen für Verbraucher und Unternehmen. Zehn gute Gründe für ein Freihandelsabkommen der EU mit den USA. Berlin.

Saage-Maaß, Miriam. 2015. KiK: Blut an den Kleidern. In Blätter für deutsche und internationale Politik. Heft 6/2015: 25–28.

Salomon, Alice. 1912. Was wir uns und anderen schuldig sind. Gesammelte Aufsätze, Leipzig/Berlin: 291–298

Scharpf, Fritz W. 1994. Optionen des Föderalismus in Deutschland und Europa. Frankfurt a.M.: Campus

Schmauch, Ulrike. 2019. Längst normal? Zwei Perspektiven auf sexuelle und geschlechtliche Vielfalt in Deutschland. In Schwache Interessen? Politische Beteiligung in der Sozialen Arbeit. hrsg. K. Toens; B. Benz, 192–210. Weinheim/Basel: Beltz Juventa.

Schmidt, Susanne K. 2019. Ein Kampf der Staatsgewalten? Die schwierige soziale Absicherung des europäischen Freizügigkeitsregimes. In Zeitschrift für Sozialreform. 65. Jg., Heft 1: 29–57.

Schütte, Johannes. 2013. Armut wird „sozial vererbt". Status Quo und Reformbedarf der Inklusionsförderung in der Bundesrepublik Deutschland. Wiesbaden: Springer VS.

Statistisches Bundesamt. 2018. Konsumausgaben von Familien für Kinder – Berechnungen auf der Grundlage der Einkommens- und Verbrauchsstichprobe 2013. https://www.destatis.de/DE/Themen/Gesellschaft-Umwelt/Einkommen-Konsum-Lebensbedingungen/Konsumausgaben-Lebenshaltungskosten/Publikationen/Downloads-Konsumausgaben/konsumausgaben-familien-kinder-5632202139004.pdf. Zugegriffen: 31. März 2021.

Wendler, Michael; Huster, Ernst-Ulrich. 2015. Der Körper als Ressource in der Sozialen Arbeit. Grundlegungen zur Selbstwirksamkeitserfahrung und Persönlichkeitsbildung. Wiesbaden: Springer VS.

Zimmermann, Germo. 2015. Anerkennung und Lebensbewältigung im freiwilligen Engagement. Eine qualitative Studie zur Inklusion benachteiligter Jugendlicher in der Kinder- und Jugendarbeit. Bad Heilbrunn: Klinkhardt.

Zumach, Andreas. 2014. Geheimverhandlungen in Genf. In Die Tageszeitung vom 27. April 2014.

Weiterführende Literatur

Benz, Benjamin. 2019. Gutachten im Auftrag des Deutschen Gewerkschaftsbundes (DGB) und der Nationalen Armutskonferenz (NAK) zur Ausgestaltung eineseuropäischen Rahmens für die Mindestsicherung. https://www.nationale-armutskonferenz.de/wp-content/uploads/2020/06/DGB-NAK-Benz-Gutachten-EU-Rahmen-Mindestsicherung_Februar2019.pdf. Zugegriffen: 31. März 2021.
Das Gutachten lotet den sachlichen Problemdruck für und das Potenzial von mindeste(n) Garantien sozialer Sicherheit auf EU-europäischer Ebene aus, zeichnet bisher (nicht) erreichte europäische sozialpolitische Mindeststandards nach und fragt nach hinerlichen und förderlichen Faktoren im politischen Kontext für weitergehende mindestsicherungspolitische Schritte auf EU-europäischer Ebene. Schließlich trägt die

Studie konkrete Vorschläge zum Inhalt und zur Ausgestaltung eines EU-europäischen Rahmens für die Mindestsicherung in den Mitgliedstaaten zusammen, ergänzt und aktualisiert diese.

Nussbaum, Martha. 1999. Gerechtigkeit oder Das gute Leben. Gender Studies. Frankfurt am Main: Suhrkamp.

Die Autorin entwickelt aus einer Theorie des Guten theoretische Grundlagen für eine Neuformulierung des politischen Liberalismus. Sie betont dabei unter anderem Fragen der internationalen Gerechtigkeit und Geschlechtergerechtigkeit. Außerdem arbeitet sich Martha Nussbaum an dem Begriff des Wohlergehens ab und entwickelt mit ihrer Theorie des guten Lebens eine Alternative zu dominierenden Moralansätzen.

Piketty, Thomas. 2014. Das Kapital im 21. Jahrhundert, 2. A. München: C.H. Beck.

Der Autor untersucht Faktoren, die die Akkumulation und Distribution von Kapital beeinflussen. Damit rücken Fragen in den Mittelpunkt nach der Entwicklung von Reichtum und sozialer Ungleichheit, aber auch die Frage nach den Chanen ökonomischen Wachstums. Thomas Piketty untersucht Daten aus 20 Ländern um die wirkenden ökonomischen und sozialen Muster zu identifizieren. Nach seiner Analyse ist der Haupttreiber der Ungleichheit, dass Gewinne aus Kapital höher sind als die Wachstumsraten.

Huster, Ernst-Ulrich. 2016. Soziale Kälte. Rückkehr zum Wolfsrudel? Stuttgart: Alfred Kröner Verlag.

Der Autor untersucht die zunehmende Zuspitzung von Verteilungsprozessen und der sozialen wie politischen Auseinandersetzungen national und weltweit. Er fragt nach den Grundzügen solidarischen Zusammenlebens in unserer Gesellschaft, zugleich nach den Ursachen ihrer Infragestellung. Letztlich bedürfe es eines strikten Rekurses auf die Grund- und Freiheitsrechte in ihrer liberalen und sozialen Tradition. Aus diesen heraus ergäben sich normative Imperative sowohl gegen den zunehmenden ökonomischen Machtanspruch als auch für eine neue „Bürgerlichkeit", die alle umfasst.

Schütte, Johannes D. 2013. Armut wird „sozial vererbt", Status Quo und Reformbedarf der Inklusionsförderung in der Bundesrepublik Deutschland, Wiesbaden: Springer VS

Nach einer sehr gründlichen Auseinandersetzung mit theoretischen Erklärungsmustern für die Wirksamkeit sozialer Ausgrenzung gibt der Band eine luzide Zusammenstellung empirischer Daten und Entwicklungen zur Armutsentwicklung. Diese führt er in vier Armuts-Cluster zusammen, diese unterscheidend nach mehr oder weniger vorhandenen Resilienzfaktoren auf der Mikro-Ebene, also beim Einzelnen, auf der Meso-Ebene, also beim sozialen Umfeld bzw. außerfamiliären Sozialisationsinstanzen, und auf der Makro-Ebene, also mittels gesamtgesellschaftlicher Angebote. Die Studie analysiert kritisch die vorhandenen sozialen Hilfestrukturen, die zu wenig auf individuelle Aneignungsfähigkeiten von sozialen Hilfen, sondern vermehrt auf Aneignungsgelegenheiten setzen. Letztere sind aber oftmals von sozial Ausgegrenzten gar nicht abruf- und umsetzbar.

Sozialpolitik im Sozialstaat

6

Zum theoretischen Zusammenhang zwischen
Staatlichkeit und sozialpolitischer Intervention

6.1 Entstehung und Entwicklung der Funktionen von Staatlichkeit: Systematischer Zusammenhang und Zielkonflikte zwischen Interessen der Wirtschaft und sozialer Integration

Im historischen Teil dieser Einführung in die Sozialpolitik wurde aufgezeigt, wie sich mit Beginn der Neuzeit ab dem 16. Jahrhundert praktisch, theoretisch begründet dann vor allem im 18. Jahrhundert, das Gegenüber von privater Gesellschaft und öffentlichem Staat entwickelt hat. Der Staat entsteht, so im Konstrukt etwa von *Thomas Hobbes,* durch Vertrag zwischen den Bürgern (von Bürgerinnen war da noch nicht die Rede). Ziel dieses Konstruktes ist die Sicherung privater Geschäfte nach außen durch Verteidigung der Hoheit über das eigene Territorium und nach innen – durch Schaffung der notwendigen Regelungen für den bürgerlichen Umgang untereinander. Die Bürger verzichten auf das zuvor geübte Recht, die eigenen Interessen notfalls mit Gewalt durchzusetzen, sie übertragen dieses Recht vielmehr auf den Staat. Der Staat ist zunächst *Machtstaat* – nach innen und nach außen. (Hobbes 1966)

Die Funktionsbeschreibung des Staates, bei Hobbes noch sehr pauschal ausgeführt, differenziert sich in der zeitlichen Abfolge aus: Der Staat setzt den rechtlichen Rahmen dafür, dass die Bürger sich zivilisieren. An die Stelle des Feudalrechts tritt das *Bürgerliche Recht,* zuerst in Frankreich ab 1805 im *Code civil.* Dem ordnet sich auch die Gerichtsbarkeit zu, beides auf der Grundlage, dass der Staat dieses Recht dann, wenn die Bürger und zunehmend auch Bürgerinnen sich Gesetz und Recht nicht unterordnen, notfalls durch das alleine ihm zustehende Gewaltmonopol durchsetzen kann. Dieses setzt die Berechtigung zur Anwendung unmittelbarer Gewalt voraus, doch wird auch diese an Gesetz und Recht gebunden.

Das Marktgeschehen, das in der Theorie bei *Adam Smith* (1723–1790) die bürgerlichen Interessen gleichsam über eine „invisible hand" ausgleicht (Smith 1923/1973, IV. Buch, S. 235) schafft Ungleichheit, Gewinner und Verlierer. Dieses betrifft einzelne Unternehmungen, Branchen aber auch ganze Volkswirtschaften und tangiert damit gesellschaftliche Interessen. Es formieren sich deshalb teils aus den Kreisen der Kommerz betreibenden Bürger*innen, teils aus größeren Wirtschaftsverbänden, teils aus der Gesellschaft oder teils aus staatlichen Kreisen selbst Forderungen heraus nach staatlicher Intervention in aktuelle Wirtschaftsprozesse. So übernahm es der Staat im Zuge des *Merkantilismus* selbst, Produktionsstätten aus nationalen Interessen heraus aufzubauen. Dann schützten sich Staaten gegen die wirtschaftliche Konkurrenz anderer Staaten etwa durch Zölle. Frankreich unter *Napoleon* (1769–1821) verhängte ein Importverbot für englische Waren, zunächst nur für Frankreich, dann für den gesamten von ihm besetzten Kontinent (*Kontinentalsperre,* 1806–1813). Mit dem ersten Schutzgesetz gegen *Kinderarbeit* in Preußen aus dem Jahr 1839 relativierte der preußische Staat vom Grundsatz her das damals noch sehr freie Direktionsrecht der Unternehmerschaft. Vordergründig zu Gunsten von Kinderrechten eingeführt, lag die eigentliche Absicht aber in politischen und gesellschaftlichen Gründen (gesunder Nachwuchs für das Militär und Durchsetzung aufklärerischen Denkens in der Gesellschaft; vgl. Abschn. 2.2.3). Doch zunehmend kommen über die Armenpflege hinaus auch andere soziale Ziele ins Blickfeld und verlangen nach staatlicher Regelung.

Damit sind drei Funktionen staatlichen Handelns umschrieben: Der Staat verkörpert Macht nach innen und nach außen, er sichert Recht und er interveniert aus unterschiedlichen Gründen in gesellschaftliche Prozesse und Strukturen. Dabei kommt es zu *Zielkonflikten,* einmal zwischen Bürger*innen und dem Staat, zum anderen zwischen Politik und Ökonomie, die der politischen und sozialen Bearbeitung bedürfen. Es geht um Abgrenzungen: Wieweit geht das staatliche Recht auf Rechtsetzung und gibt es einen staatsfreien Rechtsraum, den die Bürger*in ausfüllt? Es geht um *liberale Rechte,* um die im 18. Jahrhundert an verschiedenen Stellen kodifizierten Menschenrechte als sog. negatorische Grundrechte, die unaufgebbar sind, wie es in der Unabhängigkeitserklärung der nordamerikanischen Staaten, der *Declarion of Independance,* von 1776 heißt (https:// www.britannica.com/topic/Declaration-of-Independence/Text-of-the-Declaration-of-Independence). Doch wer fasst Recht, wer entscheidet über die Art und Weise staatlicher Intervention? Es entsteht die Forderung nach *demokratischer* Teilhabe, nach Wahlen, nach Kontrolle staatlichen Handelns durch das Volk insgesamt. Und es geht um die Maximen sozialer Teilhabe, sei es im Geschäfts- und Arbeitsleben, sei es in den Bereichen, die nicht unmittelbar von Geschäft und Erwerbsarbeit geprägt sind. *Liberale Rechte* schließen direkte staatliche Intervention aus, *soziale Grundrechte* dagegen fordern sie geradezu ein. Sie setzen Grenzen für soziale Ungleichheit und soziale Ausgrenzung.

Damit entsteht ein komplexes Verhältnis zwischen Staat und Gesellschaft, zwischen Allgemeinheit und den einzelnen Bürger*innen. *Thomas Marshall* (1893–1981) begründet die innere Struktur, Abfolge und Neubestimmung dieser Grundnormen am Beispiel Großbritanniens. Er ordnet dem 18. Jahrhundert die Durchsetzung *liberaler/ziviler Grundrechte,* dem 19. Jahrhundert die Verankerung *politisch-demokratischer Grundrechte* und dem 20. Jahrhundert die Festschreibung *sozialer Grundrechte* zu. (Marshall 1992) Zwar gibt es für Deutschland eine derartig zeitlich klare Abfolge nicht, hier verläuft die Entwicklung verschlungener. Gleichwohl macht es auch hier Sinn, den Weg von den liberalen, negatorischen Grundrechten über die demokratische Partizipation schließlich zur Formulierung und auch teilweisen Umsetzung sozialer Grundrechte aufzuzeigen. Es ist vor allem das 20. Jahrhundert, in dem all diese Rechte zum Durchbruch gekommen sind, wobei im 19. Jahrhundert Grundlegungen dafür geschaffen wurden. (vgl. Voigt Hrsg. 2020; Huster 2020).

Es ist wichtig, immer wieder den eigentlichen Kern der Grund- und Menschenrechte hervorzuheben, nämlich *Freiheit* in ihrer komplexen Ausgestaltung als Grundnorm von Gesellschaft. Die Forderungen nach „Liberté – Egalité – Fraternité" waren das Fanal der bürgerlichen Revolution. Diese zielte auf eine freiheitliche Entwicklung nicht nur, aber auch im wirtschaftlichen Bereich durch Partizipation an politischen Entscheidungsprozessen und an der nationalen Wohlstandsmehrung. Die Grund- und Freiheitsrechte in ihrer liberalen, demokratischen und sozialen Konkretisierung stellen deshalb in der westlich geprägten Gedankenwelt zentrale, unaufgebbare Prinzipien sozialer Integration in einer Gesellschaft und in neuen supranationalen Gebilden dar. Doch zugleich bestehen zwischen liberalen, politischen und sozialen Grundrechten Spannungen, die sich zwar vermitteln, aber nicht lösen lassen, es sei denn durch Hegemonie des einen um den Preis des Ruins des anderen Rechts.

Dieses spiegelt sich auch konkret auf der gesellschaftlichen Ebene im Widerstreit von privatwirtschaftlichen Interessen – wirtschaftsliberalen Grundgedanken folgend – und der Forderung nach sozialer Teilhabe auch derjenigen wider, die ohne Besitz an unternehmerischem Kapital nur ihre Arbeitskraft besitzen. Die sich von dem Besitzbürgertum absetzende neue soziale Schicht, die bei *Georg Wilhelm Friedrich Hegel* (1770–1831) noch unter dem Begriff „Pöbel" gefasst wird (Hegel 1970 Bd. 7, § 245, S. 391), also die wachsende soziale Schicht der abhängig Beschäftigten, drängt auf soziale Partizipation, sie formuliert ihre Forderungen auf Teilhabe an den Staat. Politik kommt damit zunehmend die Aufgabe zu, Stellung im Konflikt zwischen Erwerbsinteresse bzw. Vermehrung des eingesetzten Kapitals (Kapitalakkumulation) und sozialer Teilhabe zu beziehen sowie eigene Antworten auf die widerstreitenden sozialen Interessen zu finden. Politik wird dadurch Teil der sozialen Auseinandersetzungen um die Konkretisierung letztlich liberaler, demokratischer und sozialer Rechte.

In Theorie und Praxis gibt es hierzu eine Vielzahl von Antworten. Diese ordnen sich zugleich der Wirksamkeit bzw. Tragweite von Grundrechten zu: Geht es mehr um die Stärkung der je individuellen Stellung in der Gesellschaft? Geht es um Sicherung von Beteiligung an politischen Entscheidungsprozessen? Oder geht es um die Ausgestaltung sozialer Teilhabe – für wen und durch wen? Diese drei Ebenen stehen in einem wechselseitigen Verhältnis, bedingen einander bzw. erfordern Absetzungen voneinander.

Im weiteren Verlauf werden systematisch und nicht zeitlich chronologisch zunächst Positionen dargestellt, die den Blick auf den gesamtgesellschaftlichen sozialen Konflikt zwischen Kapital und Lohnarbeit lenken, also zwischen Vermehrung des eingesetzten Kapitals und den Lebensbedingungen der abhängig Beschäftigten. Im Abschn. 6.2.1.1 geht es um die direkte Begründung des Vorrangs wirtschaftsliberaler Positionen *(v. Hayek, Nozick)* bzw. in Abschn. 6.2.1.2 in einer Variante durch Negierung von autonomen Interessen letztlich diesen wirtschaftlichen Interessen einen Vorrang einzuräumen *(Luhmann)*. Dem werden in Abschn. 6.2.1.3 Positionen entgegengesetzt, die auf eine autonome Interessenvertretung der abhängig Beschäftigten setzen *(Neusüß, Hirsch)*. Und schließlich werden im nachfolgenden Abschn. 6.2.2 aus heutiger Sicht klassische Begründungen sozialer Integration im Sozialstaat vorgestellt *(Weber, Heller, Dahrendorf)*.

Staat und damit auch Sozialstaat stellte und stellt zunächst und vor allem eine geografisch begrenzte Einheit dar. Doch diese Grenzen werden durch Europäisierung und Globalisierung wenn schon nicht aufgehoben, so doch in ihrer Bedeutung relativiert. Der Sozialstaat wird gleichsam entgrenzt (vgl. Abschn. 6.3). Es werden neue Formen der Vermittlung zwischen nunmehr supranational bestimmten privatwirtschaftlichen Interessen bzw. Prozessen und sozialer Integration gesucht (etwa Diskussion unterschiedlicher Sozialstaatsmodelle bei *Esping-Andersen* in Abschn. 6.3.1), der Einsatz neuer Vermittlungsformen wie der Offenen Methode der Koordination (vgl. Abschn. 6.3.2) und unterschiedliche Ansätze zur Stärkung des zivilgesellschaftlichen Engagements *(Putnam)*. Die derzeit viel diskutierten verschiedenen Varianten des *Governance-Konstruktes* nehmen Gedanken von einer umfassenden politischen und sozialen

Partizipation aller Träger von Interessen (Stakeholder) in den Blick (vgl. Abschn. 6.3.3). Und schließlich suchen neuere theoretische Ansätze nach umfassenden Integrationsmöglichkeiten, dabei teilweise auf Elemente der klassischen Theorie zurückgreifend, teils über diese im Kontext internationaler Verflechtungen hinausgehend, wie in Abschn. 6.4 dargestellt *(Giddens, Sen, Nußbaum)*.

Um eine Diskussion über Strukturelemente und Grenzen des Sozialstaates geht es nicht erst mit dessen sozialräumlicher Entgrenzung, wie Abschn. 6.5 zeigt. Die Entwicklung des Sozialstaates ist durchgängig begleitet von der Frage nach Ausgestaltung und Grenzsetzung. Dabei geht es nicht nur um eine Begrenzung von Belastungen der Wirtschaft durch den Sozialstaat, sondern auch um Grenzlinien, die sich aus der Logik des Sozialstaates heraus im Interesse von sozialer Inklusion ergeben. Denn soziale Inklusion setzt soziale Rechte voraus, die den Wirkungskreis und damit auch den Ausschluss von nicht erfassten Personen bzw. Personengruppen bestimmen. Sozialstaat ist Staat, dieser erfordert Grenzen. Aber (Sozial-)Staat ist zugleich ein realer oder zumindest gedachter Gesellschaftsvertrag mit der Zielsetzung, Frieden zu schaffen – „nach innen und nach außen", so abschließend Abschn. 6.6.

6.2   Interessenantagonismen im Sozialstaat

Ökonomische Krisenerfahrungen führen in der politischen Theorie immer wieder zu umfangreichen Diskussionen über die Legitimationsgrundlagen des politischen Systems. (Habermas 1973) Mit den sozialen Folgen von Strukturkrisen, insbesondere der Massenarbeitslosigkeit, den Einschränkungen im Sozialbereich, den immer stärker in den Vordergrund tretenden Problemen bei der Friedenssicherung und des Erhalts der natürlichen Lebensgrundlagen, spitzt sich die Frage zu, ob denn überhaupt noch bzw. wie der jeweilige Staat in der Lage bzw. befugt sei, den sozial erwirtschafteten Reichtum entsprechend den historisch herausgebildeten Wertvorstellungen von *Leistungsgerechtigkeit, solidarischem Ausgleich* und *vorleistungsfreien, subsidiären Hilfen* über Sozialpolitik zu verteilen (vgl. Abschn. 2.2.3–2.2.5).

6.2.1   Positionen gegen den Sozialstaat

In zeitlicher Abfolge haben sich zwei entgegengesetzte Grundpositionen herausgebildet, jeweils auf älteren theoretischen Vorarbeiten aufbauend. So betonen ver-

schiedene Varianten wirtschaftsliberaler Ansätze immer stärker den Vorrang der
Angebotsbedingungen des Kapitals vor den sozialen Interessen der Arbeitskraft.
Eine Variante verzichtet zwar vordergründig auf die konkrete Parteinahme für die
(private) Wirtschaft, will aber das Wirtschaftssystem insgesamt vor einer Infragestellung durch demokratisch legitimierte Interessen nach sozialem Ausgleich
schützen. Als Gegenpol dazu sucht eine deutlich weniger lautstarke Position in
der Tradition der marxistischen Theorie stehend nach Durchsetzungsstrategien
autonomer Interessensvertretungen der abhängig Beschäftigten und damit nach
einer Stärkung der Arbeitskraft im sozialen und politischen Leben.

6.2.1.1 Das radikal wirtschaftsliberale Dogma: Soziale Ungleichheit als Movens wirtschaftlichen Wachstums

Schon im Verlauf der sog. *Großen Depression* in den entwickelten Industriestaaten in den 1870er und 1880er Jahren suchte die universitäre Wirtschafts-
wissenschaft nach Strategien, wie diese Krise überwunden werden könne.
Sie formulierte – im Rekurs auf die klassische Wirtschaftstheorie – eine *neoklassische* Variante, die auf Stärkung der Angebotsstrukturen im Marktgeschehen
zielte. Mit Ausbruch der *Weltwirtschaftskrise* Ende der 1920er Jahre erlebte diese
Schule einen enormen Aufschwung. Im Deutschland des Dritten Reiches, vor
allem aber im Exil entfalteten einzelne Wirtschaftstheoretiker Konzepte, wie denn
die vom Krieg zerstörte Volkswirtschaft wieder in Gang gesetzt werden könne.
Friedrich August von Hayek (1899–1992) steht dabei für jene Gruppe, die sich
eher für eine *theoretische* Angebotsreinheit interessierte, als dass sie ernsthaft
Schlussfolgerungen aus der demokratiezerstörenden neoklassischen *praktischen*
Politik am Ende der Weimarer Republik gezogen hätte.

Wiewohl Deutschland als Bestandteil der Europäischen Gemeinschaft ein
führender Repräsentant einer zunehmend europäisierten und in Teilbereichen
globalisierten Wirtschaft geworden ist, sind die zentralen Imperative *radikal
wirtschaftsliberaler Wirtschaftspolitik* zunächst außerhalb Deutschlands
akademisch und praktisch entwickelt worden. Für sie steht *Milton Friedman*
(1912–2006), ein Ökonomieprofessor aus Chicago, und die nach dem Ort seines
Wirkens benannte Schule *(Chicago school)*. Deutschland erlebte ebenfalls
eine *Hayek*-Renaissance. Zentrales Element dieses seit Mitte der 1970er Jahre
zunehmend und parallel zu den sichtbar werdenden Folgen von Europäisierung
und Globalisierung popularisierten Konzeptes ist, dass nur noch der Markt über
ökonomischen Gewinn und über Lebenschancen zu entscheiden hat und international und national alle Barrieren eines freien Handels aller Waren, Güter und
Dienstleistungen beseitigt werden sollen. Dieses findet auf betriebswirtschaft-
licher Ebene seinen Niederschlag in einer *Shareholder-value*-Logik, der zufolge

nur der Gewinn der Kapitalbesitzenden Kriterium für den Erfolg eines Unternehmens ist *(Eigenkapitalrendite)*, während Fragen einer gesellschaftlichen Verantwortung etwa für Ausbildungsplätze, für Standortpflege, für eine regionale Verbundenheit zurückstehen müssen. Auf volkswirtschaftlicher Ebene entspricht dem ein Verständnis von Ökonomie, das die Addition einzelbetrieblicher Logiken darstellt. Da nun allerdings mit der Beseitigung, zumindest dem Abbau von Handelshemmnissen im internationalen Maßstab nationale wirtschaftliche Steuerungsinstrumente selbst der großen Wirtschaftsnationen – von den Schwellenländern und den Ländern der sog. Dritten Welt ganz zu schweigen – weitgehend verpuffen, wird der Staat – analog zur frühliberalen Theorie etwa bei Hobbes – auf die Sicherung der inneren und äußeren Ordnung reduziert, zugleich soll er nur noch negatorisch in den Wirtschaftsprozess eingreifen, indem er all das beseitigt, was das Marktgeschehen beeinträchtigen könnte.

Es sei – so Hayek – ein Irrglaube, ähnlich dem an „Hexen und Gespenster", sich in einer spontan bildenden Ordnung, also dem Markt, etwas Bestimmtes unter „sozialer Gerechtigkeit" vorstellen zu können. Auf eine derartige Idee könne nur eine „Zwangsorganisation" kommen, wie sie der Sozialstaat darstelle. (v. Hayek 1981, S. 98; vgl. Niesen 2002, S. 77 ff.) Hayek sieht durchaus ein „Mindesteinkommen" vor, doch müsse dieses für Bedürftige, die ihren Lebensunterhalt nicht auf dem Markt verdienen könnten, vollständig außerhalb des Marktes angesiedelt sein: Gemeint sind damit also karitative Hilfeleistungen wie Suppenküchen und Kleiderkammern, getragen von zivilgesellschaftlichen Akteuren. Die Hilfen dürften keinesfalls für Personen zur Verfügung stehen, die am Markt eine Leistung anbieten, selbst wenn diese dort nicht nachgefragt werde. Er begründet diese Mindestsicherung für nicht mehr Arbeitsfähige als im Interesse jener liegend, „die Schutz gegen Verzweiflungsakte der Bedürftigen verlangen", also der marktstarken Bürger*innen. (v. Hayek 1991, S. 361)

Zur Logik des von *Robert Nozick* (1938–2002) ausformulierten Konzepts von einem *minimal state* gehört, dass das Movens von wirtschaftlichem Erfolg die Verstärkung sozialer Ungleichheit sei. Dieses Credo ist weder verizifierbar noch falsifizierbar. Damit schließt dieser Ansatz jegliche wissenschaftliche Korrektur aus und wird ideologisch. Dass es gerade Marktmechanismen waren, die geschichtlich auf staatliche Interventionen drängten, und dass Ungleichgewichte konstitutiv zum Markt gehören, schadet der ‚Schlankheit' dieses Staatsverständnisses offensichtlich ebenso wenig wie die Tatsache, dass es letztlich Menschen sind, die die negativen Seiten dieses Prozesses ertragen müssen. Dass Markt hier synonym für die *Klasseninteressen* der Besitzenden steht, sucht diese Argumentation nicht einmal zu verbergen: „Besteuerung von Arbeitseinkommen" sei „mit Zwangsarbeit gleichzusetzen", denn: „Alles, was aus gerechten Verhältnissen auf gerechte Weise entsteht, ist selbst gerecht." (Nozick 1976, S. 159 und 144)

Dieser ökonomische Ansatz entkleidet den Ökonomiebegriff all dessen, was ihn seit den Klassikern *Adam Smith, David Ricardo(1772–1823)* etc. zu einem *politischen* gemacht hat. Er sucht, den auf betriebswirtschaftliche Logik reduzierten Ökonomiebegriff dem der Politik überzuordnen und will diesen zur eigentlichen Legislative, Exekutive und wenn es sein muss auch Judikative machen. Indem solchermaßen Ökonomie Politik wird, löst sich auch Sozialpolitik als eigenständiger Gestaltungsfaktor auf. Dieses Konstrukt sucht das aufzuheben, was bürgerliche Herrschaft bislang konstituiert hat, nämlich den *Primat der Politik* gegenüber einer nur prinzipiell eigenständigen Ökonomie.

6.2.1.2 Negierung sozialer Interessen zur Sicherung des Status quo: Niklas Luhmann

Der Soziologe *Niklas Luhmann* (1927–1998) scheint einen Kontrapunkt zu allen bisherigen politischen Theorien zu setzen. Die von ihm entwickelte *Systemtheorie* spaltet soziale Komplexität in die Parallelität von unterschiedlichen Wirkungs-kreisen (Subsysteme) auf und spricht diesen jeweils eine Eigendynamik zu. Die Komplexität sozialer Zusammenhänge wird systemtheoretisch auf jeweilige Teil-segmente reduziert, was dann ein Agieren in den jeweiligen Subsystemen ermög-licht, ohne diese Komplexität im Blick haben zu müssen. Angesichts sich immer schwieriger gestaltender Lebenszusammenhänge hat dieser Ansatz gerade auch in der Sozialen Arbeit lange Zeit eine beachtliche Resonanz gefunden, schien sie doch deren Eigengewicht zu stärken. Gleichwohl wurden jeweils nur Teilseg-mente sozialer Wirklichkeit sichtbar, nämlich reine Verfahrenszusammenhänge, nicht aber deren interessebedingten sozialen Ursachen.

Luhmann sieht in den politischen Auseinandersetzungen und Zugriffen auf das „politische System" einen Widerstreit divergierender sozialer Interessen und Normen. Dieses habe in der Neuzeit mit der „Entwicklung zum Wohlfahrtsstaat" zu einer (Selbst-)Überforderung der Politik geführt:

> „Das Volk wird über Volksvertretungen politisch relevant. Mehr und mehr Aspekte des individuellen Lebens und besonders die zahllosen Betroffenheiten durch Folgen der industriellen Entwicklung lassen sich als Themen ins politische Leben ein-führen. Die Einstellung hierzu wird zum Differenzpunkt für politische Parteien, die sich seit dem Ende des 19. Jahrhunderts organisatorisch festigen. Sie wird in der Form von Grundrechten, Grundwerten, Grundwertprogrammen in den allgemein akzeptierten Kanon politischer Legitimation aufgenommen. Die Willkürproblematik verlagert sich damit auf das Anmelden von Ansprüchen, die um politische Relevanz konkurrieren, und auf das vorsichtige Abwägen, Ausbalancieren, Aufschieben oder

auch Abwehren solcher Ansprüche auf Besserstellung in Sachen ‚Qualität des Lebens'." Die Verbindung demokratischer Partizipation am staatlichen Handeln mit dem Anmelden von sozialen Ansprüchen schaffe „eine Art außerparlamentarischer Mitsprache der Arbeiterschaft bei der Zementierung und Verteilung aller Errungenschaften. Der Kapitalismus selbst wird wohlfahrtsstaatlich ‚korrumpiert', nicht zuletzt durch den (negativen) Zusammenhang von Wohlfahrt und Arbeitslosigkeit. Und vor allem entsteht erst jetzt mit der gesicherten Anerkennung des Wohlfahrtsstaates jener rekursive Prozeß, in dem der Wohlfahrtsstaat selbst die Zustände und Probleme erzeugt, auf die er reagiert." (Luhmann 1981, S. 14 f.)

Luhmann lehnt es ab, die geschichtliche Lage an Idealen oder Utopien – sprich Werten – zu orientieren. Der „politisch reaktivierte (…) Marxismus" (Ebenda S. 16) gehe nunmehr sogar so weit, die immer schon geübte Herrschaftskritik von der Politik auf die Ökonomie zu verlagern. Um diesem Ansinnen die Grundlage zu entziehen, negiert Luhmann hierarchische Über- und Unterordnung in seinem gesellschaftlichen System, er sieht nur funktionale Differenzierungen zwischen den einzelnen Subsystemen als gegeben an, die sich aus deren innerer Sachgesetzlichkeit ergeben. Doch obwohl Luhmann unterstellt, die von ihm als „modern" apostrophierte Gesellschaft sei „ohne Spitze und ohne Zentrum", setzt er mit dem so akzentuierten Gewaltmonopol beim „politischen System", sehr wohl eine zentrale Macht ein, die den Bedarf für „kollektivbindende Entscheidungen" sicherstellt. (Ebenda, S. 121 f.) Dabei verliere die bisherige – zu ergänzen: letztlich an sozialen Interessen ausgerichtete – Trennungslinie in der Politik etwa zwischen mehr sozialistisch oder mehr liberal völlig an Bedeutung. An die Stelle dieser Unterscheidung müsse eine andere treten, nämlich die zwischen einem „expansiven" und einem „restriktiven", eine Selbstüberforderung ausschließenden Politikverständnis. Luhmann führt als Maxime ein: „An die Stelle des Appells an den guten Willen träte die harte Pädagogik der Kausalität." (Ebenda, S. 155 f.)

Die Umsetzung der Folgen dieser „Kausalität" ist letztlich Sache der politischen Verwaltung. (Münch 2010, S. 227) Damit ordnet sich Niklas Luhmanns scheinbar interessenlose Systemtheorie einer stark interessenbesetzten Staatstheorie zu. Die Interessenträger*innen des jeweiligen Status quo erhalten bei Luhmann genau die Mittel bzw. mit der politischen Verwaltung die Akteure, um ihre gesellschaftliche Macht zu erhalten und dagegen gerichtete Ansprüche abzuwehren. Nutznießer dieser Politik ist das – kapitalistische – „ökonomische Subsystem", das gleichsam aus Sachgesetzlichkeit und deshalb ohne Bedarf an demokratischer Legitimation wirkt – und dafür auch nicht kritisiert werden darf.

Ex- und Inklusion ergibt sich in diesem System „hochkomplexer" Gesellschaften und deren gesteigerter „Kommunikationsleistungen" nicht aus gesellschaftlichen interessebedingten Verteilungsprozessen und -ergebnissen, sondern aus der In- bzw. Exklusion durch die einzelnen Funktionssysteme. Soziale Ungleichheit und Ausgrenzung werden damit „bis zur Unkenntlichkeit" neutralisiert. (Kronauer 2010, S. 133) Dieses alles summiert sich zu einem theoretischen Schutzwall gegen die Notwendigkeit einer Begründung sozialer Kompromisse in Gesellschaft und Staat. Die explizite Normlosigkeit ist also normativ – im Sinne des jeweiligen interessegetragenen Status quo, bei dem sozialstaatliches Handeln dem Primat der Ökonomie untergeordnet wird. Auch wenn die Systemtheorie eines Niklas Luhmann ca. 30 Jahre maßgeblich den gesellschaftspolitischen Diskurs in Deutschland mitbestimmte, konnte sie gleichwohl die Virulenz einer an Werten und Normen orientierten Sozialpolitik nur kurzzeitig irritieren, aber keinesfalls obsolet werden lassen.

6.2.1.3 Autonome Interessenwahrnehmung gegen „Sozialstaatsillusion"

Die insbesondere von Sozialdemokratie und Gewerkschaften vertretenen Vorstellungen einer evolutionären Verbesserung der Lage der abhängig Beschäftigten und einer allmählichen Demokratisierung der kapitalistischen Wirtschaftsordnung wurden im Zusammenhang mit der ersten größeren Nachkriegsrezession und der Studentenbewegung sowie verstärkt seit Mitte der 1970er Jahre zunehmend von kritischen, größtenteils auf *Karl Marx* und *Friedrich Engels* zurückgreifenden Theorieansätzen infrage gestellt. Der Vorstellung vom Staat als einem sozusagen souveränen Umverteiler des Sozialproduktes setzten etwa *Wolfgang Müller* und *Christel Neusüß* die These von einer nur „nachträgliche[n] und notdürftige[n] Kontrolle des Staates über die naturwüchsige Gestalt des gesellschaftlichen Produktionsprozesses" entgegen, die noch dazu „notwendig zur Erhaltung der Produktion von Mehrwert" sei. Die Vorstellung von einem soziale Gerechtigkeit herstellenden Sozialstaat sei infolgedessen „Illusion". Denn wenn umverteilt werde, so geschehe dies lediglich innerhalb der Klassen, in jedem Falle aber so, dass die Wachstumsbedingungen des Kapitals nicht infrage gestellt würden. (Müller und Neusüß 1970, S. 57 und 42) Des Weiteren wird dem „Reformismus" in der traditionellen Arbeiterbewegung vorgehalten, er habe das Element der Selbstorganisation denaturiert. „Solidarität" und „Selbsthilfe" – einst Kampfbegriffe gegen den Kapitalismus – seien inzwischen ihres systemkritischen Charakters beraubt und in den „Himmel der Institutionen" von Staat und Sozialversicherung abgeschoben worden. (Neusüß 1980, S. 100) Die Objektstellung großer Teile der Bevölkerung gegenüber den Interessen des Kapitals werde dadurch noch verschärft.

Diese Thesen werden im weiteren Verlauf der Diskussion ausdifferenziert. Dabei wird immer wieder auf die hohe Abhängigkeit sozialstaatlicher Einrichtungen vom Kapitalverwertungsprozess hingewiesen. Allerdings würden sich hierin zugleich jene Widersprüche zeigen, die zum Movens eines über Lernprozesse eingeübten „radikalen Reformismus" werden könnten, „als konsequente Durchsetzung von Selbstorganisation und autonomer Interessenwahrnehmung bei der praktischen Veränderung der Arbeits- und Lebensverhältnisse." (Hirsch 1980, S. 165)

Die diesen emanzipatorisch-konfliktorientierten Theorien zuzuordnenden Autor*innen verweisen immer wieder auf offensichtliche Defizite staatlicher Politik beim Umgang mit der zunehmenden sozialen Polarisierung in ihren Ländern. Sie fordern vom Staat Korrekturen an nationalen und internationalen Verteilungsprozessen und Strukturen. Infolgedessen richten diese Kritiker*innen der sozialen Verhältnisse ihre Appelle denn auch vor allem *gegen* bestehende staatliche und diese in Beschlag nehmende Kräfte aus Besitzbürgertum und international agierenden Wirtschaftsunternehmen. Auch vordem sich dem Reformlager zuordnende Parteien wie etwa die Sozialdemokratie geraten zunehmend in die Kritik, angesichts wachsender Polarisierung zwischen Armut und Reichtum eher Letzteren zu befördern, statt Ersterer entgegenzutreten. Nach Meinung einiger Theoretiker*innen ist in der Gesellschaft an die Stelle des alten Konflikts von Lohnarbeit und Kapital das Gegenüber zwischen jenen getreten, die an der kapitalistischen, europa- und teils weltweit agierenden Gesellschaft Anteil haben und jenen, die davon ausgegrenzt werden. Dieses soziale Potential der Marginalisierten bilde den Kern neuer sozialer Bewegungen und nehme politischethische Imperative der bürgerlichen und der proletarischen Emanzipationsbewegung wieder auf, die von ihren ehemaligen Träger*innen ganz oder weitgehend entwertet worden seien. (vgl. Bourdieu 1998; Gorz 1989; aktuell: Attac) Dieses Konstrukt – neue soziale Bewegungen und die Herausbildung von gesellschaftlicher Gegenmacht – zielt auf den *Primat einer sozialen Politik* gegenüber der privatwirtschaftlich organisierten Wirtschaft.

6.2.2 Befürworter*innen des Sozialstaates: Begründung des Integrationsgebots im Klassenstaat

In jedem Fall stellt sich zu Beginn des 21. Jahrhunderts jene Grundkonstellation wieder her, die bereits einhundert Jahre zuvor existiert hat. Denn *Eigenverantwortung* und *Solidarität* – neben *Subsidiarität* zentrale Grundnormen der Sozialpolitik und heute im Kontext zueinander stehend (vgl. Abschn. 2.2.3

bis 2.2.5) – ordnen sich geschichtlich betrachtet entgegengesetzten sozialen Interessenlagen zu: der des emanzipatorischen Bürgertums und der des sich organisierenden Proletariats. Die Gewissheit von *Karl Marx* und *Friedrich Engels:* „Ihr Untergang [der der Bourgeoisie, *d. Verf.*] und der Sieg des Proletariats sind gleich unvermeidlich!" am Ende des ersten Teils des 1848 formulierten *Kommunistischen Manifestes* (MEW 1974, Bd. 4, S. 474) ließ eine Lösung dieses Antagonismus nur in Gestalt seiner Aufhebung zu. Faktisch aber zeichneten sich parallel zu dieser Vorstellung unterschiedliche Formen sozialintegrativen Handelns ab, in der kirchlichen und bürgerlichen Armenfürsorge, beim Aufbau freiwilliger Hilfskassen und schließlich in der Bismarckschen Sozialversicherung, die letztlich zu einem breiten operativen Feld der reformorientierten Arbeiterbewegung in Deutschland wurde (vgl. Abschn. 2.2.4, 2.2.5 und vor allem 2.3). Diese sozialintegrativen Strategien führten bei Teilen der Arbeiterbewegung und des Bürgertums zu dem stets prekären Versuch, die Postulate der bürgerlichen Demokratie – Gewährung von Grund- und Menschenrechten, politischer Teilhabe und die Garantie von Rechtsstaatlichkeit – mit denen der sozialen Demokratie – soziale Mindestsicherung, gerechte Teilhabe am sozialen Wohlstand und Demokratisierung des Wirtschaftssektors – zu verbinden.

Parallel zur theoretischen Auseinandersetzung in der deutschen Arbeiterbewegung um eine ethisch begründete (soziale) Reformpolitik im Kapitalismus, damit zugleich über Notwendigkeit und Gefahren einer stärkeren Integration in die Wirklichkeit einer kapitalistisch geprägten Gesellschaft, suchen auch Theoretiker*innen nach politisch-ethischen Grundlagen für eine Integration widerstreitender Interessen in Staat und Gesellschaft. Mit Namen wie *Max Weber* (1864–1920), *Hermann Heller* (1891–1933), *Ralf Dahrendorf* (1929–2009) u. a.m. verbinden sich geschichtlich Positionen, die diesen Prozess der sozialen Integration theoretisch fassen wollen.

Max Weber: Suche nach einem Kompromiss im politischen Umbruch
Max Weber greift angesichts der revolutionären Entwicklung in Deutschland nach dem für das Deutsche Reich verlustreichen Ersten Weltkrieg zum einen das bei *John Locke* (1632–1704) entwickelte liberale Theorem auf, dass nämlich die in einem Staat Beherrschten den mit der Herrschaft Beauftragten und den zu beachtenden Gesetzen zustimmen müssen: „Ein gewisses Minimum an innerer Zustimmung mindestens der sozial gewichtigen Schichten der Beherrschten ist ja Vorbedingung einer jeden, auch der bestorganisierten, Herrschaft." (Weber 1988, S.339) In der Phase des klassischen Liberalismus sei dies auch kein Problem gewesen, bezog sich doch hier die Forderung auf die sozial homogene Klasse der Besitzbürger*innen. Im „modernen Staat" aber gebe es diese soziale Homogenität

nicht, sie könne erst auf dem Wege der sozialen Integration hergestellt werden. *Max Weber* beschreibt damit den Zustand zugespitzter Klassenauseinandersetzungen im Übergang vom Kaiserreich zur ersten deutschen Republik. Zugleich beschreibt er die Rahmenbedingungen demokratischer Politik: So geht er zum einen von der „Gebundenheit jeder Regierung an die Existenzbedingungen einer auf absehbare Zeit hinaus kapitalistischen Gesellschaft und Wirtschaft" aus. (Ebenda, S. 365 f.) Immer wieder fragt Weber, inwieweit die organisierte Arbeiterbewegung die in ihr wirksamen revolutionären Elemente zurückdrängen könne. Zum anderen aber plädiert er für einen Kompromiss zwischen Kapitalismus und Arbeiterbewegung in sozialen Fragen. Zwar werde man noch lange Zeit mit den privaten Unternehmern leben und auf ihre ökonomische Leistungsfähigkeit zurückgreifen müssen, wohl aber müsse und könne man ihren politischen Wirkungsgrad einschränken: „Man muss sie nur an der rechten Stelle verwenden, ihnen zwar die unvermeidlichen Prämien – des Profits – hinhalten, sie aber sich nicht über den Kopf wachsen lassen. *Nur* so ist – heute! – Fortschritt zur Sozialisierung möglich." (Ebenda, S. 460) Max Weber war Mitglied der sozial-liberalen Deutschen Demokratischen Partei (DDP). In Reden und Schriften beteiligten sich Max Weber und die DDP als Teil der sog. ‚*Weimarer Koalition*‘, bestehend aus SPD, Zentrum und DDP, aktiv an der Ausformulierung dieses sozialen und politischen Kompromisses im Verfassungswerk der Weimarer Republik. (vgl. Huster 2020)

Herrmann Heller: Integration der „ewig antagonistischen Einheit" im sozialen Rechtsstaat
Hermann Heller knüpft am Ende der Weimarer Republik an diese Gedanken an. Das Rechtsstaatsideal des Bürgertums sei – wie *Wilhelm von Humboldt* es im Übergang vom 18. zum 19. Jahrhundert formuliert hatte – die „Gewißheit der gesetzmäßigen Freiheit", also der liberale Rechtsstaat, gewesen. (ders. 1967, S. 118) Doch das beständig stärker gewordene Proletariat habe sich die Forderungen der bürgerlichen Demokratie „in Gestalt der sozialen Demokratie" zu eigen gemacht und eine Beteiligung an der rechtsstaatlichen Legislative erzwungen. Die solchermaßen im demokratischen Prozess veränderte „Volkslegislative" habe „den liberalen in einen sozialen Rechtsstaat überführt." Deshalb beginne das Bürgertum nun, am Rechtsstaatsideal überhaupt „zu verzweifeln". (Heller 1930, S. 7 ff.)

Angesichts der Gefahr eines zur Macht gelangenden *Faschismus* fordert Heller deshalb: „Soll die heutige, vornehmlich vom Bürgertum geschaffene Kultur und Zivilisation erhalten, geschweige denn erneuert werden, so muss unter allen Umständen der erreichte Grad der Berechenbarkeit der gesellschaftlichen

Beziehungen nicht nur bewahrt, sondern sogar noch erhöht werden." (Heller 1930, S. 24) Weil gerade Teile des Bürgertums bereit seien, den von Anfang an in der Weimarer Republik nur widerwillig hingenommenen Kompromiss mit der Arbeiterbewegung nun in der Weltwirtschaftskrise aufzukündigen, sieht Heller die vorrangige Aufgabe des Proletariats darin, immer wieder die soziale und politische Kraft zur Integration der widerstreitenden sozialen Interessen aufzubringen, da das Bürgertum aus sich heraus dazu nicht in der Lage und auch nicht willens sei. (Schluchter 1968, S. 172) In dieser „Massendemokratie des heutigen Großstaates" komme angesichts der sich zuspitzenden Klassengegensätze auf die Arbeiterbewegung die Aufgabe zu, das Gemeinwesen – eine „ewig antagonistische(.) Einheit" – zusammenzuhalten. Nur so könne der Faschismus abgewendet werden. Heller erhebt das Proletariat in der Krise der bürgerlichen Demokratie zu einem „staatsbildenden Faktor", während Marx es als *die* soziale Kraft verstand, die den Staat als Repressionsinstrument der Bourgeoisie abschaffen solle. (Heller 1929, S. 7, 8 und 11) Die Ausformulierung der Notwendigkeit eines sozialen Kompromisses zum Zwecke der Verteidigung letztlich auch der Errungenschaften der bürgerlichen Gesellschaft setzt auf rechtlich abgesicherte Teilhabe an den privatwirtschaftlich entstandenen Ressourcen – im *sozialen Rechtsstaat.* Dieser Begriff hat dann 1949 Eingang in das Grundgesetz der Bundesrepublik Deutschland gefunden.

Ralf Dahrendorf: Gesellschaft mit verlässlichem Fußboden und schützender Decke
Ralf Dahrendorf schließlich verbindet die Grundlegung der bürgerlichen Gesellschaft mit einem derartigen sozialen Kompromiss: „Deshalb verlangt die Durchsetzung der Bürgerrechte ein gewisses Maß dessen, was gerne Nivellierung genannt wird, nämlich einen verlässlichen ‚Fußboden' und eine schützende ‚Decke' für das Gehäuse sozialer Schichtung. Eine Politik zu diesem Ende ließe sich als liberale Sozialpolitik ohne große Mühe konzipieren. Sie bliebe eine liberale Politik, denn ihr eigentliches Ziel läge darin, den Raum zwischen Decke und Fußboden möglichst breit zu halten, damit die Vielfalt menschlicher Talente und Leistungen im Medium der distributiven Ungleichheit seinen Ausdruck finden kann." (Dahrendorf 1965, S. 96) Damit wird das Gebot der Integration erneuert, zugleich auf die gesamte Gesellschaft ausgeweitet. Zudem wird ein Spektrum für die soziale Teilhabe bzw. Verteilung aufgezeigt, denn der Abstand zwischen Decke und Fußboden wird nun zum interessebedingten Ort der Auseinandersetzung. Gleichviel: Bürgerrechte sind an eine existenzsichernde Mindestversorgung gebunden, die vor Ausgrenzung schützen soll, zugleich gibt es Grenzen nach oben, wie schon die frühliberale Theorie formulierte.

Gesellschaft benötigt soziale Differenzierung, aber auch soziale Kohäsion. Verteilungspolitik in beide Richtungen ist folglich legitim, und zwar ohne Exklusivitätsanspruch.

Wert-Setzungen im sozialen Kompromiss: Verwirklichung von Freiheit und Vernunft

Was Sozialstaatlichkeit quantitativ und qualitativ bedeuten *soll,* ist – so kann aus den hier angeführten Theorien von Weber, Heller und Dahrendorf geschlossen werden – normative Setzung. Diese ordnen sich zwar vorrangig in die liberale, vom frühen Bürgertum getragene Theorietradition ein, für die u. a. der Philosoph *Immanuel Kant* (1724–1804) steht. Dieser formulierte *vernunftgetragene* Normen *(kategorischer Imperativ),* nach denen sich der Einzelne und die Gesellschaft richten *sollen.* Diesen *Wert-*Setzungen liegt ein Menschenbild zugrunde, das den Menschen als vernunftbegabt und nach Freiheit strebend begreift. Kant geht es also darum, die Bedingungen zu klären, unter denen in der Gesellschaft menschliche *Vernunft* durchgesetzt und *Freiheit* verwirklicht werden könne. Im *Neukantianismus,* in verschiedenen Varianten in der 2. Hälfte des 19. Jahrhunderts entwickelt, werden aus diesen beiden zentralen Kategorien der bürgerlichen Emanzipationsbewegung – *Vernunft* und *Freiheit* – nun unterschiedliche *Sollens-*Vorstellungen formuliert, an dem sich dann das *Sein* der Gesellschaft messen lassen müsse. Damit setzte sich der Neukantianismus u. a. von Vorstellungen ab, die Gesellschaft entwickle sich von einem Urzustand hin zu einem Endziel, wie es die Geschichtsphilosophie eines Hegels und dann später die Theorie von Marx unterstellte. Es gebe, so der Neukantianismus gegen Hegel und erst recht Marx gerichtet, kein geschichtliches Ziel, wohl aber eine Vielzahl von sozialethischen Vorgaben, die zur Richtschnur auch von Politik werden können. Doch neben dieser Verankerung in der liberalen Tradition greifen Weber, Heller, Dahrendorf und andere Vertreter*innen dieser Theorietradition auch Überlegungen der sozialistischen Emanzipationsbewegung auf, wonach die Verwirklichung von Vernunft und Freiheit letztlich eines materiellen, sozialen Substrates bedarf.

Dabei unterliegen diese neukantianischen Konstrukte dem Risiko, ihrerseits kritisch hinterfragt zu werden, nämlich einmal, weil es schlicht eine beachtliche Vielfältigkeit von Sollens-Bestimmungen gibt und nicht eindeutig bestimmbar ist, welcher der Vorrang gebührt, und zum anderen, weil deren wie auch immer schlüssige Begründung keinesfalls schon dazu führt, dass sich die gesellschaftliche Wirklichkeit daran orientiert. Umgekehrt werden diese Begründungen nicht dadurch obsolet, dass sie nicht umstandslos Wirklichkeit werden können. Denn auch für sie gilt die Aussage des Soziologen und Volkswirtes *Werner Hofmann*

(1922–1969): „Und ohne die großen Ideen gibt es kein wirkliches Fortschreiten auch in der praktischen Welt." (Hofmann 1970, S. 275)

Der Kerngedanke, es bedürfe in einer klassengespaltenen Gesellschaft der sozialen Integration, charakterisiert also zahlreiche, von ihrem Anspruch und ihrer Wirkung her teils weiter, teils kürzer greifende theoretische Konstrukte, die sich im Spannungsfeld zwischen dem Verfolg partikularer, auch privatwirtschaftlicher Interessen und der Rahmensetzung durch Politik bewegen. Es gibt hier kein objektives Richtig oder Falsch, wenngleich mit den zentralen Werten der bürgerlichen Gesellschaft *Freiheit* und *Vernunft* bei all ihren sozialen Implikationen Grundprinzipien vorgegeben worden sind, die interessebedingte Verkürzungen dieses Spannungsfeldes zwischen *privatwirtschaftlicher Akkumulation* und *sozialer Integration* ideologiekritisch hinterfragbar machen.

6.3 Entgrenzung des Sozialraums

Der Raum sozialer Verteilungspolitik war bis in die 1990er Jahre hinein der – wie auch immer modifizierte – nationale Sozialstaat. Die vorstehend dargestellten theoretischen Bestimmungen im Verhältnis von Politik und Ökonomie beziehen sich auf die nationalstaatlichen Handlungsebenen. Mit Herstellung zunächst der Wirtschaftseinheit in der Europäischen Union und dann der Währungseinheit bei den EURO-Staaten, mit den Vertragswerken von Maastricht bis hin zum Lissabon-Vertrag der Europäischen Union, in Kraft getreten am 1. Dezember 2009, wird der Bezug auf den jeweiligen Nationalstaat aufgebrochen. Über die Europäische Union hinaus wirken weitere soziale und ökonomische Veränderungen innerhalb Europas und global auf die soziale Lage und die anstehenden Verteilungsprozesse sowie Ergebnisse (vgl. Abschn. 5.4 bis 5.6). Parallel zu diesen Entgrenzungsprozessen nach außen durch Europäisierung und Globalisierung nimmt die Binnendifferenzierung innerhalb der nationalen Sozialstaaten zu, etwa durch Dezentralisierung und Kommunalisierung. Damit stehen Sozialstaatlichkeit und Sozialpolitik mit ihrer Aufgabe, dem ihnen obliegenden Integrationsgebot unter Bedingungen *wirtschaftlicher und politischer Entgrenzung* Rechnung zu tragen, vor neuen Herausforderungen. Das deutsche vertikale und horizontale Mehrebenensystem (vgl. Abschn. 3.4) wird damit teils erweitert und teils infrage gestellt. Traditionelle nationale Politikansätze und der darin zum Ausdruck kommende soziale Interessensbezug werden zwar nicht obsolet, sie bedürfen aber einer Erweiterung in Richtung einer Abstimmung einmal zwischen unterschiedlichen nationalen Interessen und zum anderen zwischen dem sich historisch national herausgebildeten Verständnis dessen, was jeweils als sozial gerecht akzeptiert wird bzw. was leistungsgerecht, solidarisch, subsidiär in diesem erweiterten Sozialraum durch wen auf welcher Ebene abgesichert werden kann bzw. werden soll.

6.3.1 Ein erster Ansatzpunkt: Die Suche nach einem gemeinsamen Parameter in den divergierenden Sozialordnungen – der Grad an „Dekommodifizierung"

Die Kontroversen hierüber finden vor dem Hintergrund systematisch zu unterscheidender nationaler Sozialordnungen statt. Wie mit dieser Vielfalt an Sozialordnungen umgehen, sei es auf nationaler, sei es auf europäischer, sei es auf globaler Ebene? Im ersten Schritt geht es darum, Unterschiede und Gemeinsamkeiten vergleichend herauszuarbeiten. *Gøsta Esping-Andersen* (*1947) verfolgt die Frage, auf welch unterschiedliche Weise die einzelnen Mitgliedsstaaten bestehende soziale Problemlagen erkennen und bearbeiten bzw. was deren sozialpolitisches Handeln vergleichbar macht. Indirekt sucht er nach Handlungsspielräumen für eine gemeinsame Sozialpolitik in der Europäischen Union bzw. für mögliche Übergänge.

Er fasst im Jahr 1990 westliche Industrieländer in einer viel beachteten Studie in drei *Wohlfahrtsstaatstypen* zusammen, die er danach unterscheidet, inwieweit die jeweiligen sozialpolitischen Leistungen den Einzelnen vom Marktgeschehen mehr oder weniger unabhängig machen *(Dekommodifizierung)*. Er fasst diese drei Typen in die Begriffe als *sozialdemokratisch* (auch als solidarisch zu übersetzen), *korporativ* (oft auch als konservativ bezeichnet) sowie *liberal*. Auf die südwest-europäischen sowie die mittel- und osteuropäischen Staaten geht er damals zunächst nicht näher ein. Auch in diesen schlagen sich – nach dem Ende der Sowjetunion und dem Fall des Eisernen Vorhangs – die obigen Idealtypen jedoch mehr oder minder nieder und können die einzelnen Regelungen den drei Wertorientierungen zugeordnet werden. (Esping-Andersen 1990; vgl. Heinze et al. 1999, S. 103)

Im *liberalen Sozialstaat* (etwa in Großbritannien) kommt eine grundsätzliche Skepsis gegenüber kollektiven Setzungen zum Tragen, sodass sich dieser vor allem auf bedarfsgeprüfte *Mindestsicherung*sleistungen der *Fürsorge* oder in einer universalistischen *Sozialversicherung* mit einheitlich niedrigen Beiträgen

und Leistungen *(Beveridge-*System)[1] beschränkt. Damit verbleibt eine hohe
Abhängigkeit vom Marktgeschehen.

Die Legitimität und der Schutz tradierter hierarchischer sozialer Gemeinschaften und Ordnungen *(Familie, Stände, Volk)* stehen im Zentrum der etwa in
Deutschland vorherrschenden *konservativen* (korporativen) sozialstaatlichen
Orientierung. In der Frage der Verteilung des gesellschaftlichen Reichtums setzt
diese Sozialstaatskonzeption erklärtermaßen nicht auf *intersoziale Umverteilung,*
sondern betont die *Unterhaltspflicht* Familienangehöriger und die *Vorsorgepflicht*
der abhängig Beschäftigten in Sozialkassen *(Sozialversicherung)* in äquivalenter
Ausgestaltung der Beitrags-Leistungs-Beziehung. So die Transfereinkommen und
Eigenmittel zu einem Leben unterhalb des Existenzminimums führen würden,
setzen *Mindestsicherungsleistungen* (Sozialhilfe, Grundsicherung) ein. Im
konservativen Wohlfahrtsstaat ist also eine Fortschreibung der Statushierarchie
im Erwerbsleben in die parastaatliche soziale Sicherung angelegt, die überdies in
nach Berufsgruppen getrennten Sicherungssystemen verwirklicht wird. In diesem
System ist der Einzelne insbesondere bei ungebrochener Erwerbs- und Familien-
biografie zwar stärker vor den Unwägbarkeiten des Marktgeschehens geschützt
als im liberalen Sozialstaat, gleichwohl besteht insbesondere über die Dominanz
des Äquivalenzprinzips immer noch eine sehr hohe Bindung an den (Arbeits-)
Markt.

Der vor allem in skandinavischen Ländern verwirklichte *sozialdemokratische
Sozialstaat* stellt Gleichheit als Grundnorm in den Mittelpunkt. Er konkretisiert
sich in soziale Ungleichheit nivellierenden materiellen und immateriellen Teilhaberechten, eingelöst über den Sozialstaat und über das Beschäftigungssystem.
Sozialstaaten dieses Typs kennzeichnen Bemühungen um eine aktive und Einkommensungleichheit nivellierende *Vollbeschäftigungspolitik* zur Integration
ihrer Wohnbevölkerung. Dabei setzt dieser Typus in hohem Maße auch auf
öffentliche Beschäftigung. Dieses Modell kennzeichnet somit eine vergleichsweise hohe *Beschäftigungsquote* und niedrige *Sozialhilfeempfänger- und Armutsquoten* bei jedoch notwendigerweise hohen *Sozialleistungs- und Steuerquoten.*
Die Abhängigkeit vom Marktgeschehen wird hier zwar am stärksten abgefedert,
gleichwohl gibt es kein bedingungsloses Grundeinkommen, weshalb auch hier
die Integration in die Gesellschaft vor allem über die Integration in den Arbeitsmarkt vollzogen wird.

---

[1] Benannt nach Lord *William Beveridge* (1879–1963), der in den 1940er Jahren einen Plan
für die britische Sozialpolitik nach Kriegsende entwarf.

In den südeuropäischen wie auch in den mittel-osteuropäischen Mitgliedstaaten der EU bestehen teils noch starke Versorgungslücken, die etwa durch familiäre Strukturen aufgefangen werden müssen, gerade auch bei Arbeitslosigkeit. In ihnen kommen zugleich Elemente aller drei Grundtypen zum Tragen. Damit stehen einerseits nach wie vor unterschiedliche Sozialstaatsmodelle in Konkurrenz zueinander, andererseits aber stellen sich soziale Problemlagen nunmehr über den nationalen Rahmen hinaus in gleicher Weise. Diesem Spagat sucht Sozialpolitik stets lokal vor Ort, teils auf nationaler, aber teils auch auf supranationaler Ebene Rechnung zu tragen.

6.3.2 Der europäische Sozialraum: Die Europäische Union

Gibt es Möglichkeiten, über die Feststellung verschiedener Sozialordnungen hinaus – etwa auf europäischer Ebene – doch einen sozialpolitischen Konsens herbeizuführen? Sozialstaatlichkeit kann nur bei einem kalkulablen Verhältnis zwischen Leistungsanforderungen und materiellen Ressourcen zu deren Bewältigung existieren, ausgebaut und dann auch ggf. zurückgefahren werden. Hier bedarf es einer Grenzsetzung, die historisch mit den Nationalstaaten identisch gewesen ist, dieses aber nicht bleiben muss. Gibt es also auf europäischer Ebene Ansätze eines supranationalen Solidarverbundes? Es hat sich inzwischen ein in hohem Maße strukturierter europäischer Sozialraum entwickelt, der allerdings (noch) weit davon entfernt ist, ein *europäischer Sozialstaat* zu sein. So hat etwa die stufenweise Erweiterung der Europäischen Union gezeigt, dass die wirtschaftliche und soziale Verknüpfung höchst unterschiedlicher Volkswirtschaften und sozialer Sicherungssysteme mit großen Problemen behaftet ist. Die daran gebundenen sozialen und politischen Konflikte waren und sind antizipierbar. Umgekehrt ist eine gesamteuropäische soziale Dimension unverzichtbar.

Auf europäischer Ebene gibt es inzwischen zahlreiche Initiativen, einen Beitrag einmal zur Stärkung der „social cohesion" in den Mitgliedstaaten zu leisten, zum anderen, sich in besonderer Weise bestimmten Problemgruppen zuzuwenden. Da in zentralen sozialpolitischen Handlungsfeldern die Europäische Union kein Gesetzgebungsrecht hat (oder dieses bislang nicht genutzt hat), stehen ihr faktisch derzeit teils nur sog. *weiche* Steuerungsmittel zur Verfügung. Über die *Methode der offenen Koordination* sollen so Zielvereinbarungen zwischen den Mitgliedstaaten festgelegt und im Rahmen eines Benchmarking-Prozesses überprüft werden. Die Idee dabei ist, dass über ein *Agenda-Setting* hinaus gegenseitiges Lernen an best practice Erfahrungen *(mutual learning)* angestoßen wird. Dabei sucht die Methode die nach wie vor dominanten gouvernementalen Entscheidungs- und Umsetzungsstrukturen zwischen Unionsebene und Mitgliedstaaten zu ergänzen, indem sie auch nicht-gouvernementale, also zivilgesellschaftliche Akteure*innen in den politischen Prozess einzubinden sucht (vgl. ausführlich Abschn. 2.9.1).

6.3.3 Dezentralisierung und Partizipation: Verfahrensgrundsätze für mehr soziale Inklusion durch Stärkung der Zivilgesellschaft

Dieses Bemühen ordnet sich neuen Politikformen zu, die nach Wegen suchen, um alle an sozialen Prozessen Beteiligten zusammenzuführen und so neue Formen des sozialen Ausgleichs zu finden. Gesamtkonzepte sozialer Integration sind an ein Gemeinwesen gebunden, dessen Reformkräfte politisch-demokratisch in der Lage sind, entsprechende Konzepte auch umzusetzen. Doch die Grundlagen für derartige umfassende Konzepte sind angesichts ausdifferenzierter nationaler und internationaler Interessenkonstellationen immer weniger vorhanden. In der Zeit nach dem Fall des *Eisernen Vorhangs* zielen neuere theoretische Grundlegungen weniger auf ein Gesamtkonzept, sondern mehr auf *Prinzipien und Prozesse* zur Verwirklichung sozialer Integration. Sie setzen am Ausgangspunkt neuzeitlicher Ausdifferenzierung von Staat und Gesellschaft an, nämlich der Selbstvergewisserung der Bürger*innen, Träger von individuellen Grund- und Menschenrechten zu sein. Es werden Übergänge von den zunächst negatorischen liberalen Grundrechten zu sozialen Grundrechten angemahnt, also von der Begrenzung staatlichen Handelns hin zu notwendigen sozialpolitischen Interventionen, vermittelt über partizipative, demokratische Strukturen.

Mit Beginn der wirtschaftlichen Strukturkrise und dem Voranschreiten europäisierter bzw. globalisierter Kapitalkonzentration und -zentralisation seit Mitte der 1970er Jahre wurde eine Diskussion darüber entfacht, ob angesichts auseinander driftender moderner Industriegesellschaften einerseits und der zunehmenden Institutionalisierung von Sozialleistungen und sozialen Diensten andererseits ein wesentliches Element der bürgerlichen Gesellschaft verloren gegangen sei, nämlich das *persönliche Engagement* der Einzelnen. Deshalb haben sich seit den 1970er Jahren unterschiedliche Formen herausgebildet, wieder stärker im Zusammenwirken mit Gleichbetroffenen und/oder Gleichgesinnten Problemlagen selbst zu bearbeiten und eigene Interessen gegenüber der Politik zu vertreten. In zahlreichen Studien kann nachgewiesen werden, dass diese Ansätze unmittelbar zur Verbesserung der eigenen Lebenslage beitragen und darüberhinausgehend sogar geeignet sind, soziale Exklusion zu überwinden. (vgl. Zimmermann 2015) Entscheidend ist die Umkehr aus einer passiven Objekt-rolle in der Gesellschaft hin zur Gestaltung partizipartiver Teilhabe. Nach *Robert D. Putnam* (*1941) bildet sich über bürgerschaftliches Engagement „soziales Kapital" in einer Gesellschaft, das zugleich neue Formen einer Kultur des Ver-trauens schafft. Insofern stellt die Förderung bürgerschaftlichen Engagements ein wichtiges Instrument zur sozialen Integration in einer stark ausdifferenzierten Gesellschaft dar. (vgl. Putnam 2001; Vandamme 2018)

Dieses bürgerschaftliche Engagement wird zugleich Bestandteil des jeweiligen *welfare mix:* Soziale Dienstleistungen, Sach- wie Geldleistungen sollen ergänzt werden durch Hilfestellungen über soziales Engagement der Bürger*innen. Die Folgen sind ambivalent. Einerseits führt dieses Engagement tatsächlich dazu, dass soziale Probleme wieder mehr in der Breite der Gesellschaft wahrgenommen werden, es leistet also einen Beitrag zur *Repolitisierung,* zur Umkehr des von *Christel Neusüß* beschriebenen Prozesses der Institutionalisierung von Solidari-tät. Andererseits ist es aber auch geeignet, staatliche Stellen von entsprechenden Pflichtaufgaben zu entlasten, es leistet damit einen Beitrag zur *Entpolitisierung.* In jedem Fall ist bürgerschaftliches Engagement ein Frühwarnsystem für soziale Probleme und geeignet, Menschen aus ihrer Randständigkeit zu befreien. Es bleibt aber unklar, inwieweit sich innerhalb der Zivilgesellschaft neue soziale Bewegungen formieren, die à la longue nicht nur zu einer politischen bzw. gesellschaftlichen Aufwertung schwacher sozialer Interessen führen, sondern auch erneut den *Primat einer sozialen Politik* gegenüber einer privatwirtschaft-lich organisierten Wirtschaft durchsetzen können. Gleichzeitig besteht die Stärke zivilgesellschaftlicher Ansätze darin, sozial ausgegrenzte Personengruppen nicht nur materiell an der Gesellschaft durch Zuweisung teilhaben, sondern sie selbst viel stärker an den Entscheidungsstrukturen partizipieren zu lassen. Die Betroffenen bekommen die Möglichkeit, Selbstwirksamkeitserfahrungen zu machen. Teilhabe bzw. Partizipation heißt dann zugleich, Freiheit selbstbestimmt im Kontext sozialer Bezüge mitgestalten zu können, zumindest dazu eine Chance eröffnet zu bekommen.

Traditionelle sozialstaatliche Strukturen setzen auf das *Repräsentationsprinzip* in demokratisch legitimierten Parlamenten und auf administrative Umsetzung von Leistungsgesetzen, ggf. auch unter Heranziehung von sozialverbandlichen Institutionen. Diese hierarchische bzw. staatlich-administrative Vorgehensweise ist zwar verfassungsrechtlich abgesichert, verhindert aber andererseits das Nutz-barmachen von Synergieelementen zwischen staatlichen und nichtstaatlichen Handlungsträgern auf der horizontalen Ebene. Politikwissenschaftlich wird

deshalb verstärkt danach gefragt, wie man diese zivilen Synergien mit dem vorhandenen parlamentarisch-demokratischen System besser verzahnen kann.

Dem dienen verschiedene Konzepte des *Governance-Ansatzes,* die teils
beschreibend, teils normativ, teils praktisch ein „Management von Inter-
dependenzen, Netzwerken oder Verhandlungssystemen ohne Rückgriff auf
formale Entscheidungsstrukturen" begründen. (Benz et al. Hrsg. 2007, S. 15)
Dieses wird auch darauf zurückgeführt, dass seit dem Ende des 20. Jahrhunderts
die Handlungsspielräume des Nationalstaates in doppelter Weise eingeschränkt
worden sind:

> „Nach außen ist der Nationalstaat immer weniger fähig, allein Entscheidungen für
> die Bürger seines Territoriums zu treffen. Vielmehr werden Fragen der Wirtschafts-,
> Sozial- und Umweltpolitik, die bislang als überwiegend innenpolitische Angelegen-
> heiten galten, nun auch mit anderen Staaten, internationalen Organisationen oder
> privaten Akteuren auf globaler und europäischer Ebene abgestimmt. (…) Auch
> innerhalb des nationalen Territoriums wird die hierarchische Über- bzw. Unter-
> ordnung politischer Handlungsebenen zunehmend in Frage gestellt und nach
> Gestaltungspotentialen dezentraler Steuerungsarrangements gefragt, die von
> erweiterten Kompetenzen der Bundesländer über regionale Planungs- und Ent-
> wicklungsnetzwerke bis hin zu lokalen Formen von public-private partnerships
> reichen können." (Ebenda, S. 16)

Im Kern geht es um die Einbindung ziviler Akteure in den Beratungs- und
Umsetzungsprozess sozialpolitischer Handlungen. So wurden bzw. werden beispielsweise sog. *Runde Tische* eingerichtet, um alle Akteure bei der Lösung
anstehender Probleme zusammenzuführen. Über diese meist lokalen Ansätze
hinaus wird propagiert, Akteure unterschiedlicher Art etwa bei der Lösung von
Problemen auf dem Arbeitsmarkt, der Integration von Migrant*innen oder etwa
auch bei Fragen des Umweltschutzes zusammenzuführen.

Diese Vorgehensweise findet insbesondere dort starke Zustimmung, wo
es bislang keine oder nur unzureichende institutionalisierte Formen der Mitwirkung gibt, so insbesondere im internationalen Bereich. So bieten etwa neue
Arbeitsweisen in politischen Netzwerken auf EU-Ebene zwar zunehmend Raum
auch für professionelles Soziallobbying der Wohlfahrtsverbände, die zudem
eigene Europabüros etablieren. Aber darüber hinaus soll durch neue Formen der
Beteiligung *(new governance Ansätze)* die Zusammenarbeit mit und zwischen
den Akteuren der Zivilgesellschaft ermöglicht werden. Governance-Ansätze
suchen also – in all ihrer Vielfalt und Diversität – nach neuen partizipativen
Strategien, um politische Prozesse transparenter und beteiligungsoffener gestalten
zu können. Es geht um das Nutzbarmachen persönlicher Betroffenheit und der
Problemlösungsfähigkeit für eine Strategie sozialer Inklusion in der Gesellschaft.

6.4 Zwischen Freiheit und Solidarität in entgrenzten Sozialräumen: Aktuelle Ansätze sozialer Inklusion – Anthony Giddens, Amartya Sen und Martha Nußbaum

Parallel zu dieser Ausformulierung von vor allem Verfahrensgrundsätzen zur Gestaltung des Sozialen in entgrenzten Räumen sind auch in sich geschlossene neuere Konzepte für sozialpolitisches Handeln entwickelt und in den öffentlichen Diskurs eingebracht worden. Hierin werden grundsätzliche Positionen deutlich, die insgesamt an die oben dargestellten ‚klassischen' Theorien sozialer Integration im Sozialstaat anschließen, nun aber bezogen auf supranationale Problemlagen.

Anthony Giddens: Suche nach einem Dritten Weg
Im Spannungsfeld zwischen dem Zusammenbruch des sozialistischen Blocks in Osteuropa, Strukturproblemen der traditionellen Sozialdemokratie und den „neue[n] Risiken und Unsicherheiten", die der – so bezeichnete – „Neoliberalismus" erzeuge, sucht *Anthony Giddens* (*1938) mit seinem Konzept von einem „Dritten Weg" nach Antworten, wie sich ein nunmehr transnationaler Sozialraum gestalten lasse. Dazu bedürfe es wenigstens eines Konsenses zwischen den beteiligten Staaten darüber, welche Grundsätze dem sozialen Zusammenleben auf dem Hintergrund der nachfolgenden *fünf elementaren Dilemmata* zugrunde liegen sollten:

- die Globalisierung,
- die Individualisierung,
- die Bedeutungsverschiebung des politischen Links-Rechts-Schemas,
- Veränderungen politischer Handlungsebenen
- sowie den ökologischen Notwendigkeiten.

Dabei hält Giddens an der zentralen Bedeutung von sozialer Gerechtigkeit und der Gewährung von sozialem Ausgleich fest:

„Eine in hohem Maße ungleiche Gesellschaft schadet sich selbst, wenn sie die Talente und Fähigkeiten ihrer Bürger nicht bestmöglich nutzt. Überdies können Ungleichheiten den gesellschaftlichen Zusammenhalt gefährden und sozial unerwünschte Konsequenzen haben (etwa eine hohe Verbrechensrate)." Das übergreifende Ziel der Politik müsse es sein, „(...) den Bürgern dabei zu helfen, sich ihren Weg durch die großen Revolutionen unserer Zeit zu bahnen: die *Globalisierung*, die *Veränderung des persönlichen Lebens* und *unsere Beziehung zur*

Natur." Da heute „niemand mehr eine Alternative zum Kapitalismus zu bieten"
habe, plädiert Giddens für das Modell einer neuen gemischten Wirtschaft, die „einen
Synergieeffekt von öffentlichem und privatem Sektor erzielen" solle, „indem sie
die Dynamik des Marktes für das öffentliche Interesse nutzt. Dazu gehören, auf
transnationaler wie auf nationaler und lokaler Ebene, ein Gleichgewicht zwischen
Regulierung und Deregulierung und ein Gleichgewicht zwischen dem ökonomischen und dem nicht-ökonomischen Bereich der Gesellschaft." (Giddens 1999,
S. 55, 80 und 117)

Das Verhältnis zwischen Risiko und Sicherheit müsse verändert werden im Sinne
einer „verantwortungsbewussten Übernahme von Risiken". (Ebenda, S. 118)
Die Umverteilung selbst dürfe nicht von der Tagesordnung genommen werden,
doch müsse dabei eine „Umverteilung der Chancen" in den Vordergrund gerückt
werden. (Ebenda) Rechte könnten nicht ohne Verpflichtungen eingeräumt
werden, die Gewährung von Arbeitslosenunterstützung müsse beispielsweise an
die Verpflichtung zu aktiver Arbeitssuche gebunden werden.

Der von *Anthony Giddens* angestrebte Sozialstaat begreift sich ausdrücklich
als Beitrag zur Inklusion aller Bürger*innen, dabei der – freiwilligen – Exklusion
der Reichen ebenso entgegentretend wie der – unfreiwilligen – der Armen. Für
Letztere fordert er mehr als die traditionelle Hilfe, nämlich „gemeinschafts-
orientierte Initiativen" in Gestalt von Netzwerken gegenseitiger Unterstützung,
Selbsthilfe und Schaffung von sozialem Kapital, kurz: die Unterstützung bürgerschaftlichen Engagements in lokalen Aktivitäten. Auch über die Bekämpfung
von Armut hinaus gelte es, den Sozialstaat in dem Sinne umzubauen, dass an
die Stelle direkter Zahlungen stärker Investitionen in „menschliches Kapital"
treten sollten. Statt reaktive Wohlstandssicherung zu betreiben, gelte es „positive
Wohlfahrt" zu befördern, die von Begriffen wie Selbstbestimmung, aktive
Gesundheitsvorsorge, lebensbegleitende Bildung, Wohlergehen und (Eigen-)
Initiative geprägt sei. Der Aufbruch in dieses „globale Zeitalter" sei nur möglich, wenn sich die Nationen und die Demokratie kosmopolitisch ausrichteten,
sich die Kultur pluralisiere und sich neue Formen der *Governance* zwischen den
Staaten, in den Staaten und unter Einbeziehung der zunehmenden Zahl nichtstaat-
licher Organisationen – also der *Zivilgesellschaft* – mit zum Teil ebenfalls internationalen Verflechtungen ergäben. Dieses betreffe den Raum der Europäischen
Union, gehe aber darüber auch hinaus. (Ebenda, S. 118, 81, 129, 137 und 149).

Armatya Sen: „Verwirklichungschancen" für alle
Um eine Neujustierung sozialpolitischer Prinzipien und Prozesse geht es auch
Armatya Sen (*1933). Sinn des menschlichen Zusammenlebens ist nach *Amartya
Sen,* 1998 Nobelpreisträger für Ökonomie, die „Entwicklung als Freiheit". An die

liberale Gerechtigkeitstheorie von *John Rawls* (1921–2002) anschließend (Rawls 1979) geht es Sen um die Sicherstellung von *„Chancengerechtigkeit"* für alle in einer sich zunehmend globalisierenden Welt:

> „Entwicklung fordert, die Hauptursachen von Unfreiheit zu beseitigen: Armut wie auch Despotismus, fehlende wirtschaftliche Chancen wie auch systematischen Notstand, die Vernachlässigung öffentlicher Einrichtungen wie auch die Intoleranz oder die erstickende Kontrolle seitens autoritärer Staaten." (Sen 2005, S. 13)

Was Menschen positiv erreichen könnten, hängt nach Sen von guter Gesundheit, Schulbildung sowie der Förderung und Pflege von Initiativen ab. Freier wirtschaftlicher Austausch könne das Wirtschaftswachstum zwar kräftig ankurbeln, doch gebe es durchaus Bereiche, die der staatlichen Kontrolle bedürften. Er begreift Armut bzw. soziale Ungleichheit nicht vorrangig als ein Defizit an Markteinkommen, wenngleich dieser Umstand große Auswirkungen auf die Lebensführung habe. Armut bezeichne vielmehr einen *„Mangel an Verwirklichungschancen"*. (Ebenda, S. 32) Das Beispiel Arbeitslosigkeit zeige, dass die Folgen weit über die unmittelbaren Einkommenseinbußen hinausgingen und psychische Beeinträchtigungen, den Verlust an Arbeitsmotivation und Selbstvertrauen sowie zunehmende Somatisierungen und negative Rückwirkungen auf das Familienleben nach sich zögen: Soziale Ausgrenzung, ethnische Spannungen und eine ungleiche Behandlung der Geschlechter seien die Folge.

In der konkreten Umsetzung setzt hier bspw. das Konzept der Mikro-Kredite eines *Muhammad Yunus* (*1940) an. Durch kleine Geldbeträge soll in den Ländern der sog. Dritten Welt der bzw. die Einzelne in die Lage versetzt werden, sich eine eigene Existenz aufzubauen (etwa als Fladenbäcker*in, in der Produktion nützlicher (Klein-)Werkzeuge oder als Näher*in etc.).

Sen stellt die Effizienz des Marktes heraus, sieht aber – im Gegensatz zu *v. Hayek* und *Friedman* – auch kritische Elemente, die sich aus der Binnenstruktur der Märkte ergäben. Der Markt fände dort seine Begrenzung, wo es um öffentliche Güter gehe. Amartya Sen sieht eine neue Herausforderung, weltweite marktwirtschaftliche Strukturen und nationale wie internationale Politik so miteinander zu verknüpfen, dass dadurch auch die Verwirklichungschancen jedes bzw. jeder Einzelnen verbessert würden. Anders als bei v. Hayek und Friedmann wird hier der Freiheitsbegriff mit einem ausdifferenzierten Verständnis von Gerechtigkeit verbunden. Sen führt den *Diskurs über Chancengerechtigkeit* auf die globale Weltebene, doch bleibt offen, wie die von ihm selbst beschriebene Voraussetzung, nämlich wettbewerbsfreudige Märkte, angesichts der weltweiten marktbeherrschenden Strukturen einmal innerhalb der großen Wirtschaftszentren, zum anderen aber in den von außen wirtschaftlich dominierten Gebieten etwa der sog. Dritten Welt umgesetzt werden kann und soll.

Martha C. Nussbaum: Umfassendes Unterstützungssystem als Beitrag zu einem „gelingenden Leben"
Hier wird die Sozialphilosophin *Martha C. Nussbaum* (*1947) konkreter, auch wenn sie im Ansatz mit Sen übereinstimmt. Sie wendet sich ausdrücklich gegen ein schwach ausgebautes Wohlfahrtssystem und fordert stattdessen ein fest institutionalisiertes:

> „Das heißt, daß die Politik nicht einfach abwartet und schaut, wer zu den Zukurzgekommenen gehört und nur mit institutioneller Unterstützung zurechtkommt, und diesen Menschen dann aus ihrer mißlichen Lage heraushilft. Stattdessen besteht das Ziel darin, ein umfassendes Unterstützungssystem zu schaffen, das allen Bürgern ein ganzes Leben lang eine gute Lebensführung ermöglicht." Sodann konkretisiert Nußbaum: „Erforderlich sind ein umfassendes Gesundheitssystem, gesunde Luft und gesundes Wasser, Sicherheit für Leben und Besitz und der Schutz der Entscheidungsfreiheit der Bürger in Bezug auf wichtige Aspekte ihrer medizinischen Behandlung. Erforderlich sind ausreichende Ernährung und eine angemessene Unterkunft, und diese Dinge sind so zu gestalten, daß die Bürger ihre Ernährung und ihre Unterkunft nach ihrer eigenen praktischen Vernunft regeln können." (Nußbaum 1999, S. 62 und 65)

Unter Bezug auf den frühen Marx wendet sich Nussbaum ausdrücklich gegen menschenunwürdige Arbeitsbedingungen. Zugleich fordert sie, dass Güter und Einrichtungen vor allem für Erziehung und Bildung als Voraussetzung eines menschenangemessenen Lebens zur Verfügung gestellt werden. Sie strebt eine Synthese zwischen dem Befähigungskonzept von Amartya Sen und der aristotelischen Vorstellung von einem *„gelingenden Leben" an*. Abstrakt gesprochen will sie die eigenständige, individuelle Persönlichkeit und die Politik in einem Konzept des „Guten" zusammenführen. „Gutes" meint hier das, was die klassische Staatsethik mit dem lateinischen Begriff des *summum bonum* bezeichnet: die oberste Norm als anzustrebendes Staatsziel, denen andere Teilziele nachgeordnet werden.

Auch hier geht es nicht lediglich um die Überwindung von Armut, sondern um ein umfassendes Verständnis von *Partizipation,* von *sozialer Inklusion* – und zwar in allen Bereichen des Lebens. Dabei sollen Güter nicht bloß zugeteilt werden, Menschen sollen vielmehr befähigt werden, bestimmte menschliche Tätigkeiten selbst auszuüben. Staatliche Aufgabe sei es, „den Übergang von einer Fähigkeitsstufe zu einer anderen zu ermöglichen." (Ebenda S. 87).

Den Konzeptionen von Giddens über Sen bis zu Nussbaum ist gemein, dass sie nach sozialem Ausgleich suchen und – in unterschiedlicher Weise zwar, aber doch konsequent – Sozialstaatlichkeit an eine aktive Sozialpolitik binden, gleichzeitig aber – hier differierend – das Verhältnis zwischen Eigenverantwortung und Solidarität neu bestimmen. Es geht in diesen Konzepten um die Verwirklichung von Freiheit, um eine Freiheit, die der sozialen Gestaltung bedarf. Es bleiben aber Unklarheiten, wie denn dieses angesichts unterschiedlicher nationaler und internationaler Interessenkonstellationen verwirklicht werden kann und soll. Da aber auch auf europäischer und darüber hinaus auf der internationalen Ebene letztlich immer noch die Nationalstaaten die Träger von Souveränitätsrechten und damit die entscheidenden Akteure sind, werden in diesen hier vorgestellten Konzepten zugleich Imperative für nationale Politik im europäischen bzw. internationalen Kontext normativ formuliert. Insofern gehen sie über die Konzeptionen hinaus, die sich vor allem auf Verfahrensgrundsätze beziehen.

6.5 Strukturelemente und Grenzen sozialer Integration

In den vielfältigen und widersprüchliche Ziele verfolgenden Zuordnungen von Sozialpolitik und Sozialstaatlichkeit kommen sowohl Strukturelemente als auch Grenzen von Sozialpolitik und Sozialstaatlichkeit zum Tragen. Welches sind die konstitutiven Strukturelemente von Sozialpolitik und wo genau liegen die Grenzen von Sozialpolitik?

6.5.1 Strukturelemente sozialstaatlicher Integration

Aufgabe des Staates seit *Thomas Hobbes* ist es, den bürgerlichen Kommerz nach innen und nach außen zu schützen. Auch der Sozialstaat ist Staat, er ist bürgerlichem Kommerz sowohl nach als auch vorgeordnet. In diesem Prozess kann Sozialpolitik nicht beliebig verfahren, ohne zu riskieren, im Widerstreit von Forderung und Realisierbarkeit den eigenen Handlungsspielraum zu überschätzen bzw. den Anschein zu erwecken, letztlich autonom entscheiden zu können, wo externe Handlungsbarrieren bestehen. Aber schon die Gültigkeit liberaler Grundrechte setzte den Primat der Politik gegenüber der Ökonomie voraus, dieses gilt umso mehr für die Durchsetzung sozialer Grundrechte.

Erstes Strukturelement des Sozialstaates ist es also, den ihm zustehenden Primat zur Durchsetzung sozialer Grundrechte unter Beachtung privatwirtschaftlicher Interessen zu nutzen. Sozialpolitik ist, so konnte im historischen Teil gezeigt werden, auch in nichtdemokratischen Staaten möglich, aber Sozialstaatlichkeit ist an einen Rechtsstaat gebunden und geht mit diesem in den Worten *Hermann Hellers* eine unauflösbare Verbindung als *sozialer Rechtsstaat* ein.

In diesem Amalgam kommt das *zweite Strukturelement des Sozialstaates* zum Tragen, was ihn von sozialpolitischem Handeln in Unrechtsregimes strukturell unterscheidet. Demokratie als Herrschaft des Volkes zielt auf politische Rahmensetzung für gesellschaftliche Prozesse und Strukturen. Sozialpolitik stellt eine zentrale Interventionsform der demokratischen Politik in die Gesellschaft dar, wie sie umgekehrt durch gesellschaftliche Herausforderungen geprägt wird. Sozialpolitik ist also Teil eines sozial intervenierenden demokratischen Staates. Und diese Sozialpolitik bedeutet Zu-, Ver- und Umverteilung materieller und immaterieller Ressourcen. Doch damit tangiert sie wirtschaftliche Interessen – national und verstärkt auch international.

Drittes Strukturelement des Sozialstates ist demnach die Sicherstellung von sozialer Integration unter den Rahmenbedingungen einer sich immer stärker europäisch und darüber hinaus innerhalb der Weltwirtschaftsordnung organisierenden Kapitalakkumulation einschließlich daran gekoppelter ökonomischer und sozialer Krisenerscheinungen.

Eduard Heimanns (1889–1967) Qualifizierung von Sozialpolitik und Sozialstaatlichkeit als „konservativ-revolutionäres Doppelwesen" ist nach wie vor aktuell. Der Sozialstaat ist einerseits von der „Lebenslüge der bürgerlichen Demokratie" geprägt, mit der formalen Demokratie zugleich den gesamten Anspruch von Demokratie eingelöst und abgegolten zu haben. (Fritzsche 2000, S. 56) Andererseits hat *Carlo Schmid* als Vorsitzender des Grundsatzausschusses im Parlamentarischen Rat im Mai 1949 die Namensgebung „Bundesrepublik Deutschland" u. a. damit begründet, dass in diesem Namen „das demokratische und soziale Pathos der republikanischen Tradition" zum Ausdruck komme und man sich damit den „sozialen Konsequenzen [stelle, d. Verf.)], die sich aus den Postulaten der Demokratie" ergäben. (Parlamentarischer Rat 1949, Stenographischer Bericht Plenarsitzung vom 6. Mai 1949, S. 172; vgl. Abschn. 2.6.4) Der Sozialstaat ist folglich keinesfalls bloß „Sozialstaatsillusion", insofern und solange durch ihn sozialreformerisch ein substantieller Beitrag zur Sicherstellung der Lebensbedingungen breitester Bevölkerungskreise geleistet wird. Kontroversen um Sozialpolitik aktualisieren diese *Janusköpfigkeit von Sozialstaatlichkeit* stets von Neuem. Der Widerstreit um deren Konkretion stellt ein *viertes Strukturelement* von Sozialpolitik dar.

Die aktuelle Mehrebenen-Struktur etwa zwischen der Europäischen Union, den nationalen Staaten und deren Binnengliederung zerfasert das Verhältnis von Sozialstaatlichkeit und Wirtschaftsgeschehen in einem hohen Maße. Die nationalen Sozialstaaten geraten – hier der Situation am Ende der Weimarer Republik nicht unähnlich – in das Dilemma, einerseits soziale Folgeprobleme des wirtschaftlichen Strukturwandels, von Europäisierung und Globalisierung sozialpolitisch auffangen zu müssen, andererseits aber nicht auf die dazu notwendigen Ressourcen zurückgreifen zu können. Dieses ist die Folge einer weitgehend flexibilisierten und nationalstaatlich fast nicht mehr steuerbaren Finanzwirtschaft, die immer mehr nationalstaatlich aufzubringende Ausgleichzahlungen und andere finanzielle Risikoübernahmen notwendig macht. Die nationale sozialstaatliche Politik gerät – unabhängig von ihrer parteipolitischen Ausprägung – in mehr oder weniger große Legitimationszwänge, ohne dass sie dem etwas wirksam entgegenhalten könnte. Dieses ist ein *fünftes Strukturelement* von Sozialpolitik.

Der emphatisch von frühbürgerlichen Emanzipationsbewegungen gegen feudale Standeszuweisungen formulierte Anspruch auf *Eigenverantwortung* wird gegenwärtig immer wieder in Gestalt von Privatisierungs- und Deregulierungsforderungen umgedeutet als Instrument zur Festschreibung des Status quo sozialer Ausgrenzung bei einem offensichtlich zunehmenden Teil der nationalen wie der Weltgesellschaft. *Solidarität* wird stärker auf Teilsegmente der Gesellschaft konzentriert. (vgl. Hüther und Straubhaar 2009) Verbleibt das Prinzip der vorleistungsfreien Gerechtigkeit *(Subsidiarität)*. Selbst dieses steht unter dem Verdacht, letztlich die Eigeninitiative sozial Ausgegrenzter zu unterminieren. Der verstärkte Anspruch der Ökonomie auf politische Gestaltung der Gesellschaft leistet einer Refeudalisierung gesellschaftlicher Beziehungen Vorschub, in der Statusfestschreibungen wenn schon nicht gott-, so doch kapitalgewollt sind. Hier zeichnet sich ein *sechstes Strukturelement* von Sozialpolitik ab, nämlich das der Abstufung zwischen unterschiedlichen sozialen Hilfeformen und Empfänger*innengruppen.

6.5.2   Grenzen des Sozialstaats – ein Topos in der sozialen Auseinandersetzung

Soweit die Konstituentien von Sozialpolitik, wo aber liegen deren Grenzen? Es gehört zu den stets von neuem wieder belebten Topoi sozialpolitischer Diskussionen, dass der Sozialstaat an seine Grenzen gestoßen sei bzw. stoßen werde. Indem sich *Eugen Gerstenmaier* (1906–1986) zu einem Zeitpunkt, als die Druckerschwärze des soeben im Bundesgesetzblatt veröffentlichten

Rentengesetzes von 1957 kaum getrocknet war, auf dem CDU-Parteitag im selben Jahr vernehmen ließ, man stehe nun „auf der äußersten Grenze, die den Sozialstaat vom Wohlfahrtsstaat, vom haltlosen Gefälligkeitsstaat, ja vom Versorgungsstaat hochsozialistischer Prägung" unterscheide (Richter Hrsg. 1955 ff., G I 7, S. 27), stellte er sich in eine lange Tradition (vgl. Abschn. 2.6.8). Dieser historische Beleg – zu Beginn der sozialstaatlich ausgerichteten Politik in der Bundesrepublik Deutschland nach dem Zweiten Weltkrieg formuliert – knüpfte an Aussagen von Kritiker*innen der gerade vom Reichstag Ende der 1880er Jahre verabschiedeten Rentengesetzgebung ebenso nahtlos an (vgl. Abschn. 2.3.2; vgl. Stolleis 2001, S. 237 und 240), wie an die Kritik des damaligen Parteivorsitzenden der FDP, *Guido Westerwelle* (1961–2016) an einer Entscheidung des Bundesverfassungsgerichts im Jahr 2010 zur Angemessenheit bestehender Fürsorgeleistungen im Rahmen des Sozialgesetzbuches II (Mindestsicherung bei Arbeitslosigkeit) (vgl. Abschn. 2.9.3).

Diese sozialstaatskritische Sichtweise war zunächst und lange Zeit vor allem in besitzbürgerlichen und häufig auch eher konservativen kirchlichen Kreisen verbreitet, bei immer auch anzutreffenden Ausnahmen. Mit der Integration von Teilen der alten sozialen Bewegungen aus dem Bereich der Arbeiter*innen bzw. abhängig Beschäftigten oder auch der neuen, zunächst systemkritischen sozialen Bewegungen in parlamentarische und Regierungsverantwortung wurde und wird diese Argumentation auch von sozialen und politischen Kreisen übernommen, die vordem selbst Opfer derartiger Unterstellungen waren. Die Aussage des damaligen sozialdemokratischen Bundeskanzlers *Gerhard Schröder* in einem Interview aus dem Jahr 2002, es gebe kein „Recht auf Faulheit" und man müsse den Sozialstaat beschneiden, um ihn in seiner Substanz erhalten zu können, ist hier einzuordnen. (Schröder 2003, S. 2479 ff.)

Gleich ob aus besitzbürgerlicher Sicht oder aus eher reformorientierten Kreisen: Ökonomie erscheint als eine Blackbox, die aus sich heraus Wirtschaftswachstum generiert, ohne die auch eine umverteilende Sozialpolitik nicht möglich sei. Doch schon bei der Frage darüber, ob dieses Wachstum aus sich heraus entsteht oder staatlicher (Vor-)Leistungen (etwa: Investitionen in Infrastruktur, Bildung, das Gesundheitswesen u. a.m.) bedarf, gibt es interessebedingte Kritik am Sozialstaat. Sozialpolitik wird in diesen Kreisen vor allem als eine Belastung wirtschaftlichen Wachstums angesehen. Die Aufgabe staatlicher Politik müsse es vor allem sein, Unternehmen von Lohn(neben-)kosten und direkten Steuern zu befreien, um so die Angebotsseite auf den Märkten zu stärken. Auf der anderen Seite soll staatliche Sozialpolitik unternehmerische Entscheidungen und auch Fehlentscheidungen sowie Ergebnisse von Marktungleichgewichten – zumindest in einem gewissen Umfang – auffangen bzw. ihnen entgegensteuern (z. B. durch die Zahlung von Kurzarbeitergeld, Steigerung der volkswirtschaftlichen

Endnachfrage u. a.m.). Dieses geschieht teilweise mit mitunter schwindel-erregenden Ausgleichzahlungen – siehe die internationale Finanzkrise nach 2007, die krisenhaften Zuspitzungen um den Euro ab 2010 und die Abfederung des Lockdowns während der Corona-Pandemie ab 2020. Für all dieses gibt es gute Argumente, allerdings auch die Gegenfrage, warum derartige Interventionen dann nicht auch zugunsten jener erfolgen sollen, die direkt die Folgen derartigen Krisen oder auch nur Umbruchssituationen abbekommen bzw. auffangen müssen.

Man könnte mit diesen Feststellungen zu einer interessenanalytischen Ideo-logiekritik übergehen, wenn nicht auch aus dem sozialstaatlichen Konstrukt selbst heraus Hinweise auf eine notwendige Begrenzung von Sozialstaatlichkeit kämen. *Christoph Sachße* und *Florian Tennstedt* beispielsweise haben darauf hingewiesen, der Sozialstaat der Weimarer Republik sei auch deshalb zugrunde gegangen, weil er das Problem der „Grenzen des Wohlfahrtsstaates" verdrängt habe. Der Staat habe den Eindruck erweckt, durch Politisierung sozialer Problem-lagen könne er diese meistern, zog aber folglich bei Zielerreichungsdefiziten die Kritik auf sich und lenkte von deren wirklichen Ursachen ab. (Sachße und Tenn-stedt 1992, S. 16 f.)

Doch diese Grenzziehung bezieht sich heute nicht nur auf die Binnenstruktur des Sozialstaates. Derzeit beobachten wir immer mehr auch eine räumliche Entgrenzung von Sozialstaatlichkeit. Dabei steht das Konzept einer grenzen-losen Ökonomie und Globalisierung wirtschaftlicher Austauschprozesse ebenso vor einer immer rigideren Ausweitung wie zur Disposition. Die Entgrenzung der Ökonomie hat Wohlstandsmehrung, aber auch Wachstumsbedingungen geschaffen, die zunehmend externe soziale, finanzielle und ökologische Kosten verursachen, die mittelfristig selbst die zugrunde liegenden Wirtschafts-interessen in Frage stellen. So zeigt sich aktuell eine Weltwirtschaftsordnung weitgehend ohne wettbewerbsrechtliche, soziale und ökologische Regulierungen (vgl. Abschn. 5.5). Bedingung des Wettbewerbs zwischen den wirtschaftlich führenden Nationen, zu denen auch Deutschland und ein Teil der Mitgliedstaaten der Europäische Union gehören, ist es vielmehr, über den Abbau derartiger Regelungen die Wettbewerbsposition der eigenen Volkswirtschaft zu stärken. Der weltweit aufkeimende Nationalismus ist häufig die – ideologische – Reaktion auf die Aufgabe derartiger identitätsstiftender bzw. -erhaltender Subsysteme. Er schiebt der lokalen und regionalen, aber auch zunehmend nationalen Politik eine Verantwortlichkeit für soziale und ökonomische Ausgrenzungsprozesse zu, die jedoch in transnationalen Zusammenhängen gründen. Dabei sind es doch die Nationalstaaten vornehmlich der westlichen Hemisphäre selbst gewesen, die durch politische Entscheidungen weltweiten Freihandel und Globalisierung erst ermöglichten.

Es stellen sich folglich aus systematischen Gründen in zweierlei Richtung Fragen nach den *Grenzen des Sozialstaates,* einmal im Wechselverhältnis zur nationalen volkswirtschaftlichen Wertschöpfung, zum anderen in sozialräumlicher Hinsicht im Wechselverhältnis zu den internationalen Wirtschaftsverflechtungen. Doch zugleich gilt: Zwischen Integration und privatwirtschaftlicher Akkumulation – national und international – gibt es kein festlegbares bzw. einklagbares Zuviel bzw. Zuwenig, wohl aber gibt es politisch gesehen immer die Möglichkeit, den bereits erreichten Grad an Integration insgesamt bzw. von Teilgruppen von Neuem in Frage zu stellen oder aber zu erweitern. Letztlich bestimmen soziale Interessen und daraus abgeleitete Normen Ziel- und Umsetzung dieses Gestaltungsprozesses.

Soziale Integration setzt auf Solidarität. Diese setzt einerseits Interessenübereinstimmung bei gleichzeitiger Hinnahme von ungleichen Risikostrukturen in der Solidargemeinschaft voraus. Dieses kann freiwillig geschehen, etwa in den Anfängen der freiwilligen Hilfskassen der Arbeiterschaft im 19. Jahrhundert, dieses kann aber auch gesetzlich vorgeschrieben werden, wie seit der Bismarckschen Sozialversicherungspolitik. Solidarität leistet einen Ausgleich zwischen Risiken und materiellen Mitteln zu deren Bearbeitung. Dieses setzt ebenfalls Grenzen: Wer gehört dazu und wer nicht? Dieser Risikoausgleich kommt mit der sozialräumlichen Erweiterung sozialpolitischer Entscheidungen an Grenzen. Dieses zeigt sich etwa in der Europäischen Union augenscheinlich etwa bei dem Auffangen von sozialen Folgen während der zahlreichen Krisen in letzter Zeit. Sozialpolitik muss also selbst Grenzen setzen, will sie den Bogen der Solidarität nicht überspannen. Allerdings schaffen Grenzsetzungen wieder neue Probleme: „Der Mensch kann nicht im Globalen ohne Grenzen, aber auch nicht im Lokalen mit Mauern landen." (Bude 2019, S. 132) Zur Auflösung dieses Dilemmas fehlen bislang allerdings national, europa- und weltweit Konzepte, geschweige denn Umsetzungsschritte. (vgl. Huster 2022)

Die partielle oder allgemeine, temporäre oder längerfristige Infragestellung von Verteilungsstrukturen bzw. -ergebnissen auf der Grundlage nationaler und/ oder europäischer demokratischer Entscheidungsfindung hebt sich dezidiert ab von Integrations-Konzepten unter expliziter Aufgabe demokratischer Partizipation bzw. des in der bürgerlichen Gesellschaft „erreichte[n] Grad[es] der Berechenbarkeit der gesellschaftlichen Beziehungen" *(Hermann Heller),* wie dieses etwa im Faschismus der Fall war. Auch der Faschismus bzw. schon Teile des Konservativismus am Ende der Weimarer Republik wollten Integration, aber nur des „Homogenen" *(Carl Schmitt),* unter „Ausmerze" des „Inhomogenen" bis hin zu dessen physischer Vernichtung (vgl. Abschn. 2.5). Hier liegt eine *dritte Grenze des Sozialstaates:* Die aktuellen Auseinandersetzungen innerhalb der Staaten der Europäischen Union um Rechte von Minderheiten sowie die Zunahme nationalistischer oder gar sozialchauvinistischer Kräfte in einzelnen Ländern bis hin zu deren Regierungsbeteiligung sind weit mehr als nur ein Menetekel, das derzeit – noch – durch eine insgesamt florierende Kapitalverwertung in Grenzen gehalten wird.

6.6 Zusammenfassender Ausblick: Friedenspolitik – „Im Inneren und nach außen": Sozialpolitik im Sozialstaat

Sozialpolitik ist der materielle und prozesshafte Ausdruck der erreichten, der angestrebten, der abzuändernden Sozialstaatlichkeit. In ihr kommen die Konflikte im Spannungsfeld von privatwirtschaftlicher Kapitalvermehrung und sozialer Integration durch Umverteilung ebenso zum Tragen, wie die Einbeziehung bzw. Ausgrenzung externer Einflüsse im jeweiligen Sozialraum.

Doch was geschieht, wenn Sozialpolitik *Standortinteressen* weltweiter Kapitalstrategien in Frage stellt oder auch nur zu stellen droht? Dann sind vielfältige Verhaltensformen denkbar, die derzeit in nicht gefilterter Breite alltäglich national, europaweit und darüber hinaus zu beobachten sind, bis hin zu Infragestellungen demokratischer Strukturen. „Demokratie", so der erste Vorsitzende der SPD im Nachkriegsdeutschland, *Kurt Schumacher* (1895–1952), „ist eine Sache des guten Gedächtnisses." Geschichtlich betrachtet haben sich immer wieder von neuem soziale Problemlagen herausgebildet, auf die es Antworten zu finden galt. Diese sozialen Problemlagen waren Ergebnis komplexer Veränderungen: dem Übergang vom Feudalismus zur Neuzeit, dem von der vorindustriellen zur industriellen Wirtschaft, der Umstellung der Kriegs- zur Friedenswirtschaft in der Weimarer Republik, vom hybriden faschistischen Weltherrschaftsanspruch zur neuen europäischen Nachkriegsordnung, von der Industrie- zur Dienstleistungsgesellschaft, von der Nachkriegsordnung zu einer neuen Form staatlicher Einheit, vom kommunalen hin zu einem in Umrissen europäischen Sozialstaat. Löst die „tatsächliche Sozialpolitik die jeweils gravierendsten, dringendsten Probleme" und orientiert sie sich „am Grundsatz der Erzielung maximalen Nutzens, anders ausgedrückt am Grundsatz des Ausgleichs des gesellschaftlichen Grenznutzens sozialpolitischen Handelns", wie es *Heinz Lampert* formuliert (ders. 1980, S. 174)? Kann man dieses in eine evolutionäre Geschichtsbetrachtung verlängern, wonach „die Geschichte als ein schrittweiser Abbau von Defiziten" zu begreifen ist und sich die Fragestellung nicht darauf richtet, „warum etwas zu gegebener Zeit geschah, sondern warum es spät und unvollkommen geschah?" (Zöllner 1981, S. 172)

In geschichtlicher Perspektive von den Bettelordnungen der Reformations-
zeit bis zur dynamischen Rente und der derzeitigen Hochleistungsmedizin kann
ein erheblicher Fortschritt, das Lösen von sozialen Problemen und ein Beitrag
zur sozialen Integration nicht bestritten werden. Doch dieses ist nur die eine
Seite der geschichtlichen Betrachtung von Sozialpolitik, wenngleich eine sehr
wichtige. Sozialpolitik hat Ursachen, sie sucht Antworten, sie kann die Ursachen
beheben, ausgleichen, aber sie kann sie auch verschärfen. Sozialpolitik ist an
Interessen gebunden. Sie hat soziale und politische Träger. Diese stehen mitunter
konflikthaft zueinander, es geht um materielle und immaterielle Ressourcen. In
ihr kommen geschichtliche Konstellationen des Ausgleichs wie auch solche
krisenhafter Zuspitzung zum Tragen. Sozialpolitik steht im Wechselverhältnis
mit allgemeiner Teilhabe: Der kaiserliche Obrigkeitsstaat suchte diese sozial zu
gewähren bei gleichzeitiger Einschränkung politischer Teilhabe. Die Republik
von Weimar konnte politische Teilhabe sichern, war aber für eine soziale Teilhabe breiter Bevölkerungskreise wirtschaftlich zu schwach. Ihr fehlte von
Anfang an die ökonomische Fundierung ihrer demokratischen Strukturen. Die
zweite deutsche Republik versuchte beides zu leisten, demokratische Strukturen
und soziale Teilhabe auszubauen. Die Demokratiegründung in Westdeutschland
nach der Befreiung vom Nationalsozialismus war auch deutsches Ziel, vor allem
aber wurde sie von den Besatzungsmächten durchgesetzt. Nach ihrer *sozialen*
Gründung – hierfür stehen die sozialen Reformen der 1950er und 1960er Jahre
– konnte *Willy Brandt* (1913–1992) in seiner ersten Regierungserklärung als
Bundeskanzler am 28. Oktober 1969 mit einem gewissen Recht sagen, dass im
Jahr 1969 mit dem ersten auf Bundesebene vollzogenen Regierungswechsel die
von Deutschen *selbst* bestimmte Entscheidung für die Demokratie getroffen war.
Nicht umsonst fielen in dieser Zeitspanne auch die bis dahin gültigen alliierten
Vorbehaltsrechte weg – der Form, nicht der Sache nach. Sozialpolitik ist folglich
ein Instrument von Sozialstaatlichkeit und zugleich dessen Ergebnis.

Sozialpolitik bündelt Interessen im Sozialstaat, doch diese Interessen stehen in
einem wechselseitigen Verhältnis zu anderen Interessen. Diese Interessen haben
etwas Unbedingtes dann, wenn es um existentielle Fragen geht, aber auch etwas
Bedingtes, wenn es um den Abgleich mit denen anderer geht. Interessen stehen
unter dem Gebot der Vermittlung, sie bedürfen allerdings auch der Chance, sich
selbst vermitteln zu können. Unterbleibt letzteres, dann können sie auf Individuen
bezogen selbst zerstörerisch wirken, sie können sich aber auch nach außen
wenden und soziale Problemlagen in gesellschaftliche Konflikte verlängern.

Geschichtlich werden immer wieder *Grenzen des Sozialstaates* angemahnt:
sei es, dass Sozialpolitik verhindern müsse, dass die Lebensgrundlagen breiter
Bevölkerungskreise und die Bedingungen für ein friedliches Zusammenleben

im Inneren in Frage gestellt werden – so letztlich die Begründung schon bei *Bismarck* – sei es, dass durch Sozialpolitik die Bedingungen privatkapitalistischer Wirtschaft gefährdet werden, auch dieses als Argument schon bei Einführung der Sozialversicherung in den 1880er Jahren und als Topos über *Eugen Gerstenmaier* bis in aktuelle sozialpolitische Diskussionen. Aber eine absolute Grenze gibt es weder in die eine oder andere Richtung: Im Zweifelsfalle entscheidet der politische und/oder soziale Konflikt. *Sozialpolitik ist kein soziales oder politisches Harmoniekonzept.* Sie ist, da ist *Hermann Heller* zuzustimmen, notwendig, zugleich ein hartes Geschäft der sozialen Integration, bei dem nicht selten auch die eigenen Interessensgrundlagen und deren Basis möglicherweise aus dem Blick zu geraten drohen.

Aber, und auch das macht Hermann Hellers Formulierung deutlich: Geschichtlich betrachtet hat es zur Sozialpolitik nie eine Alternative gegeben. Unterblieb sie, waren die Grundlagen der Demokratie in Frage gestellt oder bereits beseitigt. Deren Infragestellung bzw. Beseitigung aber war mit Krieg und daran gebunden mit Not und Tod verbunden. Sozialpolitik war und ist folglich immer Teil von Friedenssicherung, „im Inneren und nach außen", wie *Willy Brandt* klassisch formuliert hat! (Brandt 1969, S. 32)

Literatur

Attac: Homepage https://www.attac.de/. Zugegriffen 4. September 2020.

Benz, Artur; Lütz, Susanne; Schimank, Uwe; Simonis, Georg. 2007. Einleitung. In Handbuch Governance. Theoretische Grundlagen und empirische Anwendungsfelder. dieselben. Hrsg., 9–25. Wiesbaden: Springer VS.

Benz, Artur; Lütz, Susanne; Schimank, Uwe; Georg Simonis (Hrsg.). 2007. Handbuch Governance. Theoretische Grundlagen und empirische Anwendungsfelder. Wiesbaden: Springer VS.

Bourdieu, Pierre. 1998. Gegenfeuer. Wortmeldungen im Dienste des Widerstands gegen die neoliberale Invasion. Konstanz: Universitätsverlag Konstanz GmbH.

Brandt, Willy. 1969. Regierungserklärung vom 28.10.1969. Deutscher Bundestag. Stenographische Berichte, V. Wahlperiode, Plenarsitzung vom 28.10.1969, zit. n. Irmgard Wilharm. Hrsg. Bd. 2: 27–32

Brodocz, André; Schaal, Gary S. (Hrsg.). 2002. Politische Theorien der Gegenwart I. Opladen: Leske + Budrich.

Bude, Heinz. 2019. Solidarität. Die Zukunft einer großen Idee. München: Hanser.

Dahrendorf, Ralf. 1965. Gesellschaft und Demokratie. München: Piper.

Declaration of Independence. 1776. Wortlaut abgedruckt: https://www.britannica.com/topic/Declaration-of-Independence/Text-of-the-Declaration-of-Independence. Zugegriffen 6. September 2020.

Esping-Andersen, Gøsta. 1990. The Three Worlds of Welfare Capitalism. Princeton, N.J.: Princeton University Press.

Fritzsche, Klaus. 2000. Sozialismus: Geschichte und Perspektiven gesellschaftlicher Egalität. In Handbuch Politische Theorien und Ideologien. 1–74. Opladen: Leske + Budrich.

Giddens, Anthony. 1999. Der dritte Weg. Die Erneuerung der sozialen Demokratie. Frankfurt am Main: Suhrkamp.

Gorz, André. 1989. Kritik der ökonomischen Vernunft. In: Frankfurter Rundschau 07.07.1989: 14.

Habermas, Jürgen. 1973. Legitimationsprobleme im Spätkapitalismus. Frankfurt a. M.: Suhrkamp.

Hayek, Friedrich August von. 1981. Die Illusion der sozialen Gerechtigkeit. Recht, Gesetzgebung und Freiheit. Bd 2. Landsberg am Lech: Verlag moderne Industrie.

Hayek, Friedrich August von. 1991. Die Verfassung der Freiheit. 3. Aufl. Tübingen: J. C. B. Mohr (Paul Siebeck).

Hegel, Georg Wilhelm Friedrich 1970. Werke. Frankfurt am Main: Suhrkamp.

Heinze, Rolf G.; Schmid, Josef; Strünck, Christoph. 1999. Vom Wohlfahrtsstaat zum Wettbewerbsstaat. Opladen: Leske + Budrich.

Heller, Hermann. 1929. Europa und der Fascismus. Berlin und Leipzig: Walter de Gruyter.

Heller, Hermann. 1930. Rechtsstaat oder Diktatur. Tübingen: Mohr.

Hirsch, Joachim. 1980. Der Sicherheitsstaat. Das ‚Modell Deutschland' und die neuen sozialen Bewegungen. Frankfurt am Main: Europäische Verlagsanstalt.

Hobbes, Thomas. 1966. Leviathan oder Stoff, Form und Gewalt eines bürgerlichen und kirchlichen Staates. Hrsg. von Fetscher, Iring. Neuwied und Berlin: Luchterhand.

Hofmann, Werner. 1970. Ideengeschichte der sozialen Bewegung des 19. und 20. Jahrhunderts. Berlin: de Gruyter Sammlung Göschen.

Humboldt, Wilhelm von. 1967. Ideen zu einem Versuch, die Grenzen der Wirksamkeit des Staats zu bestimmen. Stuttgart: Reclam.

Huster, Ernst-Ulrich 2020. Soziale Grundrechte in der Weimarer Reichsverfassung. In Aufbruch zur Demokratie. Die Weimarer Reichsverfassung als Bauplan für eine demokratische Republik hrsg. R. Voigt, 457–469. Baden-Baden: Nomos.

Huster, Ernst-Ulrich 2022. Solidarität. In Armutsforschung. Handbuch für Wissenschaft und Praxis hrsg. K. Marquardsen. Baden-Baden: Nomos.

Huster, Ernst-Ulrich; Boeckh, Jürgen; Mogge-Grotjahn, Hildegard (Hrsg). 2018. Handbuch Armut und soziale Ausgrenzung. 3. Aufl. Wiesbaden: Springer VS.

Hüther, Michael; Staubhaar, Thomas. 2009. Die gefühlte Ungerechtigkeit. Warum wir Ungleichheit aushalten müssen, wenn wir Freiheit wollen. Berlin: Econ.

Kronauer, Martin. 2010. Exklusion. Die Gefährdung des Sozialen im hoch entwickelten Kapitalismus. 2. A. Frankfurt am Main und New York: Campus.

Lampert, Heinz. 1980. Sozialpolitik. Berlin, Heidelberg und New York: Springer Verlag.

Luhmann, Niklas. 1981. Politische Theorie und Wohlfahrtsstaat. München: Olzog.

Marquardsen, Kai (Hrsg). 2022. Handbuch Armutsforschung. Baden-Baden: Nomos.

Marshall, Thomas H. 1992. Bürgerrechte und soziale Klassen. Zur Soziologie des Wohlfahrtsstaates. Frankfurt am Main und New York: Campus.

Marx, Karl; Engels, Friedrich (MEW). 1974. Werke. Bd 4. Berlin: Dietz Verlag.

Müller, Wolfgang; Neusüß, Christel. 1970. Die Sozialstaatsillusion und der Widerspruch von Lohnarbeit und Kapital. In Sozialistische Politik. II. Jahrgang, Heft 6/7, Juni 1970: 4–67.

Münch, Richard. 2010. Soziologische Theorie. Bd 3: Gesellschaftstheorie. Frankfurt am Main und New York: Campus.

Neumann, Franz (Hrsg.). 2000. Handbuch Politische Theorien und Ideologien. 2. A. Bd 2. Opladen: Leske + Budrich.

Neusüß, Christel. 1980. Der „freie Bürger" gegen den Sozialstaat? Sozialstaatskritik von rechts und von Seiten der Arbeiterbewegung. In Probleme des Klassenkampfes. Heft Nr. 39: 79–104

Niesen, Peter. 2002. Die politische Theorie des Libertarianismus: Nozick, Robert; Hayek, Friedrich A. von. In Politische Theorie der Gegenwart I. hrsg. A. Brodocz; G. Schaal, 77–117. Opladen: Leske + Budrich.

Nozick, Robert. 1976. Anarchie Staat Utopia. München: Olzog.

Nussbaum, Martha. 1999. Gerechtigkeit oder Das gute Leben. Gender Studies. Frankfurt am Main: Suhrkamp.

Parlamentarischer Rat. 1949. Stenographische Berichte über die Plenarsitzungen, Plenarsitzung 6. Mai 1949, Bonn 1948/49, Reproduktion nach der Originalausgabe von 1949. Bonn.

Putnam, Robert D. 2001. Gesellschaft und Gemeinsinn. Sozialkapital im internationalen Vergleich. Gütersloh: Bertelsmann Stiftung Verlag.

Rawls, John 1979. Eine Theorie der Gerechtigkeit. Frankfurt am Main: Suhrkamp.

Richter, Max. (Hrsg.). 1955 ff.: Die Sozialreform. Dokumente und Stellungnahmen. Loseblattausgabe in Lieferungen. Stand 1967. Bad Godesberg: Asgard Verlag.

Sachße, Christoph; Tennstedt, Florian. 1992. Der Wohlfahrtsstaat im Nationalsozialismus. Geschichte der Armenfürsorge in Deutschland. Bd 3. Stuttgart, Berlin und Köln: Kohlhammer.

Schluchter, Wolfgang. 1968. Entscheidungen für den sozialen Rechtsstaat. Hermann Heller und die staatstheoretische Diskussion in der Weimarer Republik. Köln und Berlin: Kiepenheuer & Witsch.

Schröder, Gerhard 2003. Deutscher Bundestag: Stenografischer Bericht, 32. Sitzung, Berlin 14. März 2003. Plenarprotokoll 15/32, 2479 ff.

Sen, Amartya. 2005. Ökonomie für den Menschen. Wege zu Gerechtigkeit und Solidarität in der Marktwirtschaft. 3. Aufl. München: Deutscher Taschenbuch Verlag.

Smith, Adams. 1923/1973: Eine Untersuchung über Natur und Wesen des Volkswohlstandes – „Wealth of Nations". Reprint der Ausgabe in dt. von 1923. Gießen: Verlag Andreas Achenbach.

Stolleis, Michael. 2001. Historische Grundlagen der Sozialpolitik in Deutschland bis 1945. In Bundesministerium für Arbeit und Soziales und Bundesarchiv. Hrsg.: Grundlagen der Sozialpolitik. Geschichte der Sozialpolitik in Deutschland. Bd 1. Baden Baden: Nomos.

Vandamme, Ralf. 2018. Bürgerschaftliches Engagement und Teilhabe. In Handbuch Armut und soziale Ausgrenzung. hrsg. E.-U. Huster u.a., 807–822. Wiesbaden: Springer VS.

Voigt, Rüdiger (Hrsg.). 2020. Aufbruch zur Demokratie. Die Weimarer Reichsverfassung als Bauplan für eine demokratische Republik. Baden-Baden: Nomos.

Weber, Max. 1988. Gesammelte politische Schriften. 5. A. Tübingen: J. C. B. Mohr.

Wilharm, Irmgard (Hrsg.). 1985. Deutsche Geschichte 1962-1983. Dokumente in zwei Bänden. Bd. 2. Frankfurt am Main: Fischer.

Zimmermann, Germo. 2015. Anerkennung und Lebensbewältigung im freiwilligen
    Engagement. Eine qualitative Studie zur Inklusion benachteiligter Jugendlicher in der
    Kinder- und Jugendarbeit. Bad Heilbrunn: Verlag Julius Klinkhardt.
Zöllner, Detlev. 1981. Ein Jahrhundert Sozialversicherung in Deutschland. Berlin: Duncker
    & Humblot.

Weiterführende Literatur

Butterwegge, Christoph. 2018. Krise und Zukunft des Sozialstaates. 6. A. Wiesbaden:
    Springer VS
*Der Verfasser untersucht den Zusammenhang von der Entwicklung des Weltmarktes
    („Globalisierung"), dem demografischen Wandel sowie den Strategien von Parteien
    und gesellschaftlichen Interessengruppen. Zugleich werden diese Elemente geschicht-
    lich eingeordnet. Der Band setzt sich kritisch mit aktuellen Diskussionen zum Um- bzw.
    Abbau des Sozialstaates auseinder. Abschließend werden konkrete Alternativen zur
    gegenwärtigen Sozialpolitik erörtert.*
Esping-Andersen, Gøsta. 1990. The Three Worlds of Welfare Capitalism. Princeton, N.J.:
    Princeton University Press.
*Die in diesem Band auf machtressourcentheoretischer Grundlage entworfene Typologie
    von drei Wohlfahrtsregimes in westlichen Ländern ist bis heute die einflussreichste
    der vergleichenden Wohlfahrtsstaatsforschung. Eine ihrer Stärken stellt die Betonung
    sozialpolitischer Intentionen gegenüber rein statistischen Kennzahlenvergleichen dar.
    Kritik erfährt sie etwa in Bezug auf geschlechterpolitische und konfessionelle Fragen
    sowie Erweiterungsversuche etwa zur Clusterung weiterer Länder.*
Kaufmann, Franz-Xaver. 2015. Sozialstaat als Kultur, Soziologische Analysen II. Wies-
    baden: Springer VS.
*Franz-Xaver Kaufmann verortet die Voraussetzungen des Sozialstaates im fest veran-
    kerten Konsens über die politische Verantwortung eines Gemeinwesens für das Wohlergehen
    aller ihm Angehörenden. Dieser Konsens beruht auf normativen Voraussetzungen, die
    im Kontext und Zusammenspiel von Christentum, Aufklärung und Staatstradition ent-
    standen sind. Der Band analysiert geschichtlich und systematisch die Entwicklung des
    sozialpolitischen Denkens, Legitimationsgrundlagen des Sozialstaats sowie einige mit
    diesen in Spannung stehende Positionen aus soziologischer Perspektive.*
Kaufmann, Franz-Xaver. 2003. Varianten des Wohlfahrtsstaats. Der deutsche Sozialstaat im
    internationalen Vergleich, Frankfurt a. M.: Suhrkamp.
*Der Band liefert eine grundlegende und detailreiche Gegenüberstellung von Wohlfahrts-
    staatlichkeit zwischen Kapitalismus und Sozialismus, zunächst im Vergleich der
    Sowjetunion und der Vereinigten Staaten sowie anschließend von vier Varianten west-
    europäischer Sozialstaatlichkeit (Großbritannien, Schweden, Frankreich, Deutsch-
    land). Vorangestellt sind diesem Programm theoretische Überlegungen. Den Abschluss
    bilden statistische Vergleiche zu weiteren EU- und OECD-Staaten sowie Fragen EU-
    europäischer Perspektiven.*
Kubon-Gilke, Gisela u. a. 2017 Theorie der Sozialpolitik. Metropolis-Verlag Marburg.

Mit diesem Band versucht ein Autorenteam unter Leitung von Gisela Kubon-Gilke erstmalig, eine umfassende Theorie der Sozialpolitik – geschichtlich und systematisch – nachzuzeichnen. Dabei gelingt es, die unterschiedlichen wissenschaftlich-disziplinären Zugänge aufeinander zu beziehen und wechselseitig nutzbar zu machen. Zugleich werden die einzelnen Teildisziplinen von Sozialpolitik und deren Begründungszusammenhänge dem Gesamtkonstrukt Sozialpolitik zugeordnet. Dieser Band schließt als Ganzes wie in seinen jeweiligen Teilen eine große Lücke bei der Gesamtbewertung von Sozialpolitik.

Schmid, Josef. 2010: Wohlfahrtsstaaten im Vergleich. Soziale Sicherung in Europa: Organisation, Finanzierung, Leistungen und Probleme, 3. A., Wiesbaden: Springer VS.

Der Band liefert nach einer gründlichen Einführung zum Stand der Theorie und Forschung des Wohlfahrtsstaatsvergleichs sieben westeuropäische Länderportraits und Vergleichende Darstellungen zu fünf sozialpolitischen Sicherungsbereichen. Schließlich werden exemplarisch anhand ausgewählter Länder zentrale sozialpolitische Herausforderungen (von der Gleichstellung der Geschlechter bis zur Reorganisation der Wohlfahrtsproduktion) in den Blick genommen.

The manufacturer's authorised representative in the EU is Springer
Nature Customer Service Centre GmbH, Europaplatz 3, 69115 Heidelberg,
Germany. If you have any concerns regarding our products, please
contact ProductSafety@springernature.com

Printed and bound by CPI Group (UK) Ltd, Croydon, CR0 4YY
28/04/2026
02098492-0002